Hajnalka Herold

Zillingtal (Burgenland) –
Die awarenzeitliche Siedlung und die Keramikfunde
des Gräberfeldes

MONOGRAPHIEN

des Römisch-Germanischen Zentralmuseums

Band 80, 1

Römisch-Germanisches Zentralmuseum Forschungsinstitut für Vor- und Frühgeschichte

R | G | Z | M

Römisch-Germanisches Zentralmuseum
Forschungsinstitut für Vor- und Frühgeschichte

Hajnalka Herold

ZILLINGTAL (BURGENLAND) – DIE AWARENZEITLICHE SIEDLUNG UND DIE KERAMIKFUNDE DES GRÄBERFELDES

mit Beträgen von Silke Grefen-Peters, Walter Wimmer und Mathias Mehofer

TEIL 1

Verlag des Römisch-Germanischen Zentralmuseums   Mainz 2010

Veröffentlicht mit Unterstützung
des Fonds zur Förderung
der wissenschaftlichen Forschung

 Der Wissenschaftsfonds.

Redaktion und Satz: Hans G. Frenz, Hans Jung, Reinhard Köster,
Martin Schönfelder (RGZM)
Umschlaggestaltung: Reinhard Köster (RGZM) unter Verwendung
von Zeichnungen von Ingrid Adenstedt, Ulrike Fornwagner
und Nicole Pieper

**Bibliografische Information
der Deutschen Nationalbibliothek**

Die Deutsche Nationalbibliothek verzeichnet diese Publikation in
der Deutschen Nationalbibliografie; detaillierte bibliografische
Daten sind im Internet über **http://dnb.d-nb.de** abrufbar.

ISBN 978-3-88467-133-7
ISSN 0171-1474

© 2010 Verlag des Römisch-Germanischen Zentralmuseums

Herstellung: betz-druck GmbH, Darmstadt
Printed in Germany.

INHALTSVERZEICHNIS

VORWORT DES PROJEKTLEITERS

Das langjährige Forschungsprojekt um die awarische Siedlung und die zugehörende Nekropole von Zillingtal gehört zu den engagiertesten Forschungsvorhaben der österreichischen Frühmittelalterforschung seit deren Bestehen. Es begann mit dem Forschungsschwerpunkt der Österreichischen Rektorenkonferenz »Neue Wege der Frühgeschichtsforschung«, der von 1985 bis 1989 lief und unter der Gesamtleitung von Univ.-Prof. Dr. Herwig Friesinger stand. Aus dem Unterprojekt 2 »Geschichte und Archäologie der Awaren«, konzipiert und geleitet vom Unterzeichneten, erschien bislang die Habilitationsschrift von Univ.-Prof. Dr. Walter Pohl Die Awaren. Ein Steppenvolk in Mitteleuropa 567-822 n. Chr. (München 1988) sowie die zweibändige, vom Unterzeichneten herausgegebene Bilanz Awarenforschungen (Wien 1992) mit Beiträgen aus sieben Ländern. Das damals gleichzeitig in Angriff genommene Feldforschungsprogramm konzentrierte sich zunächst auf den awarischen Bestattungsplatz von Zillingtal, der bereits 1927 beim Bau einer Feldbahn entdeckt worden war, und wo 1930 Julius Caspart eine kleinere Grabung durchgeführte. Aus seiner Publikation wussten wir, dass ein Großteil des Friedhofs noch im Boden lag. Die Grabungen, die 1985 fortsetzten, wo sie Caspart 1930 aus Geldmangel einstellen musste, verliefen derart erfolgreich, dass sie nach dem Auslaufen des Forschungsschwerpunktes in FWF Anschlussprojekten weitergeführt wurden. 1994 war die awarische Nekropole vollständig untersucht und ist mit zumindest 797 Gräbern nach wie vor die größte in Österreich bekannte.

Die besondere Bedeutung erhält das Zillingtal-Projekt jedoch durch die zugehörende Siedlung, welche schon während der Freilegung des Gräberfeldes aufgrund von Hinweisen von Dieter und Martin Schmidt etwa 700 m von der Nekropole entfernt lokalisiert und prospektiert werden konnte. Man hatte sie im Bereich einer früheren römischen Villa rustica, nahe eines kleinen Baches angelegt. Dass diese Siedlung und der Friedhof tatsächlich zusammengehören, wird nicht nur auf Grund von Parallelitäten im Fundmaterial vermutet: Es besteht auch zwischen beiden Fundstellen eine auffallende Sichtverbindung. Nach einer großflächigen geomagnetischen Prospektion wurden 1993 fünf Testschnitte angelegt, denen dann 1994-95 und 1997 Plangrabungen folgten. Gräberfeld und Siedlung lassen uns erstmals eine kleine awarische Menschengruppe, die hier zwischen etwa 640 und 800 n. Chr. lebte, eingehend erforschen. Die Zusammenarbeit mit Geographen, Anthropologen, Archäozoologen und -botanikern, Archäometallurgen und vielen anderen Spezialisten ermöglicht große Einblicke in das damalige Leben, aber lässt uns auch geistige Grundlagen der awarischen Kultur erkennen: des Wertsystems, der gesellschaftlichen Regeln und der individuellen Spielräume.

Das vorliegende Werk ist das erste von drei geplanten Abschlusspublikationen des Projektes Zillingtal. Es befasst sich mit der awarischen Siedlung, wobei der Hauptfundgattung, der Keramik, ein besonderes Augenmerk geschenkt wird. Die Autorin lotet dabei die Möglichkeiten der Auswertung aus und setzt damit Standards für künftige Siedlungsprojekte. Die als nächste vorgesehene Monographie wird dem erwähnten römischen Villengebäude gewidmet sein, die dritte der Nekropole.

Ich bedanke mich herzlich bei allen Mitarbeiterinnen und Mitarbeitern, die seit 1985 am Zillingtal-Projekt beteiligt waren, für ihren oft sehr beeindruckenden Einsatz, beim Grundeigentümer Paul Esterházy für die Genehmigung zur Grabung, bei Alexander Pinterits und seinen Angehörigen, der Familie Karl Aibler sowie allen anderen Zillingtalern, die uns bei den Grabungen unterstützt haben, vor allem aber auch Regierungsrat Dr. Karl Kaus für Hilfe in allen Lebenslagen. Dem Fonds zur Förderung der wissenschaftlichen Forschung in Österreich (FWF), der Burgenländischen Landesregierung, dem Bundesdenkmalamt, Abteilung für Bodendenkmale, und der Universität Wien danke ich für die Finanzierung der Projekte, ohne die wir über die awarische Kultur, die letztlich Teil unserer eigenen Geschichte ist, heute viel weniger wissen würden.

Falko Daim

VORWORT

Die vorliegende Arbeit beschäftigt sich mit der frühmittelalterlichen Siedlung von Zillingtal (Burgenland/Österreich) sowie mit den Keramikfunden des dazu gehörenden Gräberfeldes. Die Analysen wurden um drei Schwerpunkte aufgebaut: awarenzeitliche Siedlungsbefunde und Siedlungsstrukturen im Karpatenbecken, Keramikproduktion und Keramikgebrauch in der Awarenzeit sowie awarenzeitliche Traditionen in Zillingtal bei der Beigabe von Keramikgefäßen ins Grab.

In der Untersuchung der Siedlungsbefunde stellte vor allem die Erforschung der frühmittelalterlichen Wiederverwendung der römischen Ruinen eine interessante Aufgabe dar. Die Auswertung des Fundmaterials der Siedlung konzentrierte sich auf die Keramikfunde. Zusammen mit diesen wurden auch die Keramikgefäße des awarenzeitlichen Gräberfeldes von Zillingtal untersucht. Bei der Analyse galt es, Neuland zu betreten: Obwohl sich vor allem die ungarische Forschung in den letzten beiden Jahrzehnten auf sehr hohem Niveau mit der awarenzeitlichen Keramik befasst hat – hier sind vor allem die Arbeiten von Tivadar Vida zu erwähnen – wurde bislang das Potential der naturwissenschaftlichen Methoden leider nur wenig genutzt. In der vorliegenden Arbeit wurden archäologische und archäometrische Analysen sowie Methoden der experimentellen Archäologie für die Auswertung der Keramikfunde eingesetzt. Die ausgearbeitete Chronologie der Grabgefäße und die anthropologischen Daten der Bestatteten bildeten die Basis für den dritten Schwerpunkt, für die Analyse der awarenzeitlichen Traditionen bei der Beigabe von Keramikgefäßen in die Gräber. Die Gefäßbeigabe wurde im Bezug auf Alter und Geschlecht der Verstorbenen untersucht.

Der Aufbau der vorliegenden Arbeit folgt im Wesentlichen dem Forschungsprozess. Am Anfang steht die Darstellung der Fundgeschichte, gefolgt vom Kapitel zu den awarenzeitlichen Keramikfunden. Die nächsten zwei Kapitel sind den Interpretationsmöglichkeiten zur Siedlung und zum Gräberfeld gewidmet. Am Ende des Hauptteils werden die neu gewonnenen Erkenntnisse zur Lage awarenzeitlicher Siedlungen und Gräberfelder in Zillingtal und Umgebung besprochen, sowie ein zusammenfassendes Bild der Erforschung der Siedlungen und der Keramikfunde des Awarischen Khaganats gezeichnet. Anschließend finden sich zwei Beiträge zum archäozoologischen Material der Siedlung von Zillingtal und ein Beitrag zu den archäometallurgischen Befunden. Der Anhang beinhaltet die Kataloge sowie die Bildtafeln der awarenzeitlichen Keramikfunde des Gräberfeldes und der Siedlung von Zillingtal. Dem Buch sind eine Beilage mit Messwerten der Röntgendiffraktionsanalyse II und drei Pläne verschiedener Bereiche der Fundstelle beigefügt.

Die Kartierungen des Gräberfeldes von Zillingtal wurden von Univ.-Doz. DDr. Peter Stadler durchgeführt, wofür ich mich sehr herzlich bedanke. Die Kartierungen der Siedlung erfolgten mit einem Computerprogramm von Dipl.-Ing. Joachim Scheikl. Die Fotos des Keramikmaterials wurden vom Fotolabor des Instituts für Ur- und Frühgeschichte der Universität Wien unter der Leitung von Olivia Chrstos angefertigt. Die Zeichnungen der Grabgefäße von Zillingtal wurden von mehreren Grafikern über mehr als zehn Jahre gefertigt, die Zeichnungen der Keramik aus der Siedlung Zillingtal fertigte die Verfasserin an. Beide wurden schlussendlich von Dr. Ingrid Adenstedt in ihre endgültige Form gebracht. Die formalen und sprachlichen Korrekturen vorliegender Arbeit wurden von Annekatrein Löw M. A. (Münster) durchgeführt. Ich bedanke mich bei allen genannten Personen für ihre Hilfe.

An dieser Stelle möchte ich mich bei Univ.-Prof. Dr. Falko Daim für seine Unterstützung während der Realisierung dieser Arbeit bedanken. Mein besonderer Dank gilt Dr. Anton Distelberger für Ratschläge sprachlicher Natur sowie für zahlreiche Hinweise bezüglich der Siedlungsgrabung Zillingtal. Folgenden

Personen danke ich für ihre Ratschläge und Hilfe: Univ.-Prof. Dr. Gerhard Brey (Frankfurt am Main), Dr. János Gömöri (Sopron), Dr. Silke Grefen-Peters (Braunschweig), Dr. Vera M. F. Hammer (Wien), Univ.-Prof. Dr. Joachim Henning (Frankfurt am Main), Mag. Sabine Jäger-Wersonig (Wien), HR Dr. Karl Kaus (Eisenstadt), Dr. Sabine Klein (Frankfurt am Main), Dr. Thomas Kühtreiber (Wien), Univ.-Prof. Dr. Marino Maggetti (Freiburg/CH), Mag. Silvia Müller (Wien), Dr. Rainer Petschick (Frankfurt am Main), Univ.-Prof. Dr. Erik Szameit (Wien), Dr. Béla Miklós Szőke (Budapest), Dr. Péter Tomka (Győr), Univ.-Prof. Dr. Gerhard Trnka (Wien).

Wien, im Mai 2007
Hajnalka Herold

DIE AUSGRABUNGEN IN ZILLINGTAL

DAS AWARENZEITLICHE GRÄBERFELD

Zwischen 1985 und 1994 wurden in Zillingtal (pol. Bez. Eisenstadt, **Abb. 1**) unter der Leitung von Falko Daim 586 Gräber eines awarenzeitlichen Gräberfeldes freigelegt. Die Nekropole befand sich nordwestlich des Ortes am Schimmelberg – früher wurde die Flur auch »Obere Haid« genannt. Über die Ausgrabung und deren Funde wurde bereits mehrfach berichtet[1]. Die freigelegten Gräber sind Teil eines Gräberfeldes, von dem 211 Gräber in den Jahren 1927 und 1930 ausgegraben und wenig später publiziert wurden[2]. Mit insgesamt 797 Gräbern stellt das Gräberfeld von Zillingtal das bislang größte awarenzeitliche Gräberfeld in Österreich dar (siehe auch **Plan 3**). Die Nekropole wurde von der Frühawarenzeit II (FA II) bis in die Spätawarenzeit III (SPA III) belegt; absolutchronologisch entspricht dies der Zeitspanne von etwa 630/650 bis 800/820 n. Chr.[3].

Die Metallfunde aus den Frauengräbern wurden in die Analysen von Anton Distelberger über die Frauengräber des 7. und 8. Jahrhunderts in Ostösterreich miteinbezogen[4]. Das anthropologische und das zoologische Material wurde von Silke Grefen-Peters bestimmt[5]. Eine umfassende Bearbeitung des Gräberfeldes befindet sich in Vorbereitung.

Ungefähr 80% der Gräber enthielten Keramik, zumeist ein Tongefäß; in seltenen Fällen fanden sich zwei Gefäße in einem Grab. Im Rahmen der vorliegenden Arbeit wurden die 469 Tongefäße aus den jüngeren Ausgrabungen (1985-1994) bearbeitet. Die Typologisierung dieser Gefäße diente dabei auch als Grundlage für die Entwicklung einer Typochronologie der Siedlungskeramik.

Abb. 1 Die Lage des Fundortes Zillingtal (Burgenland/ Österreich), nach Herold 2002a, 282, Abb. 1.

Abb. 2 Die relative Lage des Gräberfeldes und der Siedlung von Zillingtal (Burgenland/Österreich), Ausschnitt aus der ÖK M. 1:50 000, Blatt 77, Eisenstadt, © BEV 2008, EB 2008/00612.

DIE AWARENZEITLICHE SIEDLUNG

Im Laufe der Ausgrabung des Gräberfeldes wurde bei Feldbegehungen die Siedlung entdeckt. Sie befindet sich in den Fluren Wiesenfeld und Fünfzehnerschlag, ungefähr

[1] Daim 1990a; Daim 1996; Daim 1998.
[2] Caspart 1935.
[3] Relativchronologische Phasen der Awarenzeit (FA I-II – MA I-II – SPA I-III) nach Daim 1987.
[4] Distelberger 2004. Ich bedanke mich bei Herrn Dr. Anton Distelberger für das freundliche Gewähren der Einsichtnahme in sein

Manuskript, welches sich zur Zeit der Verfassung vorliegender Arbeit im Druck befand.
[5] Ich bedanke mich bei Frau Dr. Silke Grefen-Peters für die Möglichkeit der Verwendung ihrer Bestimmungsergebnisse.

Abb. 3 Zillingtal, Awarenzeitliches Gräberfeld (am Horizont, rechts vom Hochstand) und Siedlung (im Vordergrund rechts).

1000 m in Luftlinie südöstlich des Gräberfeldes (**Abb. 2**). Es besteht eine direkte Sichtverbindung zwischen der Siedlung und dem Gräberfeld, was den Zusammenhang der beiden Fundstellen bestätigt (**Abb. 3**). Vor Beginn der Ausgrabungen wurden Luftbildaufnahmen der Fundstelle angefertigt und magnetometrische Untersuchungen im Bereich der Siedlung durchgeführt. 1993 fanden ein Survey und Testgrabungen an der Fundstelle statt. 1994 wurde mit den systematischen Ausgrabungen begonnen und 1995, sowie 1997 fortgesetzt (siehe auch **Plan 1**). Ein Vorbericht über die Ausgrabungen von 1994 und 1995 wurde bereits publiziert[6]. Während der Ausgrabungen wurden in Zillingtal Reste einer awarenzeitlichen und einer römerzeitlichen Siedlung, Teile einer römischen Villa mit awarenzeitlichen Störungen und awarenzeitliche Eisenschmelzöfen freigelegt (siehe auch **Abb. 71-72** sowie **Plan 2**). Die freigelegten awarenzeitlichen Siedlungsobjekte außerhalb des Villenbereichs umfassen 14 Gruben, sowie Pfostenlöcher eines Pfostenbaus (siehe auch **Plan 2** und **Abb. 68-69**). Die Bearbeitung der römerzeitlichen Siedlungsobjekte und der freigelegten Gebäude der römischen Villa wird von Sabine Jäger-Wersonig durchgeführt, die Eisenschmelzöfen wurden von Mathias Mehofer bearbeitet[7].

Thema der vorliegenden Arbeit ist die Bearbeitung der awarenzeitlichen Siedlungsreste und der in die Awarenzeit datierbaren Schichten der römischen Villa. Gesonderte Beachtung findet dabei die auf dem Gebiet der Awarenforschung bislang einzigartige Möglichkeit der gemeinsamen Bearbeitung eines Gräberfeldes und der dazugehörigen Siedlung.

Die Tierknochenfunde der awarenzeitlichen Siedlung von Zillingtal wurden von Silke Grefen-Peters und Walter Wimmer untersucht und werden ebenfalls in diesem Band vorgelegt[8].

Feldbegehungsfunde aus dem Bereich der awarenzeitlichen Siedlung von Zillingtal

Die awarenzeitliche Siedlung von Zillingtal wurde, wie bereits erwähnt, im Laufe der Ausgrabung des Gräberfeldes bei Feldbegehungen entdeckt. Neben Keramikfragmenten konnten mehrere früh- und spätawarenzeitliche Gußobjekte, Schnallen und Riemenzungen, Ohrringe und Spinnwirtel aufgelesen werden[9]. Diese Funde werden im Folgenden vorgestellt.

[6] Daim u. Distelberger 1996.
[7] Mehofer 2004. Siehe auch den Beitrag von Mathias Mehofer in diesem Band.

[8] Siehe die Beiträge von Silke Grefen-Peters und Walter Wimmer im vorliegenden Band.
[9] Diese Funde waren Teil der Privatsammlung Schmidt. Ein Teil von

Ohrringfragment (**Abb. 4, 3**)

Der zylindrische Bommelteil und Reste des Bügels sind erhalten. Am zylindrischen Teil befinden sich vier Fassungen für Glasaugen, am unteren Teil sind Reste eines Blechbommels sichtbar. Aus Bronzeblech und -draht gefertigt. Wahrscheinlich sekundär als Anhänger verwendet.

Länge: 22 mm.

Parallelen[10]: Ein praktisch identisches Ohrringpaar findet sich im Grab 401 von Zillingtal[11]. Ein Bruchstück eines ähnlichen Ohrringes ist aus Grab 202 von Sommerein am Leithagebirge bekannt[12]. Außerhalb von Österreich sind folgende Parallelen bekannt: Jászapáti Grab 17[13], Kerepes Grab K[14], sowie aus Gold mit echter Granulation von Bakonszeg (Streufund)[15].

Schnalle (**Abb. 4, 5**)

Gegossene Schnalle aus Buntmetall. Fester, wappenförmiger Beschlag, der Bügel ist fragmentiert. Rest eines Eisendorns.

Erhaltene Länge 24 mm, Breite 20 mm.

Parallelen[16]: Wien-Liesing Grab 6[17], Budapest XII Farkasvölgy Grab 1[18], Környe Grab 135[19], Kölked-Feketekapu A Grab 127[20], Kölked-Feketekapu B Grab 284[21], Pókaszepetk Grab 179B[22], Tiszafüred Grab 514[23], Zamárdi – Rétiföldek dűlő Grab 2129[24], Békés-Hidashát Streufund[25], Pápa-Úrdomb Grab 1[26], Törökbálint Grab 1[27], Feketic Grab 1[28].

Nebenriemenzunge mit Rankenzier (**Abb. 4, 1**)

Bronzeguß, durchbrochen, mit drei Ranken verziert, ohne Tülle.

Länge: 42 mm.

Parallele: Komarno – Lodenice Grab 36[29]

Nebenriemenzunge mit »Lilienzier« (**Abb. 4, 2**)

Bronzeguß, mit Stäbchenranken in durchbrochenem Guß, mit runden Nietforsätzen.

Länge: 31 mm.

Parallelen: Trotz der weiten Verbreitung der sog. »Lilienzier« ließen sich keine genauen Parallelen zu dieser Nebenriemenzunge ermitteln. Andere Nebenriemenzungen mit runden Nietforsätzen (NRZ04170 und

ihnen wurde bei der Burgenländischen Landesaustellung 1996 in Halbturn gezeigt und im Katalog der Ausstellung abgebildet; Daim u. Distelberger 1996, 376. Die Objekte 1-6 von Abbildung 4 im vorliegenden Band sind gegenwärtig nicht auffindbar, der Spinnwirtel von Abb. 4:7 befindet sich, gemeinsam mit den anderen Fundobjekten der ehemaligen Sammlung Schmidt im Münzkabinett des Kunsthistorischen Museums in Wien. Für die Möglichkeit der Sichtung der Objekte der ehemaligen Sammlung Schmidt möchte ich mich bei Herrn Univ.-Prof. Dr. Günther Dembski (Münzkabinett, Kunsthistorisches Museum, Wien) bedanken. Ebenfalls danke ich der Familie Schmidt für Informationen zur Sammlung.

[10] Bei der Suche nach Parallelen für die Feldbegehungsfunde aus dem Bereich der awarenzeitlichen Siedlung von Zillingtal konnte ich auf die Bilddatenbank von Peter Stadler zurückgreifen. Ich möchte mich dafür an dieser Stelle bei Herrn Univ.-Doz. DDr. Peter Stadler (Naturhistorisches Museum, Wien) sehr herzlich bedanken.

[11] Das Grab 401 von Zillingtal ist unpubliziert. Ich bedanke mich bei Herrn Univ.-Prof. Dr. Falko Daim für die Möglichkeit der Einsichtnahme in das Material.

[12] Daim u. Lippert 1984, 357, Taf. 99, 12.

[13] Madaras 1994, 189, Taf. II, Grab 17, Nr. 1.

[14] Török 1973a, 121, Abb. 6:1-2.

[15] Garam 2001, 30, bzw. 262, Taf. 11, 2.

[16] Die Zuordnung von Parallelen wird durch den fragmentierten Zustand des Bügels entscheidend erschwert.

[17] Mossler 1948, 226, Abb. 64:11.

[18] Nagy 1998, Band II, 93, Taf. 83, 1.

[19] Salamon u. Erdélyi 1971, 102, Taf. 24, Grab 135, Nr. 1.

[20] Kiss 1996, 452, Taf. 38, Grab 127, Nr. 2.

[21] Kiss 2001, Band II, 85, Taf. 71, Grab 284, Nr. 1.

[22] Sós u. Salamon 1995, Plate XV, Grave 197B, Nr. 3.

[23] Garam 1995, Taf. 98, Grab 514, Nr. 2.

[24] Bárdos 2000, 136, cat. 230-235, Mitte links.

[25] MRT 10, Taf. 88:3.

[26] Jankó 1930 Abb. 87, 2.

[27] Kovrig 1957, Taf. XVII, 11.

[28] Vinski 1958, Taf. VII, 19.

[29] Trugly 1987, 307, Taf. VIII, 5. Ob die Riemenzunge von Komarno eine Tülle aufweist oder in der Konstruktion ähnlich wie die Riemenzunge von Zillingtal ist, ist der Publikation leider nicht zu entnehmen.

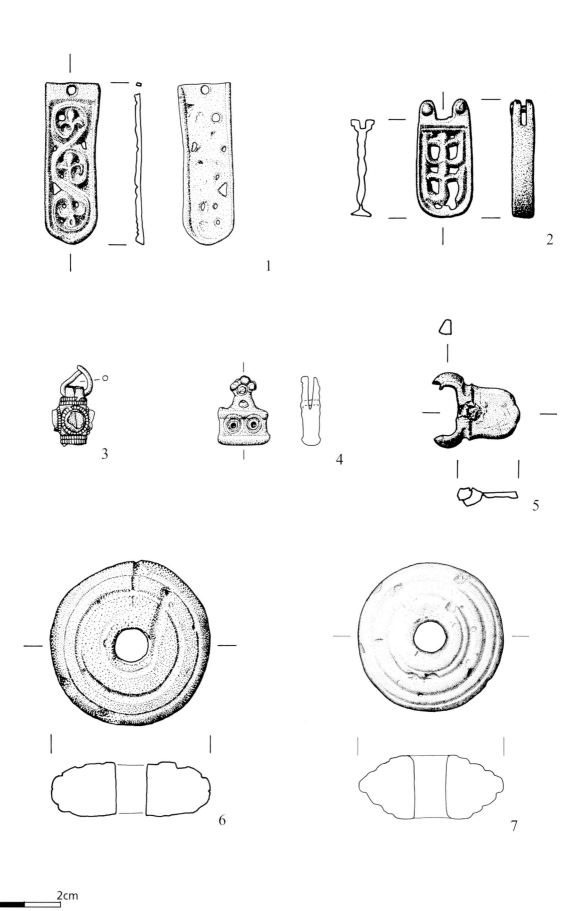

Abb. 4 Siedlung Zillingtal, Feldbegehungsfunde.

NRZ04160 nach Peter Stadler)[30] zeigen andere Proportionen im verzierten Feld. Die Nebenriemenzunge von Zwölfaxing – Feldsiedlung Grab 28[31] zeigt ähnliche Proportionen im Verzierungsfeld, verfügt aber über aus zwei runden Teilen zusammengesetzte Nietforsätze.

Nebenriemenzunge mit Würfelaugenzier (**Abb. 4, 4**)
Kurz-rechteckig, mit Nietenfortsatz und Würfelaugenzier. Bronzeguß.
Länge: 18 mm, Dicke: 6 mm.
Parallelen: Es ließen sich keine genauen Parallelen ermitteln. Am ähnlichsten ist die Gruppe NRZ06680 von Peter Stadler, deren Vertreter in Wien-Liesing Grab 16[32], sowie in Bóly Szibert-puszta A Grab 20[33] vorkommen.

Spinnwirtel (**Abb. 4, 6-7**)
Aus römischen Ziegeln gefertigt; im Querschnitt langoval (**Abb. 4, 6**) bzw. doppelkonisch (**Abb. 4, 7**), mit konzentrischer (gedrechselter?) Linienzier.
Abb. 4, 6: Dm. 44 mm, Höhe 14 mm. **Abb. 4, 7**: Dm. 39 mm, Höhe 17 mm.
Parallelen: Die Ermittlung von Parallelen wird durch den Umstand erschwert, dass es in den Publikationen selten angegeben wird, ob ein Spinnwirtel aus römischen Ziegeln angefertigt wurde. Aus dem awarenzeitlichen Gräberfeld von Zillingtal stammt eine gute Parallele aus Grab 48. Das Grab datiert in die MA II[34].

Die hier vorgestellten, aus den Feldbegehungen stammenden Metallfunde zur awarenzeitlichen Siedlung von Zillingtal lassen sich chronologisch in zwei Gruppen teilen[35]. Der Ohrring und die Schnalle datieren in das 7. Jahrhundert (entspricht ungefähr FA II-MA II), die Nebenriemenzungen datieren in die zweite Hälfte des 8. Jahrhunderts (entspricht ungefähr SPA II-SPA III). Die Spinnwirtel lassen sich derzeit nicht näher datieren, ähnliche Fundstücke kommen aber im awarenzeitlichen Gräberfeld von Zillingtal vor. Die Verbreitung des Schnallentyps konzentriert sich auf das ehemalige Provinz Pannonien, bei den anderen besprochenen Fundtypen lässt sich kein ähnlich eindeutiger Schwerpunkt ausmachen.
Es ist wichtig anzumerken, dass sich im awarenzeitlichen Gräberfeld von Zillingtal, mit Ausnahme des Ohrringes, keine genauen Parallelen zu den vorgestellten Metallobjekten finden. Dies weist deutlich darauf hin, dass die Gürtelteile, die wir aus den Gräberfeldern kennen, nur einen Teil der Gürtelverzierungen darstellen, die in der Siedlung in Verwendung waren. Nach welchen Kriterien eine Auswahl für die Begräbnisse getroffen wurde, wissen wir nicht.

Details der Siedlungsgrabung und deren Dokumentation

Wie schon erwähnt, fanden 1993 an der Fundstelle der Siedlung von Zillingtal Testgrabungen statt. Dabei wurden sieben Schnitte angelegt. In den Schnitten 6 und 7 wurden teilweise awarenzeitliche Pfostenlöcher und im Schnitt 5 eine awarenzeitliche Grube freigelegt (siehe auch **Plan 2**).
Während der Grabungen in den Jahren 1994, 1995und 1997 wurden Reihen von 5 × 5 m-Quadranten angelegt. Jeder Quadrant wurde mit vier Ziffern bezeichnet. Die ersten zwei Ziffern stehen für die NO-SW-Richtung, die letzten zwei Ziffern für die NW-SO-Richtung (**Abb. 5**). Von allen Quadranten wurden im jeweiligen ersten Ausgrabungsjahr 4 × 4 m freigelegt, wobei die 4 × 1 m-Stege stehengelassen wurden.

[30] Stadler 2004, DVD.
[31] Lippert 1969, Taf. 13, 24.
[32] Mossler 1975, Taf. III, 11.
[33] Papp 1963 Taf. VIII, 19.
[34] Daim 1990b, 292, bzw. 303, Abb. 21:17.
[35] Daim u. Distelberger 1996, 376.

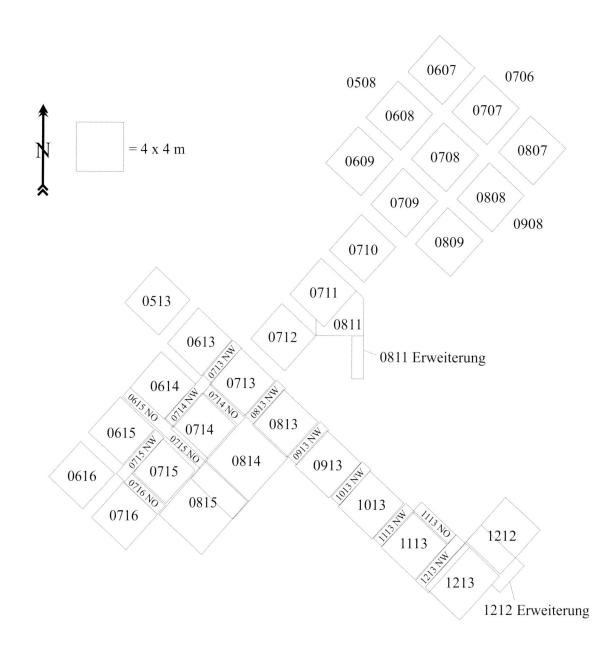

Abb. 5 System zur Numerierung der Quadranten der Siedlungsgrabungen 1994-1997.

Diese Stege wurden 1997 ausgegraben und erhielten die Zifferbezeichnung der Quadranten (z. B. 0714), ergänzt durch die Angabe ihrer Ausrichtung relativ zur zuvor ausgegrabenen Fläche. Daraus ergibt sich die Zusammensetzung der Ziffernfolge in den Bezeichnungen, z. B. 0714 NW oder 0714 NO (**Abb. 5**)[36].
Alle Quadranten wurden in 1 × 1 m-Sektoren geteilt (**Abb. 6**). Diese wurden, bei der nordwestlichen Ecke des jeweiligen Quadranten beginnend, von 1 bis 25 nummeriert. Die Sektoren 6, 11, 16 und 21 fielen unter die nordwestlichen, die Sektoren 1-5 unter die nordöstlichen Stege. Letztere wurden in vielerlei Fällen nicht

---

[36] Die in den Quadranten 1213 und 1212 gefundenen Eisenschmelzöfen wurden von den sonstigen Befunden getrennt, nach Prinzipien der Schichtgrabung freigelegt. Siehe auch Mehofer 2004.

1	2	3	4	5
6	7	8	9	10
11	12	13	14	15
16	17	18	19	20
21	22	23	24	25

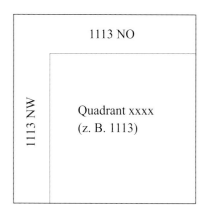

Abb. 6 Sektoren innerhalb der Quadranten der Siedlungsgrabungen 1994-1997.

Dokumentationsniveaus und Abbauschichten

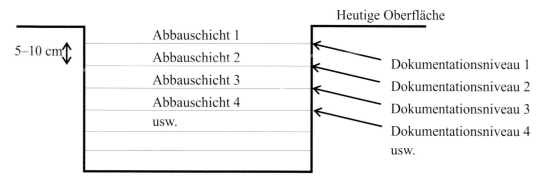

Abb. 7 Abbauschichten und Dokumentationsniveaus der Siedlungsgrabungen 1994-1997.

ausgegraben. Die Ausgrabung erfolgte in Abbauschichten (**Abb. 7**). In Abschnitten von je 5-10 cm wurde ein Planum eingezogen, in welchem die einzelnen Schichten bestimmt und zeichnerisch dokumentiert wurden (beginnend mit 1 je Quadrant und Steg). Die Wände (Profile) der Quadranten und Stege wurden zeichnerisch dokumentiert. Diese Zeichnungen, sowohl die Plana als auch die Profile, wurden digitalisiert[37] und für die Interpretation des Befundes benützt. Bedingt durch die Grabungsmethode konnte keine Harris-Matrix der Befunde erstellt werden.

Die kleinste Einheit der Dokumentation von Funden stellt die Fundnummer dar. Zu jeder Fundnummer gehört eine eindeutige Kombination von Quadrant, Abbauschicht, Sektor/Lage und Schicht. Die Fundnummern setzen sich aus laufender Nummer und Ausgrabungsjahr, jährlich neu beginnend mit 1, zusammen (z. B. 283/95).

Die keramischen Funde der Ausgrabung wurden nach Abfolge der Abbauschichten kartiert. Diese Kartierungen leisteten große Hilfe bei der Interpretation des Befundes. In der vorliegenden Arbeit sind die zusammenfassenden Kartierungen aller Keramikfunde abgebildet (**Abb. 70a-m**).

---

[37] Die Digitalisierung wurde von Frau Dr. Ingrid Adenstedt, Frau Mag. Ulrike Fornwagner und Frau Mag. Nicole Pieper durchgeführt.

DIE AWARENZEITLICHE KERAMIK VON ZILLINGTAL

TYPOCHRONOLOGIE DER KERAMIK ANHAND MAKROSKOPISCHER KRITERIEN

Nach Bearbeitung der Grabungsdokumentation wurde mit der Analyse der Keramikfunde aus Siedlung und Gräberfeld begonnen. Die Keramikfunde stellen den einzigen Fundtyp dar, der in größeren Mengen sowohl aus der Siedlung als auch aus dem Gräberfeld bekannt ist, und sind demzufolge auch die einzigen Funde, die eine Verbindung und chronologische Parallelisierung der beiden Fundstellenteile ermöglichen. Als erstes wurde eine chronologische Gliederung des Keramikmaterials angestrebt. Die Ermittlung dieser Gruppen begann mit einer Analyse der Keramikgefäße und -fragmente auf Grundlage makroskopischer Kriterien. Die Ergebnisse der archäometrischen Analysen flossen in diese Analyse schrittweise ein; die hier präsentierte Typochronologie ist ein gemeinsames Ergebnis der traditionellen archäologischen und der archäometrischen Keramikuntersuchungen[38].

Die awarenzeitliche Keramik der Fundstelle Zillingtal, sowohl aus dem Gräberfeld wie auch der Siedlung, besteht technologisch aus zwei Hauptgruppen, der langsam gedrehten und der handgeformten Keramik. Das zeitlich parallele Auftreten dieser beiden technologischen Gruppen ist für die awarenzeitlichen Fundstellen in Österreich allgemein charakteristisch[39]. Die langsam gedrehte Keramik wurde auf einer Handtöpferscheibe gefertigt, bei der Herstellung der handgeformten Keramik wurde dagegen keine Drehscheibe benützt. Die beiden Hauptgruppen von Keramik, wie wir sie aus dem Gräberfeld kennen, werden im Falle der Siedlung durch zwei spezielle Siedlungskeramiktypen, die Backglocken und die Tonwannen, ergänzt[40]. Sämtliche Gefäße der langsam gedrehten und der handgeformten Keramik aus Gräberfeld und Siedlung, deren morphologisch-funktioneller Gefäßtyp ermittelt werden konnte, sind Töpfe (mit Ausnahme der beiden speziellen Siedlungskeramiktypen).

Die chronologische Untergliederung der awarenzeitlichen Keramik ist allgemein problematisch. Ein chronologisches Schema existiert bislang nur für die langsam gedrehte Keramik des awarenzeitlichen Gräberfeldes von Mödling – An der Goldenen Stiege[41]. In der vorliegenden Arbeit soll zum einen versucht werden, die Gültigkeit dieses Schemas für Zillingtal zu überprüfen und nach Möglichkeit zu erweitern, zum anderen soll ein Weg für die chronologische Einordnung der handgeformten Keramik gefunden werden.

Als erste awarenzeitliche Fundstelle bietet Zillingtal mit dem Vergleich von Gräberfeld- und Siedlungskeramik eine weitere Möglichkeit der Keramikanalyse. In der vorliegenden Arbeit wird versucht, die auf zwei verschiedene Arten deponierten gefäßkeramischen Gebrauchsgegenstände einer Dorfgemeinschaft gemeinsam auszuwerten. Aufgrund des stark fragmentierten Zustandes der Siedlungskeramik (umgelagerter, sekundärer Abfall) wäre eine Bestimmung der chronologisch relevanten Gruppen der handgeformten Keramik in der Siedlung in vielen Fällen nicht zuverlässig[42]; folglich wurde im Falle der Siedlung auf diese Unterscheidung verzichtet.

---

[38] Die archäometrischen Untersuchungen werden im Kapitel »Archäometrische Untersuchungen der awarenzeitlichen Keramik von Zillingtal« im Detail vorgestellt.

[39] z. B. Zwölfaxing – Feldsiedlung (Lippert 1969), Sommerein (Daim u. Lippert 1984), Münchendorf (Bachner 1985), Mödling – An der Goldenen Stiege (Daim 1994).

[40] Tonkessel kommen in Zillingtal nicht vor.

[41] Daim 1994.

[42] Die handgeformte Keramik weist, auch bezüglich der einzelnen Gefäße, eine viel größere Variabilität der relevanten technologischen Merkmale auf als die Gefäße der langsam gedrehten Keramik. Im Falle der langsam gedrehten Keramik ist eine typologische Einordnung auf Grundlage einer einzelnen Scherbe daher viel zuverlässiger als bei der handgeformten Keramik.

Bei der Erstellung der der Typochronologie des Keramikmaterials von Zillingtal erwies sich in erster Linie die Materialzusammensetzung (*fabrics*) als chronologisch relevante, gruppenbildende Eigenschaft. Im Falle der langsam gedrehten Keramik konnte die Art der Materialzusammensetzung zumeist in einen eindeutigen Zusammenhang mit den morphologischen Eigenschaften der Gefäße (Form des Gefäßkörpers, Randform, Bodentyp) gebracht werden; bei den handgeformten Gefäßen war dies nicht der Fall. Materialzusammensetzung und Brand erwiesen sich auch hier als chronologisch relevant. Dies gilt jedoch nicht für die Form der Gefäßkörper und der Gefäßteile wie Rand, Schulter oder Boden. Letztere stellen eher individuelle Gestaltungsmerkmale dar, und ihre Wahl war offenbar durch die einzelnen Töpfer bedingt. Aufgrund der begrenzten Auswahl von Gestaltungsmöglichkeiten kommen aber die gleichen Teilformen immer wieder – in verschiedenen chronologischen Phasen – vor, weshalb die morphologischen Eigenschaften der handgeformten Keramik nicht allein zur Aufstellung einer allgemeiner Chronologie dieser Gefäßgruppe dienen können.

In diesem Kapitel werden die chronologisch relevanten Gruppen der langsam gedrehten (LG 1-LG 3) und der handgeformten Keramik (HG 1-HG 4) vorgestellt. Die vorwiegend auf morphologischen Eigenschaften der Grabgefäße basierenden Untergruppen werden im Kapitel »Interpretation des awarenzeitlichen Gräberfeldes mit Hilfe der Keramikfunde« besprochen.

Die langsam gedrehte Keramik

Die langsam gedrehte Keramik von Zillingtal konnte anhand makroskopisch erfassbarer Kriterien in drei chronologisch relevante Gruppen (LG 1-LG 3) eingeteilt werden. Diese stellen Stationen einer chronologischen Entwicklung dar, wobei sich die drei Gruppen fließend ineinander entwickeln. Bei den Beschreibungen der einzelnen Gruppen wird jeweils ein »ideales Gefäß«, am Mittelpunkt der jeweiligen Keramikgruppe, vorgestellt[43]. Die nachfolgend beschriebenen Gruppen langsam gedrehter Keramik wurden im Bereich des awarenzeitlichen Gräberfeldes von Zillingtal kartiert (**Abb. 8**)[44]. Diese Kartierung bestätigt die chronologische Relevanz der Keramikgruppen.

LG 1
Für Gefäße dieser Gruppe ist eine sehr glatte, oft glimmerige Oberfläche und eine rotbraune Farbe charakteristisch (Munsell HUE 7.5R 3/2-3/3, *dark reddish brown*). Mehrere Gefäßformen, von kugelförmig (**Taf. 196, 1**) bis länglich (**Taf. 197, 1**), kommen vor; bezüglich der Gefäßform stellt LG 1 daher die variabelste Gruppe langsam gedrehter Gefäße dar. Die Ränder der Gefäße sind wenig ausladend, ihre Kanten abgerundet (**Taf. 197, 3**) oder schräg abgeschnitten (**Taf. 195, 2**). Selten sind die Randkanten verziert. Allein für diese Gruppe sind senkrecht verlaufende Linienbündel als Verzierungselement charakteristisch (**Taf. 195, 2; 173, 2**). Eine Delle auf dem Gefäßboden kommt lediglich vereinzelt vor (**Taf. 153, 1**).
Im Tafelteil der vorliegenden Arbeit sind die Gefäßprofile dieser Gruppe mit senkrechten Schraffuren ausgefüllt.

---

[43] Im Falle von Römerzeit oder Hoch- bzw. Spätmittelalter, als mehrere Werkstätten zeitlich parallel ähnliche Produkte herstellten und daher mehrere »Waren« im Umlauf waren, ist es möglich, im Rahmen der archäologischen Bearbeitung die *Grenzen* eines Typs, einer Ware, zu ermitteln. Die Keramikproduktion im awarenzeitlichen Zillingtal unterscheidet sich grundsätzlich von diesem Modell, da es sich hier – innerhalb der zwei technologischen Hauptgruppen, langsam gedreht und handgeformt – um chro-

nologisch aufeinander folgende und nicht um chronologisch parallel existierende Keramikgruppen handelt. Daher können hier nur der Mittelpunkt und nicht die Grenzen der einzelnen Gruppen beschrieben werden.

[44] Alle Kartierungen im Gräberfeld von Zillingtal wurden von Herrn Univ.-Doz. DDr. Peter Stadler mit dem Programmpaket »WinSerion« gefertigt. Ich bedanke mich sehr herzlich für die Anfertigung des Kartenmaterials.

Abb. 8 Gräberfeld Zillingtal, Kartierung der Haupttypen der langsam gedrehten Keramik LG 1-3 (rechts oben: LG 1, links unten: LG 2, rechts unten: LG 3).

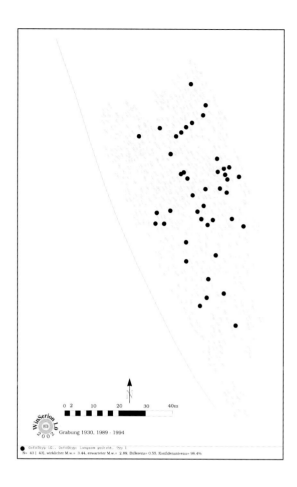

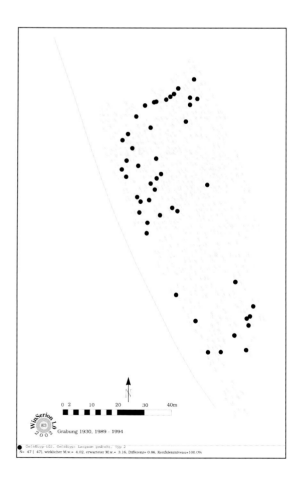

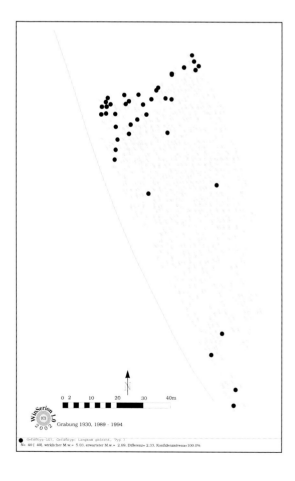

LG 2

Die Oberfläche der Gefäße ist rau und grobkörnig. Für diese Gruppe sind längliche Gefäßformen charakteristisch (**Taf. 110, 3**). Die Ränder sind ausladend gestaltet und schräg abgeschnitten (**Taf. 129, 2**). Die Farbe der Gefäße kann sowohl rotbraun (Munsell HUE 7.5R 3/2-3/3, *dark reddish brown*) als auch orangebraun (Munsell HUE 2.5YR 4/4-4/6, *dull reddish brown, reddish brown*) sein. Allein für LG 2 ist die aus halbkreisförmigen Bögen zusammengesetzte Wellenlinie als Verzierungselement charakteristisch (**Taf. 94, 1**). Am Gefäßboden kommt bisweilen eine Delle vor (**Taf. 94, 2**).

Im Tafelteil sind die Gefäßprofile dieser Gruppe mit diagonal von links oben nach rechts unten verlaufenden Schraffuren ausgefüllt.

LG 3

Die Gefäße dieser Gruppe besitzen einen senkrecht abgeschnittenen Rand (**Taf. 100, 2**), einen kugelförmigen Gefäßkörper (**Taf. 102, 2**) und eine sehr raue, grobkörnige Oberfläche. Die Farbe der Gefäße ist orangebraun (Munsell HUE 2.5YR 4/4-4/6, *dull reddish brown, reddish brown*). Bei dieser Gruppe kommt das »Fischgrätmuster« als Verzierungselement am häufigsten vor (**Taf. 112, 3; 124, 1**). Eine Delle am Boden der Gefäße tritt recht häufig auf (**Taf. 125, 2; 130, 1-2**).

Im Tafelteil sind die Gefäßprofile dieser Gruppe mit diagonal von rechts oben nach links unten verlaufenden Schraffuren ausgefüllt.

Anhand der Kartierungen chronologisch relevanten Frauenschmucks (**Abb. 10a-e**)[45] kann die grobe relativchronologische Lage der oben beschriebenen Keramikgruppen angegeben werden; eine exaktere Datierung kann nur nach umfassenden Bearbeitung des Gräberfeldes erfolgen[46]. Die Keramikgruppe LG 1 kann in die Phase der MA II bis zur SPA I datiert werden, Gruppe LG 2 lässt sich etwa der Phase SPA II zuordnen, Gruppe LG 3 kann in die SPA III datiert werden. Diese Angaben stellen nur ungefähre Daten dar und sollen lediglich ein chronologisches Gerüst zur Datierung liefern.

Die oben beschriebenen Keramikgruppen können mit dem chronologischen Schema für die Grabkeramik von Mödling – An der Goldenen Stiege in Zusammenhang gebracht werden. Aufgrund der Gefäßform und Randgestaltung der Gefäße lässt sich die erste Gruppe von Mödling mit Gruppe LG 1 in Zillingtal parallelisieren. Ein wichtiger Unterschied besteht darin, dass die in Mödling sehr charakteristische, starke Kalkmagerung dieser früheren, langsam gedrehten Keramikgruppe in Zillingtal nicht vorkommt. Die Gruppen LG 2 und LG 3 von Zillingtal entsprechen der späteren, langsam gedrehten Keramikgruppe von Mödling[47].

Ein Problem bei der Auswahl, Typologisierung und Auswertung der langsam gedrehten Keramik aus der Siedlung von Zillingtal, besonders der Gruppen LG 2 und LG 3, stellt die große Ähnlichkeit zwischen der awarenzeitlichen und einiger Typen der römerzeitlichen, langsam gedrehten Keramik dar. In den meisten Fällen ist es möglich, die beiden Zeithorizonte vor allem durch die Gestaltung der Innenflächen der Scherben voneinander zu unterscheiden. Im Rahmen eines weiteren Projektes könnte die mineralogische Zusammensetzung der langsam gedrehten, römerzeitlichen Scherben untersucht werden, um zu ermitteln, ob es möglich ist, die beiden Gruppen mittels archäometrischer Analysen zuverlässig voneinander zu unterscheiden.

---

[45] Die Grunddaten zu den Kartierungen finden sich in Distelberger 2004, 15-18. Ich bedanke mich bei Herrn Dr. Anton Distelberger für die Erlaubnis zur Verwendung dieser Daten.

[46] Die Gliederung der relativchronologischen Phasen basiert auf Metallobjekten, die Keramikfunde müssten also mit diesen zeit-

lich parallelisiert werden, und zwar unter Beachtung der Tatsache, dass das Alter der Metallfunde eines Grabes nicht zwingend mit dem der Keramikgefäße desselben Grabes übereinstimmt.

[47] Daim 1994.

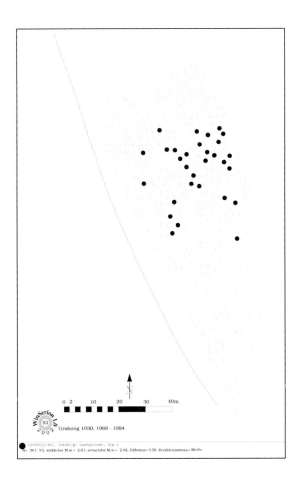

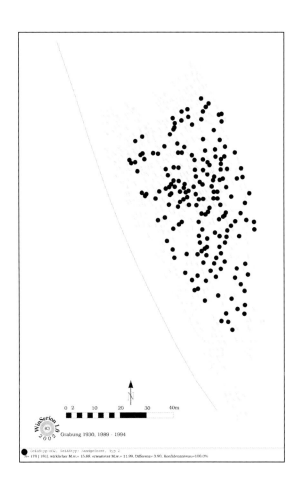

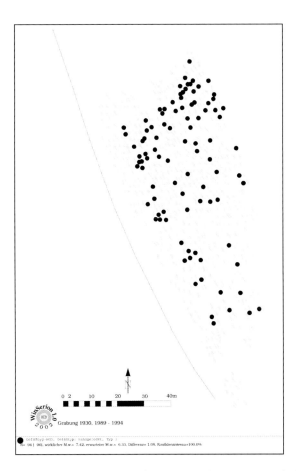

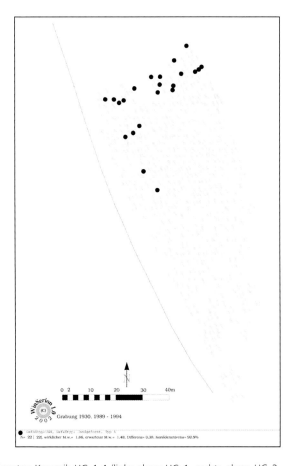

Abb. 9 Gräberfeld Zillingtal, Kartierung der Haupttypen der handgeformten Keramik HG 1-4 (links oben: HG 1, rechts oben: HG 2, links unten: HG 3, rechts unten: HG 4).

Die awarenzeitliche Keramik von Zillingtal | 13

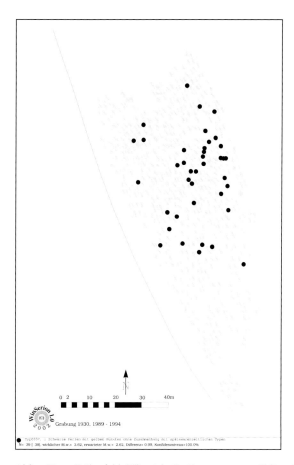
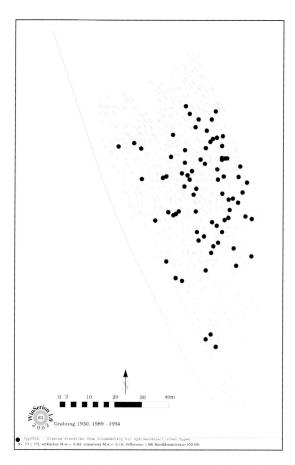

Abb. 10a Gräberfeld Zillingtal, Kartierung ausgewählter Frauenschmucktypen nach Distelberger, Mittelawarenzeit (MA) (links: Schwarze Perlen mit gelben Punkten ohne Zusammenhang mit spätawarenzeitlichen Typen; rechts: Eiserne Armreifen ohne Zusammenhang mit spätawarenzeitlichen Typen).

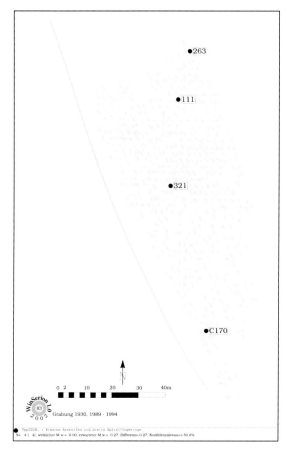
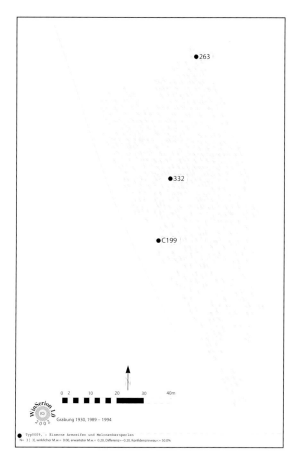

Abb. 10b Gräberfeld Zillingtal, Kartierung ausgewählter Frauenschmucktypen nach Distelberger, Spätawarenzeit I (SPA I) (links: Eiserne Armreifen und breite Spiralfingerringe; rechts: Eiserne Armreifen und Melonenkernperlen).

14 | Die awarenzeitliche Keramik von Zillingtal

Abb. 10c Gräberfeld Zillingtal, Kartierung ausgewählter Frauenschmucktypen nach Distelberger, Spätawarenzeit I (SPA I) (rechts oben: Schwarze Perlen mit gelben Punkten und breite Spiralfingerringe; links unten: Schwarze Perlen mit gelben Punkten und Melonenkernperlen; rechts unten: Schwarze Perlen mit gelben Punkten und schwarze Perlen mit gelber unregelmäßiger Fadenauflage).

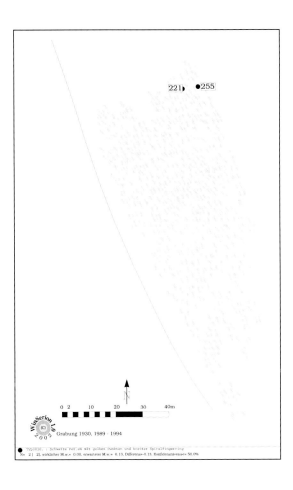

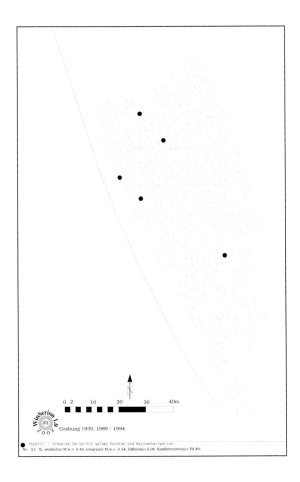

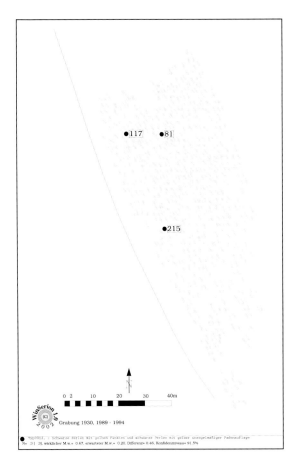

Abb. 10d Gräberfeld Zillingtal, Kartierung ausgewählter Frauenschmucktypen nach Distelberger, Spätawarenzeit allgemein (SPA) (rechts oben: Melonenkernperlen; links unten: Breite Spiralfingerringe aus Bronzedraht; rechts unten: Schwarze Perlen mit gelber unregelmäßiger Fadenauflage).

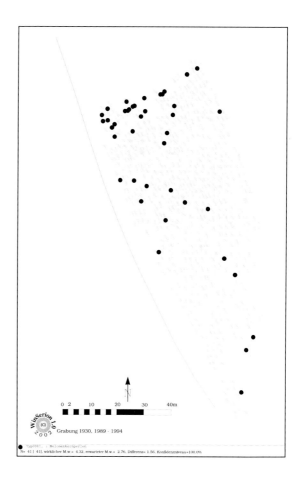

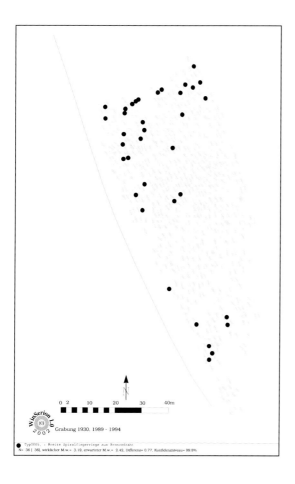

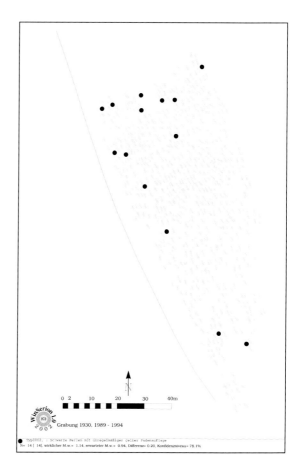

Die awarenzeitliche Keramik von Zillingtal

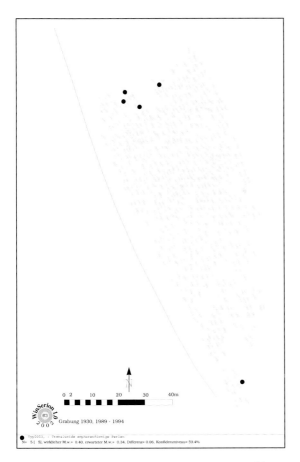
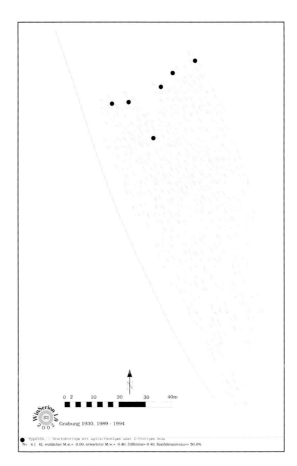

Abb. 10e　Gräberfeld Zillingtal, Kartierung ausgewählter Frauenschmucktypen nach Distelberger, Spätawarenzeit II-III (SPA II-III) (links: Transluzide amphorenförmige Perlen; rechts: Drahtohrringe mit spiralförmigem oder s-förmigem Ende).

Die handgeformte Keramik

Die handgeformte Keramik von Zillingtal kann in vier chronologisch relevante Gruppen eingeteilt werden. Da es sich bei diesen vier Gruppen, ebenso wie bei der langsam gedrehten Keramik, um Stationen einer kontinuierlichen chronologischen Entwicklung handelt, konnte auch hier jeweils ein »ideales Gefäß«, der Mittelpunkt des jeweiligen Keramiktyps, ermittelt werden. Die handgeformten Gefäße zeigen in ihrer Materialzusammensetzung jedoch eine größere Variabilität als die langsam gedrehten Gefäße.

Die vier handgeformten Keramikgruppen, ähnlich wie die langsam gedrehten Gruppen (**Abb. 8**), wurden im Bereich des awarenzeitlichen Gräberfeldes von Zillingtal kartiert (**Abb. 9**). Diese Kartierung bestätigt die chronologische Relevanz der vier Gruppen.

Wie oben bereits erwähnt, wurden innerhalb der Siedlungskeramik die Gruppen handgeformter Keramik nicht voneinander unterschieden. Auf den Tafeln zur Siedlungskeramik sind die Profile der handgeformten Gefäße mit Punktschraffur ausgefüllt.

HG 1
Die Gefäße dieser Gruppe sind aus schlecht aufbereitetem Ton gefertigt. In der Wand der Gefäße sind wenige Schamottestücke/Tongerölle und vereinzelt größere Steinchen sichtbar. Der Gefäßrand ist zumeist kaum ausladend bzw. senkrecht gestaltet (**Taf. 95, 1; 46, 3**). In einigen Fällen wurde der Rand mit Fingereindrücken verziert (**Taf. 46, 3; 58, 2**); Einkerbungen am Rand kommen sehr selten vor. Die Töpfe sind eher dickwandig (0,8-1,2 cm), schlecht aufgebaut und mit einem feinkörnigen, jedoch dicken Tonüberzug ver-

sehen. Aufgrund dieses Überzuges erscheint die Gefäßoberfläche sehr glatt, zuweilen sogar kreideartig. Die Farbe der Gefäße variiert zwischen gelb (Munsell HUE 10YR 7/4-7/6, *dull yellow orange, bright yellowish brown*), graugelb (Munsell HUE 10YR 6/2-6/3, *grayish yellow brown, dull yellow orange*) und orange (Munsell HUE 7.5YR 6/4-6/6, *dull orange, orange*). Einige Gefäße sind mit senkrecht und diagonal verlaufenden Linienbündeln verziert, die sich vom Gefäßhals bis zu seinem maximalen Umfang oder, selten, bis zum Boden erstrecken (**Taf. 113, 2; 115, 1**).

Im Tafelteil sind die Gefäßprofile dieser Gruppe mit horizontalen, gestrichelten Schraffuren ausgefüllt.

HG 2

Für diese Gruppe ist vor allem die stark rote bis rotbraune Farbe der Gefäße charakteristisch (Munsell HUE 10R 3/4-3/6, *dark red*); dies resultiert aus einem oxidierenden Brand. Stand den Gefäßen beim Brand nicht genug Sauerstoff zur Verfügung, erhielten sie eine rotschwarze bis schwarze Farbe (Munsell HUE 7.5R 2/1-2/2, *reddish black, very dark reddish brown*). In der Gefäßwand sind Schamottestücke/Tongerölle und Steinchen sichtbar. Die Morphologie der Gefäße ist vielfältig: Die Gefäßkörper sind überwiegend bauchig, die Ränder sind meist ausladend gestaltet (**Taf. 204, 1**) und in einigen Fällen mit Fingereindrücken oder Einkerbungen verziert (**Taf. 203, 1; 202, 2; 145, 1**). Als Verzierung am Gefäßkörper kommen senkrecht und waagerecht verlaufende Linienbündel vor (**Taf. 168, 2; 147, 2**). Verzierungen des Gefäßkörpers kommen innerhalb der handgeformten Keramik bei dieser Gruppe am häufigsten vor.

Im Tafelteil sind die Gefäßprofile dieser Gruppe mit senkrechten, gestrichelten Linien ausgefüllt.

HG 3

Die Gefäße dieser Gruppe besitzen eine gelbliche bis gelbbräunliche Farbe (Munsell HUE 10YR 6/3-6/4, *dull yellow orange*), die sie eindeutig von der Gruppe HG 2 unterscheidet. Eine härtere Oberfläche, die durch besser kontrollierten Brand resultiert, und ein höherer Anteil an kleinen Schamottestücken/Tongeröllen unterscheidet die Gefäße der Gruppe HG 3 von denen der Gruppe HG 1. Die Gefäßränder sind wenig ausladend gearbeitet; Randverzierung kommt selten vor, wenn aber, dann weist dieser Einkerbungen auf (**Taf. 114, 2**); Fingereindrücke treten kaum auf. Der Gefäßkörper ist selten verziert, und wenn, dann mit Nageleindrücken (**Taf. 151, 1**) oder Linienbündeln (**Taf. 83, 3**). Letztere stellen eine Nachahmung der Verzierung langsam gedrehter Keramik dar und unterscheiden sich daher von der Verzierung der Gruppen HG 1 und HG 2.

Im Tafelteil sind die Gefäßprofile dieser Gruppe mit diagonal von links oben nach rechts unten verlaufenden, gestrichelten Schraffuren ausgefüllt.

HG 4

Für die Gefäße dieser Gruppe ist eine graue bis graubraune Farbe charakteristisch (Munsell HUE 10YR 5/1-5/2, *brownish gray, grayish yellow brown*); diese unterscheidet die Gefäße von denen der Gruppe HG 2. In der Wand der Gefäße dieser Gruppe sind große Schamottestücke sichtbar, wodurch die Gefäße eine raue Oberfläche erhalten (**Taf. 90, 1**). Diese Eigenschaft unterscheidet sie von den Gefäßen der Gruppen HG 1 und HG 3. Die Form des Gefäßkörpers kann vielfältig sein, wobei hier eine ausgeprägte Schulter charakteristisch ist (**Taf. 131, 2; 132, 2**). Die Gefäße sind eher dünnwandig (0,5-0,8 cm) mit einem dicken Boden. Weder Gefäßkörper noch -rand sind verziert.

Im Tafelteil sind die Gefäßprofile dieser Gruppe mit diagonal von rechts oben nach links unten verlaufenden, gestrichelten Schraffuren ausgefüllt.

Mit Hilfe der Kartierungen des Frauenschmucks (**Abb. 10a-e**) kann die relativchronologische Lage der handgeformten Keramikgruppen, ähnlich wie im Falle der langsam gedrehten Keramik, angegeben werden. Die Gruppe HG 1 lässt sich etwa in die Phase der MA I (FA II?), Gruppe HG 2 in die MA II bis zur SPA I, Gruppe HG 3 in die SPA II und Gruppe HG 4 in die SPA III datieren, wobei dies nur grobe Datierungen darstellen können. Es ist nicht völlig ersichtlich, auf welche Weise die handgeformten und die langsam gedrehten Keramikgruppen miteinander parallelisiert werden können und ob der Rhythmus der Typenänderungen in diesen beiden Hauptgruppen einander ähnlich ist. Vor einer umfassenden Bearbeitung des Gräberfeldes muss offenbleiben, ob in der ersten Phase des Gräberfeldes, in der MA I (FA II?), wie es sich zum jetzigen Zeitpunkt darstellt, tatsächlich ausschließlich handgeformte Keramik vorkommt[48].

Spezielle Siedlungskeramiktypen

Backglocken
In der Siedlung wurden Reste zahlreicher Backglocken gefunden. Die meisten sind mit grobem Schamotte gemagert (z. B. **Taf. 4, 4; 5, 4, 6-7**), es kommen aber auch mit Kies (**Taf. 2, 4**) oder mit kalkhaltigem Material (**Taf. 9, 4; 14, 1**) gemagerte Stücke vor. Auf Grundlage der Funde von Zillingtal konnte nicht entschieden werden, ob die unterschiedlichen Magerungsarten chronologisch relevant sind. In Zillingtal wurden auch Henkelfragmente von Backglocken freigelegt. Größe, Form und Fertigungsweise der Backglocken sind mit den aus ungarischen Publikationen bekannt gewordenen Stücken identisch[49].
Im Tafelteil sind die Gefäßprofile dieser Gruppe mit Gitternetzschraffuren ausgefüllt.

Tonwannen
In der awarenzeitlichen Siedlung von Zillingtal traten wenige Bruchstücke sogenannter Tonwannen zutage (**Taf. 14, 6; 21, 4**). Solche Objekte sind in weiten Teilen Europas bekannt[50]. Der Ton ist mit organischem Material (Gras, Spelze) gemagert. Die in Zillingtal gefundenen Bruchstücke stammen aus Tonwannen mit einer Höhe von etwa 10 cm, andere Maße konnten anhand der Bruchstücke nicht ermittelt werden.
Im Tafelteil sind die Gefäßprofile dieser Gruppe mit Kreuzraster ausgefüllt.

Ergebnisse der makroskopischen Typologie

Die oben beschriebene makroskopische Typologie ermöglichte es, eine innere Chronologie sowohl für das Gräberfeld als auch für die Siedlung auszuarbeiten. Neben den traditionellen, makroskopischen Beobachtungen flossen, wie erwähnt, auch die Ergebnisse der archäometrischen Untersuchungen, vor allem der Dünnschliffanalyse, in die Ausarbeitung dieser Typologie ein. Die archäometrischen Analysen an der Keramik von Zillingtal werden in diesem Band im Kapitel »Archäometrische Untersuchungen der awarenzeitlichen Keramik von Zillingtal« eingehend besprochen. Um weitere Aspekte der awarenzeitlichen Keramikproduktion und des Keramikgebrauchs in Zillingtal erforschen zu können, wurden neben den archäologischen und archäometrischen Analysen auch zahlreiche Experimente zu diesem Thema durchgeführt. Diese werden im folgenden Kapitel vorgestellt.

---

[48] Bestätigt sich diese Hypothese auch nach einer umfassenden Bearbeitung des Gräberfeldes, stimmte dies mit der Auffassung Tivadar Vidas überein, dass langsam gedrehte Keramik in den awarenzeitlichen Gräberfeldern erst ab der Mittelawarenzeit nachzuweisen ist; Vida 1999, 107.
Eine Erklärung dafür, warum in der ersten Phase des Gräberfeldes von Zillingtal keine langsam gedrehte Keramik nachzuwei-

sen ist, ist möglicherweise diese, dass es länger dauerte, bis die für die langsam gedrehte Keramik benötigten Produktionsstrukturen – die zweifellos komplizierter waren als solche für die Herstellung handgeformter Keramik – aufgebaut werden konnten.
[49] Etwa Szőke 1980, 202, Abb. 11, 7; Bálint 1991, Taf. III, 9; V, 6.
[50] Etwa bei den Elbslawen (Hermann 1984), in Osteuropa (Rappoport 1975) oder im Karpatenbecken (Herold 2004).

EXPERIMENTE ZUR AWARENZEITLICHEN KERAMIK VON ZILLINGTAL

Im Laufe der Bearbeitung der awarenzeitlichen keramischen Funde ergab sich die Frage nach der Herkunft und der Funktion der Zillingtaler Gefäße. Da die in der unmittelbaren Umgebung der Fundstelle anstehenden Sedimente als Ausgangsmaterial für Keramikgefäße als hervorragend geeignet gelten[51], wurden natürlich diese als erste Möglichkeit in Betracht gezogen. Um die lokalen Sedimente charakterisieren und mit der archäologisch überlieferten Keramik vergleichen zu können, wurden die nachfolgend präsentierten Experimente durchgeführt.

Im Folgenden wird die Herkunft der verwendeten Tonproben erläutert[52], darauf werden die im Labor durchgeführten Brennversuche und die Feldexperimente vorgestellt.

Tonproben

An der Fundstelle Zillingtal wurden zwei Mal Tonproben genommen, erstmals im September 2000. Hierbei wurden alle zu diesem Zeitpunkt – trotz der landwirtschaftlichen Nutzung – zugänglichen Bereiche in der Umgebung der Fundstelle beprobt; insgesamt wurden dabei elf Tonproben entnommen. Die Lage der Entnahmestellen ist in **Abb. 11** dargestellt. Die Tonproben wurden, um den angenommenen awarenzeitlichen Methoden der Tonentnahme näherzukommen, von der Oberfläche, jeweils in einem Umkreis von ca. 50 cm Durchmesser, entnommen. Die Menge der Tonproben betrug jeweils 2-3 kg. Die elf Proben wurden für die Brennversuche im Labor benutzt und sowohl in ungebranntem wie gebranntem Zustand mit Röntgendiffraktionsanalyse untersucht.

Da die oben beschriebenen elf Proben für die Gefäßherstellung während der Feldexperimente nicht mehr ausreichten, wurden im Juni 2001 an der Fundstelle Zillingtal erneut Tonproben genommen. Diesmal wurden neun Tonproben genommen, und zwar ebenfalls von der Oberfläche und jeweils in einem Umkreis von ca. 50 cm Durchmesser. Die Menge der Tonproben betrug diesmal jeweils 5-7 kg. Die Entnahmestellen waren rasterförmig innerhalb eines 400 × 400 m großen Quadrates angelegt und lagen 150-200 m voneinander entfernt (**Abb. 12**). Ziel der Wahl eines gleichmäßigen Abstandes war es, die Homogenität bzw. Heterogenität des lokalen Bodens zu testen. Die neun Tonproben wurden für die Feldexperimente benutzt.

Laborexperimente – Brennversuche

Um die von uns genommenen Sedimentproben als Rohstoff der awarenzeitlichen Keramik in Betracht ziehen zu können, war es zuerst notwendig zu testen, ob es möglich ist, aus diesen Keramik anzufertigen. Dafür wurde aus den elf Proben jeweils eine kleine Menge mit Wasser verknetet und zu Versuchsstücken verarbeitet. Diese wurden im elektrischen Ofen ausgebrannt[53]. Ziel des Versuches war es weiterhin, annähernde Angaben über Brenntemperatur und Brenndauer der awarenzeilichen Keramik von Zillingtal zu erhalten.

---

[51] Bereits während der Ausgrabungen des awarenzeitlichen Gräberfeldes von Zillingtal (1985-1994) wurden aus den lokalen Sedimenten Tongefäße angefertigt und im offenen Feuer ausgebrannt. Für die mündliche Mitteilung (Juni 2000, Zillingtal) möchte ich mich bei Herrn HR Dr. Karl Kaus, Burgenländisches Landesmuseum Eisenstadt, bedanken.

[52] Der Begriff »Ton« wird hier einfach im Sinne von »Ausgangsmaterial für Keramikgefäße« verwendet und nicht als geologische Korngrößenklasse bzw. Gesteinsbezeichnung.

[53] Die Brennversuche wurden am Geologisch-Paläontologischen Institut der Johann Wolfgang Goethe-Universität, Frankfurt am Main, durchgeführt.

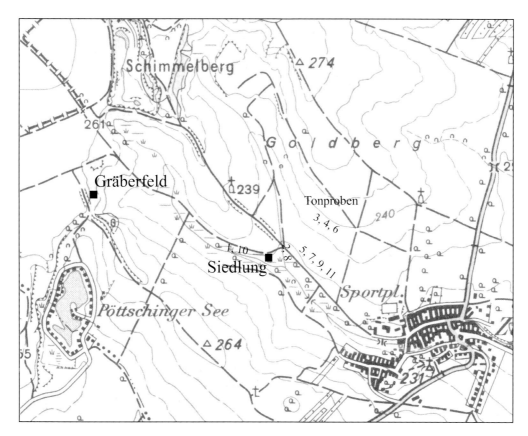

Abb. 11 Entnahmestellen der Tonproben 1, Ausschnitt aus der ÖK M. 1:50 000, Blatt 77, Eisenstadt, © BEV 2008, EB 2008/00612.

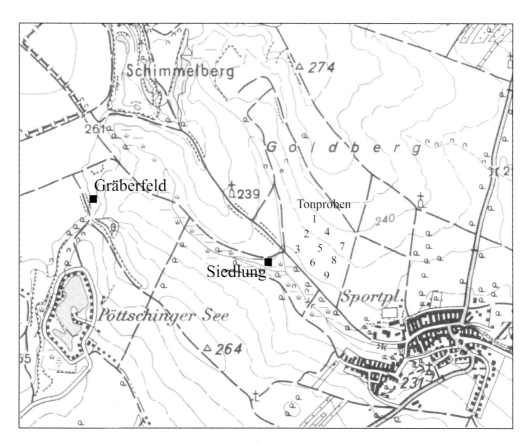

Abb. 12 Entnahmestellen der Tonproben 2, Ausschnitt aus der ÖK M. 1:50 000, Blatt 77, Eisenstadt, © BEV 2008, EB 2008/00612.

Zeit (Minuten, absolut)	Zeit (Minuten, relativ)	Temperatur
0		20 °C
0		200 °C Start
4	4	200 °C erreicht
9	**5**	200 °C gehalten
9		300 °C Start
11	2	300 °C erreicht
16	**5**	300 °C gehalten
16		400 °C Start
19	3	400 °C erreicht
29	**10**	400 °C gehalten
29		500 °C Start
32	3	500 °C erreicht
52	**20**	500 °C gehalten
52		600 °C Start
56	4	600 °C erreicht
86	**30**	600 °C gehalten
86		Brennstück aus dem Ofen entfernt

Tab. 1 Zeitlicher Ablauf der Brennversuche.

Der zeitliche Ablauf der Brennversuche war wie folgt (siehe auch **Tab. 1**): Die Versuchsstücke wurden in den kalten Ofen eingestellt, die Temperatur wurde auf 200° C gestellt. Nach Erreichen der eingestellten Temperatur (vier Minuten) wurde die Temperatur fünf Minuten lang konstant gehalten. Nach Ablauf dieser Zeit wurde die Temperatur auf 300° C erhöht. Diese Temperatur wurde innerhalb von zwei Minuten erreicht und wurde fünf Minuten lang konstant gehalten. 400° C wurden in drei Minuten erreicht und zehn Minuten lang konstant gehalten usw. (für Details siehe **Tab. 1**). Der Ofen wurde dabei stufenweise bis auf 600° C geheizt; das Brennexperiment dauerte 86 Minuten je Probe.

Das Brennschema musste für dieses Experiment nach eigener Vorstellung zusammengestellt werden, da in der Literatur meist entweder nur von Brenntemperaturen gesprochen und die zeitliche Komponente der Versuche außer Acht gelassen wird[54], oder die Temperaturen bis zum Erreichen des boudouardschen Gleichgewichts (also bis keine Reaktionen mehr auf der vorgegebenen Temperatur stattfinden) konstant gehalten werden[55]. Für den Nachweis des boudouardschen Gleichgewichts standen bei den Brennversuchen keinerlei Geräte zur Verfügung. Fragen wie etwa danach, ob das gleiche Ergebnis mit der Kombination von einer Stunde Heizdauer bei einer Temperatur von 600 °C wie mit 40 Minuten Heizdauer bei einer Temperatur von 700 °C erreicht werden kann, mussten selbstverständlich offenbleiben.

Als Grundlage für die Zusammenstellung des Brennschemas dienten die ersten, in Wien durchgeführten Röntgendiffraktionsanalysen der awarenzeitlichen Keramik von Zillingtal[56]. Da bei diesen Untersuchungen noch Tonminerale und Karbonate gefunden wurden, wurde die Brenntemperatur lediglich bis auf 600 °C erhöht[57]. Die 86-Minuten-Brenndauer ist dabei als Kompromiss zwischen der höchst variablen dokumentierten Dauer eines Feldbrandes[58] und einem realistischen Zeitrahmen für elf Brennversuche zu verstehen.

Aus allen Proben, mit Ausnahme der Proben 1 und 10, war es möglich, Keramik anzufertigen. Die Proben 1 und 10 wurden sehr bröselig, und sie zerfielen sehr leicht. Beide Proben stammen aus dem Bereich des Baches, der die Fundstelle nach Süden hin begrenzt. Aus jedem Versuchsstück wurde eine Probe für die Röntgendiffraktionsanalyse angefertigt. Auf Grundlage der Ergebnisse der RDA lässt sich die für die Keramikherstellung schlecht geeignete Qualität auf den hohen Dolomitgehalt der beiden Tonproben zurückführen. Alle weiteren Brennproben zeigten bei der Untersuchung mittels RDA eine sehr ähnliche Zusammensetzung wie die awarenzeitliche Keramik von Zillingtal. Dies deutet darauf hin, dass eine lokale Provenienz der awarenzeitlichen Keramik aus dieser Fundstelle gut denkbar ist[59].

[54] Rice 1987, 153-158.
[55] Über die Problematik: Noll 1991, 84-85.
[56] Siehe die Beschreibung der Röntgendiffraktionsanalysen in vorliegender Arbeit.
[57] z.B. Noll 1991, 99.
[58] z.B. Rice 1987, 154; Orton, Tyers u. Vince 1993, 127.
[59] Für die weitere Auswertung der Brennversuche siehe das Kapitel über die Röntgendiffraktionsanalyse in vorliegender Arbeit.

Feldexperimente

Mit Hilfe archäometrischer Analysen (Dünnschliffanalyse, Röntgendiffraktion) konnte nachgewiesen werden, dass die awarenzeitliche Keramik von Zillingtal mit großer Wahrscheinlichkeit aus lokalem Ton produziert wurde (siehe auch das Kapitel »Archäometrische Untersuchungen der awarenzeitlichen Keramik von Zillingtal«). Dies trifft sowohl auf die handgeformten als auch die langsam gedrehten Gefäße zu. Um die Gefäßherstellung aus lokalem Ton auch in der Praxis testen zu können, wurden mit Hilfe der neun im Juni 2001 genommenen Proben Feldexperimente durchgeführt.

Die Experimente, welche nachfolgend in chronologischer Reihenfolge vorgestellt werden, fanden im Museum für Urgeschichte, Asparn/Zaya (Niederösterreich) statt. Experiment 1, 2 und 4 beschäftigen sich mit der Frage, ob es möglich ist, aus Zillingtaler »Ton«[60] Gefäße herzustellen. Bei Experiment 4 wurde auf Erfahrungen aus den ersten beiden Experimenten zurückgegriffen. In Experiment 3 wurde versucht, die Brennfarbe des Zillingtaler Tons mit Hilfe einer Säure zu beeinflussen. In Experiment 5 wurde getestet, ob Tongefäße des Experiments 4 als Kochgefäße verwendet werden können.

Experiment 1: Anfertigung handgeformter Gefäße aus Zillingtaler Ton (1)

Juli 2001

Zunächst wurden aus drei Zillingtaler Tonproben (2, 3 und 7) handgeformte Gefäße gefertigt. Die Tonproben wurden nicht gesiebt, gröbere Partikel (Kies, Pflanzenreste) wurden mit der Hand aussortiert. Die einzelnen Tonproben wurden mit Wasser verknetet und mit Wulsttechnik, ohne Verwendung einer Drehscheibe, aufgebaut. Dabei war nicht beabsichtigt, ein bestimmtes awarenzeitliches Gefäß nachzuformen. Die gefertigten Gefäße sollten vielmehr – neben der Materialzusammensetzung – den allgemeinen Formenschatz der handgeformten Gefäße von Zillingtal wiedergeben. Die Anfertigung eines Gefäßes einschließlich der Materialvorbereitung (Kneten) nahm zwischen anderthalb und drei Stunden in Anspruch, wobei die Materialvorbereitung mehr als die Hälfte der Zeit beanspruchte.

Das Trocknen und Brennen der drei handgeformten Gefäße erfolgte gemeinsam mit dem der unten beschriebenen, langsam gedrehten Gefäße (**Abb. 13**).

Experiment 2: Anfertigung langsam gedrehter Gefäße aus Zillingtaler Ton

Juli 2001

Nach dem Aufbau der obigen drei Gefäße wurden aus den Tonproben 2 und 3 auch langsam gedrehte Gefäße angefertigt.

Aufgrund der Dünnschliffuntersuchungen erscheint es naheliegend, dass die handgeformte Keramik ohne intentionelle Magerung gefertigt wurde, während dem Ton der langsam gedrehten Gefäße offensichtlich Zusatzstoffe (Quarz, Muskovit, Karbonate) zugefügt worden sind. Diese Minerale kommen zwar an der Fundstelle in Form kleiner Steine überall vor, die genauen Quellen dieses Materials und vor allem die Methode der Zerkleinerung sind jedoch unbekannt. Die beiden langsam gedrehten, im Experiment hergestellten Gefäße wurden also, ebenso wie die handgeformten, ohne eigens zugefügte Magerung gefertigt.

---

[60] Wie oben bereits erwähnt, wird hier der Begriff »Ton« im Sinne von Ausgangsmaterial für Keramik benutzt und entspricht nicht der geologischen »Ton«-Bezeichnung.

Im Rahmen der experimentellen Fertigung der langsam gedrehten Gefäße ging es in erster Linie nicht um die Materialzusammensetzung, sondern um die mit Hilfe einer Handscheibe zu imitierende awarenzeitliche Formgebung der Gefäße. Im Gegensatz zu den handgeformten Gefäßen wurde hier versucht, die Form zweier bestimmter Gefäße aus Zillingtal wiederzugeben. Die verwendete Handtöpferscheibe war aus Metall gefertigt und bestand aus einer unteren Platte mit einem Durchmesser von 25 cm, einer Achse mit einer Höhe von 20 cm und einer oberen Platte von 20 cm Durchmesser.

Aus Tonprobe 3 wurde – mit Hilfe einer Töpferin[61] – versucht, das Gefäß aus Grab 505 im Gräberfeld von Zillingtal nachzuformen. Das Originalgefäß (**Taf. 195, 2**) gehört zur typologischen Gruppe LG 1 und ist in MA II-SPA I zu datieren. Die hier relevanten Eigenschaften der Gruppe lassen sich wie folgt zusammenfassen: relativ starke Wand und glatte Oberfläche; im Dünnschliff rundliche Poren, die auf ein langsames Drehen der Handtöpferscheibe hinweisen.

Die Töpferin wurde ersucht, aus dem vorbereiteten Ton die Form des Originalgefäßes nach eigener Vorstellung und mit Hilfe einer Handtöpferscheibe aufzubauen. Sie baute den Boden und den Ansatz der Wand aus einem Stück auf und fügte weitere Teile mit Wulsttechnik hinzu. Die Handtöpferscheibe benutzte sie lediglich für den Ausgleich von Unregelmäßigkeiten in der Wandstärke und für das Formen des Randes am Schluss des Werkprozesses sowie für das Aufbringen von Verzierung (**Abb. 14**).

Während des Arbeitsprozesses stellte sich heraus, dass der Ton zwar sehr gut plastisch zu verarbeiten war, beim Aufbau des Gefäßes aber sehr leicht riss. Mit Hilfe laufender Wasserzugabe war es jedoch möglich, dieses Problem zu beseitigen.

Aus Tonprobe 2 wurde versucht, das Gefäß aus Grab 290 nachzuformen. Das Originalgefäß (**Taf. 130, 2**) gehört zur typologischen Gruppe LG 3 und ist in die SPA III zu datieren. Die hier relevanten Eigenschaften der Gruppe lassen sich wie folgt zusammenfassen: relativ dünne Wand, kugelförmiger Gefäßkörper, abgestrichener Rand, im Dünnschliff längliche Poren, die auf ein relativ schnelles Drehen der Handtöpferscheibe hinweisen.

Bei der Fertigung wurde versucht, die Handtöpferscheibe nicht nur für den Ausgleich der unregelmäßigen Wandstärke zu benutzen, sondern ihre Funktionsweise in die tatsächliche Formgebung des Gefäßes mit einzubeziehen. Dadurch war es möglich, eine wesentlich geringere Wandstärke und einen stärker profilierten Gefäßkörper und -rand zu erzeugen. Der Aufbau erfolgte mit Wulsttechnik, die Wülste wurden auf der Scheibe jedoch stärker bearbeitet als im Falle des ersten experimentell gefertigten Gefäßes (**Abb. 15**).

Die beiden langsam gedrehten und die drei handgeformten Gefäße wurden zwei Tage lang getrocknet. Das Trocknen fand anfangs in der Sonne statt, wodurch sämtliche Gefäße Risse bekamen. Die Gefäße wurden deshalb im Schatten weitergetrocknet, wodurch die Risse zwar kleiner wurden, aber nicht mehr zum Verschwinden gebracht werden konnten. Für den Brand wurde in einer Grube (1 m × 1,2 m, 50 cm tief) ein Feuer entzündet. Vor dem Brennen wurden die Gefäße neben dem Feuer vorgewärmt und schrittweise in das Feuer geschoben. Der Brennvorgang dauerte ca. zwei Stunden. Die Gefäße wurden ca. 30 Minuten nach dem Erreichen des Rotglühens mit Hilfe einer Schmiedezange aus dem Feuer entfernt. Die Risse wurden durch das Brennen zwar größer, die Gefäße platzten jedoch nicht. Die Gefäße aus Tonprobe 2 erhielten eine rötlich-orange, die Gefäße aus Tonprobe 3 eine weniger intensive rötliche und das Gefäß aus Tonprobe 7 eine graubraune Farbe (siehe auch **Tab. 2**).

[61] Für die Hilfe möchte ich mich bei Frau Natalia Kukelka (Töpferwerkstätte der WUK – Werkstätten- und Kulturhaus, Wien; Gastexpertin an der Lehrveranstaltung »Experimentelle Archäologie« im Museum für Urgeschichte Asparn/Zaya, Juli 2001) herzlich bedanken.

Abb. 13 Die handgeformten Gefäße aus Experiment 1.

Abb. 14 Das erste langsam gedrehte Gefäß aus Experiment 2.

Abb. 15 Das zweite langsam gedrehte Gefäß aus Experiment 2.

Abb. 16 Tonplättchen aus Experiment 3 (obere Reihe: 2, 3, 7; untere Reihe: 2 E, 3 E, 7 E).

Nr. Tonprobe	Art des Gefäßes	Farbe, nach Munsell	Farbbezeichnung, nach Munsell
2	langsam gedreht	HUE 5YR 6/6	orange
		HUE 5YR 6/8	orange
		HUE 5YR 5/4	dull reddish brown
		HUE 5YR 5/6	bright reddish brown
		HUE 5YR 3/1	brownish black
3	langsam gedreht	HUE 7.5YR 6/6	orange
		HUE 7.5YR 6/8	orange
		HUE 7.5YR 5/2	grayish brown
		HUE 7.5YR 5/3	dull brown
		HUE 7.5YR 3/1	brownish black
2	handgeformt	HUE 2.5YR 5/6	bright reddish brown
		HUE 2.5YR 5/8	bright reddish brown
		HUE 2.5YR 3/2	dark reddish brown
		HUE 2.5YR 3/3	dark reddish brown
		HUE 2.5YR 5/1	reddish gray
		HUE 2.5YR 5/2	grayish red
3	handgeformt	HUE 5YR 5/6	bright reddish brown
		HUE 5YR 5/8	bright reddish brown
		HUE 5YR 6/1	brownish gray
		HUE 5YR 5/1	brownish gray
7	handgeformt	HUE 7.5YR 5/3	dull brown
		HUE 7.5YR 5/4	dull brown
		HUE 7.5YR 3/1	brownish black
		HUE 7.5YR 5/2	grayish brown
		HUE 7.5YR 6/6	orange
		HUE 7.5YR 6/8	orange

Tab. 2 Farben der Gefäße aus Experiment 1 und 2.

Abb. 17a-e Einzelne Schritte des Gefäßaufbaus im Verlauf der Experimente.

Experiment 3: Beeinflussung der Brennfarbe des Zillingtaler Tons mit Hilfe von Säure

Juli 2001

Die Farbe der awarenzeitlichen Gefäße von Zillingtal zeigt eine große Variabilität. Die chronologischen Gruppen sowohl der handgeformten wie auch der langsam gedrehten Gefäße sind nicht zuletzt durch ihre Farbe gekennzeichnet. Nach Ausweis der archäometrischen Untersuchungen (Röntgendiffraktion, Dünnschliffanalyse) liegen Unterschiede vor allem im Karbonatgehalt der verschiedenen Gefäße vor. Eine Ursache dafür könnte in dem Rückgriff auf verschiedene Tonquellen liegen, eine andere Erklärung böte die Annahme, dass der Karbonatgehalt des Tons von der awarenzeitlichen Bevölkerung bewusst beeinflusst wurde. Durch die Fertigung der oben beschriebenen fünf Gefäße wurde die Möglichkeit der Nutzung unterschiedlicher Tonquellen ausprobiert.

Gleichzeitig mit dem Aufbau dieser Gefäße wurde auch die bewusste Beeinflussung des Karbonatgehalts getestet. Jeweils zwei Plättchen mit einem Durchmesser von ca. 7-8 cm und einer Stärke von 1 cm wurden aus den Tonproben 2, 3 und 7 gefertigt. Ein Plättchen aus jeder Tonprobe wurde ohne weitere Behandlung belassen (Plättchen 2, 3, und 7), bei den anderen dreien wurde der Ton mit Essig verknetet (Plättchen 2E, 3E und 7E). Bei Plättchen 2E konnte während des Knetens das Entstehen zahlreicher Luftblasen beobachtet werden. Bei Plättchen 3E traten dagegen weniger, bei Plättchen 7E nahezu keine Luftbläschen auf. Da

Plättchen ohne Essig	Farbe, nach Munsell	Farbbezeichnung, nach Munsell	Plättchen mit Essig	Farbe, nach Munsell	Farbbezeichnung, nach Munsell
2	HUE 5YR 5/6	bright reddish brown	2E, Kruste	HUE 5YR 8/1	light gray
	HUE 5YR 5/8	bright reddish brown		HUE 5YR 8/2	light gray
	HUE 5YR 4/6	reddish brown		HUE 5YR 8/3	pale orange
	HUE 5YR 4/8	reddish brown	2E, unterhalb der Kruste	HUE 5YR 6/8	orange
	HUE 5YR 4/2	grayish brown		HUE 5YR 4/1	brownish gray
	HUE 5YR 4/3	dull reddish brown		HUE 5YR 5/3	dull reddish brown
3	HUE 7.5YR 6/6	orange	3E, Kruste	HUE 10YR 7/1	light gray
	HUE 7.5YR 6/8	orange		HUE 10YR 8/1	light gray
	HUE 7.5YR 4/1	grayish brown	3E unterhalb der Kruste	HUE 10YR 4/1	brownish gray
	HUE 7.5YR 4/2	brownish gray		HUE 10YR 4/2	grayish yellow brown
	HUE 7.5YR 3/1	brownish black		HUE 10YR 4/3	dull yellowish brown
7	HUE 7.5YR 5/1	brownish gray	7E	HUE 7.5YR 7/2	dull yellow orange
	HUE 7.5YR 5/2	grayish brown		HUE 7.5YR 7/3	dull yellow orange
	HUE 7.5YR 6/6	orange		HUE 7.5YR 6/1	brownish gray
	HUE 7.5YR 6/8	orange		HUE 7.5YR 5/1	brownish gray
				HUE 7.5YR 3/1	brownish black

Tab. 3 Farben der Plättchen zu Experiment 3.

dieses Phänomen am ehesten auf die Reaktion der Karbonate mit Säure hindeutet, ist daraus wiederum wohl zu folgern, dass Plättchen 2E den größten und Plättchen 7E den kleinsten Karbonatgehalt besessen haben muss.

Die Plättchen wurden gemeinsam mit den fünf Gefäßen getrocknet und ausgebrannt.

Dieses Experiment brachte unerwartete Ergebnisse: Durch den Essig wurde nicht nur die Brennfarbe des Tons beeinflusst, es bildete sich auch eine weiße Kruste an der Oberfläche der Plättchen. Diese war bei Plättchen 2E am dicksten und bei 7E sehr dünn (**Abb. 16**). Ihre Stärke hängt wahrscheinlich mit der Höhe des Karbonatgehaltes zusammen. Die Farbe unterhalb der Kruste – soweit diese sichtbar ist – erscheint bei den Plättchen 2E und 3E bräunlicher als im Falle der beiden unbehandelten Plättchen 2 und 3, während bei Plättchen 7E – das unbehandelte Plättchen 7 war braun bzw. grau – eine hellere, gelbliche Färbung zutage kam (siehe auch **Tab. 3**). Ähnliche Erscheinungen von Krustenbildung sind bei der awarenzeitlichen Keramik von Zillingtal nicht zu finden, das Ergebnis dieses Experimentes bietet dennoch eine Erklärung für ein vergleichbares Phänomen, das im Falle einiger Gefäße des awarenzeitlichen Gräberfeldes Mödling – An der Goldenen Stiege beobachtet werden konnte. Ca. 6-8 handgeformte Gefäße aus diesem Gräberfeld weisen an der Oberfläche eine starke, grobe, weiße Kruste auf. Aufgrund des oben beschriebenen Experiments kann angenommen werden, dass diese Gefäße einen hohen Karbonatgehalt besitzen und mit Säure in Berührung gekommen sind. Ob eine solche Krustenbildung auch nach dem Brand möglich ist, wird mit Hilfe von archäometrischen Analysen und weiteren Experimenten zu untersuchen sein[62].

Dieses Experiment hat also gezeigt, dass es möglich ist, durch Behandlung mit Säure eine Farbveränderung der Keramik hervorzurufen. Diese vollzieht sich von Rot zu Braun, bzw. von Braun zu Gelb. Die Frage, mit welchen makroskopischen oder archäometrischen Methoden eine »Säurebehandlung« bei einem archäologischen Gefäß nachgewiesen werden könnte, muss vorerst unbeantwortet bleiben.

---

[62] Die Bearbeitung der Mödlinger Keramik ist in Vorbereitung. Ich bedanke mich bei Herrn Univ.-Prof. Dr. Falko Daim für die freundliche Gewährung der Einsichtnahme in das Material.

Abb. 18 Fertiggestellte Gefäße beim Vorwärmen (vor dem Brand).

Abb. 19 Zusammenschau aller ausgebrannten Gefäße.

Abb. 20 Gefäße mit Bohnen, vor dem Kochen: Wasser tritt durch die Gefäßwand aus.

Abb. 21 Gefäße mit Bohnen, neben das Feuer gestellt.

Experiment 4: Anfertigung handgeformter Gefäße aus Zillingtaler Ton (2)

August 2001

Im Verlauf der zweiten Experimentserie wurde aus jeder der neun Tonproben ein Gefäß gefertigt. Die Art des Aufbaus der Gefäße war dabei ähnlich wie bei Experiment 1 (**Abb. 17a-e**). Die aufgebauten Gefäße wurden diesmal eine Woche lang ohne Heizung oder Sonnenlicht getrocknet. Trotz der vorsichtigen Trocknung zeigten mehrere Gefäße kleine Risse. An Gefäß 6 und 9 waren sie nicht reparabel.

Für den Brand wurde in einer Grube ein Feuer entzündet. Zuerst wurden die Gefäße neben dem Feuer eine Stunde lang vorgewärmt (**Abb. 18**). Der Brand dauerte 1,5 Stunden. In den ersten 15 Minuten erhielten einige Gefäße weitere Risse. 30 Minuten nach dem Erreichen des Rotglühens wurden die Gefäße mit einer Schmiedezange aus dem Feuer genommen. Zwei Gefäße blieben dabei intakt (Nr. 5 und 7), an fünf Gefäßen sprangen einzelne Teile ab (Nr. 1-4, 8), zwei Gefäße zersprangen völlig (Nr. 6 und 9; Übersicht aller fertig gestellten Gefäße: **Abb. 19**).

Beobachtungen im Laufe des Experiments:

– Aufbau der Gefäße

Einige handgeformte awarenzeitliche Gefäße von Zillingtal weisen in der Mitte des Bodens eine Eindrükkung auf (z. B. Grab 315, **Taf. 137, 1**). Diese eingedrückten Stellen haben in der Regel 5-8 cm Durchmes-

Abb. 23 Gefäße mit gekochten Bohnen, Wasser tritt nicht mehr durch die Gefäßwand aus.

Abb. 22a-b Gefäße mit kochendem Wasser, im Feuer.

ser, besitzen keine scharfen Kanten und sollten keineswegs mit den Achsabdrücken (Dellen) langsam gedrehter Gefäße verwechselt werden. Dellen haben von maximal 3 cm Durchmesser und weisen stets einen kreisförmigen Umriss sowie klar umrissene scharfe Kanten auf.

Im Laufe der Experimente wurden solch eingedrückte Stellen auf dem Boden der Gefäße – unabsichtlich – repliziert. Sie gehen auf den Herstellungsprozess zurück, bei dem Boden und untere Teile der Gefäßwand aus einem Stück geformt werden.

– Farbe der Tonproben und Gefäße

Nach dem Aufbau der Gefäße wurden ihre Farben mit Hilfe der *Munsell Soil Color Chart* bestimmt (**Tab. 4**). Dabei konnten zwei Farbintervalle festgestellt werden: Die Gefäße 1, 2, 4, 5 und 7 zeigten eher bräunliche Farben, die Gefäße 3, 6, 8 und 9 waren eher schwarz (siehe **Abb. 18**). Es war zwar möglich, aus sämtlichen Proben ein Gefäß aufzubauen, im Allgemeinen war es aber leichter, mit den Proben der bräunlichen Gruppe zu arbeiten. Deren Ton neigte weniger zu Rissbildung und war einfacher zu formen.

Interessanterweise zeigten die Farben nach dem Brennen keinen Zusammenhang mit den ursprünglichen Farben der Tonproben (**Tab. 5**). Dies liegt mit großer Wahrscheinlichkeit daran, dass die Farbe des Tons sehr stark vom Wassergehalt beeinflusst wird. Die Tonproben besaßen – wegen ihrer unterschiedlichen Lage im Gelände und aufgrund der lokalen Vegetation – einen unterschiedlichen Wassergehalt. Für den Aufbau der Gefäße musste ihr Wassergehalt im Laufe des Knetvorgangs ausgeglichen werden. Dadurch traten andere farbgebende Eigenschaften in den Vordergrund: Es zeigte sich, dass es unter den Proben grundsätzlich zwei Arten von Ton gibt. Diese unterscheiden sich nicht nur, wie bereits erwähnt, durch ihre Farbe, sondern auch durch ihre Formbarkeit.

Schon beim Trocknen bildeten die Gefäße aus den schwarzen Proben 6 und 9 starke Risse. Beim Brand zersprangen sie ganz. Die Gefäße 1, 2, 3, 4 und 8 verloren einzelne Teile, was mit einer erfahreneren Brandführung wohl zu verhindern gewesen wäre. Gefäß 5 und 7 (beide aus dem bräunlichen Ton) blieben hingegen intakt.

Tonproben-/ Gefäß-Nr.	Farbe vor dem Brand, nach Munsell	Farbbezeichnung vor dem Brand, Munsell	Farbe nach dem Brand, nach Munsell	Farbbezeichnung nach dem Brand, nach Munsell	Farbe nach dem Kochen, nach Munsell	Farbbezeichnung nach dem Kochen, nach Munsell
1	HUE 2.5YR 4/1	yellowish gray	HUE 10R 5/6	red		
	HUE 2.5YR 3/1	brownish black	HUE 10R 5/8	red		
	HUE 2.5YR 3/2	brownish black	HUE 10R 4/6	red		
			HUE 10R 4/8	red		
			HUE 10R 3/1	dark reddish gray		
			HUE 10R 4/1	dark reddish gray		
2	HUE 2.5YR 4/1	yellowish gray	HUE 2.5YR 6/6	orange		
	HUE 2.5YR 3/1	brownish black	HUE 2.5YR 6/8	orange		
	HUE 2.5YR 3/2	brownish black	HUE 2.5YR 5/6	bright reddish brown		
			HUE 2.5YR 5/8	bright reddish brown		
			HUE 2.5YR 5/1	reddish gray		
			HUE 2.5YR 4/1	reddish gray		
3	HUE 10YR 4/1	brownish gray	HUE 7.5YR 6/1	brownish gray		
	HUE 10YR 3/1	brownish black	HUE 7.5YR 5/1	brownish gray		
			HUE 7.5YR 2/1	black		
			HUE 7.5YR 1.7/1	black		
			HUE 7.5YR 6/6	orange		
			HUE 7.5YR 6/8	orange		
			HUE 7.5YR 4/3	brown		
			HUE 7.5YR 4/4	brown		
4	HUE 2.5YR 4/1	yellowish gray	HUE 7.5YR 6/1	brownish gray		
	HUE 2.5YR 3/1	brownish black	HUE 7.5YR 5/1	brownish gray		
	HUE 2.5YR 3/2	brownish black	HUE 7.5YR 6/6	orange		
			HUE 7.5YR 6/8	orange		
			HUE 7.5YR 2/1	black		
			HUE 7.5YR 1.7/1	black		
			HUE 7.5YR 5/3	dull brown		
			HUE 7.5YR 5/4	dull brown		
5	HUE 2.5YR 4/1	yellowish gray	HUE 7.5YR 6/1	brownish gray	HUE 10R 3/1	dark reddish gray
	HUE 2.5YR 3/1	brownish black	HUE 7.5YR 6/2	grayish brown	HUE 10R 3/2	dark reddish brown
	HUE 2.5YR 3/2	brownish black	HUE 7.5YR 4/1	brownish gray	HUE 10R 3/3	dark reddish brown
			HUE 7.5YR 3/1	brownish black	HUE 10R 4/1	dark reddish gray
			HUE 7.5YR 6/6	orange	HUE 10R 2/1	reddish black
			HUE 7.5YR 6/8	orange	HUE 10R 1.7/1	reddish black
6	HUE 10YR 4/1	brownish gray	HUE 5YR 5/1	brownish gray		
	HUE 10YR 3/1	brownish black	HUE 5YR 4/1	brownish gray		
			HUE 5YR 5/4	dull reddish brown		
			HUE 5YR 5/6	bright reddish brown		
			HUE 5YR 5/8	bright reddish brown		
7	HUE 2.5YR 4/1	yellowish gray	HUE 7.5YR 6/2	grayish brown	HUE 10R 3/1	dark reddish gray
	HUE 2.5YR 3/1	brownish black	HUE 7.5YR 6/3	dull brown	HUE 10R 3/2	dark reddish brown
	HUE 2.5YR 3/2	brownish black	HUE 7.5YR 6/4	dull orange	HUE 10R 3/3	dark reddish brown
			HUE 7.5YR 6/6	orange	HUE 10R 4/1	dark reddish graey
			HUE 7.5YR 6/8	orange	HUE 10R 2/1	reddish black
			HUE 7.5YR 5/1	brownish gray	HUE 10R 1.7/1	reddish black
			HUE 7.5YR 5/2	grayish brown	HUE 10R 4/4	reddish brown
					HUE 10R 4/6	red
					HUE 10R 4/8	red
8	HUE 10YR 4/1	brownish gray	HUE 2.5YR 5/6	bright reddish brown		
	HUE 10YR 3/1	brownish black	HUE 2.5YR 5/8	bright reddish brown		
			HUE 2.5YR 6/6	orange		
			HUE 2.5YR 6/8	orange		
			HUE 2.5YR 5/1	reddish gray		
			HUE 2.5YR 4/1	reddish gray		
9	HUE 10YR 4/1	brownish gray	HUE 2.5YR 5/1	reddish gray		
	HUE 10YR 3/1	brownish black	HUE 2.5YR 4/1	reddish gray		
			HUE 2.5YR 5/6	bright reddish brown		
			HUE 2.5YR 5/8	bright reddish brown		

Tab. 4 Angaben zur Farbe der gefertigten Gefäße (die Reihenfolge der Farben des jeweiligen Gefäßes entspricht der Häufigkeit ihres Erscheinens auf der Gefäßoberfläche).

Gefäß 1 und 2 zeigten nach dem Brand starke rot- und orangefarbige Tönung, während die übrigen Gefäße eher rot- und graubraune Farben annahmen (**Tab. 4**).

Es war also möglich, schon innerhalb einer Probenentnahmestelle (also eines Quadrates mit Seitenlängen von ungefähr 400 m) Unterschiede zwischen den einzelnen Tonproben festzustellen. Die aus dem nordwestlichen Bereich stammenden Tonproben unterschieden sich nicht nur optisch von den Proben aus dem südwestlichen Bereich, sie ließen sich zudem leichter formen und brennen[63].

– Gewicht der Gefäße

Das Gewicht eines jeden Gefäßes wurde im Laufe der Anfertigung drei-

Proben-Nr.	Farbe, nach Munsell	Farbbezeichnung, nach Munsell	Konsistenz
Tonprobe 1	HUE 10YR 3/1 HUE 10YR 2/1	brownish black black	mittelhart
Tonprobe 2	HUE 10YR 3/2 HUE 10YR 2/2	brownish black brownish black	mittelhart
Tonprobe 3	HUE 10YR 2/1 HUE 10YR 2/2	black brownish black	sehr hart
Tonprobe 4	HUE 2.5Y 3/1 HUE 2.5Y 3/2	brownish black brownish black	weich
Tonprobe 5	HUE 2.5Y 3/1 HUE 2.5Y 2/1	brownish black black	mittelhart
Tonprobe 6	HUE 10R 2/1 HUE 10R 1.7/1	reddish black reddish black	weich
Tonprobe 7	HUE 7.5YR 2/1 HUE 7.5YR 1.7/1	black black	weich
Tonprobe 8	HUE 2.5YR 2/1 HUE 2.5YR 1.7/1	reddish black reddish black	mittelweich
Tonprobe 9	HUE 7.5R 2/1 HUE 7.5R 1.7/1	reddish black reddish black	sehr weich

Tab. 5 Farbe und Konsistenz der Tonproben.

mal gemessen, und zwar nach dem Aufbau, nach der einwöchigen Trocknungsphase sowie nach dem Brand (**Tab. 6**). Dabei stellte sich heraus, dass die Gefäße im Laufe des Trocknens im Durchschnitt 20-23 Gewichtsprozent Wasser verloren, wobei zu beachten ist, dass die beiden beim Brand intakt gebliebenen Gefäße (Nr. 5 und 7) am wenigsten Wasser verloren (19,09% und 20,88%). Sie verloren beim Brand zudem weitere ca. 10% ihres ursprünglichen Gewichts (ca. 12% ihres Gewichts nach dem Trocknen). Von der Fertigstellung bis zum ausgebrannten Zustand verloren diese beiden Gefäße also rund 30% Wasser. Bei den nicht intakt gebliebenen Gefäßen konnte dieser Wert selbstverständlich nicht festgestellt werden.

Experiment 5: Kochen in den angefertigten Gefäßen

August 2001

Frühmittelalterlichen Gefäßen wird oftmals die Funktion eines Kochgefäßes zugeschrieben. Dennoch wird meist bezweifelt, dass man in diesen Tongefäßen von recht mangelhafter Qualität auf offenem Feuer kochen kann und dass sie das Feuer »aushalten«. Es sollte nun versucht werden, die beiden intakt gebliebenen Gefäße des vorgenannten Experiments als Kochgefäß zu benutzen. Als Testmaterial dienten Bohnen. Die Bohnen wurden über Nacht (für ca. 10 Stunden) eingeweicht. Als diese mit Wasser in die Versuchsgefäße gegeben wurden, begann das Wasser durch die Wand der Gefäße zu treten (**Abb. 20**). Das Wasser trat zwar ständig durch die Wand aus, die Menge war aber nicht sehr groß, d. h. das Niveau des Wassers im Gefäß sank nicht sichtbar. Die Gefäße wurden für 20 Minuten neben das Feuer gestellt (**Abb. 21**) und danach ins Feuer gegeben. Nach ca. 15 Minuten begann das Wasser zu kochen (**Abb. 22a-b**). Durch das Kochen nahm das Wasserniveau stetig ab, wobei es – ohne dass die Gefäße sprangen – möglich war, kaltes Wasser nachzugießen. Die Bohnen wurden in 3 Stunden gargekocht (auf einem Elektroherd dauerte der

[63] Durch Dünnschliffuntersuchungen wurde versucht, die Ursachen dieser Unterschiede zu klären. (Siehe die Auswertung der Dünnschliffe in vorliegender Arbeit.)

Abb. 24 Entfernung eines Gefäßes aus dem Feuer mit Hilfe eines gegabelten Zweiges.

Abb. 25a-b Die Gefäße nach dem Kochvorgang.

Vorgang 2 Stunden), wobei sich die Garzeit mit einer erfahreneren Feuerführung sicherlich noch reduzieren ließe. Nach Abschluss des Garprozesses wurden die Gefäße mit Hilfe eines gegabelten Baumzweiges aus dem Feuer entfernt (**Abb. 24**). Die gekochten Bohnen waren genießbar.

Beobachtungen im Laufe des Experiments:
Die für den Kochprozess verwendeten beiden Gefäße bildeten während des Kochvorgangs keine neuen Risse aus. Dennoch verursachte das Kochen selbstverständlich Veränderungen an den Gefäßen. Nach dem Kochen trat durch die Gefäßwände kein Wasser mehr aus (**Abb. 23**), d. h. Poren und Risse wurden durch das Kochen geschlossen. Das Gewicht der beiden Gefäße nahm dadurch geringfügig zu (um 2,7-2,8%). Die Gefäßoberflächen erschienen glatter und wiesen eine gewisse Art von Glanz auf. Um den Porenschluss im Detail untersuchen zu können, wurden aus diesen Gefäßen Dünnschliffe angefertigt[64]. Die Farben der Gefäße wiesen

[64] Siehe die Auswertung der Dünnschliffe in vorliegender Arbeit.

Tonproben/ Gefäß-Nr.	Gewicht nach Fertigstellung (in Gramm)	Gewicht nach 1 Woche Trocknen (in Gramm)	Beim Trocknen verlorenes Gewicht in %	Gewicht nach dem Brand (in Gramm)	Zustand nach dem Brand	Von der Fertigstellung bis nach Abschluss des Ausbrennens verlorenes Gewicht in %	Beim Brand verlorenes Gewicht in %	Gewicht nach dem Kochen (in Gramm)	Gewichtszunahme durch Kochen (in %)
1	707	540	23,62	421	Teile fehlen	Gefäß nicht vollständig			
2	443	343	22,57	267	Teile fehlen	Gefäß nicht vollständig			
3	352	275	21,88	227	Teile fehlen	Gefäß nicht vollständig			
4	501	394	21,36	304	Teile fehlen	Gefäß nicht vollständig			
5	309	250	19,09	219	intakt	29,13	12,40	225	2,74
6	484	372	23,14	200	gesprungen	Gefäß nicht vollständig			
7	407	322	20,88	283	intakt	30,47	12,11	291	2,83
8	409	313	23,47	215	Teile fehlen	Gefäß nicht vollständig			
9	389	297	23,65	164	gesprungen	Gefäß nicht vollständig			

Tab. 6 Gewichtsangaben der gefertigten Gefäße.

Veränderungen auf, die ursprüngliche Fleckenverteilung blieb, lediglich die Farben erhielten neue Tönungen (Tab. 4, Abb. 25a-b).

Vermittels der Veränderungen von Gefäßfarbe und -oberfläche und des Porenschlusses wäre es prinzipiell möglich, festzustellen, ob in einem konkreten archäologischen Gefäß gekocht wurde. Dies bedarf aber weiterer Experimente und archäometrischer Untersuchungen.

Ergebnisse der Experimentfolge zur awarenzeitlichen Keramik von Zillingtal

Die Experimente zeigen, dass es möglich ist, aus dem lokalen Ton (Lehm) von Zillingtal Gefäße herzustellen. Das beweist zwar nicht, dass die awarenzeitliche Bevölkerung dies getan hat, legt aber die Vermutung nahe. Im Verlauf der Experimente war es möglich, Unterschiede zwischen zwei Gruppen von lokalen Tonproben festzustellen. Diese Tatsache könnte bei der Identifizierung awarenzeitlicher Tonquellen in Zillingtal eine wichtige Rolle spielen. Der Versuch, die Brennfarbe des Zillingtaler Tons mit Hilfe einer Säure zu beeinflussen, erbrachte eine mögliche Erklärung für die an einigen Gefäßen auftretende weiße Krustenbildung des awarenzeitlichen Gräberfeldes Mödling – An der Goldenen Stiege. Ferner konnte gezeigt werden, dass es möglich ist, die handgeformten Gefäße aus Zillingtaler Ton als Kochgefäße zu benutzen.

Die hier vorgestellten Experimente gehören zu den ersten dokumentierten Experimenten zur awarenzeitlichen Keramik.[65] Demgemäß mussten noch viele Fragen unbeantwortet bleiben. In Zukunft müssen die hier vorgestellten Experimente wiederholt durchgeführt werden, um zu einer vertieften Praxis der angewendeten Techniken zu gelangen und die Ergebnisse standardisieren zu können. Um fundiertere Aussagen treffen zu können, wurden archäometrische Untersuchungen in die Auswertung der Experimente miteinbezogen. Aus einigen experimentellen Keramikstücken wurden Dünnschliffe gefertigt, um Ähnlichkeiten bzw. Unterschiede mit der archäologisch überlieferten Keramik feststellen zu können.[66]

ARCHÄOMETRISCHE UNTERSUCHUNGEN DER AWARENZEITLICHEN KERAMIK VON ZILLINGTAL

An der awarenzeitlichen Keramik von Zillingtal wurden Dünnschliffuntersuchungen und Röntgendiffraktionsanalysen (RDA) durchgeführt. Diese Untersuchungen gehören zu den ersten archäometrischen Untersuchungen von Keramik aus dem Bereich des Awarischen Khaganats.[67] Die Kombination verschiedener Methoden und die Einbeziehung experimentell gefertigter Keramik in die Analysen stellen dabei auf diesem Gebiet neue Forschungsansätze dar.

[65] Ein Teil der hier vorgestellten Feldexperimente wurde bereits publiziert; Herold 2001.

[66] Für die Ergebnisse dieser Untersuchungen siehe die Beschreibung der Dünnschliffanalysen in vorliegender Arbeit.

[67] Eine kurze Zusammenfassung der Ergebnisse wurde in Herold 2002a bereits vorgelegt. In Österreich wurden außerdem Dünnschliffe und RDA-Ergebnisse von Keramikuntersuchungen aus der awarenzeitlichen Siedlung in Brunn am Gebirge (Bez. Mödling, Niederösterreich) vorgestellt: Herold 2002b, mit einem Beitrag von Vera M. F. Hammer (RDA) und Roman Sauer (Dünnschliffe).

In Ungarn wurden archäometrische Untersuchungen awarenzeitlicher Keramik nur von der schnell gedrehten »Grauen Keramik« publiziert. Fundort Környe: Salamon u. Duma 1982 (Dünnschliffanalyse, Röntgenfluoreszenzanalyse); Fundort Szekszárd-Palánk: Salamon u. Duma 1984 (Dünnschliffanalyse, RFA); Szekszárd-Bogyiszlói út: Balla 1990 (Neutronenaktivierungsanalyse). Bei all den ungarischen Fundorten fehlt allerdings – bislang – eine umfassende archäologische Interpretation der archäometrischen Ergebnisse.

In die archäometrischen Untersuchungen wurde Material sowohl aus der Siedlung als auch aus dem Gräberfeld miteinbezogen[68]. Insgesamt wurden 109 Proben mittels Dünnschliffanalyse und Proben aus 18 Keramikstücken mit RDA untersucht[69]. Die Analysen dienten zur Unterstützung der Typologisierung des Keramikmaterials, zur Klärung der Herkunft der Keramik sowie zum besseren Verständnis von Herstellungs- und Brenntechnik. Um die Vorgänge der awarenzeitlichen Töpferei in Zillingtal besser nachvollziehbar zu machen, wurden die archäometrischen Analysen mit Tonprobennahme (*clay-sampling*), Labor- und Feldexperimenten kombiniert.

Im Folgenden werden die Untersuchungen und ihre Ergebnisse vorgestellt. Nach einer kurzen Darstellung der Geologie der Umgebung der Fundstelle werden die Röntgendiffraktionsanalysen vorgestellt, abschließend folgt die Besprechung der Dünnschliffuntersuchungen[70].

Die Geologie der Umgebung von Zillingtal[71]

Lage des Untersuchungsgebietes Zillingtal

Markante naturräumliche Abgrenzungen des Untersuchungsgebietes Zillingtal stellen im Süden der Brentenriegel, im Norden der Sonnberg (454 m) – als südlichster Ausläufer des Leithagebirges – und im Westen die nördlichsten Erhebungen des Rosaliengebirges dar (**Abb. 26**). Der Bereich zwischen diesen beiden Höhenzügen wird als Wiener Neustädter Pforte bezeichnet. Diese Schwelle stellt einen morphologischen Horst dar, wo einst die Leitha über die Zillingdorfer Platte direkt zur Wulka floss.

Heute fließt die Leitha entlang der Ostrandbegrenzung des südlichen Wiener Beckens. Im Nordwestteil des Untersuchungsraumes bilden die höherliegenden Teile der Wiener Neustädter Pforte eine regionale Wasserscheide zwischen dem Wiener Becken und dem Mattersburger Becken. Der Nordwesten des Gebietes wird zur Leitha entwässert, der Edlesbach, Sulzbach und Hirmer Bach entwässern zur Wulka und weiter zum Neusiedler See.

Das Eisenstädter Becken schließt als Alpenostrandbecken im Süden an das Wiener Becken an. Die Genese dieses Beckens mit dem Schwerpunkt der Subsidenz im Baden bis Pannon ist jener des Wiener Beckens sehr ähnlich. Es handelt sich um ein fast dreieckiges, von Brüchen umgrenztes Becken. Die Schnittfolge reicht vom vermutlich dem Karpat zugehörigen Blockschotter über Baden, Sarmat, Pannon bis zum Pont[72].

Die nachfolgende Tabelle (**Tab. 7**) zeigt einen Überblick über die Veränderungen im Bereich des Eisenstädter Beckens seit dem Jungtertiär (mit alter Pannongliederung).

[68] Es wurde ausschließlich awarenzeitliche Keramik von der Fundstelle Zillingtal untersucht. Die archäometrische Untersuchung der römischen Keramik böte einerseits Beispiele für nicht lokal hergestellte Keramik (römerzeitliche Importwaren) und, andererseits, eine zeitliche Vergleichsmöglichkeit der lokalen Keramikherstellung in Zillingtal (römerzeitliche Lokalwaren) über mehrere Epochen hinweg.

[69] Alle Proben für die RDA stammen aus dem awarenzeitlichen Siedlungsmaterial von Zillingtal.

[70] Im Laufe der Bearbeitung der Keramikfunde von Zillingtal wurden auch Röntgenfluoreszenzanalysen (RFA) geplant. In der von uns gewählten Institution dauerte jedoch die Analyse der ersten 20 Testproben mehr als zwei Jahre. Außerdem waren die gelieferten Ergebnisse methodisch leider nicht ganz nachvollziehbar.

Da unser Projekt sich zu dem Zeitpunkt bereits in einem fortgeschrittenen Stadium befand, hätten die Suche nach einer neuen Institution und die Durchführung der Messungen den zeitlichen Rahmen des Projektes gesprengt. Daher muss hier auf RFA-Messergebnisse verzichtet werden. In Zukunft sollte jedoch auch awarenzeitliche Keramik vermehrt mit dieser Methode untersucht werden, um chemische Referenzgruppen bilden und dadurch eventuell vorhandene regionale sowie überregionale Zusammenhänge aufzeigen zu können.

[71] Dieses Unterkapitel wurde auf Grundlage der Diplomarbeit von Frau Mag. Hildegard Moscharnik zusammengestellt: Moscharnik 1994, 28-34.

[72] Tollmann 1985, 532.

Die Absenkungsvorgänge erfolgten vorwiegend an großen Hauptbrüchen knapp nach Beginn des Badenien. (**Abb. 27**) Von besonderer Bedeutung ist die aktive Tektonik im Untersuchungsgebiet: Aktive Brüche konnten bei Großhöflein und bei Loretto nachgewiesen werden (1-2 mm Ausdehnung der Klüfte/Jahr). Da der Untersuchungsbereich einen Teil des Periglazialraumes darstellt, also jene Landschaften, die nie unter Gletscherbedeckung standen, haben die erodierenden Kräfte des Eises hier keine Spuren hinterlassen. Vielmehr findet man weite Flächen mit tertiärer Sedimentbedeckung sowie jüngere quartäre Akkumulationen und terrestrische Sedimente (**Abb. 28**).

Das Tertiär im Untersuchungsgebiet Zillingtal

Marine badenische Sedimente (dominierend der Badener Tegel, des weiteren Leithakalke, Schotter, Sand) treten im Untersuchungsgebiet nur am nordöstlichen Rand zwischen Müllendorf und Großhöflein auf.

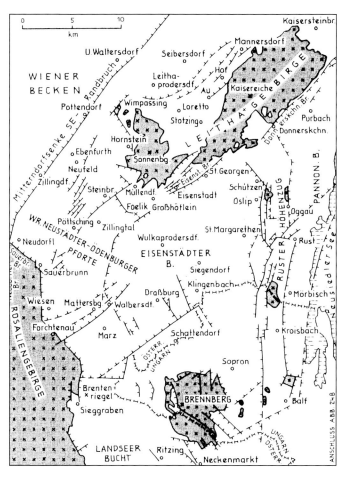

Abb. 26 Tektonische Skizze des Eisenstädter Beckens (nach Tollmann 1985, 533, Abb. 243).

Die Sarmatablagerungen haben ihre Hauptverbreitung im Südteil des abgegrenzten Gebietes, und zwar im Bereich von Sauerbrunn und südlich von Sigleß. Ähnlich wie im Badenien dominiert hier die klastische Entwicklung, nun durch Sande und Schotter vertreten. Im Norden beschränkt sich das Sarmat auf das Gebiet

Holozän		rezente tektonische Bewegungen im Leithagebirge
Pleistozän		Bewegungen im Leithagebirge
Oberpliozän		starke Erosion
Pannon	oberes	Eisenstädter Becken vollkommen landfest
	mittleres	Regression im Eisenstädter Becken
	unteres	Übergang von Transregression zur Regression
Sarmat	oberes	Regression – Heraushebung des Leithagebirges
	mittleres	Regression
	unteres	Transregression – neuerliches Absenken weiterer Teile der Beckenrahmung
Baden	oberes	starke Regression und Erosion – Leithagebirge taucht aus dem Meer auf
	mittleres	Transregression – Leithagebirge versinkt unter Meeresbedeckung
	unteres	Transregression – Absenkung des Eisenstädter Beckens
Oberhelvet		Ablagerung der »Ruster-Schotters«

Tab. 7 Das Jungtertiär an der SE-Seite des Leithagebirges zwischen Eisenstadt und Breitenbrunn (Schmid 1968, zitiert nach Moscharnik 1994, 31).

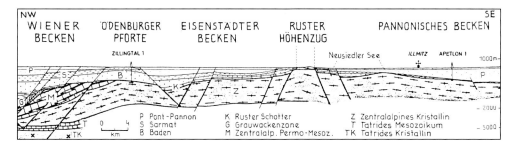

Abb. 27 Profil durch das Eisenstädter Becken und die Neusiedlersee-Bucht des Pannonischen Beckens (nach Tollmann 1985, 542, Abb. 245).

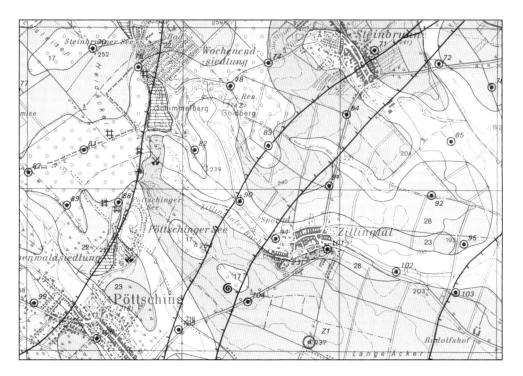

Abb. 28 Geologische Karte der Umgebung der Fundstelle von Zillingtal, Ausschnitt aus der Geologischen Karte Österreichs 1:50 000, Blatt 77, Eisenstadt, © Geologische Bundesanstalt Wien. – Weiß: Lehmig-sandig-schottrige Ablagerung lokaler Gerinne (Postglazial bis Jungpleistozän); gelb (17): Zillingdorfer Schotter (Ältestpleistozän bis Pliozän); rotbraun (22): Neufelder Schichten: Ton, Sand, Lignitflöze (Pontium); braun (23): Tonmergel, Sand, Schotter, Ton (Pannonium); grün (28): Tonmergel, Sand, Schotter, Kalk (Sarmatium).

zwischen Müllendorf, Steinbrunn und Zillingtal. Bei Müllendorf bestehen die sarmatischen Ablagerungen zum Teil aus detritären, d. h. abgetragenen und wieder verkitterten Sedimenten.

Wie auch aus obiger Tabelle nach H. Schmid zu ersehen ist, kann im Untersarmat eine Transregression, im Mittelsarmat eine kräftige Hebung des Rahmens und damit eine Regression und schließlich im höheren Obersarmat eher wiederum eine Transregression festgestellt werden[73].

Weite Teile des Untersuchungsgebietes werden, sofern sie nicht durch pleistozäne Ablagerungen überdeckt werden, von pannonischen Sedimenten eingenommen.

Das Pont wird, wie bereits erwähnt, nach neueren Darstellungen dem Miozän zugerechnet und setzt sich aus den Zonen F-H des ehemaligen »Oberpannon« (ältere Einteilung nach A. Papp) zusammen.

[73] Tollmann 1985, 540-541.

Die lignitische Serie der Zone F ist im Untersuchungsgebiet am Südostrand des Wiener Beckens, also im Bereich Zillingdorf-Neufeld (Wiener Neustädter Pforte) vorhanden. Es handelt sich dabei um Lignitflöze, die bis vor wenigen Jahrzehnten in tiefen Tagbauen abgebaut wurden. Zeugen dafür sind die heute stillgelegten Tagebaue z. B. bei Zillingdorf oder Neufeld an der Leitha oder um den Schimmelberg, wo man die Abraumhalden noch gut erkennen kann. Die Zonen G und H bestehen im Untersuchungsraum aus Tonen, Sanden und Lagen aus Süßwasserkalk.

Das Quartär im Untersuchungsgebiet Zillingtal

Die Terrassenschotter, zeitlich ins Jungpleistozän bis Oberpliozän eingegliedert, finden sich im betrachteten Gebiet vor allem im Bereich der Wiener Neustädter Pforte. Unklarer ist die Situation der inselartig auftretenden Schotterlagen südwestlich von Zillingtal und südöstlich von Krensdorf. Unbeantwortet bleibt die Frage, ob es sich dabei um ältere Akkumulationen der Leitha handelt (früherer Flusslauf) oder um jene tributärer Gerinne.

Während der Eiszeiten wurden äolische Sedimente abgelagert. Die zum Teil mehrere Meter mächtigen Lößprofile sind beispielsweise südlich von Pöttsching, nördlich von Krensdorf und südlich von Hirm zu finden. Zeitlich kann diese äolische Deflation und Akkumulation mit den kalten Perioden des Jungpleistozäns angenommen werden. Die Schluffpartikel stammen vorwiegend aus dem Verwitterungsmaterial (Forstsprengung) von Sedimentgesteinen, Magmatiten bzw. Metamorhpiten, sowie den Schmelzwasserebenen großer Flüsse.

Nur im nordwestlichen Teil des Untersuchungsgebietes treten die Niederterrassenschotter der Leitha auf, die dem Würm entsprechen – also jungpleistozänes Alter haben.

Die jüngsten Ablagerungen sind jene des Sulzbaches, Hirmer Baches, Edlesbaches und der Wulka. Diese Gerinne räumten die plio-/pleistozänen Sedimente im Talbereich ganz oder teilweise aus. Die Aue des jüngeren Anteiles der heutigen Talböden sind mit ihrer fluviatilen Ablagerungen (Lehm, Sand, Schotter) bedeckt (Postglazial bis heute).

Röntgendiffraktionsanalysen

An der awarenzeitlichen Keramik von Zillingtal wurden in zwei Labors Röntgendiffraktionsuntersuchungen durchgeführt. Die ersten Analysen archäologischer Keramik fanden im Naturhistorischen Museum in Wien statt (Röntgendiffraktionsanalyse I)[74], die zweite Folge von Analysen – bei der neben den Proben archäologischer Keramik auch Rohtonproben von der Fundstelle und aus diesen gebrannte Versuchsstücke untersucht wurden – wurde am Geologisch-Paläontologischen Institut der Johann Wolfgang Goethe-Universität, Frankfurt am Main, durchgeführt (Röntgendiffraktionsanalyse II)[75]. Die in den beiden Labors untersuchten Proben archäologischer Keramik wurden denselben Keramikstücken entnommen, waren aber nicht identisch. Alle Proben wurden von Hand in einer Achatmühle zermahlen.

[74] Ich bedanke mich bei Frau Dr. Vera M. F. Hammer für die Durchführung der Messungen.

[75] Ich bedanke mich bei Herrn Dr. Rainer Petschick für die Durchführung der Messungen.

Proben-Nr. RDA I	Proben-Nr. RDA II	Proben-Nr. (Dünnschliff-analyse)	Keramiktyp (archäologisch)	Fund-Nr.	Quadrant	Abbauschicht	Sektor	Schicht
1	1	1	handgeformt	348/95	1013	IV	22	16
2a 2b	2	2	handgeformt	281/95	0913	III	25	10
3	3	3	handgeformt	282/95	0913	III	24	10
4	4	4	handgeformt	95/97	1013 NW	III	11	4
5	5	5	handgeformt	732/95	0513	VII	10	15
6a 6b	6b (!) 6a (!)	6	Backglocke langsam gedreht	1157/95	0713	X	18	71
7	7	7	Backglocke	1315/95	0813	IV	25	8
8a 8b	8	8	Backglocke + langsam gedreht langsam gedreht	1266/95	1013	VIII	24	15
9	9	9	Tonwanne	1252/95	1013	VII	22	16
10	10	10	langsam gedreht 1	424/97	0913 NW	V	21	3
11	11	11	langsam gedreht 1	67/95	0513	III	7	2
12	12	12	langsam gedreht 1	1029/95	0513	XII	14	21
13	13	13	langsam gedreht 2	242/95	0813	III	25	6
14	14	14	langsam gedreht 2	564/94	0713	IV	15	12
15	15	15	langsam gedreht 2	1324/95	0813	V	24	8
16	16	16	langsam gedreht 3	793/95	0713	VI	20	38
17	17	17	langsam gedreht 3	1106/95	1013	VII	8	32
18	18	18	langsam gedreht 3	322/95	1013	III	22	6

Tab. 8　Proben für archäometrische Keramikuntersuchungen (Teil I).

Röntgendiffraktionsanalyse I

Ziele der Röntgendiffraktionsanalyse I

Die erste, in Wien durchgeführte Röntgendiffraktionsanalyse (RDA) diente einer grundsätzlichen Orientierung im Hinblick auf den allgemeinen Phasenbestand und die Frage nach der Homogenität bzw. Heterogenität des awarenzeitlichen Keramikmaterials aus Zillingtal. Ein weiterer Gesichtspunkt bestand darin, eine Vergleichsmöglichkeit des Zillingtaler Materials mit der ebenfalls im Naturhistorischen Museum Wien mit RDA untersuchten awarenzeitlichen Siedlungskeramik von Brunn am Gebirge zu gewinnen[76].

Probenauswahl

Die für die ersten Dünnschliffe ausgewählten 18 Keramikscherben (für Details siehe **Tab. 8**) wurden mit RDA ebenfalls untersucht. Die handgeformte Scherbe Nr. 2 wurde in Innen- (2a) und Außenseite (2b) geteilt, bei den Proben 6 und 8 (beides Backglocken) wurde versucht, die Grundmasse von den Schamottestücken der Magerung zu trennen. Im Fall von Probe 6 ist die Trennung vollständig gelungen (6a: Backglocke, 6b: Schamotte aus langsam gedrehter Keramik), bei Probe 8 nur teilweise (8 a: Backglocke und Schamotte, 8b: Schamotte aus langsam gedrehter Keramik).

---

[76] Die Publikation der awarenzeitlichen Siedlungsreste von Brunn am Gebirge: Herold 2002b, mit einem Beitrag von Vera M. F. Hammer und Roman Sauer. Die RDA-Messungen sind im Beitrag von Frau Dr. Hammer publiziert. Der Verfasserin vorliegender Arbeit stehen auch die unpublizierten RDA-Spektren der Brunner Keramik zur Verfügung.

Probe	Analysen-Nr.	Farbe	Quarz	Schicht-silikat allgemein	Feldspat	Calcit	Dolomit	Chlorit
1	2000–512	hellbraun	X	x	X			
2a	2000–502	schwarz	X	x	X			x
2b	2000–503	graubraun	X	x	x			x
3	2000–507	graubraun	X	x	x			
4	2000–492	schwarz	X	x	x			
5	2000–496	schwarz	X	x	x	x		
6a	2000–493	gelb	X	x	x	x	x	
6b	2000–494	orange	X	x	x	x		x
7	2000–497	orange	X	x	x			
8a	2000–504	hellbraun	X	x	x			Hydro-glimmer
8b	2000–506	graubraun	X	x	x			
9	2000–498	schwarz	X	x	x			
10	2000–505	orange	X	x	x			
11	2000–510	braun	X	x	x			
12	2000–495	orange	X	x	x			
13	2000–508	grau	X	x	x	x	x	
14	2000–511	orange	X	x	x			
15	2000–499	braun	X	x	x	x		
16	2000–500	grau	X	x	x			
17	2000–509	grau	X	x	x			
18	2000–501	schwarz	X	x	x			

Tab. 9   Messergebnisse der Röntgendiffraktionsanalyse I (Tabelle übernommen aus dem Analyseprotokoll von Vera M. F. Hammer; X: größere Mengen, x: geringe Mengen eines Minerals).

Messungen und Messergebnisse[77]

Mit einem Siemens D 5000-Röntgendiffraktometer wurden Pulveraufnahmen (Cu-Ka-Strahlung, 2.0 sec., 0.01° Schrittweite, Probenrotation) im Winkelbereich von 2-65° durchgeführt. Die Messungen lieferten semiquantitative Ergebnisse (**Tab. 9**).

Ergebnisse der Röntgendiffraktionsanalyse I

Aus der ersten Röntgendiffraktionsanalyse wurde ersichtlich, dass das untersuchte Keramikmaterial bezüglich seines Phasenbestandes eher homogen ist; die Hauptbestandteile sind: Quarz, Schichtsilikat (hauptsächlich Glimmer) und Feldspat. Unterschiede können vor allem beim Calcit- und Dolomitgehalt festgestellt werden. In Probe 5, 6b und 15 wurde Calcit, in den Proben 6a und 13 Calcit und Dolomit nachgewiesen. In zwei handgeformten Proben (2a und 2b) und in der Schamottemagerung einer Backglocke (Probe 6b) wurden geringe Mengen des Tonminerals Chlorit gefunden. Das Vorkommen von Chlorit und Karbonaten deutet auf eine Brenntemperatur <650°C hin[78]. Ein grundsätzlicher Unterschied zwischen handgeformter und langsam gedrehter Keramik ist auf Grundlage der Röntgendiffraktionsanalysen nicht festzustellen.

Die RDA der awarenzeitlichen Siedlungskeramik aus Brunn am Gebirge zeigt eine ähnliche Zusammensetzung wie die Proben aus Zillingtal[79]; Unterschiede sind nur bei der chronologisch frühesten (MA II-SPA I) langsam gedrehten Keramikgruppe (Keramikgruppe LG 1, Zillingtal – Warenart 4b, Brunn am Gebirge) festzustellen. In Brunn waren die untersuchten Proben aus dieser Gruppe (Proben 1a/a und 1a/b) stark calcithaltig. Der Anteil von Calcit in der Probe war höher als der Anteil von Quarz oder anderer Minerale. Durch

---

[77] Nach dem Analyseprotokoll von Vera M. F. Hammer.
[78] z. B. Noll 1991, 99; Rice 1987, 385.

[79] Siehe Beitrag von Vera M. F. Hammer in: Herold 2002b.

die Dünnschliffanalysen konnte Calcit als Magerungsmittel (nichtnatürlicher Bestandteil des Tons) identifiziert werden[80]. Bei den Proben aus der zeitgleichen Keramikgruppe LG 1 aus Zillingtal (Proben 10-12) wurde kein Calcit oder Dolomit gefunden.

Röntgendiffraktionsanalyse II

Ziele der Röntgendiffraktionsanalyse II (kombiniert mit Tonproben und Brennversuchen)
Bei der zweiten Röntgendiffraktionsanalyse wurden Brenntemperatur, Brenndauer und, soweit möglich, Herkunft der awarenzeitlichen Keramik genauer untersucht. Vom Fundort in Zillingtal stammende Tonproben und aus diesen in Brennversuchen gefertigte Keramikproben[81] wurden, neben der archäologisch überlieferten Keramik, mit RDA untersucht[82].

Probenauswahl
Die Proben archäologischer Keramik wurden aus denselben Scherben gefertigt wie die Proben für die ersten RDA[83]. Ziel war es zum einen, die Homogenität der awarenzeitlichen Keramikstücke durch mehrere aufeinanderfolgende Messungen zu testen, zum anderen, mögliche Messunterschiede zwischen den Labors festzustellen.
Neben den 19 Proben archäologischer Keramik wurden aus den jeweils elf Rohton- und Brennproben Proben für die RDA gefertigt.

Messungen und Messergebnisse
Mit einem Philips PW 1050-Röntgendiffraktometer wurden Pulveraufnahmen (Cu-Kα-Strahlung, 0.02° Schrittweite, Probenrotation) im Winkelbereich von 2-70° durchgeführt. Diese RDA lieferte quantitative Ergebnisse; sie sind der **Beilage** zu entnehmen[84]. Die RDA-Spektren sind in **Abb. 29a-n** dargestellt.
Zuerst wurden Übersichtsaufnahmen aller Proben (41 Proben) gefertigt. Dann wurden von diesen 41 Proben 20 mit destilliertem, de-ionisiertem Wasser gemischt und über Nacht stehengelassen. Dann wurde die Feinfraktion (< ca. 2 μm), dem Prinzip von Stoke folgend, entfernt. Die entfernte Feinfraktion wurde konzentriert, auf einen Glasprobenträger pipettiert und vor der Analyse getrocknet. Diese Proben wurden nach der Analyse mit Glykol behandelt und erneut gemessen. Die Glykolbehandlung ermöglicht die Unterscheidung der grundlegenden Tonsorten.

Ergebnisse der Röntgendiffraktionsanalyse II
Aufgrund der gemessenen Spektren der archäologisch überlieferten Keramik und Brennproben ist eine lokale Herkunft für alle untersuchten archäologischen Proben sehr gut möglich.
Die Feinfraktion der archäologisch überlieferten Keramik und der Brennproben ist nahezu identisch (**Abb. 29n**)[85]. Bei den Übersichtsaufnahmen lassen sich Unterschiede zwischen archäologischer Keramik

---

[80] Siehe Beitrag von Roman Sauer in: Herold 2002b.
[81] Siehe die Beschreibung der Tonproben und Brennversuche in vorliegender Arbeit.
[82] Ein Teil dieser Analysen wurde bereits publiziert; Herold u. Petschick 2003.
[83] Die Proben waren jedoch nicht identisch.
[84] Die Erzeugung quantitativer Daten aus den Röntgenspektren sowie die Messungen wurden von Herrn Dr. Rainer Petschick durchgeführt, wofür ich mich bei ihm bedanken möchte.

[85] Bei den Brennproben wurde zwar weniger Calcit und Dolomit gefunden als im Falle der archäologisch überlieferten Keramik, die Hälfte der archäologischen Proben wurde aber mit teils karbonathaltigen Gesteinsbruchstücken gemagert, was zur Höhe des Calcit- und Dolomitgehaltes – auch in der Feinfraktion – beiträgt.

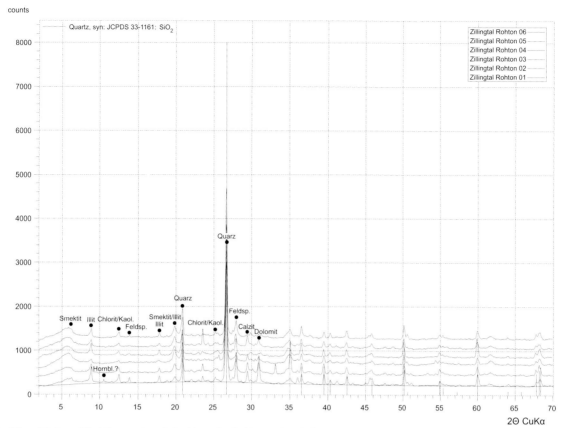

Abb. 29a Röntgendiffraktionsanalyse II, Spektren der Rohtonproben 1–6.

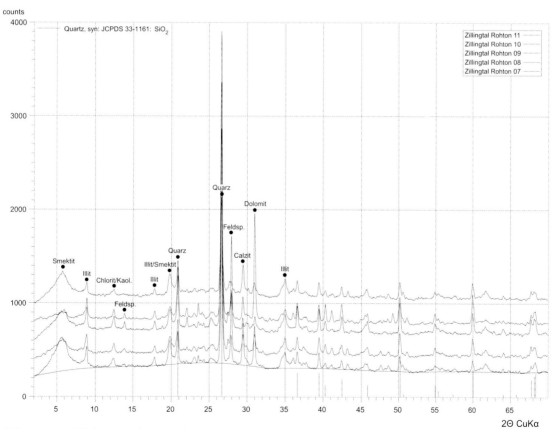

Abb. 29b Röntgendiffraktionsanalyse II, Spektren der Rohtonproben 7–11.

Die awarenzeitliche Keramik von Zillingtal | 41

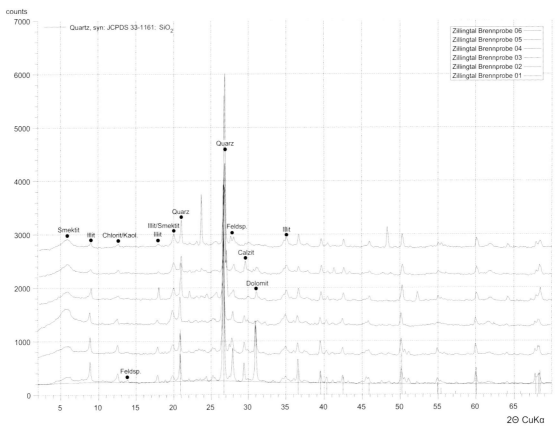

Abb. 29c Röntgendiffraktionsanalyse II, Spektren der Brennproben 1–6.

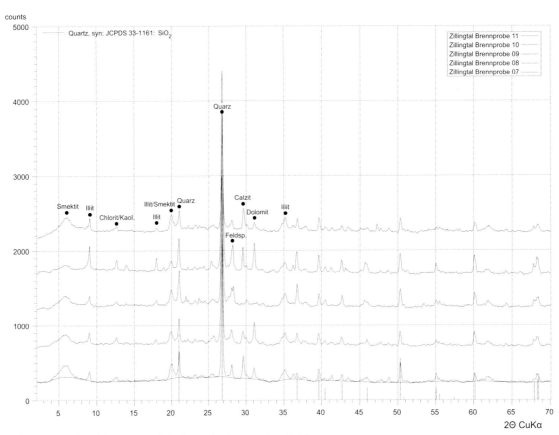

Abb. 29d Röntgendiffraktionsanalyse II, Spektren der Brennproben 7–11.

Die awarenzeitliche Keramik von Zillingtal

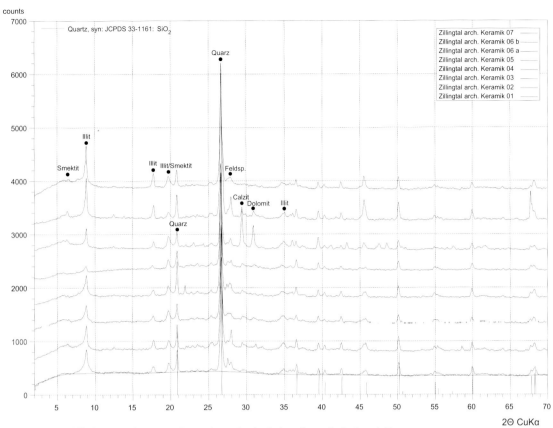

Abb. 29e Röntgendiffraktionsanalyse II, Spektren der archäologischen Keramik, Proben 1–7.

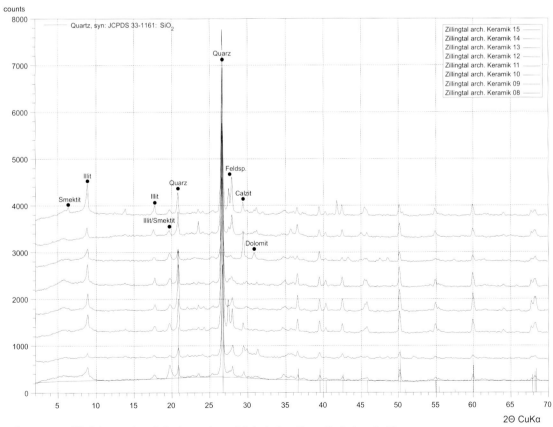

Abb. 29f Röntgendiffraktionsanalyse II, Spektren der archäologischen Keramik, Proben 8–15.

Die awarenzeitliche Keramik von Zillingtal | 43

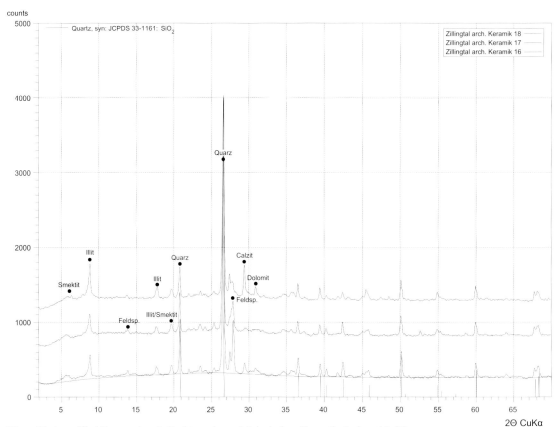

Abb. 29g   Röntgendiffraktionsanalyse II, Spektren der archäologischen Keramik, Proben 16–18.

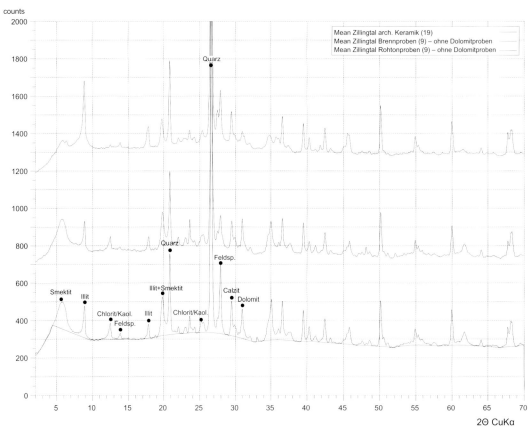

Abb. 29h   Röntgendiffraktionsanalyse II, Mittelwerte der Übersichtsaufnahmen (Rohton, Brennproben, archäologische Keramik).

Die awarenzeitliche Keramik von Zillingtal

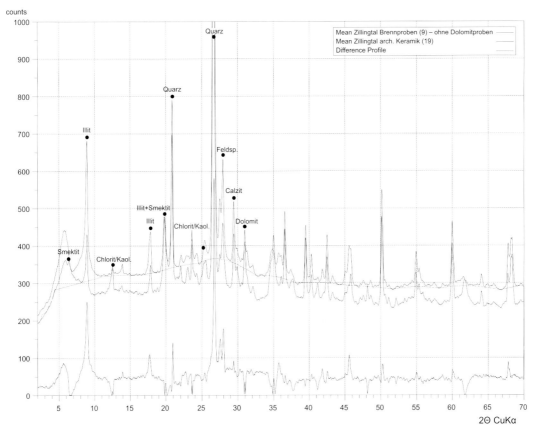

Abb. 29i Röntgendiffraktionsanalyse II, difference Profile der Übersichtsaufnahmen (Brennproben, archäologische Keramik).

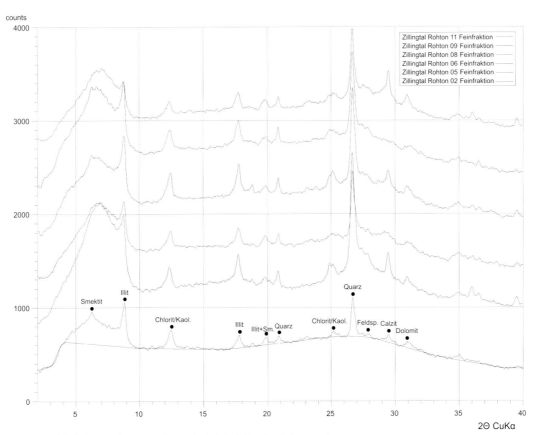

Abb. 29j Röntgendiffraktionsanalyse II, Spektren der Feinfraktion der Rohtonproben.

Die awarenzeitliche Keramik von Zillingtal | 45

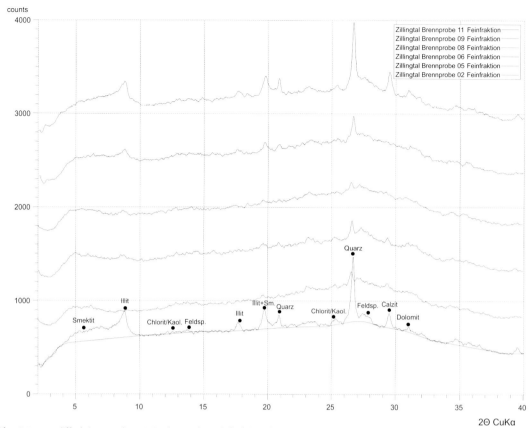

Abb. 29k Röntgendiffraktionsanalyse II, Spektren der Feinfraktion der Brennproben.

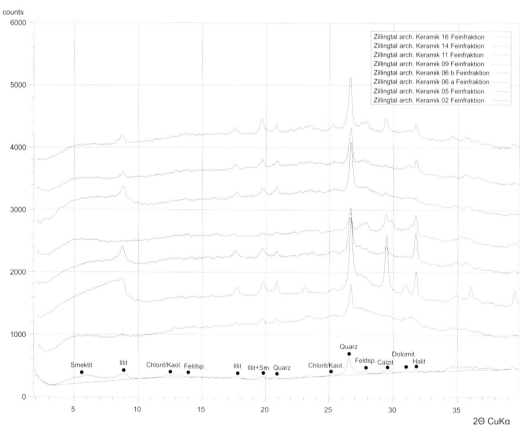

Abb. 29l Röntgendiffraktionsanalyse II, Spektren der Feinfraktion der archäologischen Keramik.

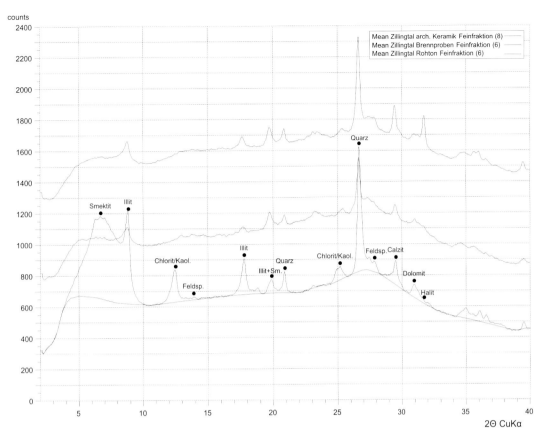

Abb. 29m Röntgendiffraktionsanalyse II, Mittelwerte der Feinfraktion (Rohtonproben, Brennproben, archäologische Keramik).

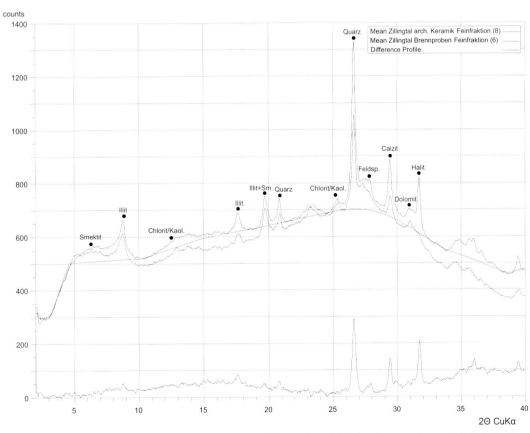

Abb. 29n Röntgendiffraktionsanalyse II, difference Profile der Mittelwerte der Feinfraktion (Brennproben, archäologische Keramik).

Die awarenzeitliche Keramik von Zillingtal | 47

und Brennproben ausmachen (**Abb. 29i**), was jedoch darauf zurückzuführen ist, dass einige Dehydrations-prozesse (z. B. Illit → Muskovit) bei den Brennproben nicht oder nicht vollständig stattgefunden haben. Dies deutet auf eine zu niedrige Brenntemperatur und/oder zu kurze Brenndauer der experimentell hergestell-ten Proben hin. Die während des Brennvorgangs stattfindenden Prozesse waren bei der zuerst reagieren-den Feinfraktion abgeschlossen, die Temperatur war jedoch zu niedrig und/oder die Zeit zu kurz, um die schwieriger reagierenden größeren Partikel in die laufenden Prozesse einbeziehen zu können[86].

Der Brand der awarenzeitlichen Keramik dauerte also länger und/oder erreichte höhere Temperaturen als 600 °C. Auf diese neue Erkenntnis soll in zukünftigen Experimenten zurückgegriffen werden. Für eine bes-sere Annäherung an die originalen Brandbedingungen wird künftig eine Reihe von – mit RDA zu kombi-nierenden – Brennexperimenten notwendig sein.

Aufgrund der Analyse der Rohton- und Brennproben konnte festgestellt werden, dass die einzelnen Berei-che in der Umgebung der Siedlung charakteristische Konzentrationen von Calcit und Dolomit aufweisen. Am deutlichsten stellt sich dies bei den schon erwähnten Proben 1 und 10, die beide von dem Ufer des Baches stammen, der die Fundstelle vom Süden begrenzt, dar. Beide Proben enthielten sehr hohe Konzen-trationen von Dolomit und durchschnittliche Mengen von Calcit. Es war nicht möglich, aus diesen Proben Keramik herzustellen. Im Falle aller anderen Proben gelang es zwar, Keramik herzustellen, dennoch weisen auch diese einzelnen Probenentnahmebereiche (siehe **Abb. 11**) charakteristische Unterschiede in der Kon-zentration von Calcit und Dolomit auf. Die Proben 3, 4, 6 und 9, aus dem oberen Teil des Hangs östlich der Fundstelle stammend, enthielten sowohl geringe Calcit- als auch geringe Dolomitkonzentrationen. Proben 5, 7 und 11 aus dem unteren Teil desselben Hangs, enthielten hohe Mengen Calcit, jedoch nur geringe Mengen Dolomit. Proben 2 und 8, aus dem Bereich des östlichen Baches stammend, enthielten durch-schnittliche Mengen beider Minerale.

Der Bevölkerung des awarenzeitlichen Dorfes in Zillingtal mussten diese Unterschiede bewusst sein, da diese das Gelingen des Gefäßaufbaus und vor allem des Gefäßbrandes deutlich beeinflussten. Es ist anzunehmen, dass sich im Laufe der Zeit ein Wissen über jene Bereiche in der Nähe des Dorfes herausbildete, in denen es sich lohnte, Ton für Gefäße zu entnehmen. Eine von den Gefäßen aus Zillingtal abweichende Zusammenset-zung der Tonwannen (Dünnschliffanalyse) deutet darauf hin, dass für »Einrichtungsgegenstände« (Tonwan-nen, sowie wahrscheinlich auch Öfen und Hüttenlehm) Material aus anderen Tonquellen benutzt wurde.

Ziel der RDA-Untersuchungen sollte es auch sein, einerseits die Homogenität/Heterogenität der einzelnen Scherben und, andererseits, eventuell mögliche Messunterschiede zwischen den beiden Labors zu testen. Die Proben wurden, wie erwähnt, im Falle beider Analysen denselben Keramikstücken entnommen, jedoch von anderer Stelle. Überraschenderweise stimmen die RDA-Kurven beider Analyseserien für die jeweils aus einem Keramikstück stammenden zwei Proben dennoch fast völlig überein, d. h. die Ergebnisse der ersten Messungen wurden durch die zweiten Messungen vollkommen bestätigt. Dies deutet auf eine nahezu identische Mineralzusammensetzung und auf eine gut reproduzierbare Nachweisbarkeit der einzelnen Mineralphasen in verschiedenen Bereichen einer Scherbe hin.

Dünnschliffuntersuchungen

Ziele der Dünnschliffuntersuchungen
Dünnschliffe liefern Informationen über die Materialzusammensetzung der Keramik und die angewandte Töpfertechnologie (Auswahl des Ausgangsmaterials: Partikelgröße, Verteilung der Partikel, Partikelkonzen-

---

[86] Über die Unterschiede der Reaktionen in der Fein- und Grobfraktion während des Gefäßbrandes: Noll 1991, 82-85.

trationen; Aufbaumethoden: Porenstruktur, Ausrichtung der Partikel; Brand: Farbe der Tonmatrix)[87]. In der Regel können mit Hilfe der Dünnschliffanalyse keine Aussagen über Form und Teilform der Gefäße, wie etwa Gefäßkörper, -rand oder -boden, und nur selten über Methoden der Oberflächenbehandlung, wie etwa Tonüberzug, Beschaffenheit der Oberfläche (glatt/rau) und Verzierung, getroffen werden. Das heißt, die Dünnschliffanalyse kann die makroskopische Typologie nicht ersetzen, liefert ihr aber unentbehrliche Informationen. Dabei ist es überaus wichtig, die mikroskopisch getroffenen Beobachtungen mit makroskopisch erfassten Merkmalen in Verbindung zu bringen, da zum einen – aus finanziellen wie zeitlichen Gründen – in der Regel nur ein sehr geringer Teil des gesamten Keramikmaterials mit Hilfe von Dünnschliffanalysen untersucht werden kann; zum anderen erleichtert bzw. ermöglicht diese Verbindung erst die Interpretation der mikroskopisch gewonnenen Merkmale im Hinblick auf die Aktivität der damaligen Töpfer[88]. Im Falle der Zillingtaler Keramik wurde erwartet, mit Hilfe der Dünnschliffanalyse Art und Umfang der Differenzen zwischen den beiden Hauptgruppen der Keramik (handgeformte und langsam gedrehte Keramik) dokumentieren und erklären zu können. Außerdem war es beabsichtigt, die Existenz von chronologischen Gruppen innerhalb dieser beiden Hauptgruppen zu überprüfen. Darüber hinaus bestand das Vorhaben, den Umfang der individuellen Unterschiede zwischen einzelnen Gefäßen innerhalb der erfassten Gruppen zu untersuchen.

Unter Einbeziehung der Proben aus den im Laufe der Experimente hergestellten Gefäßen konnten anhand der Dünnschliffe neben Fragen der Töpfertechnologie auch Fragen nach der Herkunft der Keramik besprochen werden.

Daraus folgt, dass die vorgenommene Dünnschliffanalyse potentiell zu allen genannten, für die archäometrischen Analysen relevanten Ziele (Typologie, Herkunft, Herstellungstechnik, Brenntechnik) Informationen liefern kann. Die Dünnschliffanalyse stellt damit die zentrale archäometrische Untersuchungsmethode des gesamten Projekts dar. Insgesamt wurden im Rahmen der vorliegenden Arbeit 109 Dünnschliffe untersucht.

Probenauswahl

Als »Testproben« wurden Dünnschliffe von 18 Keramikstücken aus der awarenzeitlichen Siedlung von Zillingtal untersucht[89]. Diese Keramikstücke stammten aus gut datierbaren stratigraphischen Einheiten der Siedlung. (Für Details über Provenienz und Keramiktypologie der Proben siehe **Tab. 8**.) Von den untersuchten Keramikstücken stammten die Proben 1-5 aus handgeformter Keramik, Proben 6-8 aus Backglocken, Probe 9 aus einer Tonwanne und Proben 10-18 aus langsam gedrehter Keramik[90].

Da die Ergebnisse der Untersuchungen der ersten 18 Dünnschliffe weitgehend mit den Ergebnissen der weiteren 91 Dünnschliffe übereinstimmen, werden diese weiter unten gemeinsam besprochen. Die ersten 18 Dünnschliffe werden in den Abbildungen durch je 10 Fotos dargestellt (**Abb. 30-47**, alle Fotos mit gekreuzten Polarisatoren).

In der zweiten Folge der Dünnschliffanalyse wurden weitere 17 Keramikstücke aus der Siedlung (Proben 19-35), Proben von 59 Gefäßen aus dem Gräberfeld und Proben von 15 experimentell gefertigten Gefäßen untersucht[91]. (Für Details über Provenienz und Keramiktypologie der Proben siehe **Tab. 10-12**.)

---

[87] Whitbread 1995, 379.
[88] Auf die Bedeutung der Verbindung mikroskopischer Informationen mit makroskopischen Merkmalen wies schon Anne Shepard hin; Shepard 1957, 159.
[89] Die Untersuchungen dieser ersten 18 Proben wurden von der Verfasserin am Institut für Mineralogie und Kristallographie der Universität Wien und am Institut für Mineralogie der Johann

Wolfgang Goethe-Universität, Frankfurt am Main, durchgeführt.
[90] Diese 18 Keramikstücke – ergänzt durch Tonproben und die aus den Tonproben im Labor gebrannten experimentell gefertigten Stücke – wurden auch in den RDA-Analysen untersucht.
[91] Die Untersuchungen wurden von der Verfasserin im Labor des Vienna Institute of Archaeological Science, Universität Wien, durchgeführt.

Proben-Nr (Dünnschliffanalyse)	Keramiktyp (archäologisch)	Fund-Nr.	Quadrant	Abbauschicht	Sektor	Schicht
19	handgeformt	1252/95	1013	VII	22	16
20	handgeformt	170/97	0813 NW	III	11	3
21	handgeformt	348/95	1013	IV	22	16
22	handgeformt	89/97	1013 NW	III	21	3
23	handgeformt	172/97	0813 NW	III	6	3
24	handgeformt	279/95	0913	III	20	11
25	Tonwanne	1270/97	0814	III	–	2
26	Tonwanne	1252/95	1013	VII	22	16
27	langsam gedreht 1	304/95	1013	II	22	1
28	langsam gedreht 1	238/95	0813	III	17	5
29	langsam gedreht 1	743/95	0513	VIII	14	21
30	langsam gedreht 2	614/94	0615	IV	17	2
31	langsam gedreht 2	657/94	0616	III	12	2
32	langsam gedreht 2	304/94	0616	II	7	–
33	langsam gedreht 3	68/94	0713	II	15	1
34	langsam gedreht 3	78/97	1013 NW	II	21	2
35	langsam gedreht 3	314/95	1013	II	18	1

Tab. 10   Proben für archäometrische Keramikuntersuchungen (Teil II).

Grab-Nr./ Proben-Nr.	Keramiktyp (archäologisch)
10	handgeformt 1
14	handgeformt 1, Buckelrandgefäß
32	handgeformt 1
70/2	handgeformt 1, Buckelrandgefäß
232	handgeformt 1
397	handgeformt 1
520	handgeformt 1
8	handgeformt 2
28	handgeformt 2
48	handgeformt 2
70/1	handgeformt 2, Krug
127A	handgeformt 2
148	handgeformt 2
203	handgeformt 2
242	handgeformt 2
299	handgeformt 2, Gefäß mit viereckiger Mündung

Grab-Nr./ Proben-Nr.	Keramiktyp (archäologisch)
321	handgeformt 2
343	handgeformt 2, Buckelrandgefäß
554	handgeformt 2
585	handgeformt 2
22	handgeformt 3
56	handgeformt 3
78	handgeformt 3
111	handgeformt 3
140	handgeformt 3
206	handgeformt 3, Gefäß mit viereckiger Mündung
408	handgeformt 3
439	handgeformt 3
469	handgeformt 3
62	handgeformt 4
169	handgeformt 4
245	handgeformt 4
88	handgeformt 4
235	handgeformt 4

Grab-Nr./ Proben-Nr.	Keramiktyp (archäologisch)
124	langsam gedreht 1
133	langsam gedreht 1
338	langsam gedreht 1
503	langsam gedreht 1
507	langsam gedreht 1
509	langsam gedreht 1
579	langsam gedreht 1
40	langsam gedreht 2
135	langsam gedreht 2
204A	langsam gedreht 2
224	langsam gedreht 2
271	langsam gedreht 2
372	langsam gedreht 2
562	langsam gedreht 2
189	langsam gedreht 3
204B	langsam gedreht 3
230A	langsam gedreht 3
280	langsam gedreht 3
287	langsam gedreht 3
290	langsam gedreht 3
474	langsam gedreht 3

Tab. 11   Proben für archäometrische Keramikuntersuchungen (Teil III).

Die Proben 19-24 aus der Siedlung stammten aus handgeformter Keramik, die Proben 25 und 26 aus Tonwannen, die Proben 27-35 aus langsam gedrehter Keramik (Proben: 27-29 LG 1, Proben 30-32: LG 2, Proben 33-35: LG 3).

Die Proben aus dem Gräberfeld lassen sich wie folgt gliedern: fünf Proben aus der makroskopischen keramiktypologischen Gruppe HG 1 (Gefäße aus Grab 10, 32, 232, 397 und 520), elf Proben aus Gruppe HG 2 (Gefäße aus Grab 8, 28, 48, 127A, 148, 203, 242, 321, 548[92], 554 und 585), neun Proben aus Gruppe

---

[92] Der Dünnschliff von dem Gefäß aus Grab 548 konnte wegen eines Herstellungsdefektes nicht ausgewertet werden.

HG 3 (Gefäße aus Grab 22, 56, 78, 111, 140, 225[93], 408, 439 und 469), sechs Proben aus Gruppe HG 4 (Gefäße aus Grab 62, 88, 169, 235, 245 und 255[94]), je sieben Proben aus den drei Gruppen langsam gedrehter Keramik (LG 1: Gefäße aus Grab 124, 133, 338, 503, 507, 509 und 579; LG 2: Gefäße aus Grab 40, 135, 204A, 224, 271, 372 und 562; LG 3: Gefäße aus Grab 189, 204B, 230A, 280, 287, 290 und 474) und sieben Proben der handgeformten »Sondertypen« (Buckelrand-gefäße, Gefäße mit viereckiger Mündung usw.; Gefäße aus Grab 14 und 70 (2 Gefäße, 70/1 Krug, 70/2 Buckel-randgefäß), 125[95], 206, 299 und 343)[96].

Die Zusammensetzung der experimentell gefertigten Proben[97] ist wie folgt: Proben 1-4: Tonprobe 2, Experi-mente 1, 4, 3, 3 (mit Essig); Proben 5-8: Tonprobe 3,

Proben-Nr.	Nr. der Tonprobe	Nr. des Experiments
1	2	1
2	2	4
3	2	3
4	2	3 (mit Essig)
5	3	1
6	3	4
7	3	3
8	3	3 (mit Essig)
9	5	5
10	7	1
11	7	5
12	7	3
13	7	3 (mit Essig)
14	8	4
15	9	4

Tab. 12 Proben für archäometrische Keramikuntersu-chungen (Teil IV), experimentell gefertigte Keramik.

Experimente 1, 4, 3, 3 (mit Essig); Probe 9: Tonprobe 5, Experiment 5; Proben 10-13: Tonprobe 7, Experi-mente 1, 5, 3, 3 (mit Essig); Probe 14: Tonprobe 8, Experiment 4; Probe 15: Tonprobe 9, Experiment 4.

Die Proben der zweiten Serie von Dünnschliffuntersuchungen werden in den Abbildungen durch je 2 Fotos dargestellt (**Abb. 48-60**). Die Fotos auf der linken Seite (1a-5a) wurden in einfach polarisiertem Licht, die Fotos auf der rechten Seite (1b-5b) bei gekreuzten Polarisatoren gefertigt. Die Bildpaare zeigen denselben Ausschnitt des Dünnschliffes unter den beiden genannten Lichtverhältnissen.

Beobachtungen im Verlauf der Dünnschliffuntersuchungen
– Dünnschliffe langsam gedrehter Keramik

LG 1
Abb. 39-41, Abb. 54, 5 - 55, 4[98]
Siedlung: Proben 10-12, 27-29
Gräberfeld: 124, 133, 338, 503, 507, 509, 579
Grab 507: Übergang zu LG 2 (Porenverteilung und Porenform – längliche Poren)
Rötliche Grundmasse (Munsell HUE 10R 3/4 und 3/6, *dark red*; HUE 2.5YR 2/3 und 2/4 *very dark reddish brown*)[99], gemischt gebrannt, kann außen oxidiert und innen reduziert sein oder umgekehrt, oder nur in

---

[93] Der Dünnschliff von dem Gefäß aus Grab 225 konnte wegen eines Herstellungsdefektes nicht ausgewertet werden.

[94] Der Dünnschliff von dem Gefäß aus Grab 255 konnte wegen eines Herstellungsdefektes nicht ausgewertet werden.

[95] Der Dünnschliff von dem Gefäß aus Grab 125 konnte wegen eines Herstellungsdefektes nicht ausgewertet werden.

[96] Alle Gefäße der Sondergruppe (Buckelrandgefäße, Gefäße mit viereckiger Mündung usw.) sind handgeformt und konnten mit Hilfe makroskopischer Methoden einer der chronologischen Gruppen handgeformter Keramik (HG 1-4) zugeordnet werden. Diese Stücke werden gemeinsam mit den anderen Proben dieser Gruppen besprochen.

[97] Mittels Dünnschliffanalyse wurden ausschließlich aus den Feld-experimenten stammende, nicht jedoch aus den Laborexperi-menten stammende Proben untersucht. In den Feldexperimen-ten wurden zum größten Teil Gefäße aus den Tonproben herge-stellt, während es bei den Laborexperimenten nur möglich war,

sehr kleinformatige, länglich geformte Probenstücke (Länge ca. 6-8 cm, Durchmesser 0,5 cm) zu erzeugen. Da die Dünnschliffa-nalyse neben dem mineralogischen Phasenbestand auch sehr wichtige Informationen über die Mikromorphologie der Kera-mikstücke, und dadurch über die angewandte Töpfertechnolo-gie, liefert, wäre der potentielle Informationsgewinn aus der Dünnschliffanalyse der Laborproben eher gering. Die aus den Feldexperimenten stammenden Proben konnten aus zeitlichen und finanziellen Gründen nicht mit RDA analysiert werden. (Die Probenauswahl für RDA fand von Mai bis Dezember 2000 statt, die Feldexperimente wurden im Juli und August 2001 durchge-führt.)

[98] Aufgrund von Herstellungsdefekten (unregelmäßige Dicke) konnten leider nicht alle Dünnschliffe fotografiert werden.

[99] Die beschriebenen Farben beziehen sich auf die Farbe der Grundmasse im Polarisationsmikroskop im einfach polarisierten Licht.

der Mitte reduziert und innen wie außen oxidiert. Die Grundmasse ist reich an Muskovit und monokristallinen Quarzkörnern, eine opake Phase (eisenreiche Partikel) ist mäßig vertreten, vereinzelt kommen auch mikrokristalline Karbonate vor. Diese sind höchstwahrscheinlich natürliche Bestandteile des Tons. Die Grundmasse wurde mit nach ihrer Größe schlecht sortierten Gesteinsbruchstücken (vor allem Quarzit und selten Glimmerschiefer) gemagert. Feldspäte kommen vereinzelt vor. Der Gesamtanteil nichtplastischer Bestandteile beträgt 25-30 Vol%, wovon die Gesteinsbruchstücke ca. 20-25 Vol% ausmachen (mehr als 90 Vol% der Gesteinsbruchstücke sind Quarzite). Die Poren der Keramik sind meist rundlich, die nichtplastischen Bestandteile und die Poren besitzen keine eindeutige Ausrichtung.

Muskovit: nadelförmige Körner, Länge der Körner: bis ca. 150 µm

Quarz: kantig bis abgerundete Körner, monokristalliner Quarz, Durchmesser der Körner: bis 100 µm

Karbonate: mikrokristalline, abgerundete Körner, Durchmesser der Körner: 300-700 µm

Opake Partikel: vermutlich stark eisenhaltige Partikel, Durchmesser der Körner: 20-300 µm

Feldspäte: vor allem Kalifeldspäte, meist kantige Körner, oft in verwitterter Form und/oder mit Einschlüssen, Durchmesser der Körner: 200-1000 µm

Gesteinsbruchstücke:

– Quarzit: eher abgerundete (*subangular – subrounded*) Körner mit undulöser Auslöschung, Durchmesser der Körner: 200-2000 µm

– Glimmerschiefer: abgerundete Körner, Durchmesser der Körner: 300-1500 µm

LG 2

Abb. 42-44, Abb. 55, 5-56, 2

Siedlung: Proben 13-15, 30-32

Gräberfeld: 40, 135, 204A, 224, 271, 372, 562

Proben 13, 32: Übergang zu LG 3 (weniger kompakte Porenstruktur)[100]

Grab 372: Übergang zu LG 3 (weniger kompakte Porenstruktur und viel besser sortierte – 200-1200 µm – Magerungsmittel)

Die Grundmasse ist rötlich bis rotbräunlich (Munsell HUE 2.5YR 2/3 und 2/4 *very dark reddish brown*, HUE 10R 2/1 und 2/2 *reddish black* und *very dark reddish brown*), im allgemeinen dunkler als bei LG 1. Nach der Atmosphäre des Brandes kann man alle oben (bei LG 1) erwähnten Variationen antreffen. Die bei LG 1 im Ton nachzuweisenden kleinen monokristallinen Quarzkörner und Muskovitkörner kommen bei LG 2 weit seltener bzw. überhaupt nicht vor. Eine opake Phase wie bei LG 1 ist nicht sichtbar, dies liegt wahrscheinlich an der dunkleren Farbe der Grundmasse. Die Magerung ist variabler als bei LG 1: neben Quarziten und Glimmerschiefer kommen oft Feldspäte und Karbonate vor. Diese Partikel sind der Größe nach besser sortiert als bei LG 1. Die Quarzite machen nun ca. 80 Vol% aller Magerungsbestandteile aus (bei LG 1 mehr als 90 Vol%). Der Anteil nichtplastischer Bestandteile liegt bei 25-30 Vol%. Da aber die im Ton natürlich enthaltenen Bestandteile seltener vorkommen als bei LG 1 oder überhaupt nicht vorhanden sind, bedeutet dies eine stärkere Magerung als bei LG 1. Die Porenstruktur ist im Vergleich zu LG 1 deutlich anders: die Keramik ist viel kompakter, die Poren sind länglich und haben, so wie die Magerungskörner, eine deutliche Ausrichtung parallel zur Gefäßwand.

---

[100] Bei Probe 13 (Siedlung) kann eine von den anderen Proben abweichende Herkunft angenommen werden (abgerundete Marmorkörner, Sandsteinpartikel). Da es nicht ausgeschlossen werden kann, dass es sich bei Probe 13 um römische Keramik handelt, wird dieser Einzelfall nicht weiter behandelt.

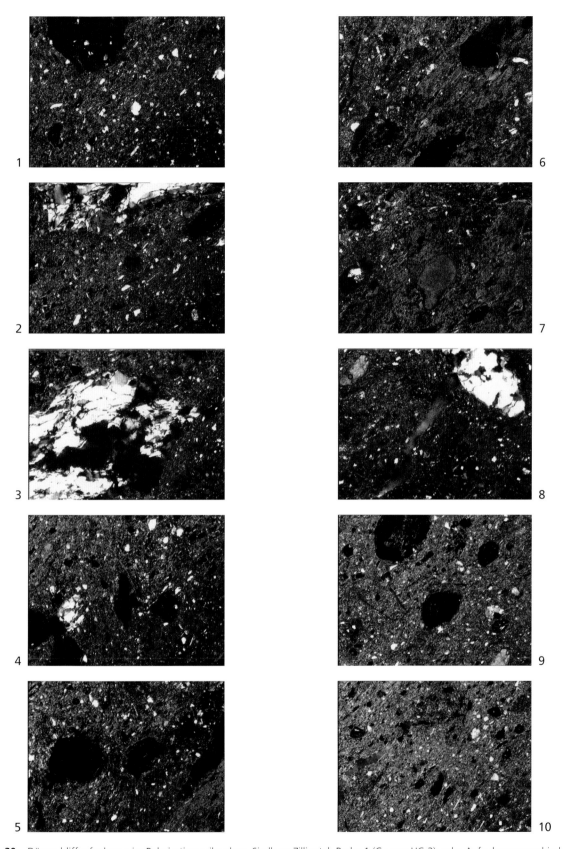

Abb. 30 Dünnschliffaufnahmen im Polarisationsmikroskop, Siedlung Zillingtal, Probe 1 (Gruppe HG 3); zehn Aufnahmen verschiedener Bereiche desselben Dünnschliffes; gekreuzte Polarisatoren, längere Seite der Bilder: 2,6 mm.

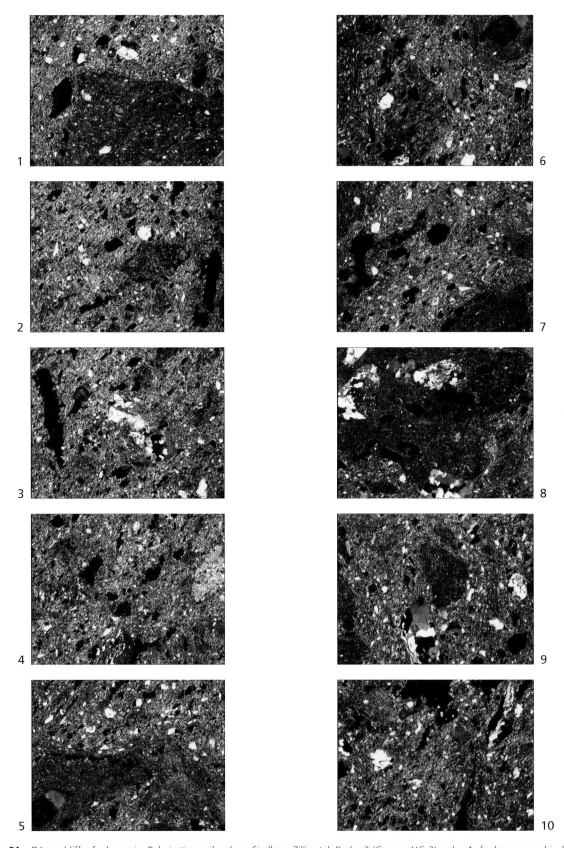

Abb. 31   Dünnschliffaufnahmen im Polarisationsmikroskop, Siedlung Zillingtal, Probe 2 (Gruppe HG 2); zehn Aufnahmen verschiedener Bereiche desselben Dünnschliffes; gekreuzte Polarisatoren, längere Seite der Bilder: 2,6 mm.

Die awarenzeitliche Keramik von Zillingtal

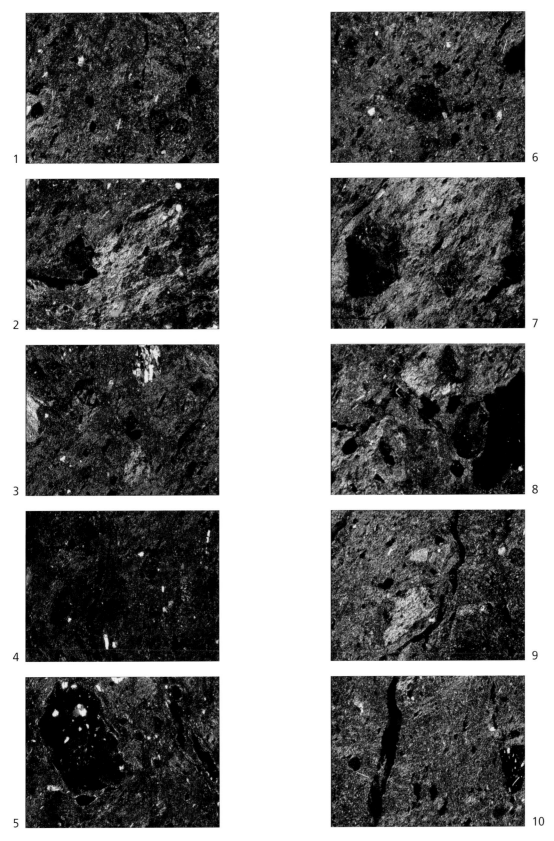

Abb. 32 Dünnschliffaufnahmen im Polarisationsmikroskop, Siedlung Zillingtal, Probe 3 (Gruppe HG 1); zehn Aufnahmen verschiedener Bereiche desselben Dünnschliffes; gekreuzte Polarisatoren, längere Seite der Bilder: 2,6 mm.

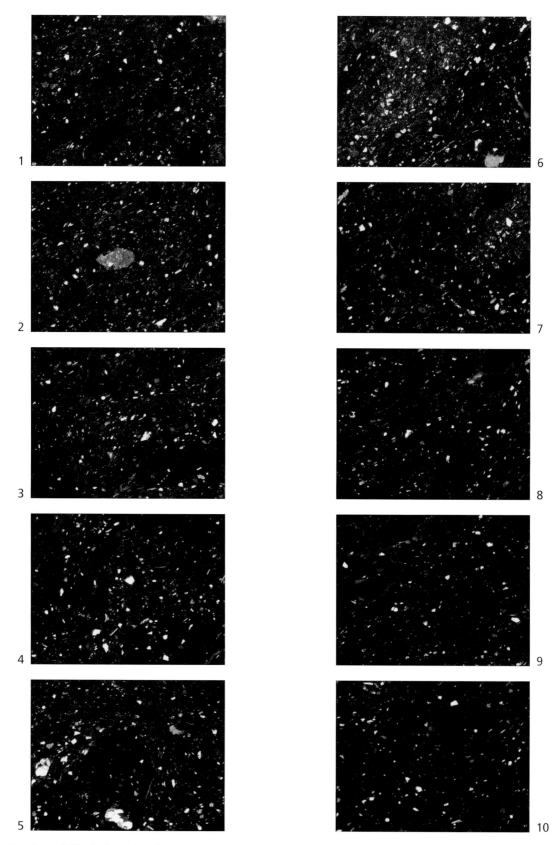

Abb. 33 Dünnschliffaufnahmen im Polarisationsmikroskop, Siedlung Zillingtal, Probe 4 (Gruppe HG 2); zehn Aufnahmen verschiedener Bereiche desselben Dünnschliffes; gekreuzte Polarisatoren, längere Seite der Bilder: 2,6 mm.

Die awarenzeitliche Keramik von Zillingtal

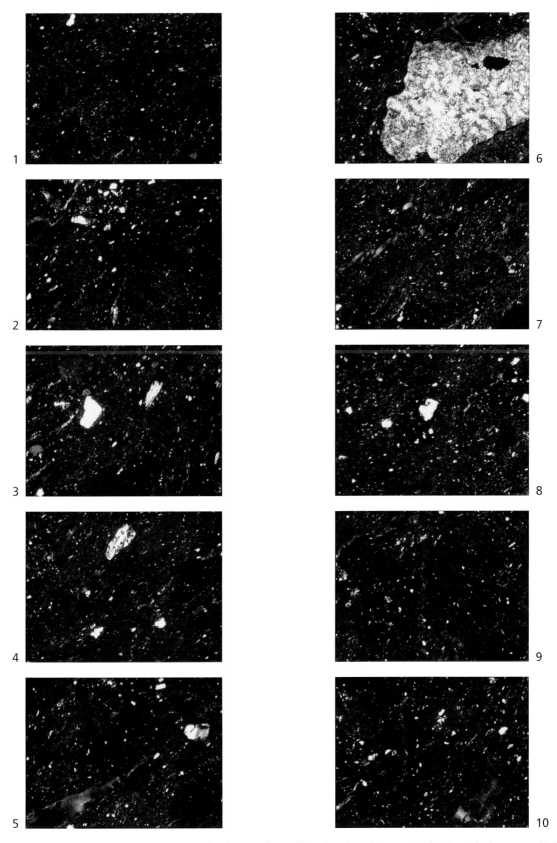

Abb. 34 Dünnschliffaufnahmen im Polarisationsmikroskop, Siedlung Zillingtal, Probe 5 (Gruppe HG 2); zehn Aufnahmen verschiedener Bereiche desselben Dünnschliffes; gekreuzte Polarisatoren, längere Seite der Bilder: 2,6 mm.

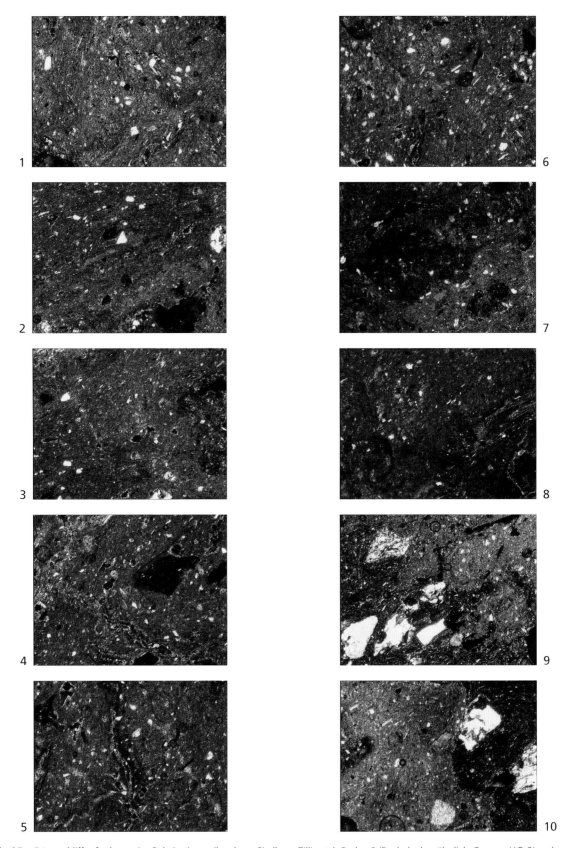

Abb. 35 Dünnschliffaufnahmen im Polarisationsmikroskop, Siedlung Zillingtal, Probe 6 (Backglocke, ähnlich Gruppe HG 2); zehn Aufnahmen verschiedener Bereiche desselben Dünnschliffes; gekreuzte Polarisatoren, längere Seite der Bilder: 2,6 mm.

Die awarenzeitliche Keramik von Zillingtal

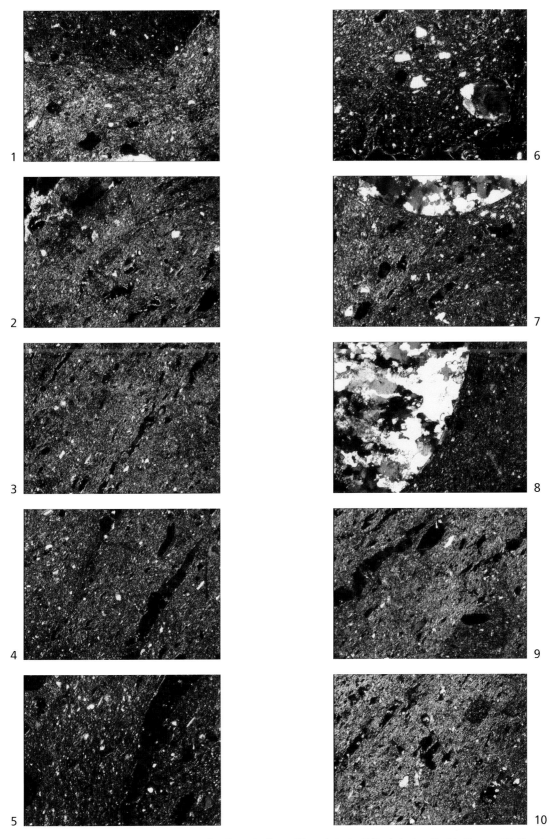

Abb. 36 Dünnschliffaufnahmen im Polarisationsmikroskop, Siedlung Zillingtal, Probe 7 (Backglocke, ähnlich Gruppe HG 2); zehn Aufnahmen verschiedener Bereiche desselben Dünnschliffes; gekreuzte Polarisatoren, längere Seite der Bilder: 2,6 mm.

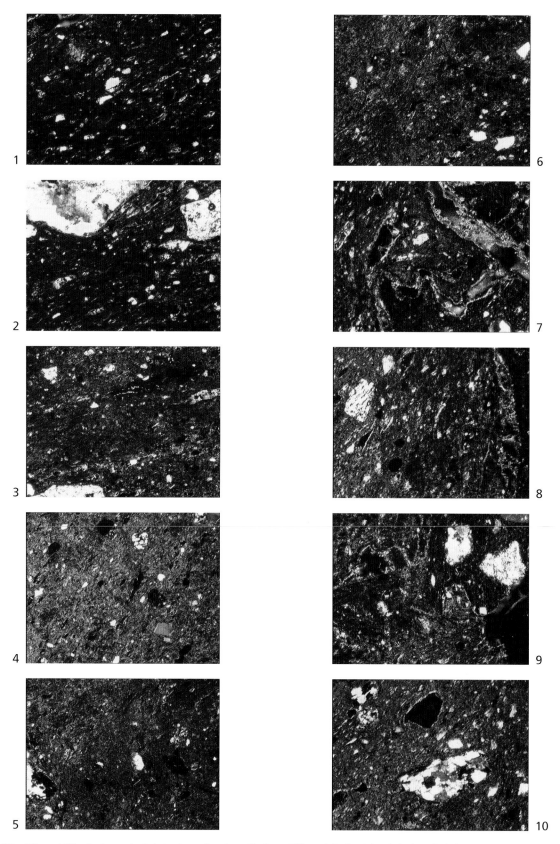

Abb. 37 Dünnschliffaufnahmen im Polarisationsmikroskop, Siedlung Zillingtal, Probe 8 (Backglocke, ähnlich Gruppe HG 3); zehn Aufnahmen verschiedener Bereiche desselben Dünnschliffes; gekreuzte Polarisatoren, längere Seite der Bilder: 2,6 mm.

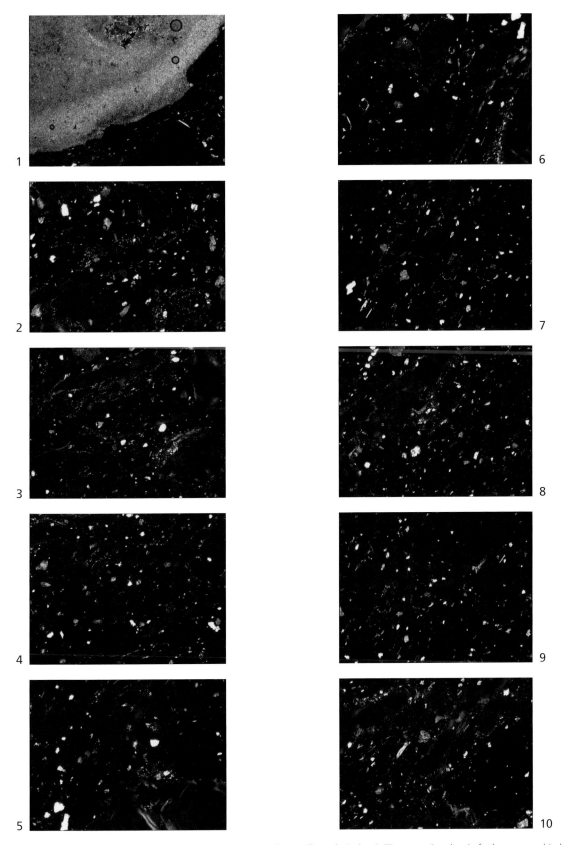

Abb. 38 Dünnschliffaufnahmen im Polarisationsmikroskop, Siedlung Zillingtal, Probe 9 (Tonwanne); zehn Aufnahmen verschiedener Bereiche desselben Dünnschliffes; gekreuzte Polarisatoren, längere Seite der Bilder: 2,6 mm.

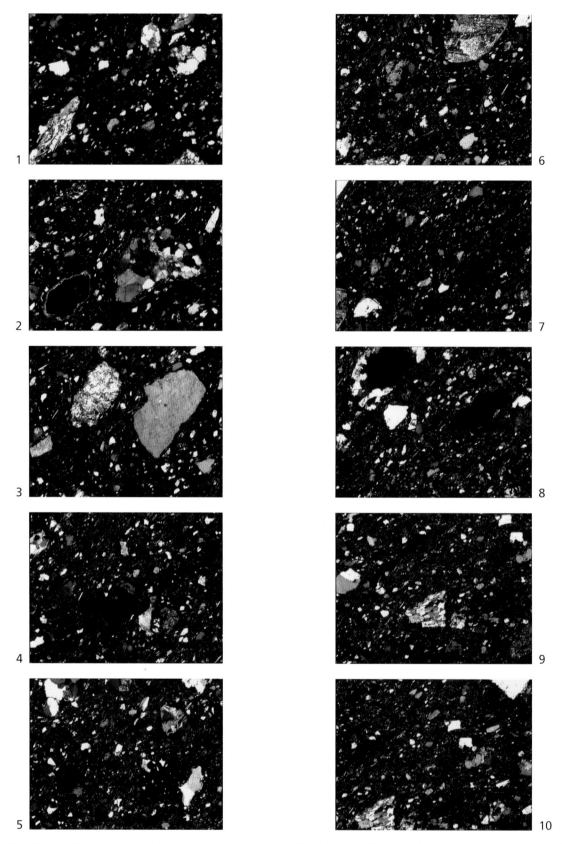

Abb. 39 Dünnschliffaufnahmen im Polarisationsmikroskop, Siedlung Zillingtal, Probe 10 (Gruppe LG 1); zehn Aufnahmen verschiedener Bereiche desselben Dünnschliffes; gekreuzte Polarisatoren, längere Seite der Bilder: 2,6 mm.

Die awarenzeitliche Keramik von Zillingtal

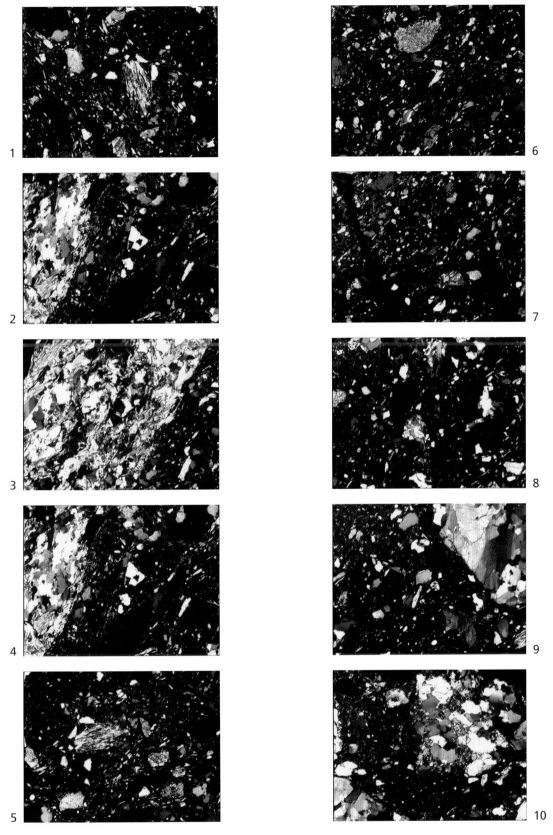

Abb. 40 Dünnschliffaufnahmen im Polarisationsmikroskop, Siedlung Zillingtal, Probe 11 (Gruppe LG 1); zehn Aufnahmen verschiedener Bereiche desselben Dünnschliffes; gekreuzte Polarisatoren, längere Seite der Bilder: 2,6 mm.

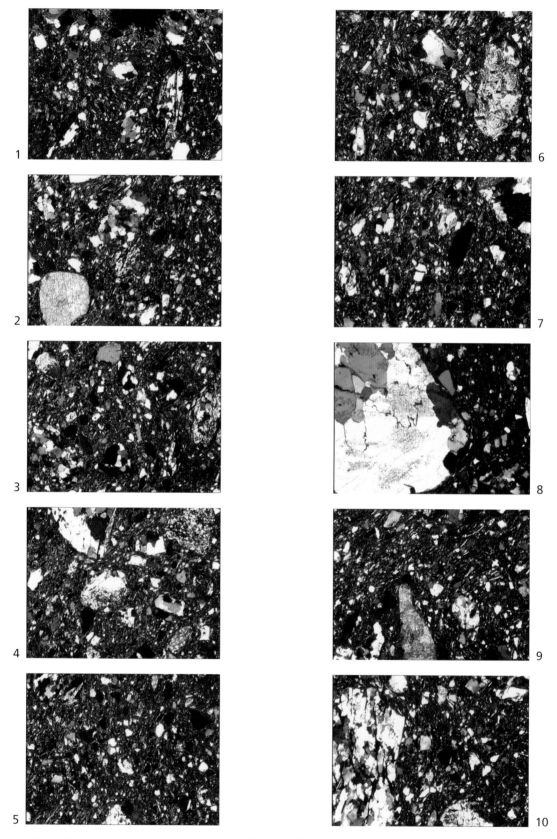

Abb. 41 Dünnschliffaufnahmen im Polarisationsmikroskop, Siedlung Zillingtal, Probe 12 (Gruppe LG 1); zehn Aufnahmen verschiedener Bereiche desselben Dünnschliffes; gekreuzte Polarisatoren, längere Seite der Bilder: 2,6 mm.

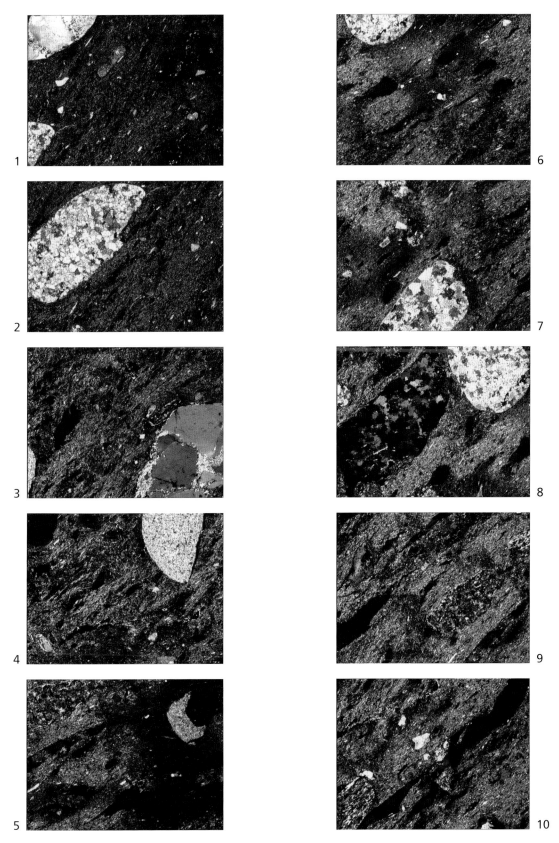

Abb. 42 Dünnschliffaufnahmen im Polarisationsmikroskop, Siedlung Zillingtal, Probe 13 (langsam gedrehte Keramik, ev. römerzeitlich); zehn Aufnahmen verschiedener Bereiche desselben Dünnschliffes; gekreuzte Polarisatoren, längere Seite der Bilder: 2,6 mm.

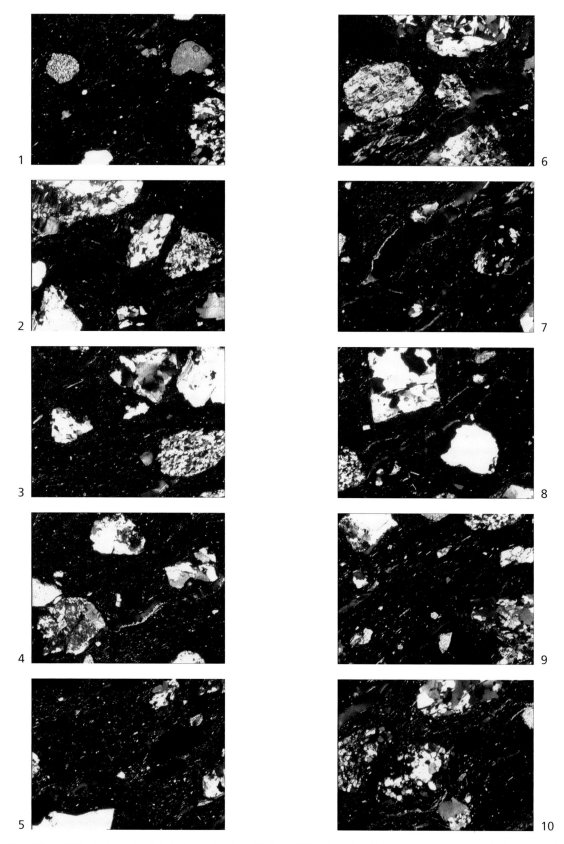

Abb. 43 Dünnschliffaufnahmen im Polarisationsmikroskop, Siedlung Zillingtal, Probe 14 (Gruppe LG 2); zehn Aufnahmen verschiedener Bereiche desselben Dünnschliffes; gekreuzte Polarisatoren, längere Seite der Bilder: 2,6 mm.

Die awarenzeitliche Keramik von Zillingtal

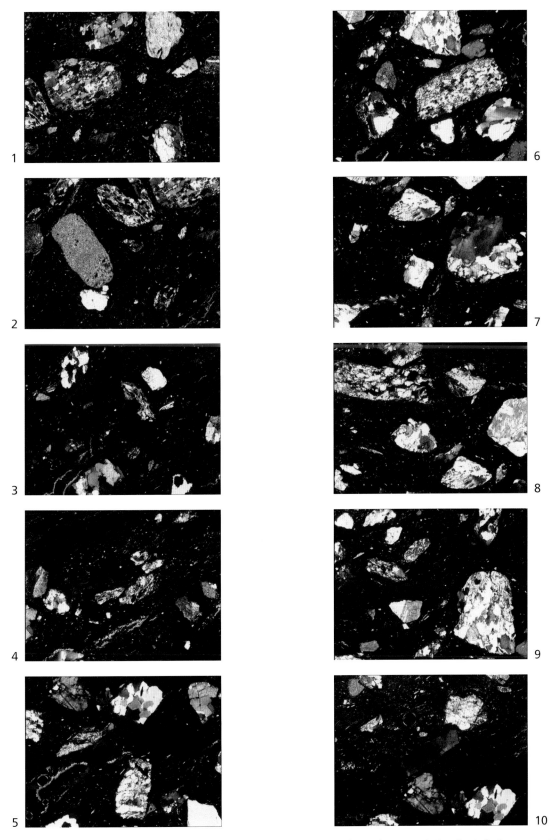

Abb. 44 Dünnschliffaufnahmen im Polarisationsmikroskop, Siedlung Zillingtal, Probe 15 (Gruppe LG 2); zehn Aufnahmen verschiedener Bereiche desselben Dünnschliffes; gekreuzte Polarisatoren, längere Seite der Bilder: 2,6 mm.

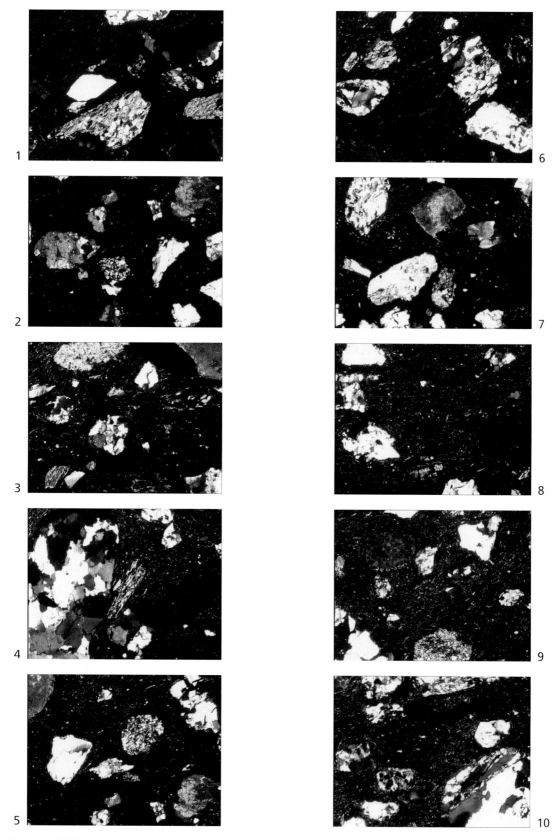

Abb. 45 Dünnschliffaufnahmen im Polarisationsmikroskop, Siedlung Zillingtal, Probe 16 (Gruppe LG 3); zehn Aufnahmen verschiedener Bereiche desselben Dünnschliffes; gekreuzte Polarisatoren, längere Seite der Bilder: 2,6 mm.

Die awarenzeitliche Keramik von Zillingtal

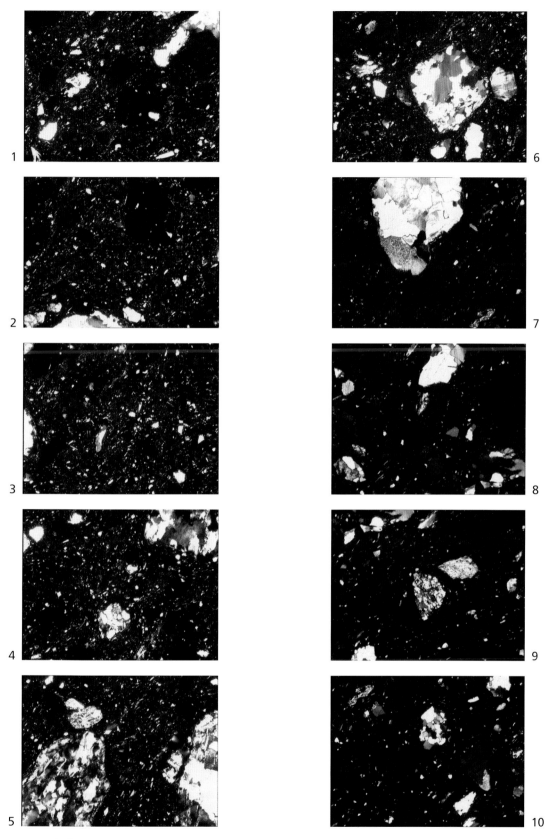

Abb. 46 Dünnschliffaufnahmen im Polarisationsmikroskop, Siedlung Zillingtal, Probe 17 (Gruppe LG 3); zehn Aufnahmen verschiedener Bereiche desselben Dünnschliffes; gekreuzte Polarisatoren, längere Seite der Bilder: 2,6 mm.

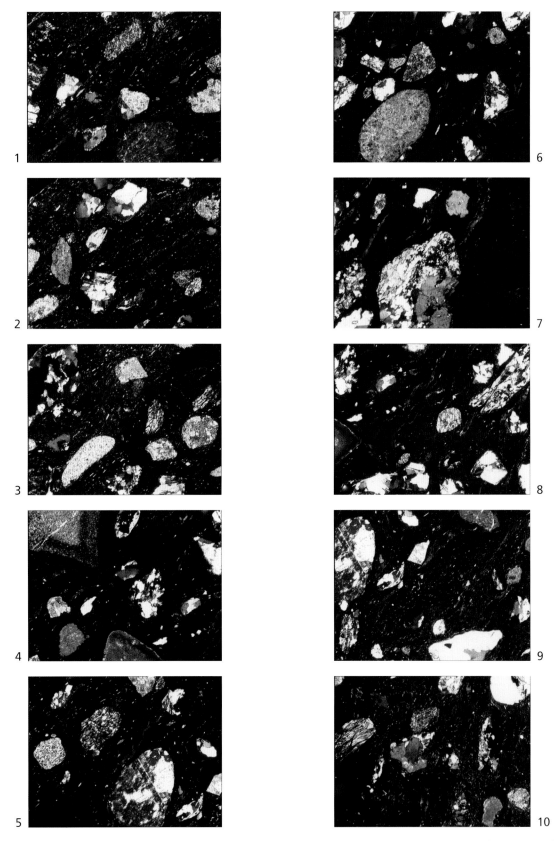

Abb. 47 Dünnschliffaufnahmen im Polarisationsmikroskop, Siedlung Zillingtal, Probe 18 (Gruppe LG 3); zehn Aufnahmen verschiedener Bereiche desselben Dünnschliffes; gekreuzte Polarisatoren, längere Seite der Bilder: 2,6 mm.

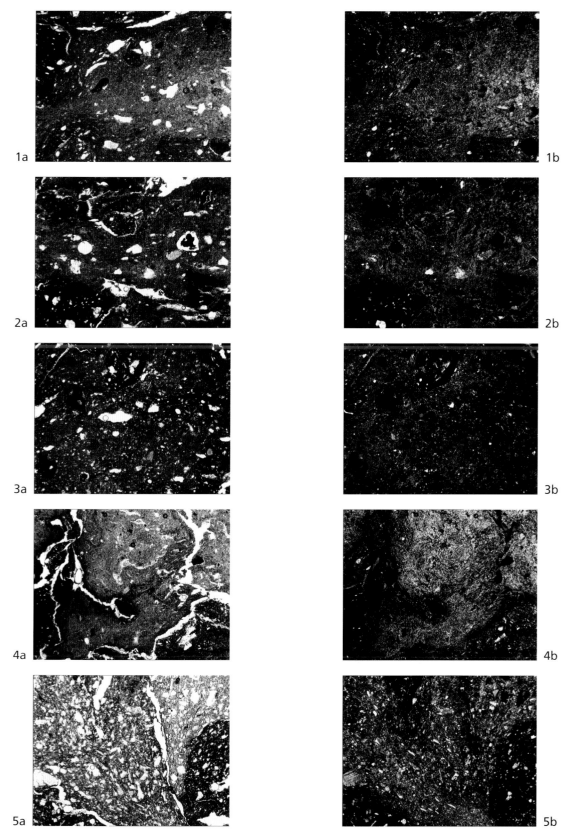

Abb. 48 Dünnschliffaufnahmen im Polarisationsmikroskop, a: in einfach polarisiertem Licht, b: unter gekreuzten Polarisatoren; längere Seite der Bilder: 2,6 mm.
1 a-b: Gräberfeld Zillingtal, Grab 14 (Gruppe HG 1); 2 a-b: Gräberfeld Zillingtal, Grab 32 (Gruppe HG 1); 3 a-b: Gräberfeld Zillingtal, Grab 232 (Gruppe HG 1); 4 a-b: Gräberfeld Zillingtal, Grab 520 (Gruppe HG 1); 5 a-b: Gräberfeld Zillingtal, Grab 70/2 (Buckelrandgefäß, Gruppe HG 1).

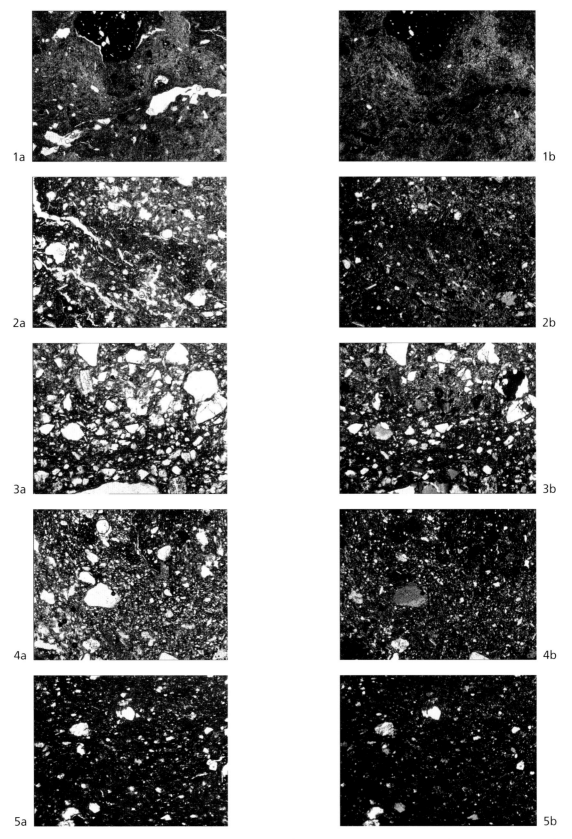

Abb. 49 Dünnschliffaufnahmen im Polarisationsmikroskop, a: in einfach polarisiertem Licht, b: unter gekreuzten Polarisatoren; längere Seite der Bilder: 2,6 mm.
1 a-b: Siedlung Zillingtal, Probe 20 (Gruppe HG 1); 2 a-b: Gräberfeld Zillingtal, Grab 8 (Gruppe HG 2); 3 a-b: Gräberfeld Zillingtal, Grab 48 (Gruppe HG 2); 4 a-b: Gräberfeld Zillingtal, Grab 70/1 (Krug, Gruppe HG 2); 5 a-b: Gräberfeld Zillingtal, Grab 148 (Gruppe HG 2).

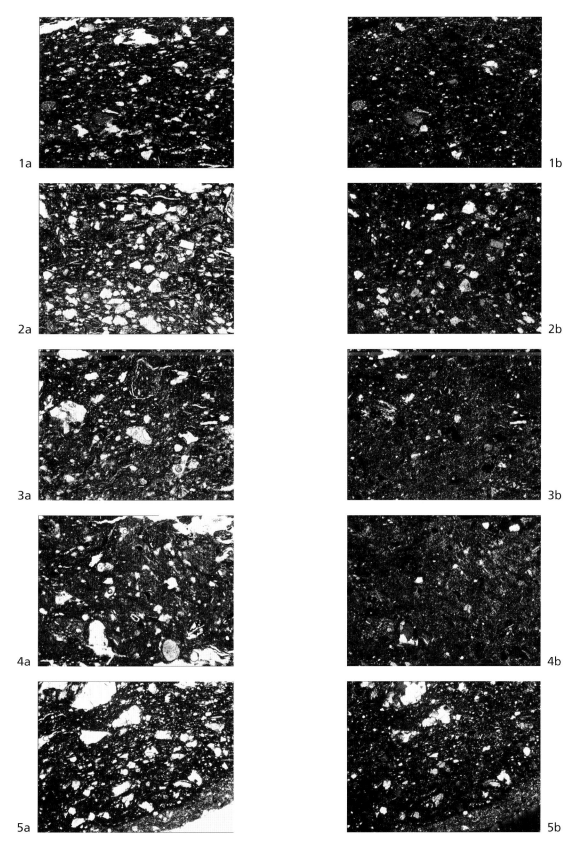

Abb. 50 Dünnschliffaufnahmen im Polarisationsmikroskop, a: in einfach polarisiertem Licht, b: unter gekreuzten Polarisatoren; längere Seite der Bilder: 2,6 mm.
1 a-b: Gräberfeld Zillingtal, Grab 203 (Gruppe HG 2); 2 a-b: Gräberfeld Zillingtal, Grab 242 (großes Gefäß, Gruppe HG 2); 3 a-b: Gräberfeld Zillingtal, Grab 299 (Gruppe HG 2); 4 a-b: Gräberfeld Zillingtal, Grab 321 (Gruppe HG 2); 5 a-b: Gräberfeld Zillingtal, Grab 343 (Gruppe HG 2).

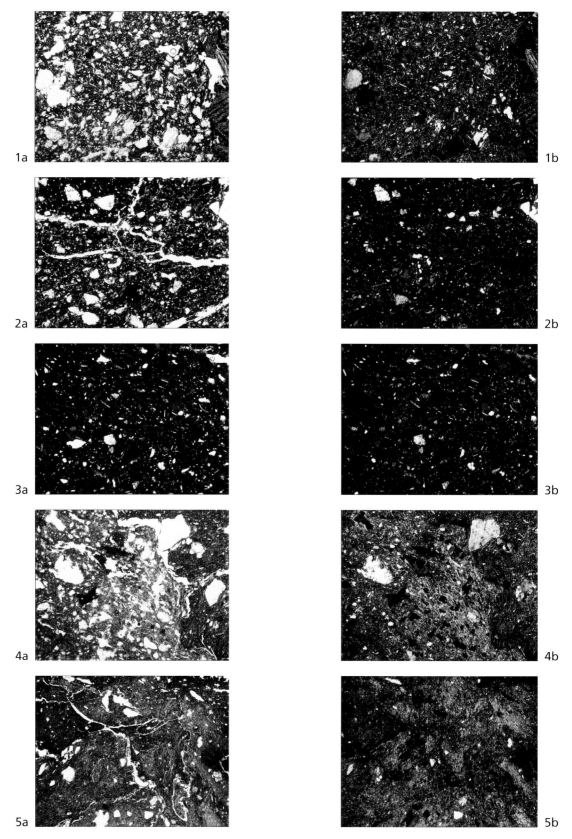

Abb. 51 Dünnschliffaufnahmen im Polarisationsmikroskop, a: in einfach polarisiertem Licht, b: unter gekreuzten Polarisatoren; längere Seite der Bilder: 2,6 mm.
1 a-b: Gräberfeld Zillingtal, Grab 554 (Gruppe HG 2); 2 a-b: Gräberfeld Zillingtal, Grab 585 (Gruppe HG 2); 3 a-b: Siedlung Zillingtal, Probe 19 (Gruppe HG 2); 4 a-b: Gräberfeld Zillingtal, Grab 22 (Gruppe HG 3); 5 a-b: Gräberfeld Zillingtal, Grab 56 (Gruppe HG 3).

Die awarenzeitliche Keramik von Zillingtal

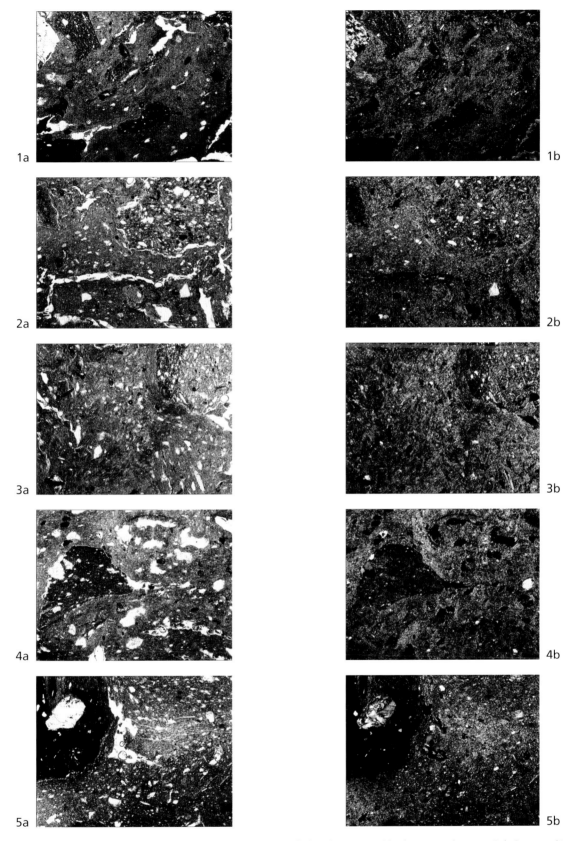

Abb. 52 Dünnschliffaufnahmen im Polarisationsmikroskop, a: in einfach polarisiertem Licht, b: unter gekreuzten Polarisatoren; längere Seite der Bilder: 2,6 mm.
1 a-b: Gräberfeld Zillingtal, Grab 78 (Gruppe HG 3); 2 a-b: Gräberfeld Zillingtal, Grab 206 (Gruppe HG 3); 3 a-b: Gräberfeld Zillingtal, Grab 225 (Gruppe HG 3); 4 a-b: Gräberfeld Zillingtal, Grab 469 (Gruppe HG 3); 5 a-b: Siedlung Zillingtal, Probe 23 (Gruppe HG 3).

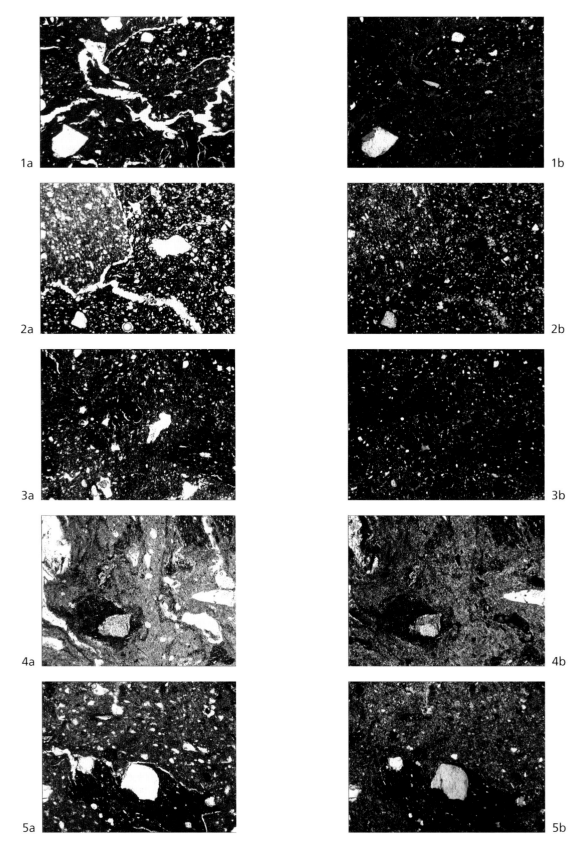

Abb. 53 Dünnschliffaufnahmen im Polarisationsmikroskop, a: in einfach polarisiertem Licht, b: unter gekreuzten Polarisatoren; längere Seite der Bilder: 2,6 mm.
1 a-b: Gräberfeld Zillingtal, Grab 111 (Gruppe HG 3); 2 a-b: Gräberfeld Zillingtal, Grab 140 (Gruppe HG 3); 3 a-b: Gräberfeld Zillingtal, Grab 439 (Gruppe HG 3); 4 a-b: Gräberfeld Zillingtal, Grab 62 (Gruppe HG 4); 5 a-b: Gräberfeld Zillingtal, Grab 169 (Gruppe HG 4).

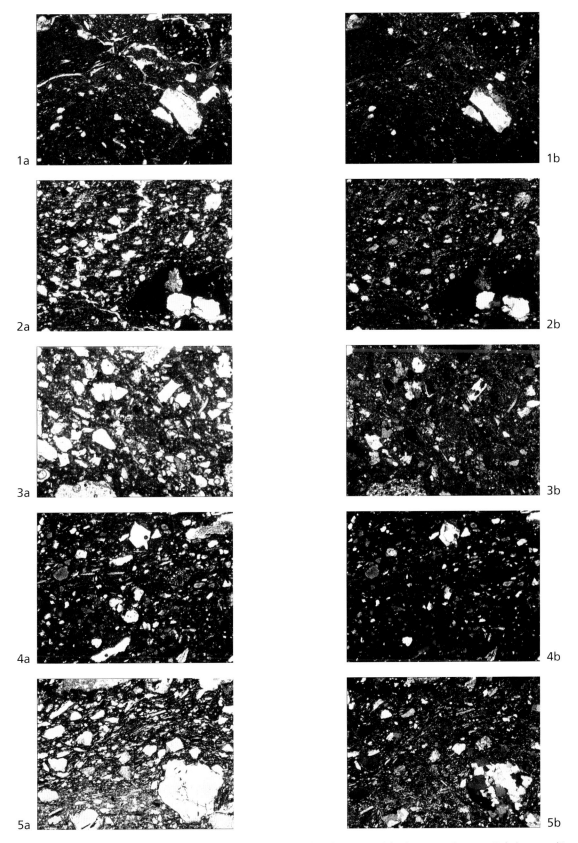

Abb. 54 Dünnschliffaufnahmen im Polarisationsmikroskop, a: in einfach polarisiertem Licht, b: unter gekreuzten Polarisatoren; längere Seite der Bilder: 2,6 mm.
1 a-b: Siedlung Zillingtal, Probe 21 (Gruppe HG 4); 2 a-b: Gräberfeld Zillingtal, Grab 235 (Gruppe HG 4); 3 a-b: Siedlung Zillingtal, Probe 25 (Tonwanne); 4 a-b: Siedlung Zillingtal, Probe 26 (Tonwanne); 5 a-b: Gräberfeld Zillingtal, Grab 124 (LG Gefäß, Gruppe LG 1).

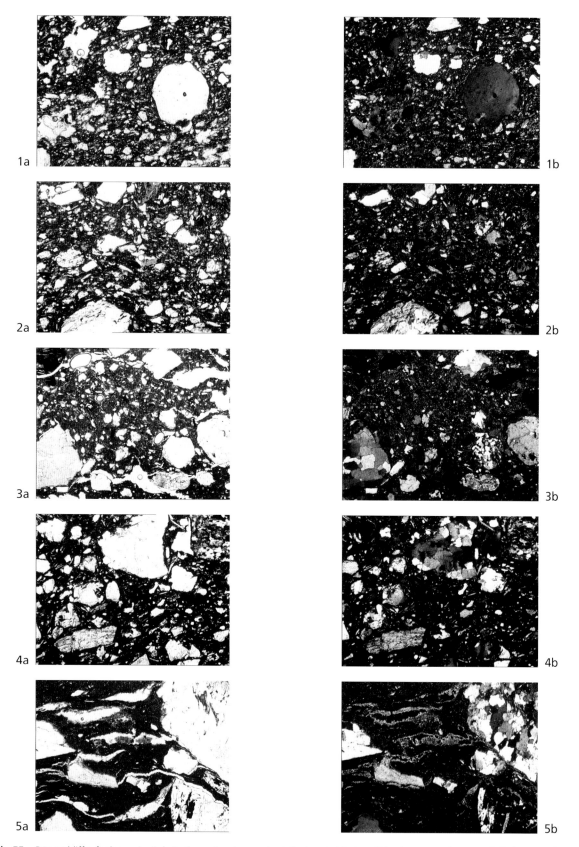

Abb. 55 Dünnschliffaufnahmen im Polarisationsmikroskop, a: in einfach polarisiertem Licht, b: unter gekreuzten Polarisatoren; längere Seite der Bilder: 2,6 mm.

1 a-b: Gräberfeld Zillingtal, Grab 133 (Gruppe LG 1); 2 a-b: Gräberfeld Zillingtal, Grab 503 (Gruppe LG 1); 3 a-b: Gräberfeld Zillingtal, Grab 509 (Gruppe LG 1); 4 a-b: Siedlung Zillingtal, Probe 27 (Gruppe LG 1); 5 a-b: Gräberfeld Zillingtal, Grab 135 (Gruppe LG 2).

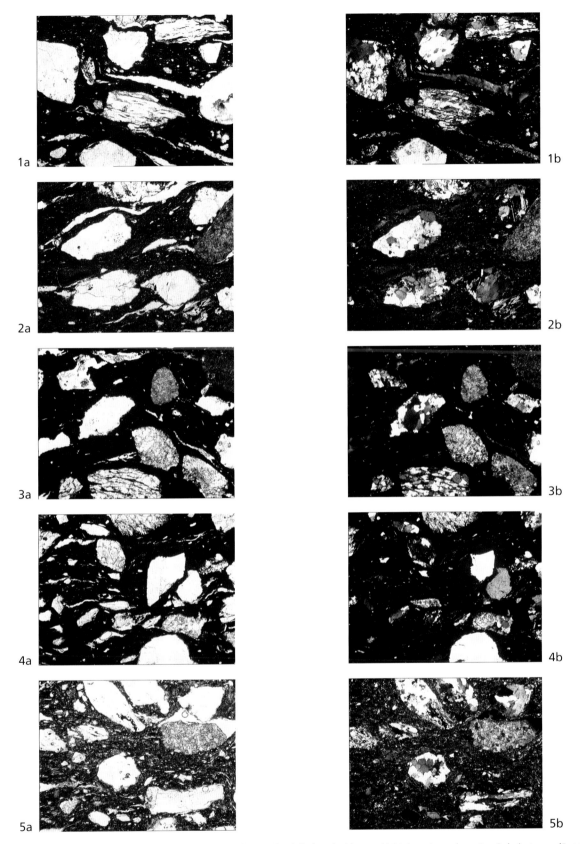

Abb. 56 Dünnschliffaufnahmen im Polarisationsmikroskop, a: in einfach polarisiertem Licht, b: unter gekreuzten Polarisatoren; längere Seite der Bilder 2,6 mm.
1 a-b: Gräberfeld Zillingtal, Grab 204A (Gruppe LG 2); 2 a-b: Siedlung Zillingtal, Probe 31 (Gruppe LG 2); 3 a-b: Gräberfeld Zillingtal, Grab 189 (Gruppe LG 3); 4 a-b: Gräberfeld Zillingtal, Grab 280 (Gruppe LG 3); 5 a-b: Gräberfeld Zillingtal, Grab 287 (Gruppe LG 3).

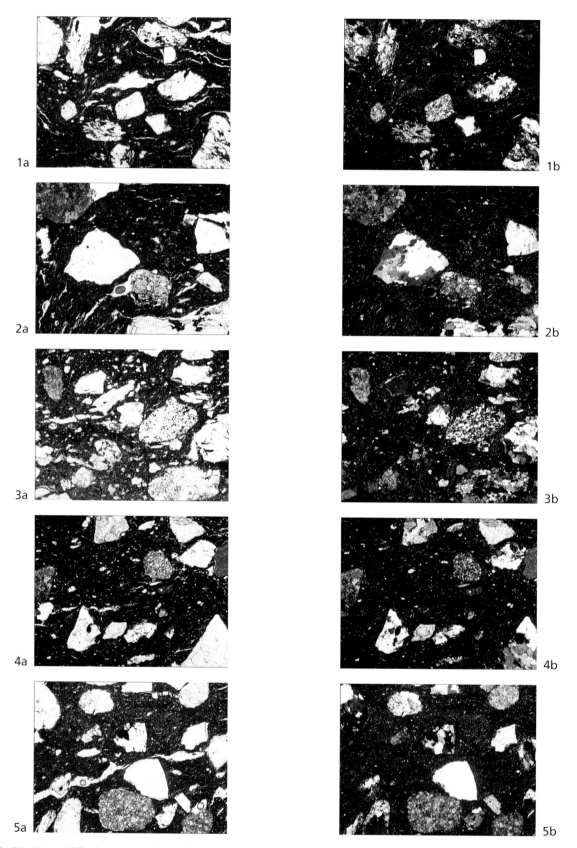

Abb. 57 Dünnschliffaufnahmen im Polarisationsmikroskop, a: in einfach polarisiertem Licht, b: unter gekreuzten Polarisatoren; längere Seite der Bilder: 2,6 mm.

1 a-b: Gräberfeld Zillingtal, Grab 290 (Gruppe LG 3); 2 a-b: Gräberfeld Zillingtal, Grab 474 (Gruppe LG 3); 3 a-b: Siedlung Zillingtal, Probe 33 (Gruppe LG 3); 4 a-b: Siedlung Zillingtal, Probe 34 (Gruppe LG 3); 5 a-b: Siedlung Zillingtal, Probe 35 (Gruppe LG 3).

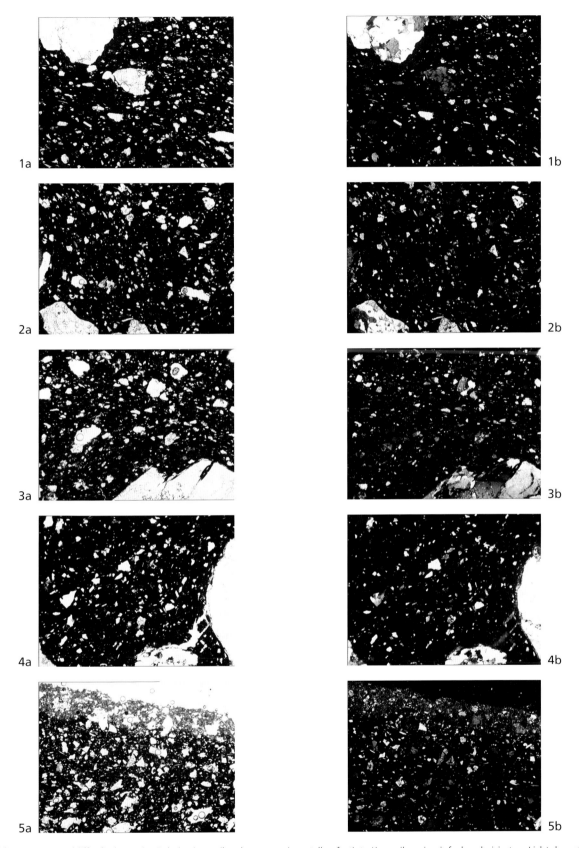

Abb. 58 Dünnschliffaufnahmen im Polarisationsmikroskop, experimentell gefertigte Keramik, a: in einfach polarisiertem Licht, b: unter gekreuzten Polarisatoren; längere Seite der Bilder: 2,6 mm.
1 a-b: Zillingtal, Tonprobe 2, Experiment 1; 2 a-b: Zillingtal, Tonprobe 2, Experiment 4; 3 a-b: Zillingtal, Tonprobe 2, Plättchen 2 E ; 4 a-b: Zillingtal, Tonprobe 2, Plättchen 2; 5 a-b: Zillingtal, Tonprobe 3, Experiment 1.

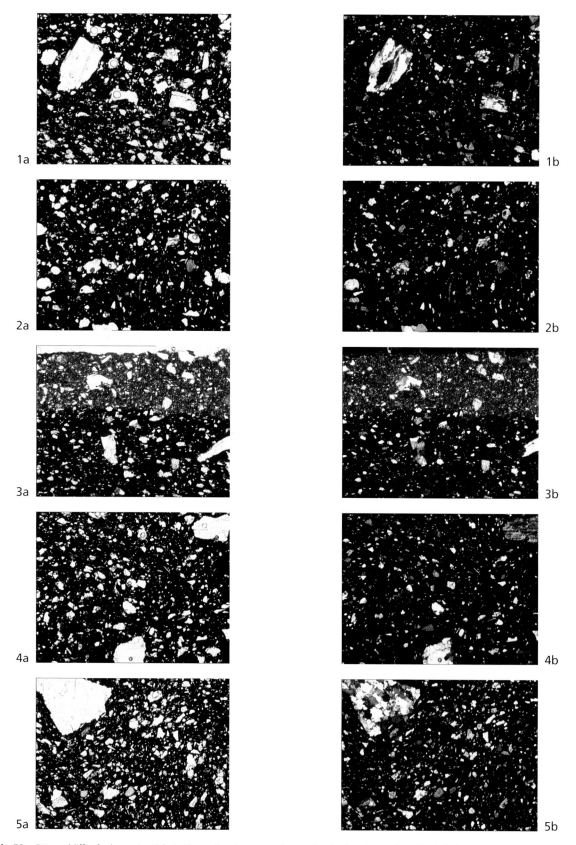

Abb. 59 Dünnschliffaufnahmen im Polarisationsmikroskop, experimentell gefertigte Keramik, a: in einfach polarisiertem Licht, b: unter gekreuzten Polarisatoren; längere Seite der Bilder: 2,6 mm.
1 a-b: Zillingtal, Tonprobe 3, Experiment 4; 2 a-b: Zillingtal, Tonprobe 3, Plättchen 3 E; 3 a-b: Zillingtal, Tonprobe 3, Plättchen 3; 4 a-b: Zillingtal, Tonprobe 5, Experiment 5; 5 a-b: Zillingtal, Tonprobe 7, Experiment 1.

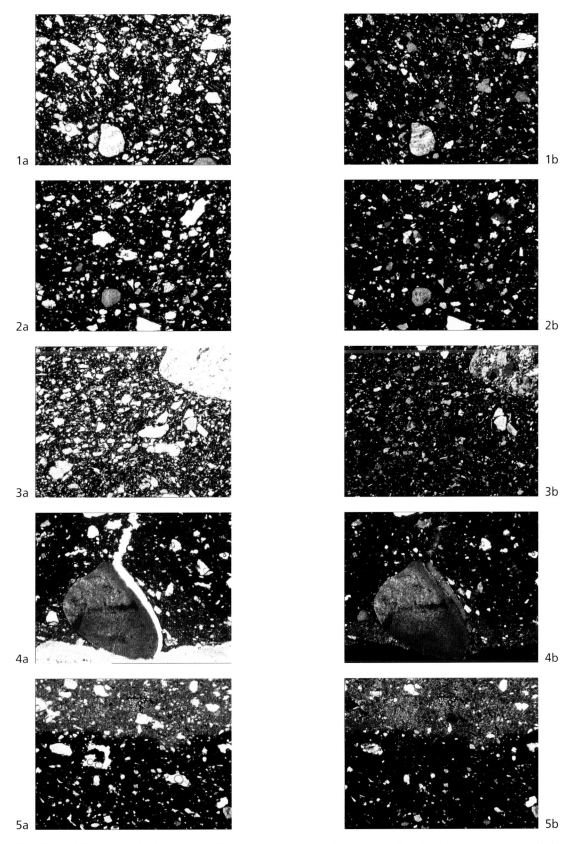

Abb. 60 Dünnschliffaufnahmen im Polarisationsmikroskop, experimentell gefertigte Keramik, a: in einfach polarisiertem Licht, b: unter gekreuzten Polarisatoren; längere Seite der Bilder 2,6 mm.
1 a-b: Zillingtal, Tonprobe 7 Experiment 5; 2 a-2b: Zillingtal, Tonprobe 7, Plättchen 7 E; 3 a-b: Zillingtal, Tonrobe 7, Plättchen 7; 4 a-b: Zillingtal, Tonprobe 8, Experiment 4; 5 a-b: Zillingtal, Tonprobe 9, Experiment 4.

Feldspäte: vor allem Kalifeldspäte, meist kantige Körner, oft in verwitterter Form und/oder mit Einschlüssen, Durchmesser der Körner: 400-1200 µm

Karbonate: mikrokristalline abgerundete Körner, Durchmesser der Körner: 300-700 µm, bei manchen Proben (z. B. Grab 135 und Siedlung Probe 13) auch abgerundete Marmorkörner mit einem Durchmesser von 400-700 µm

Gesteinsbruchstücke:

– Quarzit: oft längliche Körner mit eher abgerundeten Kanten (*subangular – subrounded*), die Körner haben eine undulöse Auslöschung, Durchmesser/Länge der Körner: 200-1200 µm

– Glimmerschiefer: längliche Körner mit abgerundeten Kanten, Durchmesser/Länge der Körner: 300-1500 µm

LG 3
Abb. 45-47, Abb. 56, 3-57, 5
Siedlung: Proben 16-18, 33-35
Gräberfeld: Proben 189, 204B, 230A, 280, 287, 290, 474
Probe 18: Übergang zu LG 2 (Porenstruktur)
Grab 189: Übergang zu LG 2 (Porenstruktur)

Die Grundmasse ist rötlich, im allgemeinen heller als LG 2, eher ähnlich zu LG 1 (Munsell HUE 2.5YR 3/4 und 3/6 *dark reddish brown*, HUE 2.5YR 2/3 und 2/4 *very dark reddish* brown). Nach der Atmosphäre des Brandes kann man alle oben (bei LG 1 und LG 2) erwähnten Versionen antreffen. Im Ton natürlich enthaltene kleinkörnige Quarze und Muskovite kommen öfter vor als bei LG 2, sind aber weniger häufig und kleiner (bis 50 µm) als bei LG 1. Vereinzelt kommen auch Biotite vor. Körner einer opaken Phase sind in den helleren Dünnschliffen gut sichtbar. Die Grundmasse ist, wie bei LG 1 und LG 2, mit Gesteinsbruchstücken gemagert (Quarzit, Glimmerschiefer, Sandstein, Karbonate). Die Gesteinsbruchstücke sind im Allgemeinen kleiner als bei LG 2, sind aber schlechter nach ihrer Größe sortiert. Der Anteil von Quarzit sinkt weiter im Vergleich zu LG 1 (mehr als 90 Vol%) und LG 2 (ca. 80 Vol%); bei LG 3 liegt dieser Anteil bei ca. 65-70 Vol%. Alle anderen Gesteinsbruchstücke und die Feldspäte kommen öfter vor als bei LG 1 und LG 2. Der Anteil nichtplastischer Bestandteile liegt – ähnlich wie bei LG 1 und LG 2 – bei 25-30 Vol%. Wegen der von LG 1 und LG 2 abweichenden Korngrößenverteilung der Magerung geben aber die Dünnschliffe der LG 3 einen anderen optischen Eindruck. Die Porenstruktur ist weniger kompakt als bei LG 3, die Porenformen bilden einen »Mittelwert« zwischen den länglichen Poren von LG 2 und den rundlichen Poren von LG 1.

Muskovit: nadelförmige Körner, Länge der Körner: bis ca. 100 µm

Quarz: kantige bis abgerundete Körner, monokristalliner Quarz, Durchmesser der Körner: bis 50 µm

Biotit: kantige Körner, bis 150 µm

Feldspäte: vor allem Kalifeldspäte, meist kantige Körner, oft in verwitterter Form und/oder mit Einschlüssen, Durchmesser der Körner: 400-1000 µm

Karbonate: abgerundete Körner, Durchmesser der Körner: 300-1000 µm

Gesteinsbruchstücke:

– Quarzit: abgerundete Körner (*subangular – subrounded*), mit einer undulösen Auslöschung, Durchmesser der Körner: 200-1000 µm

– Glimmerschiefer: längliche Körner mit abgerundeten Kanten, Durchmesser/Länge der Körner: 300-1000 µm

– Sandstein: mittelkörniger Sandstein mit kieselsäurehaltigem Bindemittel

– Dünnschliffe handgeformter Keramik

Die handgeformte Keramik weist eine stärkere Variabilität und größere Unterschiede zwischen den einzelnen Gefäßen als die langsam gedrehte Keramik auf. Die Schamotte stammt, das jeweilige Gefäß betreffend, von fremden Tonsorten, welche bei anderen Gefäßen die Haupttonsorte darstellen. In einem Gefäß können Schamottestücke aus mehreren Gefäßtypen bzw. Ton- und Magerungstypen erhalten sein[101]. Poren und Partikel aus keiner der handgeformten Proben besitzen eine spezifische Ausrichtung, wie es bei Gruppe LG 2 der Fall ist. Ein wichtiger Unterschied zwischen HG 1, HG 3 und HG 4 ist die Oberflächenstruktur der Gefäße; diese ist nicht im Dünnschliff sichtbar.

Die Dünnschliffe der Gruppe HG 2 sind auf der Außenseite in der Regel oxidiert gebrannt, bei den anderen Gruppen kommen alle Variationen vor (innen oxidiert – außen reduziert oder umgekehrt, oder innen wie außen oxidiert und in der Mitte reduziert).

HG 1
Abb. 32, Abb. 48, 1-49, 1
Siedlung: Proben 3, 20
Gräberfeld: 10, 14 (Buckelrandgefäß), 32, 70/2 (Buckelrandgefäß), 232, 397, 520
70/2: Übergang zu HG 2 (höherer Anteil kleiner, nichtplastischer Bestandteile als bei anderen HG 1-Proben)
Die Grundmasse ist braungelblich bis rotbräunlich (Munsell HUE 5YR 4/6 und 4/8 *reddish brown*, HUE 7.5YR 4/4 und 4/6 *brown*). Die wenigen nichtplastischen Bestandteile sind monokristalliner Quarz und vereinzelt Quarzit. Eine opake Phase (eisenreiche Partikel) kommt selten vor. Die Grundmasse ist mit Schamotte schwach gemagert, Tongerölle kommen auch vereinzelt vor[102]. Die Poren sind extrem unregelmäßig ausgebildet. Der Anteil nichtplastischer Bestandteile liegt bei weniger als 3-4 Vol%. Das Fehlen bzw. seltenere Vorkommen kleinkörnigen monokristallinen Quarzes unterscheidet HG 1 von HG 3; das Fehlen bzw. vereinzeltere Vorkommen größerer Quarzitstücke unterscheidet HG 1 von HG 4 im Dünnschliff. Außerdem ist HG 1 mit Schamotte schwächer gemagert als die Gruppen HG 3 und HG 4.
Quarz: mikrokristalliner Quarz, Durchmesser der Körner: bis 100 μm
Opake Phase: abgerundete Körner, Durchmesser der Körner: 100-400 μm
Schamotte: kantig bis abgerundete Körner, sehr schlecht sortiert, Durchmesser der Körner: bis zu 2500 μm
Gesteinsbruchstücke:
– Quarzit: abgerundete Körner mit undulöser Auslöschung, Durchmesser der Körner: zwischen 300 und 800 μm (kommt sehr selten vor)

HG 2
Abb. 31, Abb. 33, Abb. 49, 2-51, 3
Siedlung: Proben 2, 4, 5, 19, 24

[101] Es ist nicht möglich, die handgeformte Keramik mit Hilfe der Schamottestücke zu datieren, da nicht ausgeschlossen werden kann, dass die Schamottestücke aus römischer Keramik stammen. Die römische Keramik der Fundstelle wurde archäometrisch nicht untersucht.

[102] Es ist nicht immer möglich, Schamottemagerung von ungebrannt in den Ton gelangten Tongeröllen zu unterscheiden. Meistens sind Tongerölle, die zum ersten Mal mit dem Gefäß ausbrannten, im Dünnschliff von einer leeren Zone umgeben, was auf eine Schrumpfung des Tongeröls im Laufe des Brandes hinweist. Da es sich bei den Geröllen um eine andere Art von Ton handelt als bei dem Gefäß – sonst würde man die Tongerölle im Schliff nicht sehen – ist der Schrumpfungsgrad ein anderer als der im Falle des Gefäßtons. Aus diesem Unterschied ergibt sich die im Dünnschliff sichtbare, die Tongerölle umgebende leere Zone. Bei Schamotte, die bereits vor dem Gefäßbrand mindestens einmal ausgebrannt wurde, ändert sich die Größe nicht mehr, d.h. um die Schamottepartikel herum ist keine leere Zone sichtbar; Noll 1991, 42-43. In den untersuchten Dünnschliffen sind beide oben beschriebenen Versionen anzutreffen.

Gräberfeld: 8, 28, 48, 70/1 (Krug), 127A, 148, 203, 242, 299 (Gefäß mit viereckiger Mündung), 321, 343 (Buckelrandgefäß), 554, 585

Die rötliche Grundmasse (Munsell HUE 2.5YR 3/4 und 3/6 *dark reddish brown*) ist reich an natürlich enthaltenen kleinkörnigen Bestandteilen sowie kleinen monokristalliner Quarz-, Feldspat- und Muskovitkörnern. Relativ oft sind Körner einer opaken (eisenhaltigen) Phase anzutreffen. Mäßig kommen größere Quarzit- und Karbonatpartikel bzw. Feldspäte vor. Der Feldspatanteil ist viel höher als bei allen anderen Keramikgruppen der Fundstelle (HG und LG). Der Karbonatanteil ist höher als bei allen anderen HG-Gruppen. Selten bis mäßig sind Schamottekörner zu finden. Der Anteil aller nichtplastischen Bestandteile liegt mit 15-20 Vol% weit höher als bei den anderen handgeformten Gruppen. Ähnlichkeiten mit der (zeitgleichen) LG 1-Gruppe sind offensichtlich: der einzige im Dünnschliff sichtbare Unterschied ist, dass die LG 1-Gefäße, im Gegensatz zu den HG 2-Gefäßen, auch mit Gesteinsbruchstücken gemagert sind.

Quarz: mikrokristalliner Quarz, Durchmesser der Körner: bis 200 µm

Opake Phase: abgerundete Körner, Durchmesser der Körner: bis 300 µm

Schamotte: kantig bis abgerundete Körner, Durchmesser der Körner: bis zu 500 µm

Feldspäte: abgerundete Körner, Durchmesser der Körner: bis 600 µm

Gesteinsbruchstücke:

– Quarzit: abgerundete Körner mit undulöser Auslöschung, Durchmesser der Körner: zwischen 200 und 600 µm

– Karbonate: abgerundete Körner, Durchmesser der Körner 300-700 µm

HG 3

Abb. 30, Abb. 51, 4-53, 3

Siedlung: Proben 1, 22, 23

Gräberfeld: 22, 56, 78, 111, 140, 206 (Gefäß mit viereckiger Mündung), 408, 439, 469

Proben 140 und 439: Übergang zwischen HG 2 und HG 3

Bräunliche bis rotbräunliche Grundmasse (Munsell HUE 7.5YR 5/6 und 5/8 *bright brown*, HUE 7.5YR 4/4 und 4/6 *brown*), mäßig kleine Quarz- und Muskovitstücke (weniger als bei HG 2, aber meist mehr als bei HG 4), die wahrscheinlich natürliche Bestandteile des Tons sind. Auch als natürlicher Bestandteil des Tons kommt eine opake (eisenhaltige) Phase vor. Die Grundmasse ist mit Schamotte gemagert, im Allgemeinen ist die Schamottemagerung schwächer als bei HG 4 (aber stärker als bei HG 1). Die Schamottekörner sind besser nach ihrer Größe sortiert als bei HG 4. Vereinzelt (weit weniger als bei HG 4) sind Quarzit und Feldspäte anzutreffen. (Bei HG 3 sind keine Glimmerschieferstücke unter den Gesteinsbruchstücken zu finden, wie bei HG 4.) Der Anteil nichtplastischer Bestandteile liegt bei 6-7 Vol%, wovon 3-4 Vol% die Schamotte ausmacht, alles übrige machen die kleinen Quarz- und Muskovitstücke bzw. die vereinzelten Quarzit- und Feldspatkörner aus.

Opake Phase: abgerundete Körner, Durchmesser der Körner: 100-500 µm

Quarz: monokristalliner Quarz, abgerundete Körner, Durchmesser der Körner: bis 50 µm

Schamottestücke: kantige bis abgerundete Körner, Durchmesser der Körner: bis zu 1500 µm

Feldspat: weniger verwittert als bei LG, eher abgerundete Körner von 300-800 µm (kommt selten vor)

Gesteinsbruchstücke:

– Quarzit: abgerundete Körner mit undulöser Auslöschung, Durchmesser der Körner: zwischen 300 und 800 µm; (kommt selten vor)

Die Proben 140 und 439 bilden einen Übergang zwischen HG 2 und HG 3. Die im Ton natürlich enthaltenen Quarz-, Feldspat- und Muskovitkörner sind kleiner und weniger zahlreich als bei HG 2, aber größer und häufiger als bei HG 3. Schamottemagerung kommt selten vor. Größere Gesteinsbruchstücke sind ebenfalls selten.

HG 4

Abb. 53, 4-54, 2

Siedlung: Probe 21

Gräberfeld: 62, 169, 245; Sondergruppe: 88, 235

Die Grundmasse ist bräunlich bis gelbbräunlich (Munsell HUE 5YR 5/8 *bright reddish brown*, HUE 5YR 4/6 *reddish brown*, HUE 7.5YR 5/8 *bright brown*), im Ton natürlich enthaltene kleinformatige Partikel kommen überhaupt nicht oder sehr selten vor (wenn, dann Quarz und vereinzelt Muskovit). Eine (eisenhaltige) opake Phase kommt recht selten vor (seltener als bei HG 3). Die Grundmasse wurde mit Schamotte stark gemagert (stärker als HG 3 und HG 1), die Schamottestücke sind schlecht nach ihrer Größe sortiert. Einige Gesteinsbruchstücke (vor allem Quarzit und vereinzelt Glimmerschiefer) und Feldspäte sind ebenfalls anzutreffen (viel öfter als bei HG 3). Der Gesamtanteil der nichtplastischen Bestandteile liegt um 10 Vol%; 6-8 Vol% machen die Schamottestücke aus und weitere 2-3 Vol% die anderen nichtplastischen Bestandteile. Der Hauptunterschied zwischen HG 3 und HG 4 liegt in der kleineren Menge und Größe der nichtplastischen Bestandteile bei Gruppe HG 3.

Opake Phase: abgerundete Körner, Durchmesser der Körner 100-300 µm (kommt selten vor)

Quarz: monokristalliner Quarz, abgerundete Körner, Durchmesser der Körner: bis 50 µm; (kommt selten vor)

Schamottestücke: schlecht sortiert, kantige bis abgerundete Körner, Durchmesser der Körner: bis zu 2500 µm

Feldspat: weniger verwittert als bei LG, eher abgerundete Körner von 300-800 µm

Gesteinsbruchstücke:

– Quarzit: abgerundete Körner mit undulöser Auslöschung, Durchmesser der Körner zwischen 300 und 1000 µm

– Glimmerschiefer: längliche Körner mit abgerundeten Kanten, Länge der Körner 300-600 µm

Sondergruppe von HG 4:

Proben 88 und 235

(Gefäßform ist sehr ähnlich den HG 4-Gefäßen, die Tonzusammensetzung ist aber makroskopisch ähnlich wie bei HG 2[103].)

Die Zusammensetzung der Keramik ist auch mikroskopisch sehr ähnlich wie HG 2, es kommt aber eine Schamottemagerung vor (die zwar nicht so stark ist wie bei anderen HG 4-Gefäßen, eine Schamottemagerung ist jedoch für HG 2-Gefäße nicht charakteristisch).

Die Grundmasse ist rötlich (Munsell HUE 2.5YR 3/4 und 3/6, *dark reddish brown*), mit vielen kleinen – im Ton wahrscheinlich natürlich enthaltenen – Quarz- und Muskovitkörnern. Neben den Schamottestücken kommen auch wenige größere Quarzit- und vereinzelte Glimmerschieferkörner vor.

Quarz: monokristalliner Quarz, abgerundete Körner, Durchmesser der Körner: bis 100 µm

Muskovit: nadelförmige Körner, Länge bis zu ca. 150 µm

Schamotte: relativ große Schamottestücke unregelmäßiger Form, Durchmesser der Körner: bis 3000 µm

Gesteinsbruchstücke:

– Quarzit: abgerundete Körner mit undulöser Auslöschung, Durchmesser der Körner zwischen 300 und 1000 µm

---

[103] Die Lage der Gräber 88 und 235 innerhalb des awarenzeitlichen Gräberfeldes von Zillingtal lässt auf eine Datierung in SPA III schließen.

– Glimmerschiefer: längliche Körner mit abgerundeten Kanten, Länge der Körner: 300-600 µm

Interpretation der Sondergruppe HG 4: Es wurde eine für SPA III charakteristische Gefäßform mit einer für die Zeit üblichen groben Schamottemagerung (wie bei HG 4) und unüblichem Ausgangston (wie bei HG 2) hergestellt.

Tonwannen
Abb. 38, Abb. 54, 3-4

Siedlung: Proben 9, 25, 26

Die Farbe der Grundmasse ist dunkelbräunlich (Munsell HUE 7.5YR 3/2 und 2/2 *brownish black*). Der Ton ist sehr stark karbonathaltig, eine Vielzahl kleiner Quarzkörner kommt ebenfalls vor. Des Öfteren sind nadelförmige Muskovitkörner und vereinzelt größere Quarzit- und Feldspatkörner anzutreffen. Körner einer opaken Phase sind häufig. Abdrücke vegetabiler Magerung sind im Schliff gut sichtbar (Gras, Stroh, Spelze). Die Frage, welche nichtplastischen Bestandteile im Ton natürlich enthalten sind und welche intentionell hinzugefügt wurden, lässt sich nicht eindeutig entscheiden. Der Anteil nichtplastischer Bestandteile liegt bei 30-35 Vol%.

Der aus dem Rand einer Tonwanne gefertigte Dünnschliff (Probe Nr. 25) vermittelt ein sehr ähnliches Bild wie Dünnschliffe der Gruppe HG 2: Es kommen nur sehr wenige Karbonate vor, jedoch sind hier größere Mengen von Gesteinsbruchstücken (Quarzit, Glimmerschiefer) und Feldspäten anzufinden als bei den beiden anderen Proben (9 und 26) von Tonwannen[104].

Opake Phase: abgerundete Körner, Durchmesser der Körner: bis 200 µm

Quarz: monokristalliner Quarz, kantige bis abgerundete Körner, Durchmesser der Körner: bis 100 µm

Muskovit: nadelförmige Körner, Länge bis zu ca. 150 µm

Karbonate: mikrokristalline Karbonate, kantige bis abgerundete Körner, Durchmesser der Körner: bis 200 µm, vereinzelt Riesenkörner bis 3000 µm

Feldspat: abgerundete Körner, Durchmesser der Körner: bis 500 µm

Gesteinsbruchstücke:

– Quarzit: kantige bis abgerundete Körner, Durchmesser der Körner: bis 500 µm

Backglocken
Abb. 35-37

Siedlung: Proben 6-8

Die untersuchten Backglocken können anhand ihrer Materialzusammensetzung unterschiedlichen Typen zugeordnet werden. Alle Exemplare sind einer bestimmten Art handgeformter Gefäße ähnlich, mit dem Unterschied, dass die Backglocken, im Vergleich zu den handgeformten Gefäßen, eine stärkere Schamottemagerung und einen leicht erhöhten Anteil von Gesteinsbruchstücken aufweisen.

Proben 6, 7: HG 2

Probe 8: HG 3

---

[104] Als Erklärung bieten sich folgende verschiedene Möglichkeiten: 1. Die Tonwannen wurden aus einem Gemisch mehrerer Tonsorten bzw. aus sehr heterogenem Ton hergestellt. 2. Für die Ränder der Tonwannen wurde ein anderer Ton verwendet als für die restlichen Teile. 3. Die optischen Merkmale des Tons haben sich durch die Einwirkung der Hitze verändert. Die Tonwannen bildeten höchstwahrscheinlich den oberen Teil eines Ofens. (Siehe auch die Auswertung der Ausgrabung in Karos – Mókahomok, Herold 2006, 10). Um diese Frage beantworten zu können, wäre eine Untersuchung mehrerer Proben notwendig.

– Dünnschliffe experimentell gefertigter Keramik

Abb. 58-60

Proben 1-15 (für Details siehe **Tab. 12**, die Probeentnahmestellen siehe **Abb. 12**)

Die nichtplastischen Bestandteile in den Dünnschliffen experimentell hergestellter Gefäße besitzen dieselben Merkmale wie die der archäologischen Gefäße. Dies spricht für eine lokale Herkunft der archäologisch überlieferten Keramik.

Quarz: kleinkörnig (bis 300 μm, kantige Körner)

Feldspäte: Kalifeldspäte, kantige bis abgerundete Körner

Karbonate: mikrokristalline Karbonate, abgerundete Körner

Gesteinsbruchstücke:

– Quarzit: undulöse Auslöschung, oft mit Muskoviteinschlüssen, abgerundete Kanten

Der Abrundungsgrad ist bei allen nichtplastischen Bestandteilen ähnlich dem der archäologisch überlieferten Keramik, d.h. es handelt sich hierbei um die natürliche »Vorkommensform« dieser Minerale/Gesteine in Zillingtal und nicht um im Laufe der »Magerungsvorbereitung« zerstoßene Minerale/Gesteine. Die Menge der nichtplastischen Bestandteile im »Sand«-Korngrößenbereich (60-2000 μm) in den Dünnschliffen experimentell hergestellter Keramik lässt darauf schließen, dass die handgeformten awarenzeitlichen Gefäße nur die im Ton natürlich vorhandenen nichtplastischen Bestandteile enthalten, während dem Ton der langsam gedrehten Gefäße intentionell »Magerstoffe« zugefügt wurden.

Der Ton der experimentell hergestellten Gefäße enthält viele silikatische Körner im gröberen Siltbereich (ca. 4-60 μm). Dadurch stehen alle untersuchten Proben experimentell hergestellter Keramik der archäologischen Gruppe HG 2 am nächsten. Die archäologische Keramikgruppe LG 1 wurde aus einem ähnlichen silikatischen Ton hergestellt, hier wurde der Ton aber auch noch zusätzlich gemagert. Die Keramikgruppen HG 1, HG 3, HG 4 bestehen aus einem sog. fetten Ton, mit nur sehr wenigen Partikeln im Siltbereich. Die Keramikgruppen LG 2 und LG 3 wurden aus einem ähnlichen »fetten« Ton mit zusätzlicher intentioneller Magerung im »Sand«-Korngrößenbereich gefertigt.

Die Tonproben für die experimentell hergestellten Gefäße wurden direkt von der Oberfläche genommen; im Laufe des Projektes standen keine Geräte (Bohrer o. ä.) für eine Probenentnahme aus tieferen Schichten zur Verfügung. Da jedoch die nichtplastischen Bestandteile der archäologischen und der experimentell gefertigten Gefäße sowohl in ihrer Mineralzusammensetzung als auch in ihrer Abrundungsgrad sehr ähnlich sind, ist eine lokale Herkunft aller untersuchten archäologischen Proben gut möglich[105].

Die Tonproben aus dem südöstlichen Teil des 400×400 m-Quadranten, wo die Tonproben für die experimentell hergestellten Gefäße entnommen wurden, zeigen mehrere Karbonate im Dünnschliff als die Tonproben aus anderen Bereichen des Quadranten. Ob der bei den Experimenten beobachtete Unterschied zwischen den nordwestlich und südöstlich entnommenen Tonproben[106] durch die im Mikroskop sichtbaren Karbonate erklärt werden kann, ist unklar. Es könnte sich vielmehr um Unterschiede im pelitischen Bereich (<20 μm) handeln. Partikel dieser Größenordnung können die Formbarkeit des Tons grundsätzlich beeinflussen, sind aber unter dem Lichtmikroskop (aufgrund ihrer geringen Größe) schlecht bzw. nicht sichtbar. Bei den während des Brandes gesprungenen Gefäßen (Tonproben 8 und 9) sind große Karbonatstücke als Spaltfaktor zu sehen (bei Tonprobe 8, **Abb. 60, 4**).

[105] Der Beitrag der modernen Landwirtschaft kann bei dieser Frage nicht außer acht gelassen werden. In den Dünnschliffen der experimentell hergestellten Keramik sind viele kleine Partikel zu finden. Diese können Ergebnis einer jährlich wiederholten Verkleinerung durch Landwirtschaftsgeräte darstellen. Wenn dies der Fall ist, kann man heute ähnliche Tone wie bei den Gruppen HG 1, HG 3 und HG 4 (mit wenigen, großen Partikeln) nur unterhalb der Pflugtiefe finden. Diese Situation dürfte in der Awarenzeit eine andere gewesen sein, wenn auch mit einer natürlichen Verwitterung an der Oberfläche gerechnet werden muss.

[106] Siehe die Beschreibung der Experimente in vorliegender Arbeit.

Der bei Experiment 3 für die Lösung der Karbonate verwendete Essig verursachte keine im Dünnschliff sichtbaren Veränderungen. Da Abweichungen in Form einer weißen Kruste auf der Oberfläche der Plättchen makroskopisch sichtbar waren, dürfte dies die im Lichtmikroskop schlecht bzw. nicht sichtbaren pelitischen (<20 µm) Bestandteile betroffen haben, welche auch leichter löslich sind als größere Körner.

Bei den Gefäßen des Experiments 5 (Kochen) konnten keine spezifischen Veränderungen im Dünnschliff beobachtet werden. Da durch die Gefäßwände vor dem Kochen Flüssigkeit ausgetreten ist, dies nach dem Kochen jedoch nicht mehr der Fall war, wurden die Poren der Gefäße (bzw. viele von ihnen) während des Kochens zweifellos verstopft. Dieser Vorgang spielte sich offenbar in einem kleineren Maßstab ab, als es im Lichtmikroskop sichtbar ist. Untersuchungen mit einem Elektronenmikroskop könnten in dieser Frage weitere Informationen liefern.

Ergebnisse der Dünnschliffuntersuchungen

Auf Grundlage der Dünnschliffuntersuchungen ließen sich typologische Gruppen innerhalb der handgeformten und langsam gedrehten Keramik identifizieren und – wie erwartet – erbrachte die Analyse weitere, mikroskopisch fassbare Aspekte zur Ermittlung der Unterschiede zwischen den beiden Hauptgruppen.

Die beiden Hauptgruppen, HG- und LG-Gefäße, lassen auf unterschiedliche Herstellungsstrukturen schließen. Die HG-Gefäße sind weniger nach »Standards« gefertigt. Dem Ton wurde Schamotte beigemengt, darüber hinaus war der Ton mit hoher Wahrscheinlichkeit weder speziell gemagert noch in einer anderen Weise für die Gefäßherstellung vorbereitet[107]. Die LG-Gefäße sind von regelmäßigerer Qualität, der Ton ist gemagert worden, vor allem mit Quarzit, Feldspäten und Glimmerschiefer; Schamotte als Magerungsmittel fand bei den langsam gedrehten Gefäßen keine Verwendung. Bei Gruppe LG 2 und noch stärker bei Gruppe LG 3 ist eine Auswahl von Magerungsanteilen einer bestimmten Größe zu beobachten. Der Gefäßbrand ist bei beiden Hauptgruppen ähnlich, die Dünnschliffe der handgeformten Gefäße zeigen auch hier eine größere Variabilität. Für beide Gruppen kann Grubenbrand oder Feldbrand angenommen werden.

Die Herstellung zweier Hauptgruppen von Gefäßen lässt auf die zeitlich parallele Existenz zweier Produktionssysteme schließen. Die Herstellung der handgeformten Gefäße ist am ehesten in einem engen familiären Rahmen (*household production*[108]) vorstellbar, während die langsam gedrehten Gefäße Produkte einer lokalen, dörflichen Werkstatt bzw. mehrerer lokaler Werkstätten (*household industry/individual workshop(s)*[109]) darstellen dürften[110].

Die »Sondertypen« (Buckelrandgefäße, Gefäße mit viereckiger Mündung) ließen sich auch mikroskopisch sehr gut einzelnen chronologischen Gruppen der handgeformten Keramik zuordnen. Dies zeigt, dass diese Gefäße im Rahmen der alltäglichen häuslichen Herstellung produziert wurden d. h. aus dem gleichen Ausgangsmaterial und mit den gleichen Methoden wie die »normalen« handgeformten Gefäße gefertigt sind. Ähnliche Gefäßformen kommen bei der langsam gedrehten Keramik nicht vor; dies bestätigt die Existenz zweier (hierarchisch) verschiedener Herstellungssysteme, die möglicherweise auch auf unterschiedliche Wurzeln zurückgehen.

Die für die Gefäßherstellung herangezogenen Tonquellen ändern sich im Laufe der Zeit, jedoch wird zu jeweils einem bestimmten Zeitpunkt nur eine bestimmte Tonquelle bzw. eine bestimmte Art von Tonquellen derselben Herstellungsstruktur, (Haushalts- bzw. Werkstattproduktion), benutzt. Dies dürfte auf eine gewisse Organisation bei der Ausbeutung der Tonquellen deuten. Im Falle von Gruppe HG 2 sowie der etwa

---

[107] Die eventuelle Beimengung von organischen Materialien wie Dung oder Asche kann jedoch nicht völlig ausgeschlossen werden.

[108] Peacock 1982, 8.

[109] Peacock 1982, 8-9.

[110] Siehe auch das Kapitel »Die awarenzeitliche Keramikproduktion in Zillingtal« in vorliegender Arbeit.

zeitgleich anzusiedelnden Gruppe LG 1 scheint eine sehr ähnliche oder dieselbe Tonlagerstätte benutzt worden zu sein. Für die chronologisch später anzusetzenden, zeitlich etwa parallelen Gruppen HG 3 und LG 2 bzw. HG 4 und LG 3 kann nicht eindeutig entschieden werden, ob die beiden Herstellungsstrukturen eines Zeitabschnittes sich derselben Tonquellen bedienten.

Die einzelnen Herstellungsschritte (Magerung, Aufbautechnik) sind im Laufe der Zeit und innerhalb der beiden Hauptgruppen Veränderungen unterworfen (natürlich mit »Übergangsproben«). Dabei kann eine »Verbesserung« bzw. »Entwicklung« während der ungefähr 150 Jahre der Benützung des Gräberfeldes – und der Siedlung – festgestellt werden. Während der Mittelawarenzeit erscheinen neben der handgeformten auch die langsam gedrehten Gefäße. Die Zahl der im Gräberfeld nachgewiesenen HG-Gefäße verringert sich im Laufe der Zeit zugunsten der LG-Gefäße, d. h. die Herstellung im eigenen Haushalt verliert im Vergleich zu der lokalen Werkstatt bzw. den lokalen Werkstätten an Bedeutung, Es lässt sich auch eine qualitative Verbesserung der langsam gedrehten Herstellungstechnik beobachten: Die LG 2- und LG 3-Gefäße sind wesentlich einheitlicher und besser erarbeitet als die LG 1-Gefäße (Wandstärke, Regelmäßigkeit des Gefäßkörpers, Ausformung des Randes usw.).

Die Backglocken wurden aus demselben Ton und mit ähnlichen Methoden gefertigt wie die handgeformten Gefäße; sie wurden darüber hinaus mit hoher Wahrscheinlichkeit auch innerhalb desselben Produktionssystems (Herstellung im eigenen Haushalt) hergestellt. In diesem Sinne zählen die Backglocken zu den Gefäßen. Die Tonwannen hingegen zeigen ein von den Gefäßen abweichendes Bild: Der stark karbonathaltige Ton der Tonwannen dürfte eher dem Ton für Ofenwände oder für Hüttenlehm gleichen. Dies bestätigt die Funktion der Tonwannen, welche als eine Art von Einrichtungsgegenstand (wahrscheinlich als Teil des Ofens) dienten.

Aufgrund der großen Ähnlichkeit der nichtplastischen Bestandteile von Dünnschliffen experimentell gefertigter Gefäße mit den nichtplastischen Bestandteilen der archäologisch überlieferten Keramik ist auf Grundlage der Dünnschliffanalysen eine lokale Herstellung der archäologischen Gefäße gut möglich.

Ergebnisse der archäometrischen Untersuchungen der awarenzeitlichen Keramik von Zillingtal

Für die archäometrischen Untersuchungen wurden folgende Ziele gesetzt:
– Unterstützung der Typologisierung des Keramikmaterials,
– Klärung der Herkunft der Keramik,
– Erlangung vertiefter Kenntnisse über Herstellungs- und Brenntechnik der Keramik.
Die Unterstützung der vorgenommenen Typologisierung des Keramikmaterials erfolgte vor allem mit Hilfe der Dünnschliffanalyse. Dabei wurde deutlich, dass die beiden Hauptgruppen von Keramik, die handgeformte und die langsam gedrehte Keramik, sich grundsätzlich nicht nur durch ihre Aufbaumethode, d. h. ohne und mit Hilfe einer Handtöpferscheibe unterscheiden, sondern auch ihr Ausgangsmaterial starke mikromorphologische Differenzen aufweist. Das Ausgangsmaterial der langsam gedrehten Keramik wurde intentionell mit Quarz und Gesteinsbruchstücken gemagert, welches ca. 25-30 Vol% der Keramik ausmacht. Die handgeformte Keramik wurde aller Wahrscheinlichkeit nach nicht, bzw. nur mit Schamottestücken intentionell gemagert. Die hier in ca. 4-20 Vol% nachzuweisenden nichtplastischen Bestandteile dürften natürliche Bestandteile des Tons sein. Diese Aussage wird durch die untersuchten Dünnschliffe der experimentell gefertigten Keramik bestätigt. Unterschiede in Größe und Verteilung der in den Dünnschliffen nachgewiesenen nichtplastischen Bestandteile ließen sich mit den chronologisch relevanten Gruppen der handgeformten (HG 1-4) bzw. der langsam gedrehten (LG 1-3) Keramik in Zusammenhang bringen (siehe auch **Abb. 61-62**).

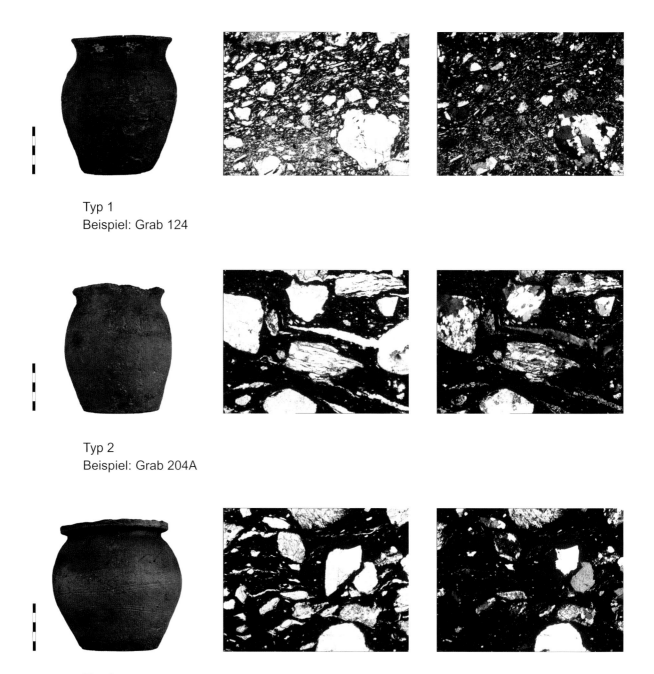

Typ 1
Beispiel: Grab 124

Typ 2
Beispiel: Grab 204A

Typ 3
Beispiel: Grab 280

Abb. 61　Gruppen der awarenzeitlichen langsam gedrehten Keramik in Zillingtal. Mikroskopaufnahmen, links: in einfach polarisiertem Licht, rechts: unter gekreuzten Polarisatoren; längere Seite der Bilder: 2,6 mm.

Die speziellen Siedlungskeramiktypen, die Backglocken und die Tonwannen, zeigten im Dünnschliff eine voneinander deutliche abweichende Materialstruktur (**Abb. 63**). Während die Backglocken bezüglich der Materialzusammensetzung den handgeformten Gefäßen nahe stehen, zeigen die Tonwannen eine deutlich karbonatreichere Zusammensetzung. Dies macht es deutlich, dass es sehr wichtig und auch möglich ist, bei einer Publikation Backglocken und Tonwannen als zwei verschiedene Keramikgattungen zu erkennen und zu kennzeichnen.

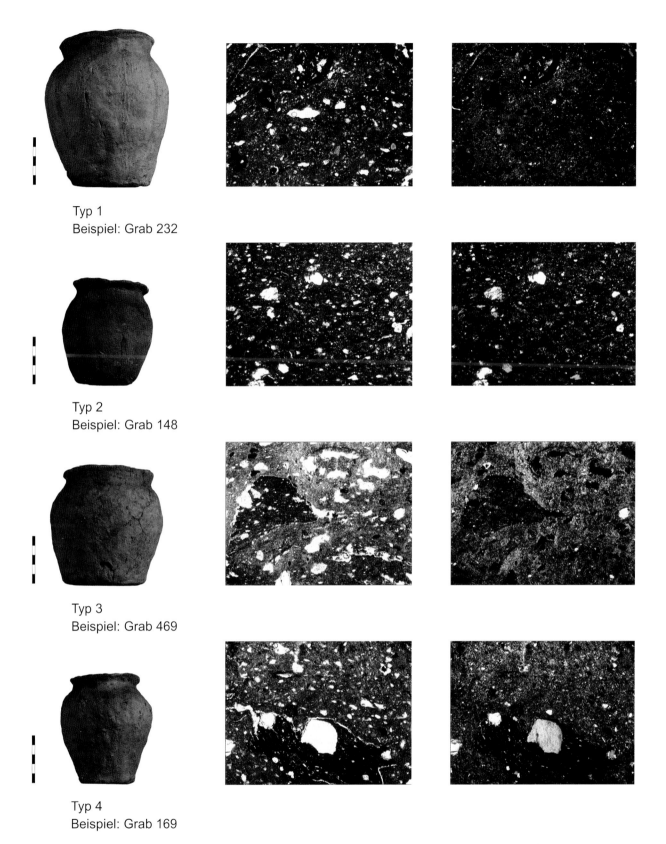

Typ 1
Beispiel: Grab 232

Typ 2
Beispiel: Grab 148

Typ 3
Beispiel: Grab 469

Typ 4
Beispiel: Grab 169

Abb. 62 Gruppen der awarenzeitlichen handgeformten Keramik in Zillingtal. Mikroskopaufnahmen, links: in einfach polarisiertem Licht, rechts: unter gekreuzten Polarisatoren; längere Seite der Bilder: 2,6 mm.

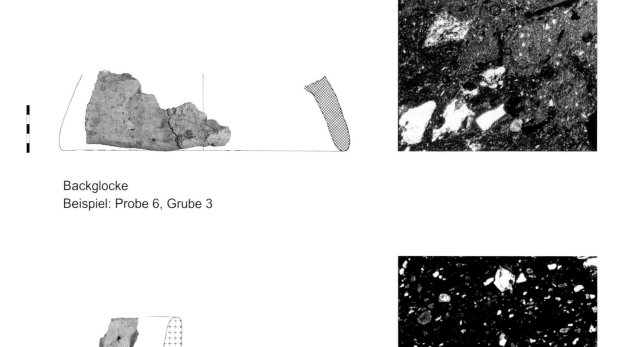

Backglocke
Beispiel: Probe 6, Grube 3

Tonwanne
Beispiel: Probe 26, Grube 9

Abb. 63 Awarenzeitliche Siedlungskeramiktypen in Zillingtal. Mikroskopaufnahmen unter gekreuzten Polarisatoren, längere Seite der Bilder: 2,6 mm.

Mit Hilfe von Dünnschliffuntersuchungen und Röntgendiffraktionsanalysen wurde gezeigt, dass eine lokale Herkunft der awarenzeitlichen Keramik, sowohl der langsam gedrehten als auch der handgeformten Gefäße, gut möglich ist. In den Dünnschliffen der experimentell hergestellten Keramik sind Merkmale der einzelnen nichtplastischen Bestandteile mit denen in den Dünnschliffen der awarenzeitlichen Keramik nachgewiesenen identisch. Die aus Ton von der Fundstelle gefertigten Brennproben zeigen in den Röntgenspektren im Vergleich mit der awarenzeitlichen Keramik von Zillingtal eine übereinstimmende Zusammensetzung.

Dünnschliffanalyse und Röntgendiffraktionsanalyse leisteten wertvolle Beiträge zur Ermittlung der Herstellungs- und Brenntechnik der Keramik. Neben der Identifizierung der oben beschriebenen Unterschiede zwischen langsam gedrehter und handgeformter Keramik durch Dünnschliffanalysen konnten weitere herstellungstechnische Merkmale identifiziert und geklärt werden.

Aufgrund der Röntgendiffraktionsanalyse kann die Brenntemperatur der awarenzeitlichen Keramik etwas höher als 600° C gesetzt werden, der Brand dürfte mehr als zwei Stunden in Anspruch genommen haben. Das einmalige »experimentelle« Kochen hinterließ keine im Dünnschliff sichtbaren Spuren an der Keramik, die möglichen Auswirkungen eines dauerhaften Gebrauchs als Kochgefäß sollten jedoch durch weitere Experimente und archäometrische Analysen erforscht werden.

SIEDLUNGSKERAMIK – GRABKERAMIK

Die Frage nach den Ähnlichkeiten und (Qualitäts-)Unterschieden zwischen der in den Siedlungen und in Gräbern gefundenen Keramik wird in der Frühmittelalterarchäologie oft gestellt. Einerseits gibt es Meinungen, dass die in Gräbern gefundene Keramik eine »Funeralkeramik« darstellt, die ausschließlich für das Begräbnis hergestellt wurde und eine schlechtere Qualität aufweist als die in tagtäglichem Gebrauch stehende Siedlungskeramik. Andererseits finden sich in Gräbern häufiger Gefäße sehr guter Qualität – z. B. die schnellgedrehte »Graue« oder »Gelbe Keramik« – als im Siedlungsmaterial, was wiederum eine bessere Qualität der Grabgefäße als der Siedlungskeramik nahe legen würde.

In Zillingtal sind Materialzusammensetzung, Herstellungstechnik, Verzierung und alle anderen makroskopisch wie mikroskopisch erfassten Merkmale der awarenzeitlichen Gräberfeld- und Siedlungskeramik, abgesehen von der Größe der Gefäße, miteinander identisch, d. h. all diese Gefäße wurden im Rahmen derselben Produktionssysteme hergestellt. In diesem Sinne kann man im Fall Zillingtal nicht speziell von Grabkeramik sprechen.

Bei einem Vergleich der Randdurchmesser der Gefäße – dem einzigen sowohl bei der Grabkeramik als auch bei der Siedlungskeramik messbaren Merkmal – zeigte sich jedoch, dass die Grabgefäße in der Regel einen Randdurchmesser um 10 cm (8-12 cm) besitzen, während dieses Maß im Bereich der Siedlungskeramik äußerst selten vorkommt. Die Gefäße der Siedlungskeramik – sowohl die handgeformten als auch die langsam gedrehten Gefäße – weisen dagegen in den meisten Fällen einen Durchmesser zwischen 16 und 20 cm auf.

Die Grabkeramik wird oft als eine Auswahl aus dem Repertoire der Siedlungskeramik verstanden[111]. Gefäße in Größe der Grabgefäße kommen jedoch, wie oben beschrieben, in der Siedlung von Zillingtal nahezu nicht vor. Wären Gefäße dieser Größe in der Siedlung in regulärem Gebrauch gewesen, hätten die jährlich vier bis sechs Bestattungen sie höchstwahrscheinlich nicht aus dem archäologisch erfassbaren Siedlungsmaterial eliminiert. Das heißt, wir können mit großer Wahrscheinlichkeit davon ausgehen, dass Gefäße in der Größe der Grabgefäße in der Siedlung nur vereinzelt in Gebrauch waren.

In Zillingtal besitzen Grabgefäße aus allen keramiktypologischen Gruppen ein Durchschnittsvolumen von ungefähr 0,5 Liter (**Abb. 64**)[112]. Dieses Fassungsvermögen dürfte etwa der Essensportion für eine Person entsprechen, wobei davon auszugehen ist, dass die Gefäße aus praktischen Gründen wohl nicht ganz befüllt wurden. Im Leben der Dorfgemeinschaft gab es bestimmt eher selten Anlass dafür, Essen für nur eine Person zubereiten zu müssen. Die Grabgefäße dieser Größe dürften also einen speziellen Gefäßtyp bzw. eine spezielle Gefäßgröße darstellen, der/die nahezu ausschließlich für Begräbniszwecke hergestellt wurde. In diesem Zusammenhang kann man also von getrennter Grab- und Siedlungskeramik in Zillingtal sprechen.

Die aus einigen awarenzeitlichen Gräberfeldern bereits bekannten Miniaturgefäße kommen sowohl im Gräberfeld (Taf. 38, 3; 75, 3; 80, 2; 101, 1; 116, 2) als auch in der Siedlung (Taf. 30, 1; 33, 9) von Zillingtal vor. Diese Gefäße können also weder ausschließlich der Grabkeramik noch ausschließlich der Siedlungskeramik zugeordnet werden.

---

[111] z. B. Bálint 1991, 69.

[112] Das Volumen der Grabgefäße wurde, anhand der Formel für das Volumen eines Zylinders ($r^2 * \pi$) * h – wobei r = Radius der Basis und h = Höhe des Zylinders ist –, folgendermaßen ausgerechnet:

$$[(\{[(Randdm. + Halsdm. + max. Dm. + Bodendm.) / 8] - 0,6\}^2 * \pi) * (Gefäßhöhe - 1)] / 1000$$

Da alle Maße in cm gerechnet wurden, musste schlussendlich durch 1000 dividiert werden (1 Liter = 1 dm³ = 1000 cm³). 0,6 cm wurden von den (auf den Gefäß-Außenseiten gemessenen) Durchmessern abgezogen, um die Wandstärke zu eliminieren. 1 cm der Gefäßhöhe wurde abgezogen, da die Gefäße sicher nicht bis zum Rand voll gefüllt waren.

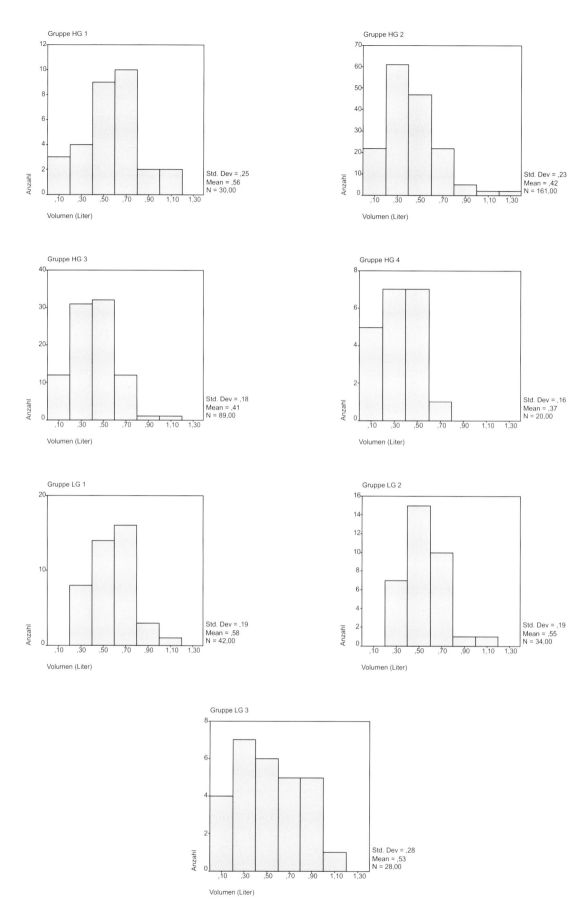

Abb. 64 Histogramme zum Volumen der Grabgefäße.

Die awarenzeitliche Keramik von Zillingtal

DIE AWARENZEITLICHE KERAMIKPRODUKTION IN ZILLINGTAL

Das von Falko Daim für die langsam gedrehten Gefäße des Gräberfeldes von Mödling aufgestellte typochronologische Schema[113] lässt sich, wie erwähnt, in groben Zügen auf die langsam gedrehten Gefäße aus Zillingtal übertragen. Dies bedeutet, dass die Produktion der langsam gedrehten Keramik offensichtlich einer »Mode« folgte, die überregional verbreitet war. Interessanterweise betrifft diese »Mode« im Fall von Zillingtal und Mödling nur die Gefäßform, die Magerungsbestandteile sind hingegen, zumindest in der MA II bis zur SPA I, unterschiedlich[114]. Daraus lässt sich schließen, dass die Töpfer, die diese Gefäße herstellten, weitreichende Kontakte und offensichtlich auch Interesse daran besaßen, ähnliche Töpfe zu produzieren wie andernorts.

Wo genau die Grenzen für diese Kontakte liegen und ob die erwähnte »Mode« in allen Fundgebieten zwischen Wienerwald und Leithagebirge bekannt war, wird durch weitere Untersuchungen zu klären sein. Die langsam gedrehte Keramik der mit Zillingtal benachbarten Fundstellen[115] folgt grundsätzlich, vor allem in ihren morphologischen Einzelheiten, der genannten »Mode«. Die verwendeten Rohstoffe und der Gesamteindruck der Gefäße zeugen aber von einer jeweils lokalen, dörflichen Produktion. Die nächst größeren publizierten awarenzeitlichen Fundstellen ostwärts von Zillingtal sind zu weit entfernt, um für die Klärung der topographischen Grenzen dieser »Mode« zu Rate gezogen werden zu können[116]. Die Gefäße der ungefähr 20 km östlich von Zillingtal liegenden Gräberfelder von Sopronkőhida und Sopron-Présháztelep gehören einem anderen, »nichtawarischen« Kulturkreis an, deren genaue chronologische Stellung und ethnischer Hintergrund bis dato ungeklärt sind. Die Erforschung der Zusammenhänge zwischen diesem Kulturkreis und den sog. awarischen Fundstellen, zu denen auch Zillingtal gehört, muss künftigen Forschungen vorbehalten bleiben[117].

Um feststellen zu können, ob die genannte »Mode« der langsam gedrehten Keramik flächendeckend verbreitet war oder nur bestimmte Fundorte betrifft, oder ob sich ähnliche »Modekreise« unter den handgeformten Gefäßen finden, wäre eine Neuaufnahme und Bearbeitung des gesamten awarenzeitlichen keramischen Fundgutes aus Österreich, unter Einbeziehung archäometrischer Keramikanalysen, nötig.

Die beiden herstellungstechnologischen Hauptarten der awarenzeitlichen Keramik von Zillingtal, die handgeformte und die langsam gedrehte Keramik, lassen auf die Existenz zweier paralleler Keramikproduktionssysteme schließen. Die für die Herstellung der zwei Gruppen von Keramik erforderliche technische Ausrüstung war verschieden, außerdem kann auch das benötigte Know-how als unterschiedlich eingeschätzt werden. Die verwendeten Rohstoffe lassen zwar aufgrund der archäometrischen Analysen auf ähnlichen Tonquellen schließen, der Ton wurde aber unterschiedlich verarbeitet.

Die Unterschiede in der Vorbereitung des Rohmaterials, in der Formgebung (mit bzw. ohne Handtöpferscheibe), sowie bei der Verzierung der Gefäße der beiden Hauptgruppen zeugen davon, dass nicht nur ihre Produktionssysteme unterschiedlich waren, sondern dass die handgeformte und die langsam gedrehte

---

[113] Daim 1994. Ich bedanke mich bei Herrn Univ.-Prof. Dr. Falko Daim für die Möglichkeit zur Sichtung der Gefäße.

[114] In der Keramik von Brunn am Gebirge, 5 km südlich von Mödling gelegen (Herold 2002b), gleicht nicht nur die Gefäßform, sondern auch die Magerung den Mödlinger Gefäßen.

[115] Im Burgenländischen Landesmuseum Eisenstadt konnten Gefäße der Fundstellen Großhöflein, Bad-Sauerbrunn und Leithapodersdorf gesichtet werden. Die Gefäße von Bad-Sauerbrunn stehen den Gefäßen von Zillingtal am nächsten. Ich bedanke mich bei Herrn HR Dr. Karl Kaus für die Möglichkeit zur Sichtung der Funde.

[116] Die Gefäße der nächsten, ostwärts von Zillingtal gelegenen awarenzeitlichen Gräberfelder, das Gräberfeld von Győr – Téglavető dűlő (Fettich 1943) und das awarenzeitliche Gräberfeld von Halimba (Török 1998), sind eindeutig anderen »Modekreisen« zuzuordnen. Ich bedanke mich bei Herrn Dr. Péter Tomka für die Möglichkeit zur Sichtung der Gefäße von Győr – Téglavető dűlő.

[117] Sopronkőhida: Török 1973b; Sopron-Présháztelep: Tomka 1969. Ich bedanke mich bei Herrn Dr. János Gömöri für die Möglichkeit zur Sichtung der Gefäße aus den beiden Gräberfeldern.

Keramik aus zwei völlig unterschiedlichen technologischen Traditionen (»*technological style*«) stammen. Wie man diese zwei technologischen Traditionen innerhalb der Awarenarchäologie interpretieren kann (z. B. verschiedene Völker im Awarenreich, oder autochthone und zugewanderte Bevölkerung), muss durch künftige Forschungen geklärt werden.

Das Wirtschaftsmodell für die Herstellung der awarenzeitlichen handgeformten Keramik dürfte, nach Peacock, im Bereich zwischen *household production* und *household industry* liegen[118]. Bei beiden Modellen handelte es sich um Produktion, die innerhalb der Haushalte der »Topfproduzenten«[119] nur eine zweitrangige wirtschaftliche Bedeutung besaß[120].

Im Falle der *household production*/»Produktion im eigenen Haushalt« wird Keramik von Haushalten ausschließlich für den eigenen Gebrauch hergestellt. Die Produktion erfolgt sporadisch, Töpfe werden je nach Bedarf erzeugt; Peacock rechnet dabei mit einem jährlichen oder noch selteneren Produktionszyklus. Die Gefäße werden nach »alten Familienrezepten« hergestellt und besitzen einen stark funktionalen Charakter. Wegen der geringen Stückzahl und der daher eher sporadischen Natur der Keramikherstellung wird in die Töpferei nicht investiert. Weder Töpferofen noch Töpferscheibe (Hand- oder Fußscheibe) sind vorhanden.

Das Modell der *household industry*/»Haushaltsindustrie« stellt den ersten Schritt zu einer Spezialisierung der Produktion dar. Der Hauptunterschied zum Modell der *household production* ist, dass die »Topfproduzenten« hier für Profit arbeiten. Dies beeinflusst jedoch die Produktionsweise nicht, die Keramikherstellung bleibt eine Teilzeitaktivität und stellt nicht die Hauptquelle des Einkommens für den jeweiligen Haushalt dar. Da die Keramikherstellung auch hier wiederum sporadisch ist, vielleicht begrenzt auf wenige Monate, in denen die Zeit der »Topfproduzenten« nicht durch andere Aufgaben beansprucht wird, wird auch hier nur begrenzt in Geräte investiert. Peacock hält die Verwendung einer Handscheibe, nicht jedoch einer Fußscheibe, für wahrscheinlich und rechnet mit Feldbränden. Die gelegentliche Verwendung eines primitiven Ofens anstelle von Feldbränden schließt er nicht aus, »richtige« Töpferöfen wurden aber seiner Meinung nach bei diesem Modell nicht verwendet. Eine Gefäßproduktion für Verkaufszwecke hält er hierbei für möglich, aber nicht für unerlässlich.

Das Modell für die Herstellung der awarenzeitlichen, langsam gedrehten Keramik in Zillingtal dürfte zwischen die oben beschriebene *household industry* und das Modell der *individual workshops* einzuordnen sein.

Im Falle der *individual workshops*/»Individuellen Werkstätten« stellt die Töpferei eine wichtige Einkommensquelle der »Topfproduzenten« dar. Die Keramikherstellung kann auch hier nur in gewissen Monaten des Jahres stattfinden und mit landwirtschaftlichen Tätigkeiten kombiniert sein. Die Gefäße werden für Verkaufszwecke hergestellt; folglich lohnt es sich, in Geräte zu investieren. Peacock nimmt bei diesem Modell für die meisten Fälle die Verwendung von Fußscheibe und Töpferofen an. Solche Werkstätten sind meist isoliert und befinden sich nicht im Wettbewerb mit anderen Werkstätten, d. h. das »Marketing« der Pro-

---

[118] Peacock 1982, 8. Kritisch bemerkt Prudence M. Rice, dass die von Peacock und Anderen aufgestellten Keramikproduktionsmodelle in keinem Fall in einer reinen Form gefunden werden können; Rice 1987, 186-187. Die Kritik ist zwar berechtigt, die Rolle dieser Modelle ist aber m. E. eher darin zu sehen, Ausgangspunkte für die Diskussion zu diesem Thema zu liefern und dadurch den Dialog unter Keramikforschern zu erleichtern bzw. überhaupt erst zu ermöglichen.

[119] Absichtlich wurde hier nicht der Begriff »Töpfer« benutzt, welcher nämlich bereits den Hinweis auf eine Spezialisierung der Gefäßhersteller impliziert.

[120] David Peacock (Peacock 1982, 8-9) ordnet die Keramikproduktion bei allen Modellen, in denen die wirtschaftliche Bedeutung der Töpferei für den Haushalt nur zweitrangig ist (also die Töpferei nicht die primäre Einkommensquelle des Haushaltes darstellt) Frauen zu. Das Buch wurde 1982 publiziert; jedes Werk ist also auch Zeuge seiner eigenen Entstehungszeit. Dieses etwas statische Gesellschaftsbild wird auch von Prudence M. Rice kritisiert; Rice 1987, 188.

dukte erfolgt nach einfachsten Strukturen. Möglich ist, dass der Töpfer mit Gehilfen arbeitet, wahrscheinlich aus der eigenen Familie.

Auf Grundlage des bislang untersuchten Keramikmaterials können den oben beschriebenen Wirtschaftmodellen keine speziell awarenzeitlichen Charakteristika zugesellt werden. Dennoch ist es lohnenswert, das awarenzeitliche Keramikmaterial auch aus diesem Blickwinkel zu betrachten, da über die Wirtschaft des Awarenreiches bislang sehr wenig bekannt ist.[121] Da nicht zu erwarten ist, diese untersten Ebenen der awarenzeitlichen Wirtschaft einmal mit Hilfe schriftlicher Quellen beleuchten zu können, hätte allein die Archäologie eine Chance, weitergehende Daten zu liefern. Dazu wären jedoch, die Keramik betreffend, eine möglichst vollständige Freilegung awarenzeitlicher Siedlungen und eine Auswertung der Siedlungs- und Grabkeramik unter neuen Gesichtspunkten nötig.

Ein erfolgversprechendes Projekt stellte es dar, außer der früher schon erwähnten Vergleichsstudien aller Keramikfunde aus den Gebieten Österreichs, die dem Awarischen Khaganat angehört haben, auch die römerzeitliche Keramik der Fundstelle von Zillingtal unter Einbeziehung archäometrischer Methoden zu untersuchen, um feststellen zu können, ob am selben Ort ähnliche, lokale Produktionsstrukturen bereits in der Römerzeit bestanden. Dies könnte einen bedeutenden Beitrag zur Erforschung möglicher provinzialrömischer Wurzeln der langsam gedrehten Keramik des Frühmittelalters liefern.

---

[121] Ausführlich zu diesem Problem: Pohl 1988, 189-195.

DIE AWARENZEITLICHE SIEDLUNG VON ZILLINGTAL

DIE INNERE CHRONOLOGIE DER SIEDLUNG

Für die Ermittlung der inneren Chronologie der awarenzeitlichen Siedlung von Zillingtal wurde hauptsächlich das freigelegte Keramikmaterial herangezogen. Die Ergebnisse wurden abschließend mit den während der Ausgrabung dokumentierten Superpositionen der Siedlungsobjekte verglichen. Die chronologische Interpretation des Keramikmaterials basierte auf den mit archäologischen und archäometrischen Methoden ermittelten Keramiktypen (**Abb. 61-62**), deren chronologische Relevanz auch durch die Kartierungen im Gräberfeld bestätigt wurde (siehe auch **Abb. 8-9**).

Bei der Ausarbeitung der inneren Chronologie der Siedlung wurden folgende Grundsätze berücksichtigt:

Die Verteilung der verschiedenen Keramiktypen und die durchschnittliche Größe der Scherben innerhalb eines Keramiktyps in den einzelnen Siedlungsobjekten geben Aufschluss über den Zeitpunkt bzw. den Zeitraum der Verfüllung dieser Siedlungsobjekte. Die Funde der Siedlungsobjekte, die ein ähnliches Verteilungsmuster aufweisen, besitzen eine ähnliche Postdepositionsgeschichte, die Siedlungsobjekte wurden dabei mit hoher Wahrscheinlichkeit zur selben Zeit verfüllt. Da die durchschnittliche Größe der in Zillingtal gefundenen Tonscherben auf sekundären Abfall schließen lässt[122], das heißt, Gebrauchsort und Depositionsort der Keramik voneinander abweichen, stammen die in den Objekten aufgefundenen Tonscherben mit sehr großer Wahrscheinlichkeit nicht aus dem Zeitraum des Gebrauchs der Gruben. Dies erklärt sich auch aus der Funktion der in Zillingtal freigelegten Siedlungsobjekte[123]. Die innere Chronologie der awarenzeitlichen Siedlung von Zillingtal kann somit ausschließlich anhand der Verfüllungszeiten der freigelegten Siedlungsobjekte rekonstruiert werden.

Mit Hilfe der graphischen Darstellung der Menge der Keramikfunde und der durchschnittlichen Größe der Scherben innerhalb eines Keramiktyps in den einzelnen Siedlungsobjekten können die Verteilungsmuster der Keramik ermittelt werden. **Abb. 65a-n** zeigt die in den freigelegten 13 Gruben[124] und in den Pfostenlöchern des Pfostenbaues ermittelten Verteilungsmuster der Keramik (siehe auch **Tab. 13**). Die Siedlungsobjekte der awarenzeitlichen Siedlung von Zillingtal lassen sich aufgrund der Verteilungsmuster der Keramiktypen in fünf Gruppen aufteilen. Die einzelnen Gruppen wurden dabei im Sinne von Siedlungsphasen interpretiert (siehe auch **Plan 2**)[125].

Die Aufteilung in Siedlungsphasen basiert vor allem auf der sicher chronologisch relevanten, langsam gedrehten Keramik[126]. Als sekundärer Gesichtspunkt wurde die Menge der handgeformten Keramik im Vergleich zur Menge der langsam gedrehten Keramik berücksichtigt (siehe auch **Abb. 66**)[127]. Die Gruppe der Backglocken stellt für sich betrachtet keine chronologisch relevante Keramikgruppe dar; Backglocken

---

[122] Schiffer 1972, zitiert nach Macháček 2001, 277.
[123] In den meisten Fällen wurde in Gruben keine Keramik benutzt. Primärer Abfall, bei dem die Gegenstände am Ort des Gebrauchs verbleiben, ist vor allem im Falle von Häusern, Öfen oder Werkstätten zu erwarten.
[124] Gruben 1-12, sowie die Grube aus dem Schnitt 5 von 1993; Grube 13, die Schlackengrube im Quadrant 1213, mit vier Scherben, wurde hier nicht berücksichtigt.
[125] Der Begriff »Siedlungsphase« wird hier nicht im Sinne gut voneinander abgrenzbarer zeitlicher Horizonte in der Benützung

des Siedlungsareals verstanden, sondern soll vielmehr als Hilfsvokabel für die Darstellung der chronologisch unterschiedlichen Stellung der Siedlungsobjekte verwendet werden.
[126] Wegen des fragmentarischen Erhaltungszustandes des Fundmaterials war es nicht möglich, die handgeformte Keramik der Siedlung in die im Falle des Gräberfeldes festgestellten, chronologisch relevanten Gruppen aufzuteilen.
[127] Im Bereich der Gräberfeldkeramik von Zillingtal nimmt die Menge der handgeformten Keramik im Vergleich zur langsam gedrehten Keramik im Laufe der Zeit stetig ab.

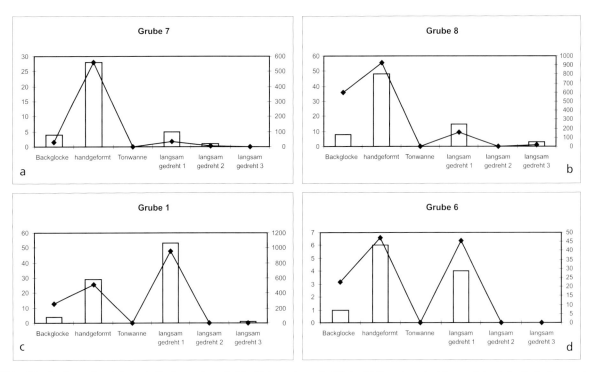

Abb. 65a-d Keramikverteilung in Siedlungsphase 1. Die Säulen zeigen die Stückzahl (Angaben der Menge: linke Achse), die Kurve zeigt das Gewicht (Angaben der Menge in Gramm: rechte Achse).

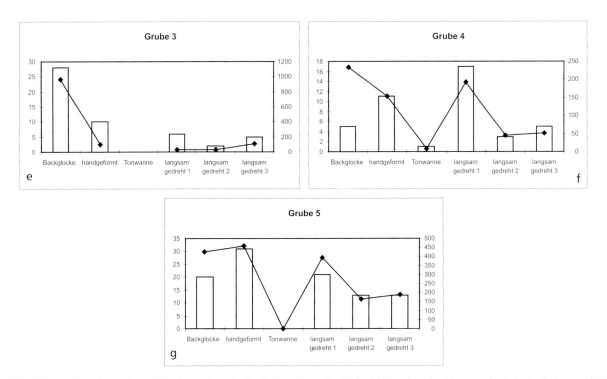

Abb. 65e-g Keramikverteilung in Siedlungsphase 2. Die Säulen zeigen die Stückzahl (Angaben der Menge: linke Achse), die Kurve zeigt das Gewicht (Angaben der Menge in Gramm: rechte Achse).

kommen mit allen Typen der langsam gedrehten Keramik gemeinsam vor. Chronologisch relevante Untergruppen der Backglocken konnten im überlieferten Keramikmaterial der awarenzeitlichen Siedlung von Zillingtal nicht eindeutig identifiziert werden. Die Gruppe der Backglocken wurde bei der Ermittlung der inne-

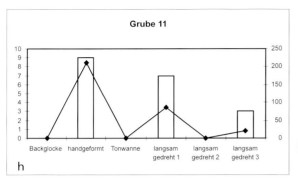
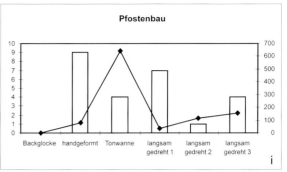

Abb. 65h-i Keramikverteilung in Siedlungsphase 3. Die Säulen zeigen die Stückzahl (Angaben der Menge: linke Achse), die Kurve zeigt das Gewicht (Angaben der Menge in Gramm: rechte Achse).

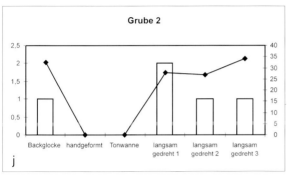
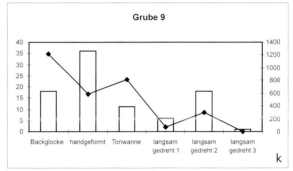

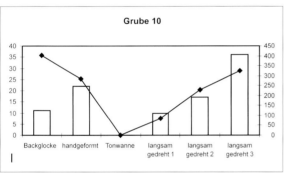
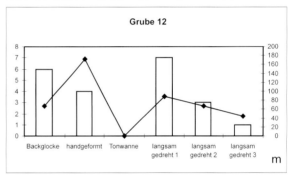

Abb. 65 j-m Keramikverteilung in Siedlungsphase 4. Die Säulen zeigen die Stückzahl (Angaben der Menge: linke Achse), die Kurve zeigt das Gewicht (Angaben der Menge in Gramm: rechte Achse).

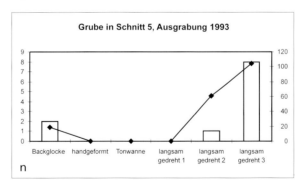

Abb. 65n Keramikverteilung in Siedlungsphase 5. Die Säulen zeigen die Stückzahl (Angaben der Menge: linke Achse), die Kurve zeigt das Gewicht (Angaben der Menge in Gramm: rechte Achse).

ren Chronologie der Siedlung folglich nicht berücksichtigt. Tonwannen sind im Keramikmaterial von Zillingtal mit zu wenigen Exemplaren vertreten, um über ihre chronologische Stellung innerhalb der Awarenzeit Aussagen treffen zu können.

Siedlungsobjekt	Siedlungsphase	Keramiktyp	Anzahl der Keramik	Gewicht der Keramik (Gramm)
Grube 1	Siedlungsphase 1	Backglocke	4	251
		handgeformt	29	512,5
		Tonwanne	0	0
		langsam gedreht 1	53	958,5
		langsam gedreht 2	0	0
		langsam gedreht 3	1	2,5
Grube 2	Siedlungsphase 4	Backglocke	1	32,5
		handgeformt	0	0
		Tonwanne	0	0
		langsam gedreht 1	2	28
		langsam gedreht 2	1	27
		langsam gedreht 3	1	34
		unbestimmbar	1	14
Grube 3	Siedlungsphase 2	Backglocke	28	964
		handgeformt	10	96,5
		Tonwanne	0	0
		langsam gedreht 1	6	33
		langsam gedreht 2	2	34
		langsam gedreht 3	5	103,5
Grube 4	Siedlungsphase 2	Backglocke	5	234
		handgeformt	11	154,5
		Tonwanne	1	8,5
		langsam gedreht 1	17	192
		langsam gedreht 2	3	44,5
		langsam gedreht 3	5	50,5
Grube 5	Siedlungsphase 2	Backglocke	20	426,5
		handgeformt	31	457,5
		Tonwanne	0	0
		langsam gedreht 1	21	393
		langsam gedreht 2	13	163,5
		langsam gedreht 3	13	188
Grube 6	Siedlungsphase 1	Backglocke	1	22,5
		handgeformt	6	47
		Tonwanne	0	0
		langsam gedreht 1	4	45,5
		langsam gedreht 2	0	0
		langsam gedreht 3	0	0
Grube 7	Siedlungsphase 1	Backglocke	4	31
		handgeformt	28	558,5
		Tonwanne	0	0
		langsam gedreht 1	5	33
		langsam gedreht 2	1	4,5
		langsam gedreht 3	0	0
Grube 8	Siedlungsphase 1	Backglocke	8	599,5
		handgeformt	48	926,5
		Tonwanne	0	0
		langsam gedreht 1	15	156
		langsam gedreht 2	0	0
		langsam gedreht 3	3	15
Grube 9	Siedlungsphase 4	Backglocke	18	1214,5
		handgeformt	36	582,5
		Tonwanne	11	810,5
		langsam gedreht 1	6	65
		langsam gedreht 2	18	294
		langsam gedreht 3	1	5
		unbestimmbar	4	60
Grube 10	Siedlungsphase 4	Backglocke	11	400,5
		handgeformt	22	283
		Tonwanne	0	0
		langsam gedreht 1	10	84,5
		langsam gedreht 2	17	230,5
		langsam gedreht 3	36	323,5
		unbestimmbar	2	51

Tab. 13 Die Verteilung der einzelnen Keramikarten in den awarenzeitlichen Siedlungsobjekten von Zillingtal.

Siedlungsobjekt	Siedlungsphase	Keramiktyp	Anzahl der Keramik	Gewicht der Keramik (Gramm)
Grube 11	Siedlungsphase 3	Backglocke	0	0
		handgeformt	9	211,5
		Tonwanne	0	0
		langsam gedreht 1	7	86
		langsam gedreht 2	0	0
		langsam gedreht 3	3	20
Grube 12	Siedlungsphase 4	Backglocke	6	67,5
		handgeformt	4	172
		Tonwanne	0	0
		langsam gedreht 1	7	89
		langsam gedreht 2	3	67,5
		langsam gedreht 3	1	44,5
Pfostenbau	Siedlungsphase 3	Backglocke	0	0
		handgeformt	9	83
		Tonwanne	4	644,5
		langsam gedreht 1	7	33
		langsam gedreht 2	1	116
		langsam gedreht 3	4	157
Grube in Schnitt 5, Ausgrabung 1993	Siedlungsphase 5	Backglocke	2	19
		handgeformt	0	0
		Tonwanne	0	0
		langsam gedreht 1	0	0
		langsam gedreht 2	1	61
		langsam gedreht 3	8	104,6

Tab. 13 (Fortsetzung).

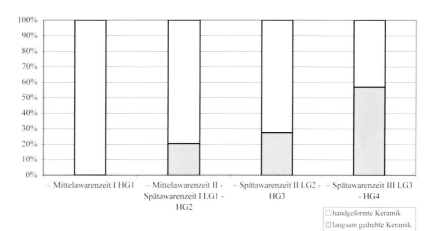

Abb. 66 Gräberfeld Zillingtal, Verhältnis der langsam gedrehten und der handgeformten Gefäße in den einzelnen chronologischen Phasen.

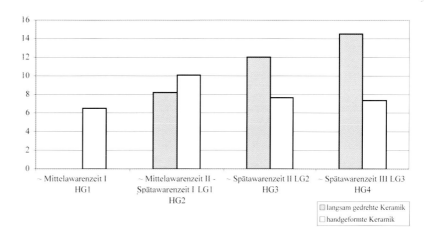

Abb. 67 Gräberfeld Zillingtal, Durchschnittliche Anzahl der Gefäße in den Untergruppen.

Die awarenzeitliche Siedlung von Zillingtal | 105

Die Fundkomplexe der awarenzeitlichen Siedlung von Zillingtal sind eher heterogen, das heißt, die Verteilungsmuster der Keramik sind einander innerhalb einer Siedlungsphase ähnlich, aber bei weitem nicht miteinander identisch. Dies deutet darauf hin, dass in dem freigelegten Teil der Siedlung von Zillingtal keine zentral geplanten und zum selben Zeitpunkt durchgeführten Planierungsarbeiten stattgefunden haben.

Siedlungsphase 1 (**Abb. 65a-d**) sind die Gruben 7, 8 und 1, 6 zuzuordnen[128]. Hier dominieren handgeformte Keramik (Gruben 7 und 8) bzw. handgeformte Keramik und Gruppe LG 1 (Gruben 1 und 6). In diesen Gruben ist das durchschnittliche Gewicht einer Scherbe hoch. Siedlungsphase 2 (**Abb. 65e-g**) sind die Gruben 3, 4 und 5 zugehörig. Hier dominieren wiederum handgeformte Keramik und Gruppe LG 1, Gruppen LG 2 und LG 3 kommen hier aber ebenso bereits vor. In Siedlungsphase 3 (Grube 11 und Pfostenbau; **Abb. 65h-i**) liegt eine ähnliche Situation wie im Falle von Siedlungsphase 2 vor, jedoch zeichnet sich Gruppe LG 1 durch ein niedrigeres Durchschnittsgewicht aus. Siedlungsphase 4 (**Abb. 65j-m**) gehören die Gruben 2, 9, 10 und 12 an. In dieser Phase kommen höhere Anteile LG 2- und LG 3-Keramik vor als in den Siedlungsphasen 1-3. Die Grube im Schnitt 5 aus dem Jahr 1993 zeigt ein von den oben beschriebenen Gruppen völlig abweichendes Keramikverteilungsmuster: Hier dominieren die Keramikgruppen LG 2 und LG 3 (**Abb. 65n**). Diese Grube ist daher später als alle übrigen in Zillingtal freigelegten Gruben zu datieren und kann als Siedlungsphase 5 interpretiert werden. Siedlungsobjekte mit ähnlichem Keramikmaterial von der in den Jahren 1994-1997 ergrabenen Fläche konnten nicht gefunden werden.

In der Siedlung von Zillingtal konnte nur eine Superposition innerhalb der Awarenzeit, und zwar die der Gruben 5 und 6, in den Profilen der Quadranten gut beobachtet werden (Quadrant 0813, SO-Profil). Grube 6 wird durch Grube 5 überschnitten, was den auf Basis der Keramikfunde gewonnenen Ergebnissen der inneren Chronologie entspricht. Im Falle der einander überschneidenden Gruben 3 und 4 bzw. 7 und 8 konnte weder bei der Betrachtung des Profils noch des Keramikmaterials eine klare chronologische Abfolge festgestellt werden. Diese »Gruben-Paare« wurden wahrscheinlich innerhalb kürzester Zeit verfüllt. Gruben 9, 10 und 12 können sowohl aufgrund ihres Keramikmaterials als auch der Planumszeichnungen im Vergleich zu den anderen umliegenden awarenzeitlichen Gruben als jünger bestimmt werden.

Die in Zillingtal in den Jahren 1993-1997 freigelegten Gruben lassen sich aufgrund ihres Keramikmaterials etwa in die Zeitspanne von der MA II bis zur SPA III datieren. Siedlungsphase 1 kann dabei etwa in die MA II bis zur SPA I datiert werden, Gruben 7 und 8 früher, Gruben 1 und 6 später innerhalb dieses Zeitraumes. Siedlungsphase 2 kann mit dem zeitlichen Übergang von der SPA I in die SPA II gleichgesetzt werden. Siedlungsphase 3 lässt sich an den Beginn der SPA II, Siedlungsphase 4 an den Schluss der SPA II datieren. Die Grube aus Schnitt 5 der Ausgrabung im Jahr 1993 stellt Siedlungsphase 5 dar und lässt sich zweifellos in die SPA III datieren.

Da die Grube aus Schnitt 5 der Ausgrabung im Jahr 1993 sich am oberen Abschluss des Hügels, also nordwestlich der in den späteren Jahren ausgegrabenen Fläche, auf der anderen Seite des heutigen Feldweges befindet (siehe auch **Plan 2**), liegt die Vermutung nahe, dass die chronologisch spätesten Teile der awarenzeitlichen Siedlung von Zillingtal sich in diesem oberen Bereich konzentrieren. Ob sich der Schwerpunkt der Siedlung im Laufe der Zeit vom unteren auf den oberen Hügelbereich verschoben hat oder ob die Größe der Siedlung während der Awarenzeit sich geändert hat, ließe sich nur durch die Freilegung des oberen Hügelbereiches untersuchen.

Nach Klärung der relativchronologischen Lage der freigelegten Siedlungsobjekte ergibt sich nun die Frage nach der des Eisenverhüttungsplatzes in Schnitt 1212 und 1213. Tondüsen sind in allen awarenzeitlichen Siedlungsphasen nachgewiesen (siehe Katalog), ihre Zahl nimmt mit ihrer Entfernung von den freigelegten Öfen ständig ab. Mit Hilfe der Verteilung der Tondüsen kann die relativchronologische Lage der Öfen inner-

---

[128] Gruben 7 und 8 bzw. Gruben 1 und 6 stehen dabei einander näher als den jeweils anderen beiden Gruben.

halb der Siedlung also nicht festgestellt werden. Vielmehr besteht die Möglichkeit, dass die Eisenverhüttung während der gesamten Nutzungsdauer der Siedlung fortbestand. Zudem kann die Existenz weiterer, nicht freigelegter Eisenschmelzöfen nicht ausgeschlossen werden.

In Grube 13 (Schlackengrube) wurden nur wenige Tonscherben gefunden (**Taf. 20, 1-2**). Diese gehören Gruppe LG 1 an bzw. sind handgeformt, können jedoch sicherlich nur als *terminus post quem* für die Datierung der Grube herangezogen werden. In der Verfüllung von Ofen 1 wurde eine LG 3-Scherbe gefunden (**Taf. 20, 3**). Die Scherbe ist offensichtlich erst in den Ofen gelangt, nachdem dieser außer Gebrauch war (sonst wäre sie durch die Hitzeeinwirkung beschädigt), wobei der Zeitraum hierfür unbestimmbar bleiben muss. Dieser Einzelfund kann daher auch keinen chronologischen Anhaltspunkt für die Datierung der Öfen bieten[129].

TYPEN VON SIEDLUNGSOBJEKTEN UND IHRE FUNKTION

Im ergrabenen Teil der Siedlung von Zillingtal wurden vor allem Gruben freigelegt. Dabei kommen zwei Grundtypen vor: Gruben 3-8 sind eher großflächig und seicht. Gruben 1, 2, 9, 10 und 12 stellen tiefe, zylindrische Gruben von geringem Durchmesser dar (siehe auch **Abb. 68-69** und **Plan 2**)[130]. Diese beiden Grubentypen dienten offensichtlich verschiedenen Zwecken. In den flachen, seichten Gruben wurden recht geringe Mengen Keramik, und zwar in kleinen Fragmenten, gefunden. In den tiefen Gruben fand sich hingegen eine größere Menge Keramik von Scherben größeren Formats. Dies deutet auf eine unterschiedliche Art der Verfüllung hin. Die tiefen Gruben scheinen nach der Gebrauchszeit zur Abfallbeseitigung benutzt worden zu sein, während in die seichten Gruben offenbar weniger Abfall gelangte. Die ursprüngliche Funktion der Gruben kann nicht mit Sicherheit rekonstruiert werden. Die tieferen Gruben könnten eventuell als sogenannte Getreidegruben gedient haben. Die Funktion der seichteren Gruben kann auf Grundlage des heutigen Forschungsstandes nicht ermittelt werden.

Die Tatsache, dass die seichteren Gruben eher den frühen, die tiefen Gruben den späteren Siedlungsphasen zuzuordnen sind, lässt darauf schließen, dass gewisse Bereiche der Siedlung zu einem bestimmten Zeitpunkt auch einem bestimmten Zweck gedient haben. Man kann also von der Existenz einer Trennung der Funktionen innerhalb des Siedlungsareals ausgehen.

Der in der awarenzeitlichen Siedlung von Zillingtal freigelegte sogenannte Pfostenbau ist 4,5 × 5,5 m groß. Die Pfostenlöcher sind ca. 70-80 cm voneinander entfernt. Die nördliche Ecke des Baus war dabei durch mehrere Pfosten verstärkt. Die südwestlichen Pfostenlöcher waren von rechteckigem Grundriss (ca. 30 × 30 cm; **Abb. 69d**). Dies traf mit hoher Wahrscheinlichkeit ursprünglich auch auf die anderen, in ihrer Form schlechter erhaltenen Pfostenlöcher des Baus zu. Eines der Pfostenlöcher war zum Zeitpunkt der Freilegung bis zum Rand hin mit großformatigen Keramikfragmenten befüllt (**Taf. 21**), was möglicherweise ursprünglich der Stabilisierung des Pfostens diente. Um den Pfostenbau konnten zahlreiche weitere Pfostenlöcher freigelegt werden, wobei ein Teil davon einer früheren Version des Baus zugehört haben könnte. Ein weiterer Pfostenbau ließ sich auf Grundlage der übrigen Pfostenlöcher nicht rekonstruieren.

Der hier besprochene Bau stellt den ersten, bislang innerhalb einer awarenzeitlichen Siedlung gefundenen Pfostenbau dar. Für die Antwort auf die Frage nach seiner Funktion steht uns daher auch keine weitere

---

[129] Die Bearbeitung der Eisenverhüttungsreste wurde von Mathias Mehofer durchgeführt; Mehofer 2004. Siehe auch den Beitrag von Mathias Mehofer in diesem Band.

[130] Der gesamte Umriss von Grube 11 kann nicht rekonstruiert werden.

Abb. 68 Fotos zur Ausgrabung der Siedlung Zillingtal. a Quadrant 0513, Dokumentationsniveau 7 mit der awarenzeitlichen Grube 1; b Quadrant 0513, Dokumentationsniveau 4, »Graben« (vermutlich ehemaliges, nachawarenzeitliches Bachbett) und die awarenzeitliche Grube 1; c Quadrant 0513, SO-Profil mit »Graben«; d Quadrant 0713, Dokumentationsniveau 5 mit den awarenzeitlichen Gruben 3 (in der Mitte) und 4 (rechts), oben links der »Graben« (vermutlich ehemaliges, nachawarenzeitliches Bachbett), unten in der Mitte und rechts eine römerzeitliche Grube; e Quadrant 0813, Dokumentationsniveau 3 mit den awarenzeitlichen Gruben 4 (links), 5 (unten rechts, dunkle Verfüllung) und 6 (oben und in der Mitte, hellere Verfüllung); f Quadrant 0613, Dokumentationsniveau 9, oben rechts Reste der awarenzeitlichen Grube 2, unten Detail eines römerzeitlichen Grubenhauses.

a

b

c

d

e

Abb. 69   Fotos zur Ausgrabung der Siedlung Zillingtal. a: Quadrant 0913, SW-Profil mit der awarenzeitlichen Grube 7 (links) und einem römerzeitlichen Grubenhaus (rechts, mit Pfostenloch); b Quadrant 0814, Dokumentationsniveau 3 mit den awarenzeitlichen Gruben 5 (rechts) und 12 (unten, beide mit dunkler Verfüllung) und einem römerzeitlichen Grubenhaus (hellere Verfüllung); c Quadrant 0913, Dokumentationsniveau 4 mit den awarenzeitlichen Gruben 6 (links), 7 (rechts unten) und 8 (rechts oben), links unten Detail eines römerzeitlichen Grubenhauses sowie mehrere römerzeitliche Gruben im ganzen Ausgrabungsschnitt; d Quadrant 0715, Dokumentationsniveau 4 mit Detail des awarenzeitlichen Pfostenbaus; e Quadrant 1113, Dokumentationsniveau 3 mit der awarenzeitlichen Grube 11, mehrere römerzeitliche Gruben (rechts).

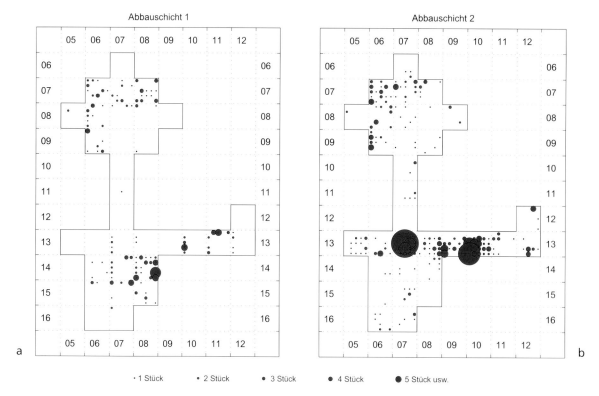

Abb. 70a-b   Siedlung Zillingtal, Kartierung der awarenzeitlichen Keramikfunde, Abbauschichten 1-2.

awarenzeitliche Parallele zur Verfügung. Der freigelegte Pfostenbau kann sowohl als Haus wie auch als Pferch anzusprechen sein[131].

In das Frühmittelalter datierbare Grubenhäuser wurden in Zillingtal, im Gegensatz zu den meisten awarenzeitlichen Siedlungen, nicht gefunden. Die drei an dieser Fundstelle freigelegten Grubenhäuser können in die Römerzeit datiert werden; diese werden, wie alle übrigen römerzeitlichen Befunde, von Sabine Jäger-Wersonig bearbeitet.

Der zudem an der Fundstelle freigelegte und bei der Ausgrabung vorläufig in die Neuzeit datierte »Graben« (**Abb. 68b-c**) ist mit großer Wahrscheinlichkeit als ehemaliges Bachbett anzusprechen.

DIE RÖMISCHE VILLA IN DER AWARENZEIT

Die awarenzeitliche Siedlung von Zillingtal befindet sich in nächster Nähe von bzw. teilweise in Überschneidung mit einer römischen Villa. Das Hauptgebäude der Villa wurde mit der awarenzeitlichen Siedlung gleichzeitig freigelegt, wobei auch nachantike Störungen der Gebäudereste festgestellt wurden. Ein Teil dieser Störungen kann aufgrund des Vorkommens awarenzeitlicher Keramik mit höchster Wahrscheinlichkeit in die Awarenzeit datiert werden[132]. Die vollständige Bearbeitung der römischen Villenanlage, so auch die Klärung der exakten stratigraphischen Verhältnisse innerhalb des Hauptgebäudes, wird von Sabine

[131] Beispiele von Pfostenbauten für beide Zwecke finden sich bei Zimmermann 1998. Herzlichen Dank an Herrn Dr. Thomas Kühtreiber für den Hinweis auf diese Publikation.

[132] Diese Keramikstücke bieten zwar prinzipiell nur einen *terminus*

post quem für die Datierung der Störungsschichten. Da aber an und im weiteren Bereich der Fundstelle keine nachawarenzeitliche Siedlungsaktivität festgestellt werden konnte, ist eine spätere Datierung der Störungen der Villa nicht anzunehmen.

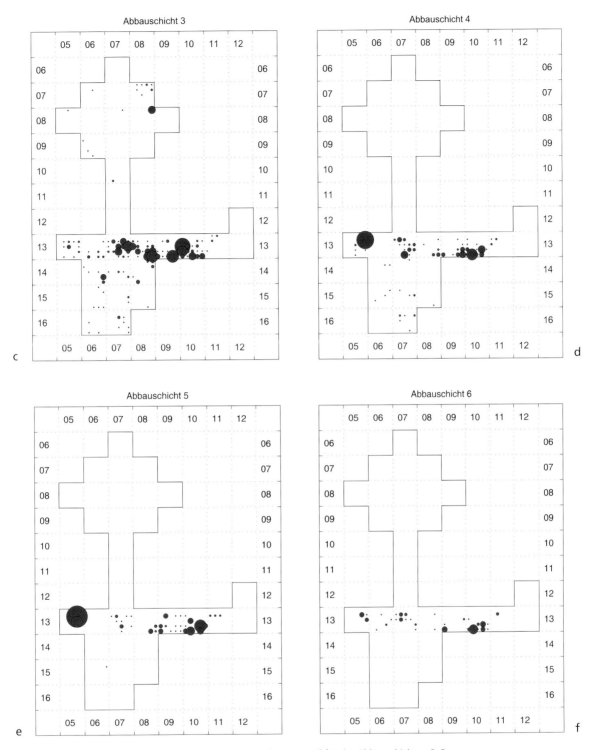

Abb. 70c-f Siedlung Zillingtal, Kartierung der awarenzeitlichen Keramikfunde, Abbauschichten 3-6.

Jäger-Wersonig durchgeführt[133]. Von den Befunden werden hier nur die durch awarenzeitliche Keramik bzw. durch ihre stratigraphische Situation für die awarenzeitliche Nutzung der Villenanlage bedeutenden Objekte besprochen. Das gesamte awarenzeitliche Keramikmaterial aus dem Bereich der Villa wurde in den

[133] Für die Einsicht in die Unterlagen ihrer noch in Vorbereitung befindlichen Arbeit möchte ich mich bei Frau Mag. Sabine Jäger-Wersonig bedanken.

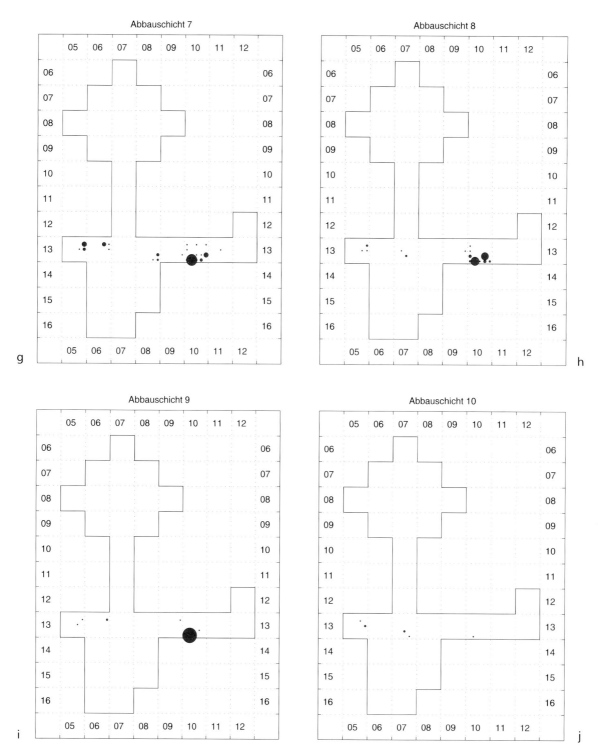

Abb. 70g–j Siedlung Zillingtal, Kartierung der awarenzeitlichen Keramikfunde, Abbauschichten 7-10.

Katalog der vorliegenden Arbeit aufgenommen[134], Die Verteilung der awarenzeitlichen Keramikstücke in der gesamten Siedlung, so auch im Bereich der römischen Villa, wird in **Abb. 70a-m** dargestellt.

Im Bereich der römischen Villa ließen sich folgende nachantike Störungen feststellen (siehe auch **Plan 2**[135] sowie **Abb. 71-72**):

---

[134] Siehe den Katalog der Siedlung: »Awarenzeitliche Keramik-funde aus dem Bereich der römischen Villa«.

[135] Der digitale Plan wurde von Frau Dr. Ingrid Adenstedt, Frau Mag. Ulrike Fornwagner und Frau Mag. Nicole Pieper erstellt.

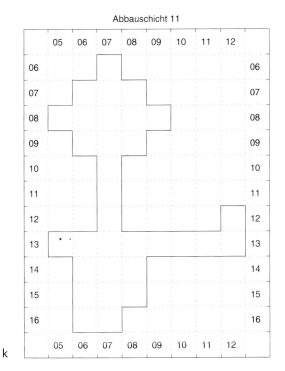

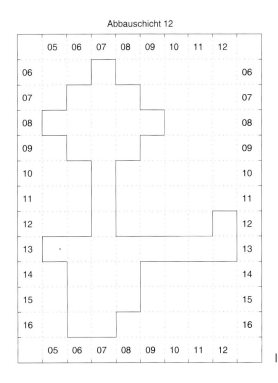

Abb. 70k-l Siedlung Zillingtal, Kartierung der awarenzeitlichen Keramikfunde, Abbauschichten 11-12.

Zuerst ist ein etwa 5,5 m langes und 20 bis 30 cm breites Gräbchen in den Quadranten 0609 und 0709 zu nennen, das von den Verfüllungen der Mauerausrisse an beiden Enden gestört wird. In der Verfüllung des Gräbchens fanden sich awarenzeitliche Keramikstücke; dadurch wird sowohl die Verfüllung des Gräbchens als auch der dieses störende Mauerausriss frühestens in die Awarenzeit datiert. Die Funktion des Gräbchens lässt sich nicht genau ermitteln, eventuell könnte es – vielleicht in Verbindung mit einigen von den Pfostenlöchern, welche ebenfalls die Schichten der römische Villa überschneiden – als eine Art Fundamentgraben für oberirdische Bauten der Awarenzeit gedient haben.

Die Mauern der Hauptgebäude der Villa wurden im gesamten westlichen Bereich ausgerissen. Die Verfüllung des Mauerausrisses kann, zum einen durch das Gräbchen, zum anderen durch die awarenzeitlichen Keramikstücke im Quadranten 0508, frühestens in die Awarenzeit datiert wer-

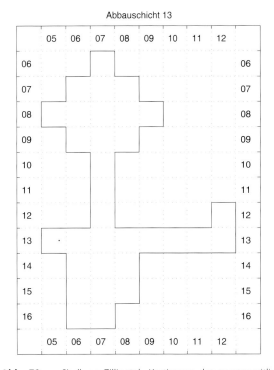

Abb. 70m Siedlung Zillingtal, Kartierung der awarenzeitlichen Keramikfunde, Abbauschicht 13.

den. Es ist nicht zu ermitteln, über welchen Zeitraum sich die Entwicklung des Mauerausrisses bis zu seiner heutigen Form erstreckte bzw. wie viele Phasen es dazu benötigte. Fraglich bleibt auch, was die awarenzeitliche Bevölkerung mit den ausgerissenen Mauersteinen hätte tun sollen, da aus awarischer Zeit bislang

Abb. 71 Das Hauptgebäude der römischen Villenanlage von Zillingtal, Aufnahme von Norden.

Abb. 72 Das Hauptgebäude der römischen Villenanlage von Zillingtal, Detail mit awarenzeitlichen Störungen, Aufnahme von Nordosten.

keine Steingebäude bekannt sind. Eine populäre Möglichkeit der Wiederverwendung römischen Steinmaterials in der Awarenzeit stellte der Bau von Steinöfen in Grubenhäusern bzw. von sogenannten freistehenden Öfen dar[136]. Ob sich solche Öfen auch in Zillingtal befanden, ließe sich nur durch weitere Ausgrabungen bzw. durch die vollständige Freilegung des awarenzeitlichen Siedlungsareales feststellen.

[136] z. B. in Dunaújváros, Bóna 1973.

Der Mauerausriss wird im Bereich der Quadranten 0609 und 0709 von Pfostenlöchern gestört. Die Pfostenlöcher enthielten zwar keine awarenzeitliche Keramik, können aber anhand ihrer stratigraphischen Situation frühestens in die Awarenzeit datiert werden; sie sind auf jeden Fall jünger als das Gräbchen und der Mauerausriss in diesem Bereich.

In den Quadranten 0608 und 0708 befanden sich ebenfalls zwei Reihen von Pfostenlöchern. Da diese durch den Boden des Hauptgebäudes der Villa geschlagen sind, können sie erst in die Zeit nach der Aufgabe des Gebäudes datiert werden. Diese Pfostenlöcher enthielten jedoch keine awarenzeitlichen Keramikstücke, weshalb ihre Datierung auf die Angabe »nachantik« beschränkt bleiben muss.

Die besprochenen Reihen von Pfostenlöchern in den Quadranten 0609 und 0709 bzw. 0608 und 0708 und das Gräbchen (Quadranten 0609 und 0709) sind nicht am Grundriss der römischen Villa orientiert. Die awarenzeitliche Reihe von Pfostenlöchern in den Quadranten 0608 und 0708 befindet sich quer über einer römischen Mauer, das heißt, diese römische Mauer muss zur Zeit der Einrichtung der Pfostenreihe bereits abgebrochen worden sein (ansonsten wäre die Struktur, welche die Pfosten gehalten haben, unbrauchbar gewesen).

Die im Hauptgebäude der Villa bzw. in den Quadranten 0710 und 0711 ergrabenen Pfostenlöcher sind zum Teil von rechteckigem Umriss, also den Pfostenlöchern des Pfostenbaus der awarenzeitlichen Siedlung ähnlich. Diese Pfostenlöcher könnten ursprünglich Teil ähnlicher Pfostenbauten gewesen sein, lassen sich aber nicht zu einem vollständigen Grundriss rekonstruieren.

Die Deckplatten der Heizkanäle des Hauptgebäudes der Villa wurden entfernt. Dies kann erst nach Aufgabe des Gebäudes erfolgt sein; eine genauere Datierung lässt sich jedoch nicht ermitteln. Im Bereich des Quadranten 0808 wurden, in der Verfüllung des Heizkanals, Pfostenlöcher freigelegt. Zwei von diesen enthielten awarenzeitliche Keramikstücke. Zwei kleine Verfärbungen im Bereich der Hauptgebäude (in den Quadranten 0608 und 0609) enthielten ebenfalls awarenzeitliche Keramikstücke.

Sämtliche in der römischen Villa aufgefundenen awarenzeitlichen Keramikfragmente sind den oberen drei Abbauschichten entnommen und weisen ein sehr kleines Format auf (die aussagekräftigsten Stücke sind in **Taf. 36-37** abgebildet; siehe auch den Katalogteil »Awarenzeitliche Keramikfunde aus dem Bereich der römischen Villa«). Wegen ihrer sehr geringen Menge und des kleinen Formats können diese Scherben nicht für eine feinere Datierung der awarenzeitlichen Befunde des Hauptgebäudes der Villa innerhalb der Awarenzeit herangezogen werden.

Die Verteilung der awarenzeitlichen Keramikfunde innerhalb der Villa ist ungleichmäßig: Im nördlichen und westlichen Teil der Villa wurden die meisten awarenzeitlichen Keramikstücke aufgefunden, im südöstlichen Teil hingegen außerordentlich geringe Mengen (siehe auch **Abb. 70a-m**). Diese Verteilung deckt sich nicht vollständig mit den Begrenzungen der Mauerausrisse, da die Mauern der Villa nur im westlichen Teil ausgerissen wurden. Eine Erklärung für diese Erscheinung konnte im Laufe der Bearbeitung nicht gefunden werden. Die Mehrzahl der awarenzeitlichen Keramik im Hauptgebäude der Villa wurde in Zwischenschichten gefunden und kann daher keinem der Befunde zugeordnet werden[137].

Die Frage, wie die Ruinen der römischen Villa in der Awarenzeit genau ausgesehen haben mögen, kann nicht sicher beantwortet werden. Die in den Mauerausrissen geborgenen awarenzeitlichen Keramikfragmente lassen es als wahrscheinlich annehmen, dass die heute ausgerissenen Mauern zu awarischer Zeit (bzw. zu deren Anfang) und zumindest bis zu einer gewissen Höhe noch bestanden. Wie hoch diese Mauern waren und ob sie überirdisch sichtbar waren, kann nicht festgestellt werden. Es ließen sich auf jeden Fall keine Strukturen nachweisen, die auf eine awarenzeitliche Verwendung eventuell noch bestehender Mauern der Villa hindeuten könnten.

---

[137] Siehe den Katalog der Siedlung: »Awarenzeitliche Keramikfunde aus dem Bereich der römischen Villa«.

Fund-Nr.	Quadrant	Abbauschicht	Lage	Schicht	Farbe		Bemerkung
35/94	0613	III	22	1	HUE 5YR 6/4	dull orange	Amphorenverschluss?
					HUE 5YR 5/4	reddish brown	
3/94	0613	II	24	1	HUE 5YR 5/6	bright reddish brown	flacher Spinnwirtel
					HUE 5YR 4/6	reddish brown	
40/94	Streufund, aus dem Bereich der Grabung				HUE 2.5YR 5/6–8	bright reddish brown	flacher Spinnwirtel, unvollendet
1001/97	0615NO	I	4	1	HUE 5YR 6/4	dull orange	flacher Spinnwirtel
					HUE 5YR 6/6	orange	
1032/97	0814	I	4	2	HUE 7.5YR 5/4	dull brown	flacher Spinnwirtel halb, nicht gelocht
					HUE 5YR 5/6	bright reddish brown	
1337/95	0813	V	20	8	HUE 5YR 5/4	dull reddish brown	flacher Spinnwirtel
					HUE 5YR 5/6	bright reddish brown	
1202/95	1212	II	4	1	HUE N 3/0	gray	flacher Spinnwirtel
					HUE N 4/0	dark gray	
1/95	ungefähr 0808	Ackerkrume über Estrich			HUE 2.5YR 6/2	grayish yellow	flacher Spinnwirtel
					HUE 2.5YR 6/3	dull yellow	
1432/95	1,5 m nordwestlich von 0709	Oberfläche			HUE 5YR 6/4	dull orange	flacher Spinnwirtel verziert
					HUE 5YR 5/4	reddish brown	
1253/97	0607	VI	8	115	HUE 5Y 5/1	gray	flacher Spinnwirtel nicht gelocht
					HUE 5Y 4/1	gray	
238/94	0615	V	20	21	HUE 5Y 4/1	gray	doppelkonischer Spinnwirtel
					HUE 5Y 3/1	olive black	
1123/97	0815	I	21	–	HUE 10YR 6/4	dull yellow orange	Ösenfragment
					HUE 10YR 5/4	dull yellowish brown	
98/97	1013NW	III	x: 42 y: 300	5			beinerne Nadel

Tab. 14   Funde von Spinnwirteln und einer beinernen Nadel aus der Siedlungsgrabung.

Die römische Villenanlage bestand ursprünglich aus mehreren Gebäuden. Geringe Teile eines zweiten Gebäudes der Villa wurden in den Quadranten 0711 und 0811 freigelegt[138]. An diesen konnten jedoch keine awarenzeitlichen Störungen identifiziert werden. Die vollständige Ausgrabung der römischen Villa könnte ein differenzierteres Bild der awarenzeitlichen Verwendung dieser Anlage liefern.

Warum die awarenzeitliche Bevölkerung den Bereich der römischen Villa als Siedlungsplatz gewählt hat, wenn sie doch offensichtlich keinen Gebrauch von den Ruinen der Villa gemacht hat, bleibt offen. Als Ursache wird in der Literatur meist die Benützung römischer Infrastruktur, vor allem des römischen Straßennetzes, genannt[139]. Ähnliche Befundsituationen sind an weiteren Stellen in der Umgebung von Zillingtal zu vermuten bzw. sind auch anderorts anzutreffen[140].

KLEINFUNDE DER SIEDLUNG

Bei den vor Beginn der Grabungen im Bereich der Siedlung unternommenen Flurbegehungen wurden verschiedene Metallobjekte aufgelesen[141]. Während der Ausgrabung konnten dagegen leider keine ähnlichen

[138] Die Befunde werden von Sabine Jäger-Wersonig vorgelegt.
[139] Winter 1997, 75.
[140] Siehe Kapitel »Awarenzeitliche Siedlungen und ihre Gräberfelder in Ostösterreich« und »Siedlungsarchäologie des Awarenreiches« der vorliegenden Arbeit.

[141] Siehe Kapitel »Die Ausgrabungen in Zillingtal« sowie Daim u. Distelberger 1996, 376.

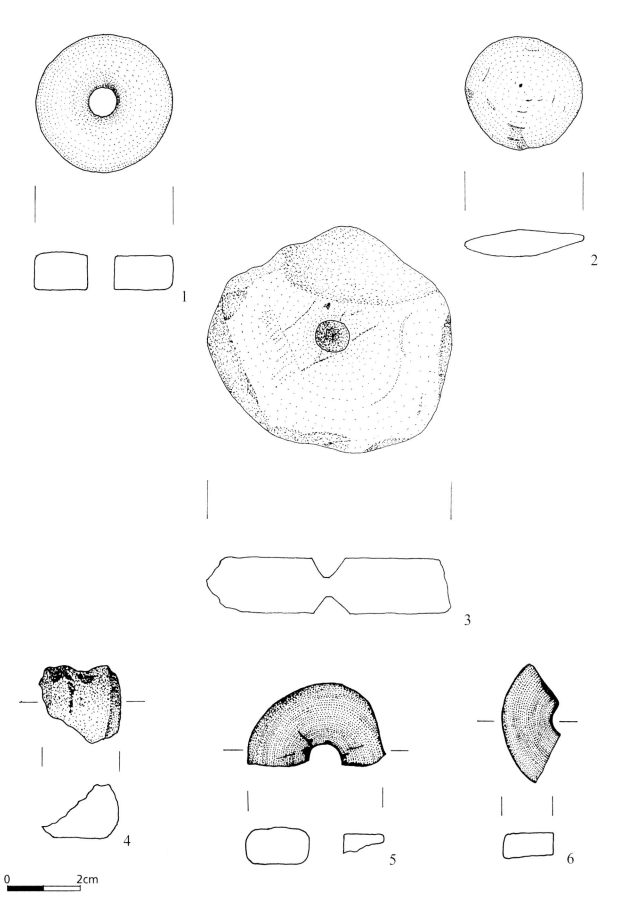

Abb. 73 Siedlung Zillingtal, Kleinfunde. 1 Fund-Nr. 3/94; 2 Fund-Nr. 35/94; 3 Fund-Nr. 40/94; 4 Fund-Nr. 238/94; 5 Fund-Nr. 1/95; 6 Fund-Nr. 1001/95.

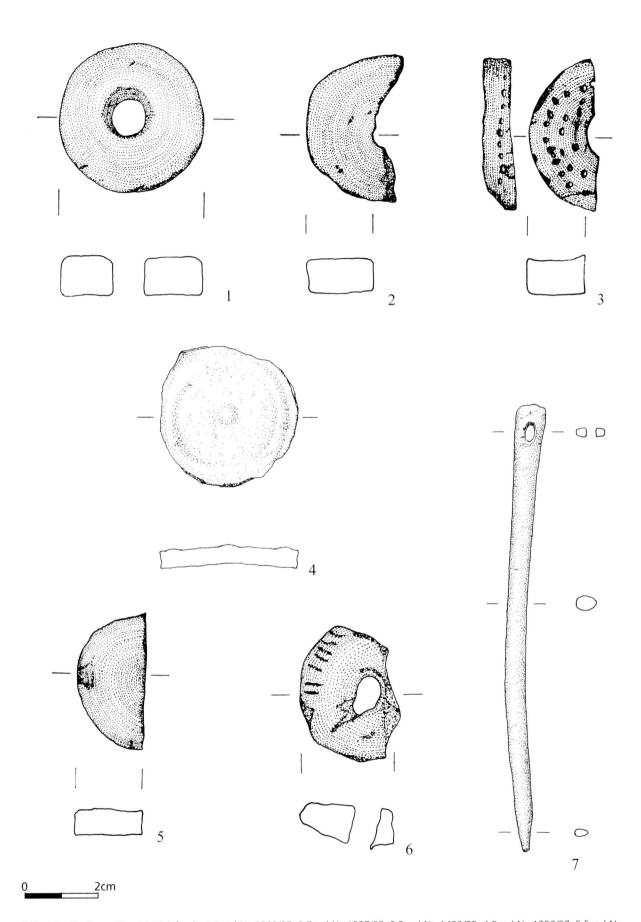

Abb. 74 Siedlung Zillingtal, Kleinfunde. 1 Fund-Nr. 1202/95; 2 Fund-Nr. 1337/95; 3 Fund-Nr. 1432/95; 4 Fund-Nr. 1253/97; 5 Fund-Nr. 1032/97; 6 Fund-Nr. 1123/97; 7 Fund-Nr. 98/97.

Metallfunde gemacht werden. Die Kleinfunde der Ausgrabung bestehen aus Spinnwirteln und aus einer beinernen Nadel (**Tab. 14, Abb. 73-74**). Die Mehrzahl der Spinnwirtel wurde aus römischem Ziegel oder von römischen Gefäßen gefertigt. Die Datierung dieser Objekte in die Awarenzeit muss ungewiss bleiben; im awarenzeitlichen Gräberfeld von Zillingtal finden sich jedenfalls zahlreiche ähnliche Spinnwirtel. Unter den Lesefunden, die im Bereich der Ausgrabungsfläche gefunden wurden, ist auch ein unvollendeter Spinnwirtel (**Abb. 73, 3**). Lediglich ein einziger doppelkonischer Spinnwirtel wurde im Rahmen der Siedlungsgrabung gefunden (**Abb. 73, 4**), während im awarenzeitlichen Gräberfeld von Zillingtal doppelkonische Spinnwirtel in großer Zahl nachgewiesen wurden.

Unter den Kleinfunden ist auch ein Keramikfragment anzutreffen (**Abb. 74, 6**), das am ehesten als Fragment einer Öse angesprochen werden kann. Seine Materialzusammensetzung stimmt mit der der awarenzeitlichen handgeformten Keramik recht gut überein. Ähnliche Einkerbungen wie auf diesem Fragment finden sich auch an dem Henkelbruchstück einer Backglocke, welches ebenfalls aus der Siedlung stammt (**Taf. 16, 8**). Weitere Ösenfragmente oder Gefäße mit Ösenansatz sind in der Siedlung nicht nachzuweisen. Aus dem Gräberfeld weist einzig das Tongefäß aus Grab 453 einen Henkelansatz auf (**Taf. 179, 3**), Henkelteile wurden hier jedoch nicht nachgewiesen.

In Quadrant 1013 der Siedlung wurde eine 11,8 cm lange, beinerne Nadel gefunden. Ähnliche beinerne Nadeln sind aus awarenzeitlichem Kontext bislang nicht bekannt geworden. Mögliche Funktionen solch beinerner Geräte stellte Linda Owen zusammen[142].

Die nachweislich römerzeitlichen Kleinfunde der Siedlung (Glas, Münzen) werden von Sabine Jäger-Wersonig bearbeitet.

DIE TIERKNOCHENFUNDE DER SIEDLUNG ZILLINGTAL

Anhand der Ergebnisse der archäozoologischen Untersuchungen (siehe die Beiträge von Silke Grefen-Peters und Walter Wimmer im vorliegenden Band) kann man in Zillingtal in der Awarenzeit mit einer weitgehend bäuerlichen Bevölkerung rechnen. Der Anteil von Wildtieren ist während der gesamten Benützungszeit der Fundstelle sehr gering, es dominieren die Haustiere, allen voran das Rind, gefolgt von Schwein und Schaf/Ziege. Der Nachweis von Geflügel gestaltete sich erwartungsgemäß schwierig, wir können aber wohl auch mit der Haltung dieser Tiere rechnen. Die Tiere dienten nicht nur als Fleischlieferanten, sondern – wenn möglich – auch als Milch- bzw. Wollquelle. Die Schlachtung der Tiere und die weitere Verarbeitung erfolgten offensichtlich mit gekonnten Methoden, Knochenmark wurde aus den Langknochen gewonnen. Charakteristische Hiebspuren lassen darauf schließen, dass Horn und/oder Knochen auch als Rohstoff Verwendung fanden.

Die Verteilung der Knochen von verschiedenen Tierarten in den Gruben zeigte keine statistisch relevanten Änderungen im Laufe der Bestehungszeit der Siedlung. Dieses Untersuchungsergebnis lässt vermuten, dass der awarenzeitlichen Siedlung von Zillingtal ein weitgehend stabiles (Land)Wirtschaftssystem zugrunde lag.

---

[142] Owen 1997.

DIE FUNDSTELLE IM LICHT DER ARCHÄOMAGNETIK

Vor Beginn der Ausgrabungen, im Jahre 1993, wurde im Bereich der Fundstelle Zillingtal eine archäomagnetische Prospektion durchgeführt. Vergleicht man die Ergebnisse der Prospektion (**Plan 1**) mit den ergrabenen Siedlungsobjekten (**Plan 2**), stellt man fest, dass die mit Hilfe der Prospektion nachgewiesenen Strukturen auch archäologisch erfasst werden konnten. Mit Hilfe der Prospektion wurden folgende Siedlungsobjekte nachgewiesen: Grube 1 (Quadrant 0513), römerzeitliches Grubenhaus (Quadranten 0613 und 0614), Grube 3 (Quadrant 0713); die Gruben 10 und 11 (Quadranten 1013 und 1113) wurden durch die Prospektion als eine Einheit erfasst. Der Ofen 1 (Eisenschmelzofen) und die Schlackengrube (Grube 13) in den Quadranten 1212 und 1213 wurden durch die Prospektion als thermoremanent magnetisierte Objekte erkannt. Die Gräben, die bei der Auswertung der Ausgrabung als nachawarenzeitliche vermutliche Bachverläufe eingestuft wurden, wurden durch die Prospektion als Drainagen erfasst.

Alle weiteren, später durch die Ausgrabung erfassten Gruben aus der Awarenzeit (Gruben 2, 4-9 und 12), teilweise auch tiefe Gruben, die große Mengen Keramikfunde enthielten (z. B. Grube 9), wurden durch die Prospektion nicht angezeigt. Möglicherweise hängt die Erfassung durch die Archäomagnetik mit der Menge der aus der Eisenmetallurgie und -bearbeitung stammenden Schlacken in den einzelnen Gruben zusammen. Das römerzeitliche Grubenhaus im Quadrant 0814, die römerzeitliche Mauer und das ebenfalls römerzeitliche Grubenhaus im Quadrant 0711 wurden durch die magnetische Prospektion nicht erfasst.

Die magnetische Prospektion (**Plan 1**) lässt am oberen Abschluss des Hügels, also nordwestlich der ausgegrabenen Fläche, auf der anderen Seite des heutigen Feldweges, auf archäologische Strukturen schließen, deren Charakter von den im Bereich der ausgegrabenen Fläche prospektierten Strukturen völlig abweicht. Im ergrabenen Teil der Siedlung fanden sich keine eindeutig als Wohngebäude definierbaren Siedlungsobjekte (es muss unklar bleiben, ob der Pfostenbau Wohnzwecken gedient hat). Die mit Hilfe der Magnetik im nordwestlichen Bereich der gemessenen Fläche erfassten Strukturen könnten als grubenhausartige Objekte gedeutet werden. Im Bereich dieser Fläche wurden mit Hilfe der Magnetik zudem Anomalien festgestellt, die als Wegeverlauf interpretiert werden können.

Im Falle einiger frühmittelalterlicher Siedlungen wurden Hinweise auf eine räumliche Trennung von Siedlungsobjekten verschiedener Funktion beobachtet. Auffällig ist, dass innerhalb derselben Ausgrabungsfläche und über einen größeren Zeitraum hinweg entweder ausschließlich Grubenhäuser oder Gruben vorkommen[143]. Auf Grundlage der magnetischen Prospektion kann daher angenommen werden, dass das eigentliche, zu Wohnzwecken genutzte Areal der awarenzeitlichen Siedlung von Zillingtal sich oberhalb des Hügels befand[144]. Der ergrabene Teil der awarenzeitlichen Siedlung von Zillingtal könnte in diesem Zusammenhang als der wirtschaftliche bzw. handwerkliche Teil der Siedlung gedeutet werden. Dies spräche für eine Interpretation des Pfostenbaus als Pferch.

Künftige Ausgrabungen, die sich auf die Erschließung des Gebietes oberhalb des Hügels konzentrierten, führten möglicherweise zu einer Lokalisierung des Wohnareals innerhalb des Dorfes. Für eine Ausweitung der Ausgrabungstätigkeit spricht darüber hinaus die einzigartige Situation, dass im Falle von Zillingtal nicht nur Teile der Siedlung, sondern auch das dazugehörige Gräberfeld archäologisch erfasst werden konnten. Es darf zudem nicht vergessen werden, dass beide Fundstellen, abgesehen von der landwirtschaftlichen Tätigkeit, in einem bislang ungestörten Gelände liegen. Diese Faktoren böten bestmögliche Voraussetzungen für eine erstmals vollständige archäologische Erfassung einer awarenzeitlichen Siedlung.

---

[143] Ausschließlich Grubenhäuser finden sich z. B. in Dunaújváros (Bóna 1973) und Örménykút (Herold 2004), ausschließlich Gruben in Gyoma, Fundort 132 (Vida 1996) und Nagykanizsa – Inkey kápolna (Szőke 1992).

[144] Eine Datierung der mit Hilfe der Magnetik erfassten Strukturen (oder eines Teils dieser Strukturen) in die Römerzeit ist selbstverständlich nicht sicher auszuschließen.

ERGEBNISSE DER BEARBEITUNG DER AWARENZEITLICHEN SIEDLUNG VON ZILLINGTAL

Die in der Siedlung freigelegten awarenzeitlichen Objekte sind größtenteils Gruben; sie lassen sich in zwei Grundformen einteilen: zum einen in tiefe, zylindrische Gruben mit einem Durchmesser von ca. 1,2-1,5 m zum anderen in größere, seichte Gruben. Die zwei Grubentypen wurden auch verschiedenartig verfüllt (mit vielen großformatigen bzw. wenigen kleinformatigen Scherben), was auch mit ihrer unterschiedlichen ursprünglichen Funktion zusammenhängen dürfte. Alle Siedlungsobjekte, welche die archäomagnetische Prospektion anzeigte, konnten auch archäologisch erfasst werden. Umgekehrt lässt sich aber feststellen, dass durch die Prospektion mehrere, teilweise tiefe, mit Keramik dicht gefüllte Gruben nicht erfasst wurden.

Weiters wurde in Zillingtal ein 4,5 × 5,5 m großer Pfostenbau freigelegt; der Befund lässt die Möglichkeit für eine Rekonstruktion als (Wohn-)Haus oder eventuell als Pferch offen. Grubenhäuser aus der Awarenzeit konnten in Zillingtal nicht nachgewiesen werden. Dies hängt am wahrscheinlichsten damit zusammen, dass sich das eigentliche, zu Wohnzwecken genutzte Areal woanders befand (wie es die archäomagnetische Prospektion auch andeutete); es kann aber auch nicht völlig ausgeschlossen werden, dass in einigen awarenzeitlichen Siedlungen nur oberirdische Bauten zu Wohnwecken dienten.

Das awarenzeitliche Erscheinungsbild der römischen Villa kann anhand der freigelegten Befunde nur in sehr groben Zügen rekonstruiert werden: Zum einen gibt es keine Befunde, die eine Verwendung noch aufgehender Mauern zeigen, zum anderen orientieren sich die awarenzeitlichen Störungen nicht an dem Grundriss der Villa. Anscheinend war es also der awarenzeitlichen Bevölkerung aus irgendeinem anderen Grund wichtig, dieses Areal für ihre Siedlung auszuwählen. Die Freilegung eines größeren Teils der Fundstelle in Zillingtal sowie Ausgrabungen an weiteren ähnlichen Fundstellen könnten in dieser Frage weiterführende Informationen liefern.

Die in Zillingtal in den Jahren 1994-1997 freigelegten Siedlungsobjekte lassen sich anhand ihrer Keramikfunde in vier Siedlungsphasen aufteilen; die Grube der Ausgrabung 1993 ist – ebenfalls anhand ihrer Keramikfunde – später zu datieren als alle anderen Gruben und kann daher als fünfte Siedlungsphase interpretiert werden. Die awarenzeitlichen Störungen der römischen Villa von Zillingtal enthielten zu wenig und zu kleinformatiges Keramikmaterial, um sie innerhalb der Awarenzeit genauer datieren zu können. Die Keramikfunde des Eisenverhüttungsplatzes lassen ebenfalls nur eine allgemein awarenzeitliche Datierung zu. Die insgesamt fünf Phasen der Siedlung umfassen die Zeitspanne von der Mittelawarenzeit II (MA II) bis zur Spätawarenzeit III (SPA III). Das awarenzeitliche Gräberfeld von Zillingtal wurde ab der Frühawarenzeit/Mittelawarenzeit I (FA/MA I) bis zur Spätawarenzeit III (SPA III) belegt. Die erste Phase des Keramikmaterials aus dem Gräberfeld, in der nur handgeformte Gefäße vorkommen, konnte in der Siedlung nicht nachgewiesen werden. Das heißt, die freigelegte Siedlung bestand zumindest ab der Mittelawarenzeit II (MA II) bis ungefähr zur Aufgabe des Gräberfeldes. Wann sie gegründet wurde bzw. ob dies die einzige Siedlung war, deren Bewohner im Gräberfeld bestattet wurden, muss ungewiss bleiben.

Zusammenfassend lässt sich feststellen, dass in Zillingtal während der Awarenzeit eine Siedlung mit weitgehend bäuerlichem Charakter bestand; der Bedarf an Fleisch, Milch und Wolle wurde grundsätzlich durch eigene Erzeugung gedeckt. Die Verteilung der einzelnen Tierarten (Rind, Schwein, Schaf/Ziege) im Siedlungsabfall blieb die während des gesamten Bestehens der Siedlung nahezu Konstant. Im Gräberfeld können hingegen im Laufe der Awarenzeit Änderungen in der Artenverteilung der Fleischbeigaben beobachtet werden. (Schweinefleisch als Beigabe ist z. B. vor allem in den früheren Phasen des Gräberfeldes belegt.) Dies lässt darauf schließen, dass Änderungen in den Glaubensvorstellungen – denen die Beigabe von

Fleisch in den Gräbern wohl zuzuordnen ist – nicht unbedingt mit Änderungen im alltäglichen landwirtschaftlichen Bereich verbunden sein müssen.

Unter den Tierknochen im Siedlungsabfall fanden sich Knochen von Neugeborenen und Föten. Im Gräberfeld von Zillingtal ist diese Altersgruppe nicht vertreten, dort wurden Kinder erst ab einem Alter von 6 Monaten beigesetzt. Diese Beobachtungen lassen vermuten, dass verstorbene der jüngsten Altersgruppe kein Begräbnis erhielten, sondern in der Siedlung »entsorgt« wurden. Knochen zweier erwachsener Männer im Siedlungsabfall zeigen, dass dies auch das Schicksal von Verstorbenen im erwachsenen Alter werden konnte.

Im Hinblick auf die wirtschaftlichen Grundlagen für die awarenzeitliche Siedlung von Zillingtal lässt sich feststellen, dass die naturräumlichen Gegebenheiten in Zillingtal nicht nur für Tierhaltung, sondern auch für Ackerbau hervorragend geeignet sind, wie sie es aller Wahrscheinlichkeit nach auch in der Awarenzeit waren. Die Verwendung von ehemaligem römerzeitlichem gerodetem Ackerland bzw. Straßen für deren Bewirtschaftung ist nicht auszuschließen. Von den handwerklichen Tätigkeiten ist in Zillingtal Eisenverhüttung und die Herstellung von Eisengegenständen belegt; Knochengeräte wurden – wie Bearbeitungsspuren an Tierknochenfunden zeigen – vermutlich auch lokal hergestellt. Die Keramik aus der Siedlung und dem Gräberfeld wurde, anhand der Ergebnisse der archäometrischen Untersuchungen, aller Wahrscheinlichkeit nach in den einzelnen Haushalten (handgeformte Keramik) bzw. in dörflichen Werkstätten (langsam gedrehte Keramik) ebenfalls vor Ort produziert.

Die heterogene Verteilungsmuster der Keramik in der Verfüllung der einzelnen Siedlungsobjekte in Zillingtal lässt darauf schließen, dass die Entsorgung von Abfall in der Siedlung eher zufällig geschah und keine Planierungsarbeiten stattfanden, die das gesamte Siedlungsgebiet auf einmal betroffen hätten. Es liegt nahe zu vermuten, dass der Abriss alter Gebäude und der Bau von neuen Strukturen mit ähnlicher Zufälligkeit, je nach Bedarf der Dorfbewohner erfolgten. Der viereckige Querschnitt der Pfosten des Pfostenbaus lässt darauf schließen, dass im Dorf auch die Fertigkeiten zu Zimmermannsarbeiten vorhanden waren.

Aufgrund von Streufunden aus der Umgebung von Zillingtal liegt es nahe zu vermuten, dass dieses awarenzeitliche Dorf in einem Netzwerk ähnlicher Dörfer existiert hat. Die rekonstruierbaren Teile dieses Netzwerks werden – nach der Auswertung des Gräberfeldes aufgrund der Keramikfunde im Kapitel »Interpretationen des awarenzeitlichen Gräberfeldes mit Hilfe der Keramikfunde« – im Kapitel »Awarenzeitliche Siedlungen und ihre Gräberfelder in Ostösterreich« nachgezeichnet.

INTERPRETATION DES AWARENZEITLICHEN GRÄBERFELDES MIT HILFE DER KERAMIKFUNDE

UNTERGRUPPEN DER TECHNOLOGISCHEN KERAMIKGRUPPEN

Am Beginn der Typologisierung der Grabgefäße wurde nach Merkmalen gesucht, aufgrund welcher die zwei technologischen Hauptgruppen, handgeformt und langsam gedreht, in chronologisch relevante Gruppen geteilt werden können[145]. Anhand der Zeitspanne, die das Gräberfeld umfasst (150-200 Jahre) und auf Grundlage der Anzahl der chronologischen Phasen der Metallfunde wurden Merkmale gesucht, mit Hilfe der sich die zwei technologischen Hauptgruppen der Keramik in je maximal fünf bis sechs größere Gruppen teilen lassen. Es war dabei sehr wichtig, dass diese Merkmale es ermöglichen sollten, alle Gefäße innerhalb der zwei technologischen Hauptgruppen anhand derselben Kriterien in Gruppen zu teilen[146].

Bei der langsam gedrehten Keramik wurden sowohl Merkmale der Materialzusammensetzung als auch morphologische Merkmale ermittelt, die diesen Anforderungen entsprechen. Bei der handgeformten Keramik – welche eine viel größere Variabilität zeigt und auch weit mehr Gefäße umfasst als die langsam gedrehte Gruppe –, konnten vor allem Merkmale der Materialzusammensetzung und der Brenntechnik als chronologisch relevant erfasst werden[147]. Durch die Einteilung anhand dieser Merkmale kamen schließlich die chronologisch relevanten drei bzw. vier Gruppen der langsam gedrehten und der handgeformten Keramik (LG 1-3 bzw. HG 1-4) zustande.

Bei der Erstellung der Feintypologie der Grabgefäße, die in diesem Kapitel vorgestellt wird, wurden hingegen Merkmale gesucht, die innerhalb der chronologisch relevanten Gruppen LG 1-3 bzw. HG 1-4 Produkte einer Werkstatt bzw. »einer Hand« kennzeichnen könnten. Daher sind die gruppenbildenden Merkmale in dieser Typologie oft nicht derselben Natur (bei einigen Gruppen ist die Gefäßform, bei anderen die Materialzusammensetzung, bei wieder anderen die Randform relevant). In diesen Klein- oder Untergruppen gehören alle Gefäße derselben chronologisch relevanten Gruppe an, und diese Untergruppen können daher sehr wohl chronologisch parallel existiert haben.

Die Verteilung dieser werkstatt- oder töpferspezifischen Untergruppen im Gräberfeld kann einerseits sehr feine chronologische Phasen im Gräberfeld anzeigen, andererseits können die Untergruppen auch die Beziehungen der hinterbliebenen Familien – welche die Gefäße für das Begräbnis ausgesucht haben – zu den einzelnen »Töpfern« des Ortes zeigen. Die erste Variante (feinere chronologische Phasen) gilt m. E. eher für die langsam gedrehten Gefäße (besonders für LG 2 und LG 3), in der nur wenige Untergruppen existieren, weshalb sehr wahrscheinlich ist, dass zu einem Zeitpunkt im Ort nur ein Töpfer bzw. eine Werkstatt diese Gefäße herstellte. Die zweite Variante (mehrere, zeitlich parallel arbeitende Töpfer) gilt meiner Meinung nach eher für die handgeformte Keramik, bei der es sehr viele kleine Untergruppen der Gefäße gibt, bzw. auch für LG 1, wo die Anzahl der Gefäße innerhalb der Untergruppen ebenfalls eher niedrig ist, die Anzahl der Untergruppen hingegen hoch. (Siehe auch **Abb. 67**.)

[145] Siehe Kapitel »Die awarenzeitliche Keramik von Zillingtal« der vorliegenden Arbeit.

[146] Es sollte also nicht eine Gruppe anhand der Randform und eine andere anhand der Materialzusammensetzung gesondert werden vielmehr für alle Gefäße der gegebenen technologischen Keramikgruppe dieselbe Art von Kriterien angewendet werden.

[147] Die morphologischen Merkmale erwiesen sich bei der handgeformten Keramik als chronologisch nicht direkt relevant.

Abb. 75a Gräberfeld Zillingtal, Kartierung der Untergruppen der langsam gedrehten Keramik der Gruppe LG 1, Untergruppen LG 1.1, 1.2, 1.3 (rechts oben: LG 1.1, links unten: LG 1.2, rechts unten: LG 1.3).

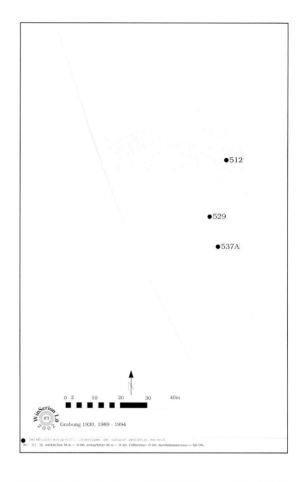

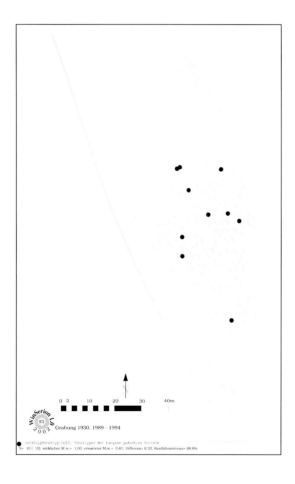

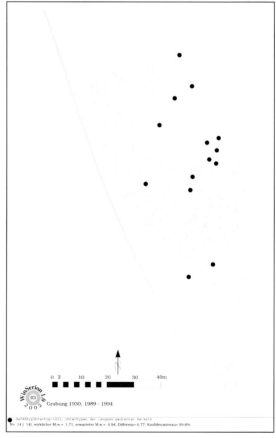

Interpretation des awarenzeitlichen Gräberfeldes mit Hilfe der Keramikfunde

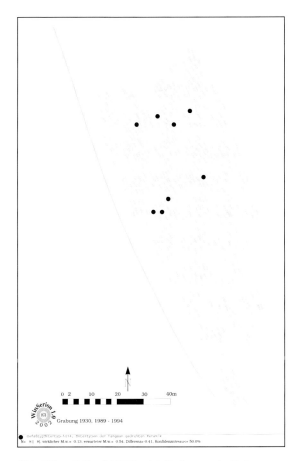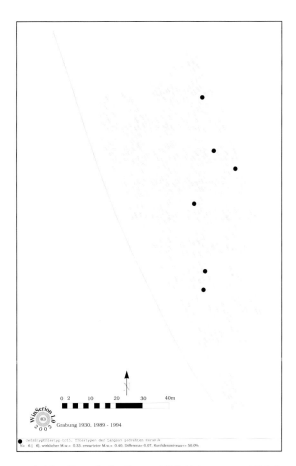

Abb. 75b Gräberfeld Zillingtal, Kartierung der Untergruppen der langsam gedrehten Keramik der Gruppe LG 1, Untergruppen LG 1.4, 1.5 (rechts: LG 1.4, links: LG 1.5).

Diese Art von Rekonstruktionsversuchen der awarenzeitlichen Töpferei in Zillingtal sind zwar zugegebenermaßen sehr hypothetisch, bieten aber – verbunden mit den archäometrischen Keramikanalysen und der experimentellen Archäologie – die einzigartige Möglichkeit, Modelle für die Organisation des Töpferhandwerkes in der Awarenzeit zu entwickeln. Rekonstruktionsversuche dieser Art sind nicht zuletzt als Beitrag dazu gedacht, innerhalb der Awarenforschung eine Diskussion über dieses Thema zu initiieren.

Langsam gedrehte Keramik

Die chronologisch relevanten Gruppen der langsam gedrehten Keramik (LG 1-3) konnten, vor allem unter Berücksichtigung von Merkmalen wie der Form des Gefäßkörpers und bisweilen auch aufgrund von Einzelheiten der Materialzusammensetzung, in verschiedene Untergruppen geteilt werden. Die morphologische Variabilität der Gefäße nimmt im Laufe der Zeit stetig ab, die chronologisch früheste Gruppe, LG 1, stellt die in dieser Hinsicht variabelste Gruppe dar. Dies deutet auf eine Art allmählicher Standardisierung in der Herstellung langsam gedrehter Gefäße hin.

Abb. 76 Gräberfeld Zillingtal, Kartierung der Untergruppen der langsam gedrehten Keramik der Gruppe LG 2, Untergruppen LG 2.1, 2.2, 2.3 (rechts oben: LG 2.1, links unten: LG 2.2, rechts unten: LG 2.3).

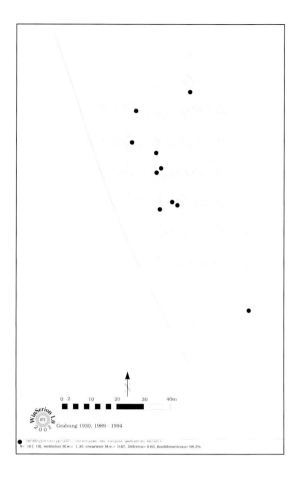

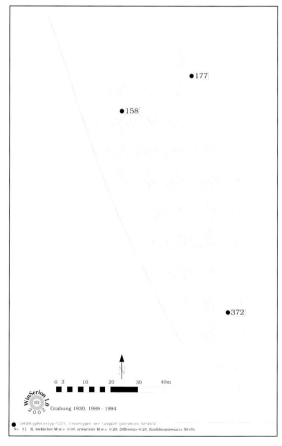

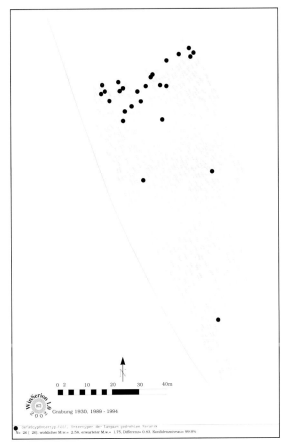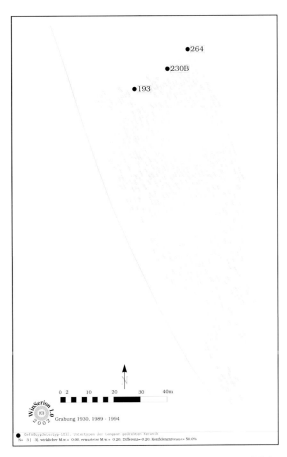

Abb. 77 Gräberfeld Zillingtal, Kartierung der Untergruppen der langsam gedrehten Keramik der Gruppe LG 3, Untergruppen LG 3.1, 3.2 (links: LG 3.1, rechts: LG 3.2).

Untergruppen der langsam gedrehten Keramik

LG 1 (**Abb. 75a-b**)

Nicht näher bestimmbar: Gräber 93, 399

Gruppe LG 1.1: kleinformatige Gefäße

Gräber 512, 529, 537A

Gruppe LG 1.2: Gefäße mit kugelförmigem Gefäßkörper

Gräber 328, 344, 359, 390, 393, 418, 433, 507, 552, 579

Gruppe LG 1.3: längliche Gefäße

Gräber 11, 94, 100, 210, 257, 304, 338, 411, 444, 503, 505, 509, 524, 550

Gruppe LG 1.4: rotbräunliche (Munsell HUE 10R 3/4, *dark red*) Gefäße mit glimmerigem Sand

Gräber 90, 97, 133, 162, 208, 214, 244, 405

Gruppe LG 1.5: großformatige Gefäße mit kugelförmigem Gefäßkörper

Gräber 124, 337, 367, 384, 451, 485

Anzahl Gefäße Gruppe LG 1 insgesamt: 43

LG 2 (**Abb. 76**)

Gruppe LG 2.1: schwächerer profilierte Gefäße mit gröberer Magerung (verglichen mit den Gruppen LG 2.2 und 2.3)

Gräber 2A, 71, 145, 147, 207A, 218, 243, 271, 318, 561

Interpretation des awarenzeitlichen Gräberfeldes mit Hilfe der Keramikfunde | 127

Gruppe LG 2.2: stärker profilierte Gefäße mit feinerer Magerung (verglichen mit Gruppe LG 2.1 und 2.3)

Gräber 20, 40, 95, 106, 116, 135, 144, 181, 183, 190, 195, 204A, 224, 226[148], 231, 254, 286, 477, 499, 560, 562, 566, 575

Gruppe LG 2.3: Gefäße mit kugeligem Gefäßkörper und feinerer Magerung (verglichen mit Gruppe LG 2.1 und 2.2)

Gräber 158, 177, 372

Anzahl Gefäße Gruppe LG 2 insgesamt: 36

LG 3 (**Abb. 77**)

Gruppe LG 3.1: Gefäße mit kugeligem Gefäßkörper

Gräber 82, 119, 159, 160, 161, 168, 175, 189, 191, 196, 197, 198A, 199A, 204B, 230A, 253, 258A, 259, 263, 276, 280, 283, 287, 290, 312, 474

Gruppe LG 3.2: Gefäße mit hochsitzender, ausgeprägter Schulter und schmalem Boden

Gräber 193, 230B, 264

Anzahl Gefäße Gruppe LG 3 insgesamt: 29

Nachahmungen langsam gedrehter Keramik

Einige Gefäße können als Nachahmungen langsam gedrehter Keramik interpretiert werden. Das Ausgangsmaterial ist dem der langsam gedrehten Gefäße ähnlich, für den Aufbau der Gefäße wurde jedoch keine Drehscheibe benutzt.

Nachahmung LG 1: Grab 200

Nachahmung LG 2: Gräber 25, 29, 220, 365

Handgeformte Keramik

Die chronologisch relevanten Gruppen der handgeformten Keramik (HG 1-4) konnten vornehmlich durch die Untersuchung von Materialzusammensetzung und Brenntechnik definiert werden. Die Gefäße dieser Gruppen wurden aufgrund morphologischer Merkmale in verschiedene Untergruppen eingeordnet.

Am Beispiel dieser Gefäßgruppe können zwei Ebenen für die Entwicklung einer Typologie abgelesen werden: einerseits sind Materialzusammensetzung und Brenntechnik im absoluten Sinne chronologisch relevant (erste Ebene), d. h. nahezu sämtliche Töpfer einer Zeitphase, die in Zillingtal handgeformte Gefäße produzierten, »hielten sich an diese Regeln«[149]. Die Form des Gefäßkörpers und seiner Teile (Rand, Boden) wurde hingegen eher individuell gestaltet und ist daher innerhalb des gesamten Keramikmaterials der Fundstelle nicht unmittelbar chronologisch relevant (zweite Ebene)[150]. Mittels dieser morphologischen Besonderheiten können innerhalb der einzelnen, chronologisch relevanten Phasen dennoch einzelne Gruppen von Gefäßen definiert werden. Die diesen Gruppen zugeordneten Gefäße dürften aufgrund ihrer Anzahl am ehesten als Erzeugnisse einer Person oder einer kleinen Gruppe von Personen, welche die Töpferei voneinander gelernt haben (z. B. innerhalb einer Familie) interpretiert werden.

---

[148] Auf den Tafeln (fälschlich) als LG 3 dargestellt.

[149] Die chronologisch relevanten Gruppen handgeformter Keramik (HG 1-4) dürften jeweils über einen Zeitraum von ungefähr 35-45 Jahren hin produziert worden sein.

[150] D. h. jede Typologie, die nur diese morphologischen Merkmale berücksichtigt, bleibt zwingend ohne chronologisches Ergebnis.

Die meisten Verzierungselemente der handgeformten Keramik sind zwar chronologisch relevant, doch wäre es nicht möglich gewesen, allein auf Grundlage dieses Kriteriums eine Typochronologie der handgeformten Gefäße in Zillingtal auszuarbeiten[151].

Da die Randverzierung offensichtlich ein wesentliches Element handgeformter Gefäße darstellt, die Gefäße ohne Randverzierung ein deutlich breiteres Formenspektrum besitzen als solche mit Randverzierung, wurden beide Gefäßgruppen getrennt voneinander analysiert und die einander ähnlichen Gruppen erst in der Nachfolge miteinander in Verbindung gesetzt.

Untergruppen der handgeformten Keramik

HG 1 (**Abb. 78**)
Nicht näher bestimmbar: Grab 46 (Fragment)

Ohne Randverzierung:
Gruppe HG 1o1[152]: großformatige Gefäße mit nahezu vertikalem oder wenig ausladendem, abgeschnittenem Rand (0,5-0,6 l)
   Gräber 156, 232, 234, 397, 484 + Fragmente aus den Gräbern 34, 47
HG 1-Sondergruppe: kleinformatige bis mittelgroße Gefäße verschiedener Form, verbunden aufgrund ihrer rosafarbene Brennfarbe (Munsell HUE 10R 6/4, *dull reddish orange*), die wohl durch den Eisengehalt des Tons bedingt ist (0,2-0,4 l)
   Gräber 41, 394, 401, 443, 487, 520, 528

Mit Randverzierung:
Gruppe HG 1m1[153]: mittel- bis großformatige Gefäße mit nahezu vertikalem Rand; am Rand symmetrisch angeordnete Fingereindrücke (0,3-0,5 l)
   Gräber 10, 12, 32, 85, 142, 184, 248, 398, 500
Gruppe HG 1m2: großformatige Gefäße mit ausladendem Rand; am Rand Fingereindrücke symmetrischer Form (ca. 0,5 l)
   Gräber 41, 354, 446
Anzahl Gefäße Gruppe HG 1 insgesamt: 27

HG 2 (**Abb. 79a-d**)
Nicht näher bestimmbar: Fragmente aus den Gräbern 61, 64, 141, 326, 327, 331, 436, 441, 445, 452, 457, 466, 480, 486, 495, 506, Einzelfund 1 (1985)

Ohne Randverzierung:
Nicht näher bestimmbar: Gräber 124/2, 342, 350, 413 + Fragmente aus den Gräbern 7, 371, 424 (Verfüllung), 430
Gruppe HG 2o1: Kleinformatige Gefäße, tonnenförmiger Gefäßkörper; kurzer, ausladender Rand (0,2-0,3 l)
   Gräber 31, 382, 447, 494, 525
Gruppe HG 2o2: Kleinformatige Gefäße mit Schulter und nahezu vertikalem Rand; Randabschluss abgerundet (0,2-0,4 l)

---

[151] Siehe auch den Abschnitt zum Thema Randverzierung.
[152] Handgeformt 1, ohne Randverzierung (o), Untergruppe 1.
[153] Handgeformt 1, mit Randverzierung (m), Untergruppe 1.

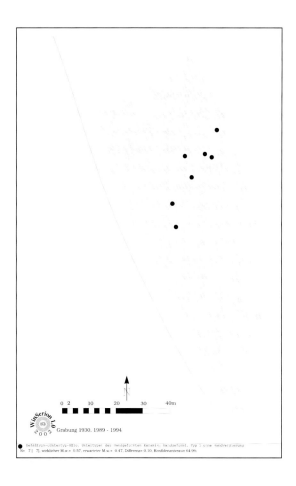

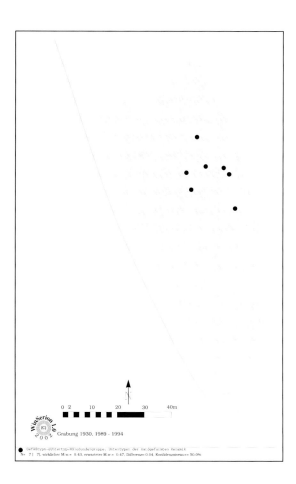

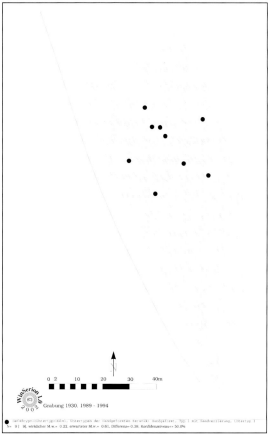

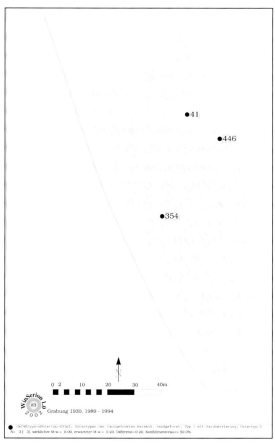

Abb. 78 Gräberfeld Zillingtal, Kartierung der Untergruppen der handgeformten Keramik der Gruppe HG 1; Untergruppen: ohne Rand-verzierung (HG 1o1); Sondergruppe (HG 1-Sondergruppe); mit Randverzierung, Untergruppe 1 (HG 1m1); mit Randverzierung, Unter-gruppe 2 (HG 1m2); (links oben: HG 1o1, rechts oben: HG 1-Sondergruppe, links unten: HG 1m1, rechts unten: HG 1m2).

Interpretation des awarenzeitlichen Gräberfeldes mit Hilfe der Keramikfunde

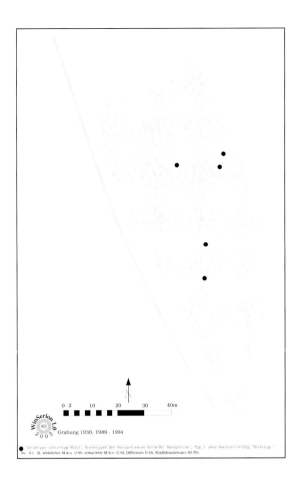

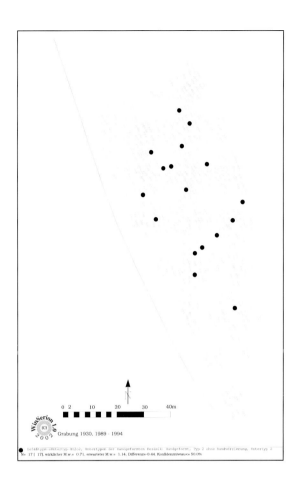

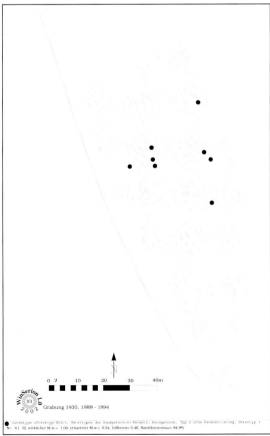

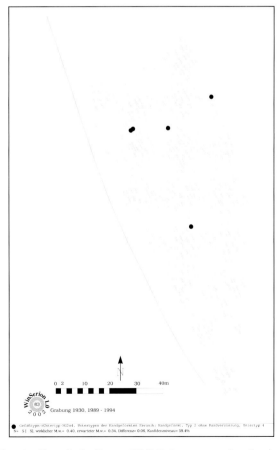

Abb. 79a Gräberfeld Zillingtal, Kartierung der Untergruppen der handgeformten Keramik der Gruppe HG 2; Untergruppen: ohne Randverzierung, Untergruppe 1 (HG 2o1); ohne Randverzierung, Untergruppe 2 (HG 2o2); ohne Randverzierung, Untergruppe 3 (HG 2o3); ohne Randverzierung, Untergruppe 4 (HG 2o4); (links oben: HG 2o1, rechts oben: HG 2o2, links unten: HG 2o3, rechts unten: HG 2o4).

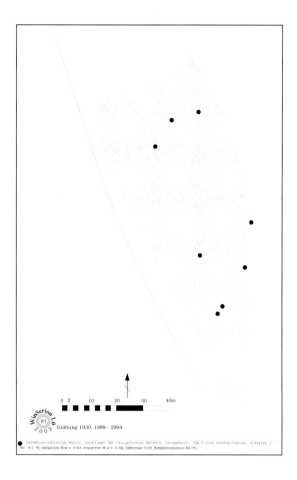

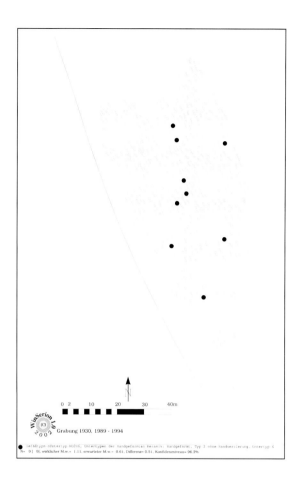

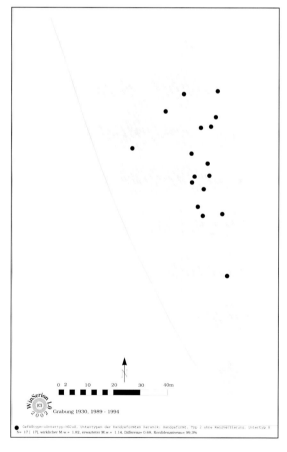

Abb. 79b Gräberfeld Zillingtal, Kartierung der Untergruppen der handgeformten Keramik der Gruppe HG 2; Untergruppen: ohne Rand-verzierung, Untergruppe 5 (HG 2o5); ohne Randverzierung, Untergruppe 6 (HG 2o6); ohne Randverzierung, Untergruppe 7 (HG 2o7); ohne Randverzierung, Untergruppe 8 (HG 2o8); (links oben: HG 2o5, rechts oben: HG 2o6, links unten: HG 2o7, rechts unten: HG 2o8).

Interpretation des awarenzeitlichen Gräberfeldes mit Hilfe der Keramikfunde

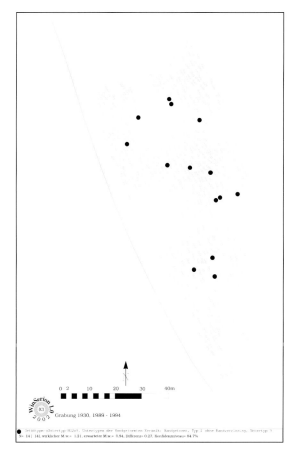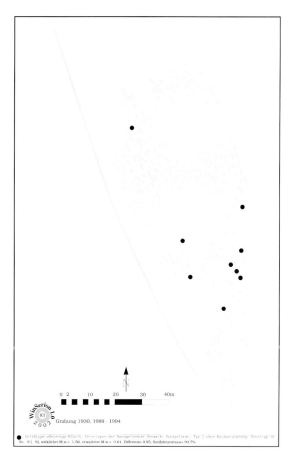

Abb. 79c Gräberfeld Zillingtal, Kartierung der Untergruppen der handgeformten Keramik der Gruppe HG 2; Untergruppen: ohne Rand-verzierung, Untergruppe 9 (HG 2o9); ohne Randverzierung, Untergruppe 10 (HG 2o10); (links: HG 2o9, rechts: HG 2o10).

Gräber 28, 30, 35, 97, 203, 212, 325, 363, 364, 388, 455, 522, 555 + Fragmente aus den Gräbern 534, 456, 170, 75

Gruppe HG 2o3: Gefäße mit ausgeprägter Schulter, ausladendem, gleichmäßig dickem Rand sowie glatter Oberfläche (0,2-0,4 l)

Gräber: 48, 148, 202, 329, 332, 426, 504, 508

Gruppe HG 2o4: großformatige Gefäße mit ausladendem Rand (0,5-0,6 l)

Gräber: 8, 66, 69, 91, 389

Gruppe HG 2o5: großformatige Gefäße mit langem, wenig ausladendem Rand (0,5-0,6 l)

Gräber 77, 92, 114, 369, 373, 376, 461, 585

Gruppe HG 2o6: mittelgroße Gefäße mit längerem, verdicktem, ausladendem Rand (0,3-0,4 l)

Gräber 110, 180A, 303, 310, 321, 324, 334, 434 + Fragment aus Grab 52

Gruppe HG 2o7: mittelgroße Gefäße mit kurzem, nahezu vertikalem Rand (0,3-0,4 l)

Gräber 242, 316 320, 395, 416, 471, 516, 582

Gruppe HG 2o8: mittelgroße Gefäße mit langem, gleichmäßig gearbeitetem, wenig ausladendem Rand (0,3-0,5 l)

Gräber 18, 45, 65, 86, 113, 157, 349, 396, 410, 413, 429, 475, 498, 518, 527, 536, 554

Gruppe HG 2o9: mittelgroße Gefäße mit kurzem, stark ausladendem Rand (0,3-0,4 l)

Gräber 108, 129, 138, 167, 301, 330, 366, 402, 419, 422, 540, 578 + Fragmente aus den Gräbern 42, 501

Gruppe HG 2o10: kleinformatige Gefäße mit kurzem, stark ausladendem Rand (ca. 0,2 l)

Gräber 139, 300, 360, 370, 463, 464, 465, 468, 577

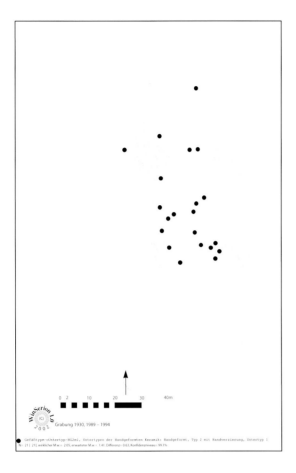

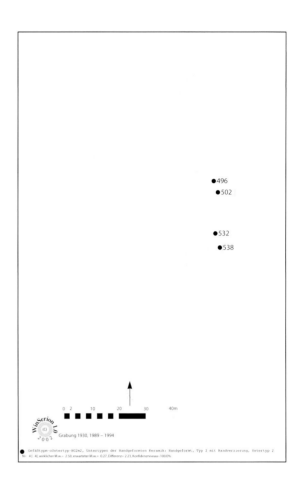

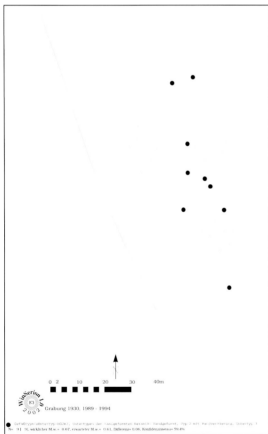

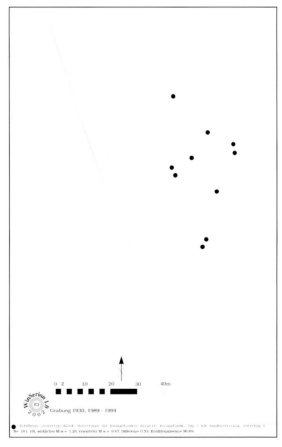

Abb. 79d Gräberfeld Zillingtal, Kartierung der Untergruppen der handgeformten Keramik der Gruppe HG 2: Untergruppen: mit Randverzierung, Untergruppe 1 (HG 2m1); mit Randverzierung, Untergruppe 2 (HG 2m2); mit Randverzierung, Untergruppe 3 (HG 2m3); mit Randverzierung, Untergruppe 4 (HG 2m4); (links oben: HG 2m1, rechts oben: HG 2m2, links unten: HG 2m3, rechts unten: HG 2m4).

Mit Randverzierung:

Nicht näher bestimmbar: Fragmente aus den Gräbern 237, 510

Gruppe HG 2m1 (~HG 2o9, HG 2o6)[154]: mittelgroße Gefäße mit ausladendem Rand; am Rand tiefe, Fingereindrücke asymmetrischer Form bzw. tiefe, schräggesetzte Einkerbungen (0,3-0,4l)

    Gräber 37, 81, 105, 151, 178A, 215, 247, 249, 250, 297, 315, 336, 341, 414, 533, 535, 537C, 539, 548, 549 + Fragment aus Grab 15 (Zuordnung zum Grab unsicher)

Gruppe HG 2m2 (~HG 2o5): großformatige Gefäße mit ausladendem Rand; am Rand seichte Einkerbungen, meist im 90°-Winkel zum Rand angeordnet (0,5-0,6l)

    Gräber 496, 502, 532, 538

Gruppe HG 2m3 (~HG 2o8): mittelgroße Gefäße mit langem, ausladendem Rand; am Rand seichte Einkerbungen, meist im 90°-Winkel zum Rand angeordnet (0,3-0,4l)

    Gräber 123, 173, 409, 421, 476, 488, 513, 543, 552

Gruppe HG 2m4 (~HG 2o10): kleinformatige Gefäße mit wenig ausladendem Rand; am Rand seichte Einkerbungen, meist im 90°-Winkel zum Rand angeordnet (0,1-0,3l)

    Gräber 127A, 348, 351, 403, 417, 449, 450, 483, 544, 547

Anzahl Gefäße Gruppe HG 2 insgesamt: 168

HG 3 (**Abb. 80a-c**)

Nicht näher bestimmbar: Fragmente 103, 172, 317, 347 und Streufund 7 (Nähe von Grab 139)

Ohne Randverzierung:

Nicht näher bestimmbar: Gräber 109, 481 + Fragmente aus Gräbern 49, 132, 368

Gruppe HG 3o1: mittelgroße Gefäße mit engem Hals und wenig ausladendem Rand (ca. 0,4l)

    Gräber 102, 111, 153, 408

Gruppe HG 3o2: mittel- bis großformatige Gefäße mit langem, wenig ausladendem Rand (0,4-0,6l)

    Gräber 152, 213, 216, 339, 415, 420, 439, 523

Gruppe HG 3o3: mittelgroße, längliche Gefäße mit langem, wenig ausladendem Rand (0,3-0,4l)

    Gräber 56, 63, 96, 126, 362, 385

Gruppe HG 3o4: mittelgroße Gefäße mit kurzem, wenig ausladendem Rand und ausgeprägter Schulter (0,3-0,4l)

    Gräber 4, 5, 19, 22, 44, 87, 104, 117, 120, 149, 174, 178A, 219, 302, 377, 380, 400 + Fragmente aus Gräbern 55, 67, 185, 221, 412

Gruppe HG 3o5: mittel- bis großformatige, bauchige Gefäße mit kurzem, wenig ausladendem Rand (0,4-0,5l)

    Gräber 1, 128, 130, 166, 260, 462, 469

Gruppe HG 3o6: kleinformatige Gefäße mit gleichmäßig gearbeitetem, ausladendem Rand (ca. 0,2l)

    Gräber 26, 112, 136, 140, 171, 217, 246, 298, 307, 311, 378 + Fragmente aus Gräbern 136, 176, 374, 563

Gruppe HG 3o7: kleinformatige Gefäße mit kurzem, sich verjüngendem, ausladendem Rand (ca. 0,2l)

    Gräber 21, 223, 462

Gruppe HG 3o8: mittelgroße Gefäße mit ausgeprägter Schulter und stark ausladendem Rand (0,3-0,4l)

    Gräber 16, 39, 74, 78 + Fragment aus Grab 205

---

[154] Morphologisch ähnliche Gruppen bei den Gefäßen ohne Randverzierung.

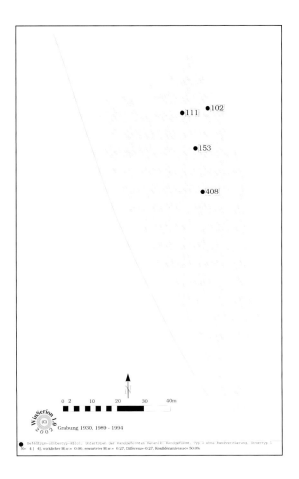

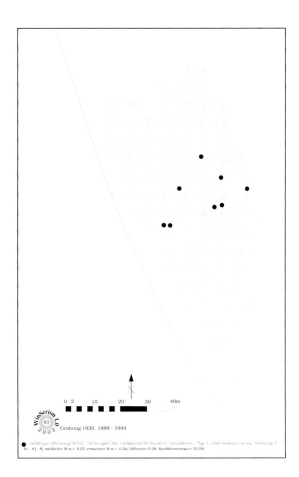

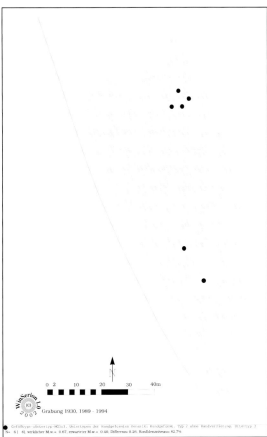

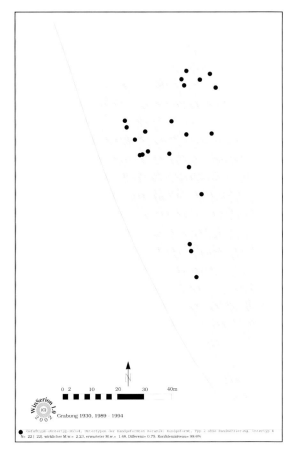

Abb. 80a Gräberfeld Zillingtal, Kartierung der Untergruppen der handgeformten Keramik der Gruppe HG 3; Untergruppen: ohne Randverzierung, Untergruppe 1 (HG 3o1); ohne Randverzierung, Untergruppe 2 (HG 3o2); ohne Randverzierung, Untergruppe 3 (HG 3o3); ohne Randverzierung, Untergruppe 4 (HG 3o4); (links oben: HG 3o1, rechts oben: HG 3o2, links unten: HG 3o3, rechts unten: HG 3o4).

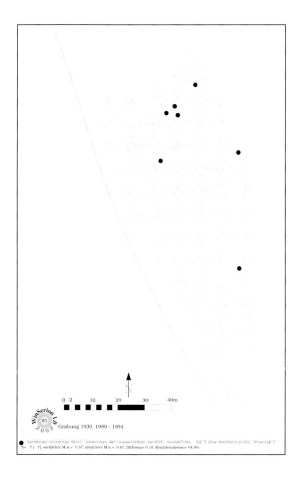

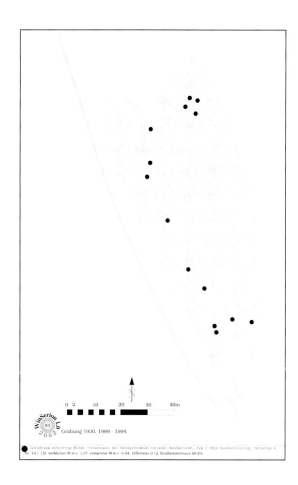

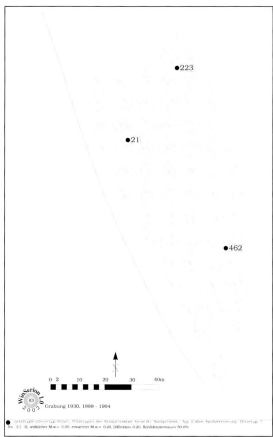

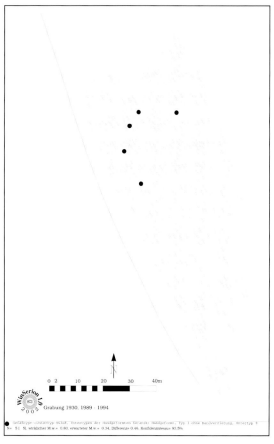

Abb. 80b Gräberfeld Zillingtal, Kartierung der Untergruppen der handgeformten Keramik der Gruppe HG 3; Untergruppen: ohne Randverzierung, Untergruppe 5 (HG 3o5); ohne Randverzierung, Untergruppe 6 (HG 3o6); ohne Randverzierung, Untergruppe 7 (HG 3o7); ohne Randverzierung, Untergruppe 8 (HG 3o8); (links oben: HG 3o5, rechts oben: HG 3o6, links unten: HG 3o7, rechts unten: HG 3o8).

Gräberfeld Zillingtal, Kartierung der Untergruppen der handgeformten Keramik der Gruppe HG 3; Untergruppen: mit Randverzierung, Untergruppe 1 (HG 3m1); mit Randverzierung, Untergruppe 2 (HG 3m2); mit Randverzierung, Untergruppe 3 (HG 3m3); (rechts oben: HG 3m1, links unten: HG 3m2, rechts unten: HG 3m3).

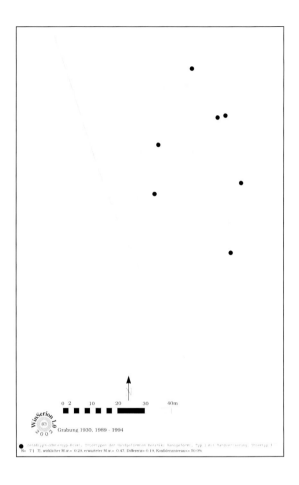

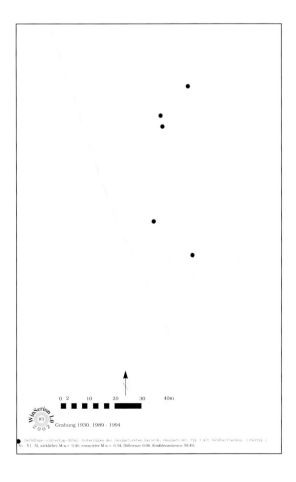

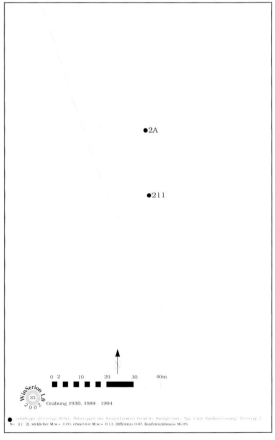

Abb. 81 Gräberfeld Zillingtal, Kartierung der Untergruppen der handgeformten Keramik der Gruppe HG 4; Untergruppen: ohne Randverzierung, Untergruppe 1 (HG 4o1); ohne Randverzierung, Untergruppe 2 (HG 4o2); ohne Randverzierung, Untergruppe 3 (HG 4o3); (rechts oben: HG 4o1, links unten: HG 4o2, rechts unten: HG 4o3).

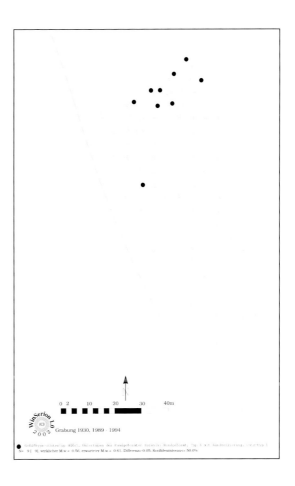

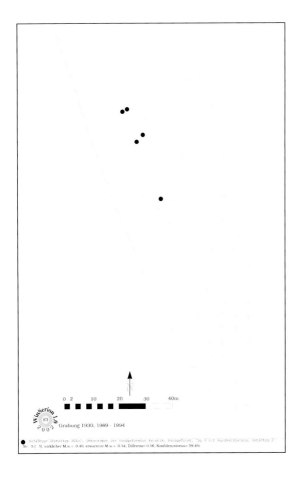

Mit Randverzierung:

Nicht näher bestimmbar: Fragment aus Grab 557

Gruppe HG 3m1 (~ HG 3o3): mittelgroße Gefäße mit ausladendem Rand; am Rand Einkerbungen, schräggesetzt oder im 90°-Winkel zum Rand angeordnet (0,3-0,4 l)

   Gräber 58, 59, 79, 233, 262, 435, 440

Gruppe HG 3m2 (~ HG 3o4): mittelgroße Gefäße mit kurzem, wenig ausladendem Rand; am Rand Einkerbungen, schräggesetzt oder im 90°-Winkel zum Rand angeordnet (ca. 0,3 l)

   Gräber 83, 131, 209, 225, 361

Gruppe HG 3m3 (~ HG 3o6): kleinformatige Gefäße mit ausladendem Rand; am Rand Einkerbungen, schräggesetzt oder im 90°-Winkel zum Rand angeordnet (ca. 0,2 l)

   Gräber 2A, 211

Anzahl Gefäße Gruppe HG 3 insgesamt: 95

HG 4 (**Abb. 81**)

Ohne Randverzierung:

HG 4o1: mittelgroße Gefäße mit ausgeprägter Schulter, schmalem Boden und ausladendem Rand (0,2-0,4 l)

   Gräber 143, 169, 192, 235, 265, 296 + Fragmente aus Gräbern 227, 256, 293

HG 4o2: kleinformatige Gefäße mit kurzem, ausladendem Rand (ca. 0,2 l)

   Gräber 72, 163, 245, 272, 273

HG 4o3: mittelgroße Gefäße mit ausladendem Rand und ausgeprägter Schulter

   Gräber 62, 88, 188, 198B, 222, 252, 255, 285

Mit Randverzierung:

keine

Anzahl Gefäße Gruppe 4 insgesamt: 22

Ergebnisse der Feintypologie der Grabgefäße

Die Feintypologie der Grabgefäße ermöglicht es, hinter den bloß chronologischen Aspekt der Keramikentwicklung zu blicken[155] und nun auch die Einzelheiten der lokalen awarenzeitlichen Keramikproduktion untersuchen zu können[156]. Die Unterschiede zwischen den Strukturen der einzelnen Gruppen langsam gedrehter und handgeformter Keramik (Anzahl der Untergruppen, Anzahl der Gefäße in diesen Untergruppen) zeigen sehr deutlich die Verschiedenartigkeit dieser beiden Keramikgruppen. Die Unterschiede spiegeln dabei die Existenz zweier verschiedener Herstellungssysteme wider, in denen die langsam gedrehte bzw. die handgeformte Keramik von Zillingtal produziert wurde. Die Feintypologie der Grabgefäße zeigt eine dynamische LG-»Industrie«, die im Laufe der Zeit verändert und standardisiert wird, und ein statisches HG-»Handwerk«, das sich nicht verändert und allmählich an Bedeutung verliert. Dieses Ungleichgewicht

---

[155] Für die Beschreibung der chronologisch relevanten Keramikgruppen LG 1-3 und HG 1-4 siehe Kapitel »Typochronologie der Keramik anhand makroskopischer Kriterien«.

[156] Siehe auch Kapitel »Die awarenzeitliche Keramikproduktion in Zillingtal«.

nimmt jene Änderungen in der Keramikproduktion vorweg, die sich im Anschluss an die Awarenzeit ereignen sollten. Infolge dieser Veränderungen verschwindet die Herstellung handgeformter Keramik von der Bühne der frühmittelalterlichen Keramikproduktion, um ihren Platz gänzlich der langsam gedrehten Keramik zu übergeben.

DIE RANDVERZIERUNG

Die Verzierung des Gefäßrandes durch Fingereindrücke und Einkerbungen kommt bei handgeformter Keramik von der MA I (FA II?) bis in die SPA II vor (Keramikgruppen HG 1-HG 2-HG 3). Der prozentuale Anteil der Gefäße mit verziertem Rand innerhalb dieser Keramikgruppen nimmt im Laufe der Zeit stetig ab. Im Falle von Gruppe HG 1 machen die randverzierten Gefäße noch 45% (14 von 31 Gefäßen), von Gruppe HG 2 27% (49 von 179 Gefäßen) und Gruppe HG 3 nunmehr lediglich 15% (14 von 94 Gefäßen) aus.

In Gruppe HG 1 findet man vor allem Fingereindrücke symmetrischer Form als Randverzierung (z. B. **Taf. 64, 1**), in Gruppe HG 2 vornehmlich solche asymmetrischer Form (z. B. **Taf. 137, 1**) sowie Einkerbungen, die im 45°-Winkel zum Rand verlaufen (z. B. **Taf. 145, 1**). Schon in Gruppe HG 2 treten Einkerbungen im 90°-Winkel zum Rand auf (z. B. **Taf. 147, 2**), ein Gestaltungsmittel, das jedoch erst in Gruppe HG 3 zur bevorzugten Randverzierung avanciert (z. B. **Taf. 55, 1**). In Gruppe HG 4 treten keine verzierten Gefäßränder auf. Die An- bzw. Abwesenheit von Randverzierung bietet also grundsätzlich kaum Hilfe zur chronologischen Einordnung, ihre Varianten sind aber, zumindest für das Gräberfeld von Zillingtal, chronologisch relevant[157].

Der prozentuale Anteil des Aufkommens handgeformter Gefäße mit Randverzierung in Kinder- und Männergräbern ist sehr ähnlich[158], bei Kindergräbern sind dies 18% (25 von 133 handgeformten Gefäßen)[159], bei Männergräbern 20% (18 von 89 handgeformten Gefäßen). Der Anteil dieser Gefäßgruppe, die in Frauengräbern nachgewiesen wurden, liegt mit 26% (32 von 122 handgeformten Gefäßen) etwas höher. Randverzierte, handgeformte Gefäße kommen bei Bestatteten beiderlei Geschlechts in allen Altersstufen (juvenil – senil) als Grabbeigabe vor.

Fraglich bleibt der Ursprung von Randverzierung awarenzeitlicher handgeformter Gefäße. Diese könnten z. B. als Nachahmung von Strohgefäßen bzw. geflochtenen Körben interpretiert werden. Es ist höchst wahrscheinlich, dass die awarenzeitliche Bevölkerung Strohgefäße und Körbe besaß, und diese konnten sehr wohl die Töpferei beeinflussen. Es ist nicht auszuschließen, dass die gelegentliche Verzierung des Körpers handgeformter Gefäße (z. B. **Taf. 113, 2; 115, 1**) auf ähnliche Wurzeln zurückgeht.

Randverzierung kommt auch bei langsam gedrehten Gefäßen vor. Hier wird der Gefäßrand durch Variationen eingestochener Punktreihen (z. B. **Taf. 66, 3; 195, 2**) oder, vor allem in Gruppe LG 3, auch durch Wellenlinien (z. B. **Taf. 125, 2**) verziert. Der Anteil von Gefäßen mit verziertem Rand liegt in Gruppe LG 1 bei 16% (7 von 42 Gefäßen), in Gruppe LG 2 bei 8% (von 36 Gefäßen) und in Gruppe LG 3 bei 17% (5 von 29 Gefäßen). Ob ein als Grabbeigabe verwendetes, langsam gedrehtes Gefäß eine Randverzierung aufweist oder nicht, steht in keinem Zusammenhang mit Alter oder Geschlecht des Bestatteten.

[157] Anhand der Siedlungskeramik von Zillingtal konnte dieses System nicht verifiziert werden, da die Keramikfragmente in den meisten Fällen zu kleinformatig sind, um die Gestalt ihrer Randverzierung mit Genauigkeit bestimmen zu können.

[158] Für die folgenden Analysen wurden, um Probleme mit der Bestimmung von Kindern, deren Geschlecht anthropologisch ermittelt werden konnte, zu vermeiden, die archäologischen Geschlechtsbestimmungen verwendet. Individuen im juvenilen Alter wurden, sofern ihr Geschlecht archäologisch ermittelt werden konnte, dem jeweils zugehörigen Geschlecht zugezählt.

[159] Die Prozentangaben wurden jeweils zu ganzen Prozentzahlen ab- bzw. aufgerundet.

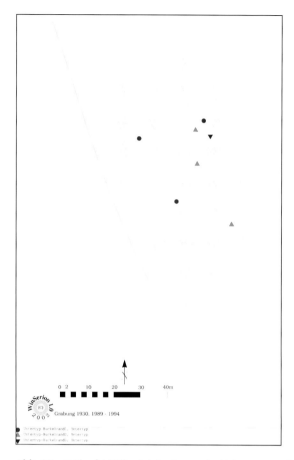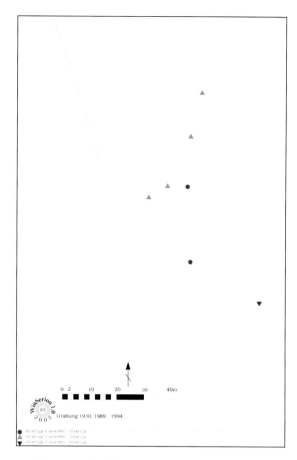

Abb. 82 Gräberfeld Zillingtal, Kartierung der Untergruppen der Buckelrandgefäße und der Gefäße mit viereckiger Mündung (links: Buk-kelrandgefäße, rechts: Gefäße mit viereckiger Mündung). – Untergruppen in der Karte links: Kreis: Buckelrandgefäße mit vier Buckeln und verziertem Rand; Dreieck: Buckelrandgefäße mit vier Buckeln und unverziertem Rand; verkehrtes Dreieck: Buckelrandgefäße mit sie-ben Buckeln. – Untergruppen in der Karte rechts: Kreis: Gefäße mit viereckiger Mündung und verziertem Rand; Dreieck: Gefäße mit vier-eckiger Mündung und unverziertem Rand; verkehrtes Dreieck: Schale mit viereckiger Mündung.

SONDERTYPEN HANDGEFORMTER KERAMIK

Im Gräberfeld von Zillingtal kommen folgende Sondertypen handgeformter Keramik vor[160]:

Buckelrandgefäße:
– vier Buckel, verzierter Rand
  Grab 43 (HG 1), Grab 70/1 (HG 1), Grab 343 (HG 2)
– vier Buckel, unverzierter Rand
  Grab 14 (HG 1), Grab 404 (HG 2), Grab 459 (HG 1)
– sieben Buckel
  Grab 483 (HG 2)

Gefäße mit viereckiger Mündung:
– mit verziertem Rand
  Grab 299 (HG 2), Grab 333 (HG 2)
– mit unverziertem Rand
  Grab 36 (HG 2), Grab 125 (HG 2), Grab 206 (HG 3), Grab 242/2 (HG 2)

---

[160] Die Gefäße aus den Gräbern 14, 36, 70, 105, 206 wurden bereits von Tivadar Vida publiziert; Vida 1992, 536, 545.

Grab Nr.	Gefäßtyp	Rand-verzie-rung	Untertyp	Seite	Geschlecht archäologisch	Geschlecht anthropologisch	Altersstufe	Anzahl der Gefäße innerhalb des Grabes
343	HG 2	m	Buckelrand 1	Mitte	k	–	–	1
070	HG 1	m	Buckelrand 1	links	w	w	adult	2
043	HG 1	m	Buckelrand 1	Mitte	w	w	matur	1
459	HG 1	o	Buckelrand 2	links	m	m	adult	1
404	HG 2	o	Buckelrand 2	Mitte	k	k	infans II	1
014	HG 1	o	Buckelrand 2	Mitte	m	m	frühadult	1
483	HG 2	o	Buckelrand 3	rechts	k	k	infans II	2
233	HG 2	o	Viereckig	links	w	w	matur	2
333	HG 2	m	ViereckM 1	Mitte	w	w	matur	1
299	HG 2	m	ViereckM 1	links	w	w	adult	1
242	HG 2	o	ViereckM 2	rechts	k	k	infans I/2	2
206	HG 3	o	ViereckM 2	links	m	m	matur	1
125	HG 2	o	ViereckM 2	Mitte	k/m	w	juvenil	1
036	HG 2	o	ViereckM 2	rechts	w	w	adult	1
478	HG 3	o	ViereckM 3	Mitte	w	w	matur	1

Tab. 15   Sondertypen der handgeformten Keramik in Zillingtal.

– Schale mit viereckiger Mündung

  Grab 478 (HG 3)

Sonstige

– viereckiges Gefäß zum Aufhängen(?)

  Grab 233 (HG 2)

– Topf mit Henkelansatz

  Grab 453 (HG 2)

– Krug

  Grab 70/2 (HG 2)

Sowohl Buckelrandgefäße als auch Gefäße mit viereckiger Mündung wurden in Frauen-, Männer- und Kindergräbern gefunden (**Tab. 15**). Bestattete beiderlei Geschlechts sind dabei, bis auf »senil«, in allen Altersstufen vertreten. Das Vorkommen randverzierter Gefäße ist, wie im Falle der »normalen« handgeformten Gefäße in Zillingtal, weder an geschlechts- noch altersspezifische Kriterien gebunden. Solche Gräber, denen Gefäße handgeformter Sondertypen beigegeben wurden, können sowohl reich wie durchschnittlich, wie auch einfach (arm) ausgestattet sein[161]. Als Vorbild für die Gefäße mit viereckiger Mündung und für die Buckelrandgefäße könnten, ähnlich wie bei der oben besprochenen Randverzierung, Behälter aus organischem Material gedient haben.

Die nachgewiesenen Buckelrandgefäße gehören den Keramikgruppen HG 1 und HG 2 an. Die vorkommenden Gefäße mit viereckiger Mündung gehören hingegen den Keramikgruppen HG 2 und HG 3 an. Dies spricht für eine spätere Datierung dieser Gefäße ([MA II] SPA I-SPA II) im Vergleich zu den Buckelrandgefäßen (MA I [FA II?]-MA II). Die Lage der Gräber innerhalb des Gräberfeldes, in denen Gefäße eines dieser beiden Gefäßtypen nachgewiesen sind, bestätigt diese Datierung (**Abb. 82**)[162].

---

[161] Der Verfasserin vorliegender Arbeit standen die Grabungsdokumentation, der Gräberfeldkatalog und die Bildtafeln des Fundmaterials aus dem Gräberfeld zur Verfügung. Herzlichen Dank an Frau Mag. Silvia Müller und Herrn Univ.-Prof. Dr. Falko Daim.

[162] Es ist möglich, dass die vorgeschlagene Datierung nur innerhalb des Gräberfeldes von Zillingtal gültig ist. Zu anderen Datierungen gelangte Tivadar Vida bei der umfassenden Bearbeitung dieser Gefäßtypen; Vida 1992, 521-523.

KERAMIKGEFÄSSE ALS GRABBEIGABEN IM GRÄBERFELD VON ZILLINGTAL – BEIGABENSITTEN

Handgeformte und langsam gedrehte Gefäße als Grabbeigabe

In den von Falko Daim ergrabenen 586 Gräbern des awarenzeitlichen Gräberfeldes von Zillingtal fanden sich insgesamt 469 Tongefäße. Von diesen sind 349, also ungefähr drei Viertel, handgeformt und 108, also ungefähr ein Viertel, langsam gedreht[163]. Bei der Bearbeitung der Keramikfunde des Gräberfeldes ergab sich die Frage: Nach welchen Kriterien entschieden die Zeitgenossen, ob dem Bestatteten ein langsam gedrehtes oder ein handgeformtes Gefäß beigegeben wird. Da die umfassende Bearbeitung der Metallfunde des Gräberfeldes noch aussteht, wird diese Frage hier mit Hilfe des Geschlechts und des Alters der Bestatteten und auf Grundlage der chronologisch relevanten Keramikgruppen untersucht.

Gefäße wurden in insgesamt 150 Frauengräbern (91% aller 164 bestatteten Frauen) und 131 Männergräbern (81% aller 162 bestatteten Männer) gefunden[164], ein höherer Anteil von Frauengräbern wurde also mit einem Gefäß ausgestattet. Wenn man aber den Anteil der langsam gedrehten Gefäße bei Frauen- und Männergräbern vergleicht, zeigt sich, dass Männern weit öfter langsam gedrehte Gefäße beigegeben wurden als Frauen. Von den Männergräbern, die mit Gefäßen ausgestattet wurden, enthielten 32% langsam gedrehte Gefäße (42 von 131 Gräbern), bei Frauengräbern lag dieser Anteil mit 19% deutlich niedriger (28 von 150 Gräbern) (siehe **Abb. 83a**).

Die Verteilung der einzelnen, chronologisch relevanten Keramikgruppen nach Geschlecht wird anhand von **Abb. 83b-c** dargestellt. Langsam gedrehte Gefäße wurden als Grabbeigabe in allen chronologischen Phasen häufiger in Männer- als in Frauengräbern nachgewiesen. Ihr Anteil in Kindergräbern liegt zwischen dem jeweiligen Anteil in Frauen- und Männergräbern (in LG 3 höher als in beiden anderen Gruppen); dies resultiert offenbar aus der Gemischtgeschlechtlichkeit der Gruppe »Kinder«. Es ist daher sehr problematisch, diese Gruppe auszuwerten.

Bei den handgeformten Gruppen, HG 1-HG 4, ist die Verteilung genau umgekehrt. In beinahe allen chronologischen Stufen wurde öfter Frauen ein handgeformtes Gefäß ins Grab beigegeben als Männern. Der Anteil der Gefäßbeigabe für Kinder ist auch hier variabel.

Betrachtet man das durchschnittliche Volumen der Grabgefäße nach Geschlecht und Keramikgruppe (**Abb. 84a, b**) wird deutlich, dass Männern, sowohl von langsam gedrehter als auch bei handgeformter Keramik, größere Gefäße beigegeben wurden als Frauen. Kindern wurden in der Regel eher kleinere Gefäße beigegeben. Das Durchschnittsvolumen der langsam gedrehten Gefäße bleibt im Laufe der Zeit nahezu konstant, eine Art Polarisierung findet zwischen Männer-, Frauen- und Kindergräbern in Gruppe LG 3 statt. Das Durchschnittsvolumen der handgeformten Gefäße nimmt hingegen allmählich ab, eine Polarisierung, wie im Falle von LG 3, ist hier nicht zu beobachten.

Stellt man das durchschnittliche Volumen der Grabgefäße bezogen auf die beiden Hauptkeramikgruppen (langsam gedreht und handgeformt) und auf Geschlecht und Alter der Bestatteten dar (**Abb. 84c-f**), zeigt sich ein deutlicher Unterschied nicht nur zwischen Männern und Frauen, sondern auch zwischen jenen, welchen ein handgeformtes Gefäß und solchen, denen ein langsam gedrehtes Gefäß beigegeben wurde. Das Durchschnittsvolumen der langsam gedrehten Gefäße in verschiedenen Altersgruppen bewegt sich, sowohl im Falle von Männer- als auch Frauengräbern, zwischen 0,4 und 0,8 Litern. Das Durchschnittsvolu-

---

[163] Außerdem sieben nicht bestimmbare Gefäße sowie fünf Gefäße, die als Nachahmung langsam gedrehter Gefäße interpretiert werden können.

[164] Hier wurden Individuen ab spätjuvenilem Alter berücksichtigt.

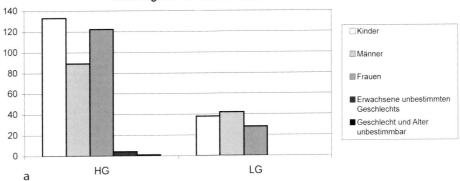

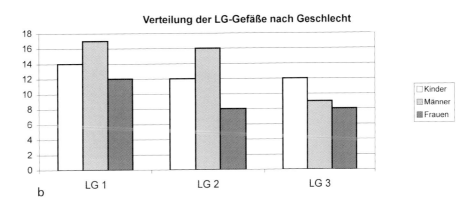

Abb. 83a-c Verteilung der Hauptgefäßtypen nach Geschlecht des Bestatteten.

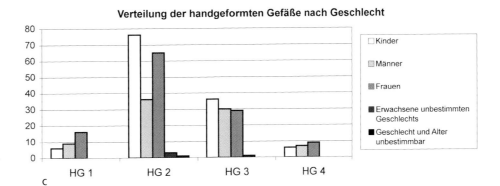

men der handgeformten Gefäße ist deutlich geringer, im Falle von Männer- zwischen 0,2 und 0,6 Liter, von Frauengräbern zwischen 0,3 und 0,5 Liter.

Da die Deutungsmöglichkeiten der oben beschriebenen Beobachtungen vielfältig sind, sollen an dieser Stelle lediglich die zahlenmäßigen Analyseergebnisse festgehalten werden. Durch die umfassende Bearbeitung des Gräberfeldes und die eventuelle Möglichkeit eines später erfolgenden Vergleichs mit anderen awarenzeitlichen Gräberfeldern sollen diese Analyseergebnisse unter weiteren Gesichtspunkten ausgewertet werden.

Im Kurvenverlauf für die verschiedenen Altersgruppen innerhalb von Hauptkeramikgruppe und Geschlecht zeichnen sich ebenfalls Unterschiede ab (**Abb. 84c-f**). Es ist der Verfasserin bewusst, dass die Anzahl der in dieser Analyse untersuchten Fälle nicht hoch genug ist, um statistisch relevante Aussagen treffen zu können. Aus diesem Grund werden hier lediglich die Messergebnisse festgehalten; eine Interpretation kann im günstigen Fall nach Untersuchung weiterer ähnlicher Fundstellen erfolgen.

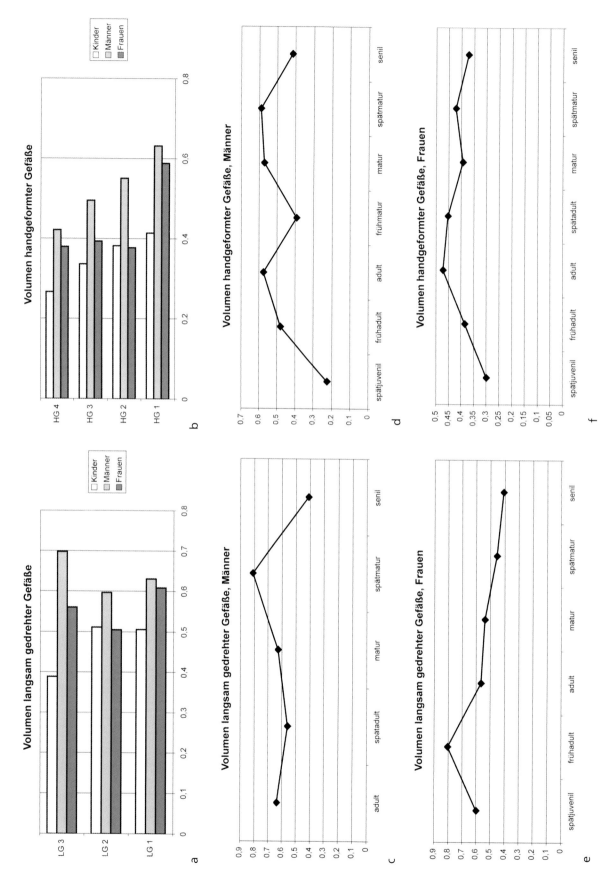

Abb. 84a-f Durchschnittliches Volumen der Grabgefäße nach Geschlecht und Alter des Bestatteten.

Betrachtet man das Vorkommen der langsam gedrehten Grabgefäße in den Männergräbern, zeigt sich, dass Männer erst ab dem adulten Alter ein langsam gedrehtes Gefäß als Grabbeigabe erhalten[165]. Das Durchschnittsvolumen dieser Gefäße steigt bis zur Altersgruppe »spätmatur« an und fällt schließlich bei der Altersgruppe »senil« stark ab. Bei Frauen, denen ein langsam gedrehtes Gefäß beigegeben wurde, ist die Lage deutlich anders: Hier erhalten Frauen spätjuvenilen und vor allem adulten Alters die größten Gefäße, bei den Bestatteten höherer Altersstufen nimmt die Größe der beigegebenen Gefäße allmählich ab.

Grab Nr.	Geschlecht anthropologisch	Geschlecht archäologisch	Altersstufe
002A	W	w	senil
041	W	w	frühadult
070	W	w	adult
097	W	w	spätjuvenil
124	W	w	frühadult
136	K	k	infans I/2
178A	M	m	matur
233	W	w	matur
242	K	k	infans I/2
413	W	w	senil
462	W	w	frühadult
483	K	k	infans II

Tab. 16 Vorkommen von Gräbern mit »doppelter Gefäßbeigabe« in Zillingtal

Das Bild, welches durch das die Verteilung des Durchschnittsvolumens der handgeformten Gefäße vermittelt wird (**Abb. 84e-f**), ist hingegen ein deutlich anderes. Hier erhalten sowohl Männer als auch Frauen in der Altersstufe »spätjuvenil« die kleinsten Gefäße, wobei die Größe der Gefäße mit dem Alter der Bestatteten allmählich zunimmt, in den Altersstufen »adult« und »matur« ihren Höhepunkt erreicht[166] und in der Altersgruppe »senil« wiederum abfällt, nicht jedoch unter das Niveau der spätjuvenilen Altersgruppe.

Gräber mit »doppelter Gefäßbeigabe«

Die Beigabe zweier Gefäße kommt in Zillingtal lediglich in zwölf Fällen vor (**Tab. 16**): Ein einziges Mal in einem Männergrab (Grab 178A), darüber hinaus ausschließlich in Frauengräbern. Der Brauch der »doppelten Gefäßbeigabe«[167] tritt vor allem in den früheren Phasen des Gräberfeldes auf (**Abb. 85**). Es bieten sich prinzipiell zwei Möglichkeiten an, die »doppelte Gefäßbeigabe« zu deuten: zum einen als Parallelphänomen zur Doppelung anderer, dem Grab beigefügter Gegenstände (z. B. Ohrringe)[168], zum anderen könnte das zweite Gefäß, da diese Erscheinung in Zillingtal nahezu ausschließlich bei Frauengräbern auftritt, als »Andenken« an eine zweite Person verstanden werden.

Die Gräber solcher Bestatteten, welchen zwei Gefäße beigegeben wurden, stellen vorwiegend reich ausgestattete Gräber dar (bis auf Grab 233 und 242). Dieser Umstand kann im Hinblick auf die Deutung als »einfache Verdoppelung der Grabbeigabe« sowohl positiv als auch negativ interpretiert werden. Einerseits lässt die relativ reiche Ausstattung der Gräber darauf schließen, dass die Hinterbliebenen des Verstorbenen ihren Reichtum auch durch die Beigabe von Gefäßen zum Ausdruck bringen wollten (positive Deutung). Andererseits bräuchte der Reichtum, waren diese Gräber ohnehin reich ausgestattet, nicht noch zusätzlich

---

[165] Hierbei konnten lediglich Altersstufen, in denen mindestens zwei Individuen pro Geschlechts- und Keramikgruppe anzutreffen sind, berücksichtigt werden. Da nicht in allen Gruppen Daten zu beiden Geschlechtern und Keramikgruppen vorhanden waren, konnte der Kurvenverlauf nicht mittels eines einzigen Diagramms dargestellt werden.

[166] Bei den Männern konnten in der Phase »frühmatur« lediglich zwei Fälle in die Analyse miteinbezogen werden.

[167] Mit Bedacht wird hier über den Begriff »Gefäßbeigabe« gesprochen; es ist zwar höchst wahrscheinlich, dass die Gefäße ihres Inhaltes wegen in das Grab gelangten. Solange der Inhalt der Gefäße nicht untersucht ist, wäre es voreilig, von Speisebeigaben zu sprechen. Es sei hier auf die jüngeren Untersuchungen zur Tierknochenbeigabe hingewiesen: Mehrere Forscher haben unabhängig voneinander betont, dass das Vorkommen einiger Tierknochen mit hoher Wahrscheinlichkeit nicht auf als Speise genießbares Fleisch hindeutet und diese daher nicht als »Speisebeigabe« interpretiert werden können; Daim 1987, 102; Vörös 1999, 54.

[168] Distelberger 2004, 33-36.

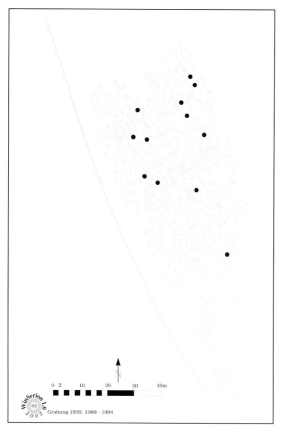

Abb. 85 Gräberfeld Zillingtal, Kartierung der »doppelten Gefäßbeigabe« im Gräberfeld.

hervorgehoben zu werden, insbesondere nicht durch Gefäße, die offenbar keinen besonders hohen Materialwert besaßen (negative Deutung). Eine weitere Möglichkeit besteht darin, dass die Zweitgefäße einen wertvollen Inhalt bargen (z. B. Gewürze, Öl) und dadurch materiellen Wohlstand ausgedrückt werden sollte.

Die Interpretation der Zweitgefäße als ‹Andenken‹ an eine zweite Person wird lediglich durch die Tatsache gestützt, dass die Zweitgefäße praktisch ausschließlich in Frauengräbern vorkommen. Die Gefäße konnten entweder schwangeren Frauen mitgegeben werden[169] oder aber Frauen, die zwar »verheiratet« waren, aber (noch) keine Kinder geboren hatten (»für die nicht geborenen Kinder«).

Die oben angeführten Überlegungen signalisieren sehr deutlich, wie weit entfernt wir von einer Erklärung für Phänomene dieser Art sind. Die Untersuchung der Gefäßinhalte würde einen großen Schritt in Richtung auch der Klärung dieser Frage bedeuten, z. B. danach, ob beide Gefäße eines Grabes denselben Inhalt besaßen.

Auch wenn man Erklärungen für gewisse Erscheinungen geben oder diese Erscheinungen mit einer speziellen Gruppe (»reich bestattete junge Frauen« usw.) in Verbindung bringen kann, bleiben die Interpretationen höchstwahrscheinlich nur innerhalb des jeweiligen Fundortes gültig. Durch Erfassung der jeweiligen lokalen Traditionen könnten wir die Faktoren ermitteln, die für den awarenzeitlichen Menschen zur Unterscheidung des Einzelnen innerhalb der Dorfgemeinschaft wichtig waren (Geschlecht, Alter, Zugehörigkeit zu bestimmten Familien usw.)[170]. Interessant wäre die Klärung der Frage, ob die Tradition der Gefäßbeigabe in Verbindung mit solchen für andere Formen der Grabbeigabe oder für beigegebene Trachtbestandteile steht.

Gräber ohne Gefäß- und/oder ohne Tierknochenbeigabe

In 112 Gräbern wurden zwar Gefäße, jedoch keine Tierknochen gefunden (**Abb. 86**). Unter diesen Gräbern waren sowohl Kinder- (67 Gräber) als auch Frauen- (24 Gräber) und Männergräber (18 Gräber). In drei Fällen konnte weder Geschlecht noch Alter des Bestatteten ermittelt werden. Von den in diesen 112 Gräbern nachgewiesenen Gefäßen gehörte die Mehrzahl, 73%, der handgeformten (82 Gefäße, 23% aller handgeformten Gefäße), 25% der langsam gedrehten Gruppe an (28 Gefäße, 26% aller langsam gedrehten Gefäße)[171].

---

[169] Gegen diese Interpretation spricht, dass der sicher schwangeren Frau in Grab 15 lediglich ein Gefäß beigegeben wurde.

[170] Untersuchungen dieser Art fanden in den letzten Jahren anhand von Trachtbestandteilen als Grabbeigaben für awaren-

zeitliche (Distelberger 2004) und langobardenzeitliche Gräberfelder (Barbiera 2005) statt.

[171] Ausgenommen zwei unbestimmbare Gefäße.

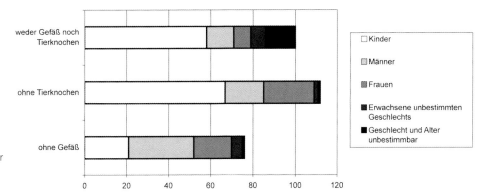

Abb. 86 Gräber ohne
Beigabe von Gefäß und/oder
Tierknochen.

In 76 Gräbern, darunter 21 Kinder-, 18 Frauen- und 31 Männergräber, kamen nur Tierknochen, jedoch keine Gefäße vor (**Abb. 86**). Bei Männer- und Frauengräbern ohne Gefäßbeigabe waren Personen sämtlicher Altersstufen vertreten. In 100 Gräbern, davon hauptsächlich Kindergräber (58 Gräber), in kleineren Anteilen Männer- (13 Gräber) und Frauengräber (8 Gräber), fanden sich weder Gefäß noch Tierknochen (**Abb. 86**). Im Falle von 22 Gräbern konnten weder Alter noch Geschlecht des Bestatteten ermittelt werden. Bei Männergräbern ohne Gefäß- und Tierknochenbeigabe kommen Personen aller Altersstufen vor, bei Frauengräbern nur die Phasen »adult« und »matur«.

Gräber ohne Tierknochen- und/oder Gefäßbeigabe sind also vor allem Kindern vorbehalten. Die Erwachsenengräber in diesen Gruppen könnte man sehr leicht den einfach (arm) ausgestatteten Gräbern zuordnen, die Lage stellt sich aber weitaus komplizierter dar. Vor allem in der frühen Belegungsphase des Gräberfeldes wurden in reich ausgestatteten Männergräbern oft weder Tierknochen noch Gefäße deponiert (z. B. Grab 3). Diese Frage kann erst im Laufe einer umfassenden Bearbeitung des Gräberfeldes näher untersucht werden.

Inhalt der Gefäße

Über den Inhalt der Gefäße ist wenig bekannt. Es wird im Allgemeinen angenommen, dass die Gefäße als Behältnis für flüssige Speisebeigaben gedient haben. Julius Caspart ließ die Inhalte der 1930 in Zillingtal gefundenen Tongefäße untersuchen. In zwei Fällen wurde Hirse, in zwei weiteren Fällen wurden Leinstengel identifiziert[172]. In Grab C 151 fand sich »im Inhalt des Topfes ein Restchen Leinengewebe, in welches Bronzereste gewickelt waren[173].«

Die Reste des Inhaltes eines awarenzeitlichen Grabgefäßes aus Traiskirchen (Niederösterreich) wurde von Fritz Sauter und Kurt Rossmanith Anfang der 1960er Jahre untersucht. Bei dieser Untersuchung wurde eine flüssige, phosphatreiche Substanz, die zur Hautbildung neigt, als Gefäßinhalt identifiziert, die mit großer Sicherheit als Milch interpretiert werden konnte[174].

Aus den Ausgrabungen Falko Daims in Zillingtal stehen die Inhalte zahlreicher Gefäße zur Verfügung. Ihre geplante Untersuchung verspricht einen großen Schritt zur Identifizierung der Gefäßinhalte, was zugleich den Anfang zur Klärung der Funktion der Gefäße bedeuten würde. Interessant ist dabei vor allem die Frage,

---

[172] Hirse: Grab C 140, Grab C 205, (Caspart 1935, 17, 27); Leinstengel: Grab C 146, Grab C 184 (Caspart 1935, 17, 23).

[173] Caspart 1935, 18.
[174] Sauter u. Rossmanith 1965.

ob handgeformte und langsam gedrehte Gefäße verschiedene Inhalte aufweisen und ob dadurch Unterschiede in der Funktion dieser beiden herstellungstechnologischen Keramikgruppen festgestellt werden können.

Anordnung der Gefäße innerhalb des Grabes

Gefäße befinden sich in Zillingtal innerhalb des Grabes zumeist am Fußende. In Kopfnähe kommen Gefäße nur selten vor. Die Lage des Gefäßes innerhalb des Grabes erwies sich aufgrund der Kartierungen im Gräberfeld als chronologisch nicht relevant.

Es konnten keine eindeutigen Zusammenhänge zwischen dem Geschlecht des Bestatteten und der Seite des Grabes, an dem das Gefäß eingestellt wurde, festgestellt werden[175]. Die vom Bestatteten aus gesehen linke Seite des Grabes scheint sowohl im Falle von Frauen- als auch Männergräbern die bevorzugte gewesen zu sein (**Abb. 87**). Insgesamt nicht sehr populär, jedoch immerhin etwas beliebter als bei Frauen-, war bei Männergräbern die rechte Seite. Vorwiegend in Kindergräbern wurde das Gefäß unterhalb der Füße (in der Längsachse des Grabes) deponiert. Hinsichtlich der Anordnung der Gefäße innerhalb des Grabes waren keine wesentlichen Unterschiede zwischen langsam gedrehten und handgeformten Gefäßen feststellbar[176].

Zusammenhang zwischen Gefäß- und Tierknochenbeigabe

Im Falle der Tierknochenbeigaben zeigt sich aufgrund der Kartierung der Bestimmungen des Tierknochenmaterials eine Reihe von chronologisch relevanten Zusammenstellungen[177]. In diesen kommt das Rind, oft in Kombination mit anderen Tierarten, am häufigsten vor. Seltener können Schwein, Schaf/Ziege und Huhn nachgewiesen werden.

Eine Kontinuität im Beigabenbrauchtum bezüglich der Art des beigegebenen Tierteils zeichnet sich über die gesamte Belegungszeit des Gräberfeldes von Zillingtal ab. Wie schon von Falko Daim nach den ersten Grabungsjahren bemerkt, wird Frauen und Mädchen der Oberschenkelknochen, Männern und Knaben hingegen der Unterschenkelknochen von Rind, Schaf/Ziege und Schwein beigegeben[178]. Eine vergleichbare Kontinuität ist im Falle der Gefäße nicht zu beobachten, es ist aber nicht unvorstellbar, dass die Analyse der Gefäßinhalte in dieser Frage gegenteilige, denen der Tierknochenbeigaben ähnliche Ergebnisse erbringen würde.

[175] Im Laufe der umfassenden Bearbeitung des Gräberfeldes könnten – in Verbindung mit der Lage anderer Gegenstände im Grab – hierzu weitere Erkenntnisse gewonnen werden.

[176] Auch bei Untersuchungen anderer awarenzeitlicher Gräberfelder Österreichs konnte kein ausschließlicher Zusammenhang zwischen dem Geschlecht des Bestatteten und der Lage des Gefäßes innerhalb des Grabes festgestellt werden. Die Lage der Gefäße war auch nicht durch chronologische Unterschiede zu erklären; Daim 1987, 117-119; Bachner 1985, 78.

[177] z. B. ist eine Mischung von Knochen verschiedener Tierarten, vor allem in Frauengräbern, für die SPA I charakteristisch. In

Erwachsenengräbern tritt Schwein eher am Anfang der Belegungszeit des Gräberfeldes auf, danach findet man Schwein nur in Kindergräbern. Schaf/Ziege ist chronologisch nicht relevant, jedoch vorwiegend in Kindergräbern zu finden. Huhn, vergesellschaftet mit Rind, ist vor allem in den späteren Phasen des Gräberfeldes charakteristisch.

[178] Daim 1987, 116. In Männergräbern, vor allem in den Altersgruppen »matur« und »senil«, kommt dabei gelegentlich ein Oberschenkelknochen vor, der umgekehrte Fall ist dagegen nur ein einziges Mal nachgewiesen (Grab 104, Frau, senil, Schaf/Ziege, Tibia).

Interpretation des awarenzeitlichen Gräberfeldes mit Hilfe der Keramikfunde

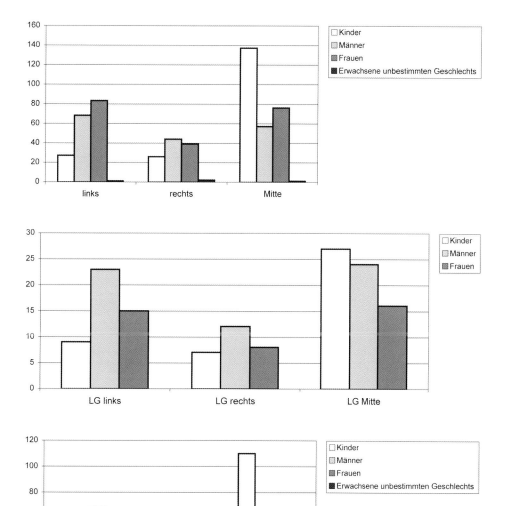

Abb. 87a-c Lage der Gefäße innerhalb des Grabes (links, rechts, Mitte).

ZUSAMMENFASSUNG DER UNTERSUCHUNGEN DER GRÄBERFELDKERAMIK IN ZILLINGTAL

Die Untersuchungen der awarenzeitlichen Gräberfeldkeramik in Zillingtal erbrachten Ergebnisse im Hinblick auf die weitere Gliederung der chronologisch relevanten Gefäßgruppen »langsam gedreht 1-3« (LG 1-3) und »handgeformt 1-4« (HG 1-4). Die mehrheitlich ganz erhalten gebliebenen Grabgefäße ermöglichten die Analyse zahlreicher Merkmale morphologischer und technologischer Art. Bei der inneren Struktur der chronologisch relevanten Gefäßgruppen konnten Unterschiede zwischen der langsam gedrehten und der handgeformten Keramik festgehalten werden, welche die Verfasserin auf abweichende Herstellungsstrukturen (Herstellung im Haushalt bzw. eine wohl einfache Art von Werkstattproduktion) der beiden Keramiktypen zurückführt.

Anschließend wurden die Randverzierung der Gefäße und die Sondertypen der handgeformten Keramik ausgewertet. Die Art der Randverzierung ändert sich in Zillingtal, zumindest bei den handgeformten Gefäßen, im Laufe der Awarenzeit. Für eine Sondergruppe der handgeformten Keramik, die Gefäße mit viereckiger Mündung, konnte für Zillingtal eine längere Laufzeit vorgeschlagen werden als bisher angenommen. Als Vorbilder, sowohl für Formen der Randverzierung als auch für einige der Sondertypen handgeformter Keramik, hält die Verfasserin Behälter aus organischem Material für überlegenswert.

Bei der Analyse der mit Keramikgefäßen in Verbindung stehenden Beigabensitten wurden Zusammenhänge zwischen Alter und Geschlecht der Bestatteten und verschiedenen Merkmalen der Gefäßbeigabe (z. B. Gefäßtyp und -größe, chronologische Einordnung, Lage im Grab, Korrelationen mit der Art der Tierknochen im Grab) untersucht. Es zeigte sich unter anderem, dass Männern etwas häufiger ein langsam gedrehtes Gefäß ins Grab gegeben wurde, während Frauen mit größerer Wahrscheinlichkeit ein handgeformtes Gefäß bekommen haben. Die Verteilung der Gefäßgröße nach Alter und Geschlecht der Bestatteten ergab im Vergleich von langsam gedrehten und handgeformten Gefäßen ein deutlich differenziertes Bild. Erstmals wurden solche Angaben zur Grundlage für Analysen eines awarenzeitlichen Gräberfeldes herangezogen. Um die geographische Verbreitung der beobachteten Phänomene feststellen zu können, wäre es ertragreich, ähnliche Untersuchungen anhand des Materials anderer Fundorte durchzuführen.

AWARENZEITLICHE SIEDLUNGEN IN OSTÖSTERREICH UND IHRE GRÄBERFELDER

RELATIVE LAGE VON SIEDLUNG UND GRÄBERFELD

In Zillingtal wurden ein awarenzeitliches Gräberfeld und die zu diesem Gräberfeld gehörende Siedlung freigelegt. Die Siedlung ist an der südlichen Seite eines Hanges, in der Nähe eines Baches gelegen. Dies stellt für Siedlungen unter den im Karpatenbecken herrschenden Klimabedingungen eine angenehme und allgemein bevorzugte Lage dar. Siedlungsgünstig wirkte sich stets die Nähe zu Gewässern aus (Tiere, Töpferei, Eisenverhüttung), die Gräberfelder hingegen mussten vom Wasser geschützt liegen, d. h. sie lagen in der Regel höher. Die Lage des Gräberfeldes wurde damit auch durch die Lage der Siedlung bis zu einem gewissen Grad determiniert. Die awarenzeitliche Bevölkerung von Zillingtal schien auf einem Sichtkontakt mit dem Gräberfeld nicht verzichten zu wollen, das Gräberfeld wurde also auf dem gegenüber der Siedlung befindlichen Nord-/Nordosthang angelegt. (**Abb. 88**) Auf diese Weise wird das Gräberfeld durch die aufgehende Sonne beleuchtet, am Abend geht die Sonne hinter dem Gräberfeld unter. Vielleicht spielte dieses Phänomen, wie von Falko Daim im Vorbericht zu Siedlung und Gräberfeld von Zillingtal angedeutet, bei der Anlage des Gräberfeldes eine gewisse Rolle.

Ein ähnlicher Zusammenhang zwischen Lage von awarenzeitlicher Siedlung und zugehörigem Gräberfeld kann unweit von Zillingtal, in Bad-Sauerbrunn, vermutet werden. Hier wurden innerhalb des heutigen Dorffriedhofes und in dessen Umgebung einige awarenzeitliche Gräber freigelegt bzw. gestört[179]. Das nur in Teilen bekannte Gräberfeld wurde auf einem nordöstlichen Hang angelegt. Einige hundert Meter östlich des Gräberfeldes befindet sich eine römische Fundstelle, in der auch einige awarenzeitliche Kleinfunde aufgelesen werden konnten[180]. In diesem Bereich wird die dem Gräberfeld zugehörige Siedlung vermutet[181]. Die den gut bekannten awarenzeitlichen Gräberfeldern von Ostösterreich zugehörenden Siedlungen konnten bislang nicht aufgeforscht werden[182]. In Brunn am Gebirge wurden zwar Reste einer Siedlung freigelegt, es konnte jedoch bislang kein zugehöriges Gräberfeld aufgefunden werden[183].

Die von Falko Daim bereits 1987 erwähnten[184] und von Heinz Winter[185] und Stefan Schmidt[186] später publizierten awarenzeitlichen Feldbegehungsfunde aus Ostösterreich wurden ausnahmslos an römischen Fundstellen ersammelt. Eine Ursache dafür besteht zweifellos darin, dass die Sammler vor allem römische Fundstellen besucht haben. Dennoch ist zu überlegen, warum frühere römische Siedlungen für die awarenzeitliche Bevölkerung offensichtlich attraktiv waren.

Nur auf Grundlage von Lesefunden lässt sich natürlich selten auf eine gesicherte Beziehung zwischen awarenzeitlicher Siedlung und Gräberfeld schließen. Heinz Winter konnte in einem einzigen Fall darauf verweisen, dass die Lage zweier der von ihm erfassten Fundstellen (Au am Leithagebirge und Loretto) möglicherweise auf die Zugehörigkeit zum bekannten awarenzeitlichen Gräberfeld von Leithaprodersdorf-Annakreuz[187] hindeutet[188]. Stefan Schmidt publizierte Lesefunde aus der Umgebung von Zillingtal[189] und fertigte eine Karte über die durch Ausgrabungen oder Lesefunde dort bekannt gewordenen awarenzeitlichen Fundstellen an

---

[179] Daim 1987, 189; Kimmel 1997.
[180] Kimmel 1997, 222.
[181] Die Lage der beiden Fundstellen ist bei Dominik Kimmel kartographisch erfasst; Kimmel 1997, Abb. 1.
Die Siedlung von Zillingtal wurde in ganz ähnlicher Weise durch aufgelesene Kleinfunde entdeckt; Daim u. Distelberger 1996, 372.
[182] Daim 1987, 166, Anm. 16.

[183] Stadler u. Herold 2003; Herold 2002b.
[184] Daim 1987, 175.
[185] Winter 1997.
[186] Schmidt 1997.
[187] Mitscha-Mährheim 1957.
[188] Winter 1997, 75.
[189] Schmidt 1997.

Abb. 88 Lufbildaufnahme der Fundstelle Zillingtal, Aufnahme von Nordosten (Rechteck: Siedlung, Kreis: Gräberfeld) Luftbild nach Daim–Distelberger 1996, 373.

Awarenzeitliche Siedlungen in Ostösterreich und ihre Gräberfelder

(**Abb. 89**)[190]. Dabei wurden außer den fünf schon bekannten sechs weitere Fundstellen auf Grundlage von Lesefunden kartiert. Nimmt man an, dass die meisten aufkommenden Lesefunde den Nachweis eines Gräberfeldes oder einer Siedlung signalisieren, können – anhand der Kartierung von Stefan Schmidt – ca. 6,5 km als durchschnittliche Entfernung zwischen zwei Fundstellen in der engeren Umgebung von Zillingtal angesehen werden.

ART DER NUTZUNG RÖMERZEITLICHER SIEDLUNGSPLÄTZE IN DER AWARENZEIT IN OSTÖSTERREICH

Die awarenzeitliche Siedlung von Zillingtal entstand auf der Fläche einer römischen Villenanlage. Wie schon erwähnt, stammen sämtliche von Falko Daim bereits 1987 erwähnten und von Heinz Winter und Stefan Schmidt später publizierten awarenzeitlichen Lesefunde aus dem Burgenland vom Gebiet römischer Fundstellen. In Westungarn wurden ebenfalls mehrere Fälle awarenzeitlicher Siedlungsreste auf römischem Fundgebiet bekannt[191]. Es scheint

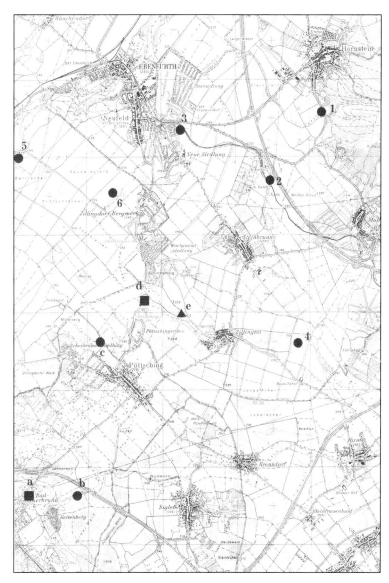

Abb. 89   Karte der Umgebung von Zillingtal mit awarenzeitlichen Grab-, Streu- und Siedlungsfunden (nach Schmidt 1997, 248), Ausschnitt aus der ÖK M. 1:50 000, Blatt 77. – 1 Hornstein-Mekota, 2 Steinbrunn-Nebenwiesenäcker, 3 Steinbrunn-Untere Breiten, 4 Steinbrunn-Kleinwiesenfeld, 5 Zillingdorf-Garteläcker, 6 Zillingdorf-Dorfwiesen; a Pöttsching-Sauerbrunn, b Pöttsching-Edelbachäcker, c Pöttsching-Mitterberg, d Zillingtal-Unterer Kapellenberg, e Zillingtal-Wiesenfeld; ■ Gräberfeld, ▲ Siedlung, ● Streufund.

also, wie schon von Falko Daim[192] und Heinz Winter ausführlich besprochen[193], dass die awarenzeitliche Bevölkerung in den vormals römischen Gebieten die römischen Siedlungsstellen als Siedlungsplatz bevorzugte. Dies kann sehr wohl einer der Gründe für die sehr niedrige Anzahl awarenzeitlicher Siedlungen – abgesehen von Lesefunden – in Ostösterreich, sowie auch in Westungarn sein[194]. Bei älteren Ausgrabungen römischer Fundstellen dürften die innerhalb des römischen Keramikmaterials schwer identifizierbaren awarenzeitlichen Keramikfragmente kaum zu isolieren gewesen sein.

[190] Schmidt 1997, 248.
[191] Siehe auch Kapitel »Siedlungsarchäologie des Awarenreiches« der vorliegenden Arbeit.
[192] Daim 1987, 175.

[193] Winter 1997, 75.
[194] In Ostungarn, das nie unter römischer Hoheit stand, wurden zahlreiche awarenzeitliche Fundstellen registriert und teilweise auch freigelegt, z. B. MRT 6 und MRT 8.

Es sind aus Ostösterreich allerdings auch awarenzeitliche Siedlungsobjekte ohne erkennbare Verbindung mit römerzeitlichen Befunden bekannt: In Brunn am Gebirge wurden in den freigelegten awarenzeitlichen Siedlungsobjekten zwar römische Keramikstücke gefunden, es wurden jedoch an der Fundstelle keine römerzeitlichen Siedlungsobjekte freigelegt[195]. Hinweise auf eine römerzeitliche Fundstelle in der Umgebung fehlen ebenfalls. Ob sich bei Zillingtal und Brunn am Gebirge um zwei verschiedene Siedlungsmodelle der Awarenzeit – mit bzw. ohne Verbindung zur Römerzeit – in Ostösterreich handelt, werden künftige Siedlungsgrabungen zeigen.

Wie aber ist bei den Fundstellen, wo römerzeitliche Befunde vorliegen das Verhältnis der awarenzeitlichen Bevölkerung zu den römischen Ruinen vorzustellen? Bei der Auswertung der awarenzeitlichen Siedlung von Zillingtal ergibt sich die Frage nach der Art der »Wiederverwendung« der römischen Ruinen in der Awarenzeit[196]. Dabei stellt sich vor allem als schwierig dar, das Erscheinungsbild der römischen Fundstelle in der Awarenzeit, z. B. die Höhe oder die Sichtbarkeit der römischen Mauern, zu rekonstruieren[197]. Es scheint sicher, dass die awarenzeitliche Bevölkerung sich nicht in den römischen Gebäuden niedergelassen hat, da die awarenzeitlichen Befunde (Pfostenlochreihen, Gräbchen) sich nicht an den römischen Mauern orientieren.

Was die awarenzeitliche Bevölkerung dazu veranlasste, sich in der Umgebung der Villa anzusiedeln, muss nach heutigem Forschungsstand ungeklärt bleiben. Reizvoll wäre es, eine kontinuierliche Besiedlung der Zillingtaler Villa von der Römerzeit bis zur Awarenzeit anzunehmen. Heinz Winter weist darauf hin, dass sich an einigen römischen Fundstellen im Burgenland auch langobardenzeitliches Fundmaterial befand[198]. Aus Zillingtal ist jedoch nach heutigem Kenntnisstand kein in das 6. Jahrhundert datierbares Fundmaterial bekannt. Im awarenzeitlichen Gräberfeld von Zillingtal wurden in der frühesten Phase lediglich handgeformte Gefäße gefunden[199]. Die einigen römerzeitlichen Gefäßtypen ähnlichen, langsam gedrehten Gefäße kommen in Zillingtal erst später, etwa ab der MA II, vor. Dies deutet auf einem Bruch in der Keramikherstellung in Zillingtal zwischen Römer- und Awarenzeit hin.

Eine weitere Frage besteht darin, wie man sich die Entstehung des awarenzeitlichen Dorfes von Zillingtal vorstellen kann. Waren die künftigen Bewohner Siedler, die aus weiterer Entfernung stammten, bereits als Gemeinschaft im Zillingtaler Raum ankamen und sich unabhängig von der lokalen Bevölkerung dort niederließen, d. h. das Gebiet »kolonialisierten«? Was geschah in diesem Fall mit der lokalen Bevölkerung? Oder war es vielmehr die lokale Bevölkerung, die, möglicherweise allein, vielleicht unter neuen Herren, eine neue »Mode« annahm und sich zunehmend mit den Awaren identifizierte? Die Anlage eines neuen Gräberfeldes[200] weist in jedem Fall auf Fremdeinfluss hin. Darf man davon ausgehen, dass der Prozess der Entstehung für sämtliche awarenzeitliche Dörfer in der Umgebung von Zillingtal der gleiche gewesen sein dürfte?

Ein weiterer Fragenkreis zeichnet sich um die Aufgabe der Siedlung ab. Zu welchem Zeitpunkt und aus welchen Gründen wurde die Siedlung aufgegeben? Was geschah mit der ehemaligen Dorfbevölkerung? Durch die hier vorliegende Bearbeitung der awarenzeitlichen Siedlung von Zillingtal wurde nun ein erster Schritt gesetzt, um diese siedlungsgeschichtlichen Fragen zu beantworten.

---

[195] Stadler u. Herold 2003; Herold 2002b.
[196] Siehe auch das Kapitel »Die römische Villa in der Awarenzeit«.
[197] Béla Miklós Szőke nimmt für den Fundort Nagykanizsa – Inkey kápolna an, dass die römischen Mauern im 7. Jahrhundert, als die awarenzeitliche Siedlung gegründet wurde, noch standen; Szőke 1992, 129.

[198] Winter 1997, 75-76.
[199] Diese Beobachtung muss noch durch die Auswertung der Metallfunde verifiziert werden.
[200] Ein römerzeitliches Gräberfeld in Zillingtal ist nicht bekannt. Im awarenzeitlichen Gräberfeld fanden sich mit Sicherheit keine Spuren eines römerzeitlichen Gräberfeldes.

SIEDLUNGSARCHÄOLOGIE DES AWARENREICHES

Nach der Erörterung der Ausgrabungen und der Ergebnisse der Fund- bzw. Befundanalyse von Zillingtal und einem Überblick der nächsten Umgebung stellt sich die Frage nach dem breiteren kulturhistorischen Kontext, dem die hier vorgestellten Befunde und Funde angehören. Im Folgenden wird die Forschungssituation zur Siedlungsarchäologie des Awarenreiches zusammengefasst, und, soweit es die Funde und Befunde von Zillingtal erlauben, wird zu den in der Literatur diskutierten Fragen Stellung bezogen.

Aus dem Bereich des Awarischen Khaganats sind mehr als 600 Siedlungsstellen bekannt[201]. Die meisten von ihnen kennen wir allerdings nur aus Geländebegehungen. Durch die Geländebegehungen zur »Archäologischen Topographie Ungarns« wurde der größte Teil dieser Siedlungsstellen ermittelt[202], es fanden aber auch Geländebegehungen in einigen kleineren Regionen statt[203]. Dadurch wurden allerdings nur einige Gebiete des ehemaligen Awarischen Khaganats erfasst, die Dichte der bekannten Siedlungsstellen ist daher regional sehr unterschiedlich, wie dies auch die von József Szentpéteri publizierte Karte aller Siedlungen und Siedlungsspuren des Awarischen Khaganats verdeutlicht[204].

Nur an wenigen Siedlungsstellen wurden Ausgrabungen durchgeführt und die meisten dieser Ausgrabungen erfassten auch lediglich kleine Teile der awarenzeitlichen Siedlungen; größere freigelegte Ausschnitte awarenzeitlicher Siedlungen gibt es nur in sehr begrenzter Anzahl. Vollständig freigelegte awarenzeitliche Siedlungen stehen der Forschung bis dato nicht zur Verfügung. Es ist sehr wichtig, auf diese aus forschungsgeschichtlichen Gründen entstandene Einschränkungen bei einer Zusammenfassung der bisherigen Ergebnisse zu achten, da sie unsere Kenntnisse der awarenzeitlichen Siedlungsgeschichte stark limitieren. Vor diesem Hintergrund sollen im Folgenden Aspekte der Siedlungsforschung der Awarenzeit besprochen werden, wobei zunächst die kleinsten Einheiten, die Siedlungsobjekte unter die Lupe genommen werden. Daran anschließend folgen Überlegungen zur Struktur einzelner Siedlungen und schließlich zu regionalen Besiedlungsmodellen.

SIEDLUNGSOBJEKTE

Wenn man rekonstruieren möchte, wie awarenzeitliche Siedlungen ausgesehen haben mögen, ergibt sich als erste die Frage, aus welchen Einheiten eine solche Siedlung bestand: Wo hat die awarenzeitliche Bevölkerung gewohnt? Wo hat sie ihre Speisen zubereitet? Wo hat sie ihre Nahrungsvorräte aufbewahrt? Wie hat sie die für ihr Leben notwendigen Gebrauchsgegenstände hergestellt? Informationen zu diesen Fragen liefern uns die Arten von Siedlungsobjekten, die in awarenzeitlichen Siedlungen freigelegt wurden. Bei bisherigen Ausgrabungen von Siedlungen des Awarenreiches wurden folgende Hauptarten von Siedlungsobjekten erfasst[205]:

---

[201] Szentpéteri 2002, 437-578.
[202] MRT, Bände 1-10.
[203] z. B. Cseh 1993, Simon 1983.
[204] Szentpéteri 2002, Karte 2.
[205] Eine ähnliche Zusammenstellung mit mehr Details, allerdings auf das Gebiet der heutigen Slowakei beschränkt hat Jozef

Zábojník vorgenommen, Zábojník 1988. Peter Šalkovský hat in seine Arbeit über frühmittelalterliche Häuser auch einige Siedlungsbefunde aus dem Bereich des Awarischen Khaganats, vor allem aus der heutigen Slowakei aufgenommen, Šalkovský 2001.

Siedlungsobjekte zu Wohnzwecken

– Grubenhäuser[206]:

In den anstehenden Boden eingetiefte Bauten; sie bleiben meist als viereckige Gruben erhalten. Für die Rekonstruktion des oberirdischen Teils gibt es zahlreiche Rekonstruktionsvorschläge[207]. Grubenhäuser werden meist als Wohnobjekte gedeutet, eine anderwärtige Nutzung (z. B. Aufbewahrungsort, Keller) ist, besonders bei Grubenhäusern ohne Herdstelle oder Ofen, auch gut möglich. Es gibt zahlreiche Konstruktionsvarianten, bisher zeichnen sich aber keine Gruppen ab, die nur für bestimmte geographische Regionen charakteristisch wären. In Zillingtal wurden keine awarenzeitlichen Grubenhäuser freigelegt. Ob ihr Fehlen damit zusammenhängt, dass Grubenhäuser sich außerhalb der freigelegten Fläche befanden, oder ob die awarenzeitliche Siedlung von Zillingtal ausschließlich aus oberirdischen Bauten bestand, könnte nur durch die vollständige Freilegung der Siedlung geklärt werden.

– Pfostenlöcher, zusammenhängende Pfostenlochstrukturen[208]:

Pfostenlöcher können als Konstruktionselemente in Grubenhäusern oder in der Nähe von Öfen vorkommen. Zusammenhängende Pfostenlochstrukturen stellen in den meisten Fällen mit größter Wahrscheinlichkeit Überreste oberirdischer (Pfosten)Bauten dar. Eine Deutung einiger zusammenhängender Pfostenlochstrukturen als Zaun oder Pferch kann nicht völlig ausgeschlossen werden. Bisher sind zusammenhängende Pfostenlochstrukturen an awarenzeitlichen Siedlungen äußerst selten, dies kann aber auch mit den angewandten Grabungsmethoden zusammenhängen. In Zukunft, durch die Verfeinerung der Grabungsmethoden, ist eine Zunahme der Anzahl von Pfostenstrukturen an awarenzeitlichen Siedlungen zu erwarten. Dies könnte unser gegenwärtiges Bild einer awarenzeitlichen Siedlung deutlich verändern.

In Zillingtal wurden zahlreiche awarenzeitliche Pfostenlöcher freigelegt. Einige von ihnen ergeben eine viereckige Konstruktion, deren Größe 5,5 × 4,5 m beträgt. Diese Konstruktion ist höchstwahrscheinlich als Gebäude zu interpretieren, eine Deutung als Pferch lässt sich aber nicht völlig ausschließen. Innerhalb des Hauptgebäudes der römischen Villa von Zillingtal wurden ebenfalls Pfostenlöcher freigelegt, welche einen Estrich durchschlagen und auch die römischen Mauern in keiner Weise respektieren. Einige von ihnen bilden eine Reihe, die sich parallel zu einem ebenso jungen Gräbchen befindet. (Siehe auch **Plan 2**) Sowohl die Pfostenlochreihe, als auch das Gräbchen könnten als Teile eines oberirdischen Gebäudes gedeutet werden. Mit diesen beiden Befundgruppen ändert die Siedlung von Zillingtal das bisherige Bild von awarenzeitlichen Siedlungen grundlegend. Künftige Forschungen werden zeigen, ob in awarenzeitlichen Siedlungen oberirdische und eingetiefte Siedlungsobjekte nebeneinander existiert haben, oder ob es verschiedene Siedlungsarten – mit eingetieften und/oder mit oberirdischen Bauten – gegeben hat.

– »Jurten«[209]:

Selten werden an awarenzeitlichen Siedlungen auch runde Siedlungsobjekte freigelegt, welche die Ausgräber als Jurten bezeichnen.

Siedlungsobjekte zur Nahrungszubereitung

– Öfen[210]:

Die meisten freigelegten Öfen der Awarenzeit kommen in Grubenhäusern vor. Sie haben wohl als Heizeinrichtungen und als Backöfen gedient. Die sog. freistehenden Öfen, die nicht mit einem Haus in Ver-

---

[206] z. B. Bóna 1973, 37-38.
[207] Šalkovský 2001, 79, Abb. 44.
[208] z. B. in Zillingtal, siehe Kapitel »Die awarenzeitliche Siedlung von Zillingtal« der vorliegenden Arbeit.

[209] z. B. Zábojník 1988, 413, Fig. 11.
[210] z. B. Bóna 1973, 39-40.

bindung stehen, sind in der Awarenzeit deutlich weniger verbreitet als in den darauffolgenden Perioden[211]. Sie werden meist als Backöfen interpretiert[212]. Es sind in der Awarenzeit mehrere Konstruktionsvarianten von Öfen bekannt, einige Öfen wurden aus Steinen, andere aus Lehm gefertigt. Bei Steinöfen im ehemals römischen Gebiet wurden häufig Steine aus römischen Gebäuden oder römische Ziegel für den Ofenbau verwendet[213]. Andere regionale Unterschiede in der Verbreitung der verschiedenen Typen konnten bisher nicht festgestellt werden. Mehrere Spezialformen von Öfen sind bekannt, einige werden z. B. als Dörrofen[214], andere als Räucherofen interpretiert[215]. In Zillingtal wurden – abgesehen von den Eisenschmelzöfen – keine Ofenbefunde freigelegt.

Siedlungsobjekte zur Wassergewinnung

– Brunnen[216]:
Brunnen aus awarenzeitlichen Siedlungen sind erst in den letzten Jahrzehnten bekannt geworden. In der Regel besitzen sie einen hölzernen, viereckigen Brunnenkasten, der auch sehr gute Möglichkeiten für ^{14}C und dendrochronologische Datierungen bietet. Es sind allerdings auch Brunnen ohne Holzkonstruktion bekannt. Ob das Vorhandensein oder Fehlen des hölzernen Brunnenkastens nur mit dem Grundwasserspiegel zusammenhängt (bei hohem Grundwasserspiegel bleiben die Reste des Holzkastens erhalten) oder ob es tatsächlich zwei verschiedene Typen von Brunnen gegeben hat, ist nicht eindeutig festzustellen.
In Zillingtal wurden keine Brunnen freigelegt. Das Fehlen von Brunnen erklärt sich wahrscheinlich dadurch, dass die awarenzeitliche Siedlung von Zillingtal sich in der nächsten Nähe eines Baches befand und so keine Brunnen für die Wassergewinnung benötigt wurden. In Österreich sind von der awarenzeitlichen Siedlung von Brunn am Gebirge mehrere Brunnen bekannt[217].

Für mehrere Funktionen geeignete Siedlungsobjekte

– Gruben verschiedener Formen (z.B. zylindrisch[218], wannenförmig[219], Gruben unregelmäßiger Form[220], große Grube mit Rinderskeletten)[221]:
Viele Gruben können als Siedlungsobjekte zur Aufbewahrung von Nahrungsvorräten interpretiert werden. Dies gilt besonders für die zylindrischen und wannenförmigen Gruben, die innen wahrscheinlich mit Holz oder geflochtenem Korb verkleidet waren[222]. Einige Autoren nehmen an, dass ein Teil der wannenförmigen Gruben als eine Art Schweinestall verwendet wurde[223]; die in der Eisengewinnung verwendeten sog. Röstwannen haben eine sehr ähnliche Form und können eigentlich nur durch die in ihnen freigelegten Eisenschlacken als Röstwannen bestimmt werden[224]. Besonders Gruben unregelmäßiger Form sind am ehesten als Lehmentnahmegruben zu interpretieren; Lehm wurde für die Hauswände (»Hüttenlehm«) bzw.

---

211 Takács u. Vaday 2004, 9.
212 Einige Autoren nehmen eine Verwendung dieser Öfen für handwerkliche Tätigkeiten an. Takács u. Vaday 2004, 9.
213 z. B. Kiss 1988, 180.
214 z. B.Tomka 2004, 425.
215 Belényesy u. Mersdorf 2004, 57, Fig 12.
216 Einen umfassenden Eindruck der bisher bekannten Brunnen aus awarenzeitlichen Siedlungen vermittelt der Tagungsband des Archäologischen Institutes der Ungarischen Akademie der Wissenschaften. Antaeus 26
217 Stadler u. Herold 2003.

218 z.B. in Zillingtal, siehe das Kapitel »Die awarenzeitliche Siedlung von Zillingtal« der vorliegenden Arbeit.
219 z. B. Szőke 1992, 149, Abb. 2.
220 z. B. in Zillingtal, siehe das Kapitel »Die awarenzeitliche Siedlung von Zillingtal« der vorliegenden Arbeit.
221 MRT 8, 287 (Beschreibung der Grube) und 286, Abb. 19. (nur Übersichtsplan der gesamten Ausgrabung).
222 Tomka 1998, 47-48.
223 Szőke 1992, 135-136.
224 Gömöri 2000.

für den Ofenbau benötigt. Spezielle Grubenformen, wie die große Grube mit Rinderskeletten von Hunya-Csárda-völgy sind von einzelnen Siedlungen bekannt, ihre Funktion kann nicht mit Sicherheit bestimmt werden. Oft liest man in der Fachliteratur von »Abfallgruben«. Sehr viele Gruben wurden nach ihrer Gebrauchszeit tatsächlich mit Abfall verfüllt. Es ist allerdings zu bezweifeln, dass die Bevölkerung awarenzeitlicher Siedlungen nur mit dem Ziel Gruben gegraben hätte, ihren Abfall dort zu entsorgen[225].

In Zillingtal wurden zwei Arten von Gruben – zylindrische, sowie Gruben unregelmäßiger Form – freigelegt. Die Gruben unregelmäßiger Form gehörten eher den älteren Siedlungsphasen an, während die zylindrischen Gruben in die jüngeren Phasen zu datieren waren. Das Keramikmaterial in der Verfüllung der beiden Grubenarten war eindeutig unterschiedlich – viele, größere Bruchstücke in den zylindrischen Gruben und wenige, kleine Bruchstücke in den Gruben unregelmäßiger Form – die Funktion der beiden Grubenarten ließ sich allerdings nicht restlos klären.

– Gräben[226]:

Gräben wurden an der Mehrheit awarenzeitlicher Siedlungen freigelegt. Sie wurden als Drainage, als Abgrenzungsgraben von Siedlungsarealen oder »Grundstücken« oder als eine Art Pferch für die Tierhaltung interpretiert[227]. In Zillingtal wurden keine eindeutig der Awarenzeit zuordenbare Gräben freigelegt. Der sog. Graben im Schnitt 0513 schneidet awarenzeitliche Befunde und ist aller Wahrscheinlichkeit nach ein nachawarenzeitlicher Bachverlauf.

Bisher konnten keine Siedlungsobjekttypen festegestellt werden, die nur für eine Region oder nur für bestimmte Regionen charakteristisch wären. Eine regionale Differenzierung ist jedoch, aufgrund der unterschiedlichen natürlichen Gegebenheiten der verschiedenen Regionen innerhalb des Awarischen Khaganats mit hoher Wahrscheinlichkeit zu erwarten, wenn eine größere Anzahl awarenzeitlicher Siedlungen freigelegt und publiziert sein wird.

Siedlungsobjekte zur Herstellung von Gebrauchsgegenständen

– Spezielle Siedlungsobjekte in Verbindung mit Eisenproduktion (sog. Röstwannen[228], Eisenschmelzöfen[229]):

Röstwannen ähneln in ihrer Form – wie bereits erwähnt – wannenförmigen Gruben; eine Benutzung als Röstwanne kann nur durch darin gefundene Eisenschlacken nachgewiesen werden. Von den Eisenschmelzöfen sind chronologisch und/oder regional verschiedene Typen bekannt[230]. In Zillingtal wurden drei Eisenschmelzöfen freigelegt; sie wurden in einer eigenen Arbeit besprochen[231].

– Spezielle Siedlungsobjekte in Verbindung mit Töpferei[232]:

Die bisher bekannten awarenzeitlichen Töpferöfen sind stehende Zweikammeröfen[233]. Die im unteren Teil positionierte Feuerkammer wird von der oberen Brennkammer durch einen aus Lehm gefertigten Rost getrennt. Die Gefäße wurden von oben in die Brennkammer gegeben, der Oberteil des Ofens musste aller Wahrscheinlichkeit nach bei jedem Brand mit Lehm neu abgeschlossen werden[234]. Die Verwendung von Backöfen für den Brand von Keramikgefäßen wird in der Literatur immer wieder erwähnt[235]. Eine solche

---

[225] Tomka 1998, 47-48.
[226] z. B. Bóna 1973, Pläne I-III.
[227] Bóna 1973, 64-66.
[228] z. B. Gömöri 2000, 211, Abb. 149.
[229] z. B. Gömöri 2000, 212, Abb. 151.
[230] Für Details siehe Gömöri 2000.
[231] Mehofer 2004. Siehe auch den Beitrag von Mehofer in diesem Band.

[232] Bisher sind nur Töpferöfen bekannt. Schlämmgruben, Fundamente für die Töpferscheibe und andere spezielle Befunde könnten eventuell bei einer umfassenden Bearbeitung der Töpferwerkstätten aus der Umgebung von Szekszárd identifiziert werden.
[233] z. B. Rosner 1981, 45, Fig. 1.
[234] Rosner 1981, 43.
[235] z. B. Takács u. Vaday 2004, 10.

Verwendung ist gut möglich, es ist allerdings schwierig, dies archäologisch nachzuweisen. Gleiches gilt für Gruben, welche die awarenzeitliche Bevölkerung für den Grubenbrand ihrer Keramikprodukte hätte verwenden können.

Die Verbreitung von speziellen Siedlungsobjekten für die Erzeugung von Gebrauchsgegenständen ist regional begrenzt. Bei den Eisenschmelzöfen dürfte dies aber wahrscheinlich eher forschungsgeschichtliche Gründe haben: Die aus Westungarn bekannten Eisenschmelzöfen verdanken wir zum größten Teil den Ausgrabungen von János Gömöri[236].

Ebenfalls regional begrenzt ist die Verbreitung von Töpferöfen: Sicherlich der Awarenzeit zuordenbare Töpferöfen kennen wir bisher nur aus dem heutigen Südungarn, von mehreren Fundstellen bei Szekszárd[237]. Diese dienten zum Brand der schnellgedrehten sog. »Grauen Keramik«, deren Verbreitung auch regional begrenzt ist. Diese regional begrenzte Verbreitung dürfte nach den archäometrischen Untersuchungen von Márta Balla[238] nicht bloß mit dem Forschungsstand zusammenhängen, sondern die tatsächlichen Verbreitungen widerspiegeln, auch wenn zusätzlich zu den Produktionszentren in der Nähe von Szekszárd noch eine Herstellungsregion in der Nähe von Dunaújváros angenommen werden kann. Als Grund für diese regional begrenzte Verbreitung dürfen wir wohl die in einigen Teilen des Awarenreiches fehlende Nachfrage nach der »Grauen Keramik« oder, anders ausgedrückt, die fehlenden Absatzmöglichkeiten für diese hochwertige keramische Ware ansehen. Dies deutet auf Unterschiede in der Wirtschaftsstruktur der verschiedenen Regionen des Awarenreiches hin[239].

Die von Kompolt – Kistéri-tanya[240] bekannten Töpferöfen und die in ihrer Verfüllung gefundenen Keramikbruchstücke scheinen gewisse Ähnlichkeiten mit den Töpferöfen von Örménykút[241] zu besitzen, wie auch ihr Bearbeiter erwähnt[242]. Dadurch ist es wahrscheinlich, dass diese Öfen nicht mehr der Awarenzeit im engsten Sinne angehören und werden daher hier nicht weiter besprochen.

Zusammenfassend kann festgestellt werden, dass bei den Siedlungsobjekten im engeren Sinn (Siedlungsobjekte, die nicht zur Erzeugung von speziellen Gebrauchsgegenständen dienen, wie Töpferöfen oder Eisenschmelzöfen) bis dato keine regionalen Gruppen feststellbar sind. Beim aktuellen Forschungsstand der awarenzeitlichen Siedlungen ist es auch nicht möglich, eventuell vorhandene chronologische Unterschiede auszumachen. Es ist auf jeden Fall zu erwarten, dass durch die Verfeinerung der Grabungsmethoden die Anzahl von Pfostenstrukturen bei zukünftigen Ausgrabungen höher sein wird als bisher. Ob sich dann aber regional unterschiedliche Siedlungsobjektensembles (z. B. Siedlungen mit nur Grubenhäusern, Siedlungen mit nur auf oberirdische Bauten hindeutenden Pfostenstrukturen oder Siedlungen, die Häuser beider Bauarten beinhalten) abzeichnen werden, ist schwer vorherzusagen. Auf jeden Fall wurde durch die Ausgrabung und Bearbeitung der Siedlung von Zillingtal die Existenz von Pfostenbauten in der Awarenzeit nachgewiesen und dadurch ein erster Schritt zur Erkennung der oberirdischen Bauten dieser Epoche getan.

SIEDLUNGSSTRUKTUREN

Neben der Art der Siedlungsobjekte beeinflusst natürlich auch ihre räumliche Anordnung das Bild der Siedlungen maßgeblich. Um sichere Aussagen über diese räumliche Anordnung, über die Struktur von awa-

[236] z. B. Gömöri 2000.
[237] Rosner 1990.
[238] Balla 1990.
[239] Zur regional begrenzten Verbreitung der »Grauen Keramik« siehe auch Kapitel »Die Erforschung awarenzeitlicher Keramik« der vorliegenden Arbeit.

[240] Takács u. Vaday 2004.
[241] Erwähnt in Herold 2004.
[242] Takács u. Vaday 2004, 8.

renzeitlichen Siedlungen treffen zu können, wäre die vollständige Untersuchung von Siedlungen notwendig. Dies ist jedoch bis heute nicht geschehen. Es sind auch nur einige wenige Siedlungen, von denen größere ergrabene und publizierte Ausschnitte vorliegen, die Überlegungen zur Siedlungsstruktur erlauben. Die Lage wird dadurch weiter erschwert, dass sogar bei diesen wenigen Siedlungen, wo größere ergrabene und publizierte Ausschnitte vorliegen, die innere Chronologie dieser Siedlungsausschnitte nicht völlig geklärt ist. Praktisch ist es unklar, welche Siedlungsobjekte zur gleichen Zeit in Verwendung standen.

Beim größten bisher publizierten awarenzeitlichen Siedlungsausschnitt von Dunaújváros – Öreghegy hat István Bóna – wie er selbst mitteilt[243] – bei der Ausarbeitung der Siedlungsphasen mehr auf die räumliche Verteilung der Siedlungsobjekte, als auf ihr Fundmaterial geachtet. Die erste Phase besteht nur aus Gräben; ob sie zur Awarenzeit gehören, lässt Bóna offen. Die nächste, von Bóna in die Frühawarenzeit datierte Phase bilden Grubehäuser und ein Grabensystem. Einige Gräben münden allerdings in die Grubenhäuser derselben chronologischen Phase; eine Gleichzeitigkeit solcher Objekt-Paare wäre eigentlich nicht anzunehmen. Die nächste, immer noch frühawarenzeitliche, Phase besteht aus zwei Gruppen von Grubenhäusern: Diejenigen der einen Gruppe befinden sich nebeneinander in einem Halbkreis, die der zweiten Gruppe bilden ungefähr 80 m weiter einen Viertelkreis. Im südlichen Bereich der Fundstelle befinden sich einige Siedlungsobjekte der Mittelawarenzeit. Da bei der Ausarbeitung der einzelnen Siedlungsphasen das Fundmaterial sehr wenig beachtet wurde, muss zumindest die Trennung der zwei frühawarenzeitlichen Phasen als hypothetisch betrachtet werden.

Von der awarenzeitlichen Siedlung von Eperjes wurde leider kein Gesamtplan veröffentlicht[244]. Nach der Beschreibung von Csanád Bálint[245] wurden auf der östlichen Grabungsfläche hauptsächlich Grubenhäuser und ein Grabensystem, auf der westlichen, 45 m entfernt liegenden Grabungsfläche hingegen mehrere Gruben, einige Feuerstellen und freistehende Öfen[246] freigelegt. Bálint erklärt diesen Unterschied damit, dass mit den beiden Grabungsflächen zwei verschiedene Bereiche erfasst wurden: einer, der als Wohnfläche interpretiert werden kann, und ein Bereich, der »zwischen den Wohnhausplätzen« liegt.

Von der Siedlung von Örménykút[247] wurden an der Fundstelle A nur Grubenhäuser freigelegt, einige von ihnen lassen sich in die Awarenzeit datieren (Siedlungsphasen I-II). Sie bilden eine Gruppe, die ausschließlich aus Grubenhäusern besteht, deren Orientierung unterschiedlich ist.

Bei einigen Ausgrabungen konnten Grubenhäuser in einer Reihe freigelegt werden. (z. B. in Hunya – Csárdavölgy)[248]. Diese könnte man als eine Art Straßenstruktur deuten, die Superpositionen von einigen Grubenhäusern deuten aber auf jeden Fall darauf hin, dass nicht alle gleichzeitig in Verwendung standen. Der erwähnte Siedlungsausschnitt ist nur aus einem Vorbericht bekannt, der jedoch keine genaue innere Chronologie der archäologisch erfassten Siedlungsobjekte mitteilt. Überlegungen zu einer eventuellen Straßenstruktur können somit erst nach der vollständigen Publikation des Siedlungsausschnittes angestellt werden.

Bei einigen kleineren Siedlungsausschnitten war es möglich, anhand von Unterschieden im Fundmaterial mehrere Siedlungsphasen zu trennen. Ein Beispiel dafür ist die Siedlung von Komarno/Komárom[249], wo die festgestellten Siedlungsphasen durch die »Graue« und die »Gelbe« schnell gedrehte Keramik voneinander deutlich zu trennen und relativ genau zu datieren waren. Der freigelegte Siedlungsausschnitt in Komarno/Komárom ist allerdings so klein, dass nur sehr wenige Siedlungsobjekte in die einzelnen Phasen fallen und so keine weiterführenden Überlegungen bezüglich der Siedlungsstruktur der einzelnen Phasen möglich sind.

[243] Bóna 1973, 62, zitiert in Fiedler 1994, 308.
[244] Bálint 1991.
[245] Bálint 1991, 76.
[246] Wobei die freistehenden Öfen auf Grund ihrer Keramikfunde (Bálint 1991, Taf. 18-19. bzw. Taf. 20, 13-14.) – nach Meinung der Verfasserin vorliegender Arbeit – nicht mit letzter Sicherheit in die Awarenzeit datiert werden können.
[247] Herold 2004, Karte 2.
[248] MRT 8 , 286, Abb. 19.
[249] Trugly 1996.

Die Siedlung von Dunaújváros – Alsófoki-patak[250] liegt entlang des genannten Baches, ihre Struktur wird vom Ausgräber als gehöftartig beschrieben. Einige (Gruben)Häuser und freistehende Öfen bilden an manchen Stellen Gruppen, die in einem Abstand von 40-100 m voneinander liegen. In der Mitte des Dorfes wurde ein großflächiger (ohne genauen Maßangaben), gestampfter Lehmboden freigelegt, den der Ausgräber als eine Art »Dorfplatz« interpretiert. Gräben, die vom Hügel im rechten Winkel in Richtung des Baches verlaufen, wurden ebenfalls freigelegt. Gyula Fülöp interpretiert sie als Drainage und als Zeichen für die Abgrenzung der einzelnen Gehöfte. Ob diese gehöftartige Struktur für alle Phasen der Siedlung gilt, geht aus der Publikation nicht hervor. Da in Dunaújváros – Alsófoki-patak sowohl die »Graue«, als auch die »Gelbe« schnell gedrehte Keramik gefunden wurde, ist auf jeden Fall mit einer längeren Besiedlungszeit der Fundstelle zu rechnen.

Die Verteilung der Häuser in der awarenzeitlichen germanischen Siedlung von Kölked beschrieb der Ausgräber Attila Kiss als »inselartig«[251]. Er weist aber auch darauf hin, dass dieses System wegen der langen Benützungszeit der Siedlung und wegen mehrmaliger Hausüberschneidungen nicht immer eindeutig zu beobachten war. Neben den Häusern kamen an der Fundstelle auch Gruben, sog. freistehende Öfen, Brunnen, sowie Grabensysteme zum Vorschein. Ein Übersichtsplan der Siedlungsobjekte wurde leider nicht publiziert, daher können weitere Überlegungen bezüglich der Siedlungsstruktur erst nach dem Abschluss der zur Zeit durch Zsuzsanna Hajnal[252] durchgeführten Bearbeitung der Siedlung angestellt werden.

In den beiden benachbarten awarenzeitlichen Siedlungen von Lébény – Bille-domb und Lébény – Kaszás-domb[253] wurden zwei unterschiedliche Siedlungsstrukturen erfasst: In Lébény – Kaszás-domb wurden ein Grabensystem sowie Brunnen, zahlreiche Gruben, aber nur zwei Grubenhäuser gefunden; Miklós Takács rechnet damit, dass dieses Bild durch nicht eingetiefte Wohnobjekte ergänzt wurde, die aber durch die Ausgrabung nicht erfasst werden konnten. In Lébény – Bille-domb wurde eine größere Anzahl von Grubenhäusern und Gruben, aber kein Grabensystem freigelegt. Die relativchronologische Stellung der beiden Siedlungen bzw. Siedlungsteile kann vor der Bearbeitung des Fundmaterials nicht genau bestimmt werden[254].

In der Siedlung von Balatonőszöd – Temető-dűlő[255] wurden einerseits gehöftartige Einheiten bestehend aus mehreren (3-6) Häusern und einigen freistehenden Öfen freigelegt, wobei die Häusergruppen jeweils eine Fläche von ca. 2000 m² einnahmen. Die einzelnen Häusergruppen befanden sich in einer Entfernung von 50-70 m voneinander, ihre innere Struktur wurde als unregelmäßig beschrieben. An anderen Orten der Ausgrabung wurden awarenzeitliche Häuser freigelegt, die sich in einer Reihe befunden haben und die gleiche Orientierung besaßen. Diese »Häuserreihen« dürften ein deutlich anderes Siedlungsbild gegeben haben, als die oben beschriebenen gehöftartigen Häusergruppen. In der Siedlung wurden auch Gräben freigelegt, diese waren aber fundleer und sind somit nicht datierbar. Möglicherweise gehörte ein Teil von ihnen zur awarenzeitlichen Siedlung. Wenn das Fundmaterial der awarenzeitlichen Siedlung von Balatonőszöd – Temető-dűlő bearbeitet wird, können die oben postulierten Siedlungsstrukturen verifiziert und ihre zeitliche Abfolge bestimmt werden.

In einigen awarenzeitlichen Siedlungen wurden ausschließlich oder hauptsächlich Gruben freigelegt. (z. B. Gyoma – Fundort 133[256], Nagykanizsa – Inkey-kápolna[257], Brunn am Gebirge – Wolfholz)[258] Ob das Fehlen der Wohnbauten an diesen Fundstellen damit zusammenhängt, dass die Wohnbauten sich außerhalb der freigelegten Fläche befunden haben oder ob es oberirdische Bauten gegeben hat, deren Spuren archäologisch nicht erfasst werden konnten, ist nicht zweifelsfrei zu entscheiden. Die hier vorgelegte awaren-

---

[250] Fülöp 1984.
[251] Kiss 1979, 188.; Kiss 1988, 184.
[252] Ergebnisse zu speziellen Fragestellungen bezüglich des Keramikmaterials wurden bereits publiziert. z. B. Hajnal 2003.
[253] Takács 1996.

[254] Takács 1996, 382.
[255] Belényesy u. Mersdorf 2004.
[256] Vida 1996.
[257] Szőke 1992.
[258] Stadler u. Herold 2003; Herold 2002b.

zeitliche Siedlung von Zillingtal, wo neben Gruben Reste von Pfostenstrukturen (sowohl im Bereich der Gruben als auch im Bereich der römischen Villa) erfasst werden konnten, deutet auf die zweite Möglichkeit hin. Anhand der bisher publizierten Forschungsergebnisse zeichnen sich also vier verschiedene Siedlungsstrukturen von awarenzeitlichen Siedlungen ab:

– gehöftartige Struktur (Einheiten, bestehend aus Grubenhäusern, Öfen und Gruppen von Gruben; die einzelnen Einheiten befinden sich 50-80 m voneinander entfernt): z. B. Dunaújváros – Alsófoki-patak, Balatonőszöd – Temető-dűlő

– »straßenartige« Grubenhausreihen (gleich orientierte Grubenhäuser nebeneinander): z. B. Hunya – Csárda-völgy, Balatonőszöd – Temető-dűlő

– hauptsächlich Grubenhäuser (unterschiedlich orientierte Grubenhäuser nebeneinander): z. B. Örménykút 54, Dunaújváros – Öreghegy, Eperjes, Lébény – Bille-domb

– hauptsächlich Gruben (hier gab es eventuell archäologisch nicht erfasste Pfostenbauten als Wohnobjekte – in Zillingtal sind Pfostenstrukturen belegt – oder mögliche Interpretation als wirtschaftlicher bzw. handwerklicher Siedlungsteil, der zusammen mit einer Grubenhausgruppe oder Grubenhausreihe eine Siedlung bildet): z. B. Gyoma 133, Nagykanizsa – Inkey-kápolna, Brunn am Gebirge, Eperjes, Lébény – Kaszás-domb

Bei den meisten der Fundstellen steht allerdings, wie erwähnt, keine umfassende Bearbeitung des Fundmaterials und daher keine gesicherte innere Chronologie der Siedlungsausschnitte zur Verfügung. Das heißt, die vier oben beschriebenen Siedlungsstrukturen bedürfen einer Verifizierung durch die Fundbearbeitung. Nur so kann gewährleistet werden, dass sich die genannten Siedlungsstrukturen tatsächlich aus gleich alten Siedlungsobjekten ergeben und nicht Siedlungsobjekte aus verschiedenen chronologischen Phasen miteinander in Verbindung gebracht werden.

(BE)SIEDLUNGSMODELLE

Die meisten bisher bekannten Siedlungsreste des Awarenreiches sind von Südost-Ungarn bekannt, sie wurden – wie bereits erwähnt – im Laufe der Geländebegehungen zur »Archäologischen Topographie Ungarns« entdeckt[259]. Der Großteil dieser Siedlungen wurde nur durch diese Geländebegehungen erfasst, lediglich an einigen Fundstellen wurden Ausgrabungen durchgeführt. Von diesen sind wiederum nur sehr wenige publiziert worden. Geländebegehungen zur »Archäologischen Topographie Ungarns« fanden aber nicht nur in Südost-Ungarn, sondern auch in anderen Regionen Ungarns statt[260]. Auffällig ist, dass in Westungarn bzw. in der Region direkt östlich vom Donauknie (Komitat Pest) wesentlich weniger awarenzeitliche Siedlungsspuren entdeckt worden sind als in Südost-Ungarn[261]. Dies weist aller Wahrscheinlichkeit nach auf eine unterschiedliche Bevölkerungsdichte und/oder auf abweichende Siedlungsformen in den verschiedenen Regionen hin.

Westungarn gehörte zur römischen Provinz Pannonien, der Limes befand sich entlang der Donau. Nördlich bzw. östlich des Limes gab es eine römisch beeinflusste Grenzregion. Die weitere Geschichte, die Frage des eventuellen Fortlebens der römerzeitlichen Bevölkerung nach der Aufgabe der Provinz Pannonien wurde bisher in der Forschung nicht ausreichend diskutiert. Aus dem Bereich der ehemaligen Provinz Pannonien bzw. aus den römisch beeinflussten Bereichen in der heutigen Südslowakei kennen wir auf jeden Fall einige

---

[259] MRT 6, MRT 8, MRT 10.
[260] z. B. MRT 5, MRT 9.
[261] Szentpéteri 2002, Karte 2.

Fundstellen, wo awarenzeitliche Funde und Befunde in der nächsten Nähe von römischen Befunden freigelegt worden sind oder wo römerzeitliche Objekte in der Awarenzeit sekundäre Verwendung fanden. Einige wenige awarenzeitliche Siedlungsstellen, die auf römischen Siedlungen errichtet wurden, konnten aus der Literatur ermittelt werden[262]:

Bratislava – Rusovce II Bergl

Budapest III – Filatorigát[263]

Budapest XI. Kende u.

Cifer – Pác II Nad mlynom II

Nagykanizsa – Inkey sírkápolna

Szigetmonostor – Horányi őrtorony

Tokod – Várberek, római tábor

Zamárdi – Kútvölgyi-dűlő

Zillingtal[264]

Aus Geländebegehungen sind awarenzeitliche Siedlungen bekannt, die auf römischen Siedlungen errichtet wurden[265]:

Drávaszentes – Régi falu (unklar, ob tatsächlich römische Fundstelle)

Nógrádverőce – Dunamező-dűlő, Keresztdomb[266]

Páty – Malom-dűlő

sowie mehr als 50 Fundorte aus dem Gebiet von 47 heutigen Gemeinden aus Ostösterreich[267]

Es ist allerdings zu vermuten, dass die »Dunkelziffer« awarenzeitlicher Siedlungsstellen, die über römischen Siedlungen errichtet wurden, weitaus höher liegt[268]: Einerseits wurden wahrscheinlich bei vielen, besonders älteren, Ausgrabungen die, im Vergleich zum römerzeitlichen Material mengenmäßig vernachlässigbaren awarenzeitlichen Funde übersehen, andererseits werden bei der Publikation awarenzeitlicher Siedlungsreste Befunde aus früheren Perioden nicht immer erwähnt. Ein dritter Grund ist: Die Ungarische Forschung, die aus geographischen Gründen die beste Möglichkeit hätte, diese Fragestellung zu erforschen, war in den letzten Jahrzehnten aus forschungsgeschichtlichen Gründen weitaus intensiver mit der zeitlichen »Obergrenze« der Awarenzeit und mit dem Übergang zur Ungarischen Landnahmezeit, also mit Fragen des 9.-10. Jahrhunderts beschäftigt, als mit den Anfängen der Awarenzeit und mit ihrem Bezug zu den römerzeitlichen Fundstellen. Eine diesbezügliche Änderung zeichnet sich in der Ungarischen Forschung bereits ab, wie das einige Ausgrabungen (z. B. in Budapest III – Filatorigát)[269] oder Ausstellungen (Awaren in Gorsium – Herculia, Herculia im 7. Jahrhundert, Ausstellung im Museum Székesfehérvár, November 2006 – März 2007) andeuten. Diesbezügliche neue Forschungsergebnisse und Publikationen sind wohl in den nächsten Jahren zu erwarten.

An den römischen Fundstellen, wo awarenzeitliche Siedlungsspuren vorliegen, konnte die Beziehung zwischen den römerzeitlichen Befunden und der awarenzeitlichen Besiedlung leider in den seltensten Fällen genau beobachtet werden oder wurde in den Publikationen, bei denen es sich meist um Vorberichte han-

---

[262] Alle Fundorte außer Zillingtal und Budapest III – Filatorigát zitiert nach Szentpéteri 2002, 437-578.

[263] Schilling 2003.

[264] Siehe vorliegende Bearbeitung.

[265] Die Fundorte aus Ungarn zitiert nach Szentpéteri 2002, 437-578.

[266] Es geht aus dem Text nicht klar hervor, ob es auch diesbezügliche Grabungsbefunde vorliegen. Szentpéteri 2002 524.

[267] Die Fundstellen sind bei Falko Daim und Heinz Winter aufgelistet bzw. kartiert. Daim 1987, 181-191, sowie Beilagen 2-4; Winter 1997, 92-173, sowie Karten 1-4.

[268] Dies wird auch dadurch bestätigt, dass das in dieser Hinsicht besser erforschte ostösterreichische Gebiet ein deutlich dichteres Vorkommen awarenzeitlicher Gegenstände an römischen Fundstellen zeigt, als die Region von Westungarn.

[269] Schilling 2003.

delt, nicht genau beschrieben. Neben Zillingtal liegen nur von Budapest III – Filatorigát genaue Angaben über die relative Lage der römerzeitlichen und der awarenzeitlichen Befunde vor:

In Budapest III – Filatorigát befanden sich verschiedene Siedlungsobjekte (Grubenhäuser, Gruben, Brunnen) C-förmig um das Gebäude eines römischen Bades aus dem 2-3. Jahrhundert, ohne das römische Gebäude zu stören. Innerhalb des römischen Gebäudes wurden keine awarenzeitlichen Funde gemacht, in den awarenzeitlichen Siedlungsobjekten wurden aber sehr wohl römerzeitliche Gegenstände, unter anderem der Kopf einer römischen Plastik, freigelegt; die Öfen der awarenzeitlichen Grubenhäuser bestanden aus römischen *tegulae* und *imbrices*[270].

Jedenfalls liegen – nach Kenntnis der Verfasserin – bisher von keinem Fundort Hinweise darauf vor, dass die awarenzeitliche Bevölkerung die römerzeitlichen Gebäuderuinen für Wohnzwecke verwendet hätte. Dies steht im Einklang mit den Ergebnissen aus Zillingtal. Es scheint also, dass der Bereich ehemaliger römischer Siedlungen in der Awarenzeit zwar als attraktiver Siedlungsplatz angesehen wurde, der Grund dafür war aber anscheinend nicht die Möglichkeit der Verwendung römerzeitlicher Gebäuderuinen. Als anderer möglicher Grund für die awarenzeitliche Besiedlung römischer Siedlungsstellen wurde die Verwendung der ehemaligen römerzeitlichen Infrastruktur, Ackerland oder Straßennetz, genannt[271]. Eventuell waren diese ursprünglich römerzeitlichen Siedlungen auch bis in die Awarenzeit, kontinuierlich oder phasenweise, bewohnt, wie dies die Münzfunde des 6. Jahrhunderts an einigen römischen Fundstellen in Ostösterreich andeuten[272]. Für eine Besiedlung zwischen Römerzeit und Awarenzeit liegen an vielen Fundstellen, so auch in Zillingtal allerdings – zumindest bisher – keine Hinweise vor.

Sowohl im Bereich der ehemaligen römischen Provinz Pannonien, als auch in der römisch beeinflussten Zone in der heutigen Südslowakei liegen auf jeden Fall größere freigelegte Siedlungsausschnitte vor, die keine direkte Verbindung zu römischen Bauten aufweisen. (z. B. In der Kleinen Ungarischen Tiefebene: Lébény – Bille-domb[273], Lébény – Kaszás-domb[274], aber auch entlang der Donau: Dunaújváros – Öreghegy[275] in der Südslowakei: Komarno/Komárom[276], Štúrovo-Obid/Párkány-Ebed[277]). In den ehemals zur Provinz Pannonien gehörenden bzw. römisch beeinflussten Gebieten gab es in der Awarenzeit somit neben der Besiedlung ehemaliger römischer Fundstellen auch andere, von den römischen Fundstellen anscheinend unabhängige Siedlungsformen. Es muss allerdings angemerkt werden, dass auch an einigen dieser Siedlungen z. B. die sekundäre Verwendung von römischen Ziegeln[278] oder von (wohl) römischen Steinen[279] als Ofenbaumaterial beobachtet werden konnte.

Die Erforschung der Beziehung von römerzeitlichen und awarenzeitlichen Befunden wird sicherlich eine der spannendsten Fragen in der Awarenforschung der nächsten Jahrzehnte sein. Die Ausgrabungen in Zillingtal und ihre Auswertung haben zum ersten Mal die Verbindung zwischen den Befunden der Römerzeit und der Awarenzeit im Detail beleuchten können. Die Gewinnung weiterführender Erkenntnisse ist alleine durch die Publikation von weiteren ergrabenen Fundstellen und durch die Fortsetzung von bereits bearbeiteten Ausgrabungen, wie auch jener von Zillingtal, zu erwarten.

[270] Für die Informationen per E-Mail am 4-5. Jänner 2007 möchte ich mich bei Herrn László Schilling M. A. sehr herzlich bedanken.
[271] Daim 1987 175; Winter 1997, 75.
[272] Winter 1997, 75.
[273] Takács 1996.
[274] Takács 1996.
[275] Bóna 1973.
[276] Trugly 1996.
[277] Zábojník 1988.
[278] z. B. Dunaújváros – Öreghegy, Bóna 1973, 72.
[279] z. B. Lébény – Bille-domb, Takács 1996.

DIE ERFORSCHUNG AWARENZEITLICHER KERAMIK

Durch die Charakterisierung und chronologische Zuordnung awarenzeitlicher Keramik öffnen sich Wege zur Ermittlung von gleichzeitigen Siedlungsobjekten und Fundstellen. Die Bearbeitung von Keramikfunden ermöglicht auch die Verbindung von Siedlungen mit den Gräberfeldern ihrer Bewohner und sie bietet ebenfalls die Möglichkeit, durch Überlegungen zu ihren Herstellungsbedingungen Aussagen zu wirtschaftshistorischen Fragen der Awarenzeit zu treffen. Aus diesen Gründen wäre es sehr wichtig, bei der Auswertung awarenzeitlicher Fundstellen – seien es Siedlungen oder Gräberfelder – der Keramikanalyse mehr Aufmerksamkeit zu schenken.

Das allgemein verwendete chronologische Schema der awarenzeitlichen Keramik beruht hauptsächlich auf der Grabkeramik[280] bzw. auf den zwei schnell gedrehten Keramiktypen: der »Grauen« und »Gelben Keramik«. Diese werden im Allgemeinen in die Früh- und. Mittelawarenzeit (»Graue Keramik«)[281] bzw. in die Spätawarenzeit (»Gelbe Keramik«)[282] datiert. Da das Vorkommen der beiden schnellgedrehten Keramiktypen in größeren Mengen, besonders im Siedlungsmaterial, selten ist, muss bei vielen Siedlungsbearbeitungen auf ihren Datierungswert verzichtet werden. Dies bedeutet oft, dass awarenzeitliche Siedlungsfunde chronologisch nicht näher eingeordnet werden können.

In Zillingtal konnte anhand der Keramikfunde des Gräberfeldes und der Siedlung ein detailliertes Datierungsschema für die awarenzeitliche Keramik dieser Fundstelle ausgearbeitet werden. Im Folgenden wird versucht, aufgrund des chronologischen Gerüstes von Zillingtal und anhand Angaben aus der Literatur einige Vorschläge für die Datierung und Interpretation awarenzeitlicher Keramik zu machen.

Eine wichtige Arbeit für die frühmittelalterliche Siedlungskeramik im Karpatenbecken stellt der Artikel von Béla Miklós Szőke aus dem Jahr 1980 dar[283]. Die Besprechung dieses Artikels mag hier wenig logisch erscheinen, da er Fundstellen behandelt, die sich weit entfernt von Zillingtal befinden. Man sollte aber nicht vergessen, dass – trotz der großen Entfernung – Zillingtal und die Siedlungen in Ostungarn zur selben politischen Einheit, zum Awarenreich, gehörten. Auch wenn die Existenz unterschiedlicher regionaler Gruppen innerhalb dieser Einheit als sicher anzunehmen ist, können aus der Auswertung der Zillingtaler Funde Schlüsse gezogen werden, die bei der Datierung und Auswertung von Keramikfunden aus dem gesamten Awarenreich relevant sind.

Aufgrund der Keramikfunde aus den Geländebegehungen zur »Archäologischen Topographie Ungarns« im Komitat Békés hat Béla Miklós Szőke ein System für die Datierung frühmittelalterlicher Siedlungskeramik in Südostungarn erarbeitet. Das Hauptziel der damaligen Forschungen war, die (Siedlungs)Keramik der Ungarischen Landnahmezeit (10. Jahrhundert) zu bestimmen. In seiner Arbeit hat Szőke die früh- und hochmittelalterliche Keramik in zwei Gruppen getrennt[284]:

Szőke Gruppe A
– auf der Drehscheibe hergestellte Keramik (ca. 20%)
– ohne Drehscheibe gerfertigte Stücke (ca. 75-80%)

---

[280] Vida 1999; Macháček 1997; Daim 1994; Vida 1986. Für die Einsicht in seine unpublizierte Diplomarbeit möchte ich mich bei Herrn Univ.-Doz. Dr. Tivadar Vida sehr herzlich bedanken.
[281] Zusammenfassend zur »Grauen Keramik« Vida 1999, 33-82; Bialekova 1968.
[282] Zusammenfassend zur »Gelben Keramik« Garam 1969; Bialekova 1967.
[283] Szőke 1980.
[284] Szőke 1980, 188.

– handgeformte Tonkessel (ca. 0,5%)
– eingestempelte Keramik (ca. 0,5%)
– Backglocken (ca. 1-2%)

Szőke Gruppe B
– langsam gedrehte Tonkessel (80-85%)
– wenige langsam gedrehte Töpfe (15-20%)

Szőke war der Meinung, dass die Gruppe B in das 10. Jahrhundert und die Gruppe A in das 9. Jahrhundert zu datieren sind. Die auf seine Publikation einsetzende Diskussion beschränkte sich darauf, zu klären, ob die beiden Gruppen tatsächlich von einander getrennt werden können und welche der beiden Gruppen in das 10. und welche in das 9. Jahrhundert zu datieren ist[285]. Ein wichtiges Argument bei der Datierung war der Anfang der Saltowo-Majak-Kultur (im 9. Jahrhundert) in den Gebieten der heutigen Ukraine[286]. Ohne auf Details eingehen zu wollen, muss hier angemerkt werden, dass bisher weder die Datierung der Funde und Befunde innerhalb der Saltowo-Majak-Kultur selbst klar ausgearbeitet werden konnte, noch die Art der Beziehungen zwischen dem Gebiet des heutigen Ostungarn und dem Gebiet der Saltowo-Majak-Kultur im Frühmittelalter eindeutig geklärt ist. Aus diesen Gründen kann die Saltowo-Majak-Kultur für Datierungszwecke nicht ohne Probleme herangezogen werden. Die Datierung der Szőke Gruppe A, vor allem die der Tonkesseln, wurde später von mehreren Autoren früher als von Szőke selbst angesetzt, jedoch in keinem Fall vor dem Beginn des 8. Jahrhunderts[287].

Mehr als 25 Jahre nach der Publikation Szőkes und in Kenntnis weiterer Fundkomplexe scheint es sinnvoll, diese Fragen unter neuen Gesichtspunkten erneut aufzuwerfen. Heute stehen uns mehrere ergrabene (nicht nur aus Geländebegehungen bekannte) Siedlungen zur Verfügung. Das Vorkommen mehrerer Keramikarten an einer durch Geländebegehungen erfassten Fundstelle sagt über die Gleichzeitigkeit dieser Funde nichts aus. Nur durch die Bearbeitung ergrabener Siedlungsobjekte und durch die Auswertung der Keramikfunde aus ihrer Verfüllung können Aussagen bezüglich der Gleichzeitigkeit bzw. der zeitlichen Abfolge der verschiedenen Keramiktypen getroffen werden.

Als Arbeithypothese möchte ich zur Diskussion stellen, dass die sog. Szőke-Gruppe A (Siedlungs-)Keramikfunde der gesamten Periode von der Mitte (bzw. eventuell bereits vom Anfang)[288] des 7. Jahrhunderts bis in das 10. Jahrhundert umfasst und somit keine eigentliche Gruppe darstellt. Im Folgenden wird daher ein Vorschlag für die chronologische Auftrennung der sog. Szőke-Gruppe A präsentiert. Dieser Vorschlag versteht sich als Diskussionsbeitrag und Hypothese, die vor allem durch die Bearbeitung weiterer ergrabener Siedlungen der Awarenzeit verifiziert oder widerlegt werden kann.

Drei Keramiktypen der Szőke-Gruppe A (Backglocken, Stempelverzierung, handgeformte Tonkessel) kommen bei ergrabenen (nicht nur aus Geländebegehungen bekannten) Siedlungen sehr oft voneinander getrennt vor. Ihre Verbreitungsgebiete sind ebenfalls unterschiedlich[289].

---

[285] MRT 8, 29-31.
[286] Szőke 1980, 189.
[287] Vida 1991.
[288] Details siehe weiter unten.

[289] Kartierungen bzw. Fundortlisten finden sich in der Arbeit von Uwe Fiedler: Fiedler 1994, 334, Abb. 12 (handgeformte Tonkessel); 335, Abb. 13 (Backglocken); 337 (stempelverzierte Keramik). Ergänzungen zu den Listen: Herold 2004, 74.

BACKGLOCKEN

Backglocken[290] haben die größte Verbreitung von den drei genannten Keramiktypen der Szőke-Gruppe A: Ostungarn (mit Ausnahme von Nordostungarn, hier kommen keine dem Awarenreich zuordenbaren Siedlungen vor), Teile von Westungarn (in Südwestungarn sind Backglocken bisher weniger belegt, die Ausgrabungen der Autobahn M7 könnten dies ändern)[291], sowie Gebiete des heutigen Österreichs und der heutigen Slowakei[292].

Außer der frühawarenzeitlichen Siedlung von Dunaújváros – Öreghegy[293] sind aus dem Verbreitungsgebiet der Backglocken praktisch keine größeren awarenzeitlichen Siedlungen bekannt, in deren Keramikmaterial Backglocken fehlen. Es ist möglich, dass in Dunaújváros – Öreghegy die Backglocken tatsächlich nicht vertreten waren und dass dies chronologische Gründe hat. In diesem Fall ist es wahrscheinlich, dass Backglocken erst nach der Frühawarenzeit aufkommen. Es ist aber auch nicht ganz auszuschließen, dass Backglocken zwar im Siedlungsmaterial von Dunaújváros – Öreghegy vorhanden waren, aber nicht in die Publikation Eingang gefunden haben. Die Publikation von Dunaújváros – Öreghegy erschien 1973, also bevor sich, ausgehend von den Geländebegehungen in Ostungarn für die »Archäologische Topographie Ungarns«, ungefähr ab der Mitte der 1970-er Jahre eine Diskussion über die Backglocken entfaltet hatte. In der Nähe der Fundstelle Dunaújváros – Öreghegy, in der Siedlung von Dunaújváros – Alsófoki-patak, wurden Backglocken gefunden. Durch die »Graue Keramik« ist eine frühawarenzeitliche Phase der Siedlung von Dunaújváros – Alsófoki-patak belegt. Es geht aus dem Vorbericht allerdings nicht klar hervor, ob Backglocken auch in dieser frühen Siedlungsphase vorkamen[294].

In Zillingtal ist das Vorkommen der Backglocken auf jeden Fall von der Mittelawarenzeit II bis zur Spätawarenzeit III (MA II–SPA III) belegt. In der awarenzeitlichen Siedlung von Brunn am Gebirge wurden Backglockenfragmente im Brunnen 823 gefunden, der Aufgrund der ^{14}C und dendrochronologischen Daten der hölzernen Brunnenkonstruktion in der zweiten Hälfte des 7. Jahrhunderts gebaut und aufgrund der ^{14}C-Daten der Verfüllung aller Wahrscheinlichkeit nach noch in der ersten Hälfte des 8. Jahrhunderts verfüllt wurde[295]. Künftige Ausgrabungen und ihre Auswertung können zeigen, ob mit Backglocken bereits ab der Frühawarenzeit gerechnet werden kann.

KERAMIK MIT STEMPELVERZIERUNG

Keramik mit Stempelverzierung[296] ist in Ostungarn und in begrenzter Zahl auch im östlichen Teil von Westungarn verbreitet, sie hat ungefähr dasselbe Verbreitungsgebiet wie die handgeformten Tonkessel (mit der Ausnahme der Südslowakei, wo Keramik mit Stempelverzierung bisher nicht publiziert wurde)[297].

[290] Es scheint in der Fachliteratur immer wieder Verwechselungen folgender Keramiktypen zu geben: Backglocke, Tonwanne und Backteller. Backglocken und Tonwannen sind im Bereich des Awarenreiches z. B. auch in Zillingtal belegt (Backglocken z. B. Taf. 3, 4; 4, 4, 6-7; Tonwannen z. B. Taf. 14, 6; 21, 4). Backteller sind von den Siedlungen des Awarischen Khaganats bisher – nach Informationen der Verfasserin – nicht bekannt. Backteller kommen z. B. in Nordost-Ungarn vor (Herold 2006, Taf. 55, 5, Taf. 64, 7).

[291] z. B. Belényesy u. Mersdorf 2004, 47 und 62, Abb. 19.

[292] Fiedler 1994, 335, Abb. 13.

[293] Bóna 1973.

[294] Fülöp 1984, 12.

[295] Stadler u. Herold 2003, 180; 182, Tab. 1-2; 184, Abb. 3:2; 186, Abb. 5:2. Herold 2002b, 172, Taf. 1, 1; 177, Taf. 6, 4.

[296] Die hier besprochene, meist rechteckige, auf handgeformten Gefäßen vorkommende Stempelverzierung ist keineswegs mit der auch von awarenzeitlichen Fundorten bekannten, auf schnell gedrehten Gefäßen vorkommenden, sog. »germanischen« Stempelverzierungen zu verwechseln.
Bei Aleksandr A. Bobrinskij findet sich eine – soweit ich sehe in der Awarenforschung bisher nicht zitierte – Abbildung eines Rollstempels, sowie Abbildungen archäologischer und experimenteller Keramik, die der awarenzeitlichen stempelverzierten Keramik sehr ähnlich sind und die wahrscheinliche Herstellungstechnik dieser Verzierung zeigen. (Bobrinskij 1978, 235, Ris. 98.)

[297] Fiedler 1994, 337.

In einigen Fundkomplexen liegen neben handgeformten Tonkesseln sehr wenige und kleine (wahrscheinlich als Altstücke interpretierbare) Keramikstücke mit Stempelverzierung, meist als Streufunde, vor (z. B. Gyoma 133[298], Örménykút 54[299]). Umgekehrt sind – soweit mir bekannt ist – keine größeren Fundkomplexe ohne handgeformte Tonkessel aber mit stempelverzierter Keramik bekannt. Es liegt daher nahe zu vermuten, dass die Stempelverzierung chronologisch einen engeren Bereich umfasst als die handgeformten Tonkessel. Da stempelverzierte Keramik als Altstücke in Fundkomplexen mit handgeformten Tonkesseln auftreten, scheint es wahrscheinlich, dass die Produktion der stempelverzierten Keramik früher endet als die Produktion der handgeformten Tonkessel. Was den Anfang der Produktion stempelverzierter Keramik betrifft, muss durch künftige Forschungen näher beleuchtet werden, ob es eine chronologische Phase gibt, in der handgeformte Tonkessel schon, stempelverzierte Keramik aber noch nicht produziert wurde.

Auf jeden Fall wären Fundstellen, wo Bruchstücke stempelverzierter Keramik als Altfunde vorkommen, später zu datieren als Fundkomplexe, die große Mengen stempelverzierter Keramik enthalten. In Zillingtal kam stempelverzierte Keramik – wohl aus geographischen Gründen – nicht zum Vorschein.

HANDGEFORMTE TONKESSEL

Handgeformte Tonkessel haben ihre Verbreitung in Ostungarn, in begrenzter Zahl auch im östlichen Teil von Westungarn, sowie in der Südslowakei[300]. In zahlreichen Fundkomplexen kommen zwar Backglocken vor, handgeformte Tonkessel und die sog. stempelverzierte Keramik fehlen jedoch, so auch z. B. in Zillingtal. Dies hängt in vielen Fällen eindeutig mit den unterschiedlichen Verbreitungsgebieten der drei Keramiktypen zusammen. Sobald mehr awarenzeitliche Siedlungen publiziert sind, wäre es interessant zu untersuchen, ob es in Gebieten, wo prinzipiell alle drei Keramiktypen vorkommen, auch Fundkomplexe gibt, die zwar Backglocken, nicht aber die beiden anderen Keramiktypen enthalten. Dies würde dann auf eine längere Laufzeit des Keramiktyps Backglocke hinweisen[301].

Die Datierung von handgeformten Tonkesseln wurde viel diskutiert. Bisher scheint der mit »Grauer Keramik« vergesellschaftete Tonkessel von Štúrovo-Obid das früheste Exemplar zu sein, er dürfte in das 7. Jahrhundert datieren[302]. Für eine Datierung der handgeformten Tonkessel ab dem 8. Jahrhundert hat Tivadar Vida plädiert[303]. Csanád Bálint hat in seiner Publikation von Eperjes ebenfalls eine Datierung der handgeformten Tonkessel ab dem das 8. Jahrhundert unterstützt[304]. Es fragt sich jedoch, was gegen eine allgemeine Datierung der handgeformten Tonkessel ab der Mitte des 7. Jahrhunderts spricht. Erwägt man eine Datierung der Tonkessel schon ab der Frühawarenzeit, ergeben sich die gleichen Fragen zur Fundstelle Dunaújváros – Öreghegy wie bei den Backglocken[305].

Es gibt mehrere Arten von handgeformten Tonkesseln:
– mit Wulsthenkel oben (z.B. Szőreg – aus dem Bereich vom Gräberfeld B[306], Csongrád – Bokros[307])
– mit Innenösen (zahlreiche Exemplare z. B. aus Südostungarn)[308]
– mit muschelartigen Ösen auf der Außenseite[309]

---

[298] Vida 1991.
[299] Herold 2004, 18. Die Stücke mit Stempelverzierung sind, da sie in Streulage freigelegt wurden, nur erwähnt, aber nicht abgebildet.
[300] Fiedler 1994, 334, Abb. 12.
[301] Eine solche Siedlungsphase mit Backglocken aber ohne handgeformten Tonkessel und stempelverzierte Keramik beschreibt Béla Miklós Szőke von Hunya – Csárda-völgy. MRT 8, 288.
[302] Zábojník 1988, 419, 424.

[303] Vida 1991.
[304] Bálint 1991, 73
[305] Für die Datierung der Backglocken siehe weiter oben.
[306] Abgebildet in Bálint 1991, 56 und in Trogmayer 1962, 7, Abb. 2.
[307] Trogmayer 1962, 5.
[308] Eine Zusammenstellung verschiedener Ösentypen findet sich bei Vida 1996, 364, Fig. 24:1-10.
[309] Vida 1996, 364, Fig. 24, 12.

Für zukünftige Forschungen wäre es eine interessante Frage zu untersuchen, ob die verschiedenen Formvarianten der handgeformten Tonkessel regionale und/oder chronologische Gruppen bilden.

Was die Laufzeit der drei besprochenen Keramiktypen (Backglocken, stempelverzierte Keramik, handgeformte Tonkessel) betrifft, so wurde bereits erwähnt, dass der Gebrauch der stempelverzierten Keramik auf jeden Fall früher endet, als der der handgeformten Tonkessel. Für die Backglocken kann eine ähnliche Laufzeit angenommen werden wie für die handgeformten Tonkessel, da innerhalb ihres gemeinsamen Verbreitungsgebietes diese beiden Keramiktypen bei größeren Siedlungsausschnitten – nach aktuellen Kenntnissen der Verfasserin – in der Regel gemeinsam vorkommen. In Zillingtal, wo handgeformte Tonkessel nicht vorgekommen sind, sind Backglocken auf jeden Fall bis in die Spätawarenzeit III belegt.

In den vergangenen Jahren wurden von mehreren Fundstellen Keramikkomplexe vorgestellt, bei denen die in der Szőke-Gruppe A vertretenen »orangefarbigen«, sandgemagerten, langsam gedrehten Gefäße eine wichtige Rolle spielen (z.B. Edelény[310], Örménykút Phase III[311]), Backglocken und Tonkessel aber nicht vorkommen. Eine genaue Datierung dieser Phase ist zur Zeit nicht möglich; wahrscheinlich ist, dass sie dem 10. Jahrhundert angehört, eventuell mit einem Anfang im 9. Jahrhundert und mit einem Ende im 11. Jahrhundert Diese Phase gibt in jedem Fall einen *terminus ante quem* für die Backglocken, sowie für die handgeformten Tonkessel (der Gebrauch stempelverzierter Keramik geht offenbar früher zu Ende) und ist daher bei der Auswertung awarenzeitlicher Keramik von großer Wichtigkeit.

Demnach möchte die Verfasserin vorliegender Arbeit in den Backglocken und handgeformten Tonkesseln Siedlungskeramiktypen sehen, die ab dem Anfang der Mittelawarenzeit, eventuell aber schon von der Frühawarenzeit bis zum Ende der Spätawarenzeit vorkommen. Besonders für die Frühawarenzeit ist mit Bevölkerungsgruppen innerhalb des Awarenreiches z. B. mit spätantiken, germanischen oder slawischen Wurzeln zu rechnen, welche diese Keramiktypen nicht verwendeten. Das Ende des Auftretens dieser Siedlungskeramiktypen wäre logischerweise ungefähr mit dem Ende der Awarenzeit gleichzusetzen. Das Ende der Awarenzeit kann natürlich in verschiedenen Regionen zu unterschiedlichen Zeiten erfolgt sein.

RELATIVE ANTEILE HANDGEFORMTER UND LANGSAM GEDREHTER KERAMIK

Béla Miklós Szőke erfasste in seiner Gruppe A ca. 80% handgeformte und 15-20% langsam gedrehte Keramik. Es ist allerdings – auch von ihm selbst[312] – betont worden, dass die relativen Anteile dieser beiden Gruppen von Fundstelle zu Fundstelle, aber auch innerhalb eines Fundortes unterschiedlich sein können. In Zillingtal konnte beobachtet werden, dass der Anteil handgeformter Keramik im Laufe der Awarenzeit zugunsten der langsam gedrehten Gefäße ständig abnimmt (**Abb. 65-67**)[313]. Es stellt sich die Frage, ob es möglich wäre, basierend auf den relativen Anteilen der handgeformten und der langsam gedrehten Keramik auch an anderen Fundstellen der Awarenzeit eine (innere) Chronologie zu erarbeiten. Das Fehlen von langsam gedrehter Keramik könnte dabei die sonst schwer identifizierbaren früh- bis mittelawarenzeitlichen Siedlungen anzeigen.

---

[310] Wolf 2003.
[311] Herold 2004.
[312] MRT 8, 288.
[313] Auf diese Tendenz im awarenzeitlichen Keramikmaterial wird schon bei Bóna 1971, 321-324 hingewiesen; mehrere Autoren haben dies später zitiert (Tomka 1988, 47; Takács u. Vaday 2004, 41), oder sind durch eigene Analysen zu ähnlichen Ergebnissen gekommen (Macháček 1997, 379). Genaue, zahlenmäßige Angaben zur Veränderung der relativen Anteile von handgeformter und langsam gedrehter Keramik im Laufe der Awarenzeit werden allerdings zum ersten Mal in vorliegender Arbeit vorgestellt.

Bezüglich der Unterschiede zwischen Siedlungs- und Grabkeramik zeigt sich für Zillingtal folgendes Bild: wenn man alle chronologische Phasen zusammenfassend betrachtet, ist in der Siedlung jeweils die Hälfte der Keramik langsam gedreht bzw. handgeformt, im Gräberfeld sind drei Viertel der Keramik handgeformt und nur ein Viertel ist langsam gedreht. Dies spricht eindeutig gegen die bisweilen gemachte Behauptung, die Siedlungskeramik der Awarenzeit wäre von schlechterer Qualität gewesen, als die Grabkeramik. Ob zumindest ein Teil der (handgeformten) Gefäße aus den Gräbern speziell für den Gebrauch als Grabgefäß gefertigt wurden, kann nicht eindeutig entschieden werden. Auf jeden Fall können sämtliche Arten der Gräberfeldkeramik auch in der Siedlung nachgewiesen werden.

Als die Siedlung von Zillingtal am Ende der Spätawarenzeit verlassen wurde, endet auch die Belegung des Gräberfeldes. Der Anteil der handgeformten Gefäße verringert sich zwar im Laufe der Zeit sowohl in der Siedlung, als auch im Gräberfeld zugunsten der langsam gedrehten Gefäße, doch finden sich auch noch in der letzten chronologischen Phase von Zillingtal handgeformte Gefäße. Aufgrund der Analyse der Siedlung- und Gräberfeldkeramik von Zillingtal scheint es also wahrscheinlich, dass Keramikkomplexe, in denen keine handgeformten Gefäße mehr vorkommen, nachawarenzeitlich zu datieren wären. Da – wie bereits erwähnt – die handgeformte und die langsam gedrehte Keramik wohl als Produkte zweier, parallel existierender Herstellungssysteme gedeutet werden können[314], ist das allmähliche Verschwinden der handgeformten Keramik – ob im Gebiet des heutigen Ostösterreichs, Ungarns oder der Südslowakei – auf jeden Fall mit Änderungen im Wirtschaftssystem verbunden. Die einfachste Produktionsweise, wo eher für den Eigenbedarf produziert wurde, wird schrittweise aufgegeben. Das heißt, man konnte sich leisten, Keramikgefäße von einer anderen, gewissermaßen spezialisierten Person zu beziehen und konnte sich auch darauf verlassen, dass die Versorgung mit diesen Produkten kontinuierlich oder zumindest regelmäßig gewährleistet war.

HANDGEFORMTE KERAMIKTYPEN DER AWARENZEIT

Neben den oben bereits besprochenen speziellen handgeformten Keramiktypen – Backglocken, Gefäßen mit Stempelverzierung und Tonkesseln – besteht das handgeformte Keramikrepertoire der Awarenzeit hauptsächlich aus topfartigen Gefäßen. Die von Tivadar Vida im Detail ausgearbeitete Typologie der handgeformten und schnellgedrehten Keramiktypen der frühen- und mittleren Awarenzeit[315] ist für die chronologische Gliederung der Gräberfelder, sowie für das Aufzeigen kulturhistorischer Zusammenhänge enorm wichtig. Die meisten dieser Keramiktypen kommen allerdings auch in den Gräberfeldern selten, im Siedlungsmaterial praktisch nie vor. Von den durch Tivadar Vida bearbeiteten Gefäßtypen kamen z. B. in Zillingtal Buckelrandgefäße und Gefäße mit viereckiger Mündung vor (siehe Kapitel »Sondertypen handgeformter Keramik« der vorliegenden Arbeit) – allerdings nur im Gräberfeld und nicht in der zugehörenden Siedlung.

In der Regel werden Siedlungsfunde nur dann als früh- bzw. mittelawarenzeitlich bestimmt, wenn zumindest einige der dort gefundenen Bruchstücke einer der bekannten typologischen Gruppen (z.B. Gefäße mit Trichterhals oder der schnellgedrehten »Grauen Keramik«) zugeordnet werden können. Dies erschwert die Erkennung von früh- und mittelawarenzeitlichen Siedlungen bzw. Siedlungsphasen, sowie die chronologisch richtige Zuordnung von Gräbern aus dieser Zeit, wenn sie sonst über keine aussagekräftigen Beigaben verfügen. Wie die Kartierungen in der Arbeit von Tivadar Vida zeigen[316], haben diese sicher als früh- bzw. mittelawarenzeitlich bestimmbaren Keramikgruppen, zusätzlich zu ihrer Seltenheit, auch jeweils geo-

---

[314] Siehe Kapitel »Die awarenzeitliche Keramikproduktion in Zillingtal« der vorliegenden Arbeit.

[315] Vida 1992, Vida 1999.
[316] Vida 1999.

graphisch begrenzte Verbreitungen. Wir können daher nur in bestimmten Gebieten mit ihrem Vorkommen rechnen. In anderen Regionen müssen wir die frühe bzw. mittlere Awarenzeit mit anderen Methoden, am ehesten durch die Ausarbeitung der Relativchronologie des gesamten (auch keramischen) Fundmaterials innerhalb einer Fundstelle erkennen können. Die handgeformten Keramiktypen der Spätawarenzeit sind weitgehend unbearbeitet. Hier sind wir zur Zeit ebenfalls auf die Ausarbeitung der Relativchronologie innerhalb der einzelnen Fundstellen angewiesen.

LANGSAM GEDREHTE KERAMIK

Die langsam gedrehte Keramik von Zillingtal wurde mit Sand gemagert und gemischt gebrannt. Solche Keramik kommt im Bereich des gesamten Awarenreiches zum Vorschein. Nach Tivadar Vida erscheint die langsam gedrehte Keramik ab der Mittelawarenzeit[317]. Die Ergebnisse der Keramikanalyse von Zillingtal bestätigen seine Ansicht: Im Gräberfeld von Zillingtal sind langsam gedrehte, mit Sand gemagerte, gemischt gebrannte Gefäße ab der Mittelawarenzeit II (MA II) bis zur Aufgabe des Gräberfeldes in der Spätawarenzeit III (SPA III) belegt. Diese Keramikart ist in der Siedlung von Zillingtal mit handgeformter Keramik und Backglocken vergesellschaftet.

Die langsam gedrehte Keramik des awarenzeitlichen Gräberfeldes von Mödling wurde von Falko Daim bearbeitet[318]. Er verglich die Gräber, die sowohl datierbare Metallbeigaben, als auch langsam gedrehte Gefäße beinhalteten. Daim konnte die schwächer profilierten, mit kalk gemagerten Gefäße mit abgerundeten Rändern den früheren Phasen des Gräberfeldes (MA II-S PA I), die stärker profilierten, mit Sand gemagerten Gefäße mit abgestrichenem Rand den späteren Phasen des Gräberfeldes (SPA II-SPA III) zuordnen und schuf damit die erste detaillierte innere Chronologie im Keramikmaterial eines awarenzeitlichen Gräberfeldes. Wie im Kapitel »Typochronologie der Keramik anhand makroskopischer Kriterien« der vorliegenden Arbeit bereits erwähnt, sind die formalen Merkmale der langsam gedrehten Keramik in Mödling und Zillingtal in den gleichen chronologischen Phasen ähnlich, die nichtplastischen Bestandteile unterscheiden sich jedoch: In Zillingtal konnte keine Kalkmagerung nachgewiesen werden.

Jiří Macháček analysierte langsam gedrehte Gefäße aus awarenzeitlichen Gräberfeldern der Südslowakei anhand ihrer Gefäßmaße[319]. Er stellte fest, dass im Laufe der Awarenzeit das Formenrepertoire der langsam gedrehten Gefäße sich von den höheren in Richtung breiterer Formen verschoben hat. Er wies auch auf die Verbindung der awarenzeitlichen langsam gedrehten Keramik mit der spätantiken Keramik der betreffenden Regionen hin. Dieser Beobachtung ist eindeutig zuzustimmen. Eine der interessantesten Aufgaben für die Frühmittelalterarchäologie in Mitteleuropa wird in den nächsten Jahrzehnten zweifellos die nähere Erforschung der Zusammenhänge zwischen Spätantike und frühem Mittelalter sein. Im Laufe dieser Arbeiten wird man auch die Genese der langsam gedrehten Keramik der Awarenzeit näher untersuchen können.

Im Osten Ungarns lassen sich in der langsam gedrehten Keramik im Vergleich zum heutigen Westungarn oder zur Südslowakei nur größere chronologische Horizonte voneinander trennen. Dies ist zum Teil sicher durch die spärlichen »Gefäßbeigaben« in den spätawarenzeitlichen Gräberfeldern in Ostungarn bedingt. Die langsam gedrehte Keramik der Szőke-Gruppe A besteht – nach Erfahrungen aus der Bearbeitung der Siedlung von Örménykút[320] – aus mindestens drei verschiedenen Gruppen[321]:

[317] Vida 1999, 107.
[318] Daim 1994.
[319] Macháček 1997.

[320] Herold 2004.
[321] Béla Miklós Szőke hat eine andere Unterteilung der langsam gedrehten Keramik seiner Gruppe A vorgeschlagen: Szőke 1980, 182.

– mit Schamotte gemagerte, gemischt gebrannte Gefäße[322],

– mit Sand gemagerte, gemischt gebrannte Gefäße,

– mit Sand gemagerte, hauptsächlich oxidierend gebrannte Gefäße (leicht durch die orange Farbe der äußeren und der inneren Oberfläche zu erkennen; bekannt z. B. von Edelény[323], Örménykút[324], aber auch aus dem Gräberfeld von Halimba – Cseres[325] aus dem Gebiet der ehemaligen Provinz Pannonien).

Diese drei Keramikgruppen sind, wie es scheint, unterschiedlichen chronologischen Phasen zuzuordnen. Die mit Schamotte gemagerte, langsam gedrehte Keramik kann auf jeden Fall in die Awarenzeit (wohl in die Spät- eventuell auch in die Mittelawarenzeit) datiert werden[326]; dieser Keramiktyp kam in Zillingtal nicht vor[327]. Dies deutet auf seine regional begrenzte Verbreitung hin, deren genauen Grenzen durch künftige Forschungen ermittelt werden müssten. Die mit Sand gemagerte, gemischt gebrannte Keramik ist ein sehr heterogener und weit verbreiteter Keramiktyp – die langsam gedrehte Keramik von Zillingtal gehört auch zu dieser Gruppe. Dieser Keramiktyp wird in Zukunft bei einem besseren Forschungsstand sicherlich in mehrere Gruppen zu trennen sein, die zum Teil der Awarenzeit zugeordnet werden können und zum Teil nach-awarenzeitlich sind.

Die mit Sand gemagerte, oxidierend gebrannte Keramik, die z. B. in Edelény und Örménykút, aber auch in Halimba – Cseres zum Vorschein kam, fehlt aus den klassischen awarenzeitlichen Gräberfeldern wie z. B. Zillingtal. Dieser Keramiktyp ist weder mit Backglocken, noch mit Tonkesseln, noch mit handgeformten Töpfen vergesellschaftet[328] und ist dadurch vom Rest der Szőke-Gruppe A eindeutig zu trennen. Aufgrund der Bearbeitung der Siedlung von Örménykút kann diese Gruppe der mit Sand gemagerten, oxidierend gebrannten langsam gedrehten Töpfe als der chronologisch späteste Teil innerhalb der Szőke-Gruppe A identifiziert werden: sie tritt jedenfalls erst nach dem Ende der Awarenzeit auf[329].

An dieser Stelle sei ein Exkurs zur Datierung des mit Sand gemagerten, oxidierend gebrannten Keramiktyps erlaubt: Aufgrund eines Vergleichs der Gefäße von Edelény, Örménykút und Halimba – Cseres mit den Grabgefäßen von Karos – Eperjesszög[330] konnte festgestellt werden, dass die Grabgefäße von Karos eine weitaus profiliertere, kompliziertere Randgestaltung haben als die Keramik der anderen drei Fundstellen. Wenn wir annehmen, dass sich Grab- und Siedlungskeramik in ihrer Qualität nicht wesentlich unterschieden haben, bzw. dass die Randgestaltung der Keramikgefäße in derselben chronologischen Phase regional nicht sehr unterschiedlich war, müssen wir für die Grabgefäße von Karos eine spätere Datierung annehmen als für die Gefäße der drei anderen erwähnten Fundstellen.

Wenn wir die Grabgefäße von Karos in das mittlere Drittel des 10. Jahrhundert stellen, was der archäologischen Datierung der Metallfunde aus den Gräbern entsprechen würde[331], müssen wir für die anderen drei Fundstellen eine frühere Datierung (das heißt 9. und eventuell frühes 10. Jahrhundert) annehmen. Wenn wir aber davon ausgehen, dass die erwähnten beiden Siedlungen und die betroffenen Gräber des Gräberfeldes von Halimba – Cseres ihren Schwerpunkt im 10. Jahrhundert haben, müssen wir für die Gräberfelder von Karos – Eperjesszög eine noch spätere chronologische Stellung vermuten[332]. Interessant ist in diesem Zusammenhang das ^{14}C-Datum (980-1018 n. Chr. Junge und Pferd kombiniert auf 1-Sigma-Niveau)

---

[322] Mit dem Ausdruck »gemischt gebrannt« wird hier Keramikbrand in unkontrollierter – also weder in eindeutig reduzierender, noch in eindeutig oxidierender – Atmosphäre beschrieben.

[323] Wolf 2003.

[324] Herold 2004.

[325] Török 1962.

[326] Herold 2004, 61 und 68-74.

[327] In Zillingtal waren ausschließlich handgeformte Gefäße mit Schamotte gemagert.

[328] Wolf 2003, Herold 2004.

[329] Herold 2004, 62.

[330] Der Vergleich wurde während der Arbeiten zu Herold 2006 durchgeführt und wird in der Publikation auch besprochen (Herold 2006, 41-42), damals war allerdings das [14]C Datum zu Gnadendorf noch nicht bekannt. Publikation der Gefäße von Karos – Eperjesszög: Révész 1996, Taf. 9, 7 (Gräberfeld II, Grab 3); Taf. 31, 6 (Gräberfeld II, Grab 22); Taf. 68, 3 (Gräberfeld II, Grab 48; das Gefäß ist in einem anderen Maßstab abgebildet als die anderen Gefäße); Taf. 135, 2 (Gräberfeld III, Grab 18).

[331] Révész 1996

[332] Herold 2006, 41-42.

zum Reitergrab von Gnadendorf (Niederösterreich)[333], das die Möglichkeit einer solchen späteren Datierung für die sog. klassischen landnahmezeitlichen Gräber zeigt.

DIE HERSTELLUNGSRAHMEN HANDGEFORMTER, LANGSAM GEDREHTER UND SCHNELL GEDREHTER KERAMIK IN DER AWARENZEIT

Nach den Analysen von Tivadar Vida kommen langsam gedrehte Gefäße – wie bereits erwähnt – erst ab der Mittelawarenzeit vor[334]. Dieses Ergebnis wurde durch die Untersuchungen zur awarenzeitlichen Keramik von Zillingtal bestätigt. In der Frühawarenzeit sind handgeformte und in einigen Regionen – besonders in Westungarn – auch schnell gedrehte Keramikgefäße charakteristisch[335]. Im Laufe der Spätawarenzeit wurden handgeformte und langsam gedrehte Gefäße verwendet, in einigen Gebieten waren auch schnell gedrehte Keramikgefäße der »Gelben Keramik«[336] verbreitet. Diese drei Hauptarten der awarenzeitlichen Keramik spiegeln drei verschiedene Ebenen der Keramikherstellung wieder. Wie bereits bezüglich der Keramikfunde von Zillingtal diskutiert wurde[337], dürften handgeformte Gefäße in eher einfachem Rahmen gefertigt worden sein – entsprechend ungefähr den Modellen *household production/household industry* nach Peacock[338]. Bei diesen Modellen erzeugen die Topfproduzenten Gefäße nur für den Eigenbedarf oder für einen geringfügigen Profit, der durch Einkünfte aus anderen Tätigkeiten ergänzt wird. Die Herstellung der langsam gedrehten Keramik passt zu den Modellen *household industry/individual workshop*; die Topfproduzenten erzeugen hier Gefäße über den Eigenbedarf hinausgehend und erzielen dadurch Profit. Die Töpferei kann eine (saisonale) Teilzeitbeschäftigung darstellen, kann aber als wichtige Einkommensquelle dienen.

Handgeformte und langsam gedrehte Keramiktypen finden wir in den entsprechenden chronologischen Phasen in allen Gebieten des Awarenreiches. In der Frühawarenzeit kommt von diesen beiden Typen nur die handgeformte Keramik vor, in der Spätawarenzeit können wir mit der zeitlich parallelen Existenz beider Keramikgruppen rechnen – auch wenn ihre relativen Anteile regional unterschiedlich sein können.

Die Herstellung der schnell gedrehten awarenzeitlichen Keramik erfolgte in spezialisierten Werkstätten[339]. Diese könnten dem *individual workshop/nucleated workshop* nach den Modellen von Peacock entsprechen. Bei beiden Modellen arbeiten die Topfproduzenten für Profit, die Keramikherstellung ist eine wichtige oder sogar die wichtigste Einkommensquelle. Im Gegensatz zu den Herstellungsmodellen der handgeformten und der langsam gedrehten Keramik wird hier in die Töpferei investiert, da sich die Investition in eine fußbetriebene Töpferscheibe oder einen Töpferofen durch den erzielten Profit rentiert. Überreste von solchen Werkstätten aus der Awarenzeit wurden in der Region von Szekszárd[340] freigelegt. Diese sind die einzigen Reste von Keramikproduktion, die wir aus der Awarenzeit kennen. Die weniger aufwendigen Vorrichtungen, die aller Wahrscheinlichkeit nach für die Herstellung der langsam gedrehten und der handgeformten Keramik der Awarenzeit verwendet wurden (z. B. Einkammeröfen oder Gruben für den Brand von Keramikgefäßen) konnten archäologisch bisher nicht erfasst werden.

Die spezialisierten Werkstätten produzieren eine größere Menge Keramikgefäße besserer Qualität als die Teilzeit-Topfproduzenten. Ihre Produkte werden in größere Entfernungen verkauft, vor allem in Regionen,

---

[333] Daim 2006, 22.
[334] Vida 1999, 107.
[335] Vida 1999; Bialekova 1968.
[336] Garam 1969; Bialekova 1967.
[337] Siehe Kapitel »Die awarenzeitliche Keramikproduktion in Zillingtal« der vorliegenden Arbeit.

[338] Peacock 1982, 8-9.
[339] Wie dies bereits in den frühen Bearbeitungen dieser Keramiktypen angenommen wurde. Bialekova 1967, Bialekova 1968, Garam 1969.
[340] Rosner 1990.

wo die Bevölkerung für diese qualitätsvollere Ware zu »bezahlen« bereit oder fähig ist. Aus diesem Grund ist auch die Verbreitung der Produkte regional unterschiedlich dicht[341]. So gehörten z. B. große Teile Ostösterreichs zum Awarenreich, wie dies durch zahlreiche Gräberfelder belegt ist, es ist aber lediglich ein einziges Gefäß der schnell gedrehten »Grauen Keramik« aus dieser Region bekannt[342]; die schnell gedrehte »Gelbe Keramik« kommt in Ostösterreich überhaupt nicht vor.

In der Frühawarenzeit ist also die handgeformte Keramik in allen Bereichen des Awarischen Khaganats verbreitet, das Vorkommen schnell gedrehter Keramiktypen in größeren Mengen beschränkt sich auf gewisse Regionen, vor allem in Westungarn. Offensichtlich bestand in einigen Regionen keine Möglichkeit oder kein Bedarf für den Bezug oder Produktion dieser qualitativ hochwertigen Töpferwaren. Nach den Forschungen von Tivadar Vida wurde die »Graue Keramik« weiter verhandelt, während andere schnellgedrehte Keramiktypen der Frühawarenzeit nur eine sehr beschränkte Verbreitung fanden[343]. Diese Beobachtung bietet der zukünftigen Forschung die Möglichkeit, auch innerhalb der Gruppe der spezialisierten Töpferei Unterschiede in Hinblick auf die Produktions- und Handelsaktivitäten der Töpferwerkstätten schnell gedrehter awarenzeitlicher Keramik zu fassen.

In der Mittelawarenzeit kommt mit der langsam gedrehten Keramik eine neue Ebene der Keramikherstellung auf. Dies bedeutet eine Änderung in der Organisation des Töpferhandwerkes, mit der wohl auch andere Veränderungen im Awarenreich verbunden waren, die aber archäologisch schwer zu fassen sind.

Am Anfang der Spätawarenzeit scheinen – nach heutigem Forschungsstand – zumindest einige der Werkstätten, welche die schnell gedrehten Gefäße produzierten, ihre Tätigkeit eingestellt zu haben. Neben der handgeformten und langsam gedrehten Keramik erscheinen im Laufe der Spätawarenzeit die schnell gedrehten gelben Gefäße. Zur »Gelben Keramik« kennen wir bisher keine Werkstätten. Es wäre eine besonders spannende Forschungsfrage zu untersuchen, ob bzw. wenn ja, inwieweit die Werkstätten der »Gelben Keramik« aus den Werkstätten der »Grauen Keramik« hervorgegangen sein könnten.

Das Verschwinden bzw. das Auftreten der spezialisierten Werkstätten für schnell gedrehte Keramik spiegeln, genauso wie alle anderen Änderungen in der Produktionsstruktur, wirtschaftliche Änderungen im Awarenreich wieder.

Die hier angestellten Überlegungen können – beim aktuellen Forschungsstand – nur einen Überblick der awarenzeitlichen Keramikproduktion bieten. Durch die Bearbeitung der Keramikfunde von Zillingtal konnte die Entwicklung vom Töpferhandwerk in der Awarenzeit abseits der Verbreitungsgebiete der schnell gedrehten Keramik verfolgt werden. Es wäre notwendig – im Laufe der Bearbeitung von weiteren Fundstellen – für einzelne chronologische Phasen oder für einzelne Regionen ein detailliertes Bild der awarenzeitlichen Töpferei zu erarbeiten. Wenn man die Keramikproduktion als einen Teil des Wirtschaftsystems des Awarischen Khaganats betrachtet und ihre – durch die Keramikfunde archäologisch fassbaren – Änderungen verfolgt, können sich Wege öffnen, um einige Aspekte der sonst weitgehend unbekannten Wirtschaftsgeschichte des Awarenreiches zu rekonstruieren und besser zu verstehen.

---

[341] Dies zeigt sich auch bei der Verbreitung der »Grauen« und der »Gelben Keramik«. Verbreitungskarten: Stadler 2004, Taf. 156-157.

[342] Sommerein, Grab I. Daim u. Lippert 1984, 57.

[343] Vida 1999, 186-188. Unterschiede in der Verbreitung von verschiedenen frühawarenzeitlichen schnellgedrehten Keramiktypen hat bereits Darina Bialekova registriert. Bialekova 1968.

LITERATUR

Antaeus 26: Antaeus, Comm. Inst. Arch. Acad. Scien. Hungariae 26, 2003.

Bachner 1985: Margit Bachner, Das awarische Gräberfeld von Münchendorf, Niederösterreich. In: Herwig Friesinger / Falko Daim (Hrsg.), Die Bayern und ihre Nachbarn 2. Berichte des Symposions der Kommission für Frühmittelalterforschung, 25. bis 28. Oktober 1982, Stift Zwettl, Niederösterreich. Veröff. Komm. Frühmittelalterforsch. 9 = Denkschr. Österr. Akad. Wiss. Phil.-Hist. Kl. 180 (Wien 1985) 69-122.

Bálint 1991: Csanád Bálint, Die spätawarenzeitliche Siedlung von Eperjes (Kom. Csongrád). Varia Arch. Hungarica 4 (Budapest 1991).

Balla 1990: Márta Balla, Provenance studies of avar ceramics by neutron activation analysis. In: Internationale Konferenz über das Frühmittelalter, Szekszárd 1989. Wosinsky Mór Múz. Évk. 15, 1990, 131-134.

Barbiera 2005: Irene Barbiera, Sixth century cemeteries in Hungary and Italy, a comparative approach. In: Peter Erhart / Walter Pohl (Hrsg.), Die Langobarden – Herrschaft und Identität. Forsch. Gesch. Mittelalter 9 = Denkschr. Phil.-Hist. Kl. Österr. Akad. Wiss. (Wien 2005) 301-320.

Bárdos 2000: Edith Bárdos, La necropoli àvara di Zamárdi. In: Ermanno A. Arslan / Maurizio Buora (Hrsg.), L'oro degli Avari: popolo delle steppe in Europa. Castello di Udine 28 novembre - 18 marzo 2001 [cat.] (Milano 2000) 76-143.

Belényesy / Mersdorf 2004: Károly Belényesy / Zsuzsa Mersdorf, Balatonőszöd, Temető-dűlő (M7/S10), Késő avar kori telepjelenségek [Balatonőszöd, Temető-dűlő (M7/S10), Late Avar Settlement Phenomena]. Rég. Kutatások Magyarországon 2002, 2004, 43-64.

Bialekova 1967: Darina Bialekova, Žltá keramika z pohrebísk obdobia avarskej ríše v Karpatskej kotline [Die gelbe Keramik aus den awarenzeitlichen Gräberfeldern im Karpatenbecken]. Slovenská Arch. 14/1, 1967, 5-76.

1968: Darina Bialekova, Zur Frage der grauen Keramik aus Gräberfeldern der Awarenzeit im Karpatenbecken. Slovenská Arch. 16/1, 1968, 205-227.

Bobrinskij 1978: Aleksandr A. Bobrinskij, Gončarstvo Vostočnoj Evropy (Moskwa 1978).

Bóna 1971: István Bóna, Ein Vierteljahrhundert Völkerwanderungszeitforschung in Ungarn (1945-1969). Acta Arch. Hungarica 23, 1971, 265-336.

1973: István Bóna, VII. századi avar települések és Árpád-kori magyar falu Dunaújvárosban [Awarische Siedlungen aus dem 7. Jahrhundert und ein ungarisches Dorf aus der Árpádenzeit (11.-13. Jh.) in Dunaújváros]. Fontes Arch. Hungariae (Budapest 1973).

Caspart 1935: Julius Caspart, Das frühgeschichtliche Gräberfeld bei Zillingtal im Burgenlande. Mitt. Anthr. Ges. Wien 65, 1935, 1-38.

Cseh 1993: János Cseh, Késő népvándorlás kori (7.-9. századi avar) telepleletek Kengyel határából [Awarische Siedlungsfunde aus der späten Völkerwanderungszeit (7.-9. Jh.) in der Gemarkung von Kengyel]. In: Gábor Lőrinczy (Hrsg.), Az Alföld a 9. században [Die Ungarische Tiefebene im 9. Jh.] (Szeged 1993) 83-100.

Daim 1987: Falko Daim, Das awarische Gräberfeld von Leobersdorf, NÖ. Stud. Arch. Awaren 3 = Veröff. Komm. Frühmittelalterforsch. 10 = Denkschr. Österr. Akad. Wiss. Phil.-Hist. Kl. 194 (Wien 1987).

1990a: Falko Daim, Das Gräberfeld von Zillingtal. Die Grabungen 1985-89. In: Internationale Konferenz über das Frühmittelalter, Szekszárd 1989. Wosinsky Mór Múz. Évk. 15, 1990, 155-162.

1990b: Falko Daim, Der awarische Greif und die byzantinische Antike. In: Herwig Friesinger / Falko Daim (Hrsg.), Typen der Ethnogenese am Beispiel der Bayern. Berichte des Symposions der Kommission für Frühmittelalterforschung, 27. bis 30. Oktober 1986, Stift Zwettl, Niederösterreich, Bd. 2. Veröff. Komm. Frühmittelalterforsch. 13 = Denkschr. Österr. Akad. Wiss. Phil.-Hist. Kl. 204 (Wien 1990) 273-304.

1994: Falko Daim, Zur nachgedrehten Keramik aus dem awarischen Gräberfeld von Mödling – An der goldenen Stiege. In: Čeněk Staňa (Hrsg.), Slawische Keramik in Mitteleuropa vom 8. bis 11. Jahrhundert. Internationale Tagungen in Mikulčice – Forschungsprobleme des Frühen Mittelalters (Brno 1994) 29-52.

1996: Falko Daim, Das awarische Gräberfeld von Zillingtal, Burgenland. In: ders. (Hrsg.), Reitervölker aus dem Osten: Hunnen + Awaren. Begleitbuch und Katalog der Burgenländischen Landesaustellung 1996 (Eisenstadt 1996) 417-424.

1998: Falko Daim, Das awarische Gräberfeld von Zillingtal: sechs Gräber mit »westlichen« Gegenständen. In: Zur Landeskunde des Burgenlandes. Festschrift Hans Schmid. Wiss. Arb. Burgenland 100 (Eisenstadt 1998) 97-135.

2006: Falko Daim, Auf den Spuren eines toten Kriegers: Das altungarische Reitergrab von Gnadendorf. In: ders. (Hrsg.), Heldengrab im Niemandsland. Ein frühungarischer Reiter aus Niederösterreich. Mosaiksteine 2 (Mainz 2006) 21-40.

Daim / Distelberger 1996: Falko Daim / Anton Distelberger, Die awarische Siedlung von Zillingtal – die Grabungen 1994-95. In: Falko Daim (Hrsg.), Reitervölker aus dem Osten, Hunnen + Awaren. Begleitbuch und Katalog der Burgenländischen Landesaustellung 1996 (Eisenstadt 1996) 372-377.

Daim / Lippert 1984: Falko Daim / Andreas Lippert, Das awarische Gräberfeld von Sommerein am Leithagebirge, NÖ. Stud. Arch. Awaren 1 = Stud. Ur- u. Frühgesch. Donau- u. Ostalpenraum 2 = Denkschr. Österr. Akad. Wiss. Phil.-Hist. Kl. 170 (Wien 1984).

Distelberger 2004: Anton Distelberger, Österreichs Awarinnen. Frauen aus Gräbern des 7. und 8. Jahrhunderts. Arch. Forsch. Niederösterreich 3 (St. Pölten 2004).

Fettich 1943: Nándor Fettich, Győr története a népvándorláskorban [Die Geschichte von Győr in der Völkerwanderungszeit] (Győr 1943).

Fiedler 1994: Uwe Fiedler, Zur Datierung der Siedlungen der Awaren und der Ungarn nach der Landnahme. Ein Beitrag zur Zuordnung der Siedlung von Eperjes. Zeitschr. Arch. 28, 1994, 307-352.

Fülöp 1984: Gyula Fülöp, Fejér megye az avar korban. A dunaújvárosi avar telep és temető [Das Komitat Fejér in der Awarenzeit. Die awarische Siedlung und der Friedhof von Dunaújváros]. Régészeti kutatások a Dunántúlon 3. Az István Király Múzeum Közleményei D sorozat 158. szám (Székesfehérvár 1984).

Garam 1969: Éva Garam, A késő avar kori korongolt sárga kerámia [Die spätawarenzeitliche schnellgedrehte gelbe Keramik]. Arch. Ért. 96, 1969, 207-237.

1995: Éva Garam, Das awarenzeitliche Gräberfeld von Tiszafüred. Cemeteries of the Avar period (567-829) in Hungary 3 (Budapest 1995).

2001: Éva Garam, Funde byzantinischer Herkunft in der Awarenzeit vom Ende des 6. bis zum Ende des 7. Jahrhunderts. Mon. Avarorum Arch. 5 (Budapest 2001).

Gömöri 2000: János Gömöri, Az avar kori és árpád kori vaskohászat régészeti emlékei Pannoniában [The Archaeometallurgical Sites in Pannonia in the Avar- and Early Árpád-Period] (Sopron 2000).

Hajnal 2003: Zsuzsanna Hajnal, Mécsesek a Kölked-Feketekapui avar telepről [Öllampen aus der Awarensiedlung Kölked-Feketekapu]. Arch. Ért. 128, 2003, 177-209.

Hermann 1984: Joachim Hermann, Getreidekultur, Backteller und Brot – Indizien frühslawischer Differenzierung. In: Zbornik pocveten na Boško Babik (Prilep 1984) 267-272.

Herold 2001: Hajnalka Herold, Experimente zur handgeformten awarenzeitlichen Keramik von Zillingtal (Burgenland). In: Karina Grömer / Klaus Löcker / Mathias Mehofer (Hrsg.), Experimentelle Archäologie. Einen Versuch ist es Wert. Arch. Österreich 12/2001, Sonderausgabe (Wien 2001) 29-33.

2002a: Hajnalka Herold, Die awarenzeitliche Keramik von Zillingtal im Burgenland, Österreich – eine archäologische und naturwissenschaftliche Analyse. Bodendenkmalpflege in Mecklenburg-Vorpommern, Band 50, 2002, 281-292.

2002b: Hajnalka Herold, Die Keramik der awarischen Siedlungsreste von Brunn am Gebirge, Flur Wolfholz, Bezirk Mödling, Niederösterreich. Arch. Austriaca 86, 2002, 161-178.

2004: Hajnalka Herold, Die frühmittelalterliche Siedlung von Örménykút-54. Varia Arch. Hungarica 14 (Budapest 2004).

2006: Hajnalka Herold, Frühmittelalterliche Keramik von Fundstellen in Nordost- und Südwest-Ungarn. Opuscula Hungarica 7 (Budapest 2006).

Herold / Petschick 2003: Hajnalka Herold / Rainer Petschick, Herkunftsbestimmung frühmittelalterlicher Keramik und Rekonstruktion ihrer Brenntemperatur mittels Kombination von Röntgendiffraktionsanalyse, Tonprobennahme und Brennversuchen. Berliner Beitr. Archäometrie 20, 2003, 31-47.

Jankó 1930: László Jankó, A pápai avarkori sírleletek [Grabfunde aus der Awarenzeit zu Pápa]. Arch. Ért. 44, 1930, 124-141. 286-287.

Kimmel 1997: Dominik Kimmel, Das awarische Gräberfeld von Pöttsching-Bad Sauerbrunn, Burgenland. Arch. Austriaca 81, 1997, 221-246.

Kiss 1979: Attila Kiss, Das Gräberfeld und die Siedlung der awarenzeitlichen germanischen Bevölkerung von Kölked. Folia Arch. 30, 1979, 185-192.

1988: Attila Kiss, Előzetes jelentés (II.) a Kölked-feketekapui avarkori település és temetők ásatásáról [Vorbericht (II.) über die Ausgrabungen der awarenzeitlichen Siedlung und Gräberfelder von Kölked-Feketekapu]. Folia Arch. 39, 1988, 173-194.

1996: Attila Kiss, Das awarenzeitlich gepidische Gräberfeld von Kölked-Feketekapu A. Monogr. Frühgesch. u. Mittelalterarch. 2 = Stud. Arch. Awaren 5 (Innsbruck 1996).

2001: Attila Kiss, Das awarenzeitliche Gräberfeld in Kölked-Feketekapu B. Mon. Avarorum Arch. 6, 1-2 (Budapest 2001).

Kovrig 1957: Ilona Kovrig, Kora-avarkori sírok Törökbálintról [Deux tombes avares de Törökbálint]. Folia Arch. 9, 1957, 119-133.

Lippert 1969: Andreas Lippert, Das awarenzeitliche Gräberfeld von Zwölfaxing in Niederösterreich. Prähist. Forsch. 7 (Wien 1969).

Macháček 1997: Jiří Macháček, Studie zur Keramik der mitteldanubischen Kulturtradition. Slovenská Arch. 45/2, 1997, 353-418.

2001: Jiří Macháček, Studie k velkomoravské keramice. Metody, analýzy a syntézy, modely [Studien zur großmährischen Keramik. Methoden, Analysen und Synthesen, Modelle] (Brno 2001).

Madaras 1994: László Madaras, Das awarenzeitliche Gräberfeld von Jászapáti. Awar. Corpus, Beih. 2 (Debrecen, Budapest 1994).

Mehofer 2004: Mathias Mehofer, Archäometallurgische Studien zur Eisenverarbeitung in der awarischen Siedlung Zillingtal/Burgenland [Diplomarbeit, Universität Wien 2004].

Mitscha-Mährheim 1957, Herbert Mitscha-Mährheim: Der Awarenfriedhof von Leithaprodersdorf (Auf Grund eines Fundberichtes von † Alexander Seracsin bearbeitet von Herbert Mitscha-Mährheim). Wiss. Arb. Burgenland 17 (Eisenstadt 1957).

Moscharnik 1994: Hildegard Moscharnik, Landschaftsökologische-bodenkundliche Betrachtungen der Untersuchungsgebiete Lanzenkirchen und Zillingtal [Diplomarbeit, Universität Wien 1994].

Mossler 1948: Gertrud Mossler, Ein frühgeschichtliches Gräberfeld in Wien-Liesing. Jahresh. Österr. Arch. Inst. 37, 1948, 216-238.

1975: Gertrud Mossler, Das awarenzeitliche Gräberfeld von Wien-Liesing. Mitt. Anthr. Ges. Wien 105, 1975, 79-95.

MRT 1: Kornél Bakay / Nándor Kalicz / Károly Sági, Magyarország régészeti topográfiája 1. Veszprém megye régészeti topográfiája. A keszthelyi és tapolcai járás [Archäologische Topographie Ungarns 1. Archäologische Topographie des Komitats Veszprém. Kreis Keszthely und Kreis Tapolca]. Hrsg. von Károly Sági (Budapest 1966).

MRT 2: István Éri / Márta Kelemen / Péter Németh / István Torma, Magyarország régészeti topográfiája 2. Veszprém megye régészeti topográfiája. A veszprémi járás [Archäologische Topographie Ungarns 2. Archäologische Topographie des Komitats Veszprém. Kreis Veszprém]. Hrsg. von István Éri (Budapest 1969).

MRT 3: Kornél Bakay / Nándor Kalicz / Károly Sági, Magyarország régészeti topográfiája 3. Veszprém megye régészeti topográfiája. A devecseri és sümegi járás [Archäologische Topographie Ungarns 3. Archäologische Topographie des Komitats Veszprém. Kreis Devecser und Kreis Sümeg]. Hrsg. von Kornél Bakay (Budapest 1970).

MRT 4: Margit Dax / István Éri / Sándor Mithay / Szilvia Palágyi / István Torma, Magyarország régészeti topográfiája 4. Veszprém megye régészeti topográfiája. A pápai és zirci járás [Archäologische Topographie Ungarns 4. Archäologische Topographie des Komitats Veszprém. Kreis Pápa und Kreis Zirc]. Hrsg. von István Torma (Budapest 1972).

MRT 5: István Horváth / Márta H. Kelemen / István Torma, Magyarország régészeti topográfiája 5. Komárom megye régészeti topográfiája. Esztergom és a dorogi járás [Archäologische Topographie Ungarns 5. Archäologische Topographie des Komitats Komárom. Esztergom und Kreis Dorog]. Hrsg. von István Torma (Budapest 1979).

MRT 6: István Ecsedy / László Kovács / Borbála Maráz / István Torma, Magyarország régészeti topográfiája 6. Békés megye régészeti topográfiája. A szeghalmi járás [Archäologische Topographie Ungarns. Archäologische Topographie des Komitats Békés 6. Kreis Szeghalom]. Hrsg. von István Torma, mit Beiträgen von Kornél Bakay (Budapest 1982).

MRT 7: István Dinnyés / Klára Kővári / Zsuzsa Lovag / Sarolta Tettamanti / Judit Topál / István Torma, Magyarország régészeti topográfiája 7. Pest megye régészeti topográfiája. A budai és a szentendrei járás [Archäologische Topographie Ungarns. Archäologische Topographie des Komitats Pest 7. Kreis Buda und Kreis Szentendre]. Hrsg. von István Torma (Budapest 1986).

MRT 8: Dénes B. Jankovich / János Makkay / Béla Miklós Szőke, Magyarország régészeti topográfiája 8. Békés megye régészeti topográfiája. A szarvasi járás [Archäologische Topographie Ungarns. Archäologische Topographie des Komitats Békés 8. Kreis Szarvas]. Hrsg. von János Makkay (Budapest 1989).

MRT 9: István Dinnyés / Klára Kő vári / Judit Kvassay / Zsuzsa Miklós / Sarolta Tettamanti / István Torma, Magyarország régészeti topográfiája 9. Pest megye régészeti topográfiája. A szobi és a váci járás [Archäologische Topographie Ungarns. Archäologische Topographie des Komitats Pest 9. Kreis Szob und Kreis Vác]. Hrsg. von István Torma (Budapest 1993).

MRT 10: Dénes B. Jankovich / Pál Medgyesi / Edit Nikolin / Imre Szatmári / István Torma, Magyarország régészeti topográfiája 10. Békés megye régészeti topográfiája. Békés és Békéscsaba környéke [Archäologische Topographie Ungarns. Archäologische Topographie des Komitats Békés 10. Békés und die Umgebung von Békéscsaba]. Hrsg. von Dénes B. Jankovich (Budapest 1998).

Munsell Soil Color Charts 1887: Masatada Oyama / Hideo Takehara, Revised Standard Soil Color Charts. Eijkelkamp Agrisearch Equipment. Soil Color Book 08.11.

Nagy 1998: Margit Nagy, Awarenzeitliche Gräberf elder im Stadtgebiet von Budapest. Mon. Avarorum Arch. 2, 1-2 (Budapest 1998).

Noll 1991: Walter Noll, Alte Keramiken und ihre Pigmente. Studien zu Material und Technologie (Stuttgart 1991).

Orton / Tyers / Vince 1993: Clive Orton / Paul Tyers / Alan Vince, Pottery in Archaeology (Cambridge 1993).

Owen 1997: Linda R. Owen, Geschlechterrollen und die Interpretation von Grabbeigaben: Nadeln, Pfrieme, Spitzen. Ethnogr.-Arch. Zeitschr. 38/3-4, 1997, 505-520.

Papp 1963: László Papp, A bólyi avarkori temető [Der awarenzeitliche Friedhof von Bóly]. Jannus Pannonius Múz. Évk. 7, 1963, 163-189.

Peacock 1982: David P. S. Peacock, Pottery in the Roman World: an ethnoarchaeological approach (London 1982).

Pohl 1988: Walter Pohl, Die Awaren. Ein Steppenvolk in Mitteleuropa 567-822 n. Chr. (München 1988).

Rappoport 1975: П. А. Раппопорт, Древнерусское жилище. (Altrussische Wohnbauten) Археология СССР. Свод археологических источников. Е1-32, Москва 1975.

Révész 1996: László Révész, A karosi honfoglaláskori temetők. Régészeti adatok a Felső-Tisza-vidék X. századi történetéhez [Die Gräberfelder von Karos aus der Landnahmezeit. Archäologische Angaben zur Geschichte des oberen Theißgebietes im 10. Jahrhundert] (Miskolc 1996).

Rice 1987: Prudence M. Rice, Pottery Analysis. A Sourcebook (London, Chicago 1987).

Rosner 1981: Gyula Rosner, Fazekaskemencék a Szekszárd-Bogyiszlói úti avar faluban [Pottery kilns in an Avar village beside the Szekszárd-Bogyiszló road]. Iparrégészet / Industrial Arch. 1, 1981, 43-49.

1990: Gyula Rosner, Keramikherstellung und Handel im Karpatenbecken in der frühen Awarenzeit. In: Internationale Konferenz über das Frühmittelalter, Szekszárd 1989. Wosinsky Mór Múz. Évk. 15, 1990, 125-130.

Salamon / Duma 1982: Ágnes Salamon / György Duma, Archäologische und naturwissenschaftliche Untersuchungen der frühmittelalterlichen Tongefäße aus Környe, Komitat Komárom, Ungarn. Veröff. Komm. Frühmittelalterforsch. 6 = Anz. Phil.-Hist. Kl. Österr. Akad. Wiss. 119, 1982, 180-203.

1984: Ágnes Salamon / György Duma, Archäologische und naturwissenschaftliche Untersuchungen der frühmittelalterlichen Tongefäße aus Szekszárd, Palánkpuszta, Komitat Tolna, Ungarn. Veröff. Komm. Frühmittelalterforsch. 7. = Anz. Phil.-Hist. Kl. Österr. Akad. Wiss. 121, 1984, 55-75.

Salamon / Erdélyi 1971: Ágnes Salamon / István Erdélyi, Das völ-
kerwanderungszeitliche Gräberfeld von Környe. Studia Arch. 5
(Budapest 1971).

Sauter / Rossmanith 1965: Fritz Sauter / Kurt Rossmanith, Chemische Untersuchung des Inhaltes eines awarischen Gefäßes aus
Traiskirchen, NÖ. Arch. Austriaca 37, 1965, 1-6.

Schiffer 1972: Michael B. Schiffer, Archaeological context as a
systemic context. Am. Ant. 37/2, 1972, 156-165.

Schilling 2003: László Schilling, A filatorigáti avar település – Buda-
pest III. kerület [Die awarische Siedlung vom Filatori-Damm –
Budapest, 3. Bezirk]. [Diplomarbeit, Eötvös Loránd Universität
Budapest 2003].

Schmid 1968: Hans Schmid, Das Jungtertiär an der SE-Seite des
Leithagebirges zwischen Eisenstadt und Breitenbrunn. Wiss.
Arb. Burgenland 41 (Eisenstadt 1968).

Schmidt 1997: Stefan Schmidt, Neue awarische Streufunde aus
den Bezirken Eisenstadt-Umgebung und Wiener Neustadt.
Arch. Austriaca 81, 1997, 247-253.

Shepard 1957: Anna O. Shepard, Ceramics for the Archaeologist
(Washington 1957).

Simon 1983: László Simon, Nagykőrös és környéke avar kori topográfiája [Die awarenzeitliche Topographie von Nagykőrös und seiner Umgebung]. Az Arany János Múz. Kismonográfiái 4 (Nagy-
kő rös 1983).

Sós / Salamon 1995, Ágnes Cs. Sós / Ágnes Salamon, Cemeteries
of the Early Middle Ages (6th-9th centuries A.D.) at Pókaszepetk
(Budapest 1995).

Stadler 2004: Peter Stadler, Quantitative Studien zur Archäologie
der Awaren 1. Mitt. Prähist. Komm. Österr. Akad. Wiss. 60
(Wien 2004).

Stadler / Herold 2003: Peter Stadler / Hajnalka Herold, Drei awarenzeitliche Brunnen und sonstige Siedlungsgruben von Brunn
am Gebirge (Flur Wolfholz, Bezirk Mödling, NÖ) und die Fund-
keramik. Antaeus, Comm. Inst. Arch. Acad. Scien. Hungariae
26, 2003, 179-186.

Szentpéteri 2002: József Szentpéteri (Hrsg.), Archäologische Denkmäler der Awarenzeit in Mitteleuropa. Varia Arch. Hungarica 13
(Budapest 2002).

Szőke 1980: Béla Miklós Szőke, Zur awarenzeitlichen Siedlungsgeschichte des Körös-Gebietes in Südost-Ungarn. Acta Arch. Hungarica 32, 1980, 181-204.

1992: Béla Miklós Szőke, 7. és 9. századi településmaradványok
Nagykanizsán [Siedlungsreste aus dem 7. und 9. Jh. in Nagy-
kanizsa]. Zalai Múz. 4, 1992, 129-167.

Šalkovský 2001: Peter Šalkovský, Häuser in der frühmittelalterlichen slawischen Welt. Arch. Slovaca Monogr. Comm. Inst.
Arch. Nitrensis Acad. Scien. Slovacae 6 (Nitra 2001).

Takács 1996: Miklós Takács, Die awarischen Siedlungen von
Lébény. In: Falko Daim (Hrsg.): Reitervölker aus dem Osten, Hun-
nen + Awaren. Begleitbuch und Katalog der Burgenländischen
Landesaustellung 1996 (Eisenstadt 1996) 379-382.

Takács / Vaday 2004: Miklós Takács / Andrea Vaday, Avar edényé-
gető kemencék Kompolton [Awarenzeitliche Töpferöfen in
Kompolt - Kistéri tanya]. Agria 40, 2004, 5-104.

Tollmann 1985: Alexander Tollmann, Geologie von Österreich 2.
Außerzentralalpiner Anteil (Wien 1985).

Tomka 1969: Péter Tomka, A Sopron-présháztelepi IX. századi
temető [Das Gräberfeld von Sopron-Présháztelep aus dem 9.
Jahrhundert]. Arrabona 11, 1969, 59-91.

1988: Péter Tomka, Avar kori település Győr, Bokányi Dezső
utcában [Siedlung aus der Awarenzeit in der Bokányi Dezső
Straße in Győr]. Arrabona 24/25, 1988, 35-61.

1998: Péter Tomka, A sopronkőhidai 9. századi település [Die
Siedlung von Sopronkőhida aus dem 9. Jahrhundert]. Arrabona
36, 1998, 45-84.

2004: Péter Tomka, Kleine Öfen – große Wannen. Die Besonder-
heiten einer spätawarenzeitlichen Siedlung. In: Gabriel Fusek
(Hrsg.), Zborník na počesť Dariny Bialekovej. Arch. Slovaca
Monogr. Comm. Inst. Arch. Nitrensis Acad. Scien. Slovacae 7
(Nitra 2004) 419-426.

Török 1962: Gyula Török, Die Bewohner von Halimba im 10. und
11. Jahrhundert. Arch. Hungarica 39 (Budapest 1962).

1973a: Gyula Török, VII. századi sírok Kerepesről [Gräber aus
dem 7. Jahrhundert in Kerepes]. Folia Arch. 24, 1973, 113-134.

1973b: Gyula Török, Sopronkőhida IX. századi temetője [Das
Gräberfeld von Sopronkő hida aus dem 9. Jahrhundert]. Fontes
Arch. Hungariae (Budapest 1973).

1998: Gyula Török, Das awarenzeitliche Gräberfeld von
Halimba. Awar. Corpus, Beih. 5 (Debrecen, Budapest 1998).

Trogmayer 1962: Ottó Trogmayer, Népvándorláskori telepnyomok
Bokros határában [Siedlungsspuren aus der Völkerwanderungszeit im Gebiet von Bokros]. Móra Ferenc Múz. Évk. 62, 1960, 3-
8.

Trugly 1987: Alexander Trugly, Gräberfeld aus der Zeit des awarischen Reiches bei der Schiffswerft in Komárno. Slovenská Arch.
35/2, 1987, 251-341.

1996: Sándor Trugly, A komáromi avar Telep [Die awarische
Siedlung von Komárom/Komarno]. Comm. Arch. Hungariae
1996, 125-149.

Vida 1986: Tivadar Vida, Késő avar korongolt sírkerámia a Duná-
tól keletre [Auf der Töpferscheibe gefertigte spätawarenzeitliche
Grabkeramik östlich der Donau] [Diplomarbeit, Eötvös Loránd
Universität Budapest 1986].

1991: Tivadar Vida, Újabb adatok az avar kori »fekete kerámia«
és a korongolatlan cserépbográcsok kérdéséhez [Weitere Angaben zur Frage der awarenzeitlichen »schwarzen Keramik« und

den handgeformten Tonkesseln]. Móra Ferenc Múz. Évk. 85/2, 1984 (1991), 385-399.

1992: Tivadar Vida, Zu einigen handgeformten frühawarischen Keramiktypen und ihren östlichen Beziehungen. In: Falko Daim (Hrsg.), Awarenforschungen. Arch. Austriaca Monogr. 1 = Stud. Arch. Awaren 4 (Wien 1992) 517-577.

1996: Tivadar Vida, Avar Settlement Remains and Graves at the Site of Gyoma 133. In: Sándor Bökönyi (Hrsg.), Cultural and Landscape Changes in South-East Hungary 2 (Budapest 1996) 323-364.

1999: Tivadar Vida, Die awarenzeitliche Keramik 1. Varia Arch. Hungarica 8 (Berlin, Budapest 1999).

Vinski 1958: Zdenko Vinski, O nalazima 6. i 7. stol. u Jugoslaviji s posebnim obzirom na arheološku ostavštinu iz vremena prvog avarskoga kaganata [Zu den Funden des 6.-7. Jh. in Jugoslawien mit besonderer Berücksichtigung der archäologischen Hinterlassenschaft aus der Zeit des 1. awarischen Khaganates]. Opuscula Arch. 3, 1958, 1-57.

Vörös 1999: István Vörös, A halimbai késő avar kori temető állatcsontleletei [Die Tierknochenfunde des spätawarenzeit-lichen Gräberfeldes von Halimba]. Tisicum. Jász-Nagykun-Szolnok Megyei Múz. Évk. 11, 1999, 43-58.

Whitbread 1995: Ian K. Whitbread, Greek Transport Amphorae: a Petrological and Archaeological Study. Fitch Laboratory Occ. Paper 4 (Oxford 1995).

Winter 1997: Heinz Winter, Awarische Grab- und Streufunde aus Ostösterreich. Ein Beitrag zur Siedlungsgeschichte. Monogr. Frühgesch. u. Mittelalterarch. 4 (Innsbruck 1997).

Wolf 2003: Mária Wolf, Adatok 10. századi edényművességünk-höz. A borsodi leletek tanulságai [Informationen zu unserer Töpferkunst des 10. Jahrhunderts. Die Lehre der Funde in Borsod]. Herman Ottó Múz. Évk. 62, 2003, 85-108.

Zábojník 1988: Jozef Zábojník, On the Problems of Settlements of the Avar Khaganate Period in Slovakia. Arch. Rozhledy 40, 1988, 401-436.

Zimmermann 1998: W. Haio Zimmermann, Pfosten, Ständer und Schwelle und der Übergang vom Pfosten- zum Ständerbau. Eine Studie zu Innovation und Beharrung im Hausbau. Zu Konstruktion und Haltbarkeit prähistorischer bis neuzeitlicher Holzbauten von den Nord- und Ostseeländern bis zu den Alpen. Probleme Küstenforsch. 25 (Oldenburg 1998) 9-242.

SILKE GREFEN-PETERS

Die Tierknochenfunde
aus der awarischen Siedlung von Zillingtal

WALTER WIMMER

Mollusken im Fundmaterial

MATHIAS MEHOFER

Archäologische und technologische
Untersuchungen zur Eisenverhüttung
und Verarbeitung in der awarischen
Siedlung von Zillingtal

SILKE GREFEN-PETERS

DIE TIERKNOCHENFUNDE
AUS DER AWARISCHEN SIEDLUNG VON ZILLINGTAL

ZUSAMMENFASSUNG

Bei den Ausgrabungen in der awarischen Siedlung von Zillingtal im Burgenland (1993-1997) wurden zahlreiche Siedlungsobjekte aus fünf awarischen Siedlungsphasen dokumentiert: dreizehn Speicher- und Lehmentnahmegruben, ein Pfostenbau, zwei Eisenschmelzöfen sowie eine Schlackengrube. Innerhalb der Grabungsfläche waren mit archäologischer Methodik Überschneidungen von Siedlungsbefunden unterschiedlicher Zeitstellung feststellbar. So fanden sich auch vier römische Grubenhäuser und sechs Gruben, die durch die awarischen Strukturen stark in Mitleidenschaft gezogen waren. Im nordöstlichen Teil der Grabungsfläche wurden die Reste einer kaiserzeitlichen Villa rustica freigelegt. Auch innerhalb der Villa ließen sich awarenzeitliche Siedlungsobjekte, nämlich eine Grube, ein Gräbchen und einige Pfostenlöcher, nachweisen.

Insgesamt wurden rund 5200 Tierknochen mit einem Gesamtgewicht von fast 61 kg geborgen. Aufgrund ihrer starken Fragmentierung konnten nur 38% der Knochen bis auf das Artniveau bestimmt werden.

Im awarischen Fundmaterial weist unter den Haustieren das Rind mit einem Anteil von 38,7% den höchsten Prozentsatz auf. Schweine (26%), Schafe und Ziegen (27%) sind etwa gleich häufig vertreten, vom Pferd stammen 6% der Haustierknochen. Dem Haushuhn konnten 14, dem Haushund 6 Skelett-Teile zugeordnet werden. Als verzehrbares Wild hat sich allein der Feldhase (*Lepus europaeus*) durch zwei Knochenfunde nachweisen lassen. Bei den zahlreichen Funden von Nagetieren wie Hamster und Ziesel (204 Skelettreste) handelt es sich vermutlich um rezente Faunenelemente.

Unter den Tierknochen fanden sich auch menschliche Skelettreste. Neben einem Zahn und einem Schädelfragment erwachsener Männer liegen nach der Mindestindividuenzahl Reste von insgesamt drei Neugeborenen oder Säuglingen im Alter von maximal drei Monaten vor.

Von den awarischen Siedlern wurden am häufigsten ausgewachsene Rinder geschlachtet (67%), nach voller Nutzung ihrer Milch-, Reproduktions- und wohl auch Arbeitsleistung. Das Schlachtmaximum der Schweine als reine Fleischlieferanten lag ebenfalls in der Altersklasse »adult« (35%) bzw. nach Abschluss der Mast mit eineinhalb bis zwei Jahren (32%). Milch und Wolle von Schafen und Ziegen war vermutlich von so großer wirtschaftlicher Bedeutung, dass nur wenige Lämmer oder Jungtiere (15,4%) geschlachtet wurden. Auch Pferdefleisch wurde wahrscheinlich verzehrt.

Die geborgenen Skelettelemente geben in Zusammenhang mit der Fleischversorgung Hinweise auf eine einheitliche professionelle Zergliederungstechnik. Dabei macht die Zusammensetzung des Fundmaterials deutlich, dass im Siedlungsmüll Skelettregionen mit geringer Fleischqualität, wie z. B. Reste des Schädels und des Fußskelettes, dominieren. Der hohe Fragmentierungsgrad aller Langknochen weist darauf hin, dass Knochen als Mark- und damit Fettlieferanten optimal ausgenutzt wurden. Vor allem das Schlachtalter der Haustiere zeigt jedoch, dass Vieh nicht im Überfluss vorhanden gewesen sein dürfte und seine wirtschaftliche Nutzung als Arbeitstier und Lieferant von Wolle und Milch entscheidend war.

Nach ihrer Fundlage sind die wenigen Reste von Katze (KNZ = 2), Rothirsch (KNZ = 2) und Gans (KNZ = 1) der römischen Vorbesiedlung zuzuordnen. Zweifelsfrei als importierter Nahrungsrest lässt sich aus dem nordöstlichen Teil der Grabung – dem Gebiet der römischen Villa – die europäische Auster durch ein Schalenfragment nachweisen.

DAS FUNDMATERIAL

Die untersuchten Tierknochen stammen aus Ausgrabungen, die in den Jahren von 1993 bis 1997 durch das Institut für Ur- und Frühgeschichte der Universität Wien unter der Leitung von Herrn Univ.-Prof. Dr. Falko Daim durchgeführt worden sind. Das Siedlungsareal wurde durch zahlreiche Ausgrabungsschnitte großräumig erfasst und eine Vielzahl von Befunden lokalisiert. Neben 13 awarenzeitlichen Gruben, einem Pfostenbau und zwei Eisenschmelzöfen sowie einer Schlackengrube im südwestlichen Teil der Grabungsfläche ließen sich im Nordost-Teil Gebäudereste einer kaiserzeitlichen Villa rustica nachweisen. Innerhalb der Grabungsfläche sind zahlreiche Überschneidungen von Siedlungsbefunden unterschiedlicher Zeitstellung feststellbar. So wird eines der drei dokumentierten römischen Grubenhäuser von einer awarischen Speichergrube überlagert und auch im Bereich der römischen Villa treten awarenzeitliche Befunde auf[1]. Die awarischen Siedlungsobjekte werden in das Frühmittelalter (650 bis 850 n. Chr.) datiert, wobei fünf Siedlungsphasen unterschieden werden konnten.

Der osteologischen Untersuchung liegen über fünftausend Knochen, Knochenfragmente und Zähne (KNZ = 5.202) mit einem Gesamtgewicht von fast 61 kg (KNG = 60.973,42 Gramm) zugrunde. Unbestimmbar bleiben 383 Fragmente (KNZ = 7,4 %, KNG = 1,3 %), die im Mittel nur 2,8 Gramm schwer sind und eine durchschnittliche Fragmentgröße von 33,3 mm aufweisen. Eine Auflistung aller nachgewiesenen Tierarten findet sich in **Tab. 1**, eine Übersicht über das Gesamtmaterial bietet **Tab. 2**.

Langknochen und ihre Bruchstücke (53 %), Rippenfragmente (10,7 %), Zähne (9,4 %) sowie Kieferreste (4,7 %) von Haussäugetieren dominieren im Fundgut (s. **Tab. 3** und **Abb. 1**). An vielen dieser Skelettreste konnte keine genaue Artbestimmung vorgenommen werden. Gemäß morphometrischer Merkmale – bei Langknochen die Wandstärke, bei Rippen die Corpusbreite – wurden diese Knochen Größengruppen zugeordnet[2] und nach Anzahl und Gewicht in der Funddokumentation erfasst. Der hohe Anteil dieser artlich nicht weiter determinierbaren Bruchstücke (Größengruppen 1 bis 4: KNZ = 54,2 %) unterstreicht nachdrücklich das Ausmaß der Fragmentierung.

Nur 543 Fundstücke waren vollständig erhalten (10,4 %), die meisten Knochen sind stark zerschlagen und zertrümmert. Sie können zudem an Hand charakteristischer Hiebspuren eindeutig als Schlacht- bzw. Spei-

---

[1] Für die Darstellung und Erläuterung der Befundsituation danke ich Frau Dr. Hajnalka Herold vom Vienna Institute of Archaeological Science der Universität Wien. Herrn Martin Oppermann (Braunschweig) bin ich für die Interpretation der Grabungsdokumentation sowie die sorgfältige Durchsicht des Manuskriptes sehr zu Dank verpflichtet.

[2] Größengruppen: Gruppe Nr. 1 (Rind, Pferd), Nr. 2 (Schwein, Schaf/Ziege, Reh), Nr. 3 (Hund, Katze, u. a.) und Nr. 4 (Kleinsäuger, z. B. Nagetiere).

	Tierart		Zuordnung
Haussäugetiere	Pferd	Equus przewalskii f. caballus	
	Rind	Bos primigenius f. taurus	
	Schwein	Sus scrofa f. domestica	
	Schaf	Ovis ammon f. aries	
	Ziege	Capra aegagrus f. hircus	
	Hund	Canis lupus f. familiaris	römisch, awarisch
	Katze	Felis cattus L.	römisch
Wildsäuger	Rothirsch	Cervus alaphus L.	
	Feldhase	Lepus europaeus	
	Gemeines Ziesel	Citellus citellus L.	Rezentfauna?
	Feldhamster	Cricetus cricetus L.	Rezentfaune?
	Gattung Wühlmaus	Microtus spec.	Rezentfauna?
	Gattung Waldmäuse	Apodemus sylvaticus	Rezentfauna?
Haus- bzw. Wildgeflügel	Haushuhn	Gallus gallus domesticus	
	Hausgans bzw. Graugans	Anser anser bzw. Anser anser domesticus	römisch
	Singvogel	Aves indet.	
Amphibien	Frosch	Rana spec.	
	Kröte	Bufo laurenti	Rezentfauna?
Mollusken	Weinbergschnecke	Helix pomatia L.	Rezentfauna?
	Gerippte Bänderschnecke	Cepaea vindobonensis	Rezentfauna?
	Östliche Heideschnecke	Xerolenta obvia	Rezentfauna?
	Auster	Ostrea edulis	römisch

Tab. 1 Die im Gesamtmaterial der Siedlungsgrabung nachgewiesenen Tierarten.

Tab. 2a

	KNZ	KNZ %	KNG (g)	KNG %
unbestimmbar	383	7,4	791,40	1,3
Größenklasse 1	1.453	27,9	11.791,40	19,3
Größenklasse 2	1.344	25,8	3.415,02	5,6
Größenklasse 3	23	0,4	12,00	0,0
Größenklasse 4	1	0,0	0,25	0,0
Bestimmung Art/Gattung	1.998	38,4	44.963,10	73,7
Summe	5.202	100	60.973,17	100

Anmerkung:
Größenklasse 1: Rind, Pferd, Rothirsch
Größenklasse 2: Schaf, Ziege, Haus-/Wildschwein, Reh
Größenklasse 3: Hund, Katze
Größenklasse 4: Kleinsäuger, z.B. Nagetiere wie Hamster, Ziesel, Maus, Ratte

Tab. 2b

	KNZ	KNZ %	KNG (g)	KNG %
unbestimmbar	383	7,4	791,40	1,3
Größenklasse 1	1.453	27,9	11.791,40	19,4
Größenklasse 2	1.344	25,8	3.415,02	5,6
Größenklasse 3	23	0,4	12,00	0,0
Größenklasse 4	1	0,0	0,25	0,0
Rind	632	12,2	30.836,00	50,7
Schaf/Ziege	393	7,6	3.906,45	6,4
Schwein	398	7,7	3.800,20	6,2
Pferd	101	1,9	4.436,90	7,3
Hund	75	1,4	955,10	1,6
Katze	2	0,0	9,10	0,0
Huhn	35	0,7	33,05	0,1
Gans	1	0,0	2,10	0,0
Aves indet.	30	0,6	19,20	0,0
Rothirsch	2	0,0	23,40	0,0
Feldhase	7	0,1	34,10	0,1
Nager	165	3,2	131,80	0,2
Mensch	38	0,7	293,40	0,5
Amphibium	8	0,2	3,20	0,0
Schnecke	110	2,1	366,10	0,6
Auster	1	0,0	113,00	0,2
Summe	5.201	100,0	60.860,17	100,0

Tab. 2 Übersicht über das Gesamtmaterial der Siedlungsgrabung.

Rind

Skelettelement	KNZ	KNZ %	KNG (g)	KNG %
Hornzapfen	9	1,4	622,70	2,0
Schädel	32	5,1	923,00	3,0
Kiefer	49	7,8	4.615,20	15,0
Zähne	130	20,6	1.327,80	4,3
Wirbel	29	4,6	2.220,60	7,2
Rippen	46	7,3	554,40	1,8
Becken	11	1,7	1.056,60	3,4
Schulterblatt	21	3,3	2.621,20	8,5
Diaphysen	200	31,6	14.377,30	46,6
Hand-/Fußwurzel	35	5,5	1.209,90	3,9
Zehenknochen	67	10,6	1.268,30	4,1
Teilskelette	0		0,00	
Sonstiges*	3	0,5	39,00	0,1
Summe	632	100,0	30.836,00	100,0

* Sonstiges: Patella, Sesambein, Zungenbein.

Hausschwein

Skelettelement	KNZ	KNZ %	KNG (g)	KNG %
Schädel	26	6,5	385,40	10,1
Kiefer	54	13,6	1.185,70	31,2
Zähne	139	34,9	417,40	11,0
Wirbel	5	1,3	55,00	1,4
Rippen	32	8,0	156,90	4,1
Becken	8	2,0	204,40	5,4
Schulterblatt	12	3,0	146,70	3,9
Diaphysen	106	26,6	1.108,80	29,2
Hand-/Fußwurzel	9	2,3	117,90	3,1
Zehenknochen	7	1,8	22,00	0,6
Teilskelette	0		0,00	
Sonstiges	0		0,00	
Summe	398	100,0	3.800,20	100,0

Schaf/Ziege

Skelettelement	KNZ	KNZ %	KNG	KNG %
Hornzapfen	4	1,0	162,20	4,2
Schädel	10	2,5	291,60	7,5
Kiefer	33	8,4	418,90	10,7
Zähne	158	40,2	542,25	13,9
Wirbel	10	2,5	127,20	3,3
Rippen	19	4,8	40,00	1,0
Becken	5	1,3	94,00	2,4
Schulterblatt	5	1,3	60,50	1,5
Diaphysen	112	28,5	1.100,00	28,2
Hand-/Fußwurzel	13	3,3	67,90	1,7
Zehenknochen	21	5,3	48,30	1,2
Teilskelette	2	0,5	953,50	24,4
Sonstiges	1	0,3	0,10	0,0
Summe	393	100,0	3.906,45	100,0

Pferd

Skelettelement	KNZ	KNZ %	KNG (g)	KNG %
Schädel	0		0	
Kiefer	4	4,0	160,7	3,6
Zähne	37	36,6	804,7	18,1
Wirbel	0		0	
Rippen	1	1,0	11,3	0,3
Becken	3	3,0	879,6	19,8
Schulterblatt	3	3,0	231,2	5,2
Diaphysen	17	16,8	1014,2	22,9
Hand-/Fußwurzel	19	18,8	788,9	17,8
Zehenknochen	17	16,8	546,3	12,3
Teilskelette	0		0	
Sonstiges	0		0	
Summe	101	100,0	4436,9	100,0

Tab. 3 Die Skelettelemente der Hauptwirtschaftstiere (Knochenzahl= KNZ; Knochengewicht= KNG) im Gesamtmaterial

sereste bestimmt werden. Unter den vollständig erhaltenen Skelettelementen fanden sich vor allem Zähne, Zehen- sowie Hand- und Fußwurzelknochen.

Überwiegend liegen Skelett-Teile von Haussäugetieren vor (s. **Tab. 2b**). Im gesamten Fundgut dominiert nach Fundzahl (KNZ) und Fundgewicht (KNG) das Rind (KNZ = 12%, KNG = 50%). Es folgen mit annähernd gleichen Anteilen Schweine (KNZ = 7,7%, KNG = 6,2%) sowie Schafe und Ziegen (KNZ = 7,6%, KNG = 6,4%)[3]. Vom Pferd stammen 1,9% der Knochen (KNG = 7,3%).

Unter den Säugerknochen ließen sich nur wenige Wildtiere feststellen (s. **Tab. 4**). Schädel, Kiefer, Elemente des Körperskelettes und auch weitgehend vollständige Skelette stammen von Nagetieren (KNZ = 165), darunter vor allem vom Feldhamster (*Cricetus cricetus*) und dem Gemeinen Ziesel (*Citellus citellus*), letzteres aus der Familie der Hörnchenartigen. Die vorliegenden Fundstücke von Hamster und Ziesel unterscheiden sich farblich nicht auffällig von den übrigen Knochenresten aus den jeweiligen Grabungs-Quadranten. Jüngere Einmischungen, wie sie für Hamster und auch für Ziesel aufgrund deren unterirdischer Lebensweise grundsätzlich immer in Erwägung zu ziehen sind, dürfen hier angenommen werden[4].

Durch den hohen Anteil von Langknochenbruchstücken und Rippen mittelgroßer wie auch großer Säugetiere ist ein höherer Wildtieranteil, beispielsweise von Reh und Wildschwein, generell nicht auszuschließen.

3 Die Knochen von Schaf und Ziege werden im Folgenden gemeinsam behandelt, da eine Trennung der beiden Arten in der Mehrzahl der Fälle nicht möglich war.

4 Feldhamster und Ziesel stehen heute auf der »Roten Liste« der gefährdeten Tierarten und ihr Vorkommen ist weitgehend auf verstreute Rückzugsgebiete beschränkt. Beide Arten haben sich aber als typische Bewohner offener Steppenlandschaften noch heute im Burgenland gehalten.

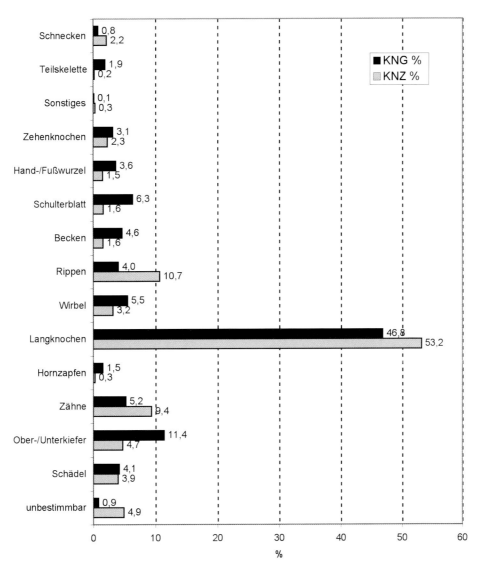

Abb. 1 Gliederung des Gesamtmaterials aus der Siedlung von Zillingtal nach Skelettelementen (Knochenzahl = KNZ, Knochengewicht = KNG).

		KNZ	KNZ	KNZ %	KNG (g)	KNG (g)	KNG %
Haustiere:	Rind	632			30836		
	Schwein	398			3800,2		
	Schaf/Ziege	393			3906,45		
	Pferd	101			4436,9		
	Hund	75			955,1		
	Katze	2			9,1		
	Huhn	35			33,05		
	Gans	1	1637	81,9	2,1	43978,9	97,8
Wildtiere:	Rothirsch	2			23,4		
	Hase	7			34,1		
	Nagetier	165			131,8		
	Aves indet.	30	204	10,2	19,2	208,5	0,5
Sonstiges:	Auster	1			113		
	Schnecke	110			366,1		
	Amphibium	8			3,2		
	Mensch	38	157	7,9	293,4	775,7	1,7
	Summe	1998	1998	100,0	44963,1	44963,1	100,0

Tab. 4 Haus- und Wildtieranteil im Gesamtmaterial.

Allgemein gestaltet sich bei der Artbestimmung – insbesondere bei Diaphysenfragmenten – die Unterscheidung von Schaf/Ziege/Reh oder Rind/Rothirsch anhand unvollständiger Knochen als schwierig. Dies gilt ebenso für eine Trennung von Haus- und Wildform beim Schwein, da hier vor allem Größenunterschiede von Bedeutung sind. Wildschweine ließen sich im Fundmaterial auch nicht an Zahn- oder Kieferbruchstücken nachweisen, der Rothirsch jedoch durch ein Langknochenfragment und einen Zehenknochen.

Taxonomisch ließen sich nur 66 Fundstücke Vögeln zuordnen, vor allem dem Haushuhn (KNZ = 35). Die Gans lässt sich allein durch einen einzelnen Knochen belegen, eine Trennung in Haus- und Wildform ist hier nicht möglich. Langknochenbruchstücke kleinerer Singvögel (KNZ = 30) konnten nicht bis auf das Artniveau bestimmt werden.

Die äußerst sorgfältige Bergung auch kleinster Knochenfragmente ermöglichte den Nachweis von Amphibien aus der Ordnung der Froschlurche. Aus Quadrant 0713 (Fund-Nr. 753) stammen Reste einer Kröte aus der Gattung der Echten Kröten (*Bufo laurenti*). Nach den artspezifischen Merkmalen des Beckens handelt es sich um eine Erdkröte (*Bufo bufo*)[5]. Auch hier ist nicht eindeutig nachweisbar, ob es sich bei den vorliegenden Amphibienfunden ggf. um neuzeitliche Faunenelemente handelt.

Im Fundgut befindet sich ein höherer Anteil von Landschnecken (n = 110), darunter die Gewöhnliche Weinberg- (*Helix pomatia* L.) sowie die Gerippte Bänderschnecke (*Cepaea vindobonensis*)[6]. Beide gehören zu den Landlungenschnecken aus der Familie der Schnirkelschnecken[7]. Von diesen Arten kann angenommen werden, dass sie im Siedlungsbereich gelebt haben, da sie zur autochthonen Fauna jenes Biotops gehören. Allerdings galten sie schon seit früher Vorzeit als beliebte Speiseschnecken[8].

Soweit die vorliegenden vollständigen Gehäuse eine metrische Bestimmung zuließen, dürften die relativ großwüchsigen Weinbergschnecken überwiegend von adulten oder mindestens subadulten Individuen stammen. Es fanden sich nur wenige Reste von Jugendstadien, wie dies für eine natürliche Population zu erwarten wäre. Aus diesem Grunde ist eine künstliche Einbringung nicht auszuschließen. Viele Schalen weisen durch die lange Bodenlagerung Spuren einer Entkalkung auf, jedoch keine Brandspuren. Nähere Einzelheiten sind dem Beitrag von Walter Wimmer zu entnehmen.

Ein als »Tierbestattung« ausgewiesener Komplex[9] – vermutlich eine neuzeitliche oder gar rezente Tierbestattung – enthielt das vollständige Skelett eines noch nicht voll ausgewachsenen Schafes sowie Schädel- und Skelettreste eines weiteren Jungtieres.

Unter den Siedlungsfunden fanden sich in Schichten mit awarischer Keramik auch menschliche Skelettreste (KNZ = 38). Mit Ausnahme eines Backenzahnes sowie des Mastoidfortsatzes eines oder zweier erwachsener Männer stammen sie von mindestens drei Neugeborenen bzw. Säuglingen im Alter von maximal drei Monaten. Diese Funde sind insofern von Bedeutung, als auf dem Gräberfeld von Zillingtal nur Bestattungen von Säuglingen im Alter von etwa 6 Monaten angetroffen wurden, Skelettreste von Neugeborenen und jüngeren Säuglingen jedoch fehlen.

---

[5] Erdkröten sind sehr anpassungsfähig und besiedeln heute nahezu alle Klimate und Lebensräume Europas. Allerdings lässt sich eine engere Bindung an Waldbestände erkennen, sie sind aber auch in der offenen Landschaft verbreitet. Als Tagesverstecke werden selbst gegrabene Höhlen benutzt, zur Überwinterung ziehen sie sich in tiefere Bodenschichten zurück.

[6] Die Artbestimmung erfolgte durch Herrn Dipl.-Biol. Walter Wimmer.

[7] Die Weinbergschnecke ist unsere größte einheimische Landschnecke. Sie bevorzugt warme, lichte Wälder und halboffene Biotope. Ursprünglich aus Südosteuropa stammend, wurde sie als beliebteste Speiseschnecke der Römer von jenen weiterverbreitet. Auch die Hainbänderschnecke mit ihrem auffällig bunten Gehäuse und den unterschiedlich angeordneten Spiralbändern ist eine Kulturfolgerin, sie lebt in lichten Wäldern und Gebüschen.

[8] Auch in den awarenzeitlichen Speichergruben ließen sich Schnecken nachweisen (n = 16). Den höchsten Anteil Schnecken wiesen jedoch die Quadranten 0715 (n = 18) und 0716 (n = 13) auf, in denen sich keine awarischen Speichergruben befanden.

[9] Angaben Fundzettel: »Schafbestattung aus Suchschnitt östlich des Quadranten 0811; ohne Fundvergesellschaftung oder stratigraphischen Zusammenhang«.

Abb. 2   Schnitt- und Hiebspuren an Tierknochen der Siedlung Zillingtal. 1 Schnitt- und Hiebspuren (unterer Bildrand) am Zehenknochen (Phalanx proximalis) eines Rindes. 1a Detail Schnittspuren (s. Abb. 2, 1). Die Kantenabbrüche an den relativ breiten Schnittkanten weisen auf die Verwendung einer breiten, stumpfen Messerklinge. 2 Schnittspuren am Rollbein (Talus) eines Rindes. 3 Schnittspuren am 1. Halswirbel (Atlas) eines Schafs oder einer Ziege.

Alle geborgenen tierischen Skelettreste sind von durchwegs fester Konsistenz und in Hinblick auf Färbung und Fragmentierungsgrad sehr einheitlich. Vielfach sind die Skelettreste kalziniert (40%) und weisen eine elfenbeinfarbene Färbung (n = 77) auf. An einigen Fundstücken sind Hieb- (15%) und Schnittspuren (1%) dokumentierbar. Schnittspuren fanden sich mehrfach an den Zehen- und Mittelfußknochen von Rindern und auch Pferden, vermutlich als Folge des Enthäutens (s. **Abb. 2**). Hiebspuren fanden sich regelmäßig an den Wirbeln vom Rind. Die größeren Röhrenknochen der Haustiere wurden der Länge nach gespalten, um das Knochenmark zu gewinnen. Die dokumentierten Schlachtspuren an den Gelenkenden der Langknochen geben deutliche Hinweise auf die durchgeführte Zergliederung der Schlachtkörper. An Langknochen treten auch vereinzelt Trümmerbrüche auf.

Durch die für einzelne Skelettelemente charakteristischen Zerteilungsspuren kann belegt werden, dass es sich bei den vorliegenden Tierknochen um Schlacht- und Nahrungsreste handelt[10]. Die Zerkleinerung der Langknochen aller Haustiere im Fundgut spricht dabei für eine intensive nahrungswirtschaftliche Nutzung der markhaltigen Knochen.

Zahlreiche Hornfortsätze an den Stirnbeinen von Rindern, Schafen und Ziegen weisen charakteristische Hiebspuren auf und belegen damit, dass Horn und/oder Knochen als Rohstoff Verwendung fanden. Wegen fehlender Artefakte liegen keine Anhaltspunkte vor, die auf die Existenz eines knochenverarbeitenden Handwerkes innerhalb der awarischen Siedlung oder der römischen Villa hinweisen könnten. An nur wenigen (KNZ = 6) längs gespaltenen Langknochen zeigen sich Bearbeitungsspuren, die eine Manipulation der Bruchkanten von Menschenhand vermuten lassen.

Auch viele Brandspuren bzw. Konsistenzveränderungen der Knochen, die auf einen Garungsprozess schließen lassen, weisen die Knochenreste als Speiseabfall aus. Neben wenigen verkohlten Skelett-Teilen (n = 15) lassen sich nur an einem kleineren Fundanteil (n = 7) Spuren höherer Hitzeeinwirkung dokumentieren, die diesen Knochen den Habitus von Leichenbrand verleihen. Nur bei ihnen könnte vermutet werden, dass sie als Reste einer Mahlzeit im Feuer gelandet sind.

Wenige Knochenreste weisen Nage- und Fraßspuren auf (KNZ = 11). Letztere fanden sich an den Gelenkenden von Langknochen minderer Fleischqualität (Mittelhand- und Mittelfußknochen) und dürften vom Haushund stammen.

10 Die Ausnahmen bilden die »Tierbestattung« zweier Schafe sowie die anatomischen Teilverbände von Haushund und Hauspferd.

Um weiterführende Aussagen zur Haustierhaltung in der awarischen Siedlung zu gewinnen, wurden die Tierknochen aus den Schichten mit awarischer Keramik sowie aus den awarenzeitlichen Gruben getrennt ausgewertet.

DIE HAUSTIERE DER AWAREN

In **Tab. 5** sind die aus den Schichten mit awarischer Keramik geborgenen Haustiere mit Knochenzahl (KNZ) und Fundgewicht (KNG) aufgelistet, **Abb. 3** gibt die Befunde grafisch wieder. Bezüglich des relativen Anteils der Hauptwirtschaftstiere bestehen zwischen der Gesamtstichprobe und den Tierknochen aus den Schichten mit awarischer Keramik keine statistisch relevanten Unterschiede[11].

Von den Hauptwirtschaftstieren – Rind, Schwein, Schaf/Ziege – liegen weitgehend alle Skelett-Teile vor, einschließlich der Schädel und Unterkiefer (s. **Tab. 6**). Mit Ausnahme des Rindes sind bei allen Haustieren die Zähne im Material überrepräsentiert. Hierbei muss jedoch berücksichtigt werden, dass von einem einzigen zertrümmerten Schädel incl. Unterkiefer bis zu 44 Zähne (Hausschwein) stammen können.

Unter den Haustieren als Fleischlieferanten dominiert das Rind (KNZ = 39%). Auch machen seine großen und schweren Knochen nach ihrem Fundgewicht den Hauptanteil (KNG = 71%) des Materials aus. Wurden Rinder in ländlichen Siedlungen in erster Linie als Arbeitstiere genutzt, so spielten sie in Zillingtal auch als Milchlieferanten eine große Rolle. Die Siedlungsbewohner schlachteten überwiegend ausgewachsene Tiere (67,7%) und nutzten damit ihre volle Milch- und Reproduktionsleistung (s. **Tab. 7a**).

Nach der Fundzahl (KNZ = 221) nimmt das Schwein unter den Haustieren gemeinsam mit Schafen und Ziegen den zweiten Platz ein. Bezogen auf die Gesamtzahl der Haustierknochen entspricht dies einem relativen Anteil von 26%. Auch Schweine schlachtete man hauptsächlich als ausgewachsene Tiere (35%) sowie im Alter von eineinhalb bis zwei Jahren nach Beendigung der Mast (32%). Den awarischen Viehzüchtern war vermutlich bekannt, dass eine über zwei Jahre hinausreichende Mast unrentabel wird, da bei gleichem Futteraufwand kaum noch ein nennenswerter Fleischzuwachs zu erzielen ist. Im Fundgut ließen sich auch Skelettreste von neugeborenen Schweinen (n = 10) sowie Ferkeln (n = 12) im Alter von unter 3 Monaten nachweisen (s. **Tab. 7b**).

Schafe und Ziegen sind – wie bereits erwähnt – unter den Wirtschaftstieren fast ebenso häufig vertreten wie das Hausschwein. Insgesamt 228 Fundstücke (27%) mit einem Gesamtgewicht von ca. 1,5 kg ließen sich den kleinen Hauswiederkäuern zuordnen. Wird das Fundgewicht (KNG) als Häufigkeitsmaß herangezogen, dann berechnet sich ein Fundanteil von fast 9%. Die Arten Schaf und Ziege sind trotz ihrer großen Verbreitung im Fundmaterial nur sehr schwer zu trennen. Nach den im Fundgut vertretenen Schädelresten konnten vier Ziegen an Hand der Hornzapfen und zwei Schafe bestimmt werden. Beide Arten sind allgemein an trockene Biotope angepasst und in besonderem Maße zur optimalen Nutzung geringer Nahrungsressourcen geeignet. Bezogen auf ihre Körpergröße produzieren Ziegen jedoch mehr Milch als Rinder und Schafe. Durch ihre hohe Reproduktionsrate kann die Zahl der Tiere mehr als bei jedem anderen landwirtschaftlichen Nutztier rasch augenblicklichen Gegebenheiten wie Wasser- und Futterknappheit angepasst werden[11a].

In der Siedlung schlachtete man die Tiere nur selten als Lämmer (n = 9) oder im jugendlichen Alter (n = 1), wenn ihr Fleisch zart ist und noch keine lange Garzeit benötigt. Die Mehrzahl der Tiere wurde im Alter von

---

[11] 4×2-Tafel; $\aleph^2$= 2,02 (3 Freiheitsgrade). Die Nullhypothese »Homogenität der Verteilung« muss angenommen werden.

[11a] Porzig u. Sambraus 1991, 219.

	KNZ	KNZ %	KNG (g)	KNG %
Rind	326	38,7	11.741,2	71,3
Schwein	221	26,2	1.715,1	10,4
Schaf/Ziege	228	27,1	1.460,2	8,9
Pferd	47	5,6	1.497,7	9,1
Hund	6	0,7	45,8	0,3
Huhn	14	1,7	12,1	0,1
Summe	842	100,0	16.472,1	100,0

Tab. 5 Die Häufigkeit der Haustiere auf Grundlage der Knochenzahl (KNZ) und des Knochengewichtes (KNG) aus den Schichten mit awarischer Keramik.

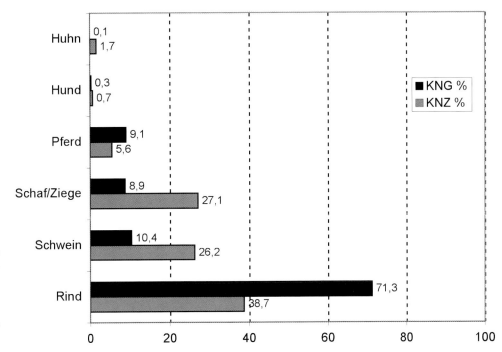

Abb. 3 Relative Anteile der Hauptwirtschaftstiere aus den Schichten mit awarischer Keramik (Knochenzahl = KNZ; Knochengewicht = KNG).

über zwei Jahren (n = 29) und im Alter von eineinhalb bis zwei Jahren (n = 26) geschlachtet (s. **Tab. 7c**). Man nutzte ihre Milch und vermutlich war auch die Wollproduktion von Bedeutung, aus wirtschaftlichen Gründen musste jedoch der Genuss des schmackhafteren Jungtierfleisches zurückgestellt werden.

Im Fundmaterial des Siedlungsabfalls ist das Hauspferd mit 47 Knochen und damit einem Fundanteil von fast 6% vertreten. Es fanden sich zahlreiche Elemente des Fußskelettes erwachsener Tiere. Dass das Pferd über seine Bedeutung als Trag- und Reittier hinaus auch als »Fleischlieferant« diente, kann nur durch Schlachtspuren an einem Langknochen im Fundgut belegt werden. Der Verzehr von Pferdefleisch unterlag zwar im Mittelalter einem Tabu[12], doch als ursprüngliche Hirtennomaden nutzten die Awaren wohl neben der Milch auch das Fleisch ihrer Reittiere.

Für die Einschätzung des Schlachtalters der Pferde standen nur wenige Knochen zur Verfügung. Zwei rechte Fersenbeine und ein Schienbein stammen jeweils von Pferden unter drei bzw. zwei Jahren. Weitere Hinweise auf geschlachtete Jungtiere liegen nicht vor. Die aufgefundenen Zähne weisen Abnutzungsspuren auf, die für erwachsene Pferde kennzeichnend sind. Vermutlich schlachtete man Pferde erst, nachdem sie als Reit- und Arbeitstiere nicht mehr zu gebrauchen waren.

Hausgeflügel ließ sich im Fundmaterial nur durch 14 Hühnerknochen belegen. Die Reste des Hausgeflügels unterliegen aufgrund ihrer geringeren Größe und ihrer Zerbrechlichkeit anderen Gesetzmäßigkeiten der

12 Nach Rehazek 2000, 237.

Rind

Skelettelement	KNZ	KNZ %	KNG (g)	KNG %
Hornzapfen	1	0,3	61,7	0,5
Schädel	13	4,0	333,6	2,8
Kiefer	20	6,1	917,3	7,8
Zähne	77	23,6	762,8	6,5
Wirbel	7	2,1	482,1	4,1
Rippen	13	4,0	229,0	2,0
Becken	2	0,6	170,7	1,5
Schulterblatt	9	2,8	1.316,4	11,2
Diaphysen	115	35,3	5.779,7	49,2
Hand-/Fußwurzel	25	7,7	930,2	7,9
Zehenknochen	42	12,9	720,2	6,1
Teilskelette	0	0,0	0,0	0,0
Sonstiges*	2	0,6	37,5	0,3
Summe	326	100,0	11.741,2	100,0

* Sonstiges: Patella, Sesambein, Zungenbein.

Hausschwein

Skelettelement	KNZ	KNZ %	KNG (g)	KNG %
Schädel	19	8,6	206,2	12,0
Kiefer	27	12,2	389,40	22,7
Zähne	91	41,2	248,7	14,5
Wirbel	1	0,5	1	0,1
Rippen	8	3,6	48,2	2,8
Becken	4	1,8	152,7	8,9
Schulterblatt	3	1,4	48,1	2,8
Diaphysen	56	25,3	536,2	31,3
Hand-/Fußwurzel	5	2,3	62,60	3,6
Zehenknochen	7	3,2	22	1,3
Teilskelette	0	0,0	0	0,0
Sonstiges		0,0		0,0
Summe	221	100,0	1.715,1	100,0

Schaf/Ziege

Skelettelement	KNZ	KNZ %	KNG (g)	KNG %
Hornzapfen	0	0,0	0,0	0,0
Schädel	5	2,2	202,6	13,9
Kiefer	14	6,1	169,5	11,6
Zähne	110	48,2	377,1	25,8
Wirbel	3	1,3	27,0	1,8
Rippen	8	3,5	10,0	0,7
Becken	4	1,8	90,3	6,2
Schulterblatt	2	0,9	45,6	3,1
Diaphysen	63	27,6	472,9	32,4
Hand-/Fußwurzel	9	3,9	47,9	3,3
Zehenknochen	10	4,4	17,3	1,2
Teilskelette	0	0,0	0,0	0,0
Sonstiges	0	0,0	0,0	0,0
Summe	228	100,0	1.460,15	100,0

Pferd

Skelettelement	KNZ	KNZ %	KNG (g)	KNG %
Schädel	0	0	0	0,0
Kiefer	2	4,3	87,6	5,8
Zähne	21	44,7	452,3	30,2
Wirbel	0	0,0	0	0,0
Rippen	0	0,0	0	0,0
Becken	2	4,3	114,6	7,7
Schulterblatt	1	2,1	74,8	5,0
Diaphysen	7	14,9	241,9	16,2
Hand-/Fußwurzel	5	10,6	283	18,9
Zehenknochen	9	19,1	243,5	16,3
Teilskelette	0	0,0	0	0,0
Sonstiges	0	0,0	0	0,0
Summe	47	100,0	1497,7	100,0

Tab. 6 Die Skelettelemente der Hauptwirtschaftstiere aus Schichten mit awarischer Keramik (Knochenzah = KNZ; Knochengewicht = KNG).

Tab. 7a   Rind

		Anzahl	%
neugeboren	neonatil	4	2,4
bis 3 Monate	infans	2	1,2
3 bis 17 Monate	juvenil	8	4,9
18 bis 36 Monate	subadult	39	23,8
> 3 Jahre	erwachsen	111	67,7
Summe		164	100,0

Tab. 7b   Schwein

		Anzahl	%
neugeboren	neonatil	10	10,1
< 3 Monate	infans	12	12,1
3 bis 16 Monate	juvenil	10	10,1
16 bis 24 Monate	subadult	32	32,3
> 2 Jahre	erwachsen	35	35,4
Summe		99	100,0

Tab. 7c   Schaf/Ziege

		Anzahl	%
neugeboren	neonatil	5	7,7
< 3 Monate	infans	4	6,2
3 bis 17 Monate	juvenil	1	1,5
18 bis 24 Monate	subadult	26	40,0
> 2 Jahre	erwachsen	29	44,6
Summe		65	100,0

Tab. 7   Das Schlachtalter der Hauptwirtschaftstiere.

Erhaltung als die Knochen der Haussäuger. Auch ist anzunehmen, dass die Reste der Geflügelmahlzeiten Hunden zum Fraß vorgeworfen wurden. So gelangten sie erst gar nicht in den Siedlungsabfall.

An den dargestellten Mengenanteilen lässt sich bis zu einem gewissen Grade abschätzen, welche ökonomische Bedeutung einzelnen Haustierarten in der frühmittelalterlichen Siedlung von Zillingtal zukam. An vorderster Stelle stand mit Sicherheit das Rind, das aufgrund seiner großen Nutzungsbreite wichtige Funktionen zu übernehmen hatte. Vorrangig war seine Arbeits- und Zugkraft sowie seine Milchproduktion gefragt, später besaß es als Schlachtobjekt einen hohen Stellenwert. Ausschließlich der Fleischerzeugung dienten Schweine, während die wirtschaftliche Bedeutung von Schafen und Ziegen wohl auf der Woll- und vielleicht auch der Milchgewinnung basierte.

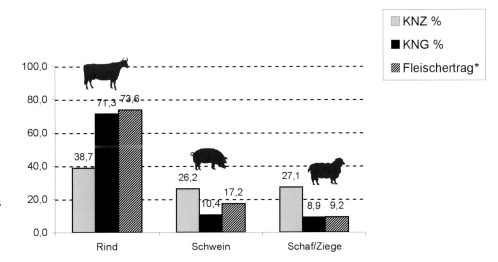

	KNZ %	KNG %	Fleischertrag*	
Rind	38,7	71,3	73,6	
Schwein	26,2	10,4	17,2	
Schaf/Ziege	27,1	8,9	9,2	
* Berechnung des Fleischertrages				
	KNG (g)	Faktor	Anteil	Anteil %
Rind	11.741,20	0,5	5.870,60	73,6
Schwein	1.715,10	0,8	1.372,08	17,2
Schaf/Ziege	1.460,20	0,5	730,10	9,2
Summe			7.972,78	100,0

Tab. 8 Die Bedeutung der Haustiere als Fleischlieferanten in der Siedlung von Zillingtal.

Abb. 4 Die Haustiere als Fleischlieferanten in der Siedlung von Zillingtal.

Einen wesentlichen Beitrag zur Sicherung der Ernährung hat das Pferd offensichtlich nicht geleistet, dagegen spricht allein schon die geringe Fundmenge.

Werden als Maßstab für die wirtschaftliche Bedeutung der verschiedenen Haustiere die Knochenzahlen (KNZ) herangezogen, ist zu bedenken, dass sich hier nicht nur die Häufigkeit einer Tierart, sondern auch das Ausmaß der Fragmentierung niederschlägt. In der Regel sind die Knochen der größeren Haustiere, wie beispielsweise die der Rinder, stärker zerschlagen als die der kleinen, wie Schafe, Ziegen und Schweine. Die Dokumentation des Knochengewichtes hat gegenüber dem Auszählen von Knochen den Vorteil, dass das Ausmaß der Fragmentierung bei der Ermittlung relativer Anteile keine Rolle spielt, da ein vollständiger Knochen ebensoviel wiegt wie ein zerschlagener.

Nach Boessneck et al. (1971, 22) beträgt bei Rindern, Schafen, Ziegen und Schweinen das Skelettgewicht 7% des Lebendgewichtes. Unter der Annahme, dass das Schwein zu 80% seines Lebendgewichtes essbar ist, die Wiederkäuer Rind, Schaf und Ziege nur zu 50%, können die entsprechenden Fleischerträge geschätzt werden (s. **Tab. 8**)[13]. Nach diesem Ansatz bleibt das Rind mit 74% immer noch der wichtigste Fleischlieferant, das Schwein nimmt nun jedoch mit fast 17% den zweiten Platz vor Schafen und Ziegen (9%) ein (s. **Abb. 4**).

Neben Knochenzahlen und Knochengewichten wird zur Kennzeichnung relativer Häufigkeiten auch die Mindestindividuenzahl (MIZ) der in einem Materialkomplex nachgewiesenen Haustiere herangezogen, da

13 Ermittlung der Fleischerträge (nach Morel 1985, 195): Rind, Schaf, Ziege: Fundgewicht (KNG) × 0,5; Schwein: Fundgewicht (KNG) × 0,8. Bei dieser Methode bleibt unberücksichtigt, dass der Anteil des Knochengewichtes am Fleischgewicht individuellen und/oder rassebedingten Schwankungen unterliegt.

sie den Vorzug großer Anschaulichkeit hat. Im Siedlungsabfall von Zillingtal wurden mindestens 10 Rinder, 11 Schweine, 12 Schafe und/oder Ziegen und vier Pferde nachgewiesen. Ohne auf die Grenzen der Anwendbarkeit dieser Methode im Falle von Siedlungsresten näher einzugehen, sei nur darauf hingewiesen, dass sich bekanntermaßen die Relationen zugunsten der kleineren Haustiere verschieben, wenn die Anzahl der Individuen anstatt der Knochenzahlen als Vergleichsbasis dient.

SCHLACHT-, ZERLEGUNGS- UND PORTIONIERUNGSSPUREN AN DEN TIERKNOCHEN AUS DER AWARISCHEN SIEDLUNG

Im Fundmaterial finden sich charakteristische Spuren der Tierkörperzerlegung und -portionierung. Das Abtrennen des Kopfes vom Rumpf erfolgte bei den Haustieren zwischen Hinterhaupt und erstem Halswirbel, an dem entsprechende Wirkspuren des Menschen dokumentierbar waren. Anschließend erfolgte die Trennung von Schädel und Unterkiefer.

Hiebspuren am Unterkieferast und abgeschlagene Kiefergelenke zeugen von der Entartikulierung des Unterkiefers vom Schädel, die bei Rindern, bei Schafen bzw. Ziegen und bei Schweinen in gleicher Weise erfolgte. Hier lassen sich nur selten Schnittspuren dokumentieren, die Zerlegung erfolgte wohl von geübter Hand mit einem Beil oder einem Hackmesser.

Neben Langknochen gehören auch die Schädel der Hauptwirtschaftstiere im Material zu den sehr stark zertrümmerten Skelett-Teilen. Dabei erfolgte die Zergliederung des relativ dünnen Hirn- und Gesichtsschädels nicht nach einer erkennbaren Regel. Die Mehrzahl der geborgenen Fragmente weist auf eine Längsspaltung des Schädels hin, vermutlich um das Hirn zu entnehmen. Auch mehrere in der Längsachse zerteilte Halswirbel belegen diese Vorgehensweise. Die Unterkiefer teilte man bei Wiederkäuern entlang der Symphyse in zwei Hälften.

Eine weitere Portionierung der Kiefer ließ sich an den Resten von Rind und Schwein dokumentieren: In Höhe des ersten Backenzahns wurde die »Schnauze« abgetrennt. Die Pars incisivus der Unter- und die Os praemaxillare der Oberkiefer von Rindern sowie Schafen und Ziegen haben sich im Fundmaterial nicht erhalten.

Bei Schweinen wendete man bei der Portionierung der Unterkiefer ebenfalls diese Schlachttechnik an. Die Mandibelhälften wurden jedoch nicht geteilt, sondern die »Schnauzenpartie« vor der Backenzahnreihe abgeschlagen.

Von den Hauptwirtschaftstieren liegen weitgehend alle Teile des Körperskelettes vor. Wirbel und Rippen sind ebenso vertreten wie die an sich fleischlosen Teile des Bein- und Fußskelettes, die Mittelfuß- und Mittelhand- sowie Zehenknochen.

Die dokumentierten Hiebmarken an den einzelnen Skelettelementen geben deutliche Hinweise auf eine vor Ort durchgeführte fachgerechte Zergliederung der Schlachtkörper. Eine regelhaft auftretende, charakteristische Schlachttechnik lässt sich an den in **Tab. 9** angeführten Skelettelementen von Rindern, Schweinen, Schafen und Ziegen belegen: An einem Großteil der Rippen sind Hiebspuren nachzuweisen, sowohl in Quer- als auch beim Rind in Längsrichtung. Diese Auffälligkeit entsteht bei der Trennung der Brustkorb-Innenwände vom Schlachtkörper und ihrer anschließenden Portionierung. Die sowohl an den Rippen des Hausrindes als auch bei Schaf/Ziege und Schwein zu beobachtende einheitliche Fragmentgröße mit entsprechenden Schlachtspuren belegt die professionelle Zerlegung der Schlachtkörper durch darauf spezialisierte Personen. Auch eine traditionelle Verwendung dieser Rippenstücke als Fleischgericht darf vermutet werden.

Skelettregion	Hiebspuren
Langknochen	Gelenkenden (kreuzweise Spaltung)
	Spaltung in Längsachse
Wirbel	Spaltung in Längs- und Querachse
	Abspaltung der Querfortsätze
	Entfernung des Dornfortsatzes
	Querspaltung: Portionierung des "Rückens"
Unterkiefer	Abschlagen des Kiefergelenkes
	Abtrennung des Unterkieferastes
	Abtrennung des Corpusunterrandes
	Spaltung der Symphyse (Halbierung)
	Portionierung des Unterkiefers ("Schnauze")
Zungenbein	Entfernen der Zunge
Schädel	Abhacken des Gesichtsschädels
	Öffnen des Hirnschädels: horizontal
	Längsspaltung des Schädels
Schulterblatt	Abtrennung des Gelenkes
Rippen	Portionierung (quer und längs)
Becken	Abschlagen des Sitzbeines
Fersenbein (Calcaneus)	Abtrennen des Fußes
Mittelfußknochen (distal)	Abtrennen des Fußes

Tab. 9 Charakteristische Hiebspuren an den Skelettresten von Rind, Schaf/Ziege und Schwein im Fundmaterial der Siedlung Zillingtal.

DIE TIERKNOCHEN AUS DEN AWARISCHEN SIEDLUNGSOBJEKTEN

Nach H. Herold (schriftl. Mitteilung) gibt es bei den awarischen Gruben zwei Typen: kleinere, zylinderförmige (Durchmesser: 1-1,2 m, Tiefe: mehr als 1 m) und größere, seichtere. Da die zylinderförmigen Gruben sehr viel und die flächigen, seichten Gruben relativ wenig Keramik enthielten, darf angenommen werden, dass erstere aufgefüllt wurden und die flachen Gruben zugeflossen sind. Nach den archäologischen Befunden könnte man die zylinderförmigen Gruben als ehemalige »Getreidegruben« betrachten, die später in Abfallgruben umgewandelt wurden. Bei den flachen Gruben dürfte es sich um Lehmentnahmegruben handeln. **Plan 2** im Anhang des vorliegenden Bandes gibt den Grabungsplan mit den awarenzeitlichen Siedlungsobjekten wieder.

Eine Übersicht über Datierung, Lage, Form sowie mögliche Verwendungszwecke der einzelnen awarischen Gruben und Pfostenanlagen zeigt **Tab. 10**. Hier sind auch Anzahl (KNZ) und Gewicht (KNG) der Tierknochen aufgeführt. Nach der Fundmenge kann kein Unterschied zwischen aufgefüllten Getreide- und Lehmentnahmegruben festgestellt werden. Da der Zertrümmerungsgrad der Knochenfunde im gesamten Bereich der

archäologischer Befund	Datierung	Quadrant	Form	Verwendungszweck	KNZ	KNG (g)
Grube 01	Siedlungsphase 1	0513	zylinderförmig	Getreidegrube	100	821,10
Grube 02	Siedlungsphase 4	0613	zylinderförmig	Getreidegrube	7	46,00
Grube 03	Siedlungsphase 2	0713		Lehmentnahmegrube	138	1.040,30
Grube 04	Siedlungsphase 2	0713, 0813 NW, 0813		Lehmentnahmegrube	63	560,70
Grube 05	Siedlungsphase 2	0813, 0814, 0913 NW		Lehmentnahmegrube	81	638,80
Grube 06	Siedlungsphase 1	0813, 0913, 0913 NW		Lehmentnahmegrube	31	202,65
Grube 07	Siedlungsphase 1	0913, 1013 NW		Lehmentnahmegrube	70	688,05
Grube 08	Siedlungsphase 1	0913, 1013 NW, 1013		Lehmentnahmegrube	117	1.068,90
Grube 09	Siedlungsphase 4	1013 NW, 1013	zylinderförmig	Getreidegrube	42	242,25
Grube 10	Siedlungsphase 4	1013	zylinderförmig	Getreidegrube	138	645,70
Grube 11	Siedlungsphase 3	1113, 1113NW, NO		Lehmentnahmegrube	48	835,80
Grube 12	Siedlungsphase 4	0814	zylinderförmig	Getreidegrube	o.A.	o.A.
Grube 13		1213		Schlackengrube	9	151,60
Grube 1993	Siedlungsphase 5	K30/59, K30/60, K30/69, K30/70			9	95,90
Pfostenloch, Pfostenbau	Siedlungsphase 3	0614, 0615, 0714, 0715			22	82,90
Summe					875	7.120,7

Tab. 10 Die archäologischen Befunde zu den awarenzeitlichen Gruben und Pfostenanlagen im SW-Teil der Ausgrabung bei Zillingtal sowie Fundmenge (KNZ) und Fundgewicht (KNG) der aus ihnen geborgenen Tierknochen.

KNZ

	Grube 1	Grube 2	Grube 3	Grube 4	Grube 5	Grube 6	Grube 7	Grube 8	Grube 9	Grube 10	Grube 11	Grube 13	Grube 1993	Summe	% KNZ
Rind	5		20	7	10	4	22	12	3	7	8	2	2	102	30,5
Schaf/Ziege	7	2	9	3	9	1	5	19	2	15	5	1		78	23,4
Schwein	14	1	3	6	2	3	5	20	2	18	5		1	80	24,0
Pferd	1		1	1	1	1			2	1	1			9	2,7
Hund								1						1	0,3
Katze															
Huhn			3		1	1	1		1	2				9	2,7
Aves indet.	1		3											4	1,2
Feldhase				1										1	0,3
Nager	2	1	2	2	1	1	1	1		7	4			22	6,6
Mensch			8								1			9	2,7
Amphibium			2								1			3	0,9
Schnecke	5		2		1		3	1		2	1	1		16	4,8
Summe	35	4	53	20	25	11	37	54	10	52	26	4	3	334	100,0

KNG

	Grube 1	Grube 2	Grube 3	Grube 4	Grube 5	Grube 6	Grube 7	Grube 8	Grube 9	Grube 10	Grube 11	Grube 13	Grube 1993	Summe	% KNG
Rind	170,6		563,1	138,2	186,2	60,0	407,4	519,1	28,8	105,0	558,4	108,1	62,5	2.907,4	67,3
Schaf/Ziege	27,3	26,6	26,7	8,3	35,1	1,4	37,9	116,5	43,5	71,3	30,9	19,2		444,7	10,3
Schwein	115,0	1,0	56,2	58,8	23,2	20,8	47,2	125,9	12,8	118,0	42,1			626,2	14,5
Pferd	66,5		4,5	28,5	74,8	30,9			21,5	4,2	18,8		5,2	249,7	5,8
Hund								3,0						3,0	0,1
Katze															
Huhn			3,1		0,7	0,6	1,2		1,3	1,9				8,8	0,2
Aves indet.	0,9		1,1											2,0	0,0
Feldhase				0,2										0,2	0,0
Nager	0,3	0,3	5,9	1,1	0,5	0,3	0,5	0,1		2,6	8,3			19,9	0,5
Mensch			12,5								3,5			16,0	0,4
Amphibium			0,7								0,3			1,0	0,0
Schnecke	21,5		2,0		0,3		1,6	1,5		9,3	0,5	2,4		39,1	0,9
Summe	402,1	27,9	675,7	235,1	320,8	114,0	495,8	766,1	107,9	312,3	662,8	129,7	67,7	4317,8	100,0

Tab. 11 Fundzahl (KNZ) und Fundgewicht (KNG) der artlich betimmbaren Tierknochen aus den awarenzeitlichen Gruben.

KNZ	Siedlungsphase 1		Siedlungsphase 2		Siedlungsphase 3		Siedlungsphase 4	
	KNZ	% KNZ	KNZ	% KNZ	KNZ	% KNZ	KNZ	% KNZ
Rind	43	31,4	37	37,8	8	38,1	10	19,6
Schaf/Ziege	32	23,4	21	21,4	6	28,6	19	37,3
Schwein	42	30,7	11	11,2	6	28,6	21	41,2
Pferd	2	1,5	3	3,1	1	4,8	1	2,0
Summe	119	100,0	72	100,0	21	100,0	51	100,0
KNG	KNG	% KNG	KNG	% KNG	KNG	% KNG	KNG	% KNG
Rind	1157,1	65,1	887,5	72,1	558,4	81,6	133,8	30,9
Schaf/Ziege	183,1	10,3	70,1	5,7	31,6	4,6	141,4	32,7
Schwein	308,9	17,4	138,2	11,2	43,7	6,4	131,8	30,5
Pferd	97,4	5,5	107,8	8,8	18,8	2,7	25,7	5,9
Summe	1746,5	100,0	1.203,6	100,0	652,5	100	432,7	100,0

Tab. 12 Fundmenge (KNZ) und Fundgewicht (KNG) der artlich bestimmbaren Tierknochen aus den awarischen Siedlungsobjekten der Siedlungsphasen 1-4.

Ausgrabung einheitlich ist, finden sich auch nach diesem Kriterium keine Auffälligkeiten, die auf eine speziell in den Getreidegruben vorgenommene »Entsorgung« von Schlacht- und Speiseresten hinweisen könnten.

Fundmenge und Fundgewicht der nach Tierart bestimmbaren Knochenfunde aus den Gruben und Pfostenanlagen gibt **Tab. 11** wieder. Der Anteil der Hauptwirtschaftstiere Rind, Schwein und Schaf/Ziege ist in den einzelnen Gruben unterschiedlich. Nur nach dem Fundgewicht dominiert – mit Ausnahme der Gruben Nr. 9 und 10 – das Rind.

In zwei Lehmentnahmegruben fanden sich auch menschliche Skelettreste: In Grube Nr. 3 mehrere Skelettelemente eines Neugeborenen, in Grube 11 das Oberarmfragment eines ungeborenen Kindes. Ebenfalls aus einer Lehmentnahmegrube stammt die Unterkieferhälfte eines Hundewelpen. Diese Funde sind insofern von Bedeutung, als auf dem awarischen Gräberfeld von Zillingtal nur wenige Bestattungen jüngerer Säuglinge angetroffen wurden, Skelettreste von Neugeborenen jedoch fehlen. Dies kann als Hinweis dafür gelten, dass Feten und Neugeborene nicht regelhaft auf dem Friedhof der Gemeinschaft bestattet, sondern »entsorgt« wurden. Ebenso wie der Hundewelpe landeten sie gemeinsam mit den Schlacht- und Nahrungsresten im Abfall der Siedlung.

Eine auf die einzelnen Siedlungsphasen bezogene summarische Auswertung der Knochenzahlen der Hauptwirtschaftstiere ist auf Grund ihrer geringen Fundmengen in den Siedlungsphasen 3 (KNZ = 21) und 4 (KNZ = 51) nur eingeschränkt möglich (s. **Tab. 12**)[14]. Pferde sind in allen Siedlungsphasen – wenn auch in Phase 3 und 4 nur als Einzelfunde – nachweisbar. Das Rind ist ausschließlich nach dem Fundgewicht in den ersten drei Siedlungsphasen dominierend. In der Siedlungsphase 1 liegt es nach der KNZ mit 31,4% nur knapp vor dem Schwein (30,7%). Auch in den Gruben der Siedlungsphase 4 scheinen Schweine häufiger vertreten zu sein. Ob ihre vergleichsweise hohen Anteile in der ersten und vierten Siedlungsphase tatsächlich durch einen zeitabhängigen Trend im Konsum- und damit Abfallverhalten der Bewohner oder mehr durch die Befundstruktur selbst verursacht sind, muss offen bleiben.

HINWEISE AUF DIE RÖMISCHE VORBESIEDLUNG

Tierknochenfunde aus dem Abfall der römischen Villa konnten nicht auf Grundlage einer Stratigraphie, sondern nur nach ihrer horizontalen Verteilung auf dem Grabungsplan identifiziert werden.

14 Siedlungsphase 5 mit lediglich drei Tierknochen konnte hier nicht berücksichtigt werden.

Die zwei Skelettreste der Hauskatze, eine Unterkieferhälfte und ein Schienbein, stammen aus dem Nord-Ost-Teil der Grabungsfläche (Quadranten 0607 und 0707), aus dem Gebiet der römischen Villa. Damit wären sie ebenso wie die beiden Skelettreste des Rothirsches (Quadrant 0807, 0808) und dem Einzelfund der Gans (Quadrant 0714) eher der römischen Vorbesiedlung zuzuordnen.

Im NO-Teil der Grabungsfläche fand sich auch das Teilskelett eines Haushundes. Die einzelnen Skelettelemente und der Schädel aus den Quadranten 0607/0707, 0607/0707, 0708, 0808 konnten zu einem anatomischen Verband reindividualisiert werden[15]. Es handelt sich um das Körperskelett eines ausgewachsenen schlankwüchsigen Tieres in der Größe unserer heutigen Collies. Neben der Vollständigkeit der Skelettreste lassen fehlende Schnitt- oder Zerlegungsspuren vermuten, dass es sich um ein auf natürliche Weise verendetes Tier handelt.

Haushund und Katze dürften für die Ernährung der römischen Bevölkerung wohl keine Rolle gespielt haben. Hunde kamen in erster Linie als Wach- und Hütehunde zum Einsatz. Katzen erfüllten eine wichtige Rolle bei der Bekämpfung von Mäusen und Ratten, insbesondere in Gutshöfen mit Getreidewirtschaft. Da die römischen Villae rusticae im Wesentlichen landwirtschaftliche Produktionsstätten darstellten, gehören diese Arten zum Spektrum der Haustiere.

Die Weinbergschnecken können wohl nicht als Speisereste der römischen Bevölkerung angesprochen werden, da sich in den Quadranten 0607 bis 0809 – im unmittelbaren Bereich der römischen Gebäudereste – nur 17 der insgesamt 110 geborgenen Schneckengehäuse befanden. Als Nahrungsrest konnte jedoch die europäischen Auster durch ein Schalenfragment nachgewiesen werden, ein eindeutiger Beleg für den Import lebender Tiere ausschließlich zum Zwecke des Verzehrs. Den Austern galt die besondere Leidenschaft der Römer. Wenn nötig, wurden sie über weite Strecken transportiert[16]. Sie waren jedoch auch in der frühneuzeitlichen Küche eine Delikatesse und wurden besonders von der reichen Bevölkerung der Städte oder Burgen geschätzt, wie entsprechende Funde aus Kloaken- und Abfallschichten belegen. Ihre Schalenreste gelangten nach der Entleerung der Abfallgruben mit anderen organischen Resten als Stickstoffdünger auf die Felder der Bauern. Auf diese Weise bilden sie einen festen Bestandteil des Scherbenschleiers auf landwirtschaftlich intensiv genutzten Flächen. Der Schalenrest der Auster wurde aus Quadrant 0709 (Schicht 20) geborgen, aus dem NO-Teil der Grabungsfläche, wo auch die Gebäudereste der Villa rustica dokumentiert wurden. Nach der Fundtiefe (Abbauschicht 2), ca. 20 cm unter dem Pflughorizont, ist eine jüngere Einbringung hier wohl auszuschließen.

Bei der Untersuchung der Rinderknochen aus dem gesamten Siedlungsbereich konnten weder an den wenigen vollständig erhaltenen Skelett-Teilen (Phalangen, Gelenkenden der Mittelfußknochen) noch an den zahlreichen Rippenresten Hinweise auf besonders großwüchsige Tiere festgestellt werden, wie sie für römische Arbeitsochsen kennzeichnend sind.

VERGLEICH: SIEDLUNG UND FRIEDHOF

Durch die Befunde aus den Grabanlagen des Friedhofes[16a] einerseits und der Siedlung von Zillingtal andererseits ist die Möglichkeit gegeben, die kultur- und wirtschaftshistorische Auswertung der Tierknochenfunde zusammenfassend darzustellen.

---

[15] Individuum 1: Fund-Nr. 1494-1498 (1997). Geschätzte Widerristhöhe (Humerus, Femur, Tibia; Faktoren nach Koudelka): 51 cm.

[16] Gerlach 2001, 59.

[16a] Grefen-Peters 2000.

	KNZ % Gräberfeld	KNZ % Siedlung
Rind	50,4	39,0
Schwein	9,1	26,4
Schaf/Ziege	15,4	27,3
Pferd	0,5	5,6
Haushuhn	24,3	1,7
Gans/Ente	0,4	0,0
Summe	100,0	100,0

Tab. 13   Die relative Häufigkeit der Haustiere auf Grundlage der Knochenzahl (KNZ) im Fundmaterial des Gräberfeldes und der Siedlung von Zillingtal.

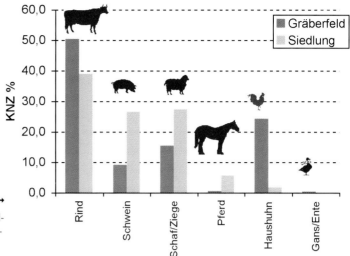

Abb. 5   Die relative Häufigkeit der Haustiere auf Grundlage der Knochenzahl (KNZ) im Fundmaterial des Gräberfeldes und der Siedlung von Zillingtal.

Bei den Tierknochen aus awarischen Gräberfeldern handelt es sich ausschließlich um Reste von Opfer- und Speisebeigaben, die nach dem traditionell festgelegten Muster einer lokalen Bestattungssitte für die einzelnen Grablegen ausgewählt wurden. Das Artenspektrum lässt daher nur bedingt Folgerungen auf die wirtschaftliche Bedeutung der einzelnen Haustierarten zu. Auf den einzelnen Fundplätzen kommen neben chronologischen wohl auch lokale Besonderheiten des awarischen Totenbrauchtums zum Ausdruck.

Nach den prozentualen Fundanteilen sind auf dem Friedhof von Zillingtal Rind (48%), Haushuhn (23%) und Schaf/Ziege (15%) die Hauptwirtschaftstiere, das Schwein ist nur mit einem Fundanteil von nicht ganz 9% vertreten (s. **Tab. 13** und **Abb. 5**). Die größere wirtschaftliche Bedeutung des Haushuhns kommt durch die Beigabe von Hühnereiern zum Ausdruck. Reste des Hauspferdes unter den Grabbeigaben, wie sie im niederösterreichischen Friedhof von Leobersdorf und auf zahlreichen ungarischen Fundorten angetroffen wurden[17], lagen nur aus drei Männergräbern (Grab 18, 140 und 305) vor.

Siedlungsfunde belegen, dass allgemein die Intensivierung der Schweinehaltung als charakteristisches Kennzeichen der Haustierwirtschaft im frühen Mittelalter angesehen werden kann[18]. Dies mag auch für die awarische Bevölkerung der Donauländer gelten. In der spätawarischen Periode erreicht das awarische Siedlungsgebiet seine größte Ausdehnung, die Siedlungen sind archäologisch fassbar. Nun weist der höhere Anteil von Rindern und Schweinen gegenüber Schafen und Pferden deutlich auf eine sesshafte Lebensweise der ehemaligen Reiternomaden, deren Grundlage jetzt der Ackerbau war[19].

Dies zeigt auch die Verteilung der Haustierknochen im Siedlungsabfall von Zillingtal, wo Schweine (KNZ = 26%) und Schafe bzw. Ziegen (KNZ = 27%) etwa gleich häufig vorkommen (s. **Abb. 5**). Die in den awarischen Gräbern zu beobachtende Dominanz der kleinen Hauswiederkäuer vor dem Schwein hingegen lässt sich auf Grundlage der Tierknochen aus dem Siedlungsabfall nicht bestätigen. Die Tierreste aus den Gräbern zeigen insgesamt eine andere prozentuale Zusammensetzung der Arten als die Siedlungsbefunde. Im Bestattungskult gab es wohl bestimmte »Auswahlprinzipien«.

[17] Grefen-Peters 1987, 278.
[18] Benecke 1994, 118f., 195.

[19] Bálint 1989, 167.

LITERATUR

Bálint, Cs., 1989: Die Archäologie der Steppe: Steppenvölker zwischen Wolga und Donau vom 6. bis 10. Jh. Wien, Verlag Böhlau 1989.

Benecke, N., 1994: Archäozoologische Studien zur Entwicklung der Haustierhaltung in Mitteleuropa und Südskandinavien von den Anfängen bis zum ausgehenden Mittelalter. Schriften zur Ur- und Frühgeschichte 46, Berlin.

Boessneck, J. et al., 1971: Die Tierknochenfunde aus dem Oppidum bei Manching. In: W. Krämer (Hrsg.), Die Ausgrabungen von Manching 6. Wiesbaden 1971.

Bökönyi, S., 1974: History of domestic mammals in central and eastern Europe. Akadémiai Kiadó, Budapest 1974.

Daim, F. u. Distelberger, A., 1996: Die awarische Siedlung von Zillingtal – Die Grabungen 1994-95. In: Hunnen und Awaren. Katalog der Burgenländischen Landesausstellung 1996, Bad Vöslau: 372-377.

Gerlach, G., 2001: Zu Tisch bei den alten Römern. Eine Kulturgeschichte des Essens und Trinkens. Sonderheft 2001 der Zeitschrift »Archäologie in Deutschland«, Theiss Verlag Stuttgart.

Grefen-Peters, S., 1987: Anthropologische und zoologische Auswertung. In: Daim, F. (Hrsg.), Das awarische Gräberfeld von Leobersdorf, NÖ, Bd. 2. Studien zur Archäologie der Awaren 3, Österreichische Akademie der Wissenschaften Philosophisch-Historische Klasse Denkschriften Bd. 194, Wien, 79-323.

Grefen-Peters, S., 2000: Die Tierknochenfunde aus dem awarischen Gräberfeld von Zillingtal, Burgenland. Ungedr. Manuskript.

Morel, P., 1985: Der Reischacherhof in Basel – mittelalterliche Speiseabfälle aus fünf Jahrhunderten. Archäologie der Schweiz 8, 1985, 3, 188–196.

Porzig, E. u. Sambraus, H. H., 1991: Nahrungsaufnahmeverhalten landwirtschaftlicher Nutztiere. Deutscher Landwirtschaftsverlag Berlin GmbH.

Rehazek, A., 2000: Suppenhuhn und Spanferkel – Eine archäozoologische Analyse von Fundstellen des 10. bis 12. Jahrhunderts in der Nordschweiz und im Rhône-Alpes-Gebiet. In: Rippmann, D. und Neumeister-Taroni, B. (Hrsg.), Gesellschaft und Ernährung um 1000. Eine Archäologie des Essens. Begleitband zur Ausstellung »Les mangeurs de l'an 1000« im Alimentarium, Museum der Ernährung, Vevey, 224-238.

Manuskriptabschluss: 7. Mai 2003

Anschrift der Verfasserin:
Dr. Silke Grefen-Peters
Wilhelm-Börker-Str. 7
D- 38104 Braunschweig

WALTER WIMMER

MOLLUSKEN IM FUNDMATERIAL

Insgesamt wurde eine Stichprobe von 103 Schalenresten ausgewertet, die ausnahmslos zur Ordnung Stylommatophora, den Landlungenschnecken, gehören. Sie verteilen sich auf drei Arten: Gewöhnliche Weinbergschnecke (*Helix pomatia* L.), Gerippte Bänderschnecke (*Cepaea vindobonensis*) und Östliche Heideschnecke *(Xerolenta obvia)*.

Helix pomatia L., die größte der Arten, stellte mit 56 Schalenresten den überwiegenden Anteil, gefolgt von *Cepaea vindobonensis* (A. Férussac 1821) mit 18 und *Xerolenta obvia* (Menke 1828) mit vier Schalenresten (zu Größe, Vollständigkeit und Korrosion der einzelnen Exemplare s. **Tab. 1**). Alle Arten haben einen südosteuropäischen Verbreitungsschwerpunkt, wobei *Helix pomatia* und *Xerolenta obvia* auch in Mitteleuropa vorkommen. *Cepaea vindobonensis* ist in Österreich auf die östliche Landeshälfte beschränkt. Nach Klemm (1973) kommt *Cepaea vindobonensis* in Österreich bis zu einer Höhe von 1500 m vor, während *Helix pomatia* bis 2000 m und *Xerolenta obvia* sogar bis 2130 m angetroffen wird.

Die Lebensraumansprüche der drei Arten überschneiden sich in lichten Waldrändern und offenen Gebüschstrukturen. *Helix pomatia* ist noch am stärksten auf Feuchtigkeit angewiesen und meidet allzu trockene Lebensräume ohne hinreichende Deckung durch Gehölze. *Cepaea vindobonensis* ist in Österreich innerhalb ihrer Gattung am wenigsten feuchtigkeitsbedürftig (Klemm 1973): »Sie ist vielmehr ein Charaktertier warmer, trockener Örtlichkeiten. Sie lebt auf steinigen, kurzrasigen Hängen und Böschungen, findet sich vielfach im Kräuterbewuchs von Ruderalplätzen und an altem Mauerwerk«. *Xerolenta obvia* kommt in Steppen und auf grasigen Hängen vor (Falkner 1989). Von den drei Arten ist sie besonders an Trockenheit angepasst.

Die einzelnen Schalen bzw. Fragmente weisen unterschiedlich starke Korrosionsspuren auf, bis hin zu größeren Lochdefekten. Für alle gefundenen Arten gilt: Die wenigen hinreichend erhaltenen Schalen erscheinen kleiner und dickwandiger als vergleichbares Sammlungsmaterial. Dieses deutet auf kühlere und feuchtere Umweltbedingungen hin. Hierzu sei allerdings angemerkt, dass es sich nur um eine kleinere Stichprobenauswahl handelt und auch entsprechende Vergleiche mit rezenten Tieren vor Ort nicht durchgeführt werden konnten.

Zur Rekonstruktion der damaligen Umweltbedingungen wäre es bei künftigen Grabungen empfehlenswert, auch auf kleinere Schneckenschalen zu achten, die u. U. nur durch Schlämmproben zu gewinnen sind. Gerade unter den kleinen und sehr kleinen Arten befinden sich auch solche, die weiterführende Rückschlüsse auf den damaligen Biotop und das Klima zulassen.

LITERATUR

Falkner, G. (1989): Binnenmollusken. In: Fechter, R. & G. Falkner: Weichtiere. München: 112-287.

Klemm, W. (1973): Die Verbreitung der rezenten Land-Gehäuse-Schnecken in Österreich. Wien.

Fundnr.	Art	Breite (cm)		Höhe (cm)		Alter ausgewachsen	Besonderheiten
		vollständig	Fragment	vollständig	Fragment		
216	*Cepaea vindobonensis* (Férussac 1821)	1,2		1,4		nein	
257,1	*Cepaea vindobonensis* (Férussac 1821)		1,4		0,9	?	
257,2	*Cepaea vindobonensis* (Férussac 1821)		1,5		0,7	?	
283	*Cepaea vindobonensis* (Férussac 1821)	1,9		1,6		ja	
382	*Cepaea vindobonensis* (Férussac 1821)	2,0		1,7		ja	
396	*Cepaea vindobonensis* (Férussac 1821)		1,7		2,0	ja	
418	*Cepaea vindobonensis* (Férussac 1821)		1,1		1,2	ja	
745	*Cepaea vindobonensis* (Férussac 1821)	2,0		1,7		ja	
851	*Cepaea vindobonensis* (Férussac 1821)		1,8		1,0	?	
935	*Cepaea vindobonensis* (Férussac 1821)	2,0		1,7		ja	
1359	*Cepaea vindobonensis* (Férussac 1821)	1,9		1,4		ja	
1070	*Cepaea vindobonensis* (Férussac 1821)	2,4			1,3	ja	
1155	*Cepaea vindobonensis* (Férussac 1821)	2,0		2,0		ja	Lochdefekt
1471	*Cepaea vindobonensis* (Férussac 1821)	o.B.		o.B.		ja	
882	*Cepaea vindobonensis* (Férussac 1821)	2,0		1,6		ja	
252	*Cepaea vindobonensis* (Férussac 1821)	1,7		1,8		nein	
735	*Cepaea vindobonensis* (Férussac 1821)	1,6		1,9		ja	
1263	*Cepaea vindobonensis* (Férussac 1821)		2,1		1,9	?	
73	*Helix pomatia* Linnaeus 1758		1,2		0,9	?	
158	*Helix pomatia* Linnaeus 1758		3,0		3,3	?	
160	*Helix pomatia* Linnaeus 1758	3,8			3,2	?	
180	*Helix pomatia* Linnaeus 1758		3,4		3,2	?	
213	*Helix pomatia* Linnaeus 1758		3,0		2,6		
216	*Helix pomatia* Linnaeus 1758		3,3		3,2	?	
263	*Helix pomatia* Linnaeus 1758		1,9		0,8	?	
277	*Helix pomatia* Linnaeus 1758	3,9		3,7		ja	
279	*Helix pomatia* Linnaeus 1758	4,0		3,8		ja	
280	*Helix pomatia* Linnaeus 1758		4,0		3,0	ja	
280	*Helix pomatia* Linnaeus 1758		2,3		3,1	?	
282	*Helix pomatia* Linnaeus 1758	4,0		3,6		ja	
283	*Helix pomatia* Linnaeus 1758	3,9		4,0		ja	
295	*Helix pomatia* Linnaeus 1758	3,9		3,6		ja	
295	*Helix pomatia* Linnaeus 1758		3,3		3,2	?	
317	*Helix pomatia* Linnaeus 1758	3,9		3,6		ja	
342	*Helix pomatia* Linnaeus 1758		3,0		3,3	?	
380	*Helix pomatia* Linnaeus 1758	4,0		3,5		ja	
381	*Helix pomatia* Linnaeus 1758	3,8		3,5		ja	
385	*Helix pomatia* Linnaeus 1758		4,0		3,6	ja	
386	*Helix pomatia* Linnaeus 1758	4,0		3,8		ja	
396	*Helix pomatia* Linnaeus 1758	3,7		3,1		nein	
396	*Helix pomatia* Linnaeus 1758	2,8		2,2		nein	
396	*Helix pomatia* Linnaeus 1758	2,9		2,2		nein	
398	*Helix pomatia* Linnaeus 1758	4,2		4,0		ja	
398	*Helix pomatia* Linnaeus 1758		3,3		3,3	?	
399	*Helix pomatia* Linnaeus 1758		3,0		1,7	?	
470	*Helix pomatia* Linnaeus 1758	4,2		3,8		ja	
508	*Helix pomatia* Linnaeus 1758		3,2		3,1	?	
510	*Helix pomatia* Linnaeus 1758	3,8		3,6		ja	
510	*Helix pomatia* Linnaeus 1758		2,8		3,0	?	
688	*Helix pomatia* Linnaeus 1758		3,4		2,4	?	
713	*Helix pomatia* Linnaeus 1758	4,0		3,7		ja	
717	*Helix pomatia* Linnaeus 1758	4,0		3,9		ja	
717	*Helix pomatia* Linnaeus 1758		3,2		3,1	nein	
723	*Helix pomatia* Linnaeus 1758	3,9			3,4	ja	
746	*Helix pomatia* Linnaeus 1758		3,8		3,3	?	
748	*Helix pomatia* Linnaeus 1758	4,0		3,8		ja	
750	*Helix pomatia* Linnaeus 1758	4,2		4,0		ja	
772	*Helix pomatia* Linnaeus 1758	3,8		3,9		ja	
825	*Helix pomatia* Linnaeus 1758		2,6		2,7	?	

Tab. 1   Maße und Erhaltungszustand der Schnecken aus der Siedlungsgrabung von Zillingtal.

Fundnr.	Art	Breite (cm)		Höhe (cm)		Alter	Besonder-
		vollständig	Fragment	vollständig	Fragment	ausgewachsen	heiten
1343	*Helix pomatia* Linnaeus 1758	3,9		3,6		ja	
1343	*Helix pomatia* Linnaeus 1758	4,0		3,8		?	
1343	*Helix pomatia* Linnaeus 1758	3,8		3,4		nein	
1343	*Helix pomatia* Linnaeus 1758	4,0			3,1	?	
1343	*Helix pomatia* Linnaeus 1758		3,7		3,4	?	
1343	*Helix pomatia* Linnaeus 1758		3,1		3,2	?	
1343	*Helix pomatia* Linnaeus 1758	3,0		2,8		nein	
1355	*Helix pomatia* Linnaeus 1758	3,8		3,7		ja	Lochdefekte
1356	*Helix pomatia* Linnaeus 1758		3,6		3,4	?	
1356	*Helix pomatia* Linnaeus 1758		2,3		2,0	?	
1430	*Helix pomatia* Linnaeus 1758	4,1		4,1		ja	
Q0809	*Helix pomatia* Linnaeus 1758	3,7		3,5		ja	
1006	*Helix pomatia* Linnaeus 1758	o.B.		3,6		ja	
757	*Helix pomatia* Linnaeus 1758	o.B.		o.B.		?	
759	*Helix pomatia* Linnaeus 1758	o.B.		o.B.		?	
875	*Helix pomatia* Linnaeus 1758	3,6		3,4		ja	
1263	*Helix pomatia* Linnaeus 1758	o.B.		o.B.		?	
1204	*Helix pomatia* Linnaeus 1758	o.B.		o.B.		?	
240	*Helix pomatia* Linnaeus 1758	3,4		o.B.		ja	
773	*Helix pomatia* Linnaeus 1758	3,1		3,8		nein	
291	*Helix pomatia* Linnaeus 1758	o.B.		o.B.		?	
293,1	*Helix pomatia* Linnaeus 1758	o.B.		o.B.		?	
293,2	*Helix pomatia* Linnaeus 1758	o.B.			2,9	ja	
726	*Helix pomatia* Linnaeus 1758	2,9		4,0		nein	
391	*Helix pomatia* Linnaeus 1758	o.B.		o.B.		?	
492	*Helix pomatia* Linnaeus 1758	2,8		3,2		?	Lochdefekt
874,1	*Helix pomatia* Linnaeus 1758	o.B.		o.B.		ja	
874,1	*Helix pomatia* Linnaeus 1758	o.B.		o.B.		nein	
874,1	*Helix pomatia* Linnaeus 1758	o.B.		o.B.		nein	
746	*Helix pomatia* Linnaeus 1758	3,4		4,1		ja	
258	*Helix pomatia* Linnaeus 1758	o.B.		o.B.		?	
730	*Helix pomatia* Linnaeus 1758	o.B.		o.B.		?	
253	*Helix pomatia* Linnaeus 1758	o.B.		o.B.		?	
252	*Helix pomatia* Linnaeus 1758	o.B.			2,6	?	
1235	*Helix pomatia* Linnaeus 1758	o.B.		o.B.		?	
1233	*Helix pomatia* Linnaeus 1758	3,4		3,9		nein	
1148	*Helix pomatia* Linnaeus 1758	o.B.		o.B.		ja	
372	*Xerolenta obvia* (Menke 1828)	1,5		0,7		ja?	
374	*Xerolenta obvia* (Menke 1828)	1,4		0,7		ja?	
923	*Xerolenta obvia* (Menke 1828)	1,8		0,7		wohl reif	
1227	*Xerolenta obvia* (Menke 1828)	1,6		0,8		ja	

Tab. 1 (Fortsetzung).

Anschrift des Verfassers:
Dipl.-Biol. Walter Wimmer
Am Spring 14
D-38259 Salzgitter

MATHIAS MEHOFER

ARCHÄOLOGISCHE UND TECHNOLOGISCHE UNTERSUCHUNGEN ZUR EISENVERHÜTTUNG UND VERARBEITUNG IN DER AWARISCHEN SIEDLUNG VON ZILLINGTAL

Der vorliegende Beitrag[1] beschäftigt sich mit den Siedlungsresten und Werkstattbefunden der awarischen Siedlung Zillingtal. Neben Fragen zur chronologischen Stellung der Werkstattbefunde innerhalb der Siedlung[2] steht auch die Rekonstruktion der hütten- und schmiedetechnischen Prozesse im Vordergrund. Das Fundmaterial wurde nach diesen Gesichtspunkten analysiert und geordnet. Als Basis für weitere Schlussfolgerungen wurde die Anzahl der durchgeführten Rennprozesse ermittelt und die Lage der Rennöfen innerhalb der Siedlung untersucht.

DIE SIEDLUNG

Siedlungsbefunde

Die awarische Siedlung[3] wurde am Westhang einer Anhöhe (**Abb. 1**) angelegt. Dadurch konnte das am gegenüberliegenden Hang situierte Gräberfeld eingesehen werden. Falko Daim[4] schreibt, dass durch diese Anordnung bei Sonnenaufgang das Gräberfeld beleuchtet wurde, während bei Sonnenuntergang die Sonne hinter dem Gräberfeld steht.

In den Jahren 1992 und 1993 wurde durch die Fa. ArchaeoProspections eine geophysikalische Prospektion[5] des Geländes durchgeführt. Ihr Ziel war die Auffindung und Bestimmung des Siedlungsareals. Neben verschiedenen Siedlungsstrukturen erkannte man im südlichen Bereich der Siedlung eine Konzen-

[1] Dieser Beitrag ist die gekürzte Version eines Untersuchungsberichtes zu den metallurgischen Überresten der Siedlung Zillingtal aus dem Jahr 2004. Seitdem erschienene Publikationen konnten leider nur in wenigen Ausnahmefällen berücksichtigt werden. Auch stand dem Autor nur die Dissertationschrift von Hajnalka Herold zur Verfügung; das Manuskript zu diesem Buch blieb ihm unzugänglich. Daraus resultierende mögliche Unterschiede oder Überschneidungen innerhalb des Buches mögen sich dardurch erklären. Der Autor bittet dies zu entschuldigen. Falko Daim, durch dessen Vermittlung es möglich wurde, die Beiträge dieses Buches zueinander in Bezug zu setzen, sei an dieser Stelle herzlichst gedankt.

Ebenso sei Michael Götzinger, Ernst Pernicka, Susanne Greiff, Albert Schedl, Gabriele Gattinger und Michael Schäfer für ihre Hilfe gedankt.

[2] Detaillierte Angaben zu Fundort und Fundgeschichte finden sich im Kapitel »Die Ausgrabungen in Zillingtal« S. 1-7.

[3] Daim / Distelberger 1996, 372-374. Die Funde und Befunde der awarenzeitlichen Siedlung von Zillingtal sowie deren Fundgeschichte werden detailliert von H. Herold S. 5. besprochen. Eine Übersicht der awarenzeitlichen Befunde und ihrer relativchronologischen Einordnung bietet Abb. 2.

[4] Daim 1991, 321.

[5] Melichar / Neubauer 1993, 3.

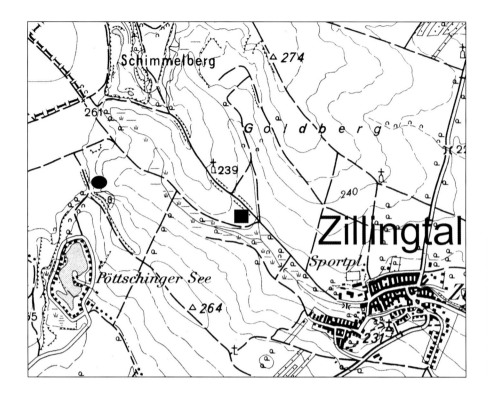

Abb. 1 Zillingtal. Lage von Gräberfeld und Siedlung (● Gräberfeld, ■ Siedlung). Westlich von Zillingtal (Raum Zillingdorf/Neufeld/Pöttsching) liegt das Tagebaugebiet des ehemaligen Pöttschinger Braunkohlebergbaus, dieses befand sich jedoch größtenteils auf Zillingtaler Gemeindegebiet (Ausschnitt aus der ÖK 77).

tration starker Anomalien. Die Interpretation wies diese als Gruben und thermoremanent magnetisierte Bereiche aus.

Daraufhin wurde im Jahr 1993 eine erste Testgrabung[6] mit insgesamt 7 Quadranten im Bereich der vermuteten Siedlung[7] durchgeführt, die u.a. auch erste awarenzeitliche Befunde (Pfostenlöcher, Gruben) erbrachte. Während der darauf folgenden Grabungssaisonen wurden sowohl Bereiche einer kaiserzeitlichen Villa wie auch der awarenzeitlichen Siedlung erfasst.

Am Nordostrand der im Jahr 1994 untersuchten Fläche wurde ein Bereich mit teilweise dicht nebeneinander liegenden Gruben aufgedeckt. Das daran anschließende südöstliche Areal konnte im darauf folgenden Jahr auf einer Länge von 40 m und einer Breite von 4 m ausgegraben werden. Hier fand sich eine große Anzahl an Objekten, die nebeneinander lagen oder sich teilweise überschnitten. Wie bereits zuvor im südwestlichen und westlichen Bereich ergaben sich auch hier Hinweise auf oberflächliche Ständerbauten. Im Befund sticht eine Gruppe einander sehr ähnlicher Gruben (**Abb. 2**) heraus, die durch ihre Lage und ihr Fundmaterial miteinander verbunden werden können. Die Gruben besitzen eine runde, im Vergleich zu ihrer Tiefe, relativ enge Mündung mit senkrechten Wänden, haben aber meistens keine ebene Sohle und waren mit Keramikmaterial, Eisenverhüttungs- und -verarbeitungsresten gefüllt, vornehmlich Schlacken und Tondüsen[8].

1995 wurde der Bereich einer römischen Villa freigelegt, um die stratigraphische Situation der römischen und frühmittelalterlichen Besiedlung zu klären. So konnte eine frühmittelalterliche Bebauung durch Pfostenbauten direkt am Platz der römischen Villa nachgewiesen werden. Es ließen sich einige verstreute Pfostenlöcher, die in die römischen Estriche schneiden, sowie eine Reihe von drei Pfostenlöchern erkennen. Eines der Pfostenlöcher enthielt neben frühmittelalterlicher Keramik auch Schlacke.

---

6 Daim / Distelberger 1994, 615.
7 Die bereits durchgeführten Feldbegehungen ließen ebenfalls die Siedlung in diesem Bereich erahnen: Schmidt 1997, 248.

8 Eine Auswahl wurde bei der Ausstellung Hunnen und Awaren gezeigt: Daim / Distelberger 1996, 377 Abb. 5.340. 5.341.

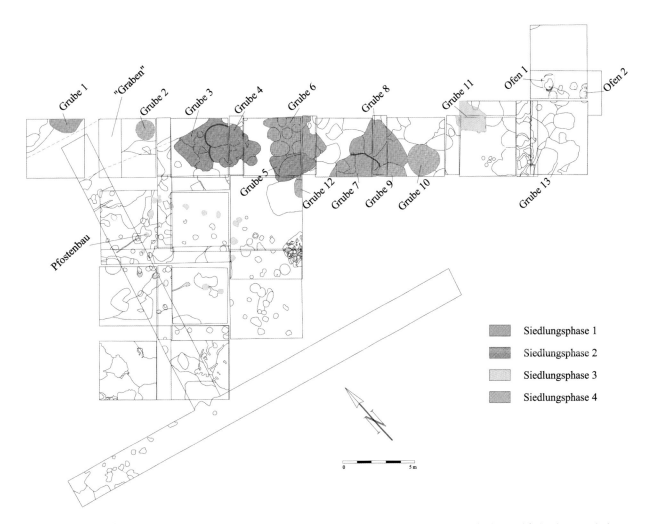

Abb. 2 Zillingtal. Übersichtsplan der Siedlungsgrabung 1994-1997, die awarenzeitlichen Siedlungsobjekte sind farbig hervorgehoben (nach Herold).

Diese Ergebnisse belegen, dass während des Frühmittelalters an der Stelle der kaiserzeitlichen Siedlung awarische Bauten entstanden, die aber in ihrer Ausrichtung keinen Zusammenhang mit vielleicht noch sichtbaren älteren Gebäuderesten erkennen lassen. Die Ausgrabungen der in Ungarn gelegenen awarischen Siedlungen von Eperjes[9] und Dunaújváros[10] Magyaratád-Kéri határra dűlő und Ravazd-Simahegy zeigen ähnliche Befunde. So schreibt Istvan Bona, dass die nahe der awarischen Siedlung von Dunaújváros gelegenen römischen Ruinen als Stein und Ziegelquelle zum Bau von Öfen verwendet wurden. Miklós Takác[11] nimmt ebenfalls an, dass die als Baumaterial verwendeten Sandsteinplatten der Öfen in der awarischen Siedlung von Lébény-Kaszás-domb aus dem Bereich einer in der Nähe gelegenen römischen Ruine stammen.

Die innere Chronologie der awarischen Befunde

Basierend auf der Typologie der im Gräberfeld und der Siedlung gefundenen Keramik sowie auf den Ergebnissen der naturwissenschaftlichen Untersuchungen hat Hajnalka Herold eine Gliederung der kera-

[9] Balint 1991, 159.
[10] Bona, 1973.

[11] Takács 1996, 380.

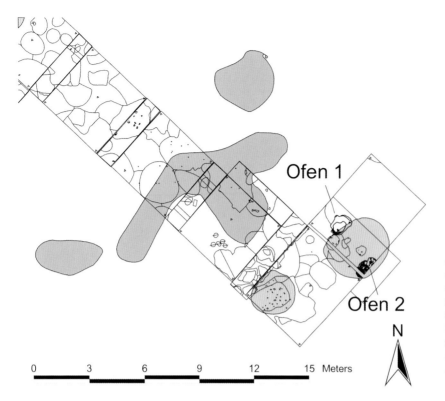

Abb. 3 Dokumentationsniveau 3 der Ausgrabung von 1997 kombiniert mit der Interpretation der geophysikalischen Prospektion, Anomalien sind eingefärbt (rot: Gruben, blau: thermoremanent magnetisierte Bereiche) und zeigen eine räumliche Übereinstimmung zwischen den Rennöfen 1 und 2, der Schlackengrube 13 und der Interpretation.

mischen Funde der Fundstelle Zillingtal vorgenommen[12]. Durch Ordnen der Keramik nach verschiedenen Kriterien wie Produktionsart – langsam gedrehte Ware (LG) und handgeformte Ware (HG) – oder der verwendeten Rohmaterialien zu chronologisch relevanten Gruppen gelang es ihr, vier Gruppen zu scheiden, die aufeinander folgenden Siedlungsphasen[13] (**Abb. 2**) entsprechen. Insgesamt konnte sie 13 Gruben mit awarenzeitlichen Füllschichten auswerten.

Nach Herold sind die Gruben 1, 6, 7 und 8 der ersten Siedlungsphase zuzuweisen. In ihnen wurde vor allem Keramik der handgeformten Gruppe (HG) bzw. der langsam gedrehten Gruppe LG 1 gefunden. In den zur Siedlungsphase 2 gehörenden Gruben 3, 4 und 5 herrscht die Keramik der handgeformten Gruppe noch vor, allerdings treten die Gruppen LG 1, LG 2 und LG 3 bereits verstärkt auf. Die Siedlungsphase 3 umfasst die Grube 11 sowie die Verfüllungen der zu einem Pfostenbau gehörenden Pfostenlöcher. Die Gruppierung der Keramik ähnelt der der Siedlungsphase 2, nur dass der Anteil der Gruppe LG 1 etwas geringer ist. Die Gruben 2, 9, 10, 12 lassen sich der Siedlungsphase 4 zuweisen, in ihr kommen die höchsten Anteile der Gruppe LG 2 und LG 3 vor.

Von dieser Gliederung ausgehend hat H. Herold die in Zillingtal freigelegten Gruben unter Vorbehalt in die Zeit von MA-II-SpätA II datiert, wobei die Siedlungsphase 1 in die Zeitspanne von MA-II-SpätA I datiert wird (die Gruben 7 und 8 sind früher, die Gruben 1 und 6 etwas später anzusetzen). Die Siedlungsphase 2 kann zeitlich mit der Grenze von SpätA I zu SpätA II parallelisiert werden. Die dritte Siedlungsphase dürfte an den Anfang der SpA II zu setzen sein, während die Siedlungsphase 4 an den Schluss der Spätawarenzeit II zu stellen ist[14]. In der Grube 13 in Quadrant 1213 wurden nur wenige Scherben gefunden. Sie werden von Herold der Gruppe LG1 zugewiesen und können nur als *terminus post quem* angesehen werden. Das auf der

---

[12] Vergleiche hierzu S. 9ff.
[13] H. Herold möchte diesen Begriff als Hilfsmittel für den Ausdruck chronologischer Unterschiede verstanden wissen, weniger sollen damit zeitlich gut trennbare Phasen der Benützung des Areals ausgedrückt werden: s. S. 101 Anm. 125.
[14] Vergleiche hierzu S. 1ß4 Tab. 13; 106.

Füllschicht von Ofen 3 liegende Keramikfragment wurde von ihr als LG 3 Scherbe angesprochen und eingeordnet.

Befunde zur Eisenverhüttung

Am Ende der Grabungskampagne 1995 wurden noch die Quadranten 1212/1213 und 1313 geöffnet, um die in der magnetischen Prospektion als thermoremanent magnetisiert gekennzeichneten Bereiche [15] (**Abb. 3**; **Taf. 221, 1-2**) zu untersuchen. Die Ausgräber Falko Daim und Anton Distelberger konnten diese als Überreste eines Eisenverhüttungs- bzw. -verarbeitungsplatzes identifizieren, der mit aller Vorsicht in die Spätawarenzeit (**Abb. 4**) datiert wurde [16]. In dem ca. 7×5 m großen Schnitt wurden nach dem Abtragen des Humus im nördlichen Teil die Überreste zweier Rennöfen mit annähernd kreisrundem Grundriss (**Taf. 222, 1; 224, 4**) freigelegt [17]. Leider waren nur noch die Ofensohle und Teile der aufgehenden Ofenwandung erhalten.

AWARENZEITLICHE BEFUNDE

Rennofen 1

Die zerstörten Reste von Ofen 1, nordwestlich im Schnitt (**Abb. 5**) gelegen, weisen eine maximale Länge von 1,10 m (**Taf. 222, 2-3**) und eine maximale Breite von 0,83 m auf; der unregelmäßige innere Durchmesser beträgt 0,37-0,47 m. Die messbare Tiefe der Ofengrube reicht von 0,15-0,20 m, wobei sich diese Werte auf die Differenz zwischen dem tiefsten Bereich der Grube und der vorhandenen Lößoberkante beziehen. Aufgrund des schlechten Erhaltungszustandes ließen sich jedoch die ursprünglichen Abmessungen des Rennofens nicht mehr genau ermitteln. Die mit der leichten Hanglage der Siedlung einhergehende Erosion sowie die über lange Zeit erfolgte Beackerung des Areals legen nahe, dass es sich bei den oben angeführten Messwerten für die Tiefe um Minimalwerte handelt.

Während der Ausgrabung konnte noch ca. die Hälfte der Ofenwand *in situ* festgestellt, dokumentiert und geborgen werden. Sie besteht aus durch Hitzeeinwirkung rotbraun gebranntem Lehm oder Löß mit gelben Einschlüssen, ihre noch feststellbare Stärke beträgt zwischen 0,14-0,25 m, die Höhe ca. 0,15 m. Weder für das Vorhandensein noch für die Lage einer etwaigen Arbeits- oder Abstichöffnung gab es eindeutige Hinweise, jedoch wäre es möglich, das Fehlen der Ofenwand und das Ausreißen bzw. das nicht Existieren der Schichten (**Taf. 222, 4-5**) an der Nordostseite als Anzeichen für eine Arbeitsöffnung zu werten. Die gegenüberliegenden Schichten im Ofen konnten relativ klar von der Ofenwand getrennt werden. Die Füllungs- und Zerstörungsschichten enthielten Schlackenstücke, Ofenwandfragmente (**Taf. 223, 1-2**) und die Hälfte einer längs zerbrochenen Düse (Fnr. 627/97). Ein Schlackestück (Fnr. 628/97) und das

[15] Melichar / Neubauer 1993, 3.
[16] Die Harris-Matrix sowie die Erstellung der Schichtabfolgen konnte dankenswerterweise durch die tatkräftige Hilfe des Ausgräber Christian Stöckl rekonstruiert werden. Ihm sei an dieser Stelle gedankt.
[17] Daim / Distelberger 1994, 615. Die Freilegung wurde auf die

Grabungskampagne 1997 verschoben und von Winfried Kunz und Christian Stöckl durchgeführt, die schon Erfahrung in der Dokumentation von Hüttenplätzen und Schmelzöfen hatten. Die Befunde wurden dabei nach der stratigraphischen Methode ausgegraben.

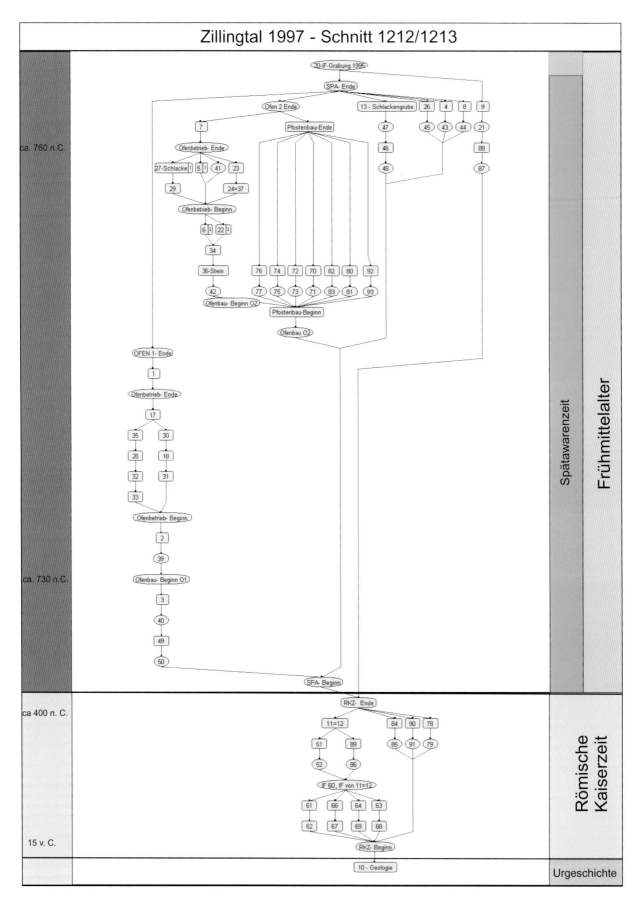

Abb. 4 Schichtfolgematrix der Stratigraphie zu Schnitt 1212/1213.

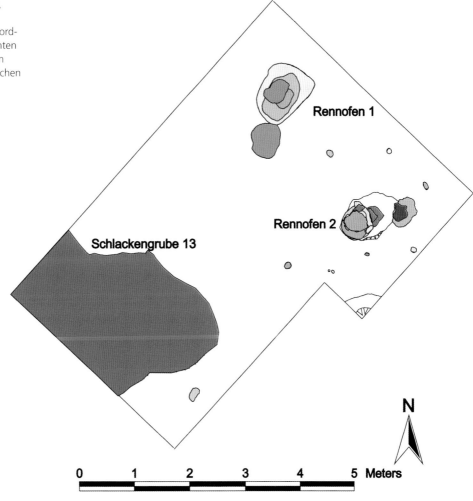

Abb. 5 Schnitt 1212/1213, awarenzeitliche Befunde, Grabungsjahr 1997. In der nordwestlichen Ecke des Quadranten Rennofen 1, südöstlich davon Rennofen 2, in der südwestlichen Ecke Schlackengrube 13.

Rennofen 1

Rennofen 2

Schlackengrube 13

N

0   1   2   3   4   5 Meters

Düsenfragment fanden sich freiliegend auf dem Boden. Ihre Lage und Orientierung lässt keinen Schluss auf die Anordnung der Düsen während des Ofenbetriebs zu.

Der Befund von Ofen 1 lässt erkennen, dass er mehrfach verwendet wurde; darauf deuten sowohl das Ausräumen des Schlackenklotzes aus dem Ofeninneren wie auch das Vorhandensein einer Arbeitsöffnung hin. Wäre er nur einmal verwendet worden, müsste sich in seinem Inneren eine Ofenschlacke finden, wie z.B. in Ofen 2, dessen Ofengrube nach der letzten Ofenreise nicht mehr ausgeräumt wurde. Wahrscheinlich hatte man erst nach dem Entfernen der Schlacke erkannt, dass der Ofen 1 zur weiteren Verwendung nicht mehr geeignet war, möglicherweise weil die während des Betriebs auftretenden Belastungen für das Ofengestell (abschmelzende Ofenwand etc.) einen erfolgreichen Betrieb nicht mehr zugelassen hätten. Die geborgenen Schichtproben bestehen aus gebranntem und leicht verschlacktem Lehm, es ist keine verschlackte Ofenwand wie bei Ofen 2 – Fnr. 588/97 – zu erkennen. Vor dem Ofen befand sich eine in den darunter liegenden Boden eingetiefte ovale Grube (**Taf. 222, 1-3; 223, 3; 226, 3**) mit einer Größe von 0,53×0,60 m, deren Sohle durch Hitzeeinwirkung stark schwarz verfärbt war. Ein Zusammenhang mit Ofen 1 ist unwahrscheinlich, da dieser die Grube eindeutig überlagert und somit jünger ist. Außerdem befindet sich die angenommene Arbeitsöffnung von Ofen 1 auf der gegenüberliegenden, nördlichen Seite, weshalb eine Funktion als Arbeitsgrube ausgeschlossen werden kann. Es könnte sich aber um die Reste eines älteren Herdes oder Ofens handeln.

Rennofen 2

Der östlich von Ofen 1 gelegene Rennofen 2 hat einen kreisförmigen Grundriss mit Außenabmessungen von 0,60 m Länge und 0,56 m Breite. Die noch messbare Dimension der Ofengrube beträgt zwischen 0,40-0,45 m bei einer Tiefe von 0,11-0,15 m. Ofen 2 weist eine ähnliche Bauweise wie Ofen 1 auf. Zuerst hat man eine Arbeitsfläche (1,16×0,76 m) angelegt und an deren südlichem Ende eine Grube (Taf. 224, 1) eingetieft. Anschließend wurde ein 0,20×0,24 m großer Stein (Taf. 225, 4-5) als Fundament oder Arbeitsebene vor die geplante Arbeitsöffnung gesetzt und der Ofen aus Lehm aufgebaut (Taf. 224, 2-3). Die Wandstärke betrug 0,13-0,16 m. Der Befund lässt im Bereich der Steinsetzung ebenfalls ein Ausreißen der Schichten erkennen. An der gegenüberliegenden Seite sind sowohl Ofenwand wie auch verschlackte Ofenwandreste festzustellen. Aus diesem Befund ergeben sich Lage und Orientierung der Arbeitsöffnung, außerdem muss Ofen 2 mehrmals betrieben worden sein. Danach wurde der Ofen aufgelassen, so dass es nach einiger Zeit zum Versturz des Ofenschachtes (Taf. 224, 2) nach Norden kam. Dieser Ofenwandversturz besteht u.a. aus Schlacke oder aufgeschmolzener Ofenwand, in ihm wurde ein Keramikfragment (Nr. 619/97) gefunden.

Kreisförmig um den Ofen herum liegen sechs Pfostenlöcher (Abb. 5; Taf. 225, 1) mit unregelmäßigen Durchmessern von 0,11-0,14 m, vermutlich die Reste einer leichten Dachkonstruktion[18]. Da zwei dieser Pfostenlöcher Schlackenreste enthielten, dürfte der Ofen 2 etwas jünger sein als Ofen 1.

Bei der aus Ofen 2 geborgene Schlacke (Fnr. 588/97) handelt es sich um den Rest des letzten Arbeitsprozesses (Taf. 233). Die Abmessungen des Schlackenklotzes betragen 0,45×0,36 m bei einer Höhe von max. 0,15 m und einem Gewicht von 4,565 kg. An seiner Unterseite sind stellenweise die Reste von Gras- oder Strohabdrücken[19] zu erkennen, darüber Holzkohle- und Fliessstrukturen. Die Oberseite weist Abdrücke von Holz oder Holzkohle auf und zeigt Fliessstrukturen sowie blasige Strukturen. Im Befund umgab den Schlackenklotz an seiner Unterseite eine ringförmig angeordnete Schlacke (Taf. 233), die an ihrer Ober- wie auch teilweise an ihrer Unterseite Gras oder Strohabdrücke zeigt. Weiters hafteten Bruchstücke der Ofenwandung an.

Die Schlackengruben

Die Gesamtmenge der in den Quadranten 1212/1213 geborgenen Schlacke liegt bei 93,81 kg. Meistens handelt es sich um dunkel kristalline Stücke.

Im südlichen Teil des Schnittes, im Quadrant 1213, konnte die Grube 13 (Taf. 225, 2; 226, 1-2) aufgedeckt werden, die neben 50,43 kg Schlacke auch Tondüsenfragmente (Taf. 227-230) und verschiedene Keramikbruchstücke enthielt. Es handelt sich um eine Grube mit unregelmäßigem rechteckigem Umriss mit Abmessungen von max. 3,3×2,3 m. Da sie jedoch im Schnitt nur teilweise erfasst wurde, ist mit einer größeren Ausdehnung zu rechnen. Ihre größte Tiefe betrug 0,84 m. Diese Grube mit flachem Boden überlagerte eine weitere Grube, in der sich umgelagerte Keramik[20] der römischen Kaiserzeit fand. Aus ihr wurden vier komplette Schlackenstücke und verschiedene Schlackenreste geborgen. Weiters ergab sich bei genauer Durchsicht des Fundmaterials, dass ein nicht unbeträchtlicher Anteil davon aus Ofenwandfragmenten oder aufgeschmolzener Ofenwand bestand.

---

[18] Während der Ausgrabung eines Verhüttungsplatzes in Zamárdi/Ungarn konnte eine Dachkonstruktion (über einem Röstbett) nachgewiesen werden: Gömöri 1999b, 151. Ebenso lässt sich für die Verhüttungsplätze von Dénesfa, Szikas-Dűlő und Iván ein Überbau vermuten: Gömöri 2000b, 317 Fig. 18.

[19] H. Jöns beschreibt für den kaiserzeitlichen Verhüttungsplatz von Schuby und Süderschmedeby Schlackenklötze, die an ihrer Unterseite ebenfalls Strohabdrücke aufweisen: Jöns 1999, 67-81.

[20] Die Aufarbeitung der kaiserzeitlichen Funde erfolgt durch Mag[a]. Sabine Jäger-Wersonig, Institut für Klassische Archäologie Wien.

In der nordöstlichen Ecke von Erweiterung 1313 wurde eine weitere kleine Grube angeschnitten, die 3,414 kg Schlacke enthielt.

Interpretation

Die beschriebenen Rennöfen weisen sowohl Charakteristika von Schlackengruben- wie auch von Schlacken-abstichöfen auf. Einerseits ist der im Ofenraum des Ofens 2 gefundene Schlackenklotz ein Charakteristikum der Schlackengrubenöfen, andererseits kann für beide Öfen eine Arbeitsöffnung zur Entnahme der Luppe und der Schlacken angenommen werden: ein Charakteristikum für Abstichöfen. Orientiert man sich an den von János Gömöri vorgestellten Befunden[21], so dürften die Rennöfen aus einem sich leicht nach oben hin verjüngenden Schacht mit ca. 0,8 m Höhe bestanden haben, der Durchmesser der Ofengrube betrug 0,37-0,47 m, der der oberen Öffnung ca. 0,2-0,4 m. Ebenso muss festgestellt werden, dass im Fundmaterial aus-geprägte Schlackenklötze wie auch größere Mengen an Laufschlacke fehlen. Die Ausrichtung der Abstichöffnungen beider Öfen nach Norden belegt deren ähnliche Bauweise und damit deren engeren zeit-lichen Zusammenhang. An Hand der Pfostenlöcher, die Ofen 2 umgeben, lässt sich ein leichter Überbau rekonstruieren, der vor der Witterung schützen sollte.

Die seit den 1950er Jahren begonnenen intensiven archäologischen Forschungen zur Eisenverarbeitung und Eisenverhüttung in Ungarn, der Tschechoslowakei, Polen und dem Burgenland wurden vor allem durch János Gömöri[22] und der Arbeitskommission für Industriearchäologie – Veszprém, Radomir Pleiner[23], Kazimierz Bielenin[24] sowie durch Karl Kaus und Gerhard Sperl[25] geprägt. In seinen zusammenfassenden Arbeiten zur früh- und hochmittelalterlichen »Eisenindustrie« in Ungarn beschreibt Gömöri die durch Funde oder Befunde in diesen Zusammenhang gehörenden Fundplätze. Basierend auf den Ausgrabungen der letzten Jahrzehnte hat er eine »Typologie« der Rennöfen erarbeitet, die in entsprechender chronologi-schen Abfolge zueinander stehen. So konnte er unter den Verhüttungswerkstätten[26] vier Gruppen heraus-arbeiten, die im Folgenden kurz vorgestellt werden sollen:

1. Die früheste Gruppe umfasst nach Gömöri »Rennöfen vom Awarischen Typus«. Der Ofenschacht ist aus Lehm aufgebaut und besitzt eine in den Boden eingetiefte Herdgrube. Meistens wurden sie am Rand von awarischen Siedlungen gefunden und zeigen kein einheitliches Verteilungs- oder Anordnungs-muster. Als charakteristisch sieht Gömöri die Öfen von Tarjánpuszta- Vasasföld[27], Zarmárd-Kútvölgy[28] und Alsóbogát[29] an. Diesem Rennofentyp lassen sich auch die Befunde von Sopron-Potzmann Dűlő , Kovácsi[30] und Magyaratád-Kéri határra dűlő , Pörössűrű[31] zuordnen. Eine besondere Bedeutung nimmt für ihn dabei Zamárdi ein, der einzige Fundplatz südlich des Balaton, der gesichert ins 7. und 8. Jahrhundert datiert werden kann. Hier wurden die für einen Rennprozess typischen Funde gemacht, etwa Düsen und Schlacken. Der innere Durchmesser eines solchen leicht eingetieften Ofens beträgt ca. 0,3-0,4 m, die Schachthöhe 0,7-0,8 m und der Gichtdurchmesser 0,15-0,2 m. Davor befindet sich eine

[21] Gömöri, 2000.
[22] Gömöri 1975, 83-99; 1977/78, 109-158; 1980; 1989; 1999b, 149-159; 2000a; 2000b; Vastagh 1972, 241-260; Novaki 1966, 163-198; 1969, 299-331.
[23] Pleiner 1958; 1983, 63; 2000b; Souchopová, 1987, 333; Pleiner 1962; 1967, 77-188; 1975, 79-93; 1982, 79-180; 2000a 27-35.
[24] Bielenin 1976, 13-27; 1977, 127-146; 1991, 7-15; 1994, 255-260; 1998/99, 79-95.

[25] Sperl 1985, 410-416; 1988, 263-265; 1982.
[26] Gömöri 1989, 126.
[27] Gömöri 2000a, 216; 2000b, 185 Nr. 325.
[28] Gömöri 1999b, 150; 2000a, 217; 2000b, 210 Nr. 376.
[29] Költő 1999, 199.
[30] Gömöri 1999a, 179; 2000b, 173, Nr. 272.
[31] Gömöri 2000a, 217; 2000b, 102 Nr. 183.

Ofengrube mit einer Ausdehnung von ca. 0,9×1,2 m. Die Öfen waren außerdem von teilweise rot, teilweise grau gebrannten Gruben umgeben, die Holzkohle, Erzstücken und Schlacken enthielten.

2. Die zweite Gruppe – Öfen vom Fundplatz Nemeskér-Rétrejáró alja[32] – sieht János Gömöri bereits nicht mehr als typisch awarisch an, sie stehen seiner Ansicht nach aber wegen ihrer Konstruktionsart in awarischer Tradition und stammen aus dem 9.-10. Jahrhundert. Dieser ebenfalls aus Lehm gebaute Typ wird als Ofen mit freistehendem Schacht rekonstruiert. Der lichte Durchmesser der Ofenbasis lag bei ca. 0,3-0,4 m, die Höhe des darüber aufgebauten Schachts lässt sich mit 0,7-0,8 m rekonstruieren. Die Abmessung der in die Ofenbrust eingesetzten Düsenziegel gibt er mit ca. 0,3 m an, die gefundenen Düsen deuten auf einen Betrieb mit Doppelblasebälgen hin. Vor den Öfen lässt sich eine seicht eingetiefte Ofengrube feststellen. Weitere Öfen dieses Typs wurden nach Gömöri auf den Fundstellen von Harka-Kányaszurdok[33], Tömörd und Radvazd-Simahegy[34] gefunden.

3. Die dritte Gruppe umfasst Öfen vom Typ »Imola«, die am gleichnamigen Fundort[35] in Ostungarn ausgegraben wurden. Sie werden allgemein ins 11.-12. Jahrhundert datiert. Charakteristisch für diesen Typ ist, dass er nicht als freistehender Ofen aufgebaut, sondern in die Wand einer ca. 0,5-0,8 m tiefen und mehrere Meter messenden Arbeitsgrube eingebaut wurde. Der durchschnittliche Durchmesser dieser Rennöfen betrug an der Basis 0,3-0,4 m, sie hatten eine Höhe von 0,7 m. Die Ofenbrust verschloss ein Düsenziegel mit eingebauter Düse.

4. Die vierte Gruppe stellen Öfen vom »Vasvár Typus« dar, die bis jetzt nur in Westungarn gefunden wurden, so z.B. in Vasvár, Köszegfalva und Ólmod-Ólmodi-patak[36] – alle drei Orte im Komitat Vas gelegen. Diese Öfen besitzen eine eckige Grundfläche mit Innenabmessungen zwischen 0,4-0,49 m. Sie weisen keine Öffnung an der Ofenbrust auf, sondern es lässt sich nur ein Schlackenkanal erkennen, aus dem die Schlacke herausfließen konnte. Die Windbeaufschlagung erfolgte von der Seite. Die Höhe des aus Lehm aufgebauten Ofenschachtes erreichte maximal 1m. Dieser Ofentyp wird von verschiedenen Autoren[37] ins 10.-12. Jahrhundert datiert.

Folgen wir der Argumentation János Gömöris, der aufgrund der ungarischen Befunde in »Rennöfen vom awarischen Typus«[38] Öfen mit leicht eingetiefter Schlackengrube sieht, kann dies teilweise auf die in Zillingtal festgestellten Befunde übertragen werden. Ein wesentlicher Unterschied besteht darin, dass die während des Rennprozesses anfallende Schlacke aus den Öfen von Tarjánpuszta[39] wie auch von Zamárdi herausgeflossen ist. Dies lässt sich für die Rennöfen von Zillingtal nicht feststellen. Obwohl im Fundmaterial immer wieder kleine, als Fließschlacke anzusprechende Fundstücke vorkommen, kann das nicht eindeutig als Beleg für das Vorhandensein dieses Schlackentyps und der damit verbundenen Verhüttungsmethode gelten. Die Zillingtaler Öfen weisen aber auch Übereinstimmungen mit den nach dem Fundort Nemeskér-Rétrejáró alja[40] benannten Rennöfen auf. Dieser Ofentyp hat eine dünnere Ofenwand und ist nicht so stark eingetieft wie die »awarischen« Rennöfen. Beides sind Charakteristika, die auch auf die Öfen in Zillingtal zutreffen, jedoch haben sie keinen so ausgeprägten hufeisenförmigen Grundriss wie jene aus Nemeskér-Rétrejáró alja auf. Ob es sich bei den Zillingtaler Öfen um einen anderen Typ oder um eine Variante der in Ungarn festgestellten Befunde handelt, lässt sich zum gegenwärtigen Zeitpunkt nicht entschieden, da sowohl für die eine wie auch für die andere Deutung bis jetzt weitere Belege fehlen.

---

32 Gömöri 1980, 333; 2000b, 113, Nr. 206-207.
33 Gömöri 2000b, 70 Nr. 120, 317.
34 Gömöri 2000b, 138 Nr. 244, 321.
35 Ähnliche Öfen konnten in Trizs, Felsökelecsény, Uppony und Smogyfajsz-lvató tó festgestellt werden: Novaki 1969, 305; Gömöri 1999a; 2000a, 217.

36 Gömöri et al. 1999, 135.
37 Heckenast et al. 1968.
38 Gömöri 1989, 127.
39 Gömöri 1980 Abb. 1, 1-2; 2000a, 216; 2000b, 185 Nr. 325.
40 Gömöri 1980, 333; 2000b, 113 Nr. 206-207.

Quadrant	geborgene Schlackenmenge [kg]	Quadrant	geborgene Schlackenmenge [kg]
0513	9,70	0714	0,25
0607	0,13	0715	0,07
0608	0,02	0716	0,12
0609	0,28	0807	0,41
0613	0,11	0809	0,01
0614	0,30	0811	0,91
0615	0,12	0813	2,78
0616	0,005	0814	0,79
0706	0,32	0815	0,34
0707	0,008	0816	0,05
0708	0,09	0913	13,34
0709	0	1013	47,20
0710	1,05	1113	60,11
0711	0,05	1213	60,3
0712	0,07	1212/ 1313	33,51
0713	1,31		

Tab. 1   Gewicht der in den jeweiligen Quadranten geborgenen Schlackenmenge.

Die Funde aus Schnitt 1212/1213

Schlacke

Die Gesamtmenge der Schlacke beträgt 233,8 kg. Ihre Verteilung auf die verschiedenen Quadranten ist aus **Tab. 1** ersichtlich.

Wie sofort erkennbar, häuften sich in den Quadranten 0513, 0713, 0813, 0913, 1013, 1113 und 1213 die Schlackenfunde mit insgesamt 228,36 kg. In den restlichen Quadranten konnten zwischen 0,005 und 1,04 kg Schlackenreste geborgen werden.

Der starke Rückgang der Schlackenmenge von Quadrant 0913 mit 13,34 kg über Quadrant 0813 mit 2,78 kg zu 1,31 kg in Quadrant 0713 belegt, dass es sich hierbei nicht um einen kontinuierlichen, etwa durch Erosion bedingten Abfall handelt.

In Quadrant 1013 wurden 47,2 kg Schlacke geborgen, Quadrant 1113 erbrachte 60,11 kg. Im Fundmaterial der Grube 13/Quadrant 1213 ließ sich eine nicht unbeträchtliche Menge Schmiedeschlacken aussortieren. Auch wenn keine Befunde unmittelbar darauf hinweisen, so ist doch anzunehmen, dass sich im Bereich des Quadranten 1013 neben dem Verhüttungsplatz auch eine Schmiede befand. Die geophysikalische Prospektion deutet auf die Existenz verschiedene Gruben außerhalb der ausgegrabenen Quadranten hin. Ob es sich dabei um Befunde handelt, die in Zusammenhang mit dem Schmiedehandwerk stehen, ist ungewiss. Das Schlackenmaterial aus Quadrant 1113 kann größtenteils als Verhüttungsschlacke klassifiziert werden. Die als Bruchstücke vorliegenden Fundstücke zeigen hauptsächlich eine glatte kompakte Oberfläche, die eine graublaue über violette bis glasig schwarze Färbung aufweist. An deren Außenseite sind Fließstrukturen erkennbar, immer wieder sind Wülste mit glatter grauschwarzer Oberfläche festzustellen.

Verteilung der Funde innerhalb der Siedlung

Schlacken

Die Schlackenfunde wurden nach verschiedenen Kriterien aufgenommen und bestimmt. Neben allgemeinen Informationen wie Fundnummer, Quadrant, Sektor, Abbauschicht etc. erfolgten eine Gewichts-

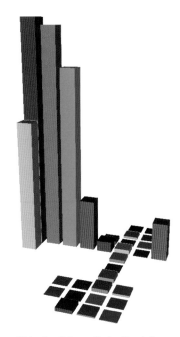

Abb. 6 Schematische Darstellung der Schlackenverteilung im Siedlungsareal, Blickrichtung von Norden. Von Quadrant 0913 (rechts) ausgehend nimmt der Schlackenanteil ab und erreicht nach links zu in Quadrant 1213 sein Maximum.

Quadrant	Grube	Sektor	Schlackenmenge [kg]
0513	1	8, 9, 10	6,1
0613	2	8, 9	/
0713	3	13, 14, 17, 18, 19, 23, 24	0,95
	4	15, 19, 20, 24, 25	0,072
0813	4	11, 16, 12, 17	0,179
	5	24, 25	0,591
	6	1, 9, 10, 14, 15, 19, 20	0,943
0814	5	3, 4	/
	12	5	0,183
0913	5	21	/
	6	6, 11, 12	0,393
	7	19, 20, 23, 24, 25	7,4
	8	10, 14, 15, 19, 20	3,15
1013	7	21	2,3
	8	6, 11, 12, 13, 16, 17, 18	15,4
	9	21,22	2,3
	10	18, 19, 20, 23, 24, 25	7,13
	11	8, 9, 10	12,5
1113	11	1, 2, 3, 6, 7, 8	58,17
1212		Ofen 1, Ofen 2	33,98
1213	13	13, 14, 17, 18, 19, 20, 22, 23, 24	50,43
Gesamtmenge			202,17

Tab. 2 Auflistung der Schlackenmenge in den Quadranten pro Grube und Sektor.

bestimmung sowie eine Gliederung nach morphologischen Kriterien. Sie wurden nach unterschiedlichen Gesichtspunkten wie Abmessungen, Aussehen, Oberflächenstruktur, Oberflächenbeschaffenheit, erkennbare Fließstrukturen, Farbe und Aufbau katalogisiert. Es schloss sich eine Kartierung unter Berücksichtigung des Gesamtgewichtes pro Quadrant sowie pro Sektor an. Wie aus **Abb. 6**[41] ersichtlich, steigt die Menge der geborgenen Schlacken von Quadrant 0613 Richtung Quadrant 1213 stark an und erreicht in Quadrant 1213 mit 60,3kg den höchsten Wert[42]. Obwohl im Quadrant 1113 nur eine awarenzeitliche Grube (**Abb. 2**) vorhanden ist, weist er doch den zweithöchsten Werte von 60,11kg auf.

Die Siedlungsphase 1 umfasst die Gruben 1, 6, 7, 8, Siedlungsphase 2 die Gruben 3, 4, 5, Siedlungsphase 3 die Grube 11 und Siedlungsphase 4 die Gruben 2, 9, 10, 12[43]. In **Tab. 2** ist die Verteilung der Schlacke pro Grube und Quadrant aufgelistet. Herangezogen wurden die Werte der Quadranten die eine markant höhere Schlackenmenge aufwiesen.

Insgesamt wurden somit 202,17kg Schlacke erfasst und den verschiedenen Befunden zugeordnet. Die Gruben der Siedlungsphase 1 enthielten 35,686 kg Schlacke, die Objekte der Siedlungsphase 2 erbrachten 1,792kg, die der Siedlungsphase 3 70,67 kg und in den Objekten der Phase 4 fanden sich 9,613 kg (**Tab. 3**). Die Grube 13 wurde zuerst nicht in diese Kartierung mit aufgenommen, da die in ihr gefunden Scherben vom Typ LG1[44] bzw. handgeformte Scherben nur als *terminus post quem* aufzufassen sind und auch zu einem späteren Zeitpunkt in die Grube geraten sein könnten.

[41] Für diese Kartierung wurde die Gesamtmenge der im jeweiligen Quadrant gefundenen Schlacke herangezogen.

[42] Das Gewicht der in Ofen 2 geborgenen Schlacke wurde nicht miteinbezogen.

[43] Für Details bezüglich der Siedlungsphasen s. das Kapitel »Die awarenzeitliche Siedlung von Zillingtal« S. 101.

[44] Siehe ebenda S. 107.

Grube 1	Grube 3	Grube 4	Grube 5	Grube 6	Grube 7	Grube 8	Grube 9	Grube 10	Grube 11	Grube 12	Grube 13
6,1	0,95	0,251	0,591	1,336	9,7	18,55	2,3	7,13	70,67	0,183	50,43

Tab. 3 Schlackenmenge pro Grube, Angabe in kg.

Grube 1	Grube 3	Grube 4	Grube 5	Grube 6	Grube 7	Grube 8	Grube 9	Grube 10	Grube 11	Grube 13
0,197	0,132	0,009	0,042	0,408	0,116	0,814	0,491	0,214	2,2155	3,751

Tab. 4 Verteilung der Düsenbruchstücke auf die Siedlungsobjekte nach ihrem Gewicht, Angabe in kg.

Düsen

Das Gesamtgewicht der gefundenen Düsenbruchstücke beträgt 11,24 kg wovon 8,39 kg mit Hilfe der Sektorenangaben den verschiedenen Objekten der vier Siedlungsphasen zugewiesen werden konnten. Die in der Schlackengrube 13 gefundenen 3,7 kg Düsenbruchstücke wurden wiederum nicht mit einbezogen.

Eine Addition des Gewichts der Düsenfragmente aus **Tab. 4** nach Siedlungsphasen ergibt für Phase 1 1,535 kg, für Phase 2 0,183 kg, für Phase 3 2,216 kg und für Phase 4 0,705 kg.

Von den insgesamt 165 Düsenbruchstücken, die während der Ausgrabung geborgenen wurden, blieb im Allgemeinen nur der in den Ofen hineinragende Vorderteil erhalten, sodass wir über kein komplettes Stück verfügen. Der Grund dafür besteht darin, dass nur der vorderste Teil der Düse im Ofen durchgebrannt wurde und während des Betriebes des Rennofens verschlackte und dadurch gegen Verwitterung resistent ist (**Taf. 227, 1-2**).

Die Länge der komplett erhaltenen Vorderteile liegt zwischen 0,05 m und 0,123 m, wobei die durchschnittliche erhaltene Länge 0,084 m[45] beträgt. Einige Düsenfragmente waren bis zum Übergang in die Ofenwand verschlackt (**Taf. 228, 1-3**). Basierend auf Erfahrungen aus der experimentellen Archäologie sollte eine ungebrauchte Düse ungefähr bis zum Mittelpunkt des Rennofens reichen. Nach diesem Richtwert sollte eine Düse im Ofenraum vor Beginn des Rennprozesses ungefähr 0,16-0,2 m lang gewesen sein. Rechnet man die durchschnittliche Ofenwandstärke von ca. 0,15 m hinzu, ergibt sich für eine ungebrauchte Düse eine Gesamtlänge von 0,35 m. Die Wandstärke der Düsen schwankt zwischen 0,01 m und 0,26 m.

Von den 31 Düsenfragmenten, die in den Quadranten 1212, 1213 und 1313 geborgen werden konnten, waren neun (von insgesamt 18 der ganzen Grabung) soweit erhalten, dass sich ihr Innendurchmesser sicher bestimmen ließ. Die Düsenkanäle sind zylindrisch bis leicht konisch, ihr Durchmesser vergrößert sich von 0,018-0,025 m am vorderen Düsenende auf 0,02-0,027 m am hinteren. Das vordere Ende aller aufgefundenen Düsen ist verschlackt; dies belegt, dass alle Bruchstücke von Düsen stammen, die benutzt worden sind. Manche sind nur leicht verschlackt (**Taf. 227, 1-2; 230, 1**) während andere durch die abfließende Schlacke komplett verschlossen wurden (**Taf. 229, 1-2**). Anhand der Tonfarbe lassen sich zwei Gruppen – rot gebrannte und gelblich gebrannte Düsen – unterscheiden, wobei die gelb gebrannten weitaus seltener im Befund vorkommen.

---

45 Damit scheidet eine Verwendung im Rahmen eines Schmiedeprozesses aus, da die errechnete Länge die Düsen zu groß ist, um in einer Schmiedeesse mit einem Durchmesser von 0,15-0,3 m verwendet zu werden.

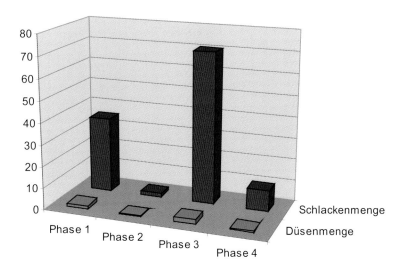

Abb. 7 Verteilung der Schlacken und Düsen in kg/Phase ohne Schlackenfunde der Quadranten 1212 und 1213.

Bei einigen Bruchstücken handelt es sich um Endstücke (**Taf. 230, 2**). Sie besitzen an einer Seite eine trichterförmige Erweiterung von bis zu 0,048 m Durchmesser, an die der Blasebalg angesetzt wurde. Da die Düsenöffnung zu klein ist, um bei natürlichem Zug eine ausreichende Sauerstoffversorgung[46] zu gewährleisten, muss den Öfen die Luft mittels Blasebalg zugeführt worden sein. In Quadrant 0913 fanden sich zwei, in Quadrant 1013 drei, in Quadrant 1113 zwei und in den Quadranten 1212 und 1213 elf nicht zerbrochene Düsenteile. Wie die an den Düsen anhaftende Schlacke zeigt, ragten sie leicht nach unten geneigt in den Ofenraum hinein (**Taf. 228, 1. 3; 229, 1**), durchschnittlich in einem Winkel von 5-30°. Da die Düse im Ofenraum wegen der hohen Temperaturen abschmilzt, lässt sie sich nur jeweils einmal verwenden. Sie wird anschließend aus dem Düsenziegel oder Ofenmantel entfernt und durch eine ungebrauchte ersetzt. Das vordere Ende einiger Düsen ist durch die abschmelzende Schlacke bereits verschlossen (**Taf. 228, 3; 229, 1. 2**). In diesem Fall musste der Rennprozess beendet werden, da ansonsten der Ofen »einfriert«, was zur Folge hat, dass die Luppe nur sehr schwer vom Schlackenmaterial getrennt werden kann.

Für das Vorhandensein eines Düsenziegels als Teil der Ofenkonstruktion gab es im Fundmaterial keinen Nachweis. Da auch der Ofenschacht nicht erhalten geblieben ist, sind über dessen Konstruktion nur Mutmaßungen möglich.

Wurden alle Düsen für Rennprozesse verwendet, so sind mindestens 18 Prozesse[47] gefahren worden. Dies gilt unter der Voraussetzung, dass alle aufgefundenen Düsenfragmente den beiden Öfen zugeordnet werden können. Die geophysikalische Prospektion scheint zu bestätigen, dass nur diese Öfen vorhanden waren. Da die angewendete Messtechnik allerdings noch nicht perfektioniert genug war, um endgültige Ergebnisse zu liefern, ist nicht auszuschließen, dass sich im Bereich von Quadrant 1212 und 1213 noch weitere, bislang nicht erfasste Rennöfen verbergen.

Wie bereits oben erwähnt wurden die Schlacken und Düsenfunde der Quadranten 1212, 1213 und 1313 nicht in diese Verteilungsanalyse mit einbezogen, da in diesen Schnitten keine aussagekräftige Keramik in ausreichender Menge gefunden wurde, die eine chronologische Einordnung zuliess. Betrachtet man die Verteilung innerhalb der von Hajnalka Herold definierten Siedlungsphasen, so ergibt sich für Phase 1 und 3 ein erhöhter Anteil an Schlacken und Düsenbruchstücken (**Abb. 7**).

[46] Pleiner 2000b, 200.
[47] Dieser Wert ist als Minimalwert zu verstehen und beruht auf der Zuordnung der 18 noch komplett erhaltenen Düsenfragmente zum Verhüttungsprozess. Dafür spricht die starke Verschlackung des ofenseitigen Endes. Bei der alternativ möglichen Verwendung in einer Schmiedesse dürften die dort erreichten Temperaturen nicht ausgereicht haben um eine derartig intensive Verschlackung hervorzurufen. Auch sind die Düsenfragmente für eine Esse wohl zu lang (s. Anm. 45).

Während dieser Phasen müssen also in diesem Bereich der Siedlung intensivere metallurgische Tätigkeiten durchgeführt worden sein als während der Phase 2 und 4.

Da normalerweise bei der Eisenverhüttung und den damit verbundenen Folgeprozessen wie dem Ausheizen und dem Homogenisieren der Luppe eine größere Schlackenmenge anfällt als beim Schmieden, lässt sich foolgern, dass diese Tätigkeiten verstärkt während der Siedlungsphase 3 (= Grube 11) durchgeführt wurden. Sowohl wegen der räumlichen Nähe zwischen Grube 11 im Quadrant 1113 und den Objekten in den Quadranten 1212 und 1213 als auch aufgrund der Feststellung, dass diese Gruben eine große Menge an Verhüttungsschlacke enthielt, dürften die Rennöfen 1 und 2 höchstwahrscheinlich während der Siedlungsphase 3 betrieben worden sein. Da aber durch die bisherigen Ausgrabungen nur ein eingeschränkter Bereich der gesamten Siedlung freigelegt werden konnte, können zukünftige Grabungen dieses Bild noch verändern!

UNTERSUCHUNGSERGEBNISSE

Beim Rennverfahren wird mittels eines pyrotechnischen Prozesses aus Eisenerz Metall gewonnen. Als Ausgangsmaterial stehen hierbei verschiedene Erze zur Verfügung, die sich jedoch entsprechend ihrer Zusammensetzung unterschiedlich gut zur Verhüttung eignen. Dies ist abhängig vom Fe-Gehalt, vom Begleitgestein (z.B. Gangart) und der Reduzierbarkeit des Erzes. Es lässt sich zwischen oxidischen, hydroxidischen, sulfidischen und karbonatischen Erzen unterscheiden. Die letztgenannten Erztypen müssen zuerst durch »Rösten« in Oxide umgewandelt werden, während die oxidischen und hydroxidischen direkt dem Verhüttungsprozess (Reduktion) unterzogen werden können.

Als Herkunftsgebiet des verwendeten Eisenerzes kommen eine Lagerstätte vor Ort, aber auch die Erzlagerstätten des Oberpullendorfer Beckens odr des Rosaliengebirges in Betracht. In verschiedenen Fundposten konnten Erzbruchstücke (**Taf. 231**) gesichtet und aussortiert werden. Bei den untersuchten Stücken handelt es sich meistens um unregelmäßige, kugelige Bruchstücke mit ca. 0,03-0,05 m Durchmesser. Sie unterscheiden sich von Schlacke sowohl durch ihr spezifisches Gewicht als auch durch ihre Farbe und Oberfläche. Meistens sind sie schwach magnetisch und haben eine intensiv rote oder stellenweise bräunlich schwarze Färbung.

Die Untersuchungsergebnisse mittels RFA (**Tab. 5**) vermitteln ein umfassenderes Bild. Die Messungen erfolgten als Punktanalysen[48], deren Gehalte anschließend gemittelt wurden. Der Eisenoxidgehalt liegt zwischen 58,44 und 65,26 Gew.%, während die SiO_2-Gehalte zwischen 24,42 und 30,11 Gew.% betragen. Al_2O_3 hat Gehalte zwischen 3,81 und 4,82 Gew.% und P_2O_5 ist mit 0,14-0,21 Gew.% vertreten. SO_3 zeigt eine Schwankungsbreite von 0,38-0,91 Gew.%, K_2O von 1,32-1,61 Gew.%, CaO von 0,86-1,15 Gew.%, TiO_2 von 0,23-0,27 sowie MnO von 1,97-2,02 Gew.%.

Wegen der geringen Anzahl von Proben, die während der Ausgrabung gefunden wurden, sind die Ergebnisse zwar nicht absolut repräsentativ, sie geben jedoch einen Überblick über das verwendete Erz. Es handelt sich wahrscheinlich um ein Sekundärerz mit einem (theoretischen) Eisenoxidgehalt (in Fe_2O_3) von bis zu 65 Gew.%.

---

48 Für die kostenlose Durchführung der Analysen möchte ich Dr. Susanne Greiff (RGZM) danken. Zum Einsatz kam eine Mikro RFA Eagle III, XXL der Fa. Röntgenanalytik Messtechnik Taunusstein, die mit einer Rhodium Röhre ausgestattet ist.

	950/97-1	983/95	521/97	521/97b	1247/95-1	1247/95-2	1247/95-3	316/95
MgO	0,58	0,48	0,46	0,43	0,49	0,51	0,51	0,42
Al2O3	4,82	3,93	3,87	3,83	4,06	4,1	4,06	3,81
SiO2	30,11	26,1	25,6	24,95	26,35	26,92	26,64	24,42
P2O5	0,21	0,17	0,17	0,16	0,17	0,18	0,18	0,14
SO3	0,38	0,85	0,87	0,89	0,82	0,8	0,78	0,91
K2O	1,61	1,34	1,33	1,32	1,35	1,35	1,32	1,32
CaO	1,15	0,87	0,88	0,82	0,86	0,88	0,88	0,79
TiO2	0,27	0,25	0,24	0,24	0,25	0,25	0,25	0,23
MnO	2,02	2,04	2,07	2,01	2	2,04	2,03	1,97
Fe2O3	58,44	63,34	63,85	64,66	63,02	62,37	62,76	65,26
Summe	99,59	99,37	99,34	99,31	99,37	99,4	99,41	99,27

Tab. 5 RF-Analyse der Erze. Die Messungen wurden unter Einberechnung des Sauerstoffgehalts durchgeführt, auf 100% normiert und geben die Oxidgehalte (Gew.%) wieder.

Die Ergebnisse der RFA liegen durchaus im Streuungsbereich der Unterpullendorfer Erze[49]. Sie weisen aber einen etwas geringeren Eisenoxidgehalt auf, der mit maximal 65 Gew.% Fe_2O_3 (= 57,6 Gew.% FeO) für die Verhüttung zu niedrig zu sein scheint. Allerdings lässt sich bei in der Nähe von Verhüttungsplätzen gefundenen Erzstücken vorab schwer etwas über den Verwendungszweck des gefundene Erzes sagen: Handelt es sich um Eisenerz, das aussortiert wurde, weil es für die Verhüttung zu minderwertig war, ist es während des Arbeitsprozesses verloren gegangen, oder wurde es intentionell ausgesondert, um es durch Rösten oder Waschen nochmals entsprechend anzureichern, wie es János Gömöri für den Verhüttungsplatz von Iván, Dudás-Dűlő und Vasasföld I[50] annimmt?

Die Geologie der Fundstelle

Die Fundstelle Zillingtal liegt am Übergang zwischen dem Eisenstädter und dem Wiener Becken. Die nächsten, heute bekannten Eisenerzvorkommen befinden sich in 8-50 Kilometer Entfernung zur Fundstelle im Rosaliengebirge, Oberpullendorfer Becken[51] sowie im Bergbaugebiet Rax-Umgebung[52]. Im Folgenden sollen die geologischen Verhältnisse dieser Region kurz beschrieben werden[53].
Im Gemeindegebiet[54] von Zillingtal, das in der Schwellenzone zwischen Eisenstädter und Wiener Neustädter Becken liegt, treten fast überall Sedimente des Pont an die Oberfläche. Das oberflächlich feststellbare geologische Umfeld der Fundstelle besteht aus Sedimenten des Sarmatium (Neogen), in denen mit Tonmergeln, Schotter, Sand und Kalk zu rechnen ist. Die hier auftretenden Braunkohlevorkommen befinden sich, geologisch betrachtet, in den pontischen Serien am Ostrand des Wiener Beckens in einem NO-SW orientierten Saum, der möglicherweise gegen das Beckeninnere vertaubt. Diese lignitische Braunkohle ist im Wesentlichen als Randbildung eines Seen- und Moorgebiets[55] zu deuten.
Wie schon erwähnt, liegt westlich des Gräberfeldes ein ausgedehntes Braunkohlerevier (Raum Zillingdorf/Neufeld/Pöttsching), dessen oberste Schicht (Hangendflöz) in unmittelbarer Nähe des Sumpfgebietes aus dem der Zillingbach entspringt, ausbeißt (**Abb. 8**). Den Aufbau des Kohlevorkommens beschreiben Weber und Weiss[56] als 9-10 m mächtigen Hauptflöz und als 20 m darüber einsetzenden etwa 3-6 m mächtigen

49 Schmid 1975, 18-19.
50 Gömöri 2000b, 24, 318. 323.
51 Schmid 1975, 98.
52 Katzer 1967, 80-89; 1968, 125-139.

53 Siehe auch Kapitel »Die Geologie der Umgebung von Zillingtal« S. 26 Abb. 28.
54 Landestopographie 1963, 1082.
55 Weber / Weiss 1983, 250.
56 Ebenda 249.

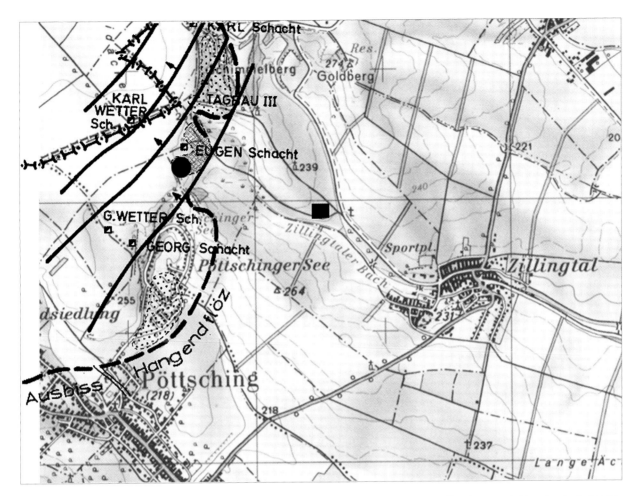

Abb. 8 Zillingtal. Lage von Gräberfeld und Siedlung (● Gräberfeld, ■ Siedlung). Der Hangendflöz des Braunkohlereviers befindet sich im unmittelbaren Einzugsgebiets des Zillingbaches (Kombination aus ÖK 77 und Übersichtsdarstellung der Braunkohlebergbaue von Zillingtal-Neufeld – Pöttsching).

Hangendflöz. Der Schwefelgehalt[57] der xylitische Braunkohle beträgt zwischen 2,29 und 3,14% und liegt in Form von Pyrit (FeS_2) vor. Die verschiedenen untersuchten Proben zeigen außerdem einen hohen Urangehalt[58] zwischen 77-100 ppm und 0,054-0,1%. Die Braunkohle[59] wird als Randbildung eines Seen- und Moorgebiets gedeutet.

Die Verwitterungsvorgänge in pyrithältigen Braunkohlen sind mittlerweile gut erforscht. Eine Reihe von Arbeiten beschäftigt sich mit diesen Vorgängen[60] und beschreibt die Umwandlung von Eisendisulfiden (Pyrit und Markasit) zu Eisenhydroxid – FeOOH. Diese Arbeiten beschreiben, dass in Braunkohletagbauen durch die Belüftung anaerober pyrithältiger Sedimente eine Kette von Reaktionen ausgelöst wird, welche die Beschaffenheit der Sedimente und des darin fließenden Grundwassers[61] verändern.

Die Pyritverwitterung lässt sich als komplexer Prozess beschreiben, der anorganisch wie auch mikrobiologisch katalysiert in mehreren sequentiellen Teilschritten erfolgen kann. Rudolf Koch hat verschiedene Experimente zur Pyritverwitterung durchgeführt und die Pyritoxidation sowie die anschließende Fällung des entstehenden Eisens als Eisenhydroxid[62] untersucht. Bei niedrigen PH-Werten des Bodens läuft der Prozess der Oxidation schneller ab, als bei der direkten Oxidation mit Sauerstoff. Die ebenfalls stattfindende bak-

57 Ebenda 251 Tab. 155.
58 Schroll 1997, 348 Tab. 18a.
59 Weber / Weiss 1983, 250.

60 Evangelou 1995, 25.
61 Koch 2000, 8.
62 Ebenda 49. 82.

terielle Oxidation des Eisens(II) mit Sauerstoff führt wiederum dazu, dass das Oxidationsmittel Eisen(III) regeneriert wird. Dabei kann neben Sauerstoff auch Nitrat den Pyrit oxidieren.

Diese Verwitterungs- und Transportvorgänge in pyrithältigen Braunkohlen könnten dazu geführt haben, dass sich im Bereich des auch heute noch als Sumpfgebiet erkennbaren Quellbereichs des Baches oxidische Eisenkonkretionen (**Taf. 231**) gebildet haben. Allerdings kann es sich dabei nur um Kleinstlagerstätten gehandelt haben.

Die Vorkommen von pyrithältigen Braunkohlen oberhalb des Sumpfgebietes (im Quellbereich des Zillingbach) lassen in Kombination mit den Messergebnissen Spekulationen über eine mögliche Existenz von Eisenkonkretionen in absoluter Nähe der Fundstelle zu. Eine Verifikation dieser Überlegung wäre durch geologische Begehungen und Rammsondierungen im Bereich des moorigen Quellgebietes[63] des Baches möglich. Ebenso sind detaillierte Untersuchungen des Mineralbestandes, der Spurenelementgehalte sowie Blei-Isotopenverhältnisse[64] notwendig, um diese Annahme entsprechend abzusichern. Der Schwefelgehalt der Erzproben, die chemische Zusammensetzung und der Mineralbestand der Erze scheinen diese Annahme zu unterstützen.

Die Schlacken

Aus dem Fundmaterial wurden jene Fundposten der Schnitte 1212 und 1213 aussortiert, die Schlacken enthielten, und einer genaueren Analyse unterzogen. Lediglich die Fundposten Fnr. 76/95 – Quadrant 0513, Fnr. 1564/95 – Quadrant 0807 und Fnr. 973/95 aus Quadrant 1113 wurden in die Analyse[65] miteinbezogen, da sie verschiedene Besonderheiten aufweisen, die für die Auswertung interessant erschienen. Bei Fnr. 973/95 handelt es sich um eine Verhüttungsschlacke, die im Schnitt 1113 (der an Schnitt 1212 angrenzt) gefunden wurde. Sie ist als einzige bereits morphologisch als Verhüttungsschlacke ansprechbar. Fnr. 1564/95 und Fnr. 76/95 sind Schlackenstücke, in denen metallische Eisenpartikel festgestellt werden konnten.

Primär war die chemische Zusammensetzung der einzelnen Fundstücke von Interesse, um unter Berücksichtigung der Erzbasis Rückschlüsse auf die Effizienz des vor Ort betriebenen Rennverfahrens zu ziehen. Der Pauschalchemismus wurde mittels µ-RFA ermittelt, es folgte an ausgewählten Fundstücken eine genauere Untersuchung mittels Rasterelektronenmikroskop mit energiedispersivem Analysesystem[66].

Die Schlackenfunde Fnr. 588/97-1, Fnr. 588/97-2, Fnr. 587/97-1, Fnr. 589/97, Fnr. 620/97, Fnr. 622/97 und Fnr. 587/97-2 stammen aus dem Befund des Ofens 2 im Schnitt 1212 und können unmittelbar mit der Verhüttungs- oder Schmiedetätigkeit in Zusammenhang gebracht werden. Es handelt sich um einen Schlackenklotz (Fnr. 588/97-1, **Taf. 232**) und den ihn umgebenden Ring aus Schlacken (Fnr. 588/97-2, **Taf. 233**). Weiters wurden als separate Fundnummern die Schlacken Fnr. 589/97 (**Taf. 234**), Fnr. 620/97, Fnr. 622/97 und Fnr. 587/97 geborgen, die aufgrund des Befundes ebenso wie Fnr. 588/97-2 als aufgeschmolzene Wand des Ofens 2 anzusprechen sein dürften.

Im Fundmaterial der Schlackengrube 13 ist weiters ein großer Anteil an Schmiedeschlacken (Fnr. 1243/95, Fnr. 1223/95-1, Fnr. 1201/95, Fnr. 731/97, Fnr. 732/97, Fnr. 733/97) und verschlackten Ofenwandbruch-

---

63 Vgl. *Geologische Karte Österreichs* ÖK 77.

64 Beispielgebend dazu Schwab et al. 2006, 431-450.

65 Leider war aufgrund der eingeschränkten Zeit und des eingeschränkten Budgets eine Untersuchung aller Schlacken nicht möglich (Anm. des Verf.).

66 JEOL 6400, EDX- System: Link Analytik (ZAF 4); LEO EVO 60 XVP, EDX- System, Oxford Instruments INCA 300. Die Analyseergebnisse wurden auf 100% normalisiert und auf eine Dezi-

malstelle gerundet. Dies kann dazu führen, dass die Elemente in Summe nicht 100% ergeben. Hier sei auf den Beitrag von Melcher/Schreiner 2004, 331 Tab. 1; 332 bezüglich der Problematik von EDX-Analysen an archäologischen Gegenständen (z.B. Nachweisgrenze) verwiesen. Bestimmung der Hauptelemente mit einem relativen Fehler von ca. 1%, die Neben und Spurenelemente können einen größeren relativen Fehler aufweisen.

Nummer	MgO	Al2O3	SiO2	P2O5	SO3	K2O	CaO	TiO2	MnO	Fe2O3	ZnO	Y2O3
588/97-1	0,46	6,07	21,37	0,35	0,03	1,15	4,62	0,2	1,34	64,4	–	–
588/97-2	0,81	7,61	39,08	0,14	0,03	2,6	1,14	0,44	1,92	45,73	0,02	0,48
58797-1	0,54	4,53	28,53	0,19	0,71	1,52	0,95	0,26	1,92	60,24	–	–
587/97-2	0,46	9,02	30,44	0,35	0,47	1,49	1,07	0,33	1,54	54,33	–	–
589/97	0,52	4,27	27,51	0,19	0,75	1,41	0,91	0,25	2,02	61,6	–	–
620/97	0,53	4,86	29,58	0,17	0,51	1,57	1	0,27	1,97	59,09	–	–
622/97	0,45	8,92	30,21	0,35	0,47	1,47	1,07	0,33	1,54	54,67	–	–
973/95	0,44	3,9	24,51	0,15	0,96	1,34	0,8	0,23	2,02	65,66	–	–
1564-1/97	0,45	8,97	30,34	0,37	0,46	1,49	1,16	0,33	1,62	54,32	–	–
76/95	0,46	8,94	30,18	0,37	0,46	1,5	1,2	0,33	1,58	54,5	–	–
734/95	0,86	5,06	26,42	0,38	0,48	1,32	0,62	0,3	3,72	60,83	–	–

Tab. 6 Chemische Zusammensetzung der Schlacke Fnr. 588/97-1 Schlackenklotz und 588/97-2 Schlackenring und der als aufge-schmolzene Ofenwand anzusprechende Schlacke (Fnr.: 587/97-1, 587/97-2, 589/97, 620/97, 622/97), Angaben in Gew.%.

stücken enthalten. Immer wieder sind Schlackenstücke mit halbkalottenförmigem Aussehen zu erkennen, deren Durchmesser zwischen 0,068 m und 0,130 m lag, die Höhe variiert zwischen 0,027 m und 0,08 m. Das Gewicht bewegt sich zwischen 0,142 und 0,758 kg. An einigen dieser Schmiedeschlacken lässt sich eindeutig eine Schichtung feststellen, die auf einen gewissen zeitlichen Abstand (wenige Stunden?) während der Entstehung der beiden Lagen hindeutet. Neben Ofenwandfragmenten und Schlacken mit anhaftenden Ofenwandbruchstücken konnte im Fundposten 734 oder 739/97 ein Schlackenstück mit anhaftender Ofenwand aussortiert werden. Es weist an der Oberfläche keinerlei Bruchflächen auf, sodass es als ganzes aus einem Rennofen herausgebrochen worden sein dürfte, um diesen für eine weitere Ofenreise vorzubereiten. Wäre der Rennofen nur einmal benutzt worden, hätte es nach dem Ende der Ofenreise in der Ofengrube verbleiben können. Diese Abfälle könnten natürlich auch durch den Abriss eines Rennofens in die Schlackengrube gelangt sein, allerdings lässt sich aus dem Fundmaterial weder ein gesamter Ofenschacht rekonstruieren, noch sind entsprechende Ofenschachtbruchstücke vorhanden. Vielmehr scheint es sich dabei um Bruchstücke aus dem Ofengrubenbereich zu handeln.

Die Eisenoxidgehalte der Schlacken aus Ofen 2 (**Tab. 6**) schwanken zwischen 64,4 Gew.% (Fnr. 588/97-1) und 45,73 Gew.% (Fnr. 588/97-2), währenddessen es sich mit dem SiO_2-Gehalt umgekehrt verhält: Fnr. 588/97-2 weist einen Gehalt von 39,08 Gew.% auf, Fnr. 588/97-1 dagegen nur 21,37 Gew.%. Dies lässt sich auch bei den Gehalten von MgO (min. 0,46 Gew.% - max. 0,81 Gew.%), P_2O_5 (min. 0,14 Gew.% - max. 0,35 Gew.%), K_2O (min. 1,15 Gew.% - max. 2,06 Gew.%), CaO (min. 1,14 Gew.% - max. 4,62 Gew.%) und TiO_2 (min. 0,2 Gew.% - max. 0,44 Gew.%) feststellen. Lediglich die Gehalte von Al_2O_3 mit min. 4,27 Gew.% und max. 9,02 Gew.% sowie SO_3 mit min. 0,03 Gew.% in Fnr. 588/97-1+2 bis max. 0,75 Gew.% in Fnr. 589/97 bilden eine Ausnahme. Die Zusammensetzung von Schlackenklotz Fnr. 973/95 ähnelt durchaus der von Fnr. 588/97-1, es lässt sich ein ungefähr gleicher Fe_2O_3-Gehalt von 65,66 Gew.% feststellen, jedoch ist der Gehalt an SO_3 und CaO sehr unterschiedlich.

Die Schlacken Fnr. 587/97-1+2, 588/97-2, 620/97, 622/97 bestehen zu einem guten Teil aus der aufgeschmolzenen Wand des Ofens 2. Da der Rennofen nur aus Lehm aufgebaut war, dürfte ein nicht unwesentlicher Teil der Ofenwand während des Prozesses aufgeschmolzen und entlang der Wand nach unten in die Ofengrube geflossen sein. Dort ist sie zum Teil über und unter die Gras- oder Strohfüllung der Ofengrube geflossen und hat dieses abgeformt, sodass deren Negativabdruck erhalten blieb (**Taf. 234, 1-2**).

In den Schlacken des Ofens 2 fällt weiters ein sehr geringer Anteil an primär ausgeschiedenem Wüstit auf. Eventuell war der Eisenoxidgehalt des verwendeten Erzes zu niedrig, sodass die Eisenausbeute für diesen Verhüttungsprozess sehr gering ausfiel. Das Kristallgefüge und die Analysewerte der Verhüttungsschlacke 973/95 (**Taf. 235**), sowie weitere, aus dem Fundmaterial ausgesonderte, höher eisenhältige

Erzbruchstücke, die jedoch noch nicht untersucht werden konnten, belegen, dass auch Ofenreisen mit besserem Wirkungsgrad und höherer Eisenausbeute durchgeführt worden sind.

Das Eisen

Im Fundmaterial der Ausgrabung konnten keine Luppenstücke festgestellt werden, lediglich drei, zuerst als Schlacke angesprochene Stücken aus den Fundposten 1564/97 (**Taf. 236**) und 76/95 enthielten metallisches Eisen. Die drei Fragmente – Bruchstücke mit maximalen Abmessungen von 0,05×0,03×0,04 m – ließen äußerlich keinerlei Kennzeichen von Metall erkennen, sie hatten eine hellbraune mit Lehm bedeckte Oberfläche. Während der Untersuchung der Magnetisierbarkeit waren sie jedoch bereits aufgefallen, im Anschliff konnten dann Metalleinschlüsse erkannt werden. Diese Eisenpartikel wiesen Abmessungen von wenigen Millimetern auf. Da es sich bei dem Probenmaterial nur um sehr geringe Eisenmengen handelt, bestehen Vorbehalte, inwiefern dieses für die Zusammensetzung des in den Rennöfen produzierten Eisens repräsentativ sein kann. Da jedoch keine weiteren Funde aus dem Bereich der Siedlung vorliegen, soll untersucht werden, ob die vorhandenen Proben doch gewisse Aussagen ermöglichen. Die Ergebnisse der metallographischen Untersuchungen an den Eisengegenständen aus dem Gräberfeldund Zillingtal[67] werden in einem gesonderten Beitrag vorgestellt werden.

Wie verschiedene Verhüttungsversuche[68] zeigten, ist das Erz im oberen Schachtbereich Temperaturen von über 500°C ausgesetzt. Die Reduktion dieser Erzstücke zum Metall fand bei indirekter Reduktion durch CO/CO_2-Ofengase vor der Bildung schmelzflüssiger Schlacke statt. Dieser Ablauf[69] geschah bereits vor dem vollständigen Aufschmelzen der Schlacke. Das so ausreduzierte Eisen sickerte dann durch die flüssige Schlacke nach unten und begann die Luppe zu bilden.

Im Schliffbild lässt sich der oben beschriebene Prozess gut beobachten. Die untersuchten Schlackenstücke 1564/97-1 und 2 (**Taf. 236, 2-5**) sowie 76/95 (**Taf. 237, 1-6**) enthielten bereits aus dem Erz ausreduzierte Eisenpartikel, die zu kleineren Eisenkonkretionen zusammengebacken waren.

Der Anschliff Fnr. 1564/97-1 zeigt nach der Ätzung mit Nital hauptsächlich ferritisches Gefüge (**Taf. 236, 3; 237, 4-6**), an den Korngrenzen kann etwas Perlit festgestellt werden. Weiters sind in den Eisenpartikeln noch Schlackeneinschlüsse erkennbar. Im Schliffbild der Probe 76/95 zeigt sich ein ähnliches Erscheinungsbild: auch hier sind die verschiedenen Eisenkörner (**Taf. 237, 1-3**) bereits stellenweise zusammengewachsen, wie dies auch Radomir Pleiner[70] beschreibt.

ZUSAMMENFASSUNG

Die bis jetzt untersuchten Befunde aus der Siedlung Zillingtal lassen sich durchaus mit Befunden aus anderen awarischen Siedlungen vergleichen. Die beiden Rennöfen lagen am Rand der Siedlung, was auch für die Rennöfen von Tarjánpuszta-Vasasföld I[71] und Zamárdi-Kútvölgy[72] angenommen wird. Hajnalka Herold[73] deutet den freigelegten Bereich der Siedlung ebenfalls als ein für wirtschaftliche Aktivitäten genütztes Areal.

---

[67] Erste metallographische Ergebnisse wurden bereits in einem anderem Beitrag publiziert: Mehofer 2006, 159-174.
[68] Ganzelewski 2000, 59.
[69] Yalçin / Hauptmann 1995, 291.

[70] Pleiner 2000b, 135 Fig. 33.
[71] Gömöri,2000a, 216; 2000b, 185 Nr. 325.
[72] Gömöri 1999b, 150; 2000a, 217; 2000b, 210 Nr. 376.
[73] Siehe S. 121.

Den eigentlichen Wohnteil der Siedlung vermutet sie an anderer Stelle – aufgrund der Ergebnisse der magnetischen Prospektion möglicherweise auf dem nördlich gelegenen Hügel.

Die Rennöfen besaßen eine nach Norden ausgerichtete Arbeitsöffnung mit einer Weite von ca. 0,3 m. Die Schachthöhe betrug vermutlich etwa 0,8 m. Die Ofengrube von Rennofen 1 war ausgeräumt, am Boden aufliegend fanden sich ein Düsen- und ein Schlackenbruchstück. Rennofen 2 besaß eine seichte Arbeitsgrube mit einer Steinsetzung vor der Arbeitsöffnung. In ihr konnten jedoch keine Pfostenlöcher als Reste einer Stützkonstruktion für den Blasebalg nachgewiesen werden, wie es bei den Befunden der Rennöfen von Tarjánpuszta-Vasasföld I[74], Nemeskér[75] und Iván-Dudás-Dűlő[76] feststellbar ist. Die ausgeräumte Ofengrube von Ofen 1 wie auch die Konstruktion von Ofen 2 sprechen für eine mehrmalige Verwendung der Öfen. Diese Annahme stützt auch der für Rennofen 2 rekonstruierbare Überbau: Er sollte den Ofen während einer längeren Nutzungsdauer vor Witterungseinflüssen schützen. Der Überbau dürfte eine leichte Ständerkonstruktion gewesen sein. Einige der in den Siedlungen von Dénesfa-Szikas-Dűlő[77] festgestellten Rennöfen wiesen ebenfalls eine Dachkonstruktion auf. Ebenso wird sich für eine Röst- oder Arbeitsgrube in Zamárdi-Kútvölgy[78] ein Dach rekonstruieren lassen.

Im Bereich der Siedlung von Zillingtal konnten 165 Düsenfragmente geborgen werden, 18 davon waren komplett erhalten. Ihr durchschnittlicher Durchmesser betrug 0,024 m. Basierend auf der Menge der Fragmente wurde die ursprüngliche Gesamtzahl auf maximal 30-40 Düsen geschätzt. Ein Großteil der Düsenbruchstücke war an ihrem vorderen Ende verschlackt. Mit Hilfe der beim Schmelzen vertikal abtropfenden Schlacke am ofenwärtigen Teil der Düse ließ sich festgestellen, dass sie 5-30° nach unten geneigt in den Ofenraum hineinragten.

Die Untersuchung der Eisenerze ergab, dass es sich um Sekundärerz gehandelt haben könnte, das vor der Verhüttung einem Röstprozess unterzogen wurde, um es anzureichern. Ein Röstbett oder eine Röstgrube wie in Zamárdi-Kútvölgy[79] ließ sich im Grabungsbefund nicht erkennen. Ebenso scheinen ausgeprägte Schlackenhalden, vergleichbar denen aus Tarjánpuszta Vasasföld I + II[80] mit Durchmessern zwischen 1-2 m und 6-8 m zu fehlen. Sämtliches untersuchtes Material der Siedlung Zillingtal stammt aus Siedlungs- oder Abfallgruben.

In der näheren Umgebung von Zillingtal fanden sich keine weiteren Erzvorkommen. Die nächsten heute bekannten Erzvorkommen liegen über 10-20 km entfernt im Oberpullendorfer Becken[81], im Bergbaugebiet Rax-Umgebung[82] und im Rosaliengebirge. Die Untersuchung der aus dem Fundmaterial aussortierten Erze und Schlacken mittels RFA und Rasterelektronenmikroskopie ergab, dass es sich beim Eisenerz wohl um Sekundärerz handelt, das einem Röstprozess unterzogen wurde. Der Fe_2O_3-Gehalt beträgt durchschnittlich 56,67 Gew.%. Als mögliches Herkunftsgebiet kommt die unmittelbare Umgebung der Fundstelle infrage. Die geologischen Bedingungen würden es erlauben, dass sich im Quellbereich des in der Nähe entspringenden Zillingbaches Eisenkonkretionen gebildet haben, die prospektiert und zur Verhüttung herangezogen wurden. Allerdings kann es sich dabei nur um eine Kleinstlagerstätte handeln, die relativ schnell ausgebeutet war.

In den Quadranten 0513, 0713, 0813, 0913, 1013, 1113 und 1213 tritt eine Massierung von Schlackenfunden auf, deren Gesamtgewicht 228,36 kg beträgt. Die Verteilung der Schlackenmenge im Bereich der Quadranten 0713-1213 wie auch das Aussehen der Schlacken legen nahe, dass hier ein Handwerksbereich

---

[74] In den Arbeitsgruben von Ofen 1 wurden drei Pfostenlöcher, in der von Ofen 2 zwei Pfostenlöcher erkannt: Gömöri, 2000a, 216; 2000b, 185 Nr. 325.

[75] Gömöri, 2000b, 39. 41. 87 Fig. 38.

[76] Ebenda 24, 318.

[77] Ebenda 60 Nr. 65, 315.

[78] Gömöri 1999b, 150; 2000a, 217; 2000b, 210 Nr. 376.

[79] Gömöri, 1999b, 150; 2000a, 217; 2000b, 210 Nr. 376.

[80] Gömöri 1980, 319.

[81] Schmid 1975, 98.

[82] Katzer 1967, 80-89; 1968, 125-139.

mit Schmiedewerkstatt und Verhüttungsplatz existierte. Die im Quadrant 0513 geborgene Schlackenmenge aus Grube 1 könnte ebenfalls auf einen solchen Bereich (**Abb. 8**) hinweisen. Die Entfernung zwischen den Quadranten 0513 und 1213 beträgt ca. 30 m, was eine Zusammengehörigkeit der Gruben eher unwahrscheinlich macht. Auch kann aufgrund der Geländestruktur und des Verteilungsbildes der Schlacken ausgeschlossen werden, dass Erosion diese Streuung bewirkt hat.

Das Fundmaterial der Grube 13 in Quadrant 1213 weist darauf hin, dass im Bereich der Quadranten 1113 und 1213 nicht nur Eisen verhüttet wurde, sondern auch eine Schmiede gelegen war. So enthält das Fundmaterial Schlacken, die sich anhand ihrer Morphologie dem Schmiedeprozess zuordnen lassen. Die Fundposten Fnr. 731/97 und 732/97 enthalten einen hohen Anteil an Ofenwandbruchstücken und gebrannten Lehm, ebenso wie an nicht eindeutig erkennbaren Schmiedeschlacken. Vielleicht handelt es sich um die Reste des ausgeräumten Rennofens 1, vielleicht aber auch um Reste eines dritten Rennofens. Allerdings wären dessen Reste dann nicht komplett in der Grube entsorgt worden.

Ausgeprägte Fließschlacken fehlen im ganzen Fundmaterial der Grube 13, was in der Art des Rennprozesses begründet sein könnte. Wie der Schlackenklotz aus Ofen 2 (588/97) deutlich zeigt, war die Schlacke von hoher Viskosität. Deshalb dürften die in den Rennöfen erreichbaren Temperaturen für eine komplettes Flüssigwerden der Schlacke[83] nicht ausgereicht haben. Die an der Unterseite des Schlackenklotzes festgestellten Stroh- und Grasabdrücke[84] lassen erkennen, dass hier zu Beginn des Rennprozesses organisches Material als Distanzhalter bis zur ersten Bildung der Luppe fungiert hat, ähnlich den Schlackengrubenöfen. Die Bauart der Öfen (vor allem von Ofen 2) mit vorgesetzter Arbeitsgrube und eingesetztem Stein belegt aber, dass es sich nicht um Schlackengrubenöfen im klassischen Sinn handelt. Vielmehr konnten die untersuchten Öfen mehrmals verwendet werden.

Eine engere Datierung der Befunde gelingt nur über Umwege. Nach der von Hajnalka Herold herausgearbeiteten Abfolge[85] der Keramik ist die im Schnitt 0513 festgestellte Grube 1, in der sich bereits Düsen, Schlacke und Erz fanden, eine der frühesten in diesem Bereich der Siedlung. Allerdings enthielten auch alle weiteren von Herold als awarenzeitlich angenommenen Gruben Schlacken und Düsen in unterschiedlicher Menge, diese datieren aber bis zum Ende der Siedlung. Aufgrund des Fundmaterials aus Grube 1 ergibt sich weiterhin, dass bereits zu Beginn der Siedlung Handwerksbereiche vorhanden waren, die sich im Laufe der Zeit verlagerten. Allerdings sollte man bedenken, dass durch die Ausgrabungen nur ein kleiner Teil der Siedlung erfasst wurde.

Kartiert man die Verteilung der Schlacken, ergibt sich ein erhöhter Anteil in den Bereichen der Gruben 1, 7, 8, 9, 10 und 11, die sich den Siedlungsphasen 1 (Grube 1, 7 und 8), 3 (Grube 11), und 4 (Grube 9 und 10) zuordnen lassen. Da die Grube 10 größtenteils Schmiedeschlacke enthält, dürfte die Eisenverhüttung eher während der Siedlungsphasen 1 und 3 passiert sein, wobei die hauptsächliche Verhüttungstätigkeit wohl in die Siedlungsphase 3 stattgefunden hat.

Diese Phase datiert Hajnalka Herold an den Beginn der SpAZ II, Phase 4 setzt sie an das Ende der SpAZ II. Nach neueren Forschungen[86] gehört diese Epoche mit aller Vorsicht in die Zeit von etwa 730–760 n. Chr. Diese Jahreszahlen verstehen sich im vorliegenden Fall nur als Orientierung um den Zeitraum abzuschätzen, währenddessen die Eisenverhüttung betrieben wurde.

Während dieses ca. 30–40 Jahre dauernden Zeitraumes wurden, geschätzt aufgrund der Düsenfragmente, 30–40 Rennprozesse durchgeführt, was 1–2 Rennprozessen pro Jahr entspricht. Bedenkt man, dass im

---

[83] Die Viskosität einer Schlacke ist von ihrer Zusammensetzung abhängig, wobei schon geringe Mengen von z.B. K_2O den Schmelzpunkt entscheidend verändern können.

[84] Ähnliche Beobachtungen konnte auch Mikkelson machen: Mikkelson 1997, 63-71.

[85] Siehe S. 101-106.

[86] Stadler 2005, 160 Abb. 52.

Gräberfeld Zillingtal[87] bis dato 797 Bestattungen aufgedeckt werden konnten (es ist damit das größte jemals in Österreich ausgegrabene awarische Gräberfeld mit einem Belegungszeitraum vom 7. Jahrhundert bis zum Ende des 8. Jahrhunderts n. Chr.), so scheint diese Anzahl zu niedrig, um den kompletten Eisenbedarf einer Siedlung dieser Größe zu decken. Zum jetzigen Stand der Untersuchungen ist deshalb anzunehmen, dass der Metallbedarf neben der Eigenproduktion noch durch Erwerb von außen befriedigt werden musste.

Nimmt man 13,56 kg Schlacke aus Rennofen 2 als die durchschnittlich bei einem Rennprozess anfallende Menge an, so ergäbe das bei 18 noch erhaltenen Düsen (= minimal 18 Rennprozesse)[88] eine Gesamtmenge von 245,7 kg Schlacke, mehr als bis dato überhaupt in der Siedlung geborgen wurde. Dieses Missverhältnis von Düsen (= nachgewiesene Rennprozesse) zur Schlackenmenge deutet an, dass im Bereich der Siedlung noch andere Rennöfen oder Schmiedewerkstätten vorhanden sein könnten, die noch nicht ausgegraben sind. Solange keine weiteren Grabungen zur Klärung dieser Situation durchgeführt wurden müssen diese Anahmen natürlich hypotetisch bleiben.

Die beiden Rennöfen von Zillingtal stellen vom Aufbau her offenbar eine Mischform zwischen dem Rennofentyp 1 – dem »awarischer Rennofen«[89] – und den Rennöfen vom Typ 2 – »Nemeskér-Rennofen« – dar. Als eindeutiger Unterschied zu diesen Typen lief jedoch bei den Zillingtaler Öfen die Schlacke nicht aus dem Ofen heraus, sondern musste nach dem Ende der Ofenreise aus der Ofengrube entfernt werden. Abschließend legen diese Resultate nahe, dass in Zillingtal die Eisenverhüttung und -verarbeitung nur zur Selbstversorgung diente. Die Anzahl der Düsen, das möglicherweise unmittelbar vor Ort zur Verfügung stehende Erz wie auch die Gesamtmenge der Schlacke im Vergleich zu anderen awarischen Siedlungen unterstützen diese Interpretation.

ANHANG 1

Die Schlacken aus Ofen 2 – Schnitt 1213

Der Schlackenklotz 588/97-1

Diese Schlacke stellt die Reste des letzten Arbeitsprozesses in Ofen 2 dar. Sie lässt sich in einen eigentlichen Schlackenklotz (**Taf. 232**) mit 4,565 kg und einen Schlackenring trennen. Der Schlackenklotz weist Abmessungen von 0,45×0,36 m und eine Höhe von max. 0,15 m auf. An seiner Unterseite lassen sich stellenweise die Reste von Gras- oder Strohabdrücken erkennen, darüber sind Holzkohle- und Fließstrukturen vorhanden. Die Oberseite weist Fließstruktur, Abdrücke von Holz oder Holzkohle auf und zeigt blasige Strukturen. Im Befund war er an seiner Unterseite von ringförmig angeordneter Schlacke oder aufgeschmolzener Ofenwand umgeben, die an ihrer Oberseite wie auch teilweise an ihrer Unterseite Gras- oder Strohabdrücke zeigt. Weiters hafteten Bruchstücke der Ofenwandung an.

Schliffbeschreibung:
Die Probe 588/97-1 zeigt einen Querschnitt (**Taf. 238, 1**) durch die Ofenschlacke. Der Schliff lässt sich makroskopisch betrachtet in 4 Zonen unterteilen: Die oberste Zone ist sehr blasige und von dunkelvioletter

---

[87] In diesem Gräberfeld wurde eine Grosse Anzahl an Messer und mehrere Säbel und Saxe ausgegraben: Daim 1996, 417-425; 1998, 97-136.

[88] Aufgrund der restlichen Düsenfragmente lässt sich eine noch höhere Anzahl postulieren.

[89] Gömöri 1989, 126.

bis bräunlicher Färbung. Darunter schließt ein Bereich mit in etwa gleicher Porosität an, der jedoch ein anderes Reflexionsverhalten aufweist. Während die obere Zone vor allem schwarze bis bräunliche Färbung aufweist, ist dieser untere Bereich hauptsächlich hellbraun. Die dritte Zone ist dunkelgraue und ebenfalls relativ blasenreich. In ihr sind hellgraue Einschlüsse zu erkennen. Zu unterst lässt sich eine schwarz reflektierende Schicht erkennen, die auch etwas kompakter als die darüberliegenden erscheint. In sie ist ein großes Holzkohlestück eingeschlossen.

Diese Vierteilung lässt sich sich auch unter dem Mikroskop beobachten. Die oberste Schicht (**Taf. 238, 2**), die stark porös ist und große Gasblasen enthält, weist hauptsächlich fayalitisches Gefüge mit metallischen Eiseneinschlüssen auf. Es ist kein primär ausgeschiedener Wüstit zu erkennen. In den Bereichen zwischen den Fayalitleisten finden sich dendritenförmige Ausscheidungen. Die zweite Schicht (**Taf. 238, 3**) zeigt eine dichtere Struktur, es sind mehr, aber dafür kleinere Gasblasen vorhanden. Hauptsächlich lässt sich fayalitischer Olivin erkennen, der sich in etwas längeren Leisten ausgeschieden hat, als in der darüberliegenden Schicht. Hier können ebenfalls globulare Einschlüsse (Eisen) festgestellt werden. Die dritte Schicht (**Taf. 238, 4**) fällt durch hellere Bereiche auf, die unstrukturiert erscheinen. Ebenfalls lässt sich büschelförmig angeordneter Fayalit erkennen, die Schicht erscheint als ganzes inhomogener. Die unterste Schicht (**Taf. 238, 5**) zeigt einen anderen kristallinen Aufbau, vor allem sind kurzstängelige Fayalite zu erkennen.

588/97-2 Schlackenring

Das insgesamt 2,735 kg schwere Schlackenmaterial (**Taf. 233**) besteht aus verschiedenen Bruchstücken, die kreisförmig um den Schlackenklotz angeordnet waren. An der Oberseite der Bruchstücke können stellenweise Gras- oder Stroh- sowie Holzkohleabdrücke festgestellt werden, während an der Unterseite Fließstrukturen und ebenfalls Stroh- oder Grasabdrücke sichtbar sind. Außerdem lässt sich anhaftendes Material der Ofenwand erkennen. Die Schlackenteile haben eine dunkelgraue bis blauschwarze Färbung. Der Anschliff (**Taf. 233, 2**) hat länglich flache Form und kann in vier Zonen (**Taf. 233, 3**) unterteilt werden. Die erste, ganz links, ist der dem Ofenraum am nächsten gelegene Bereich. Sie ist mäßig mit Blasen durchsetzt und weist schwarzes bis dunkelgraues Reflexionsverhalten auf. Nach rechts geht sie in Zone zwei mit braunem bis braunrotem Reflexionsverhalten über, die mit zahlreichen Hohlräumen durchsetzt ist. Schon mit bloßem Auge lassen sich leistenförmige Strukturen (Fayalit) erkennen. Im rechten Teil des Anschliffes (Zone drei) schließt ein dunkelgrauer, stark mit Hohlräumen durchsetzter Bereich an, der nach oben in die vierte Zone übergeht, die wiederum eine rotbraune Färbung aufweist.

Schliffbeschreibung:

Zone eins lässt relativ lange, büschelförmig angeordnete Fayalitleisten mit zahlreichen globularen Einschlüssen (**Taf. 239, 1**) erkennen. Das am weitesten nach links reichende Ende der Schlacke zeigt sehr feine, ebenfalls büschelförmig angeordnete Fayalite. Im Übergangsbereich zur rechts anschließenden Zone zwei mit etwas anderem Reflexionsverhalten sind zwei größere Blasen zu erkennen. Die Struktur dieses Bereichs (**Taf. 239, 2**) zeigt lange Fayalitleisten, die Zwickeln sind ebenfalls mit fayalitischem Olivin in einer (Glas) matrix gefüllt. Die dritte Zone (**Taf. 239, 3**) wird von einem hohen Anteil an Hohlräumen durchsetzt, in den Stegen dazwischen ist sehr fein strukturierter fayalitischer Olivin zu erkennen. Hier findet sich ein Stück nicht aufgeschmolzenes Material (Gangart, Ofenwandmaterial?). Ebenso sind Eiseneinschlüsse vorhanden. Die darüber anschließende vierte Zone zeigt fayalitartigen Olivin mit einem relativ hohen Anteil an runden Partikeln (Eisen). Es lässt sich kein primär ausgeschiedener Wüstit feststellen. In wenigen Bereichen konnte zwischen den Fayalitleisten dendritenförmige Ausscheidungen beobachtet werden. Das Reflexionsverhalten ähnelt der zweiten Zone. Über den gesamten Schliff ist nur sehr wenig Wüstit zu erkennen.

Verhüttungsschlacke Fnr. 973/95

Die Schlacke Fnr. 973/95 wurde im Schnitt 1113 gefunden. Sie ist als einzige weitere bereits morphologisch als Verhüttungsschlacke (**Taf. 235, 1**) anzusprechen. Wie in der Draufsicht erkennbar, handelt es sich um ein Bruchstück. Vom ursprünglichen Schlackenklotz blieb ungefähr die Hälfte bis zwei Drittel erhalten. Das Gewicht dieses Bruchstücks beträgt 4,35 kg, der Durchmesser schwankt zwischen 0,25-0,29 m und die Höhe liegt bei 0,14-0,16 m.

Der Anschliff lässt sich in 3 Zonen (**Taf. 240, 2-3**) unterteilen: Die oberste Schicht weist schwarze bis dunkelgraue Färbung auf und ist mit großen Hohlräumen durchsetzt. Die darunterliegende Zone ist sehr porös mit einem hohen Anteil an Holzkohleeinschlüssen und kleinen Gasblasen. Die unterste Zone wird aus schwarz reflektierender Schlacke gebildet. Sie ist eindeutig kompakter als die über ihr liegenden und enthält keine Holzkohleeinschlüsse oder große Gasblasen. Rechts in Bodennähe ist ein rundlicher Bereich erkennbar, der sich durch unterschiedliche Struktur und Reflexionsverhalten vom umliegenden Material unterscheidet.

Schliffbeschreibung:

Die oberste Lage ist von Gasblasen (**Taf. 240, 1**) durchsetzt, die ihr ein poröses Aussehen geben. Hauptsächlich sind fayalitischer Olivine zu erkennen, außerdem Eiseneinschlüsse (**Taf. 240, 2**) und stellenweise Wüstit. An der Oberseite, an der Kontaktfläche zur Luppe, lässt sich anhaftendes oder angeschmolzenes Erz (**Taf. 240, 3**) feststellen. Die zweite Lage zeigt ein sehr inhomogenes Erscheinungsbild. Sie weist viele Hohlräume auf, die Gefügebestandteile sind sehr unregelmäßig verteilt. Neben zahlreichen Holzkohleeinschlüssen sind wenige Eisenpartikel zu erkennen. Das Gefüge besteht hauptsächlich aus Wüstit (mit Entmischungen) und fayalitischer Olivin. Die unterste Schicht lässt primär ausgeschiedenen Wüstit erkennen, der dendritenförmig oder regellos angeordnet ist. Es sind keine leistenförmige Fayalite vorhanden, der Wüstit scheint in eine hellgraue Matrix (**Taf. 240, 4**) eingelagert zu sein.

LITERATUR

Bálint 1991: Csanád Bálint, Die spätawarenzeitliche Siedlung von Eperjes (Kom. Csongrád). Varia Arch. Hungarica 4 (Budapest 1991).

Bielenin 1976: Kazimierz Bielenin, Eingetiefte Rennöfen der frühgeschichtlichen Eisenverhüttung in Europa. In: Herbert Mitscha-Märheim / Herwig Friesinger / Helga Kerchler (Hrsg.), Industriearchäologie und Metalltechnologie, Römerzeit, Frühgeschichte und Mittelalter II, Festschrift für Richard Pittioni. Arch. Austriaca Beih. 14 (Wien 1976) 13-27.

1977: Kazimierz Bielenin, Übersicht der Typen von altertümlichen Rennöfen auf dem Gebiet Polens. Wiss. Arbeiten Burgenland 59 (Eisenstadt 1977) 127-146.

1991: Kazimierz Bielenin, Frühgeschichtliches Eisenhüttenwesen im Heiligkreuzgebirge. Mat. Arch. 26, 1991, 7-15.

1994: Kazimierz Bielenin, Der Rennofen vom Typ Burgenland in der frühgeschichtlichen Eisenverhüttung in Mitteleuropa. In: Michael Mangin, La sidérurgie ancienne de l'est de la France dans son contexte européen. Ann. Litt. Univ. Besancon 36 1994, 255-267.

1998/99: Kazimierz Bielenin, Einige Bemerkungen zu den Rennofenschlacken der Schlackengrubenöfen. Arch. Austriaca 82-83, 1998/99, 523-528.

Bóna 1973: István Bóna, VII. századi avar települések és Árpád – kori magyar falu Dunaújvárosban. Fontes Archaeologici Hungariae, Budapest 1973.

Daim 1991: Falko Daim, Gräberfeld Zillingtal. Fundber. Österreich 30, 1991, 321.

1996: Falko Daim, Das awarische Gräberfeld von Zillingtal. In: Hunnen und Awaren. Reitervölker aus dem Osten. Burgenländische Landesausstellung 1996. Begleitbuch und Katalog (Eisenstadt 1996) 417-423.

1998: Falko Daim, Das awarische Gräberfeld von Zillingtal. Sechs Gräber mit »westlichen« Gegenständen. Wissenschaftliche Arbeiten aus dem Burgenland 100, 1998, 97-136.

Daim / Distelberger 1994: Falko Daim / Anton Distelberger, Gräberfeld und Siedlung Zillingtal. Fundber. Österreich 33, 1994, 615.

Daim / Distelberger 1996: Falko Daim / Anton Distelberger, Die awarische Siedlung von Zillingtal – Die grabungen 1994-1995. In: Hunnen und Awaren. Reitervölker aus dem Osten. Burgenländische Landesausstellung 1996. Begleitbuch nd Katalog (eisenstadt 1996) 372-378..

Evangelou 1995: Vasilios Petros Evangelou, Pyrit Oxidation and its Control (New York / London / Tokio 1995).

Ganzelewski 2000: Michael Ganzelewski, Archäometallurgische Untersuchungen zur frühen Verhüttung von Raseneisenerzen am Kammberg bei Joldelund, Kr. Nordfriesland. In: Alfred Haffner / Hauke Jöns / Joachim Reichstein (Hrsg.), Frühe Eisengewinnung in Jodelund, Kr. Nordfriesland, Ein Beitrag zur Siedlungs- und Technikgeschichte Schleswig-Holsteins. Teil 2: Naturwissenschaftliche Untersuchungen zur Metallurgie- und Vegetationsgeschichte. Univforsch. prähist Arch. 59 (Bonn 2000) 3-101.

Heckenast et al. 1968: Gusztáv Heckenast / Gyula Novaki / Gabor Vastagh / Endre Zoltay, A magyarországi vaskohászat története a korai középkorban (A honfoglalástól a 13. sz. közepéig) (Budapest 1968).

Gömöri 1975: János Gömöri, Archäologische Eisenforschung in Westungarn. Wiss. Arbeiten Burgenland 59 (Eisenstadt 1975) 83-99.

1977/78: János Gömöri, Meldung über die Forschungen der Fundorte des Westungarischen Eisenerzgebietes im Komitate Györ-Sopron. Arrabona 19/20, 1977/78, 109-158.

1980: János Gömöri, Frühmittelalterliche Eisenschmelzöfen von Tarjánpuszta und Nemeskár. Acta Arch. Acad. Scien. Hungaricae 32, 1980, 317-344.

1989: János Gömöri, The hungarian Bloomeries. In: Radomir Pleiner, Archaeometallurgy of Iron – International Symposium of the Comité pour ls siderurgie ancienne de l'UISPP, Libice 5.-9. Oktober 1987 (Praque 1989) 125-138.

1999a: János Gömöri, Preliminary Report on the Excavations of 10th Century-AD Iron Smelting Workshops at Somogyfajsz and Sopron-Potzmann site, Elözetes jelentés a somogyfajszi és soproni X, századi vasolvasztó helyek ásatásáról. In: János Gömöri (Hrsg.), Hagyományok és újítások a korai középkori vaskohászatban – Traditions and Innovations in the Early Medieval Iron Production (Sopron 1999) 170-191.

1999b: János Gömöri, Nemeskér-type Iron Smelting Workshops from the Time of the Onogur Colonization of Pannonia, Excations at Zamárdi. In: János Gömöri (Hrsg.), Hagyományok és újítások a korai középkori vaskohászatban – Traditions and Innovations in the Early Medieval Iron Production (Sopron 1999) 149-159.

2000a: Janos Gömöri, Az Avar kori és X-XI századi vaskohászat régészeti emlékei Somogy Megyében. Somogyi Múz. Közl. 14, 2000, 165-218.

2000b: János Gömöri, Az Avar kori és Árpád-kori vaskohászat régészeti emlékei Pannoniában = The archaeometallurgical sites in Pannonia from the Avar and Early Árpád period (Sopron 2000).

Gömöri et al. 1999: János Gömöri / Peter Marton / Ede Hertelendy / Lázár Benkö, Dating of Iron Smelting Furnaces Using Physical Methods. In: János Gömöri (Hrsg.), Hagyományok és újítások a korai középkori vaskohászatban – Traditions and Innovations in the Early Medieval Iron Production (Sopron 1999) 142-198.

Jöns 1997: Hauke Jöns, Frühe Eisengewinnung in Jodelund, Kr. Nordfriesland, ein Betrag zur Siedlungs- und Technikgeschichte Schleswig-Holsteins. Univforsch. prähist. Arch. 40/1 (Bonn 1997).

1999: Hauke Jöns, Schuby und Süderschmedeby. Zwei kaiserzeitliche Eisengewinnungszentren am Heerweg. Offa 56, 1999, 67-81.

Katzer 1967: Ernst Katzer, Alte Bergbaue in Niederösterreich (I). Arch. Austriaca 42, 1967, 80-89.

1968: Ernst Katzer, Alte Bergbaue in Niederösterreich (II). Arch. Austriaca 43, 1968, 125-139.

Koch 2000: Rudolf Koch (Hrsg.), Experimentell gestützte Grundwasserbeschaffenheitsprognose zur Untersuchung des Gefährungspotentials von Innenkippen in Tagebauresteseen TP 1: Laborative Parameterermittlung (BTU Cottbus). Siedlungswirtschaft und Umwelt 5a, Cottbus 2000. http://www.tu-cottbus.de/BTU/Fak4/Wasstech/aktuell/Heft_5b.pdf [Stand: 9.3. 2009].

Költö 1999: Laszlo Költö, The early medieval Furnaces of Somogyvámos-Gyümölcsény sites. In: Janos Gömöri (Hrsg.), Hagyományok és újitások a középkori vaskohászatban − Traditions and innovationsin the Early Medieval Iron Production (Sopron 1999) 199-202.

Landestopographie 1963: Burgenländische Landesregierung (Hrsg.), Allgemeine Landestopographie des Burgenlandes (Eisenstadt 1963).

Mehofer 2006: Mathias Mehofer, Metallurgische Untersuchungen an einem Säbel aus dem ungarischen Reitergrab von Gnadendorf. In: Falko Daim − Ernst Lauermann (Hrsg.), Das frühungarische Kriegergrab aus Gnadendorf, Niederösterreich. Monogr. RGZM 64 (Mainz 2006) 159-174.

Melcher / Schreiner 2004: Michael Melcher / Manfred Schreiner, Materialanalytische Untersuchungen von Silberproben des Schatzfundes von Fuchsenhof mittels energiedispersiver Elektronenstrahlmikroanalyse im Rasterelektronenmikroskop. In: Bernhard Prokisch / Thomas Kühtreiber (Hrsg.), Der Schatzfund von Fuchsenhof. Stud. Kulturgesch. Oberösterreich 15 (Linz 2004) 325-345.

Melichar / Neubauer 1993: Peter Melichar / Wolfgang Neubauer, Magnetische Prospektion Zillingtal / Burgenland 1993 [unpubl. Manuskript, Wien 1993] 1-8.

Mikkelson 1997: Peter M. Mikkelson, Straw in Slag Pit Furnaces. In: Lars Christian Nørbach (Hrsg.), Early iron production: archaeology, technology and experiments, Nordic Iron Seminar, Lejre, July 22nd to 28th, 1996. Technical report, Hist. Arch. Experimental Centre 3 (Lejre 1997) 63-71.

Nováki 1966: Gyula Nováki, Überreste des Eisenhüttenwesens in Westungarn. In: Festschrift für Alphons A. Barb. Wiss. Arbeiten Burgenland 35 (Eisenstadt 1966) 163-198.

1969: Gyula Nováki, Archäologische Denkmäler aus dem 10-12. Jahrhundert. Arch. Acad. Scien. Hungaricae 21, 1969, 299-331.

Pleiner 1958: Radomir Pleiner, Die Grundlagen der slavischen Eisenindustrie in den böhmischen Ländern. Mon. Arch. 6 (Prag 1958).

1962: Radomir Pleiner, Staré evropské ková ství stav metalografického výzkumu Alteuropäisches Schmiedehandwerk

Stand der metallkundlichen Forschung. Archeologické Stud. 1 (Prague 1962).

1967: Radomir Pleiner, Die Technologie des Schmiedes in der Großmährischen Kultur. Slovenská Arch. 15/1, 1967, 77-188.

1975: Radomir Pleiner, Eisenschmiede im frühmittelalterlichen Zentraleuropa. Die Wege zur Erforschung eines Handwerkszweiges. Frühmittelalterl. Stud. 9, 1975, 79-93.

1982: Radomir Pleiner, Die Herstellungstechnologie germanischer Eisenwerkzeug und Waffen aus den Brandgräberfeldern der Südslowakei. Slovenska Arch. 30, 1982, 79-121.

1983: Radomir Pleiner, Neue Entdeckungen von römerzeitlichen Eisenhütten in den böhmisch- mährischen Siedlungsräumen. In: Michael Müller-Wille / Karl-Wilhelm Struve (Hrsg.), Festschrift für Hans Hingst zum 75. Geburtstag. Offa 40 (Neumünster 1983) 63.

1989: Radomir Pleiner (Hrsg.), Archaeometallurgy of Iron International Symposium of the Comité pour la sidérurgie del UISPP, Libice 5.- 9. Oktober 1987 (Prague 1989).

2000a: Radomir Pleiner, Das Eisen und die Grenze. In: Herwig Friesinger et al. (Hrsg.), Metallgewinnung und Verarbeitung in der Antike (Schwerpunkt Eisen). Arch. Slovaca Monogr. 3 (Nitra 2000) 27-33.

2000b: Radomir Pleiner, Iron in Archaeology − The European Bloomery Smelters (Praha 2000).

Schmid 1975: Hans Schmid, Die montangeologischen Voraussetzungen des ur- und frühgeschichtlichen Eisenhüttenwesens im Gebiet des mittleren Burgenlandes (Becken von Oberpullendorf). Wiss. Arbeiten Burgenland 59 (Eisenstadt 1975) 11-24.

Schmidt 1997: Stefan Schmidt, Neue awarische Funde aus den Bezirken Eisenstadt-Umgebung und Wiener Neustadt. Arch. Austriaca 81, 1997, 247-253.

Schroll 1997: Erich Schroll, Geochemische und geochronologische Daten und Erläuterungen. In: Leopold Weber, Handb. der Lagerstätten der Erze, Industrieminerale und Energierohstoffe Österreichs, Archiv Lagerstättenforsch. 19 (Wien 1997) 395-538.

Schwab et al. 2006: Roland Schwab / Dieter Heger / Bernd Höppner / Ernst Pernicka, The Provenance of Iron Artefacts from Manching: A multitechnique Approach. Archaeometry 48/3, 2006, 431-450.

Souchopová 1989: Vera Souchopová, Neue Ausgrabungen der frühmittelalterlichen Verhüttungsstätten in Westmähren. In: Radomir Pleiner (Hrsg.), Archaeometallurgy of Iron International Symposium of the Comité pour la sidérurgie del UISPP, Libice 5.-9. Oktober 1987 (Prague 1989).

Sperl 1982: Gerhard Sperl, Norisches Eisen − Versuche einer Herkunftsdefinition. Berg- und Huttenmannische Monatshefte, 127 Heft 7, 263-265.

1985: Gerhard Sperl, Die Technologie des Ferrum Noricum. Lebendige Altertumswissenschaften. Festgabe zur Vollendung des 70. Lebensjahres von Hermann Vetters, Wien 1985, 410-416.

1988: Gerhard Sperl, Der Ferrum Noricum Prozess. Montange-schichte des Erzberggebietes nach archäologischen und schriftlichen Dokumenten. Habilitationsschrift für des Lehr-gebiet Geschichte und Archäologie des Montanwesens, Uni-versität Wien 1988, 205-225.

Stadler 2005: Peter Stadler, Quantitative Studien zur Archäologie der Awaren. Mitt. Prähist. Komm. Österreichische Akad. Wiss., Phil.-Hist. Kl. 60 (Wien 2005).

Takács 1996: Miklós Takács, Die awarenzeitlichen Siedlungen von Lébény. In: Hunnen und Awaren. Reitervölker aus dem Osten. Burgenländische Landesausstellung 1996. Begleitbuch und Katalog (Eisenstadt 1996) 379-382.

Vastagh 1972: Gábor Vastagh, Metallurgische Folgerungen aus den Ausgrabungsfunden der Eisenverhüttung des 11.-12. Jahrhunderts. Arch. Acad. Scien. Hungaricae 21, 1972, 241-260.

Weber / Weiss 1983: Leopold Weber / Alfred Weiss, Bergbauge-schichte und Geologie der österreichischen Braunkohlevor-kommen. Archiv Lagerstättenforsch. geol. Bundesanstalt 4 (Wien 1983).

Ylaçin / Hauptmann 1995: Ünsal Yalçin / Andreas Hauptmann, Archäometallurgie des Eisens auf der Schwäbisch Alb. For-schungen und Berichte Vor- und Frühgeschichte Baden-Würt-temberg 55, 1995, 269-310.

ABBILDUNGSNACHWEIS

Abb. 1: Geologische Karte der Republik Österreich, Blatt 77, Detailausschnitt. © BEV 2008, EB 2008|00612.
Abb. 2: Ausschnitt von Beil. 2. Graphik: Hajnalka Herold, Ingrid Adenstedt, Nicole Pieper, Ulrike Fornwagner.
Abb. 3: Ingrid Adenstedt, Ulrike Fornwagner u. Nicole Pieper sowie Wolfgang Neubauer - ZAMG, ArchaeoProspections.
Abb. 4 u. 7: Verf.
Abb. 5: Ingrid Adenstedt, Ulrike Fornwagner, Nicole Pieper u. Mathias Mehofer.

Abb. 6: Erich Nau, Klaus Löcker, Mathias Mehofer, Vienna Institute for Archaelogical Science.
Abb. 8: ÖK 77, Weber / Weiss 1983, Abb. 92.
Tafel 2211-229: Photos: Christian Stöckl, Winfried Kunz, Institut für Ur- und Frühgeschichte Wien.
Tafel 230-240: Photos: Gabrielle Gattinger, Olivia Chrstos, Babara Kernmayer, Marcella Wallner, Fiona Zischek, Photolabor des Instituts für Ur- und Frühgeschichte Wien.
Tafel 235-240: Alle Gefügebilder: Verf.

KATALOG DER KERAMIKFUNDE
AUS DER SIEDLUNG ZILLINGTAL

Die Daten zur stratigraphischen Lage im Bereich der römischen Villa wurden von Mag. Sabine Jäger-Wersonig bereitgestellt. Ich bedanke mich sehr herzlich für die Informationen.

Die Keramikfunde aus den Siedlungsobjekten sind nach Siedlungsobjekten, die Keramikfunde ohne Objektzusammenhang sowie die Keramikfunde aus dem Bereich der römischen Villa sind nach Quadrant, Abbauschicht, Lage und Schicht geordnet.

Bei den Tondüsen wurden die Anzahl und das Gewicht der Fragmente nicht bestimmt.

Siedlungsobjekt: 1993 – Grube Quadrant: Schnitt 5	Fundnummer: 83/93 Abbauschicht: keine Angabe	Schicht: 07 Lage (Sektor): K 30/59
Keramiktyp: Backglocke	Anzahl der Keramik: 1	Gewicht der Keramik: 11 g
Keramiktyp: langsam gedreht 2	Anzahl der Keramik: 1	Gewicht der Keramik: 61 g
Keramiktyp: langsam gedreht 3	Anzahl der Keramik: 1	Gewicht der Keramik: 2 g
Siedlungsobjekt: 1993 – Grube Quadrant: Schnitt 5	Fundnummer: 56/93 Abbauschicht: keine Angabe	Schicht: 07 Lage (Sektor): K 30/59, 60
Keramiktyp: langsam gedreht 3	Anzahl der Keramik: 1	Gewicht der Keramik: 15 g
Siedlungsobjekt: 1993 – Grube Quadrant: Schnitt 5	Fundnummer: 58/93 Abbauschicht: keine Angabe	Schicht: 07 Lage (Sektor): K 30/60
Keramiktyp: langsam gedreht 3	Anzahl der Keramik: 1	Gewicht der Keramik: 27 g
Siedlungsobjekt: 1993 – Grube Quadrant: Schnitt 5	Fundnummer: 82/93 Abbauschicht: keine Angabe	Schicht: 07 Lage (Sektor): K 30/60
Keramiktyp: Backglocke	Anzahl der Keramik: 1	Gewicht der Keramik: 8 g
Keramiktyp: langsam gedreht 3	Anzahl der Keramik: 2	Gewicht der Keramik: 21 g
Siedlungsobjekt: 1993 – Grube Quadrant: Schnitt 5	Fundnummer: 63/93 Abbauschicht: keine Angabe	Schicht: 07 Lage (Sektor): K 30/69
Keramiktyp: langsam gedreht 3	Anzahl der Keramik: 3	Gewicht der Keramik: 40 g
Siedlungsobjekt: 1993 – Grube Quadrant: Schnitt 5	Fundnummer: 80/93 Abbauschicht: keine Angabe	Schicht: 07 Lage (Sektor): K 30/69
Keramiktyp: langsam gedreht 3	Anzahl der Keramik: 4	Gewicht der Keramik: 18 g
Keramiktyp: Tonwanne	Anzahl der Keramik: 1	Gewicht der Keramik: 10 g
Siedlungsobjekt: 1993 – Grube Quadrant: Schnitt 5	Fundnummer: 64/93 Abbauschicht: keine Angabe	Schicht: 07 Lage (Sektor): K 30/70
Keramiktyp: langsam gedreht 2	Anzahl der Keramik: 1	Gewicht der Keramik: 5 g
Keramiktyp: langsam gedreht 3	Anzahl der Keramik: 1	Gewicht der Keramik: 6 g
Siedlungsobjekt: Grube 01 Quadrant: 0513	Fundnummer: 701/95 Abbauschicht: 04-IV	Schicht: 02 Lage (Sektor): 09
Keramiktyp: handgeformt	Anzahl der Keramik: 1	Gewicht der Keramik: 28 g
Keramiktyp: langsam gedreht 1	Anzahl der Keramik: 1	Gewicht der Keramik: 12 g
Siedlungsobjekt: Grube 01 Quadrant: 0513	Fundnummer: 87/95 Abbauschicht: 04-IV	Schicht: 02 Lage (Sektor): 09/10
Keramiktyp: handgeformt	Anzahl der Keramik: 1	Gewicht der Keramik: 24 g
Keramiktyp: langsam gedreht 1	Anzahl der Keramik: 2	Gewicht der Keramik: 147 g
Keramiktyp: Tondüse		
Siedlungsobjekt: Grube 01 Quadrant: 0513	Fundnummer: 86/95 Abbauschicht: 04-IV	Schicht: 02 Lage (Sektor): 10
Keramiktyp: handgeformt	Anzahl der Keramik: 8	Gewicht der Keramik: 103 g
Keramiktyp: langsam gedreht 1	Anzahl der Keramik: 10	Gewicht der Keramik: 70 g
Keramiktyp: langsam gedreht 3	Anzahl der Keramik: 1	Gewicht der Keramik: 2 g

Siedlungsobjekt: Grube 01 Quadrant: 0513	Fundnummer: 706/95 Abbauschicht: 05-V	Schicht: 02 Lage (Sektor): 09
Keramiktyp: Backglocke	Anzahl der Keramik: 4	Gewicht der Keramik: 251 g
Keramiktyp: handgeformt	Anzahl der Keramik: 7	Gewicht der Keramik: 112 g
Keramiktyp: langsam gedreht 1	Anzahl der Keramik: 7	Gewicht der Keramik: 127 g
Siedlungsobjekt: Grube 01 Quadrant: 0513	Fundnummer: 707/95 Abbauschicht: 05-V	Schicht: 02 Lage (Sektor): 09
Keramiktyp: handgeformt	Anzahl der Keramik: 1	Gewicht der Keramik: 72 g
Keramiktyp: langsam gedreht 1	Anzahl der Keramik: 4	Gewicht der Keramik: 46 g
Keramiktyp: Tondüse		
Siedlungsobjekt: Grube 01 Quadrant: 0513	Fundnummer: 710/95 Abbauschicht: 05-V	Schicht: 02 Lage (Sektor): 13
Keramiktyp: langsam gedreht 1	Anzahl der Keramik: 1	Gewicht der Keramik: 6 g
Siedlungsobjekt: Grube 01 Quadrant: 0513	Fundnummer: 708/95 Abbauschicht: 05-V	Schicht: 02 Lage (Sektor): 14
Keramiktyp: langsam gedreht 1	Anzahl der Keramik: 3	Gewicht der Keramik: 44 g
Keramiktyp: Tondüse		
Siedlungsobjekt: Grube 01 Quadrant: 0513	Fundnummer: 715/95 Abbauschicht: 05-V	Schicht: 02 Lage (Sektor): 14
Keramiktyp: handgeformt	Anzahl der Keramik: 3	Gewicht der Keramik: 22 g
Keramiktyp: langsam gedreht 1	Anzahl der Keramik: 5	Gewicht der Keramik: 42 g
Siedlungsobjekt: Grube 01 Quadrant: 0513	Fundnummer: 722/95 Abbauschicht: 06-VI	Schicht: 02 Lage (Sektor): 09
Keramiktyp: langsam gedreht 1	Anzahl der Keramik: 4	Gewicht der Keramik: 161 g
Siedlungsobjekt: Grube 01 Quadrant: 0513	Fundnummer: 729/95 Abbauschicht: 06-VI	Schicht: 15 Lage (Sektor): 09
Keramiktyp: langsam gedreht 1	Anzahl der Keramik: 1	Gewicht der Keramik: 1 g
Siedlungsobjekt: Grube 01 Quadrant: 0513	Fundnummer: 721/95 Abbauschicht: 06-VI	Schicht: 12 Lage (Sektor): 10
Keramiktyp: handgeformt	Anzahl der Keramik: 1	Gewicht der Keramik: 6 g
Siedlungsobjekt: Grube 01 Quadrant: 0513	Fundnummer: 724/95 Abbauschicht: 06-VI	Schicht: 02 Lage (Sektor): 15
Keramiktyp: langsam gedreht 1	Anzahl der Keramik: 1	Gewicht der Keramik: 18 g
Siedlungsobjekt: Grube 01 Quadrant: 0513	Fundnummer: 720/95 Abbauschicht: 06-VI	Schicht: 02 Lage (Sektor): keine Angabe
Keramiktyp: langsam gedreht 1	Anzahl der Keramik: 1	Gewicht der Keramik: 14 g
Siedlungsobjekt: Grube 01 Quadrant: 0513	Fundnummer: 732/95 Abbauschicht: 07-VII	Schicht: 15 Lage (Sektor): 10
Keramiktyp: handgeformt	Anzahl der Keramik: 3	Gewicht der Keramik: 50 g
Keramiktyp: langsam gedreht 1	Anzahl der Keramik: 2	Gewicht der Keramik: 107 g

Siedlungsobjekt: **Grube 01**	Fundnummer: 735/95	Schicht: 17
Quadrant: 0513	Abbauschicht: 07-VII	Lage (Sektor): 14
Keramiktyp: handgeformt	Anzahl der Keramik: 1	Gewicht der Keramik: 28 g

Siedlungsobjekt: **Grube 01**	Fundnummer: 737/95	Schicht: 17
Quadrant: 0513	Abbauschicht: 07-VII	Lage (Sektor): 15
Keramiktyp: handgeformt	Anzahl der Keramik: 1	Gewicht der Keramik: 26 g

Siedlungsobjekt: **Grube 01**	Fundnummer: 728/95	Schicht: 14
Quadrant: 0513	Abbauschicht: 07-VII	Lage (Sektor): keine Angabe
Keramiktyp: Tondüse		

Siedlungsobjekt: **Grube 01**	Fundnummer: 1014/95	Schicht: 21
Quadrant: 0513	Abbauschicht: 08-VIII	Lage (Sektor): 09
Keramiktyp: Tondüse		

Siedlungsobjekt: **Grube 01**	Fundnummer: 744/95	Schicht: 21
Quadrant: 0513	Abbauschicht: 08-VIII	Lage (Sektor): 10
Keramiktyp: handgeformt	Anzahl der Keramik: 1	Gewicht der Keramik: 31 g

Siedlungsobjekt: **Grube 01**	Fundnummer: 774/95	Schicht: 21
Quadrant: 0513	Abbauschicht: 08-VIII	Lage (Sektor): 10
Keramiktyp: langsam gedreht 1	Anzahl der Keramik: 1	Gewicht der Keramik: 47 g

Siedlungsobjekt: **Grube 01**	Fundnummer: 743/95	Schicht: 21
Quadrant: 0513	Abbauschicht: 08-VIII	Lage (Sektor): 14
Keramiktyp: langsam gedreht 1	Anzahl der Keramik: 1	Gewicht der Keramik: 15 g

Siedlungsobjekt: **Grube 01**	Fundnummer: 746/95	Schicht: 21
Quadrant: 0513	Abbauschicht: 09-IX	Lage (Sektor): 10
Keramiktyp: langsam gedreht 1	Anzahl der Keramik: 1	Gewicht der Keramik: 4 g

Siedlungsobjekt: **Grube 01**	Fundnummer: 1016/95	Schicht: 21
Quadrant: 0513	Abbauschicht: 09-IX	Lage (Sektor): 14
Keramiktyp: langsam gedreht 1	Anzahl der Keramik: 1	Gewicht der Keramik: 30 g

Siedlungsobjekt: **Grube 01**	Fundnummer: 747/95	Schicht: 21
Quadrant: 0513	Abbauschicht: 09-IX	Lage (Sektor): 15
Keramiktyp: Tondüse		

Siedlungsobjekt: **Grube 01**	Fundnummer: 1020/95	Schicht: 21
Quadrant: 0513	Abbauschicht: 10-X	Lage (Sektor): 09
Keramiktyp: langsam gedreht 1	Anzahl der Keramik: 1	Gewicht der Keramik: 4 g

Siedlungsobjekt: **Grube 01**	Fundnummer: 1017/95	Schicht: 21
Quadrant: 0513	Abbauschicht: 10-X	Lage (Sektor): 10
Keramiktyp: Tondüse		

Siedlungsobjekt: **Grube 01**	Fundnummer: 1002/95	Schicht: 21
Quadrant: 0513	Abbauschicht: 10-X	Lage (Sektor): 15
Keramiktyp: handgeformt	Anzahl der Keramik: 1	Gewicht der Keramik: 11 g
Keramiktyp: langsam gedreht 1	Anzahl der Keramik: 1	Gewicht der Keramik: 10 g

Siedlungsobjekt: Grube 01	Fundnummer: 1025/95	Schicht: 21
Quadrant: 0513	Abbauschicht: 11-XI	Lage (Sektor): 08
Keramiktyp: langsam gedreht 1	Anzahl der Keramik: 2	Gewicht der Keramik: 33 g

Siedlungsobjekt: Grube 01	Fundnummer: 1005/95	Schicht: 21
Quadrant: 0513	Abbauschicht: 11-XI	Lage (Sektor): 10
Keramiktyp: langsam gedreht 1	Anzahl der Keramik: 1	Gewicht der Keramik: 4 g

Siedlungsobjekt: Grube 01	Fundnummer: 1029/95	Schicht: 21
Quadrant: 0513	Abbauschicht: 12-XII	Lage (Sektor): 14
Keramiktyp: langsam gedreht 1	Anzahl der Keramik: 1	Gewicht der Keramik: 14 g

Siedlungsobjekt: Grube 01	Fundnummer: 1033/95	Schicht: 21
Quadrant: 0513	Abbauschicht: 13-XIII	Lage (Sektor): 14
Keramiktyp: langsam gedreht 1	Anzahl der Keramik: 1	Gewicht der Keramik: 3 g

Siedlungsobjekt: Grube 02	Fundnummer: 1378/95	Schicht: 17
Quadrant: 0613	Abbauschicht: 07-VII	Lage (Sektor): 10
Keramiktyp: langsam gedreht 1	Anzahl der Keramik: 1	Gewicht der Keramik: 5 g

Siedlungsobjekt: Grube 02	Fundnummer: 1379/95	Schicht: 17
Quadrant: 0613	Abbauschicht: 07-VII	Lage (Sektor): 15
Keramiktyp: langsam gedreht 2	Anzahl der Keramik: 1	Gewicht der Keramik: 27 g

Siedlungsobjekt: Grube 02	Fundnummer: 1382/95	Schicht: 19
Quadrant: 0613	Abbauschicht: 08-VIII	Lage (Sektor): 10
Keramiktyp: unbestimmt	Anzahl der Keramik: 1	Gewicht der Keramik: 14 g

Siedlungsobjekt: Grube 02	Fundnummer: 1415/95	Schicht: 19
Quadrant: 0613	Abbauschicht: 08-VIII	Lage (Sektor): 10/15
Keramiktyp: langsam gedreht 1	Anzahl der Keramik: 1	Gewicht der Keramik: 23 g

Siedlungsobjekt: Grube 02	Fundnummer: 1388/95	Schicht: 19
Quadrant: 0613	Abbauschicht: 09-IX	Lage (Sektor): 10
Keramiktyp: Backglocke	Anzahl der Keramik: 1	Gewicht der Keramik: 32 g
Keramiktyp: langsam gedreht 3	Anzahl der Keramik: 1	Gewicht der Keramik: 34 g

Siedlungsobjekt: Grube 03	Fundnummer: 84/94	Schicht: 10
Quadrant: 0713	Abbauschicht: 02-II	Lage (Sektor): 13
Keramiktyp: Backglocke	Anzahl der Keramik: 3	Gewicht der Keramik: 250 g

Siedlungsobjekt: Grube 03	Fundnummer: 88/94	Schicht: 10
Quadrant: 0713	Abbauschicht: 02-II	Lage (Sektor): 18
Keramiktyp: Backglocke	Anzahl der Keramik: 2	Gewicht der Keramik: 26 g

Siedlungsobjekt: Grube 03	Fundnummer: 487/94	Schicht: 11
Quadrant: 0713	Abbauschicht: 03-III	Lage (Sektor): 09
Keramiktyp: handgeformt	Anzahl der Keramik: 1	Gewicht der Keramik: 4 g

Siedlungsobjekt: Grube 03	Fundnummer: 99/94	Schicht: 10
Quadrant: 0713	Abbauschicht: 03-III	Lage (Sektor): 13
Keramiktyp: Backglocke	Anzahl der Keramik: 4	Gewicht der Keramik: 30 g
Keramiktyp: handgeformt	Anzahl der Keramik: 1	Gewicht der Keramik: 8 g

Siedlungsobjekt: Grube 03	Fundnummer: 100/94	Schicht: 10
Quadrant: 0713	Abbauschicht: 03-III	Lage (Sektor): 18
Keramiktyp: Backglocke	Anzahl der Keramik: 4	Gewicht der Keramik: 48 g
Keramiktyp: handgeformt	Anzahl der Keramik: 1	Gewicht der Keramik: 12 g
Keramiktyp: langsam gedreht 2	Anzahl der Keramik: 1	Gewicht der Keramik: 29 g

Siedlungsobjekt: Grube 03	Fundnummer: 599/94	Schicht: 27
Quadrant: 0713	Abbauschicht: 04-IV	Lage (Sektor): 08
Keramiktyp: langsam gedreht 1	Anzahl der Keramik: 1	Gewicht der Keramik: 4 g

Siedlungsobjekt: Grube 03	Fundnummer: 593/94	Schicht: 27
Quadrant: 0713	Abbauschicht: 04-IV	Lage (Sektor): 18
Keramiktyp: handgeformt	Anzahl der Keramik: 1	Gewicht der Keramik: 15 g

Siedlungsobjekt: Grube 03	Fundnummer: 592/94	Schicht: 27
Quadrant: 0713	Abbauschicht: 04-IV	Lage (Sektor): 18/19
Keramiktyp: Backglocke	Anzahl der Keramik: 1	Gewicht der Keramik: 37 g

Siedlungsobjekt: Grube 03	Fundnummer: 551/94	Schicht: 18
Quadrant: 0713	Abbauschicht: 04-IV	Lage (Sektor): 19
Keramiktyp: langsam gedreht 1	Anzahl der Keramik: 2	Gewicht der Keramik: 8 g
Keramiktyp: langsam gedreht 2	Anzahl der Keramik: 1	Gewicht der Keramik: 5 g

Siedlungsobjekt: Grube 03	Fundnummer: 572/94	Schicht: 23
Quadrant: 0713	Abbauschicht: 04-IV	Lage (Sektor): 23
Keramiktyp: Backglocke	Anzahl der Keramik: 8	Gewicht der Keramik: 119 g

Siedlungsobjekt: Grube 03	Fundnummer: 585/94	Schicht: 17
Quadrant: 0713	Abbauschicht: 04-IV	Lage (Sektor): 24
Keramiktyp: langsam gedreht 3	Anzahl der Keramik: 1	Gewicht der Keramik: 5 g

Siedlungsobjekt: Grube 03	Fundnummer: 780/94	Schicht: 27
Quadrant: 0713	Abbauschicht: 05-V	Lage (Sektor): 09
Keramiktyp: langsam gedreht 3	Anzahl der Keramik: 1	Gewicht der Keramik: 5 g

Siedlungsobjekt: Grube 03	Fundnummer: 755/94	Schicht: 27
Quadrant: 0713	Abbauschicht: 05-V	Lage (Sektor): 18
Keramiktyp: handgeformt	Anzahl der Keramik: 1	Gewicht der Keramik: 12 g
Keramiktyp: langsam gedreht 1	Anzahl der Keramik: 2	Gewicht der Keramik: 16 g
Keramiktyp: langsam gedreht 3	Anzahl der Keramik: 1	Gewicht der Keramik: 36 g

Siedlungsobjekt: Grube 03	Fundnummer: 162/95	Schicht: 27
Quadrant: 0713	Abbauschicht: 05-V	Lage (Sektor): 19
Keramiktyp: Tondüse		

Siedlungsobjekt: Grube 03	Fundnummer: 166/95	Schicht: 27
Quadrant: 0713	Abbauschicht: 05-V	Lage (Sektor): 23
Keramiktyp: handgeformt	Anzahl der Keramik: 1	Gewicht der Keramik: 2 g

Siedlungsobjekt: Grube 03	Fundnummer: 182/95	Schicht: 34
Quadrant: 0713	Abbauschicht: 06-VI	Lage (Sektor): 08
Keramiktyp: Backglocke	Anzahl der Keramik: 1	Gewicht der Keramik: 118 g

Siedlungsobjekt: Grube 03	Fundnummer: 181/95	Schicht: 37
Quadrant: 0713	Abbauschicht: 06-VI	Lage (Sektor): 08
Keramiktyp: handgeformt	Anzahl der Keramik: 1	Gewicht der Keramik: 26 g
Keramiktyp: langsam gedreht 1	Anzahl der Keramik: 1	Gewicht der Keramik: 4 g

Siedlungsobjekt: Grube 03	Fundnummer: 195/95	Schicht: 27
Quadrant: 0713	Abbauschicht: 06-VI	Lage (Sektor): 12
Keramiktyp: langsam gedreht 3	Anzahl der Keramik: 1	Gewicht der Keramik: 7 g

Siedlungsobjekt: Grube 03	Fundnummer: 179/95	Schicht: 37
Quadrant: 0713	Abbauschicht: 06-VI	Lage (Sektor): 12
Keramiktyp: Backglocke	Anzahl der Keramik: 2	Gewicht der Keramik: 7 g

Siedlungsobjekt: Grube 03	Fundnummer: 751/95	Schicht: 53
Quadrant: 0713	Abbauschicht: 06-VI	Lage (Sektor): 12
Keramiktyp: handgeformt	Anzahl der Keramik: 1	Gewicht der Keramik: 2 g

Siedlungsobjekt: Grube 03	Fundnummer: 196/95	Schicht: 27
Quadrant: 0713	Abbauschicht: 06-VI	Lage (Sektor): 13
Keramiktyp: langsam gedreht 3	Anzahl der Keramik: 1	Gewicht der Keramik: 50 g

Siedlungsobjekt: Grube 03	Fundnummer: 764/95	Schicht: 54
Quadrant: 0713	Abbauschicht: 08-VIII	Lage (Sektor): 12
Keramiktyp: Backglocke	Anzahl der Keramik: 1	Gewicht der Keramik: 220 g

Siedlungsobjekt: Grube 03	Fundnummer: 1153/95	Schicht: 71
Quadrant: 0713	Abbauschicht: 08-VIII	Lage (Sektor): 18
Keramiktyp: handgeformt	Anzahl der Keramik: 1	Gewicht der Keramik: 12 g

Siedlungsobjekt: Grube 03	Fundnummer: 1157/95	Schicht: 71
Quadrant: 0713	Abbauschicht: 10-X	Lage (Sektor): 18
Keramiktyp: Backglocke	Anzahl der Keramik: 2	Gewicht der Keramik: 109 g

Siedlungsobjekt: Grube 03	Fundnummer: 1163/95	Schicht: 71
Quadrant: 0713	Abbauschicht: 10-X	Lage (Sektor): 24
Keramiktyp: handgeformt	Anzahl der Keramik: 1	Gewicht der Keramik: 4 g

Siedlungsobjekt: Grube 04	Fundnummer: 460/94	Schicht: 06
Quadrant: 0713	Abbauschicht: 03-III	Lage (Sektor): 10
Keramiktyp: handgeformt	Anzahl der Keramik: 1	Gewicht der Keramik: 5 g
Keramiktyp: langsam gedreht 1	Anzahl der Keramik: 1	Gewicht der Keramik: 8 g

Siedlungsobjekt: Grube 04	Fundnummer: 467/94	Schicht: 06
Quadrant: 0713	Abbauschicht: 03-III	Lage (Sektor): 15
Keramiktyp: langsam gedreht 1	Anzahl der Keramik: 1	Gewicht der Keramik: 5 g
Keramiktyp: Tonwanne	Anzahl der Keramik: 1	Gewicht der Keramik: 8 g

Siedlungsobjekt: Grube 04	Fundnummer: 489/94	Schicht: 12
Quadrant: 0713	Abbauschicht: 03-III	Lage (Sektor): 15
Keramiktyp: Backglocke	Anzahl der Keramik: 2	Gewicht der Keramik: 190 g
Keramiktyp: langsam gedreht 1	Anzahl der Keramik: 4	Gewicht der Keramik: 62 g

Siedlungsobjekt: Grube 04
Quadrant: 0713

Fundnummer: 475/94
Abbauschicht: 03-III

Schicht: 06
Lage (Sektor): 20

Keramiktyp: handgeformt | Anzahl der Keramik: 1 | Gewicht der Keramik: 4 g

Keramiktyp: langsam gedreht 1 | Anzahl der Keramik: 1 | Gewicht der Keramik: 7 g

---

Siedlungsobjekt: Grube 04
Quadrant: 0713

Fundnummer: 565/94
Abbauschicht: 04-IV

Schicht: 12
Lage (Sektor): 14

Keramiktyp: langsam gedreht 2 | Anzahl der Keramik: 1 | Gewicht der Keramik: 36 g

---

Siedlungsobjekt: Grube 04
Quadrant: 0713

Fundnummer: 581/94
Abbauschicht: 04-IV

Schicht: 13
Lage (Sektor): 14

Keramiktyp: langsam gedreht 1 | Anzahl der Keramik: 1 | Gewicht der Keramik: 14 g

---

Siedlungsobjekt: Grube 04
Quadrant: 0713

Fundnummer: 564/94
Abbauschicht: 04-IV

Schicht: 12
Lage (Sektor): 15

Keramiktyp: langsam gedreht 1 | Anzahl der Keramik: 1 | Gewicht der Keramik: 34 g

Keramiktyp: langsam gedreht 3 | Anzahl der Keramik: 1 | Gewicht der Keramik: 6 g

---

Siedlungsobjekt: Grube 04
Quadrant: 0713

Fundnummer: 764/94
Abbauschicht: 04-IV

Schicht: 28
Lage (Sektor): 15

Keramiktyp: langsam gedreht 3 | Anzahl der Keramik: 1 | Gewicht der Keramik: 6 g

---

Siedlungsobjekt: Grube 04
Quadrant: 0713

Fundnummer: 582/94
Abbauschicht: 04-IV

Schicht: 13
Lage (Sektor): 19

Keramiktyp: langsam gedreht 1 | Anzahl der Keramik: 1 | Gewicht der Keramik: 12 g

---

Siedlungsobjekt: Grube 04
Quadrant: 0713

Fundnummer: 580/94
Abbauschicht: 04-IV

Schicht: 13
Lage (Sektor): 20

Keramiktyp: Backglocke | Anzahl der Keramik: 1 | Gewicht der Keramik: 32 g

Keramiktyp: langsam gedreht 1 | Anzahl der Keramik: 2 | Gewicht der Keramik: 23 g

---

Siedlungsobjekt: Grube 04
Quadrant: 0713

Fundnummer: 784/94
Abbauschicht: 05-V

Schicht: 28
Lage (Sektor): 10

Keramiktyp: handgeformt | Anzahl der Keramik: 1 | Gewicht der Keramik: 65 g

---

Siedlungsobjekt: Grube 04
Quadrant: 0713

Fundnummer: 760/94
Abbauschicht: 05-V

Schicht: 28
Lage (Sektor): 20

Keramiktyp: handgeformt | Anzahl der Keramik: 1 | Gewicht der Keramik: 14 g

---

Siedlungsobjekt: Grube 04
Quadrant: 0713

Fundnummer: 793/95
Abbauschicht: 06-VI

Schicht: 38
Lage (Sektor): 20

Keramiktyp: langsam gedreht 2 | Anzahl der Keramik: 1 | Gewicht der Keramik: 6 g

Keramiktyp: langsam gedreht 3 | Anzahl der Keramik: 1 | Gewicht der Keramik: 10 g

---

Siedlungsobjekt: Grube 04
Quadrant: 0713

Fundnummer: 789/95
Abbauschicht: 06-VI

Schicht: 38
Lage (Sektor): 25

Keramiktyp: handgeformt | Anzahl der Keramik: 1 | Gewicht der Keramik: 14 g

---

Siedlungsobjekt: Grube 04
Quadrant: 0813 NW

Fundnummer: 105/97
Abbauschicht: 03-III

Schicht: 03
Lage (Sektor): 06

Keramiktyp: langsam gedreht 1 | Anzahl der Keramik: 1 | Gewicht der Keramik: 4 g

Siedlungsobjekt: Grube 04	Fundnummer: 172/97	Schicht: 03
Quadrant: 0813 NW	Abbauschicht: 03-III	Lage (Sektor): 06
Keramiktyp: handgeformt	Anzahl der Keramik: 1	Gewicht der Keramik: 22 g
Siedlungsobjekt: Grube 04	Fundnummer: 171/97	Schicht: 03
Quadrant: 0813 NW	Abbauschicht: 03-III	Lage (Sektor): 06/11
Keramiktyp: langsam gedreht 1	Anzahl der Keramik: 3	Gewicht der Keramik: 17 g
Keramiktyp: langsam gedreht 3	Anzahl der Keramik: 1	Gewicht der Keramik: 8 g
Keramiktyp: Tondüse		
Siedlungsobjekt: Grube 04	Fundnummer: 106/97	Schicht: 03
Quadrant: 0813 NW	Abbauschicht: 03-III	Lage (Sektor): 11
Keramiktyp: Backglocke	Anzahl der Keramik: 2	Gewicht der Keramik: 12 g
Keramiktyp: handgeformt	Anzahl der Keramik: 2	Gewicht der Keramik: 14 g
Keramiktyp: langsam gedreht 1	Anzahl der Keramik: 1	Gewicht der Keramik: 6 g
Keramiktyp: langsam gedreht 3	Anzahl der Keramik: 1	Gewicht der Keramik: 21 g
Siedlungsobjekt: Grube 04	Fundnummer: 170/97	Schicht: 03
Quadrant: 0813 NW	Abbauschicht: 03-III	Lage (Sektor): 11
Keramiktyp: handgeformt	Anzahl der Keramik: 1	Gewicht der Keramik: 12 g
Siedlungsobjekt: Grube 04	Fundnummer: 180/97	Schicht: 03
Quadrant: 0813 NW	Abbauschicht: 03-III	Lage (Sektor): keine Angabe
Keramiktyp: handgeformt	Anzahl der Keramik: 2	Gewicht der Keramik: 5 g
Siedlungsobjekt: Grube 04	Fundnummer: 482/97	Schicht: 16
Quadrant: 0813 NW	Abbauschicht: 03-III	Lage (Sektor): keine Angabe
Keramiktyp: langsam gedreht 2	Anzahl der Keramik: 1	Gewicht der Keramik: 2 g
Siedlungsobjekt: Grube 05	Fundnummer: 219/95	Schicht: 06
Quadrant: 0813	Abbauschicht: 02-II	Lage (Sektor): 19
Keramiktyp: langsam gedreht 1	Anzahl der Keramik: 2	Gewicht der Keramik: 92 g
Keramiktyp: Tondüse		
Siedlungsobjekt: Grube 05	Fundnummer: 220/95	Schicht: 06
Quadrant: 0813	Abbauschicht: 02-II	Lage (Sektor): 20
Keramiktyp: langsam gedreht 3	Anzahl der Keramik: 2	Gewicht der Keramik: 54 g
Siedlungsobjekt: Grube 05	Fundnummer: 221/95	Schicht: 06
Quadrant: 0813	Abbauschicht: 02-II	Lage (Sektor): 24
Keramiktyp: Backglocke	Anzahl der Keramik: 1	Gewicht der Keramik: 11 g
Siedlungsobjekt: Grube 05	Fundnummer: 222/95	Schicht: 06
Quadrant: 0813	Abbauschicht: 02-II	Lage (Sektor): 25
Keramiktyp: langsam gedreht 2	Anzahl der Keramik: 1	Gewicht der Keramik: 17 g
Siedlungsobjekt: Grube 05	Fundnummer: 231/95	Schicht: 06
Quadrant: 0813	Abbauschicht: 03-III	Lage (Sektor): 19
Keramiktyp: handgeformt	Anzahl der Keramik: 4	Gewicht der Keramik: 115 g
Keramiktyp: langsam gedreht 1	Anzahl der Keramik: 2	Gewicht der Keramik: 114 g

Siedlungsobjekt: Grube 05	Fundnummer: 230/95	Schicht: 06
Quadrant: 0813	Abbauschicht: 03-III	Lage (Sektor): 20
Keramiktyp: Backglocke	Anzahl der Keramik: 1	Gewicht der Keramik: 14 g
Keramiktyp: handgeformt	Anzahl der Keramik: 3	Gewicht der Keramik: 32 g
Keramiktyp: langsam gedreht 1	Anzahl der Keramik: 2	Gewicht der Keramik: 28 g
Keramiktyp: langsam gedreht 2	Anzahl der Keramik: 2	Gewicht der Keramik: 18 g
Keramiktyp: Tondüse		

Siedlungsobjekt: Grube 05	Fundnummer: 241/95	Schicht: 06
Quadrant: 0813	Abbauschicht: 03-III	Lage (Sektor): 24
Keramiktyp: Backglocke	Anzahl der Keramik: 5	Gewicht der Keramik: 74 g
Keramiktyp: handgeformt	Anzahl der Keramik: 2	Gewicht der Keramik: 87 g
Keramiktyp: langsam gedreht 1	Anzahl der Keramik: 2	Gewicht der Keramik: 73 g

Siedlungsobjekt: Grube 05	Fundnummer: 242/95	Schicht: 06
Quadrant: 0813	Abbauschicht: 03-III	Lage (Sektor): 25
Keramiktyp: Backglocke	Anzahl der Keramik: 1	Gewicht der Keramik: 4 g
Keramiktyp: handgeformt	Anzahl der Keramik: 3	Gewicht der Keramik: 28 g
Keramiktyp: langsam gedreht 1	Anzahl der Keramik: 2	Gewicht der Keramik: 10 g
Keramiktyp: langsam gedreht 2	Anzahl der Keramik: 2	Gewicht der Keramik: 43 g
Keramiktyp: langsam gedreht 3	Anzahl der Keramik: 4	Gewicht der Keramik: 29 g

Siedlungsobjekt: Grube 05	Fundnummer: 1314/95	Schicht: 08
Quadrant: 0813	Abbauschicht: 04-IV	Lage (Sektor): 24
Keramiktyp: Backglocke	Anzahl der Keramik: 2	Gewicht der Keramik: 20 g
Keramiktyp: langsam gedreht 3	Anzahl der Keramik: 1	Gewicht der Keramik: 52 g

Siedlungsobjekt: Grube 05	Fundnummer: 1315/95	Schicht: 08
Quadrant: 0813	Abbauschicht: 04-IV	Lage (Sektor): 25
Keramiktyp: Backglocke	Anzahl der Keramik: 2	Gewicht der Keramik: 76 g
Keramiktyp: handgeformt	Anzahl der Keramik: 1	Gewicht der Keramik: 15 g
Keramiktyp: langsam gedreht 2	Anzahl der Keramik: 1	Gewicht der Keramik: 14 g

Siedlungsobjekt: Grube 05	Fundnummer: 1310/95	Schicht: 09
Quadrant: 0813	Abbauschicht: 04-IV	Lage (Sektor): keine Angabe
Keramiktyp: handgeformt	Anzahl der Keramik: 1	Gewicht der Keramik: 10 g

Siedlungsobjekt: Grube 05	Fundnummer: 1341/95	Schicht: 08
Quadrant: 0813	Abbauschicht: 05-V	Lage (Sektor): 20
Keramiktyp: Backglocke	Anzahl der Keramik: 3	Gewicht der Keramik: 79 g

Siedlungsobjekt: Grube 05	Fundnummer: 1324/95	Schicht: 08
Quadrant: 0813	Abbauschicht: 05-V	Lage (Sektor): 24
Keramiktyp: handgeformt	Anzahl der Keramik: 1	Gewicht der Keramik: 14 g
Keramiktyp: langsam gedreht 3	Anzahl der Keramik: 3	Gewicht der Keramik: 36 g

Siedlungsobjekt: Grube 05	Fundnummer: 1326/95	Schicht: 08
Quadrant: 0813	Abbauschicht: 05-V	Lage (Sektor): 24
Keramiktyp: handgeformt	Anzahl der Keramik: 1	Gewicht der Keramik: 12 g

Siedlungsobjekt: **Grube 05**	Fundnummer: 1342/95	Schicht: 08
Quadrant: 0813	Abbauschicht: 05-V	Lage (Sektor): 25
Keramiktyp: langsam gedreht 2	Anzahl der Keramik: 2	Gewicht der Keramik: 48 g

Siedlungsobjekt: **Grube 05**	Fundnummer: 1329/95	Schicht: 08
Quadrant: 0813	Abbauschicht: 06-VI	Lage (Sektor): 24
Keramiktyp: langsam gedreht 3	Anzahl der Keramik: 1	Gewicht der Keramik: 6 g

Siedlungsobjekt: **Grube 05**	Fundnummer: 1452/95	Schicht: 33
Quadrant: 0813	Abbauschicht: 07-VII	Lage (Sektor): 20
Keramiktyp: handgeformt	Anzahl der Keramik: 2	Gewicht der Keramik: 13 g
Keramiktyp: langsam gedreht 2	Anzahl der Keramik: 1	Gewicht der Keramik: 4 g

Siedlungsobjekt: **Grube 05**	Fundnummer: 1333/95	Schicht: 08
Quadrant: 0813	Abbauschicht: 07-VII	Lage (Sektor): 24
Keramiktyp: langsam gedreht 1	Anzahl der Keramik: 1	Gewicht der Keramik: 13 g

Siedlungsobjekt: **Grube 05**	Fundnummer: 1451/95	Schicht: 33
Quadrant: 0813	Abbauschicht: 07-VII	Lage (Sektor): 25
Keramiktyp: handgeformt	Anzahl der Keramik: 1	Gewicht der Keramik: 4 g
Keramiktyp: langsam gedreht 2	Anzahl der Keramik: 1	Gewicht der Keramik: 10 g

Siedlungsobjekt: **Grube 05**	Fundnummer: 1348/95	Schicht: 08
Quadrant: 0813	Abbauschicht: V/VI	Lage (Sektor): 08/20
Keramiktyp: handgeformt	Anzahl der Keramik: 1	Gewicht der Keramik: 6 g

Siedlungsobjekt: **Grube 05**	Fundnummer: 1144/97	Schicht: 22
Quadrant: 0814	Abbauschicht: 03-III	Lage (Sektor): 04
Keramiktyp: Backglocke	Anzahl der Keramik: 1	Gewicht der Keramik: 30 g
Keramiktyp: langsam gedreht 3	Anzahl der Keramik: 1	Gewicht der Keramik: 5 g

Siedlungsobjekt: **Grube 05**	Fundnummer: 1271/97	Schicht: 22
Quadrant: 0814	Abbauschicht: 03-III	Lage (Sektor): 22
Keramiktyp: langsam gedreht 2	Anzahl der Keramik: 2	Gewicht der Keramik: 4 g
Keramiktyp: langsam gedreht 3	Anzahl der Keramik: 1	Gewicht der Keramik: 6 g

Siedlungsobjekt: **Grube 05**	Fundnummer: 353/97	Schicht: 03
Quadrant: 0913 NW	Abbauschicht: 03-III	Lage (Sektor): 21
Keramiktyp: handgeformt	Anzahl der Keramik: 3	Gewicht der Keramik: 63 g
Keramiktyp: langsam gedreht 1	Anzahl der Keramik: 2	Gewicht der Keramik: 12 g

Siedlungsobjekt: **Grube 05**	Fundnummer: 455/97	Schicht: 03
Quadrant: 0913 NW	Abbauschicht: 03-III	Lage (Sektor): 25 (sic!)
Keramiktyp: langsam gedreht 1	Anzahl der Keramik: 1	Gewicht der Keramik: 4 g

Siedlungsobjekt: **Grube 05**	Fundnummer: 378/97	Schicht: 03
Quadrant: 0913 NW	Abbauschicht: 04-IV	Lage (Sektor): 21
Keramiktyp: handgeformt	Anzahl der Keramik: 3	Gewicht der Keramik: 18 g
Keramiktyp: langsam gedreht 1	Anzahl der Keramik: 1	Gewicht der Keramik: 1 g

Siedlungsobjekt: Grube 05	Fundnummer: 425/97	Schicht: 03
Quadrant: 0913 NW	Abbauschicht: 05-V	Lage (Sektor): 16
Keramiktyp: handgeformt	Anzahl der Keramik: 3	Gewicht der Keramik: 27 g
Keramiktyp: langsam gedreht 1	Anzahl der Keramik: 1	Gewicht der Keramik: 9 g

Siedlungsobjekt: Grube 05	Fundnummer: 424/97	Schicht: 03
Quadrant: 0913 NW	Abbauschicht: 05-V	Lage (Sektor): 21
Keramiktyp: Backglocke	Anzahl der Keramik: 1	Gewicht der Keramik: 16 g
Keramiktyp: handgeformt	Anzahl der Keramik: 1	Gewicht der Keramik: 10 g
Keramiktyp: langsam gedreht 1	Anzahl der Keramik: 3	Gewicht der Keramik: 30 g

Siedlungsobjekt: Grube 05	Fundnummer: 545/97	Schicht: 03
Quadrant: 0913 NW	Abbauschicht: 06-VI	Lage (Sektor): 16
Keramiktyp: handgeformt	Anzahl der Keramik: 1	Gewicht der Keramik: 4 g

Siedlungsobjekt: Grube 05	Fundnummer: 459/97	Schicht: 03
Quadrant: 0913 NW	Abbauschicht: 06-VI	Lage (Sektor): 21/16
Keramiktyp: Backglocke	Anzahl der Keramik: 3	Gewicht der Keramik: 101 g
Keramiktyp: langsam gedreht 1	Anzahl der Keramik: 2	Gewicht der Keramik: 8 g
Keramiktyp: langsam gedreht 2	Anzahl der Keramik: 1	Gewicht der Keramik: 4 g

Siedlungsobjekt: Grube 06	Fundnummer: 224/95	Schicht: 04
Quadrant: 0813	Abbauschicht: 03-III	Lage (Sektor): 09
Keramiktyp: langsam gedreht 1	Anzahl der Keramik: 1	Gewicht der Keramik: 22 g

Siedlungsobjekt: Grube 06	Fundnummer: 223/95	Schicht: 04
Quadrant: 0813	Abbauschicht: 03-III	Lage (Sektor): 10
Keramiktyp: Tondüse		

Siedlungsobjekt: Grube 06	Fundnummer: 226/95	Schicht: 04
Quadrant: 0813	Abbauschicht: 03-III	Lage (Sektor): 14
Keramiktyp: langsam gedreht 1	Anzahl der Keramik: 2	Gewicht der Keramik: 18 g

Siedlungsobjekt: Grube 06	Fundnummer: 227/95	Schicht: 07
Quadrant: 0813	Abbauschicht: 03-III	Lage (Sektor): 15
Keramiktyp: handgeformt	Anzahl der Keramik: 2	Gewicht der Keramik: 10 g
Keramiktyp: langsam gedreht 1	Anzahl der Keramik: 1	Gewicht der Keramik: 6 g
Keramiktyp: Tondüse		

Siedlungsobjekt: Grube 06	Fundnummer: 1304/95	Schicht: 13
Quadrant: 0813	Abbauschicht: 04-IV	Lage (Sektor): 10
Keramiktyp: handgeformt	Anzahl der Keramik: 1	Gewicht der Keramik: 6 g

Siedlungsobjekt: Grube 06	Fundnummer: 1311/95	Schicht: 16
Quadrant: 0813	Abbauschicht: 04-IV	Lage (Sektor): 20
Keramiktyp: Backglocke	Anzahl der Keramik: 1	Gewicht der Keramik: 22 g
Keramiktyp: handgeformt	Anzahl der Keramik: 1	Gewicht der Keramik: 14 g

Siedlungsobjekt: Grube 06	Fundnummer: 1330/95	Schicht: 27
Quadrant: 0813	Abbauschicht: 06-VI	Lage (Sektor): 09
Keramiktyp: handgeformt	Anzahl der Keramik: 1	Gewicht der Keramik: 10 g

Siedlungsobjekt: Grube 06	Fundnummer: 865/95	Schicht: 08
Quadrant: 0913	Abbauschicht: 04-IV	Lage (Sektor): 17
Keramiktyp: Tondüse		

Siedlungsobjekt: Grube 06	Fundnummer: 354/97	Schicht: 09
Quadrant: 0913 NW	Abbauschicht: 03-III	Lage (Sektor): 16
Keramiktyp: handgeformt	Anzahl der Keramik: 1	Gewicht der Keramik: 6 g

Siedlungsobjekt: Grube 07	Fundnummer: 280/95	Schicht: 10b
Quadrant: 0913	Abbauschicht: 03-III	Lage (Sektor): 20
Keramiktyp: handgeformt	Anzahl der Keramik: 2	Gewicht der Keramik: 81 g

Siedlungsobjekt: Grube 07	Fundnummer: 289/95	Schicht: 10
Quadrant: 0913	Abbauschicht: 03-III	Lage (Sektor): 23
Keramiktyp: handgeformt	Anzahl der Keramik: 2	Gewicht der Keramik: 14 g
Keramiktyp: langsam gedreht 1	Anzahl der Keramik: 1	Gewicht der Keramik: 10 g

Siedlungsobjekt: Grube 07	Fundnummer: 282/95	Schicht: 10
Quadrant: 0913	Abbauschicht: 03-III	Lage (Sektor): 24
Keramiktyp: Backglocke	Anzahl der Keramik: 3	Gewicht der Keramik: 28 g
Keramiktyp: handgeformt	Anzahl der Keramik: 8	Gewicht der Keramik: 181 g
Keramiktyp: langsam gedreht 1	Anzahl der Keramik: 1	Gewicht der Keramik: 4 g
Keramiktyp: langsam gedreht 2	Anzahl der Keramik: 1	Gewicht der Keramik: 4 g

Siedlungsobjekt: Grube 07	Fundnummer: 870/95	Schicht: 10
Quadrant: 0913	Abbauschicht: 04-IV	Lage (Sektor): 19
Keramiktyp: Backglocke	Anzahl der Keramik: 1	Gewicht der Keramik: 3 g
Keramiktyp: Tondüse		

Siedlungsobjekt: Grube 07	Fundnummer: 873/95	Schicht: 10b
Quadrant: 0913	Abbauschicht: 04-IV	Lage (Sektor): 20
Keramiktyp: handgeformt	Anzahl der Keramik: 3	Gewicht der Keramik: 38 g
Keramiktyp: langsam gedreht 1	Anzahl der Keramik: 1	Gewicht der Keramik: 6 g

Siedlungsobjekt: Grube 07	Fundnummer: 877/95	Schicht: 10
Quadrant: 0913	Abbauschicht: 04-IV	Lage (Sektor): 23
Keramiktyp: handgeformt	Anzahl der Keramik: 1	Gewicht der Keramik: 5 g

Siedlungsobjekt: Grube 07	Fundnummer: 881/95	Schicht: 10b
Quadrant: 0913	Abbauschicht: 04-IV	Lage (Sektor): 24
Keramiktyp: handgeformt	Anzahl der Keramik: 3	Gewicht der Keramik: 46 g

Siedlungsobjekt: Grube 07	Fundnummer: 880/95	Schicht: 23
Quadrant: 0913	Abbauschicht: 04-IV	Lage (Sektor): 24
Keramiktyp: handgeformt	Anzahl der Keramik: 1	Gewicht der Keramik: 16 g

Siedlungsobjekt: Grube 07	Fundnummer: 882/95	Schicht: 10b
Quadrant: 0913	Abbauschicht: 04-IV	Lage (Sektor): 25
Keramiktyp: handgeformt	Anzahl der Keramik: 5	Gewicht der Keramik: 117 g
Keramiktyp: langsam gedreht 1	Anzahl der Keramik: 2	Gewicht der Keramik: 13 g

Siedlungsobjekt: Grube 07 Quadrant: 0913	Fundnummer: 897/95 Abbauschicht: 05-V	Schicht: 29 Lage (Sektor): 19
Keramiktyp: handgeformt	Anzahl der Keramik: 1	Gewicht der Keramik: 4 g
Keramiktyp: Tondüse		
Siedlungsobjekt: Grube 07 Quadrant: 0913	Fundnummer: 1051/95 Abbauschicht: 05-V	Schicht: 10 Lage (Sektor): 24
Keramiktyp: Tondüse		
Siedlungsobjekt: Grube 07 Quadrant: 0913	Fundnummer: 900/95 Abbauschicht: 05-V	Schicht: 29 Lage (Sektor): 24
Keramiktyp: handgeformt	Anzahl der Keramik: 1	Gewicht der Keramik: 6 g
Siedlungsobjekt: Grube 07 Quadrant: 0913	Fundnummer: 1052/95 Abbauschicht: 05-V	Schicht: 10b Lage (Sektor): 25
Keramiktyp: handgeformt	Anzahl der Keramik: 1	Gewicht der Keramik: 52 g
Siedlungsobjekt: Grube 08 Quadrant: 0913	Fundnummer: 277/95 Abbauschicht: 03-III	Schicht: 11 Lage (Sektor): 10
Keramiktyp: handgeformt	Anzahl der Keramik: 1	Gewicht der Keramik: 22 g
Siedlungsobjekt: Grube 08 Quadrant: 0913	Fundnummer: 278/95 Abbauschicht: 03-III	Schicht: 11 Lage (Sektor): 15
Keramiktyp: Backglocke	Anzahl der Keramik: 1	Gewicht der Keramik: 127 g
Siedlungsobjekt: Grube 08 Quadrant: 0913	Fundnummer: 283/95 Abbauschicht: 03-III	Schicht: 11 Lage (Sektor): 19
Keramiktyp: handgeformt	Anzahl der Keramik: 1	Gewicht der Keramik: 26 g
Siedlungsobjekt: Grube 08 Quadrant: 0913	Fundnummer: 279/95 Abbauschicht: 03-III	Schicht: 11 Lage (Sektor): 20
Keramiktyp: handgeformt	Anzahl der Keramik: 2	Gewicht der Keramik: 72 g
Siedlungsobjekt: Grube 08 Quadrant: 0913	Fundnummer: 862/95 Abbauschicht: 04-IV	Schicht: 15 Lage (Sektor): 15
Keramiktyp: Backglocke	Anzahl der Keramik: 1	Gewicht der Keramik: 30 g
Siedlungsobjekt: Grube 08 Quadrant: 0913	Fundnummer: 869/95 Abbauschicht: 04-IV	Schicht: 15 Lage (Sektor): 19
Keramiktyp: Backglocke	Anzahl der Keramik: 1	Gewicht der Keramik: 12 g
Siedlungsobjekt: Grube 08 Quadrant: 0913	Fundnummer: 872/95 Abbauschicht: 04-IV	Schicht: 11 Lage (Sektor): 20
Keramiktyp: handgeformt	Anzahl der Keramik: 1	Gewicht der Keramik: 2 g
Siedlungsobjekt: Grube 08 Quadrant: 0913	Fundnummer: 887/95 Abbauschicht: 05-V	Schicht: 26 Lage (Sektor): 10
Keramiktyp: langsam gedreht 1	Anzahl der Keramik: 1	Gewicht der Keramik: 8 g
Siedlungsobjekt: Grube 08 Quadrant: 0913	Fundnummer: 894/95 Abbauschicht: 05-V	Schicht: 27 Lage (Sektor): 15
Keramiktyp: Tondüse		

Siedlungsobjekt: Grube 08	Fundnummer: 898/95	Schicht: 27
Quadrant: 0913	Abbauschicht: 05-V	Lage (Sektor): 20
Keramiktyp: handgeformt	Anzahl der Keramik: 1	Gewicht der Keramik: 12 g

Siedlungsobjekt: Grube 08	Fundnummer: 1060/95	Schicht: 27
Quadrant: 0913	Abbauschicht: 06-VI	Lage (Sektor): 15
Keramiktyp: handgeformt	Anzahl der Keramik: 1	Gewicht der Keramik: 4 g
Keramiktyp: langsam gedreht 1	Anzahl der Keramik: 1	Gewicht der Keramik: 32 g

Siedlungsobjekt: Grube 08	Fundnummer: 1067/95	Schicht: 27
Quadrant: 0913	Abbauschicht: 07-VII	Lage (Sektor): 15
Keramiktyp: Tondüse		

Siedlungsobjekt: Grube 08	Fundnummer: 1057/95	Schicht: 41
Quadrant: 0913	Abbauschicht: 07-VII	Lage (Sektor): 20
Keramiktyp: langsam gedreht 3	Anzahl der Keramik: 1	Gewicht der Keramik: 3 g

Siedlungsobjekt: Grube 08	Fundnummer: 320/95	Schicht: 10
Quadrant: 1013	Abbauschicht: 03-III	Lage (Sektor): 12
Keramiktyp: Backglocke	Anzahl der Keramik: 1	Gewicht der Keramik: 240 g
Keramiktyp: handgeformt	Anzahl der Keramik: 3	Gewicht der Keramik: 12 g
Keramiktyp: langsam gedreht 1	Anzahl der Keramik: 1	Gewicht der Keramik: 9 g
Keramiktyp: Tondüse		

Siedlungsobjekt: Grube 08	Fundnummer: 321/95	Schicht: 10
Quadrant: 1013	Abbauschicht: 03-III	Lage (Sektor): 17
Keramiktyp: handgeformt	Anzahl der Keramik: 4	Gewicht der Keramik: 52 g
Keramiktyp: Tondüse		

Siedlungsobjekt: Grube 08	Fundnummer: 329/95	Schicht: 10
Quadrant: 1013	Abbauschicht: 03-III	Lage (Sektor): 18
Keramiktyp: Tondüse		

Siedlungsobjekt: Grube 08	Fundnummer: 323/95	Schicht: 10
Quadrant: 1013	Abbauschicht: 03-III	Lage (Sektor): 22
Keramiktyp: handgeformt	Anzahl der Keramik: 1	Gewicht der Keramik: 4 g

Siedlungsobjekt: Grube 08	Fundnummer: 911/95	Schicht: 10
Quadrant: 1013	Abbauschicht: 04-IV	Lage (Sektor): 17
Keramiktyp: handgeformt	Anzahl der Keramik: 1	Gewicht der Keramik: 40 g
Keramiktyp: Tondüse		

Siedlungsobjekt: Grube 08	Fundnummer: 92/97	Schicht: 06
Quadrant: 1013 NW	Abbauschicht: 03-III	Lage (Sektor): 06
Keramiktyp: langsam gedreht 1	Anzahl der Keramik: 2	Gewicht der Keramik: 26 g
Keramiktyp: Tondüse		

Siedlungsobjekt: Grube 08	Fundnummer: 95/97	Schicht: 04
Quadrant: 1013 NW	Abbauschicht: 03-III	Lage (Sektor): 11
Keramiktyp: handgeformt	Anzahl der Keramik: 4	Gewicht der Keramik: 40 g
Keramiktyp: langsam gedreht 1	Anzahl der Keramik: 5	Gewicht der Keramik: 6 g

Siedlungsobjekt: Grube 08	Fundnummer: 99/97	Schicht: 04-05
Quadrant: 1013 NW	Abbauschicht: 03-III	Lage (Sektor): 11
Keramiktyp: Backglocke	Anzahl der Keramik: 1	Gewicht der Keramik: 167 g
Keramiktyp: langsam gedreht 1	Anzahl der Keramik: 1	Gewicht der Keramik: 11 g

Siedlungsobjekt: Grube 08	Fundnummer: 93/97	Schicht: 06
Quadrant: 1013 NW	Abbauschicht: 03-III	Lage (Sektor): 11
Keramiktyp: handgeformt	Anzahl der Keramik: 4	Gewicht der Keramik: 29 g
Keramiktyp: langsam gedreht 3	Anzahl der Keramik: 2	Gewicht der Keramik: 12 g

Siedlungsobjekt: Grube 08	Fundnummer: 94/97	Schicht: 04-05
Quadrant: 1013 NW	Abbauschicht: 03-III	Lage (Sektor): 16
Keramiktyp: Backglocke	Anzahl der Keramik: 2	Gewicht der Keramik: 7 g
Keramiktyp: handgeformt	Anzahl der Keramik: 7	Gewicht der Keramik: 260 g
Keramiktyp: Tondüse		

Siedlungsobjekt: Grube 08	Fundnummer: 146/97	Schicht: 06
Quadrant: 1013 NW	Abbauschicht: 03-III	Lage (Sektor): 16
Keramiktyp: handgeformt	Anzahl der Keramik: 1	Gewicht der Keramik: 10 g
Keramiktyp: langsam gedreht 1	Anzahl der Keramik: 1	Gewicht der Keramik: 10 g

Siedlungsobjekt: Grube 08	Fundnummer: 90/97	Schicht: 04
Quadrant: 1013 NW	Abbauschicht: 03-III	Lage (Sektor): 21
Keramiktyp: handgeformt	Anzahl der Keramik: 1	Gewicht der Keramik: 34 g

Siedlungsobjekt: Grube 08	Fundnummer: 97/97	Schicht: 05
Quadrant: 1013 NW	Abbauschicht: 03-III	Lage (Sektor): x = 80, y = 85
Keramiktyp: handgeformt	Anzahl der Keramik: 2	Gewicht der Keramik: 93 g

Siedlungsobjekt: Grube 08	Fundnummer: 152/97	Schicht: 06
Quadrant: 1013 NW	Abbauschicht: 04-IV	Lage (Sektor): 06
Keramiktyp: handgeformt	Anzahl der Keramik: 1	Gewicht der Keramik: 20 g

Siedlungsobjekt: Grube 08	Fundnummer: 151/97	Schicht: 06
Quadrant: 1013 NW	Abbauschicht: 04-IV	Lage (Sektor): 11
Keramiktyp: Backglocke	Anzahl der Keramik: 1	Gewicht der Keramik: 17 g

Siedlungsobjekt: Grube 08	Fundnummer: 150/97	Schicht: 06
Quadrant: 1013 NW	Abbauschicht: 04-IV	Lage (Sektor): 16
Keramiktyp: handgeformt	Anzahl der Keramik: 2	Gewicht der Keramik: 59 g
Keramiktyp: langsam gedreht 1	Anzahl der Keramik: 2	Gewicht der Keramik: 35 g

Siedlungsobjekt: Grube 08	Fundnummer: 159/97	Schicht: 06
Quadrant: 1013 NW	Abbauschicht: 05-V	Lage (Sektor): 06
Keramiktyp: handgeformt	Anzahl der Keramik: 1	Gewicht der Keramik: 4 g

Siedlungsobjekt: Grube 08	Fundnummer: 157/97	Schicht: 06
Quadrant: 1013 NW	Abbauschicht: 05-V	Lage (Sektor): 16
Keramiktyp: handgeformt	Anzahl der Keramik: 1	Gewicht der Keramik: 2 g

Siedlungsobjekt: Grube 08	Fundnummer: 156/97	Schicht: 06
Quadrant: 1013 NW	Abbauschicht: 05-V	Lage (Sektor): 21
Keramiktyp: handgeformt	Anzahl der Keramik: 1	Gewicht der Keramik: 4 g
Keramiktyp: langsam gedreht 1	Anzahl der Keramik: 1	Gewicht der Keramik: 19 g

Siedlungsobjekt: Grube 08	Fundnummer: 190/97	Schicht: 06
Quadrant: 1013 NW	Abbauschicht: 06-VI	Lage (Sektor): 11
Keramiktyp: handgeformt	Anzahl der Keramik: 1	Gewicht der Keramik: 8 g

Siedlungsobjekt: Grube 08	Fundnummer: 195/97	Schicht: 06
Quadrant: 1013 NW	Abbauschicht: 07-VII	Lage (Sektor): 06
Keramiktyp: handgeformt	Anzahl der Keramik: 1	Gewicht der Keramik: 39 g

Siedlungsobjekt: Grube 08	Fundnummer: 289/97	Schicht: 06
Quadrant: 1013 NW	Abbauschicht: 07-VII	Lage (Sektor): 11
Keramiktyp: handgeformt	Anzahl der Keramik: 1	Gewicht der Keramik: 4 g
Keramiktyp: Tondüse		

Siedlungsobjekt: Grube 08	Fundnummer: 429/97	Schicht: 06
Quadrant: 1013 NW	Abbauschicht: 08-VIII	Lage (Sektor): 06
Keramiktyp: handgeformt	Anzahl der Keramik: 1	Gewicht der Keramik: 4 g

Siedlungsobjekt: Grube 08	Fundnummer: 428/97	Schicht: 06
Quadrant: 1013 NW	Abbauschicht: 08-VIII	Lage (Sektor): 11
Keramiktyp: Tondüse		

Siedlungsobjekt: Grube 08	Fundnummer: 546/97	Schicht: 06
Quadrant: 1013 NW	Abbauschicht: 08-VIII	Lage (Sektor): 11
Keramiktyp: handgeformt	Anzahl der Keramik: 1	Gewicht der Keramik: 2 g

Siedlungsobjekt: Grube 08	Fundnummer: 427/97	Schicht: 06
Quadrant: 1013 NW	Abbauschicht: 08-VIII	Lage (Sektor): 16
Keramiktyp: handgeformt	Anzahl der Keramik: 1	Gewicht der Keramik: 37 g

Siedlungsobjekt: Grube 08	Fundnummer: 547/97	Schicht: 06
Quadrant: 1013 NW	Abbauschicht: 08-VIII	Lage (Sektor): 16
Keramiktyp: handgeformt	Anzahl der Keramik: 1	Gewicht der Keramik: 28 g

Siedlungsobjekt: Grube 09	Fundnummer: 348/95	Schicht: 16
Quadrant: 1013	Abbauschicht: 04-IV	Lage (Sektor): 22
Keramiktyp: Backglocke	Anzahl der Keramik: 1	Gewicht der Keramik: 108 g
Keramiktyp: handgeformt	Anzahl der Keramik: 4	Gewicht der Keramik: 54 g
Keramiktyp: langsam gedreht 1	Anzahl der Keramik: 1	Gewicht der Keramik: 16 g
Keramiktyp: langsam gedreht 2	Anzahl der Keramik: 6	Gewicht der Keramik: 30 g

Siedlungsobjekt: Grube 09	Fundnummer: 914/95	Schicht: 16
Quadrant: 1013	Abbauschicht: 04-IV	Lage (Sektor): 23
Keramiktyp: Backglocke	Anzahl der Keramik: 1	Gewicht der Keramik: 8 g

Siedlungsobjekt: Grube 09	Fundnummer: 1138/95	Schicht: 16
Quadrant: 1013	Abbauschicht: 05-V	Lage (Sektor): 22
Keramiktyp: handgeformt	Anzahl der Keramik: 8	Gewicht der Keramik: 88 g
Keramiktyp: langsam gedreht 2	Anzahl der Keramik: 1	Gewicht der Keramik: 14 g

Siedlungsobjekt: Grube 09	Fundnummer: 1145/95	Schicht: 16
Quadrant: 1013	Abbauschicht: 06-VI	Lage (Sektor): 22
Keramiktyp: Backglocke	Anzahl der Keramik: 4	Gewicht der Keramik: 153 g
Keramiktyp: handgeformt	Anzahl der Keramik: 1	Gewicht der Keramik: 6 g
Keramiktyp: langsam gedreht 1	Anzahl der Keramik: 1	Gewicht der Keramik: 8 g
Keramiktyp: langsam gedreht 2	Anzahl der Keramik: 3	Gewicht der Keramik: 46 g
Keramiktyp: Tondüse		
Keramiktyp: unbestimmt	Anzahl der Keramik: 1	Gewicht der Keramik: 6 g

Siedlungsobjekt: Grube 09	Fundnummer: 1146/95	Schicht: 16
Quadrant: 1013	Abbauschicht: 06-VI	Lage (Sektor): 23
Keramiktyp: handgeformt	Anzahl der Keramik: 1	Gewicht der Keramik: 4 g

Siedlungsobjekt: Grube 09	Fundnummer: 1252/95	Schicht: 16
Quadrant: 1013	Abbauschicht: 07-VII	Lage (Sektor): 22
Keramiktyp: Backglocke	Anzahl der Keramik: 1	Gewicht der Keramik: 84 g
Keramiktyp: handgeformt	Anzahl der Keramik: 4	Gewicht der Keramik: 123 g
Keramiktyp: langsam gedreht 2	Anzahl der Keramik: 4	Gewicht der Keramik: 159 g
Keramiktyp: Tonwanne	Anzahl der Keramik: 3	Gewicht der Keramik: 104 g

Siedlungsobjekt: Grube 09	Fundnummer: 1253/95	Schicht: 16
Quadrant: 1013	Abbauschicht: 07-VII	Lage (Sektor): 23
Keramiktyp: Backglocke	Anzahl der Keramik: 2	Gewicht der Keramik: 28 g

Siedlungsobjekt: Grube 09	Fundnummer: 1260/95	Schicht: 16
Quadrant: 1013	Abbauschicht: 08-VIII	Lage (Sektor): 22
Keramiktyp: Backglocke	Anzahl der Keramik: 2	Gewicht der Keramik: 173 g
Keramiktyp: handgeformt	Anzahl der Keramik: 4	Gewicht der Keramik: 35 g
Keramiktyp: langsam gedreht 2	Anzahl der Keramik: 1	Gewicht der Keramik: 18 g
Keramiktyp: Tondüse		
Keramiktyp: Tonwanne	Anzahl der Keramik: 2	Gewicht der Keramik: 87 g

Siedlungsobjekt: Grube 09	Fundnummer: 1262/95	Schicht: 16
Quadrant: 1013	Abbauschicht: 08-VIII	Lage (Sektor): 23
Keramiktyp: Tonwanne	Anzahl der Keramik: 1	Gewicht der Keramik: 389 g

Siedlungsobjekt: Grube 09	Fundnummer: 1272/95	Schicht: 16
Quadrant: 1013	Abbauschicht: 09-IX	Lage (Sektor): 22
Keramiktyp: Backglocke	Anzahl der Keramik: 7	Gewicht der Keramik: 661 g
Keramiktyp: handgeformt	Anzahl der Keramik: 5	Gewicht der Keramik: 150 g
Keramiktyp: langsam gedreht 1	Anzahl der Keramik: 1	Gewicht der Keramik: 8 g
Keramiktyp: langsam gedreht 2	Anzahl der Keramik: 2	Gewicht der Keramik: 20 g

Keramiktyp: Tondüse

Keramiktyp: Tonwanne	Anzahl der Keramik: 1	Gewicht der Keramik: 71 g
Keramiktyp: unbestimmt	Anzahl der Keramik: 3	Gewicht der Keramik: 54 g

Siedlungsobjekt: Grube 09	Fundnummer: 1271/95	Schicht: 16
Quadrant: 1013	Abbauschicht: 09-IX	Lage (Sektor): 23
Keramiktyp: Tonwanne	Anzahl der Keramik: 1	Gewicht der Keramik: 63 g

Siedlungsobjekt: Grube 09	Fundnummer: 1277/95	Schicht: 16
Quadrant: 1013	Abbauschicht: 10-X	Lage (Sektor): 22
Keramiktyp: Tondüse		
Keramiktyp: Tonwanne	Anzahl der Keramik: 1	Gewicht der Keramik: 32 g

Siedlungsobjekt: Grube 09	Fundnummer: 89/97	Schicht: 03
Quadrant: 1013 NW	Abbauschicht: 03-III	Lage (Sektor): 21
Keramiktyp: handgeformt	Anzahl der Keramik: 3	Gewicht der Keramik: 46 g
Keramiktyp: Tondüse		

Siedlungsobjekt: Grube 09	Fundnummer: 147/97	Schicht: 03
Quadrant: 1013 NW	Abbauschicht: 04-IV	Lage (Sektor): 21
Keramiktyp: handgeformt	Anzahl der Keramik: 2	Gewicht der Keramik: 28 g
Keramiktyp: langsam gedreht 1	Anzahl der Keramik: 1	Gewicht der Keramik: 20 g

Siedlungsobjekt: Grube 09	Fundnummer: 154/97	Schicht: 03
Quadrant: 1013 NW	Abbauschicht: 05-V	Lage (Sektor): 21
Keramiktyp: Tondüse		

Siedlungsobjekt: Grube 09	Fundnummer: 155/97	Schicht: 03
Quadrant: 1013 NW	Abbauschicht: 05-V	Lage (Sektor): 21
Keramiktyp: handgeformt	Anzahl der Keramik: 1	Gewicht der Keramik: 10 g
Keramiktyp: langsam gedreht 1	Anzahl der Keramik: 2	Gewicht der Keramik: 11 g

Siedlungsobjekt: Grube 09	Fundnummer: 191/97	Schicht: 03
Quadrant: 1013 NW	Abbauschicht: 06-VI	Lage (Sektor): 21
Keramiktyp: handgeformt	Anzahl der Keramik: 1	Gewicht der Keramik: 2 g
Keramiktyp: langsam gedreht 2	Anzahl der Keramik: 1	Gewicht der Keramik: 8 g
Keramiktyp: Tonwanne	Anzahl der Keramik: 1	Gewicht der Keramik: 3 g

Siedlungsobjekt: Grube 09	Fundnummer: 197/97	Schicht: 03
Quadrant: 1013 NW	Abbauschicht: 07-VII	Lage (Sektor): 21
Keramiktyp: handgeformt	Anzahl der Keramik: 1	Gewicht der Keramik: 1 g
Keramiktyp: langsam gedreht 3	Anzahl der Keramik: 1	Gewicht der Keramik: 5 g

Siedlungsobjekt: Grube 09	Fundnummer: 419/97	Schicht: 03
Quadrant: 1013 NW	Abbauschicht: 08-VIII	Lage (Sektor): 21
Keramiktyp: handgeformt	Anzahl der Keramik: 1	Gewicht der Keramik: 37 g
Keramiktyp: Tondüse		
Keramiktyp: Tonwanne	Anzahl der Keramik: 1	Gewicht der Keramik: 61 g

Siedlungsobjekt: Grube 10	Fundnummer: 331/95	Schicht: 09
Quadrant: 1013	Abbauschicht: 03-III	Lage (Sektor): 18
Keramiktyp: langsam gedreht 1	Anzahl der Keramik: 1	Gewicht der Keramik: 20 g
Keramiktyp: langsam gedreht 3	Anzahl der Keramik: 1	Gewicht der Keramik: 6 g

Siedlungsobjekt: Grube 10	Fundnummer: 336/95	Schicht: 09
Quadrant: 1013	Abbauschicht: 03-III	Lage (Sektor): 19
Keramiktyp: unbestimmt	Anzahl der Keramik: 1	Gewicht der Keramik: 36 g

Siedlungsobjekt: Grube 10	Fundnummer: 322/95	Schicht: 09
Quadrant: 1013	Abbauschicht: 03-III	Lage (Sektor): 23
Keramiktyp: langsam gedreht 1	Anzahl der Keramik: 1	Gewicht der Keramik: 5 g
Keramiktyp: langsam gedreht 3	Anzahl der Keramik: 4	Gewicht der Keramik: 32 g

Siedlungsobjekt: Grube 10	Fundnummer: 332/95	Schicht: 09
Quadrant: 1013	Abbauschicht: 03-III	Lage (Sektor): 23
Keramiktyp: Backglocke	Anzahl der Keramik: 1	Gewicht der Keramik: 66 g
Keramiktyp: langsam gedreht 3	Anzahl der Keramik: 2	Gewicht der Keramik: 64 g

Siedlungsobjekt: Grube 10	Fundnummer: 337/95	Schicht: 09
Quadrant: 1013	Abbauschicht: 03-III	Lage (Sektor): 24
Keramiktyp: handgeformt	Anzahl der Keramik: 3	Gewicht der Keramik: 46 g
Keramiktyp: langsam gedreht 1	Anzahl der Keramik: 1	Gewicht der Keramik: 7 g

Siedlungsobjekt: Grube 10	Fundnummer: 906/95	Schicht: 15
Quadrant: 1013	Abbauschicht: 04-IV	Lage (Sektor): 13
Keramiktyp: langsam gedreht 2	Anzahl der Keramik: 1	Gewicht der Keramik: 17 g

Siedlungsobjekt: Grube 10	Fundnummer: 913/95	Schicht: 15
Quadrant: 1013	Abbauschicht: 04-IV	Lage (Sektor): 18
Keramiktyp: handgeformt	Anzahl der Keramik: 1	Gewicht der Keramik: 8 g
Keramiktyp: Tondüse		

Siedlungsobjekt: Grube 10	Fundnummer: 916/95	Schicht: 15
Quadrant: 1013	Abbauschicht: 04-IV	Lage (Sektor): 19
Keramiktyp: Backglocke	Anzahl der Keramik: 1	Gewicht der Keramik: 120 g
Keramiktyp: handgeformt	Anzahl der Keramik: 5	Gewicht der Keramik: 99 g
Keramiktyp: langsam gedreht 3	Anzahl der Keramik: 2	Gewicht der Keramik: 8 g

Siedlungsobjekt: Grube 10	Fundnummer: 919/95	Schicht: 15
Quadrant: 1013	Abbauschicht: 04-IV	Lage (Sektor): 20
Keramiktyp: langsam gedreht 3	Anzahl der Keramik: 1	Gewicht der Keramik: 6 g

Siedlungsobjekt: Grube 10	Fundnummer: 915/95	Schicht: 15
Quadrant: 1013	Abbauschicht: 04-IV	Lage (Sektor): 23
Keramiktyp: langsam gedreht 3	Anzahl der Keramik: 2	Gewicht der Keramik: 16 g
Keramiktyp: Tondüse		

Siedlungsobjekt: Grube 10	Fundnummer: 917/95	Schicht: 15
Quadrant: 1013	Abbauschicht: 04-IV	Lage (Sektor): 24
Keramiktyp: Backglocke	Anzahl der Keramik: 2	Gewicht der Keramik: 34 g
Keramiktyp: handgeformt	Anzahl der Keramik: 1	Gewicht der Keramik: 4 g
Keramiktyp: langsam gedreht 2	Anzahl der Keramik: 1	Gewicht der Keramik: 33 g
Keramiktyp: langsam gedreht 3	Anzahl der Keramik: 1	Gewicht der Keramik: 6 g

Siedlungsobjekt: Grube 10	Fundnummer: 936/95	Schicht: 15
Quadrant: 1013	Abbauschicht: 05-V	Lage (Sektor): 18
Keramiktyp: handgeformt	Anzahl der Keramik: 1	Gewicht der Keramik: 14 g
Keramiktyp: langsam gedreht 1	Anzahl der Keramik: 1	Gewicht der Keramik: 14 g
Keramiktyp: Tondüse		

Siedlungsobjekt: Grube 10	Fundnummer: 1101/95	Schicht: 15
Quadrant: 1013	Abbauschicht: 05-V	Lage (Sektor): 19
Keramiktyp: Backglocke	Anzahl der Keramik: 3	Gewicht der Keramik: 91 g
Keramiktyp: langsam gedreht 2	Anzahl der Keramik: 2	Gewicht der Keramik: 14 g
Keramiktyp: langsam gedreht 3	Anzahl der Keramik: 1	Gewicht der Keramik: 11 g

Siedlungsobjekt: Grube 10	Fundnummer: 938/95	Schicht: 15
Quadrant: 1013	Abbauschicht: 05-V	Lage (Sektor): 19
Keramiktyp: handgeformt	Anzahl der Keramik: 2	Gewicht der Keramik: 38 g
Keramiktyp: langsam gedreht 1	Anzahl der Keramik: 2	Gewicht der Keramik: 17 g
Keramiktyp: langsam gedreht 3	Anzahl der Keramik: 3	Gewicht der Keramik: 10 g

Siedlungsobjekt: Grube 10	Fundnummer: 1131/95	Schicht: 15
Quadrant: 1013	Abbauschicht: 05-V	Lage (Sektor): 20
Keramiktyp: langsam gedreht 2	Anzahl der Keramik: 1	Gewicht der Keramik: 20 g

Siedlungsobjekt: Grube 10	Fundnummer: 942/95	Schicht: 15
Quadrant: 1013	Abbauschicht: 05-V	Lage (Sektor): 20
Keramiktyp: langsam gedreht 2	Anzahl der Keramik: 2	Gewicht der Keramik: 28 g
Keramiktyp: langsam gedreht 3	Anzahl der Keramik: 2	Gewicht der Keramik: 44 g
Keramiktyp: Tondüse		

Siedlungsobjekt: Grube 10	Fundnummer: 1133/95	Schicht: 15
Quadrant: 1013	Abbauschicht: 05-V	Lage (Sektor): 24
Keramiktyp: handgeformt	Anzahl der Keramik: 1	Gewicht der Keramik: 14 g
Keramiktyp: langsam gedreht 1	Anzahl der Keramik: 1	Gewicht der Keramik: 4 g
Keramiktyp: langsam gedreht 2	Anzahl der Keramik: 1	Gewicht der Keramik: 7 g
Keramiktyp: langsam gedreht 3	Anzahl der Keramik: 3	Gewicht der Keramik: 40 g

Siedlungsobjekt: Grube 10	Fundnummer: 1142/95	Schicht: 15
Quadrant: 1013	Abbauschicht: 06-VI	Lage (Sektor): 18
Keramiktyp: langsam gedreht 3	Anzahl der Keramik: 2	Gewicht der Keramik: 9 g
Keramiktyp: Tondüse		

Siedlungsobjekt: Grube 10	Fundnummer: 1143/95	Schicht: 15
Quadrant: 1013	Abbauschicht: 06-VI	Lage (Sektor): 19
Keramiktyp: handgeformt	Anzahl der Keramik: 4	Gewicht der Keramik: 22 g

Siedlungsobjekt: Grube 10	Fundnummer: 1149/95	Schicht: 15
Quadrant: 1013	Abbauschicht: 06-VI	Lage (Sektor): 19
Keramiktyp: langsam gedreht 2	Anzahl der Keramik: 2	Gewicht der Keramik: 15 g

Siedlungsobjekt: Grube 10	Fundnummer: 1102/95	Schicht: 15
Quadrant: 1013	Abbauschicht: 06-VI	Lage (Sektor): 20
Keramiktyp: langsam gedreht 2	Anzahl der Keramik: 1	Gewicht der Keramik: 5 g

Siedlungsobjekt: Grube 10	Fundnummer: 1148/95	Schicht: 15
Quadrant: 1013	Abbauschicht: 06-VI	Lage (Sektor): 24
Keramiktyp: langsam gedreht 1	Anzahl der Keramik: 2	Gewicht der Keramik: 14 g
Keramiktyp: langsam gedreht 2	Anzahl der Keramik: 2	Gewicht der Keramik: 64 g
Keramiktyp: langsam gedreht 3	Anzahl der Keramik: 1	Gewicht der Keramik: 4 g
Keramiktyp: unbestimmt	Anzahl der Keramik: 1	Gewicht der Keramik: 14 g

Siedlungsobjekt: Grube 10	Fundnummer: 1150/95	Schicht: 15
Quadrant: 1013	Abbauschicht: 06-VI	Lage (Sektor): 25
Keramiktyp: langsam gedreht 2	Anzahl der Keramik: 1	Gewicht der Keramik: 2 g

Siedlungsobjekt: Grube 10	Fundnummer: 1111/95	Schicht: 15
Quadrant: 1013	Abbauschicht: 07-VII	Lage (Sektor): 18
Keramiktyp: langsam gedreht 3	Anzahl der Keramik: 1	Gewicht der Keramik: 2 g

Siedlungsobjekt: Grube 10	Fundnummer: 1122/95	Schicht: 15
Quadrant: 1013	Abbauschicht: 07-VII	Lage (Sektor): 19
Keramiktyp: langsam gedreht 3	Anzahl der Keramik: 1	Gewicht der Keramik: 2 g

Siedlungsobjekt: Grube 10	Fundnummer: 1257/95	Schicht: 15
Quadrant: 1013	Abbauschicht: 07-VII	Lage (Sektor): 19
Keramiktyp: Tondüse		

Siedlungsobjekt: Grube 10	Fundnummer: 1123/95	Schicht: 15
Quadrant: 1013	Abbauschicht: 07-VII	Lage (Sektor): 20
Keramiktyp: langsam gedreht 3	Anzahl der Keramik: 3	Gewicht der Keramik: 29 g

Siedlungsobjekt: Grube 10	Fundnummer: 1259/95	Schicht: 15
Quadrant: 1013	Abbauschicht: 07-VII	Lage (Sektor): 20
Keramiktyp: handgeformt	Anzahl der Keramik: 1	Gewicht der Keramik: 3 g
Keramiktyp: langsam gedreht 2	Anzahl der Keramik: 1	Gewicht der Keramik: 10 g

Siedlungsobjekt: Grube 10	Fundnummer: 1256/95	Schicht: 15
Quadrant: 1013	Abbauschicht: 07-VII	Lage (Sektor): 24
Keramiktyp: Backglocke	Anzahl der Keramik: 1	Gewicht der Keramik: 10 g
Keramiktyp: langsam gedreht 2	Anzahl der Keramik: 1	Gewicht der Keramik: 8 g
Keramiktyp: langsam gedreht 3	Anzahl der Keramik: 1	Gewicht der Keramik: 20 g

Siedlungsobjekt: Grube 10	Fundnummer: 1117/95	Schicht: 15
Quadrant: 1013	Abbauschicht: 08-VIII	Lage (Sektor): 19
Keramiktyp: Backglocke	Anzahl der Keramik: 1	Gewicht der Keramik: 19 g
Keramiktyp: handgeformt	Anzahl der Keramik: 1	Gewicht der Keramik: 6 g
Keramiktyp: langsam gedreht 3	Anzahl der Keramik: 3	Gewicht der Keramik: 8 g

Siedlungsobjekt: Grube 10	Fundnummer: 1263/95	Schicht: 15
Quadrant: 1013	Abbauschicht: 08-VIII	Lage (Sektor): 19
Keramiktyp: handgeformt	Anzahl der Keramik: 1	Gewicht der Keramik: 1 g
Keramiktyp: Tondüse		

Siedlungsobjekt: Grube 10	Fundnummer: 1267/95	Schicht: 15
Quadrant: 1013	Abbauschicht: 08-VIII	Lage (Sektor): 19
Keramiktyp: handgeformt	Anzahl der Keramik: 1	Gewicht der Keramik: 28 g

Siedlungsobjekt: Grube 10	Fundnummer: 1266/95	Schicht: 15
Quadrant: 1013	Abbauschicht: 08-VIII	Lage (Sektor): 24
Keramiktyp: Backglocke	Anzahl der Keramik: 1	Gewicht der Keramik: 48 g
Keramiktyp: langsam gedreht 3	Anzahl der Keramik: 2	Gewicht der Keramik: 6 g

Siedlungsobjekt: Grube 10	Fundnummer: 1268/95	Schicht: 15
Quadrant: 1013	Abbauschicht: 08-VIII	Lage (Sektor): 25
Keramiktyp: langsam gedreht 1	Anzahl der Keramik: 1	Gewicht der Keramik: 4 g
Keramiktyp: langsam gedreht 2	Anzahl der Keramik: 1	Gewicht der Keramik: 8 g

Siedlungsobjekt: Grube 10	Fundnummer: 1126/95	Schicht: 15
Quadrant: 1013	Abbauschicht: 09-IX	Lage (Sektor): 19
Keramiktyp: Backglocke	Anzahl der Keramik: 1	Gewicht der Keramik: 13 g

Siedlungsobjekt: Grube 11	Fundnummer: 373/95	Schicht: 03
Quadrant: 1113	Abbauschicht: 03-III	Lage (Sektor): 07
Keramiktyp: handgeformt	Anzahl der Keramik: 1	Gewicht der Keramik: 27 g
Keramiktyp: langsam gedreht 1	Anzahl der Keramik: 1	Gewicht der Keramik: 20 g
Keramiktyp: Tondüse		

Siedlungsobjekt: Grube 11	Fundnummer: 376/95	Schicht: 03
Quadrant: 1113	Abbauschicht: 03-III	Lage (Sektor): 09
Keramiktyp: Tondüse		

Siedlungsobjekt: Grube 11	Fundnummer: 378/95	Schicht: 03
Quadrant: 1113	Abbauschicht: 03-III	Lage (Sektor): 10
Keramiktyp: Tondüse		

Siedlungsobjekt: Grube 11	Fundnummer: 390/95	Schicht: 03
Quadrant: 1113	Abbauschicht: 04-IV	Lage (Sektor): 07
Keramiktyp: langsam gedreht 3	Anzahl der Keramik: 2	Gewicht der Keramik: 16 g
Keramiktyp: Tondüse		

Siedlungsobjekt: **Grube 11**	Fundnummer: 391/95	Schicht: 03
Quadrant: 1113	Abbauschicht: 04-IV	Lage (Sektor): 08
Keramiktyp: Tondüse		

Siedlungsobjekt: **Grube 11**	Fundnummer: 400/95	Schicht: 03
Quadrant: 1113	Abbauschicht: 05-V	Lage (Sektor): 07
Keramiktyp: handgeformt	Anzahl der Keramik: 1	Gewicht der Keramik: 26 g
Keramiktyp: langsam gedreht 1	Anzahl der Keramik: 1	Gewicht der Keramik: 3 g
Keramiktyp: Tondüse		

Siedlungsobjekt: **Grube 11**	Fundnummer: 951/95	Schicht: 03
Quadrant: 1113	Abbauschicht: 05-V	Lage (Sektor): 08
Keramiktyp: handgeformt	Anzahl der Keramik: 2	Gewicht der Keramik: 86 g
Keramiktyp: Tondüse		

Siedlungsobjekt: **Grube 11**	Fundnummer: 362/95	Schicht: 03
Quadrant: 1113	Abbauschicht: 06-VI	Lage (Sektor): 07
Keramiktyp: handgeformt	Anzahl der Keramik: 3	Gewicht der Keramik: 52 g

Siedlungsobjekt: **Grube 11**	Fundnummer: 962/95	Schicht: 03
Quadrant: 1113	Abbauschicht: 06-VI	Lage (Sektor): 07
Keramiktyp: Tondüse		

Siedlungsobjekt: **Grube 11**	Fundnummer: 11/95	Schicht: 03
Quadrant: 1113	Abbauschicht: 06-VI	Lage (Sektor): 08
Keramiktyp: Tondüse		

Siedlungsobjekt: **Grube 11**	Fundnummer: 978/95	Schicht: 03
Quadrant: 1113	Abbauschicht: 07-VII	Lage (Sektor): 08
Keramiktyp: Tondüse		

Siedlungsobjekt: **Grube 11**	Fundnummer: 979/95	Schicht: 03
Quadrant: 1113	Abbauschicht: 07-VII	Lage (Sektor): 13
Keramiktyp: langsam gedreht 3	Anzahl der Keramik: 1	Gewicht der Keramik: 4 g

Siedlungsobjekt: **Grube 11**	Fundnummer: 982/95	Schicht: 03
Quadrant: 1113	Abbauschicht: 08-VIII	Lage (Sektor): 07
Keramiktyp: Tondüse		

Siedlungsobjekt: **Grube 11**	Fundnummer: 974/95	Schicht: 03
Quadrant: 1113	Abbauschicht: 08-VIII	Lage (Sektor): 8
Keramiktyp: Tondüse		

Siedlungsobjekt: **Grube 11**	Fundnummer: 983/95	Schicht: 03
Quadrant: 1113	Abbauschicht: 09-IX	Lage (Sektor): 08
Keramiktyp: Tondüse		

Siedlungsobjekt: **Grube 11**	Fundnummer: 173/97	Schicht: 04
Quadrant: 1113 NO	Abbauschicht: 03-III	Lage (Sektor): 02
Keramiktyp: langsam gedreht 1	Anzahl der Keramik: 1	Gewicht der Keramik: 40 g

Siedlungsobjekt: Grube 11	Fundnummer: 174/97	Schicht: 04
Quadrant: 1113 NO	Abbauschicht: 03-III	Lage (Sektor): 03
Keramiktyp: langsam gedreht 1	Anzahl der Keramik: 2	Gewicht der Keramik: 12 g
Keramiktyp: Tondüse		

Siedlungsobjekt: Grube 11	Fundnummer: 161/97	Schicht: 08
Quadrant: 1113 NW	Abbauschicht: 04-IV	Lage (Sektor): 06
Keramiktyp: handgeformt	Anzahl der Keramik: 1	Gewicht der Keramik: 14 g

Siedlungsobjekt: Grube 11	Fundnummer: 162/97	Schicht: 08
Quadrant: 1113 NW	Abbauschicht: 04-IV	Lage (Sektor): 11
Keramiktyp: handgeformt	Anzahl der Keramik: 1	Gewicht der Keramik: 7 g

Siedlungsobjekt: Grube 11	Fundnummer: 178/97	Schicht: 08
Quadrant: 1113 NW	Abbauschicht: 05-V	Lage (Sektor): 06
Keramiktyp: langsam gedreht 1	Anzahl der Keramik: 2	Gewicht der Keramik: 10 g
Keramiktyp: Tondüse		

Siedlungsobjekt: Grube 11	Fundnummer: 202/97	Schicht: 08
Quadrant: 1113 NW	Abbauschicht: 05-V	Lage (Sektor): 06
Keramiktyp: Tondüse		

Siedlungsobjekt: Grube 12	Fundnummer: 1057/97	Schicht: 02
Quadrant: 0814	Abbauschicht: 01-I	Lage (Sektor): 10
Keramiktyp: langsam gedreht 1	Anzahl der Keramik: 2	Gewicht der Keramik: 18 g

Siedlungsobjekt: Grube 12	Fundnummer: 1035/97	Schicht: 02
Quadrant: 0814	Abbauschicht: 02-II	Lage (Sektor): 04
Keramiktyp: langsam gedreht 1	Anzahl der Keramik: 2	Gewicht der Keramik: 16 g

Siedlungsobjekt: Grube 12	Fundnummer: 1074/97	Schicht: 02
Quadrant: 0814	Abbauschicht: 02-II	Lage (Sektor): 05
Keramiktyp: Backglocke	Anzahl der Keramik: 1	Gewicht der Keramik: 6 g

Siedlungsobjekt: Grube 12	Fundnummer: 1147/97	Schicht: 02
Quadrant: 0814	Abbauschicht: 03-III	Lage (Sektor): 05
Keramiktyp: langsam gedreht 2	Anzahl der Keramik: 3	Gewicht der Keramik: 68 g

Siedlungsobjekt: Grube 12	Fundnummer: 1270/97	Schicht: 02
Quadrant: 0814	Abbauschicht: 04-IV	Lage (Sektor): keine Angabe
Keramiktyp: Backglocke	Anzahl der Keramik: 5	Gewicht der Keramik: 61 g
Keramiktyp: handgeformt	Anzahl der Keramik: 4	Gewicht der Keramik: 172 g
Keramiktyp: langsam gedreht 1	Anzahl der Keramik: 3	Gewicht der Keramik: 56 g
Keramiktyp: langsam gedreht 3	Anzahl der Keramik: 1	Gewicht der Keramik: 44 g

Siedlungsobjekt: Grube 13	Fundnummer: 788/97	Schicht: 46
Quadrant: 1212, 1213	Abbauschicht: keine Angabe	Lage (Sektor): x = 1-2.5; y = 4-5
Keramiktyp: handgeformt	Anzahl der Keramik: 2	Gewicht der Keramik: 34 g

| **Siedlungsobjekt: Grube 13**
Quadrant: 1212, 1213 | Fundnummer: 730/97
Abbauschicht: keine Angabe | Schicht: 13
Lage (Sektor): x = 1-5, y = 3-5 |
| **Keramiktyp: langsam gedreht 1** | Anzahl der Keramik: 1 | Gewicht der Keramik: 34 g |

| **Siedlungsobjekt: Ofen 1**
Quadrant: 1212 | Fundnummer: 1222/95
Abbauschicht: 02-II | Schicht: 02
Lage (Sektor): im Ofen (18) |
| **Keramiktyp: langsam gedreht 3** | Anzahl der Keramik: 1 | Gewicht der Keramik: 6 g |

Siedlungsobjekt: Pfostenbau Quadrant: 0614	Fundnummer: 423/97 Abbauschicht: 03-III	Schicht: 09 Lage (Sektor): 20
Keramiktyp: langsam gedreht 2	Anzahl der Keramik: 1	Gewicht der Keramik: 116 g
Keramiktyp: langsam gedreht 3	Anzahl der Keramik: 2	Gewicht der Keramik: 133 g
Keramiktyp: Tonwanne	Anzahl der Keramik: 3	Gewicht der Keramik: 639 g

| **Siedlungsobjekt: Pfostenbau**
Quadrant: 0614 | Fundnummer: 112/97
Abbauschicht: 03-III | Schicht: 09
Lage (Sektor): 25 |
| **Keramiktyp: handgeformt** | Anzahl der Keramik: 1 | Gewicht der Keramik: 16 g |

Siedlungsobjekt: Pfostenbau Quadrant: 0614	Fundnummer: 118/97 Abbauschicht: 03-III	Schicht: 09 Lage (Sektor): 25
Keramiktyp: langsam gedreht 3	Anzahl der Keramik: 1	Gewicht der Keramik: 11 g
Keramiktyp: Tonwanne	Anzahl der Keramik: 1	Gewicht der Keramik: 6 g

Siedlungsobjekt: Pfostenbau Quadrant: 0615	Fundnummer: 226/94 Abbauschicht: 03-III	Schicht: 08 Lage (Sektor): 9/10
Keramiktyp: langsam gedreht 1	Anzahl der Keramik: 3	Gewicht der Keramik: 14 g
Keramiktyp: langsam gedreht 3	Anzahl der Keramik: 1	Gewicht der Keramik: 13 g

| **Siedlungsobjekt: Pfostenbau**
Quadrant: 0615 | Fundnummer: 612/94
Abbauschicht: 05-V | Schicht: 06
Lage (Sektor): 10 |
| **Keramiktyp: langsam gedreht 1** | Anzahl der Keramik: 1 | Gewicht der Keramik: 7 g |

| **Siedlungsobjekt: Pfostenbau**
Quadrant: 0615 NO | Fundnummer: 1214/97
Abbauschicht: keine Angabe | Schicht: 05
Lage (Sektor): keine Angabe |
| **Keramiktyp: handgeformt** | Anzahl der Keramik: 1 | Gewicht der Keramik: 6 g |

| **Siedlungsobjekt: Pfostenbau**
Quadrant: 0714 | Fundnummer: 169/94
Abbauschicht: 03-III | Schicht: 03
Lage (Sektor): 13 |
| **Keramiktyp: handgeformt** | Anzahl der Keramik: 1 | Gewicht der Keramik: 4 g |

| **Siedlungsobjekt: Pfostenbau**
Quadrant: 0714 | Fundnummer: 190/94
Abbauschicht: 03-III | Schicht: 04
Lage (Sektor): 13 |
| **Keramiktyp: langsam gedreht 1** | Anzahl der Keramik: 1 | Gewicht der Keramik: 2 g |

| **Siedlungsobjekt: Pfostenbau**
Quadrant: 0714 | Fundnummer: 175/94
Abbauschicht: 03-III | Schicht: 04
Lage (Sektor): 14 |
| **Keramiktyp: handgeformt** | Anzahl der Keramik: 1 | Gewicht der Keramik: 10 g |

| **Siedlungsobjekt: Pfostenbau**
Quadrant: 0714 NW | Fundnummer: 959/97
Abbauschicht: 03-III | Schicht: 13
Lage (Sektor): 11 |
| **Keramiktyp: handgeformt** | Anzahl der Keramik: 1 | Gewicht der Keramik: 18 g |

Siedlungsobjekt: Pfostenbau	Fundnummer: 269/94	Schicht: 03
Quadrant: 0715	Abbauschicht: 03-III	Lage (Sektor): keine Angabe
Keramiktyp: handgeformt	Anzahl der Keramik: 1	Gewicht der Keramik: 4 g

Siedlungsobjekt: Pfostenbau	Fundnummer: 502/94	Schicht: 13
Quadrant: 0715	Abbauschicht: 04-IV	Lage (Sektor): 15
Keramiktyp: langsam gedreht 1	Anzahl der Keramik: 2	Gewicht der Keramik: 10 g

Siedlungsobjekt: Pfostenbau	Fundnummer: 513/94	Schicht: 04
Quadrant: 0715	Abbauschicht: 05-V	Lage (Sektor): 13/14
Keramiktyp: handgeformt	Anzahl der Keramik: 1	Gewicht der Keramik: 16 g

Siedlungsobjekt: Pfostenbau	Fundnummer: 519/94	Schicht: 04
Quadrant: 0715	Abbauschicht: 05-V	Lage (Sektor): 13/14
Keramiktyp: handgeformt	Anzahl der Keramik: 1	Gewicht der Keramik: 2 g

Siedlungsobjekt: Pfostenbau	Fundnummer: 1100/97	Schicht: 30
Quadrant: 0814	Abbauschicht: 03-III	Lage (Sektor): 16
Keramiktyp: handgeformt	Anzahl der Keramik: 1	Gewicht der Keramik: 6 g

Katalog der Keramikfunde aus der Siedlung Zillingtal

Siedlungsobjekt: keine	Fundnummer: 52/95	Schicht: 01
Quadrant: 0513	Abbauschicht: 02-II	Lage (Sektor): 08
Keramiktyp: langsam gedreht 3	Anzahl der Keramik: 2	Gewicht der Keramik: 7 g
Siedlungsobjekt: keine	Fundnummer: 60/95	Schicht: 01
Quadrant: 0513	Abbauschicht: 02-II	Lage (Sektor): 09
Keramiktyp: langsam gedreht 3	Anzahl der Keramik: 1	Gewicht der Keramik: 7 g
Siedlungsobjekt: keine	Fundnummer: 54/95	Schicht: 01
Quadrant: 0513	Abbauschicht: 02-II	Lage (Sektor): 10
Keramiktyp: langsam gedreht 1	Anzahl der Keramik: 3	Gewicht der Keramik: 22 g
Siedlungsobjekt: keine	Fundnummer: 55/95	Schicht: 01
Quadrant: 0513	Abbauschicht: 02-II	Lage (Sektor): 12
Keramiktyp: langsam gedreht 1	Anzahl der Keramik: 1	Gewicht der Keramik: 4 g
Siedlungsobjekt: keine	Fundnummer: 56/95	Schicht: 01
Quadrant: 0513	Abbauschicht: 02-II	Lage (Sektor): 13
Keramiktyp: handgeformt	Anzahl der Keramik: 1	Gewicht der Keramik: 10 g
Siedlungsobjekt: keine	Fundnummer: 57/95	Schicht: 01
Quadrant: 0513	Abbauschicht: 02-II	Lage (Sektor): 14
Keramiktyp: langsam gedreht 1	Anzahl der Keramik: 1	Gewicht der Keramik: 4 g
Siedlungsobjekt: keine	Fundnummer: 59/95	Schicht: 01
Quadrant: 0513	Abbauschicht: 02-II	Lage (Sektor): 17
Keramiktyp: handgeformt	Anzahl der Keramik: 1	Gewicht der Keramik: 14 g
Siedlungsobjekt: keine	Fundnummer: 62/95	Schicht: 01
Quadrant: 0513	Abbauschicht: 02-II	Lage (Sektor): 20
Keramiktyp: langsam gedreht 1	Anzahl der Keramik: 2	Gewicht der Keramik: 24 g
Keramiktyp: langsam gedreht 3	Anzahl der Keramik: 1	Gewicht der Keramik: 3 g
Siedlungsobjekt: keine	Fundnummer: 63/95	Schicht: 01
Quadrant: 0513	Abbauschicht: 02-II	Lage (Sektor): 22
Keramiktyp: handgeformt	Anzahl der Keramik: 1	Gewicht der Keramik: 10 g
Siedlungsobjekt: keine	Fundnummer: 64/95	Schicht: 01
Quadrant: 0513	Abbauschicht: 02-II	Lage (Sektor): 23
Keramiktyp: langsam gedreht 1	Anzahl der Keramik: 1	Gewicht der Keramik: 8 g
Siedlungsobjekt: keine	Fundnummer: 65/95	Schicht: 01
Quadrant: 0513	Abbauschicht: 02-II	Lage (Sektor): 24
Keramiktyp: langsam gedreht 1	Anzahl der Keramik: 1	Gewicht der Keramik: 7 g
Siedlungsobjekt: keine	Fundnummer: 66/95	Schicht: 01
Quadrant: 0513	Abbauschicht: 02-II	Lage (Sektor): 25
Keramiktyp: handgeformt	Anzahl der Keramik: 1	Gewicht der Keramik: 4 g
Siedlungsobjekt: keine	Fundnummer: 67/95	Schicht: 01
Quadrant: 0513	Abbauschicht: 03-III	Lage (Sektor): 07
Keramiktyp: langsam gedreht 1	Anzahl der Keramik: 1	Gewicht der Keramik: 12 g

Siedlungsobjekt: keine	Fundnummer: 68/95	Schicht: 01
Quadrant: 0513	Abbauschicht: 03-III	Lage (Sektor): 08
Keramiktyp: handgeformt	Anzahl der Keramik: 2	Gewicht der Keramik: 11 g
Siedlungsobjekt: keine	Fundnummer: 69/95	Schicht: 01
Quadrant: 0513	Abbauschicht: 03-III	Lage (Sektor): 09
Keramiktyp: handgeformt	Anzahl der Keramik: 1	Gewicht der Keramik: 12 g
Siedlungsobjekt: keine	Fundnummer: 70/95	Schicht: 01
Quadrant: 0513	Abbauschicht: 03-III	Lage (Sektor): 10
Keramiktyp: handgeformt	Anzahl der Keramik: 2	Gewicht der Keramik: 33 g
Siedlungsobjekt: keine	Fundnummer: 88/95	Schicht: 01
Quadrant: 0513	Abbauschicht: 03-III	Lage (Sektor): 10
Keramiktyp: unbestimmt	Anzahl der Keramik: 1	Gewicht der Keramik: 5 g
Siedlungsobjekt: keine	Fundnummer: 72/95	Schicht: 01
Quadrant: 0513	Abbauschicht: 03-III	Lage (Sektor): 12
Keramiktyp: handgeformt	Anzahl der Keramik: 1	Gewicht der Keramik: 6 g
Siedlungsobjekt: keine	Fundnummer: 73/95	Schicht: 01
Quadrant: 0513	Abbauschicht: 03-III	Lage (Sektor): 13
Keramiktyp: handgeformt	Anzahl der Keramik: 3	Gewicht der Keramik: 62 g
Keramiktyp: langsam gedreht 1	Anzahl der Keramik: 1	Gewicht der Keramik: 66 g
Siedlungsobjekt: keine	Fundnummer: 75/95	Schicht: 01
Quadrant: 0513	Abbauschicht: 03-III	Lage (Sektor): 15
Keramiktyp: langsam gedreht 1	Anzahl der Keramik: 1	Gewicht der Keramik: 6 g
Siedlungsobjekt: keine	Fundnummer: 79/95	Schicht: 01
Quadrant: 0513	Abbauschicht: 03-III	Lage (Sektor): 20
Keramiktyp: langsam gedreht 3	Anzahl der Keramik: 2	Gewicht der Keramik: 8 g
Siedlungsobjekt: keine	Fundnummer: 80/95	Schicht: 01
Quadrant: 0513	Abbauschicht: 03-III	Lage (Sektor): 22
Keramiktyp: handgeformt	Anzahl der Keramik: 1	Gewicht der Keramik: 26 g
Siedlungsobjekt: keine	Fundnummer: 82/95	Schicht: 01
Quadrant: 0513	Abbauschicht: 03-III	Lage (Sektor): 24
Keramiktyp: handgeformt	Anzahl der Keramik: 1	Gewicht der Keramik: 6 g
Siedlungsobjekt: keine	Fundnummer: 91/95	Schicht: 01
Quadrant: 0513	Abbauschicht: 04-IV	Lage (Sektor): 13
Keramiktyp: Backglocke	Anzahl der Keramik: 1	Gewicht der Keramik: 15 g
Keramiktyp: langsam gedreht 3	Anzahl der Keramik: 1	Gewicht der Keramik: 4 g
Siedlungsobjekt: keine	Fundnummer: 95/95	Schicht: 01
Quadrant: 0513	Abbauschicht: 04-IV	Lage (Sektor): 18
Keramiktyp: handgeformt	Anzahl der Keramik: 1	Gewicht der Keramik: 14 g
Siedlungsobjekt: keine	Fundnummer: 97/95	Schicht: 01
Quadrant: 0513	Abbauschicht: 04-IV	Lage (Sektor): 20
Keramiktyp: handgeformt	Anzahl der Keramik: 1	Gewicht der Keramik: 8 g

Siedlungsobjekt: keine	Fundnummer: 99/95	Schicht: 01
Quadrant: 0513	Abbauschicht: 04-IV	Lage (Sektor): 23
Keramiktyp: langsam gedreht 3	Anzahl der Keramik: 1	Gewicht der Keramik: 6 g
Siedlungsobjekt: keine	Fundnummer: 709/95	Schicht: 01
Quadrant: 0513	Abbauschicht: 05-V	Lage (Sektor): 14
Keramiktyp: handgeformt	Anzahl der Keramik: 1	Gewicht der Keramik: 6 g
Siedlungsobjekt: keine	Fundnummer: 725/95	Schicht: 01
Quadrant: 0513	Abbauschicht: 06-VI	Lage (Sektor): 15
Keramiktyp: langsam gedreht 1	Anzahl der Keramik: 3	Gewicht der Keramik: 22 g
Siedlungsobjekt: keine	Fundnummer: 740/95	Schicht: 01
Quadrant: 0513	Abbauschicht: 07-VII	Lage (Sektor): 15
Keramiktyp: handgeformt	Anzahl der Keramik: 2	Gewicht der Keramik: 20 g
Siedlungsobjekt: keine	Fundnummer: 741/95	Schicht: 01
Quadrant: 0513	Abbauschicht: 08-VIII	Lage (Sektor): 15
Keramiktyp: handgeformt	Anzahl der Keramik: 1	Gewicht der Keramik: 6 g
Siedlungsobjekt: keine	Fundnummer: 1/94	Schicht: 01
Quadrant: 0613	Abbauschicht: 01-I	Lage (Sektor): gesamter Quadrant
Keramiktyp: handgeformt	Anzahl der Keramik: 1	Gewicht der Keramik: 8 g
Siedlungsobjekt: keine	Fundnummer: 16/94	Schicht: 01
Quadrant: 0613	Abbauschicht: 02-II	Lage (Sektor): 07
Keramiktyp: langsam gedreht 2	Anzahl der Keramik: 1	Gewicht der Keramik: 13 g
Siedlungsobjekt: keine	Fundnummer: 13/94	Schicht: 01
Quadrant: 0613	Abbauschicht: 02-II	Lage (Sektor): 14
Keramiktyp: handgeformt	Anzahl der Keramik: 1	Gewicht der Keramik: 10 g
Siedlungsobjekt: keine	Fundnummer: 10/94	Schicht: 01
Quadrant: 0613	Abbauschicht: 02-II	Lage (Sektor): 19
Keramiktyp: handgeformt	Anzahl der Keramik: 2	Gewicht der Keramik: 32 g
Keramiktyp: Tondüse		
Siedlungsobjekt: keine	Fundnummer: 7/94	Schicht: keine Angabe
Quadrant: 0613	Abbauschicht: 02-II	Lage (Sektor): 22
Keramiktyp: langsam gedreht 1	Anzahl der Keramik: 2	Gewicht der Keramik: 38 g
Keramiktyp: langsam gedreht 2	Anzahl der Keramik: 1	Gewicht der Keramik: 8 g
Siedlungsobjekt: keine	Fundnummer: 6/94	Schicht: 01
Quadrant: 0613	Abbauschicht: 02-II	Lage (Sektor): 23
Keramiktyp: handgeformt	Anzahl der Keramik: 1	Gewicht der Keramik: 10 g
Keramiktyp: langsam gedreht 1	Anzahl der Keramik: 5	Gewicht der Keramik: 103 g
Siedlungsobjekt: keine	Fundnummer: 5/94	Schicht: 01
Quadrant: 0613	Abbauschicht: 02-II	Lage (Sektor): 25
Keramiktyp: handgeformt	Anzahl der Keramik: 1	Gewicht der Keramik: 10 g

Siedlungsobjekt: keine	Fundnummer: 48/94	Schicht: 01
Quadrant: 0613	Abbauschicht: 03-III	Lage (Sektor): 10
Keramiktyp: Tonwanne	Anzahl der Keramik: 1	Gewicht der Keramik: 26 g
Siedlungsobjekt: keine	Fundnummer: 43/94	Schicht: 01
Quadrant: 0613	Abbauschicht: 03-III	Lage (Sektor): 17
Keramiktyp: langsam gedreht 1	Anzahl der Keramik: 1	Gewicht der Keramik: 10 g
Siedlungsobjekt: keine	Fundnummer: 41/94	Schicht: 01
Quadrant: 0613	Abbauschicht: 03-III	Lage (Sektor): 19
Keramiktyp: handgeformt	Anzahl der Keramik: 2	Gewicht der Keramik: 56 g
Siedlungsobjekt: keine	Fundnummer: 35/94	Schicht: 01
Quadrant: 0613	Abbauschicht: 03-III	Lage (Sektor): 22
Keramiktyp: handgeformt	Anzahl der Keramik: 1	Gewicht der Keramik: 5 g
Keramiktyp: langsam gedreht 1	Anzahl der Keramik: 2	Gewicht der Keramik: 38 g
Siedlungsobjekt: keine	Fundnummer: 37/94	Schicht: 01
Quadrant: 0613	Abbauschicht: 03-III	Lage (Sektor): 24
Keramiktyp: handgeformt	Anzahl der Keramik: 2	Gewicht der Keramik: 7 g
Siedlungsobjekt: keine	Fundnummer: 38/94	Schicht: 01
Quadrant: 0613	Abbauschicht: 03-III	Lage (Sektor): 25
Keramiktyp: handgeformt	Anzahl der Keramik: 1	Gewicht der Keramik: 16 g
Keramiktyp: langsam gedreht 2	Anzahl der Keramik: 1	Gewicht der Keramik: 10 g
Siedlungsobjekt: keine	Fundnummer: 102/95	Schicht: keine Angabe
Quadrant: 0613	Abbauschicht: 04-IV	Lage (Sektor): keine Angabe
Keramiktyp: langsam gedreht 1	Anzahl der Keramik: 2	Gewicht der Keramik: 34 g
Siedlungsobjekt: keine	Fundnummer: 103/95	Schicht: 08
Quadrant: 0613	Abbauschicht: 06-VI	Lage (Sektor): 08
Keramiktyp: langsam gedreht 1	Anzahl der Keramik: 1	Gewicht der Keramik: 6 g
Siedlungsobjekt: keine	Fundnummer: 1366/95	Schicht: 16
Quadrant: 0613	Abbauschicht: 06-VI	Lage (Sektor): 15
Keramiktyp: handgeformt	Anzahl der Keramik: 1	Gewicht der Keramik: 34 g
Siedlungsobjekt: keine	Fundnummer: 1367/95	Schicht: 07
Quadrant: 0613	Abbauschicht: 06-VI	Lage (Sektor): 19
Keramiktyp: langsam gedreht 1	Anzahl der Keramik: 2	Gewicht der Keramik: 16 g
Siedlungsobjekt: keine	Fundnummer: 111/95	Schicht: 05
Quadrant: 0613	Abbauschicht: 06-VI	Lage (Sektor): 22
Keramiktyp: langsam gedreht 1	Anzahl der Keramik: 1	Gewicht der Keramik: 13 g
Siedlungsobjekt: keine	Fundnummer: 1381/95	Schicht: 09
Quadrant: 0613	Abbauschicht: 07-VII	Lage (Sektor): 09
Keramiktyp: langsam gedreht 1	Anzahl der Keramik: 4	Gewicht der Keramik: 114 g

Siedlungsobjekt: keine	Fundnummer: 1380/95	Schicht: 14
Quadrant: 0613	Abbauschicht: 07-VII	Lage (Sektor): keine Angabe
Keramiktyp: Tondüse		

Siedlungsobjekt: keine	Fundnummer: 8/94	Schicht: keine Angabe
Quadrant: 0613	Abbauschicht: keine Angabe	Lage (Sektor): 17
Keramiktyp: handgeformt	Anzahl der Keramik: 1	Gewicht der Keramik: 22 g
Keramiktyp: langsam gedreht 3	Anzahl der Keramik: 1	Gewicht der Keramik: 16 g

Siedlungsobjekt: keine	Fundnummer: 21/97	Schicht: 01
Quadrant: 0614	Abbauschicht: 01-I	Lage (Sektor): 07
Keramiktyp: langsam gedreht 3	Anzahl der Keramik: 1	Gewicht der Keramik: 5 g

Siedlungsobjekt: keine	Fundnummer: 9/97	Schicht: 01
Quadrant: 0614	Abbauschicht: 01-I	Lage (Sektor): 09
Keramiktyp: langsam gedreht 2	Anzahl der Keramik: 1	Gewicht der Keramik: 13 g

Siedlungsobjekt: keine	Fundnummer: 11/97	Schicht: 01
Quadrant: 0614	Abbauschicht: 01-I	Lage (Sektor): 20
Keramiktyp: langsam gedreht 1	Anzahl der Keramik: 1	Gewicht der Keramik: 8 g

Siedlungsobjekt: keine	Fundnummer: 2/97	Schicht: 01
Quadrant: 0614	Abbauschicht: 01-I	Lage (Sektor): 22
Keramiktyp: handgeformt	Anzahl der Keramik: 1	Gewicht der Keramik: 6 g

Siedlungsobjekt: keine	Fundnummer: 3/97	Schicht: 01
Quadrant: 0614	Abbauschicht: 01-I	Lage (Sektor): keine Angabe
Keramiktyp: langsam gedreht 1	Anzahl der Keramik: 1	Gewicht der Keramik: 8 g

Siedlungsobjekt: keine	Fundnummer: 34/97	Schicht: 01
Quadrant: 0614	Abbauschicht: 02-II	Lage (Sektor): 19
Keramiktyp: langsam gedreht 2	Anzahl der Keramik: 1	Gewicht der Keramik: 19 g

Siedlungsobjekt: keine	Fundnummer: 36/97	Schicht: 02
Quadrant: 0614	Abbauschicht: 02-II	Lage (Sektor): 20
Keramiktyp: langsam gedreht 2	Anzahl der Keramik: 1	Gewicht der Keramik: 4 g

Siedlungsobjekt: keine	Fundnummer: 43/97	Schicht: 06(?)
Quadrant: 0614	Abbauschicht: 03-III	Lage (Sektor): 06
Keramiktyp: handgeformt	Anzahl der Keramik: 1	Gewicht der Keramik: 15 g

Siedlungsobjekt: keine	Fundnummer: 109/97	Schicht: 03, 04a
Quadrant: 0614	Abbauschicht: 03-III	Lage (Sektor): 12
Keramiktyp: Tonwanne	Anzahl der Keramik: 1	Gewicht der Keramik: 8 g

Siedlungsobjekt: keine	Fundnummer: 137/97	Schicht: keine Angabe
Quadrant: 0614	Abbauschicht: 03-III	Lage (Sektor): 14
Keramiktyp: handgeformt	Anzahl der Keramik: 1	Gewicht der Keramik: 12 g

Siedlungsobjekt: keine	Fundnummer: 316/97	Schicht: 03, 04a
Quadrant: 0614	Abbauschicht: 04-IV	Lage (Sektor): 09
Keramiktyp: Tonwanne	Anzahl der Keramik: 1	Gewicht der Keramik: 10 g

Siedlungsobjekt: keine	Fundnummer: 320/97	Schicht: 03, 04a
Quadrant: 0614	Abbauschicht: 04-IV	Lage (Sektor): 10
Keramiktyp: Backglocke	Anzahl der Keramik: 1	Gewicht der Keramik: 2 g

Siedlungsobjekt: keine	Fundnummer: 510/97	Schicht: 15
Quadrant: 0614	Abbauschicht: keine Angabe	Lage (Sektor): 14/15
Keramiktyp: langsam gedreht 2	Anzahl der Keramik: 1	Gewicht der Keramik: 67 g

Siedlungsobjekt: keine	Fundnummer: 121/97	Schicht: 16
Quadrant: 0614	Abbauschicht: keine Angabe	Lage (Sektor): 25
Keramiktyp: langsam gedreht 1	Anzahl der Keramik: 1	Gewicht der Keramik: 10 g

Siedlungsobjekt: keine	Fundnummer: 553/97	Schicht: 21
Quadrant: 0614	Abbauschicht: keine Angabe	Lage (Sektor): 25
Keramiktyp: langsam gedreht 1	Anzahl der Keramik: 1	Gewicht der Keramik: 5 g

Siedlungsobjekt: keine	Fundnummer: 206/94	Schicht: 01
Quadrant: 0615	Abbauschicht: 02-II	Lage (Sektor): 24
Keramiktyp: langsam gedreht 1	Anzahl der Keramik: 1	Gewicht der Keramik: 8 g

Siedlungsobjekt: keine	Fundnummer: 608/94	Schicht: 03
Quadrant: 0615	Abbauschicht: 03-III	Lage (Sektor): 10
Keramiktyp: handgeformt	Anzahl der Keramik: 1	Gewicht der Keramik: 4 g

Siedlungsobjekt: keine	Fundnummer: 240/94	Schicht: 01
Quadrant: 0615	Abbauschicht: 03-III	Lage (Sektor): 11 (sic!)
Keramiktyp: langsam gedreht 1	Anzahl der Keramik: 2	Gewicht der Keramik: 24 g

Siedlungsobjekt: keine	Fundnummer: 231/94	Schicht: 12
Quadrant: 0615	Abbauschicht: 03-III	Lage (Sektor): 23
Keramiktyp: handgeformt	Anzahl der Keramik: 1	Gewicht der Keramik: 8 g

Siedlungsobjekt: keine	Fundnummer: 250/94	Schicht: 03
Quadrant: 0615	Abbauschicht: 03-III	Lage (Sektor): 24
Keramiktyp: langsam gedreht 1	Anzahl der Keramik: 1	Gewicht der Keramik: 4 g

Siedlungsobjekt: keine	Fundnummer: 601/94	Schicht: 03
Quadrant: 0615	Abbauschicht: 03-III	Lage (Sektor): 25
Keramiktyp: langsam gedreht 1	Anzahl der Keramik: 1	Gewicht der Keramik: 20 g

Siedlungsobjekt: keine	Fundnummer: 611/94	Schicht: 05
Quadrant: 0615	Abbauschicht: 04-IV	Lage (Sektor): 10
Keramiktyp: langsam gedreht 3	Anzahl der Keramik: 1	Gewicht der Keramik: 6 g

Siedlungsobjekt: keine	Fundnummer: 633/94	Schicht: 17
Quadrant: 0615	Abbauschicht: 04-IV	Lage (Sektor): 14
Keramiktyp: langsam gedreht 3	Anzahl der Keramik: 1	Gewicht der Keramik: 66 g

Siedlungsobjekt: keine	Fundnummer: 614/94	Schicht: 02
Quadrant: 0615	Abbauschicht: 04-IV	Lage (Sektor): 17
Keramiktyp: langsam gedreht 2	Anzahl der Keramik: 1	Gewicht der Keramik: 14 g

Siedlungsobjekt: keine	Fundnummer: 998/97	Schicht: 01
Quadrant: 0615 NO	Abbauschicht: 01-I	Lage (Sektor): 02
Keramiktyp: handgeformt	Anzahl der Keramik: 3	Gewicht der Keramik: 54 g
Siedlungsobjekt: keine	Fundnummer: 100/97	Schicht: 01
Quadrant: 0615 NO	Abbauschicht: 01-I	Lage (Sektor): 03
Keramiktyp: Backglocke	Anzahl der Keramik: 1	Gewicht der Keramik: 21 g
Siedlungsobjekt: keine	Fundnummer: 1269/97	Schicht: keine Angabe
Quadrant: 0615 NO	Abbauschicht: 03-III	Lage (Sektor): 04
Keramiktyp: handgeformt	Anzahl der Keramik: 1	Gewicht der Keramik: 6 g
Siedlungsobjekt: keine	Fundnummer: 1213/97	Schicht: 06
Quadrant: 0615 NO	Abbauschicht: keine Angabe	Lage (Sektor): keine Angabe
Keramiktyp: Backglocke	Anzahl der Keramik: 1	Gewicht der Keramik: 12 g
Keramiktyp: handgeformt	Anzahl der Keramik: 1	Gewicht der Keramik: 4 g
Siedlungsobjekt: keine	Fundnummer: 304/94	Schicht: keine Angabe
Quadrant: 0616	Abbauschicht: 02-II	Lage (Sektor): 07
Keramiktyp: langsam gedreht 2	Anzahl der Keramik: 1	Gewicht der Keramik: 14 g
Siedlungsobjekt: keine	Fundnummer: 312/94	Schicht: 01
Quadrant: 0616	Abbauschicht: 02-II	Lage (Sektor): 08
Keramiktyp: langsam gedreht 1	Anzahl der Keramik: 1	Gewicht der Keramik: 9 g
Siedlungsobjekt: keine	Fundnummer: 305/94	Schicht: keine Angabe
Quadrant: 0616	Abbauschicht: 02-II	Lage (Sektor): 12
Keramiktyp: langsam gedreht 1	Anzahl der Keramik: 1	Gewicht der Keramik: 8 g
Siedlungsobjekt: keine	Fundnummer: 328/94	Schicht: 06
Quadrant: 0616	Abbauschicht: 02-II	Lage (Sektor): 18
Keramiktyp: handgeformt	Anzahl der Keramik: 1	Gewicht der Keramik: 6 g
Siedlungsobjekt: keine	Fundnummer: 309/94	Schicht: 01
Quadrant: 0616	Abbauschicht: 02-II	Lage (Sektor): 23
Keramiktyp: langsam gedreht 1	Anzahl der Keramik: 2	Gewicht der Keramik: 10 g
Siedlungsobjekt: keine	Fundnummer: 318/94	Schicht: 01
Quadrant: 0616	Abbauschicht: 02-II	Lage (Sektor): 25
Keramiktyp: handgeformt	Anzahl der Keramik: 1	Gewicht der Keramik: 8 g
Keramiktyp: langsam gedreht 1	Anzahl der Keramik: 1	Gewicht der Keramik: 4 g
Siedlungsobjekt: keine	Fundnummer: 657/94	Schicht: 02
Quadrant: 0616	Abbauschicht: 03-III	Lage (Sektor): 12
Keramiktyp: langsam gedreht 3	Anzahl der Keramik: 1	Gewicht der Keramik: 13 g
Siedlungsobjekt: keine	Fundnummer: 347/94	Schicht: 06
Quadrant: 0616	Abbauschicht: 03-III	Lage (Sektor): 22
Keramiktyp: handgeformt	Anzahl der Keramik: 1	Gewicht der Keramik: 27 g

Siedlungsobjekt: keine	Fundnummer: 653/94	Schicht: 06
Quadrant: 0616	Abbauschicht: 03-III	Lage (Sektor): 24
Keramiktyp: Tonwanne	Anzahl der Keramik: 1	Gewicht der Keramik: 14 g
Siedlungsobjekt: keine	Fundnummer: 301/94	Schicht: keine Angabe
Quadrant: 0616	Abbauschicht: keine Angabe	Lage (Sektor): 01
Keramiktyp: handgeformt	Anzahl der Keramik: 2	Gewicht der Keramik: 26 g
Keramiktyp: langsam gedreht 1	Anzahl der Keramik: 1	Gewicht der Keramik: 4 g
Siedlungsobjekt: keine	Fundnummer: 52/94	Schicht: 01
Quadrant: 0713	Abbauschicht: 01-I	Lage (Sektor): beim Putzen
Keramiktyp: handgeformt	Anzahl der Keramik: 1	Gewicht der Keramik: 2 g
Siedlungsobjekt: keine	Fundnummer: 59/94	Schicht: 01
Quadrant: 0713	Abbauschicht: 02-II	Lage (Sektor): 08
Keramiktyp: handgeformt	Anzahl der Keramik: 2	Gewicht der Keramik: 16 g
Siedlungsobjekt: keine	Fundnummer: 79/94	Schicht: 04
Quadrant: 0713	Abbauschicht: 02-II	Lage (Sektor): 08
Keramiktyp: Backglocke	Anzahl der Keramik: 2	Gewicht der Keramik: 351 g
Keramiktyp: handgeformt	Anzahl der Keramik: 1	Gewicht der Keramik: 14 g
Siedlungsobjekt: keine	Fundnummer: 60/94	Schicht: 01
Quadrant: 0713	Abbauschicht: 02-II	Lage (Sektor): 09
Keramiktyp: Backglocke	Anzahl der Keramik: 10	Gewicht der Keramik: 253 g
Keramiktyp: handgeformt	Anzahl der Keramik: 1	Gewicht der Keramik: 6 g
Keramiktyp: langsam gedreht 1	Anzahl der Keramik: 2	Gewicht der Keramik: 20 g
Keramiktyp: langsam gedreht 3	Anzahl der Keramik: 1	Gewicht der Keramik: 8 g
Siedlungsobjekt: keine	Fundnummer: 62/94	Schicht: 01
Quadrant: 0713	Abbauschicht: 02-II	Lage (Sektor): 10
Keramiktyp: handgeformt	Anzahl der Keramik: 1	Gewicht der Keramik: 2 g
Keramiktyp: langsam gedreht 1	Anzahl der Keramik: 2	Gewicht der Keramik: 22 g
Keramiktyp: langsam gedreht 3	Anzahl der Keramik: 1	Gewicht der Keramik: 3 g
Siedlungsobjekt: keine	Fundnummer: 63/94	Schicht: 01
Quadrant: 0713	Abbauschicht: 02-II	Lage (Sektor): 12
Keramiktyp: Backglocke	Anzahl der Keramik: 1	Gewicht der Keramik: 72 g
Keramiktyp: handgeformt	Anzahl der Keramik: 1	Gewicht der Keramik: 14 g
Keramiktyp: langsam gedreht 1	Anzahl der Keramik: 2	Gewicht der Keramik: 14 g
Keramiktyp: langsam gedreht 2	Anzahl der Keramik: 1	Gewicht der Keramik: 29 g
Keramiktyp: langsam gedreht 3	Anzahl der Keramik: 1	Gewicht der Keramik: 3 g
Siedlungsobjekt: keine	Fundnummer: 82/94	Schicht: 04
Quadrant: 0713	Abbauschicht: 02-II	Lage (Sektor): 12
Keramiktyp: Backglocke	Anzahl der Keramik: 1	Gewicht der Keramik: 118 g

Siedlungsobjekt: keine	Fundnummer: 64/94	Schicht: 01
Quadrant: 0713	Abbauschicht: 02-II	Lage (Sektor): 13
Keramiktyp: Backglocke	Anzahl der Keramik: 1	Gewicht der Keramik: 287 g
Keramiktyp: handgeformt	Anzahl der Keramik: 2	Gewicht der Keramik: 20 g
Keramiktyp: langsam gedreht 1	Anzahl der Keramik: 2	Gewicht der Keramik: 14 g
Keramiktyp: langsam gedreht 2	Anzahl der Keramik: 2	Gewicht der Keramik: 10 g
Keramiktyp: langsam gedreht 3	Anzahl der Keramik: 1	Gewicht der Keramik: 4 g
Siedlungsobjekt: keine	Fundnummer: 65/94	Schicht: 01
Quadrant: 0713	Abbauschicht: 02-II	Lage (Sektor): 13
Keramiktyp: Backglocke	Anzahl der Keramik: 11	Gewicht der Keramik: 275 g
Keramiktyp: langsam gedreht 1	Anzahl der Keramik: 1	Gewicht der Keramik: 6 g
Keramiktyp: langsam gedreht 3	Anzahl der Keramik: 2	Gewicht der Keramik: 36 g
Siedlungsobjekt: keine	Fundnummer: 85/94	Schicht: 05
Quadrant: 0713	Abbauschicht: 02-II	Lage (Sektor): 13
Keramiktyp: Backglocke	Anzahl der Keramik: 5	Gewicht der Keramik: 30 g
Siedlungsobjekt: keine	Fundnummer: 67/94	Schicht: 01
Quadrant: 0713	Abbauschicht: 02-II	Lage (Sektor): 14
Keramiktyp: Backglocke	Anzahl der Keramik: 10	Gewicht der Keramik: 90 g
Keramiktyp: langsam gedreht 3	Anzahl der Keramik: 2	Gewicht der Keramik: 19 g
Siedlungsobjekt: keine	Fundnummer: 68/94	Schicht: 01
Quadrant: 0713	Abbauschicht: 02-II	Lage (Sektor): 15
Keramiktyp: langsam gedreht 2	Anzahl der Keramik: 1	Gewicht der Keramik: 34 g
Siedlungsobjekt: keine	Fundnummer: 69/94	Schicht: 01
Quadrant: 0713	Abbauschicht: 02-II	Lage (Sektor): 17
Keramiktyp: Backglocke	Anzahl der Keramik: 1	Gewicht der Keramik: 14 g
Keramiktyp: handgeformt	Anzahl der Keramik: 1	Gewicht der Keramik: 15 g
Keramiktyp: langsam gedreht 1	Anzahl der Keramik: 2	Gewicht der Keramik: 14 g
Siedlungsobjekt: keine	Fundnummer: 70/94	Schicht: 01
Quadrant: 0713	Abbauschicht: 02-II	Lage (Sektor): 18
Keramiktyp: Backglocke	Anzahl der Keramik: 5	Gewicht der Keramik: 58 g
Keramiktyp: handgeformt	Anzahl der Keramik: 4	Gewicht der Keramik: 50 g
Keramiktyp: langsam gedreht 1	Anzahl der Keramik: 1	Gewicht der Keramik: 8 g
Keramiktyp: langsam gedreht 2	Anzahl der Keramik: 1	Gewicht der Keramik: 4 g
Siedlungsobjekt: keine	Fundnummer: 90/94	Schicht: 05
Quadrant: 0713	Abbauschicht: 02-II	Lage (Sektor): 19
Keramiktyp: Backglocke	Anzahl der Keramik: 1	Gewicht der Keramik: 7 g
Keramiktyp: langsam gedreht 3	Anzahl der Keramik: 1	Gewicht der Keramik: 1 g
Siedlungsobjekt: keine	Fundnummer: 72/94	Schicht: 01
Quadrant: 0713	Abbauschicht: 02-II	Lage (Sektor): 20
Keramiktyp: Backglocke	Anzahl der Keramik: 1	Gewicht der Keramik: 4 g

Siedlungsobjekt: keine	Fundnummer: 73/94	Schicht: 01
Quadrant: 0713	Abbauschicht: 02-II	Lage (Sektor): 22
Keramiktyp: langsam gedreht 1	Anzahl der Keramik: 1	Gewicht der Keramik: 4 g
Siedlungsobjekt: keine	Fundnummer: 74/94	Schicht: 01
Quadrant: 0713	Abbauschicht: 02-II	Lage (Sektor): 23
Keramiktyp: Backglocke	Anzahl der Keramik: 2	Gewicht der Keramik: 78 g
Keramiktyp: langsam gedreht 1	Anzahl der Keramik: 1	Gewicht der Keramik: 10 g
Siedlungsobjekt: keine	Fundnummer: 75/94	Schicht: 01
Quadrant: 0713	Abbauschicht: 02-II	Lage (Sektor): 24
Keramiktyp: Backglocke	Anzahl der Keramik: 1	Gewicht der Keramik: 14 g
Siedlungsobjekt: keine	Fundnummer: 76/94	Schicht: 01
Quadrant: 0713	Abbauschicht: 02-II	Lage (Sektor): 24
Keramiktyp: langsam gedreht 3	Anzahl der Keramik: 2	Gewicht der Keramik: 44 g
Siedlungsobjekt: keine	Fundnummer: 77/94	Schicht: 01
Quadrant: 0713	Abbauschicht: 02-II	Lage (Sektor): 25
Keramiktyp: handgeformt	Anzahl der Keramik: 1	Gewicht der Keramik: 11 g
Keramiktyp: langsam gedreht 1	Anzahl der Keramik: 1	Gewicht der Keramik: 16 g
Siedlungsobjekt: keine	Fundnummer: 71/94	Schicht: 01
Quadrant: 0713	Abbauschicht: 02-II	Lage (Sektor): keine Angabe
Keramiktyp: Backglocke	Anzahl der Keramik: 8	Gewicht der Keramik: 108 g
Keramiktyp: handgeformt	Anzahl der Keramik: 1	Gewicht der Keramik: 14 g
Keramiktyp: langsam gedreht 3	Anzahl der Keramik: 1	Gewicht der Keramik: 28 g
Siedlungsobjekt: keine	Fundnummer: 453/94	Schicht: 04
Quadrant: 0713	Abbauschicht: 03-III	Lage (Sektor): 07
Keramiktyp: Backglocke	Anzahl der Keramik: 1	Gewicht der Keramik: 341 g
Keramiktyp: handgeformt	Anzahl der Keramik: 2	Gewicht der Keramik: 10 g
Keramiktyp: langsam gedreht 1	Anzahl der Keramik: 1	Gewicht der Keramik: 7 g
Siedlungsobjekt: keine	Fundnummer: 486/94	Schicht: 04
Quadrant: 0713	Abbauschicht: 03-III	Lage (Sektor): 08
Keramiktyp: handgeformt	Anzahl der Keramik: 1	Gewicht der Keramik: 14 g
Siedlungsobjekt: keine	Fundnummer: 457/94	Schicht: 05
Quadrant: 0713	Abbauschicht: 03-III	Lage (Sektor): 09
Keramiktyp: Backglocke	Anzahl der Keramik: 2	Gewicht der Keramik: 297 g
Keramiktyp: langsam gedreht 1	Anzahl der Keramik: 4	Gewicht der Keramik: 20 g
Siedlungsobjekt: keine	Fundnummer: 464/94	Schicht: 05
Quadrant: 0713	Abbauschicht: 03-III	Lage (Sektor): 13
Keramiktyp: langsam gedreht 3	Anzahl der Keramik: 1	Gewicht der Keramik: 18 g
Siedlungsobjekt: keine	Fundnummer: 466/94	Schicht: 05
Quadrant: 0713	Abbauschicht: 03-III	Lage (Sektor): 14
Keramiktyp: handgeformt	Anzahl der Keramik: 1	Gewicht der Keramik: 6 g
Keramiktyp: Tonwanne	Anzahl der Keramik: 4	Gewicht der Keramik: 22 g

Siedlungsobjekt: keine	Fundnummer: 468/94	Schicht: 05
Quadrant: 0713	Abbauschicht: 03-III	Lage (Sektor): 15
Keramiktyp: langsam gedreht 1	Anzahl der Keramik: 1	Gewicht der Keramik: 20 g
Keramiktyp: Tonwanne	Anzahl der Keramik: 2	Gewicht der Keramik: 10 g

Siedlungsobjekt: keine	Fundnummer: 470/94	Schicht: 08
Quadrant: 0713	Abbauschicht: 03-III	Lage (Sektor): 17
Keramiktyp: langsam gedreht 3	Anzahl der Keramik: 1	Gewicht der Keramik: 22 g

Siedlungsobjekt: keine	Fundnummer: 451/94	Schicht: 09
Quadrant: 0713	Abbauschicht: 03-III	Lage (Sektor): 17
Keramiktyp: langsam gedreht 1	Anzahl der Keramik: 1	Gewicht der Keramik: 7 g

Siedlungsobjekt: keine	Fundnummer: 472/94	Schicht: 05
Quadrant: 0713	Abbauschicht: 03-III	Lage (Sektor): 18
Keramiktyp: handgeformt	Anzahl der Keramik: 1	Gewicht der Keramik: 6 g

Siedlungsobjekt: keine	Fundnummer: 471/94	Schicht: 08
Quadrant: 0713	Abbauschicht: 03-III	Lage (Sektor): 18
Keramiktyp: handgeformt	Anzahl der Keramik: 1	Gewicht der Keramik: 3 g

Siedlungsobjekt: keine	Fundnummer: 493/94	Schicht: 18/20
Quadrant: 0713	Abbauschicht: 03-III	Lage (Sektor): 18/19
Keramiktyp: Backglocke	Anzahl der Keramik: 1	Gewicht der Keramik: 58 g
Keramiktyp: langsam gedreht 1	Anzahl der Keramik: 1	Gewicht der Keramik: 18 g

Siedlungsobjekt: keine	Fundnummer: 474/94	Schicht: 05
Quadrant: 0713	Abbauschicht: 03-III	Lage (Sektor): 20
Keramiktyp: Backglocke	Anzahl der Keramik: 1	Gewicht der Keramik: 24 g
Keramiktyp: handgeformt	Anzahl der Keramik: 1	Gewicht der Keramik: 11 g

Siedlungsobjekt: keine	Fundnummer: 478/94	Schicht: 05
Quadrant: 0713	Abbauschicht: 03-III	Lage (Sektor): 23
Keramiktyp: langsam gedreht 1	Anzahl der Keramik: 1	Gewicht der Keramik: 4 g

Siedlungsobjekt: keine	Fundnummer: 480/94	Schicht: 07
Quadrant: 0713	Abbauschicht: 03-III	Lage (Sektor): 24
Keramiktyp: handgeformt	Anzahl der Keramik: 1	Gewicht der Keramik: 10 g
Keramiktyp: langsam gedreht 1	Anzahl der Keramik: 1	Gewicht der Keramik: 5 g

Siedlungsobjekt: keine	Fundnummer: 483/94	Schicht: 05
Quadrant: 0713	Abbauschicht: 03-III	Lage (Sektor): 25
Keramiktyp: langsam gedreht 3	Anzahl der Keramik: 1	Gewicht der Keramik: 23 g

Siedlungsobjekt: keine	Fundnummer: 554/94	Schicht: 04
Quadrant: 0713	Abbauschicht: 04-IV	Lage (Sektor): 07
Keramiktyp: Backglocke	Anzahl der Keramik: 2	Gewicht der Keramik: 70 g
Keramiktyp: handgeformt	Anzahl der Keramik: 3	Gewicht der Keramik: 21 g

Siedlungsobjekt: keine	Fundnummer: 559/94	Schicht: 04
Quadrant: 0713	Abbauschicht: 04-IV	Lage (Sektor): 08
Keramiktyp: handgeformt	Anzahl der Keramik: 1	Gewicht der Keramik: 4 g
Keramiktyp: langsam gedreht 1	Anzahl der Keramik: 1	Gewicht der Keramik: 8 g

Siedlungsobjekt: keine	Fundnummer: 561/94	Schicht: 04
Quadrant: 0713	Abbauschicht: 04-IV	Lage (Sektor): 12
Keramiktyp: langsam gedreht 1	Anzahl der Keramik: 1	Gewicht der Keramik: 4 g
Siedlungsobjekt: keine	Fundnummer: 562/94	Schicht: 04
Quadrant: 0713	Abbauschicht: 04-IV	Lage (Sektor): 13
Keramiktyp: langsam gedreht 1	Anzahl der Keramik: 1	Gewicht der Keramik: 4 g
Siedlungsobjekt: keine	Fundnummer: 584/94	Schicht: 17
Quadrant: 0713	Abbauschicht: 04-IV	Lage (Sektor): 19
Keramiktyp: Tondüse		
Siedlungsobjekt: keine	Fundnummer: 758/94	Schicht: 04
Quadrant: 0713	Abbauschicht: 05-V	Lage (Sektor): 07
Keramiktyp: Backglocke	Anzahl der Keramik: 2	Gewicht der Keramik: 37 g
Keramiktyp: langsam gedreht 3	Anzahl der Keramik: 1	Gewicht der Keramik: 29 g
Siedlungsobjekt: keine	Fundnummer: 779/94	Schicht: 25
Quadrant: 0713	Abbauschicht: 05-V	Lage (Sektor): 12
Keramiktyp: handgeformt	Anzahl der Keramik: 1	Gewicht der Keramik: 22 g
Siedlungsobjekt: keine	Fundnummer: 788/94	Schicht: keine Angabe
Quadrant: 0713	Abbauschicht: 05-V	Lage (Sektor): 13
Keramiktyp: langsam gedreht 1	Anzahl der Keramik: 1	Gewicht der Keramik: 2 g
Siedlungsobjekt: keine	Fundnummer: 171/95	Schicht: 04
Quadrant: 0713	Abbauschicht: 06-VI	Lage (Sektor): 07
Keramiktyp: Backglocke	Anzahl der Keramik: 1	Gewicht der Keramik: 10 g
Keramiktyp: handgeformt	Anzahl der Keramik: 1	Gewicht der Keramik: 28 g
Keramiktyp: langsam gedreht 1	Anzahl der Keramik: 2	Gewicht der Keramik: 6 g
Siedlungsobjekt: keine	Fundnummer: 192/95	Schicht: 39/38
Quadrant: 0713	Abbauschicht: 06-VI	Lage (Sektor): 14
Keramiktyp: Backglocke	Anzahl der Keramik: 1	Gewicht der Keramik: 68 g
Siedlungsobjekt: keine	Fundnummer: 1154/95	Schicht: 75
Quadrant: 0713	Abbauschicht: 08-VIII	Lage (Sektor): 18
Keramiktyp: handgeformt	Anzahl der Keramik: 1	Gewicht der Keramik: 10 g
Siedlungsobjekt: keine	Fundnummer: 169/95	Schicht: keine Angabe
Quadrant: 0713	Abbauschicht: keine Angabe	Lage (Sektor): beim Putzen
Keramiktyp: langsam gedreht 2	Anzahl der Keramik: 1	Gewicht der Keramik: 7 g
Siedlungsobjekt: keine	Fundnummer: 170/95	Schicht: keine Angabe
Quadrant: 0713	Abbauschicht: keine Angabe	Lage (Sektor): keine Angabe
Keramiktyp: Tondüse		
Siedlungsobjekt: keine	Fundnummer: 46/97	Schicht: 01
Quadrant: 0713 NW	Abbauschicht: 01-I	Lage (Sektor): 06
Keramiktyp: langsam gedreht 2	Anzahl der Keramik: 1	Gewicht der Keramik: 3 g

Siedlungsobjekt: keine	Fundnummer: 47/97	Schicht: 01
Quadrant: 0713 NW	Abbauschicht: 01-I	Lage (Sektor): 11
Keramiktyp: langsam gedreht 1	Anzahl der Keramik: 1	Gewicht der Keramik: 6 g
Keramiktyp: langsam gedreht 2	Anzahl der Keramik: 1	Gewicht der Keramik: 2 g
Keramiktyp: Tondüse		
Siedlungsobjekt: keine	Fundnummer: 48/97	Schicht: 01
Quadrant: 0713 NW	Abbauschicht: 01-I	Lage (Sektor): 16
Keramiktyp: langsam gedreht 1	Anzahl der Keramik: 1	Gewicht der Keramik: 18 g
Keramiktyp: Tondüse		
Siedlungsobjekt: keine	Fundnummer: 49/97	Schicht: 01
Quadrant: 0713 NW	Abbauschicht: 01-I	Lage (Sektor): 21
Keramiktyp: Backglocke	Anzahl der Keramik: 2	Gewicht der Keramik: 11 g
Keramiktyp: Tondüse		
Siedlungsobjekt: keine	Fundnummer: 50/97	Schicht: 02
Quadrant: 0713 NW	Abbauschicht: 02-II	Lage (Sektor): 06
Keramiktyp: Backglocke	Anzahl der Keramik: 1	Gewicht der Keramik: 4 g
Siedlungsobjekt: keine	Fundnummer: 51/97	Schicht: 02
Quadrant: 0713 NW	Abbauschicht: 02-II	Lage (Sektor): 11
Keramiktyp: Backglocke	Anzahl der Keramik: 1	Gewicht der Keramik: 7 g
Keramiktyp: handgeformt	Anzahl der Keramik: 3	Gewicht der Keramik: 64 g
Siedlungsobjekt: keine	Fundnummer: 295/97	Schicht: 03
Quadrant: 0713 NW	Abbauschicht: 03-III	Lage (Sektor): 06
Keramiktyp: handgeformt	Anzahl der Keramik: 1	Gewicht der Keramik: 14 g
Siedlungsobjekt: keine	Fundnummer: 294/97	Schicht: 03
Quadrant: 0713 NW	Abbauschicht: 03-III	Lage (Sektor): 11
Keramiktyp: langsam gedreht 1	Anzahl der Keramik: 1	Gewicht der Keramik: 23 g
Siedlungsobjekt: keine	Fundnummer: 293/97	Schicht: 06
Quadrant: 0713 NW	Abbauschicht: 03-III	Lage (Sektor): 16
Keramiktyp: Backglocke	Anzahl der Keramik: 1	Gewicht der Keramik: 1 g
Keramiktyp: langsam gedreht 3	Anzahl der Keramik: 1	Gewicht der Keramik: 1 g
Siedlungsobjekt: keine	Fundnummer: 367/97	Schicht: 02
Quadrant: 0713 NW	Abbauschicht: 04-IV	Lage (Sektor): 05 (sic!)
Keramiktyp: handgeformt	Anzahl der Keramik: 1	Gewicht der Keramik: 14 g
Siedlungsobjekt: keine	Fundnummer: 322/97	Schicht: 02
Quadrant: 0713 NW	Abbauschicht: 04-IV	Lage (Sektor): 06
Keramiktyp: handgeformt	Anzahl der Keramik: 2	Gewicht der Keramik: 13 g
Siedlungsobjekt: keine	Fundnummer: 528/97	Schicht: 02
Quadrant: 0713 NW	Abbauschicht: 05-V	Lage (Sektor): 06
Keramiktyp: langsam gedreht 1	Anzahl der Keramik: 1	Gewicht der Keramik: 18 g

Siedlungsobjekt: keine	Fundnummer: 614/97	Schicht: 2a
Quadrant: 0713 NW	Abbauschicht: 06-VI	Lage (Sektor): 06
Keramiktyp: handgeformt	Anzahl der Keramik: 1	Gewicht der Keramik: 4 g
Siedlungsobjekt: keine	Fundnummer: 609/97	Schicht: 02
Quadrant: 0713 NW	Abbauschicht: 06-VI	Lage (Sektor): 11
Keramiktyp: langsam gedreht 1	Anzahl der Keramik: 1	Gewicht der Keramik: 6 g
Siedlungsobjekt: keine	Fundnummer: 155/94	Schicht: 01
Quadrant: 0714	Abbauschicht: 02-II	Lage (Sektor): 12
Keramiktyp: langsam gedreht 1	Anzahl der Keramik: 1	Gewicht der Keramik: 15 g
Siedlungsobjekt: keine	Fundnummer: 165/94	Schicht: 01
Quadrant: 0714	Abbauschicht: 02-II	Lage (Sektor): 15
Keramiktyp: langsam gedreht 1	Anzahl der Keramik: 1	Gewicht der Keramik: 10 g
Siedlungsobjekt: keine	Fundnummer: 154/94	Schicht: 01
Quadrant: 0714	Abbauschicht: 02-II	Lage (Sektor): 17
Keramiktyp: langsam gedreht 1	Anzahl der Keramik: 1	Gewicht der Keramik: 13 g
Siedlungsobjekt: keine	Fundnummer: 168/94	Schicht: 01
Quadrant: 0714	Abbauschicht: 02-II	Lage (Sektor): keine Angabe
Keramiktyp: handgeformt	Anzahl der Keramik: 1	Gewicht der Keramik: 8 g
Siedlungsobjekt: keine	Fundnummer: 185/94	Schicht: 06
Quadrant: 0714	Abbauschicht: 03-III	Lage (Sektor): 20
Keramiktyp: langsam gedreht 1	Anzahl der Keramik: 2	Gewicht der Keramik: 20 g
Siedlungsobjekt: keine	Fundnummer: 992/97	Schicht: keine Angabe
Quadrant: 0714 NO	Abbauschicht: 01-I	Lage (Sektor): 04
Keramiktyp: langsam gedreht 1	Anzahl der Keramik: 1	Gewicht der Keramik: 8 g
Keramiktyp: langsam gedreht 2	Anzahl der Keramik: 1	Gewicht der Keramik: 2 g
Keramiktyp: langsam gedreht 3	Anzahl der Keramik: 2	Gewicht der Keramik: 9 g
Siedlungsobjekt: keine	Fundnummer: 993/97	Schicht: Humus
Quadrant: 0714 NO	Abbauschicht: 01-I	Lage (Sektor): 05
Keramiktyp: handgeformt	Anzahl der Keramik: 1	Gewicht der Keramik: 6 g
Keramiktyp: langsam gedreht 1	Anzahl der Keramik: 1	Gewicht der Keramik: 12 g
Keramiktyp: langsam gedreht 2	Anzahl der Keramik: 1	Gewicht der Keramik: 4 g
Keramiktyp: Tondüse		
Siedlungsobjekt: keine	Fundnummer: 1083/97	Schicht: 01
Quadrant: 0714 NO	Abbauschicht: 04-IV	Lage (Sektor): 04
Keramiktyp: handgeformt	Anzahl der Keramik: 1	Gewicht der Keramik: 25 g
Siedlungsobjekt: keine	Fundnummer: 849/97	Schicht: 01
Quadrant: 0714 NW	Abbauschicht: 01-I	Lage (Sektor): 06
Keramiktyp: langsam gedreht 1	Anzahl der Keramik: 2	Gewicht der Keramik: 22 g
Siedlungsobjekt: keine	Fundnummer: 875/97	Schicht: 01
Quadrant: 0714 NW	Abbauschicht: 01-I	Lage (Sektor): 11
Keramiktyp: handgeformt	Anzahl der Keramik: 1	Gewicht der Keramik: 24 g
Keramiktyp: langsam gedreht 1	Anzahl der Keramik: 1	Gewicht der Keramik: 12 g

Siedlungsobjekt: keine	Fundnummer: 877/97	Schicht: 01
Quadrant: 0714 NW	Abbauschicht: 01-I	Lage (Sektor): 16
Keramiktyp: handgeformt	Anzahl der Keramik: 1	Gewicht der Keramik: 8 g
Keramiktyp: langsam gedreht 1	Anzahl der Keramik: 1	Gewicht der Keramik: 10 g

Siedlungsobjekt: keine	Fundnummer: 876/97	Schicht: 01
Quadrant: 0714 NW	Abbauschicht: 01-I	Lage (Sektor): 21
Keramiktyp: langsam gedreht 1	Anzahl der Keramik: 1	Gewicht der Keramik: 6 g

Siedlungsobjekt: keine	Fundnummer: 252/94	Schicht: 01
Quadrant: 0715	Abbauschicht: 01-I	Lage (Sektor): keine Angabe
Keramiktyp: handgeformt	Anzahl der Keramik: 1	Gewicht der Keramik: 13 g

Siedlungsobjekt: keine	Fundnummer: 257/94	Schicht: 01
Quadrant: 0715	Abbauschicht: 02-II	Lage (Sektor): 08
Keramiktyp: langsam gedreht 1	Anzahl der Keramik: 1	Gewicht der Keramik: 10 g

Siedlungsobjekt: keine	Fundnummer: 258/94	Schicht: 01
Quadrant: 0715	Abbauschicht: 02-II	Lage (Sektor): 09
Keramiktyp: langsam gedreht 2	Anzahl der Keramik: 1	Gewicht der Keramik: 4 g

Siedlungsobjekt: keine	Fundnummer: 259/94	Schicht: 01
Quadrant: 0715	Abbauschicht: 02-II	Lage (Sektor): 10
Keramiktyp: handgeformt	Anzahl der Keramik: 1	Gewicht der Keramik: 22 g

Siedlungsobjekt: keine	Fundnummer: 261/94	Schicht: 01
Quadrant: 0715	Abbauschicht: 02-II	Lage (Sektor): 14
Keramiktyp: handgeformt	Anzahl der Keramik: 3	Gewicht der Keramik: 64 g
Keramiktyp: Tondüse		

Siedlungsobjekt: keine	Fundnummer: 263/94	Schicht: 01
Quadrant: 0715	Abbauschicht: 02-II	Lage (Sektor): 18
Keramiktyp: langsam gedreht 1	Anzahl der Keramik: 1	Gewicht der Keramik: 12 g
Keramiktyp: langsam gedreht 2	Anzahl der Keramik: 1	Gewicht der Keramik: 14 g

Siedlungsobjekt: keine	Fundnummer: 281/94	Schicht: 08
Quadrant: 0715	Abbauschicht: 03-III	Lage (Sektor): 15
Keramiktyp: Backglocke	Anzahl der Keramik: 2	Gewicht der Keramik: 53 g

Siedlungsobjekt: keine	Fundnummer: 291/94	Schicht: 08
Quadrant: 0715	Abbauschicht: 03-III	Lage (Sektor): 20
Keramiktyp: handgeformt	Anzahl der Keramik: 1	Gewicht der Keramik: 16 g

Siedlungsobjekt: keine	Fundnummer: 270/94	Schicht: 05
Quadrant: 0715	Abbauschicht: 03-III	Lage (Sektor): keine Angabe
Keramiktyp: Backglocke	Anzahl der Keramik: 2	Gewicht der Keramik: 36 g
Keramiktyp: langsam gedreht 3	Anzahl der Keramik: 1	Gewicht der Keramik: 2 g
Keramiktyp: Tonwanne	Anzahl der Keramik: 1	Gewicht der Keramik: 10 g

Siedlungsobjekt: keine	Fundnummer: 293/94	Schicht: 08
Quadrant: 0715	Abbauschicht: 04-IV	Lage (Sektor): 07
Keramiktyp: Backglocke	Anzahl der Keramik: 1	Gewicht der Keramik: 15 g

Siedlungsobjekt: keine	Fundnummer: 300/94	Schicht: 09
Quadrant: 0715	Abbauschicht: 04-IV	Lage (Sektor): 14
Keramiktyp: langsam gedreht 3	Anzahl der Keramik: 1	Gewicht der Keramik: 8 g
Siedlungsobjekt: keine	Fundnummer: 514/94	Schicht: 15
Quadrant: 0715	Abbauschicht: 12 (sic!)	Lage (Sektor): 07
Keramiktyp: handgeformt	Anzahl der Keramik: 1	Gewicht der Keramik: 6 g
Siedlungsobjekt: keine	Fundnummer: 298/94	Schicht: 09
Quadrant: 0715	Abbauschicht: keine Angabe	Lage (Sektor): 12
Keramiktyp: Backglocke	Anzahl der Keramik: 1	Gewicht der Keramik: 4 g
Siedlungsobjekt: keine	Fundnummer: 511/94	Schicht: keine Angabe
Quadrant: 0715	Abbauschicht: keine Angabe	Lage (Sektor): Profilputzen
Keramiktyp: handgeformt	Anzahl der Keramik: 1	Gewicht der Keramik: 23 g
Keramiktyp: Tondüse		
Siedlungsobjekt: keine	Fundnummer: 1003/97	Schicht: 01
Quadrant: 0715 NO	Abbauschicht: 01-I	Lage (Sektor): 01
Keramiktyp: handgeformt	Anzahl der Keramik: 2	Gewicht der Keramik: 6 g
Keramiktyp: langsam gedreht 1	Anzahl der Keramik: 2	Gewicht der Keramik: 8 g
Siedlungsobjekt: keine	Fundnummer: 1005/97	Schicht: 01
Quadrant: 0715 NO	Abbauschicht: 01-I	Lage (Sektor): 03
Keramiktyp: handgeformt	Anzahl der Keramik: 2	Gewicht der Keramik: 20 g
Siedlungsobjekt: keine	Fundnummer: 1135/97	Schicht: keine Angabe
Quadrant: 0715 NO	Abbauschicht: 01-I	Lage (Sektor): 05
Keramiktyp: langsam gedreht 1	Anzahl der Keramik: 2	Gewicht der Keramik: 14 g
Keramiktyp: langsam gedreht 2	Anzahl der Keramik: 4	Gewicht der Keramik: 13 g
Siedlungsobjekt: keine	Fundnummer: 1216/97	Schicht: 03
Quadrant: 0715 NO	Abbauschicht: 02-II	Lage (Sektor): keine Angabe
Keramiktyp: handgeformt	Anzahl der Keramik: 1	Gewicht der Keramik: 12 g
Siedlungsobjekt: keine	Fundnummer: 1162/97	Schicht: 04
Quadrant: 0715 NW	Abbauschicht: 01-I	Lage (Sektor): 16
Keramiktyp: handgeformt	Anzahl der Keramik: 1	Gewicht der Keramik: 10 g
Siedlungsobjekt: keine	Fundnummer: 355/94	Schicht: 02
Quadrant: 0716	Abbauschicht: 02-II	Lage (Sektor): 10
Keramiktyp: langsam gedreht 1	Anzahl der Keramik: 3	Gewicht der Keramik: 26 g
Siedlungsobjekt: keine	Fundnummer: 356/94	Schicht: 01
Quadrant: 0716	Abbauschicht: 02-II	Lage (Sektor): 13
Keramiktyp: handgeformt	Anzahl der Keramik: 1	Gewicht der Keramik: 6 g
Siedlungsobjekt: keine	Fundnummer: 359/94	Schicht: 05
Quadrant: 0716	Abbauschicht: 02-II	Lage (Sektor): 15
Keramiktyp: handgeformt	Anzahl der Keramik: 1	Gewicht der Keramik: 10 g

Siedlungsobjekt: keine	Fundnummer: 360/94	Schicht: 01
Quadrant: 0716	Abbauschicht: 02-II	Lage (Sektor): 17
Keramiktyp: langsam gedreht 3	Anzahl der Keramik: 1	Gewicht der Keramik: 8 g

Siedlungsobjekt: keine	Fundnummer: 375/94	Schicht: 06
Quadrant: 0716	Abbauschicht: 03-III	Lage (Sektor): 08
Keramiktyp: handgeformt	Anzahl der Keramik: 1	Gewicht der Keramik: 40 g
Keramiktyp: langsam gedreht 1	Anzahl der Keramik: 2	Gewicht der Keramik: 10 g

Siedlungsobjekt: keine	Fundnummer: 374/94	Schicht: 06
Quadrant: 0716	Abbauschicht: 03-III	Lage (Sektor): 09
Keramiktyp: langsam gedreht 3	Anzahl der Keramik: 1	Gewicht der Keramik: 6 g

Siedlungsobjekt: keine	Fundnummer: 373/94	Schicht: 12
Quadrant: 0716	Abbauschicht: 03-III	Lage (Sektor): 14
Keramiktyp: langsam gedreht 1	Anzahl der Keramik: 1	Gewicht der Keramik: 15 g

Siedlungsobjekt: keine	Fundnummer: 389/94	Schicht: 07
Quadrant: 0716	Abbauschicht: 03-III	Lage (Sektor): 18
Keramiktyp: handgeformt	Anzahl der Keramik: 1	Gewicht der Keramik: 4 g

Siedlungsobjekt: keine	Fundnummer: 381/94	Schicht: 07
Quadrant: 0716	Abbauschicht: 03-III	Lage (Sektor): 20
Keramiktyp: handgeformt	Anzahl der Keramik: 1	Gewicht der Keramik: 64 g

Siedlungsobjekt: keine	Fundnummer: 382/94	Schicht: 07
Quadrant: 0716	Abbauschicht: 03-III	Lage (Sektor): 25
Keramiktyp: langsam gedreht 3	Anzahl der Keramik: 1	Gewicht der Keramik: 114 g

Siedlungsobjekt: keine	Fundnummer: 702/94	Schicht: 02
Quadrant: 0716	Abbauschicht: 04-IV	Lage (Sektor): 07
Keramiktyp: handgeformt	Anzahl der Keramik: 1	Gewicht der Keramik: 33 g
Keramiktyp: langsam gedreht 1	Anzahl der Keramik: 1	Gewicht der Keramik: 4 g

Siedlungsobjekt: keine	Fundnummer: 703/94	Schicht: 02
Quadrant: 0716	Abbauschicht: 04-IV	Lage (Sektor): 08
Keramiktyp: langsam gedreht 2	Anzahl der Keramik: 1	Gewicht der Keramik: 6 g

Siedlungsobjekt: keine	Fundnummer: 705/94	Schicht: 08
Quadrant: 0716	Abbauschicht: 04-IV	Lage (Sektor): 10
Keramiktyp: Backglocke	Anzahl der Keramik: 2	Gewicht der Keramik: 26 g

Siedlungsobjekt: keine	Fundnummer: 400/94	Schicht: 02
Quadrant: 0716	Abbauschicht: 04-IV	Lage (Sektor): 12
Keramiktyp: handgeformt	Anzahl der Keramik: 1	Gewicht der Keramik: 12 g

Siedlungsobjekt: keine	Fundnummer: 396/94	Schicht: 16
Quadrant: 0716	Abbauschicht: 04-IV	Lage (Sektor): 24
Keramiktyp: langsam gedreht 1	Anzahl der Keramik: 1	Gewicht der Keramik: 4 g

Siedlungsobjekt: keine	Fundnummer: 711/94	Schicht: 18
Quadrant: 0716	Abbauschicht: 05-V	Lage (Sektor): 10
Keramiktyp: unbestimmt	Anzahl der Keramik: 1	Gewicht der Keramik: 3 g

Siedlungsobjekt: keine	Fundnummer: 351/94	Schicht: 01
Quadrant: 0716	Abbauschicht: keine Angabe	Lage (Sektor): keine Angabe
Keramiktyp: handgeformt	Anzahl der Keramik: 1	Gewicht der Keramik: 12 g
Keramiktyp: langsam gedreht 3	Anzahl der Keramik: 1	Gewicht der Keramik: 4 g

Siedlungsobjekt: keine	Fundnummer: 1138/97	Schicht: Humus
Quadrant: 0716 NW	Abbauschicht: 01-I	Lage (Sektor): 01
Keramiktyp: langsam gedreht 1	Anzahl der Keramik: 2	Gewicht der Keramik: 12 g

Siedlungsobjekt: keine	Fundnummer: 202/95	Schicht: keine Angabe
Quadrant: 0813	Abbauschicht: 02-II	Lage (Sektor): 07
Keramiktyp: langsam gedreht 1	Anzahl der Keramik: 1	Gewicht der Keramik: 4 g

Siedlungsobjekt: keine	Fundnummer: 203/95	Schicht: keine Angabe
Quadrant: 0813	Abbauschicht: 02-II	Lage (Sektor): 08
Keramiktyp: langsam gedreht 1	Anzahl der Keramik: 2	Gewicht der Keramik: 6 g

Siedlungsobjekt: keine	Fundnummer: 204/95	Schicht: keine Angabe
Quadrant: 0813	Abbauschicht: 02-II	Lage (Sektor): 09
Keramiktyp: langsam gedreht 1	Anzahl der Keramik: 1	Gewicht der Keramik: 8 g

Siedlungsobjekt: keine	Fundnummer: 205/95	Schicht: keine Angabe
Quadrant: 0813	Abbauschicht: 02-II	Lage (Sektor): 10
Keramiktyp: handgeformt	Anzahl der Keramik: 1	Gewicht der Keramik: 24 g
Keramiktyp: langsam gedreht 1	Anzahl der Keramik: 2	Gewicht der Keramik: 8 g
Keramiktyp: Tondüse		

Siedlungsobjekt: keine	Fundnummer: 206/95	Schicht: keine Angabe
Quadrant: 0813	Abbauschicht: 02-II	Lage (Sektor): 12
Keramiktyp: langsam gedreht 3	Anzahl der Keramik: 3	Gewicht der Keramik: 28 g

Siedlungsobjekt: keine	Fundnummer: 207/95	Schicht: keine Angabe
Quadrant: 0813	Abbauschicht: 02-II	Lage (Sektor): 13
Keramiktyp: langsam gedreht 1	Anzahl der Keramik: 1	Gewicht der Keramik: 8 g

Siedlungsobjekt: keine	Fundnummer: 209/95	Schicht: keine Angabe
Quadrant: 0813	Abbauschicht: 02-II	Lage (Sektor): 15
Keramiktyp: handgeformt	Anzahl der Keramik: 1	Gewicht der Keramik: 14 g
Keramiktyp: langsam gedreht 1	Anzahl der Keramik: 2	Gewicht der Keramik: 14 g
Keramiktyp: langsam gedreht 3	Anzahl der Keramik: 2	Gewicht der Keramik: 28 g

Siedlungsobjekt: keine	Fundnummer: 210/95	Schicht: keine Angabe
Quadrant: 0813	Abbauschicht: 02-II	Lage (Sektor): 17
Keramiktyp: langsam gedreht 1	Anzahl der Keramik: 2	Gewicht der Keramik: 18 g

Siedlungsobjekt: keine	Fundnummer: 211/95	Schicht: keine Angabe
Quadrant: 0813	Abbauschicht: 02-II	Lage (Sektor): 18
Keramiktyp: langsam gedreht 3	Anzahl der Keramik: 1	Gewicht der Keramik: 2 g

Siedlungsobjekt: keine	Fundnummer: 212/95	Schicht: 01
Quadrant: 0813	Abbauschicht: 02-II	Lage (Sektor): 19
Keramiktyp: langsam gedreht 1	Anzahl der Keramik: 1	Gewicht der Keramik: 12 g
Keramiktyp: langsam gedreht 2	Anzahl der Keramik: 1	Gewicht der Keramik: 2 g

Siedlungsobjekt: keine	Fundnummer: 213/95	Schicht: 01
Quadrant: 0813	Abbauschicht: 02-II	Lage (Sektor): 20
Keramiktyp: handgeformt	Anzahl der Keramik: 1	Gewicht der Keramik: 82 g

Siedlungsobjekt: keine	Fundnummer: 215/95	Schicht: 01
Quadrant: 0813	Abbauschicht: 02-II	Lage (Sektor): 23
Keramiktyp: langsam gedreht 1	Anzahl der Keramik: 1	Gewicht der Keramik: 2 g

Siedlungsobjekt: keine	Fundnummer: 217/95	Schicht: 01
Quadrant: 0813	Abbauschicht: 02-II	Lage (Sektor): 25
Keramiktyp: handgeformt	Anzahl der Keramik: 1	Gewicht der Keramik: 7 g
Keramiktyp: langsam gedreht 1	Anzahl der Keramik: 1	Gewicht der Keramik: 4 g
Keramiktyp: langsam gedreht 3	Anzahl der Keramik: 2	Gewicht der Keramik: 6 g

Siedlungsobjekt: keine	Fundnummer: 233/95	Schicht: 02
Quadrant: 0813	Abbauschicht: 03-III	Lage (Sektor): 07
Keramiktyp: langsam gedreht 1	Anzahl der Keramik: 1	Gewicht der Keramik: 3 g

Siedlungsobjekt: keine	Fundnummer: 228/95	Schicht: 03
Quadrant: 0813	Abbauschicht: 03-III	Lage (Sektor): 09
Keramiktyp: Tondüse		

Siedlungsobjekt: keine	Fundnummer: 235/95	Schicht: 02
Quadrant: 0813	Abbauschicht: 03-III	Lage (Sektor): 12
Keramiktyp: langsam gedreht 3	Anzahl der Keramik: 1	Gewicht der Keramik: 2 g

Siedlungsobjekt: keine	Fundnummer: 236/95	Schicht: 05
Quadrant: 0813	Abbauschicht: 03-III	Lage (Sektor): 12
Keramiktyp: Backglocke	Anzahl der Keramik: 1	Gewicht der Keramik: 9 g
Keramiktyp: langsam gedreht 3	Anzahl der Keramik: 1	Gewicht der Keramik: 24 g
Keramiktyp: Tondüse		

Siedlungsobjekt: keine	Fundnummer: 238/95	Schicht: 05
Quadrant: 0813	Abbauschicht: 03-III	Lage (Sektor): 17
Keramiktyp: Backglocke	Anzahl der Keramik: 1	Gewicht der Keramik: 12 g
Keramiktyp: handgeformt	Anzahl der Keramik: 1	Gewicht der Keramik: 14 g
Keramiktyp: langsam gedreht 1	Anzahl der Keramik: 2	Gewicht der Keramik: 19 g
Keramiktyp: langsam gedreht 3	Anzahl der Keramik: 2	Gewicht der Keramik: 71 g

Siedlungsobjekt: keine	Fundnummer: 237/95	Schicht: 03
Quadrant: 0813	Abbauschicht: 03-III	Lage (Sektor): 18
Keramiktyp: handgeformt	Anzahl der Keramik: 1	Gewicht der Keramik: 7 g

Siedlungsobjekt: keine	Fundnummer: 239/95	Schicht: 05
Quadrant: 0813	Abbauschicht: 03-III	Lage (Sektor): 22
Keramiktyp: langsam gedreht 3	Anzahl der Keramik: 1	Gewicht der Keramik: 1 g

Siedlungsobjekt: keine	Fundnummer: 244/95	Schicht: 18
Quadrant: 0813	Abbauschicht: 04-IV	Lage (Sektor): 12
Keramiktyp: langsam gedreht 1	Anzahl der Keramik: 1	Gewicht der Keramik: 5 g

Siedlungsobjekt: keine	Fundnummer: 18/97	Schicht: keine Angabe
Quadrant: 0813 NW	Abbauschicht: 01-I	Lage (Sektor): 06
Keramiktyp: Backglocke	Anzahl der Keramik: 1	Gewicht der Keramik: 2 g

Siedlungsobjekt: keine	Fundnummer: 16/97	Schicht: keine Angabe
Quadrant: 0813 NW	Abbauschicht: 01-I	Lage (Sektor): 11
Keramiktyp: langsam gedreht 1	Anzahl der Keramik: 1	Gewicht der Keramik: 9 g

Siedlungsobjekt: keine	Fundnummer: 71/97	Schicht: 02
Quadrant: 0813 NW	Abbauschicht: 02-II	Lage (Sektor): 21
Keramiktyp: langsam gedreht 1	Anzahl der Keramik: 1	Gewicht der Keramik: 2 g

Siedlungsobjekt: keine	Fundnummer: 144/97	Schicht: 02
Quadrant: 0813 NW	Abbauschicht: 02-II	Lage (Sektor): SW-Riegel
Keramiktyp: handgeformt	Anzahl der Keramik: 2	Gewicht der Keramik: 22 g
Keramiktyp: langsam gedreht 1	Anzahl der Keramik: 4	Gewicht der Keramik: 13 g

Siedlungsobjekt: keine	Fundnummer: 72/97	Schicht: 02
Quadrant: 0813 NW	Abbauschicht: 02-II	Lage (Sektor): SW-Riegel
Keramiktyp: langsam gedreht 1	Anzahl der Keramik: 1	Gewicht der Keramik: 4 g

Siedlungsobjekt: keine	Fundnummer: 73/97	Schicht: 02
Quadrant: 0813 NW	Abbauschicht: 02-II	Lage (Sektor): SW-Riegel
Keramiktyp: Backglocke	Anzahl der Keramik: 1	Gewicht der Keramik: 9 g
Keramiktyp: handgeformt	Anzahl der Keramik: 1	Gewicht der Keramik: 2 g
Keramiktyp: langsam gedreht 1	Anzahl der Keramik: 2	Gewicht der Keramik: 19 g

Siedlungsobjekt: keine	Fundnummer: 74/97	Schicht: 02
Quadrant: 0813 NW	Abbauschicht: 02-II	Lage (Sektor): SW-Riegel
Keramiktyp: handgeformt	Anzahl der Keramik: 2	Gewicht der Keramik: 26 g
Keramiktyp: langsam gedreht 1	Anzahl der Keramik: 1	Gewicht der Keramik: 19 g
Keramiktyp: langsam gedreht 3	Anzahl der Keramik: 1	Gewicht der Keramik: 12 g

Siedlungsobjekt: keine	Fundnummer: 869/97	Schicht: 01
Quadrant: 0814	Abbauschicht: 01-I	Lage (Sektor): 01
Keramiktyp: langsam gedreht 2	Anzahl der Keramik: 1	Gewicht der Keramik: 1 g

Siedlungsobjekt: keine	Fundnummer: 870/97	Schicht: 01
Quadrant: 0814	Abbauschicht: 01-I	Lage (Sektor): 02
Keramiktyp: handgeformt	Anzahl der Keramik: 1	Gewicht der Keramik: 18 g
Keramiktyp: langsam gedreht 1	Anzahl der Keramik: 2	Gewicht der Keramik: 14 g

Siedlungsobjekt: keine	Fundnummer: 987/97	Schicht: 09
Quadrant: 0814	Abbauschicht: 01-I	Lage (Sektor): 02
Keramiktyp: handgeformt	Anzahl der Keramik: 1	Gewicht der Keramik: 10 g

Siedlungsobjekt: keine	Fundnummer: 871/97	Schicht: 01
Quadrant: 0814	Abbauschicht: 01-I	Lage (Sektor): 03
Keramiktyp: langsam gedreht 1	Anzahl der Keramik: 1	Gewicht der Keramik: 24 g
Siedlungsobjekt: keine	Fundnummer: 872/97	Schicht: 01
Quadrant: 0814	Abbauschicht: 01-I	Lage (Sektor): 04
Keramiktyp: Backglocke	Anzahl der Keramik: 1	Gewicht der Keramik: 8 g
Siedlungsobjekt: keine	Fundnummer: 873/97	Schicht: 01
Quadrant: 0814	Abbauschicht: 01-I	Lage (Sektor): 05
Keramiktyp: langsam gedreht 1	Anzahl der Keramik: 1	Gewicht der Keramik: 4 g
Keramiktyp: langsam gedreht 2	Anzahl der Keramik: 1	Gewicht der Keramik: 6 g
Siedlungsobjekt: keine	Fundnummer: 874/97	Schicht: 01
Quadrant: 0814	Abbauschicht: 01-I	Lage (Sektor): 06
Keramiktyp: langsam gedreht 1	Anzahl der Keramik: 1	Gewicht der Keramik: 3 g
Siedlungsobjekt: keine	Fundnummer: 889/97	Schicht: 01
Quadrant: 0814	Abbauschicht: 01-I	Lage (Sektor): 08
Keramiktyp: handgeformt	Anzahl der Keramik: 1	Gewicht der Keramik: 10 g
Keramiktyp: langsam gedreht 1	Anzahl der Keramik: 1	Gewicht der Keramik: 8 g
Keramiktyp: langsam gedreht 2	Anzahl der Keramik: 2	Gewicht der Keramik: 6 g
Siedlungsobjekt: keine	Fundnummer: 890/97	Schicht: 01
Quadrant: 0814	Abbauschicht: 01-I	Lage (Sektor): 09
Keramiktyp: handgeformt	Anzahl der Keramik: 1	Gewicht der Keramik: 3 g
Keramiktyp: langsam gedreht 1	Anzahl der Keramik: 1	Gewicht der Keramik: 10 g
Keramiktyp: langsam gedreht 2	Anzahl der Keramik: 1	Gewicht der Keramik: 6 g
Siedlungsobjekt: keine	Fundnummer: 891/97	Schicht: 01
Quadrant: 0814	Abbauschicht: 01-I	Lage (Sektor): 10
Keramiktyp: langsam gedreht 1	Anzahl der Keramik: 2	Gewicht der Keramik: 6 g
Keramiktyp: langsam gedreht 2	Anzahl der Keramik: 1	Gewicht der Keramik: 2 g
Keramiktyp: Tonwanne	Anzahl der Keramik: 1	Gewicht der Keramik: 11 g
Siedlungsobjekt: keine	Fundnummer: 910/97	Schicht: 01
Quadrant: 0814	Abbauschicht: 01-I	Lage (Sektor): 11
Keramiktyp: langsam gedreht 1	Anzahl der Keramik: 1	Gewicht der Keramik: 4 g
Keramiktyp: langsam gedreht 2	Anzahl der Keramik: 1	Gewicht der Keramik: 4 g
Siedlungsobjekt: keine	Fundnummer: 911/97	Schicht: 01
Quadrant: 0814	Abbauschicht: 01-I	Lage (Sektor): 12
Keramiktyp: langsam gedreht 1	Anzahl der Keramik: 1	Gewicht der Keramik: 10 g
Siedlungsobjekt: keine	Fundnummer: 912/97	Schicht: 01
Quadrant: 0814	Abbauschicht: 01-I	Lage (Sektor): 13/14
Keramiktyp: handgeformt	Anzahl der Keramik: 2	Gewicht der Keramik: 15 g
Keramiktyp: langsam gedreht 2	Anzahl der Keramik: 3	Gewicht der Keramik: 22 g

Siedlungsobjekt: keine	Fundnummer: 913/97	Schicht: 01
Quadrant: 0814	Abbauschicht: 01-I	Lage (Sektor): 15
Keramiktyp: langsam gedreht 2	Anzahl der Keramik: 1	Gewicht der Keramik: 1 g

Siedlungsobjekt: keine	Fundnummer: 922/97	Schicht: 01
Quadrant: 0814	Abbauschicht: 01-I	Lage (Sektor): 16
Keramiktyp: handgeformt	Anzahl der Keramik: 1	Gewicht der Keramik: 40 g
Keramiktyp: langsam gedreht 1	Anzahl der Keramik: 1	Gewicht der Keramik: 8 g

Siedlungsobjekt: keine	Fundnummer: 962/97	Schicht: 01
Quadrant: 0814	Abbauschicht: 01-I	Lage (Sektor): 17
Keramiktyp: langsam gedreht 1	Anzahl der Keramik: 1	Gewicht der Keramik: 14 g

Siedlungsobjekt: keine	Fundnummer: 923/97	Schicht: 01
Quadrant: 0814	Abbauschicht: 01-I	Lage (Sektor): 20
Keramiktyp: handgeformt	Anzahl der Keramik: 7	Gewicht der Keramik: 60 g
Keramiktyp: langsam gedreht 1	Anzahl der Keramik: 1	Gewicht der Keramik: 8 g
Keramiktyp: langsam gedreht 2	Anzahl der Keramik: 4	Gewicht der Keramik: 13 g

Siedlungsobjekt: keine	Fundnummer: 965/97	Schicht: 01
Quadrant: 0814	Abbauschicht: 01-I	Lage (Sektor): 21
Keramiktyp: handgeformt	Anzahl der Keramik: 1	Gewicht der Keramik: 14 g
Keramiktyp: langsam gedreht 2	Anzahl der Keramik: 3	Gewicht der Keramik: 10 g
Keramiktyp: langsam gedreht 3	Anzahl der Keramik: 1	Gewicht der Keramik: 12 g
Keramiktyp: Tonwanne	Anzahl der Keramik: 1	Gewicht der Keramik: 4 g

Siedlungsobjekt: keine	Fundnummer: 968/97	Schicht: 01
Quadrant: 0814	Abbauschicht: 01-I	Lage (Sektor): 24
Keramiktyp: langsam gedreht 2	Anzahl der Keramik: 1	Gewicht der Keramik: 42 g
Keramiktyp: langsam gedreht 3	Anzahl der Keramik: 1	Gewicht der Keramik: 9 g
Keramiktyp: Tonwanne	Anzahl der Keramik: 1	Gewicht der Keramik: 10 g

Siedlungsobjekt: keine	Fundnummer: 969/97	Schicht: 01
Quadrant: 0814	Abbauschicht: 01-I	Lage (Sektor): 25
Keramiktyp: Backglocke	Anzahl der Keramik: 1	Gewicht der Keramik: 8 g
Keramiktyp: handgeformt	Anzahl der Keramik: 3	Gewicht der Keramik: 28 g
Keramiktyp: langsam gedreht 1	Anzahl der Keramik: 1	Gewicht der Keramik: 8 g
Keramiktyp: langsam gedreht 2	Anzahl der Keramik: 2	Gewicht der Keramik: 22 g

Siedlungsobjekt: keine	Fundnummer: 1146/97	Schicht: 06
Quadrant: 0814	Abbauschicht: 02-II	Lage (Sektor): 05
Keramiktyp: Tondüse		

Siedlungsobjekt: keine	Fundnummer: 1059/97	Schicht: 21
Quadrant: 0814	Abbauschicht: 02-II	Lage (Sektor): 05
Keramiktyp: langsam gedreht 1	Anzahl der Keramik: 1	Gewicht der Keramik: 8 g

Siedlungsobjekt: keine	Fundnummer: 1034/97	Schicht: 06
Quadrant: 0814	Abbauschicht: 02-II	Lage (Sektor): 08
Keramiktyp: langsam gedreht 1	Anzahl der Keramik: 1	Gewicht der Keramik: 12 g

Siedlungsobjekt: keine	Fundnummer: 1056/97	Schicht: 03
Quadrant: 0814	Abbauschicht: 02-II	Lage (Sektor): 10
Keramiktyp: handgeformt	Anzahl der Keramik: 1	Gewicht der Keramik: 4 g
Siedlungsobjekt: keine	Fundnummer: 1055/97	Schicht: 06
Quadrant: 0814	Abbauschicht: 02-II	Lage (Sektor): 15
Keramiktyp: langsam gedreht 1	Anzahl der Keramik: 1	Gewicht der Keramik: 12 g
Siedlungsobjekt: keine	Fundnummer: 989/97	Schicht: 06
Quadrant: 0814	Abbauschicht: 02-II	Lage (Sektor): 23
Keramiktyp: langsam gedreht 3	Anzahl der Keramik: 1	Gewicht der Keramik: 8 g
Siedlungsobjekt: keine	Fundnummer: 1273/97	Schicht: 06
Quadrant: 0814	Abbauschicht: 03-III	Lage (Sektor): 10
Keramiktyp: handgeformt	Anzahl der Keramik: 3	Gewicht der Keramik: 12 g
Siedlungsobjekt: keine	Fundnummer: 1099/97	Schicht: 27
Quadrant: 0814	Abbauschicht: 03-III	Lage (Sektor): 22
Keramiktyp: handgeformt	Anzahl der Keramik: 1	Gewicht der Keramik: 2 g
Siedlungsobjekt: keine	Fundnummer: 1172/97	Schicht: 02
Quadrant: 0815	Abbauschicht: 01-I	Lage (Sektor): 02
Keramiktyp: handgeformt	Anzahl der Keramik: 1	Gewicht der Keramik: 30 g
Siedlungsobjekt: keine	Fundnummer: 1127/97	Schicht: keine Angabe
Quadrant: 0815	Abbauschicht: 01-I	Lage (Sektor): 11
Keramiktyp: handgeformt	Anzahl der Keramik: 2	Gewicht der Keramik: 36 g
Keramiktyp: Tonwanne	Anzahl der Keramik: 1	Gewicht der Keramik: 58 g
Siedlungsobjekt: keine	Fundnummer: 1128/97	Schicht: keine Angabe
Quadrant: 0815	Abbauschicht: 01-I	Lage (Sektor): 13
Keramiktyp: handgeformt	Anzahl der Keramik: 1	Gewicht der Keramik: 9 g
Siedlungsobjekt: keine	Fundnummer: 1190/97	Schicht: 10
Quadrant: 0815	Abbauschicht: 01-I	Lage (Sektor): 18
Keramiktyp: langsam gedreht 2	Anzahl der Keramik: 1	Gewicht der Keramik: 42 g
Siedlungsobjekt: keine	Fundnummer: 1220/97	Schicht: 10
Quadrant: 0815	Abbauschicht: 01-I	Lage (Sektor): 18
Keramiktyp: handgeformt	Anzahl der Keramik: 2	Gewicht der Keramik: 56 g
Siedlungsobjekt: keine	Fundnummer: 1120/97	Schicht: keine Angabe
Quadrant: 0815	Abbauschicht: 01-I	Lage (Sektor): 23
Keramiktyp: Backglocke	Anzahl der Keramik: 1	Gewicht der Keramik: 130 g
Siedlungsobjekt: keine	Fundnummer: 1121/97	Schicht: keine Angabe
Quadrant: 0815	Abbauschicht: 01-I	Lage (Sektor): 25
Keramiktyp: handgeformt	Anzahl der Keramik: 1	Gewicht der Keramik: 41 g
Siedlungsobjekt: keine	Fundnummer: 1291/97	Schicht: 05
Quadrant: 0815	Abbauschicht: 02-II	Lage (Sektor): 09/10
Keramiktyp: handgeformt	Anzahl der Keramik: 2	Gewicht der Keramik: 7 g

Siedlungsobjekt: keine	Fundnummer: 1347/97	Schicht: 05
Quadrant: 0815	Abbauschicht: 03-III	Lage (Sektor): 09/10
Keramiktyp: handgeformt	Anzahl der Keramik: 1	Gewicht der Keramik: 3 g

Siedlungsobjekt: keine	Fundnummer: 1351/97	Schicht: 12
Quadrant: 0815	Abbauschicht: 03-III	Lage (Sektor): 24
Keramiktyp: langsam gedreht 1	Anzahl der Keramik: 1	Gewicht der Keramik: 16 g

Siedlungsobjekt: keine	Fundnummer: 1315/97	Schicht: 12
Quadrant: 0815	Abbauschicht: 04-IV	Lage (Sektor): 24
Keramiktyp: langsam gedreht 3	Anzahl der Keramik: 1	Gewicht der Keramik: 19 g

Siedlungsobjekt: keine	Fundnummer: 1201/97	Schicht: keine Angabe
Quadrant: 0815/0816	Abbauschicht: 01-I	Lage (Sektor): keine Angabe
Keramiktyp: handgeformt	Anzahl der Keramik: 1	Gewicht der Keramik: 7 g

Siedlungsobjekt: keine	Fundnummer: 252/95	Schicht: 01
Quadrant: 0913	Abbauschicht: 02-II	Lage (Sektor): 08
Keramiktyp: handgeformt	Anzahl der Keramik: 1	Gewicht der Keramik: 20 g
Keramiktyp: langsam gedreht 3	Anzahl der Keramik: 1	Gewicht der Keramik: 15 g
Keramiktyp: Tondüse		

Siedlungsobjekt: keine	Fundnummer: 255/95	Schicht: 01
Quadrant: 0913	Abbauschicht: 02-II	Lage (Sektor): 10
Keramiktyp: handgeformt	Anzahl der Keramik: 2	Gewicht der Keramik: 42 g
Keramiktyp: langsam gedreht 3	Anzahl der Keramik: 1	Gewicht der Keramik: 6 g
Keramiktyp: Tonwanne	Anzahl der Keramik: 1	Gewicht der Keramik: 26 g

Siedlungsobjekt: keine	Fundnummer: 256/95	Schicht: 01
Quadrant: 0913	Abbauschicht: 02-II	Lage (Sektor): 12
Keramiktyp: langsam gedreht 3	Anzahl der Keramik: 3	Gewicht der Keramik: 46 g

Siedlungsobjekt: keine	Fundnummer: 258/95	Schicht: 01
Quadrant: 0913	Abbauschicht: 02-II	Lage (Sektor): 14
Keramiktyp: langsam gedreht 3	Anzahl der Keramik: 2	Gewicht der Keramik: 66 g

Siedlungsobjekt: keine	Fundnummer: 259/95	Schicht: 01
Quadrant: 0913	Abbauschicht: 02-II	Lage (Sektor): 15
Keramiktyp: handgeformt	Anzahl der Keramik: 1	Gewicht der Keramik: 16 g

Siedlungsobjekt: keine	Fundnummer: 263/95	Schicht: 01
Quadrant: 0913	Abbauschicht: 02-II	Lage (Sektor): 17
Keramiktyp: langsam gedreht 1	Anzahl der Keramik: 1	Gewicht der Keramik: 95 g

Siedlungsobjekt: keine	Fundnummer: 262/95	Schicht: 01
Quadrant: 0913	Abbauschicht: 02-II	Lage (Sektor): 18
Keramiktyp: langsam gedreht 1	Anzahl der Keramik: 3	Gewicht der Keramik: 81 g
Keramiktyp: langsam gedreht 3	Anzahl der Keramik: 1	Gewicht der Keramik: 3 g
Keramiktyp: Tondüse		

Siedlungsobjekt: keine	Fundnummer: 261/95	Schicht: 01
Quadrant: 0913	Abbauschicht: 02-II	Lage (Sektor): 19
Keramiktyp: langsam gedreht 3	Anzahl der Keramik: 1	Gewicht der Keramik: 8 g
Siedlungsobjekt: keine	Fundnummer: 266/95	Schicht: 01
Quadrant: 0913	Abbauschicht: 02-II	Lage (Sektor): 24
Keramiktyp: langsam gedreht 3	Anzahl der Keramik: 1	Gewicht der Keramik: 33 g
Siedlungsobjekt: keine	Fundnummer: 267/95	Schicht: 01
Quadrant: 0913	Abbauschicht: 02-II	Lage (Sektor): 25
Keramiktyp: langsam gedreht 1	Anzahl der Keramik: 1	Gewicht der Keramik: 6 g
Siedlungsobjekt: keine	Fundnummer: 268/95	Schicht: 01
Quadrant: 0913	Abbauschicht: 02-II	Lage (Sektor): 25
Keramiktyp: Backglocke	Anzahl der Keramik: 3	Gewicht der Keramik: 295 g
Keramiktyp: langsam gedreht 3	Anzahl der Keramik: 1	Gewicht der Keramik: 2 g
Siedlungsobjekt: keine	Fundnummer: 269/95	Schicht: 19
Quadrant: 0913	Abbauschicht: 03-III	Lage (Sektor): 07
Keramiktyp: Backglocke	Anzahl der Keramik: 1	Gewicht der Keramik: 11 g
Siedlungsobjekt: keine	Fundnummer: 454/95	Schicht: 04
Quadrant: 0913	Abbauschicht: 03-III	Lage (Sektor): 08
Keramiktyp: Backglocke	Anzahl der Keramik: 3	Gewicht der Keramik: 16 g
Keramiktyp: unbestimmt	Anzahl der Keramik: 1	Gewicht der Keramik: 12 g
Siedlungsobjekt: keine	Fundnummer: 292/95	Schicht: 07
Quadrant: 0913	Abbauschicht: 03-III	Lage (Sektor): 17
Keramiktyp: handgeformt	Anzahl der Keramik: 1	Gewicht der Keramik: 22 g
Siedlungsobjekt: keine	Fundnummer: 288/95	Schicht: 07
Quadrant: 0913	Abbauschicht: 03-III	Lage (Sektor): 18
Keramiktyp: langsam gedreht 2	Anzahl der Keramik: 1	Gewicht der Keramik: 42 g
Siedlungsobjekt: keine	Fundnummer: 290/95	Schicht: 07
Quadrant: 0913	Abbauschicht: 03-III	Lage (Sektor): 22
Keramiktyp: langsam gedreht 1	Anzahl der Keramik: 1	Gewicht der Keramik: 33 g
Siedlungsobjekt: keine	Fundnummer: 851/95	Schicht: 21
Quadrant: 0913	Abbauschicht: 04-IV	Lage (Sektor): 09
Keramiktyp: Backglocke	Anzahl der Keramik: 1	Gewicht der Keramik: 2 g
Siedlungsobjekt: keine	Fundnummer: 855/95	Schicht: 05
Quadrant: 0913	Abbauschicht: 04-IV	Lage (Sektor): 10
Keramiktyp: Tondüse		
Siedlungsobjekt: keine	Fundnummer: 1083/95	Schicht: 24
Quadrant: 0913	Abbauschicht: 05-V	Lage (Sektor): 07
Keramiktyp: handgeformt	Anzahl der Keramik: 3	Gewicht der Keramik: 20 g
Keramiktyp: langsam gedreht 1	Anzahl der Keramik: 1	Gewicht der Keramik: 10 g
Keramiktyp: langsam gedreht 3	Anzahl der Keramik: 1	Gewicht der Keramik: 6 g

Siedlungsobjekt: keine	Fundnummer: 885/95	Schicht: 25
Quadrant: 0913	Abbauschicht: 05-V	Lage (Sektor): 09
Keramiktyp: langsam gedreht 1	Anzahl der Keramik: 1	Gewicht der Keramik: 8 g
Siedlungsobjekt: keine	Fundnummer: 1092/95	Schicht: 32
Quadrant: 0913	Abbauschicht: 05-V	Lage (Sektor): 17
Keramiktyp: langsam gedreht 1	Anzahl der Keramik: 1	Gewicht der Keramik: 4 g
Siedlungsobjekt: keine	Fundnummer: 1090/95	Schicht: 34
Quadrant: 0913	Abbauschicht: 05-V	Lage (Sektor): 17
Keramiktyp: Backglocke	Anzahl der Keramik: 1	Gewicht der Keramik: 62 g
Siedlungsobjekt: keine	Fundnummer: 1088/95	Schicht: 31
Quadrant: 0913	Abbauschicht: 05-V	Lage (Sektor): 23
Keramiktyp: langsam gedreht 3	Anzahl der Keramik: 1	Gewicht der Keramik: 6 g
Siedlungsobjekt: keine	Fundnummer: 1078/95	Schicht: 44
Quadrant: 0913	Abbauschicht: 08-VIII	Lage (Sektor): 15
Keramiktyp: langsam gedreht 1	Anzahl der Keramik: 1	Gewicht der Keramik: 2 g
Siedlungsobjekt: keine	Fundnummer: 1081/95	Schicht: 44
Quadrant: 0913	Abbauschicht: 09-IX	Lage (Sektor): 10
Keramiktyp: langsam gedreht 1	Anzahl der Keramik: 1	Gewicht der Keramik: 10 g
Siedlungsobjekt: keine	Fundnummer: 1/97	Schicht: keine Angabe
Quadrant: 0913 NW	Abbauschicht: 01-I	Lage (Sektor): SW-Riegel
Keramiktyp: handgeformt	Anzahl der Keramik: 1	Gewicht der Keramik: 6 g
Keramiktyp: langsam gedreht 1	Anzahl der Keramik: 2	Gewicht der Keramik: 18 g
Siedlungsobjekt: keine	Fundnummer: 55/97	Schicht: 02
Quadrant: 0913 NW	Abbauschicht: 02-II	Lage (Sektor): 06
Keramiktyp: Tondüse		
Siedlungsobjekt: keine	Fundnummer: 54/97	Schicht: 02
Quadrant: 0913 NW	Abbauschicht: 02-II	Lage (Sektor): 11
Keramiktyp: langsam gedreht 1	Anzahl der Keramik: 3	Gewicht der Keramik: 52 g
Keramiktyp: Tondüse		
Siedlungsobjekt: keine	Fundnummer: 53/97	Schicht: 02
Quadrant: 0913 NW	Abbauschicht: 02-II	Lage (Sektor): 16
Keramiktyp: Backglocke	Anzahl der Keramik: 1	Gewicht der Keramik: 68 g
Keramiktyp: handgeformt	Anzahl der Keramik: 1	Gewicht der Keramik: 131 g
Keramiktyp: langsam gedreht 1	Anzahl der Keramik: 3	Gewicht der Keramik: 131 g
Keramiktyp: langsam gedreht 2	Anzahl der Keramik: 2	Gewicht der Keramik: 8 g
Keramiktyp: Tonwanne	Anzahl der Keramik: 1	Gewicht der Keramik: 6 g
Siedlungsobjekt: keine	Fundnummer: 52/97	Schicht: 02
Quadrant: 0913 NW	Abbauschicht: 02-II	Lage (Sektor): 21
Keramiktyp: handgeformt	Anzahl der Keramik: 2	Gewicht der Keramik: 15 g
Keramiktyp: langsam gedreht 1	Anzahl der Keramik: 3	Gewicht der Keramik: 16 g
Keramiktyp: langsam gedreht 2	Anzahl der Keramik: 3	Gewicht der Keramik: 28 g

Siedlungsobjekt: keine	Fundnummer: 544/97	Schicht: 03a
Quadrant: 0913 NW	Abbauschicht: 06-VI	Lage (Sektor): 21
Keramiktyp: handgeformt	Anzahl der Keramik: 6	Gewicht der Keramik: 44 g

Siedlungsobjekt: keine	Fundnummer: 301/95	Schicht: 01
Quadrant: 1013	Abbauschicht: 02-II	Lage (Sektor): 07
Keramiktyp: handgeformt	Anzahl der Keramik: 3	Gewicht der Keramik: 97 g
Keramiktyp: Tondüse		

Siedlungsobjekt: keine	Fundnummer: 306/95	Schicht: 01
Quadrant: 1013	Abbauschicht: 02-II	Lage (Sektor): 08
Keramiktyp: handgeformt	Anzahl der Keramik: 3	Gewicht der Keramik: 31 g
Keramiktyp: langsam gedreht 1	Anzahl der Keramik: 3	Gewicht der Keramik: 34 g

Siedlungsobjekt: keine	Fundnummer: 307/95	Schicht: 01
Quadrant: 1013	Abbauschicht: 02-II	Lage (Sektor): 09
Keramiktyp: handgeformt	Anzahl der Keramik: 3	Gewicht der Keramik: 36 g
Keramiktyp: Tondüse		

Siedlungsobjekt: keine	Fundnummer: 308/95	Schicht: 01
Quadrant: 1013	Abbauschicht: 02-II	Lage (Sektor): 10
Keramiktyp: handgeformt	Anzahl der Keramik: 1	Gewicht der Keramik: 14 g

Siedlungsobjekt: keine	Fundnummer: 302/95	Schicht: 01
Quadrant: 1013	Abbauschicht: 02-II	Lage (Sektor): 12
Keramiktyp: handgeformt	Anzahl der Keramik: 5	Gewicht der Keramik: 78 g
Keramiktyp: langsam gedreht 1	Anzahl der Keramik: 1	Gewicht der Keramik: 3 g
Keramiktyp: langsam gedreht 3	Anzahl der Keramik: 2	Gewicht der Keramik: 4 g
Keramiktyp: Tondüse		
Keramiktyp: Tonwanne	Anzahl der Keramik: 2	Gewicht der Keramik: 32 g

Siedlungsobjekt: keine	Fundnummer: 315/95	Schicht: 01
Quadrant: 1013	Abbauschicht: 02-II	Lage (Sektor): 13
Keramiktyp: Backglocke	Anzahl der Keramik: 1	Gewicht der Keramik: 30 g
Keramiktyp: handgeformt	Anzahl der Keramik: 1	Gewicht der Keramik: 8 g
Keramiktyp: langsam gedreht 1	Anzahl der Keramik: 1	Gewicht der Keramik: 10 g
Keramiktyp: langsam gedreht 3	Anzahl der Keramik: 3	Gewicht der Keramik: 20 g
Keramiktyp: Tondüse		

Siedlungsobjekt: keine	Fundnummer: 317/95	Schicht: 01
Quadrant: 1013	Abbauschicht: 02-II	Lage (Sektor): 14
Keramiktyp: langsam gedreht 1	Anzahl der Keramik: 2	Gewicht der Keramik: 20 g

Siedlungsobjekt: keine	Fundnummer: 309/95	Schicht: 01
Quadrant: 1013	Abbauschicht: 02-II	Lage (Sektor): 15
Keramiktyp: handgeformt	Anzahl der Keramik: 2	Gewicht der Keramik: 34 g

| Siedlungsobjekt: keine | Fundnummer: 303/95 | Schicht: 01 |
| Quadrant: 1013 | Abbauschicht: 02-II | Lage (Sektor): 17 |

Keramiktyp: Backglocke	Anzahl der Keramik: 1	Gewicht der Keramik: 12 g
Keramiktyp: handgeformt	Anzahl der Keramik: 3	Gewicht der Keramik: 30 g
Keramiktyp: langsam gedreht 1	Anzahl der Keramik: 3	Gewicht der Keramik: 16 g
Keramiktyp: langsam gedreht 2	Anzahl der Keramik: 3	Gewicht der Keramik: 98 g
Keramiktyp: langsam gedreht 3	Anzahl der Keramik: 1	Gewicht der Keramik: 178 g

| Siedlungsobjekt: keine | Fundnummer: 314/95 | Schicht: 01 |
| Quadrant: 1013 | Abbauschicht: 02-II | Lage (Sektor): 18 |

| Keramiktyp: langsam gedreht 1 | Anzahl der Keramik: 2 | Gewicht der Keramik: 6 g |
| Keramiktyp: langsam gedreht 3 | Anzahl der Keramik: 2 | Gewicht der Keramik: 23 g |

| Siedlungsobjekt: keine | Fundnummer: 316/95 | Schicht: 01 |
| Quadrant: 1013 | Abbauschicht: 02-II | Lage (Sektor): 19 |

| Keramiktyp: langsam gedreht 1 | Anzahl der Keramik: 2 | Gewicht der Keramik: 7 g |
| Keramiktyp: langsam gedreht 2 | Anzahl der Keramik: 2 | Gewicht der Keramik: 9 g |

| Siedlungsobjekt: keine | Fundnummer: 310/95 | Schicht: 01 |
| Quadrant: 1013 | Abbauschicht: 02-II | Lage (Sektor): 20 |

Keramiktyp: langsam gedreht 1	Anzahl der Keramik: 1	Gewicht der Keramik: 2 g
Keramiktyp: langsam gedreht 3	Anzahl der Keramik: 4	Gewicht der Keramik: 15 g
Keramiktyp: Tondüse		

| Siedlungsobjekt: keine | Fundnummer: 304/95 | Schicht: 01 |
| Quadrant: 1013 | Abbauschicht: 02-II | Lage (Sektor): 22 |

Keramiktyp: handgeformt	Anzahl der Keramik: 3	Gewicht der Keramik: 27 g
Keramiktyp: langsam gedreht 1	Anzahl der Keramik: 2	Gewicht der Keramik: 22 g
Keramiktyp: Tondüse		

| Siedlungsobjekt: keine | Fundnummer: 313/95 | Schicht: 01 |
| Quadrant: 1013 | Abbauschicht: 02-II | Lage (Sektor): 23 |

| Keramiktyp: Backglocke | Anzahl der Keramik: 2 | Gewicht der Keramik: 14 g |
| Keramiktyp: langsam gedreht 2 | Anzahl der Keramik: 2 | Gewicht der Keramik: 10 g |

| Siedlungsobjekt: keine | Fundnummer: 312/95 | Schicht: 01 |
| Quadrant: 1013 | Abbauschicht: 02-II | Lage (Sektor): 24 |

| Keramiktyp: handgeformt | Anzahl der Keramik: 1 | Gewicht der Keramik: 11 g |
| Keramiktyp: langsam gedreht 2 | Anzahl der Keramik: 1 | Gewicht der Keramik: 2 g |

| Siedlungsobjekt: keine | Fundnummer: 311/95 | Schicht: 01 |
| Quadrant: 1013 | Abbauschicht: 02-II | Lage (Sektor): 25 |

| Keramiktyp: handgeformt | Anzahl der Keramik: 1 | Gewicht der Keramik: 4 g |
| Keramiktyp: langsam gedreht 3 | Anzahl der Keramik: 1 | Gewicht der Keramik: 10 g |

| Siedlungsobjekt: keine | Fundnummer: 333/95 | Schicht: 02 |
| Quadrant: 1013 | Abbauschicht: 03-III | Lage (Sektor): 09 |

| Keramiktyp: handgeformt | Anzahl der Keramik: 2 | Gewicht der Keramik: 155 g |
| Keramiktyp: Tondüse | | |

Siedlungsobjekt: keine	Fundnummer: 343/95	Schicht: 02
Quadrant: 1013	Abbauschicht: 03-III	Lage (Sektor): 10
Keramiktyp: langsam gedreht 3	Anzahl der Keramik: 1	Gewicht der Keramik: 4 g

Siedlungsobjekt: keine	Fundnummer: 327/95	Schicht: 07
Quadrant: 1013	Abbauschicht: 03-III	Lage (Sektor): 13
Keramiktyp: langsam gedreht 1	Anzahl der Keramik: 1	Gewicht der Keramik: 14 g

Siedlungsobjekt: keine	Fundnummer: 334/95	Schicht: 02
Quadrant: 1013	Abbauschicht: 03-III	Lage (Sektor): 14
Keramiktyp: Backglocke	Anzahl der Keramik: 1	Gewicht der Keramik: 8 g
Keramiktyp: handgeformt	Anzahl der Keramik: 1	Gewicht der Keramik: 44 g
Keramiktyp: langsam gedreht 2	Anzahl der Keramik: 1	Gewicht der Keramik: 27 g

Siedlungsobjekt: keine	Fundnummer: 342/95	Schicht: 04
Quadrant: 1013	Abbauschicht: 03-III	Lage (Sektor): 15
Keramiktyp: Tondüse		

Siedlungsobjekt: keine	Fundnummer: 330/95	Schicht: 02
Quadrant: 1013	Abbauschicht: 03-III	Lage (Sektor): 18
Keramiktyp: langsam gedreht 1	Anzahl der Keramik: 1	Gewicht der Keramik: 6 g

Siedlungsobjekt: keine	Fundnummer: 335/95	Schicht: 02
Quadrant: 1013	Abbauschicht: 03-III	Lage (Sektor): 19
Keramiktyp: langsam gedreht 1	Anzahl der Keramik: 1	Gewicht der Keramik: 4 g

Siedlungsobjekt: keine	Fundnummer: 341/95	Schicht: 04
Quadrant: 1013	Abbauschicht: 03-III	Lage (Sektor): 20
Keramiktyp: langsam gedreht 1	Anzahl der Keramik: 1	Gewicht der Keramik: 10 g

Siedlungsobjekt: keine	Fundnummer: 339/95	Schicht: 11
Quadrant: 1013	Abbauschicht: 03-III	Lage (Sektor): 25
Keramiktyp: Backglocke	Anzahl der Keramik: 6	Gewicht der Keramik: 70 g

Siedlungsobjekt: keine	Fundnummer: 346/95	Schicht: 02
Quadrant: 1013	Abbauschicht: 04-IV	Lage (Sektor): 09
Keramiktyp: Tondüse		

Siedlungsobjekt: keine	Fundnummer: 910/95	Schicht: 04
Quadrant: 1013	Abbauschicht: 04-IV	Lage (Sektor): 15
Keramiktyp: Tondüse		

Siedlungsobjekt: keine	Fundnummer: 933/95	Schicht: 02
Quadrant: 1013	Abbauschicht: 05-V	Lage (Sektor): 12
Keramiktyp: handgeformt	Anzahl der Keramik: 5	Gewicht der Keramik: 24 g

Siedlungsobjekt: keine	Fundnummer: 932/95	Schicht: 21
Quadrant: 1013	Abbauschicht: 05-V	Lage (Sektor): 12
Keramiktyp: handgeformt	Anzahl der Keramik: 1	Gewicht der Keramik: 11 g

Siedlungsobjekt: keine	Fundnummer: 940/95	Schicht: 20
Quadrant: 1013	Abbauschicht: 05-V	Lage (Sektor): 15
Keramiktyp: Tondüse		

Siedlungsobjekt: keine	Fundnummer: 1134/95	Schicht: 18
Quadrant: 1013	Abbauschicht: 05-V	Lage (Sektor): 24
Keramiktyp: Backglocke	Anzahl der Keramik: 1	Gewicht der Keramik: 4 g

Siedlungsobjekt: keine	Fundnummer: 1140/95	Schicht: 36
Quadrant: 1013	Abbauschicht: 06-VI	Lage (Sektor): 18
Keramiktyp: Backglocke	Anzahl der Keramik: 1	Gewicht der Keramik: 2 g

Siedlungsobjekt: keine	Fundnummer: 1144/95	Schicht: 35
Quadrant: 1013	Abbauschicht: 06-VI	Lage (Sektor): 22
Keramiktyp: langsam gedreht 1	Anzahl der Keramik: 1	Gewicht der Keramik: 4 g

Siedlungsobjekt: keine	Fundnummer: 1106/95	Schicht: 32
Quadrant: 1013	Abbauschicht: 07-VII	Lage (Sektor): 08
Keramiktyp: langsam gedreht 3	Anzahl der Keramik: 1	Gewicht der Keramik: 22 g

Siedlungsobjekt: keine	Fundnummer: 1107/95	Schicht: 32
Quadrant: 1013	Abbauschicht: 07-VII	Lage (Sektor): 09
Keramiktyp: Tondüse		

Siedlungsobjekt: keine	Fundnummer: 1108/95	Schicht: 34
Quadrant: 1013	Abbauschicht: 07-VII	Lage (Sektor): 09
Keramiktyp: Tondüse		

Siedlungsobjekt: keine	Fundnummer: 1110/95	Schicht: 34
Quadrant: 1013	Abbauschicht: 07-VII	Lage (Sektor): 10
Keramiktyp: langsam gedreht 1	Anzahl der Keramik: 1	Gewicht der Keramik: 11 g

Siedlungsobjekt: keine	Fundnummer: 1115/95	Schicht: 34
Quadrant: 1013	Abbauschicht: 08-VIII	Lage (Sektor): 10
Keramiktyp: Tondüse		

Siedlungsobjekt: keine	Fundnummer: 1114/95	Schicht: 32
Quadrant: 1013	Abbauschicht: 08-VIII	Lage (Sektor): 19
Keramiktyp: langsam gedreht 3	Anzahl der Keramik: 1	Gewicht der Keramik: 1 g

Siedlungsobjekt: keine	Fundnummer: 305/95	Schicht: 01
Quadrant: 1013	Abbauschicht: keine Angabe	Lage (Sektor): 08
Keramiktyp: Tondüse		

Siedlungsobjekt: keine	Fundnummer: 63/97	Schicht: 01
Quadrant: 1013 NW	Abbauschicht: 01-I	Lage (Sektor): 06
Keramiktyp: handgeformt	Anzahl der Keramik: 1	Gewicht der Keramik: 11 g
Keramiktyp: langsam gedreht 1	Anzahl der Keramik: 1	Gewicht der Keramik: 8 g

Siedlungsobjekt: keine	Fundnummer: 58/97	Schicht: 01
Quadrant: 1013 NW	Abbauschicht: 01-I	Lage (Sektor): 11
Keramiktyp: handgeformt	Anzahl der Keramik: 1	Gewicht der Keramik: 5 g
Keramiktyp: langsam gedreht 1	Anzahl der Keramik: 2	Gewicht der Keramik: 10 g

Siedlungsobjekt: keine	Fundnummer: 57/97	Schicht: 01
Quadrant: 1013 NW	Abbauschicht: 01-I	Lage (Sektor): 16
Keramiktyp: Backglocke	Anzahl der Keramik: 1	Gewicht der Keramik: 4 g
Keramiktyp: handgeformt	Anzahl der Keramik: 2	Gewicht der Keramik: 40 g
Keramiktyp: langsam gedreht 1	Anzahl der Keramik: 1	Gewicht der Keramik: 4 g
Keramiktyp: langsam gedreht 3	Anzahl der Keramik: 3	Gewicht der Keramik: 34 g

Siedlungsobjekt: keine	Fundnummer: 56/97	Schicht: 01
Quadrant: 1013 NW	Abbauschicht: 01-I	Lage (Sektor): 21
Keramiktyp: handgeformt	Anzahl der Keramik: 1	Gewicht der Keramik: 5 g
Keramiktyp: langsam gedreht 3	Anzahl der Keramik: 1	Gewicht der Keramik: 4 g

Siedlungsobjekt: keine	Fundnummer: 66/97	Schicht: 02
Quadrant: 1013 NW	Abbauschicht: 02-II	Lage (Sektor): 06
Keramiktyp: handgeformt	Anzahl der Keramik: 1	Gewicht der Keramik: 8 g
Keramiktyp: Tondüse		

Siedlungsobjekt: keine	Fundnummer: 76/97	Schicht: 02
Quadrant: 1013 NW	Abbauschicht: 02-II	Lage (Sektor): 11
Keramiktyp: Backglocke	Anzahl der Keramik: 1	Gewicht der Keramik: 14 g
Keramiktyp: handgeformt	Anzahl der Keramik: 5	Gewicht der Keramik: 52 g
Keramiktyp: langsam gedreht 1	Anzahl der Keramik: 1	Gewicht der Keramik: 5 g
Keramiktyp: langsam gedreht 2	Anzahl der Keramik: 4	Gewicht der Keramik: 186 g
Keramiktyp: langsam gedreht 3	Anzahl der Keramik: 2	Gewicht der Keramik: 39 g
Keramiktyp: Tondüse		

Siedlungsobjekt: keine	Fundnummer: 77/97	Schicht: 02
Quadrant: 1013 NW	Abbauschicht: 02-II	Lage (Sektor): 16
Keramiktyp: handgeformt	Anzahl der Keramik: 6	Gewicht der Keramik: 45 g
Keramiktyp: langsam gedreht 1	Anzahl der Keramik: 1	Gewicht der Keramik: 6 g
Keramiktyp: langsam gedreht 3	Anzahl der Keramik: 2	Gewicht der Keramik: 102 g

Siedlungsobjekt: keine	Fundnummer: 78/97	Schicht: 02
Quadrant: 1013 NW	Abbauschicht: 02-II	Lage (Sektor): 21
Keramiktyp: Backglocke	Anzahl der Keramik: 6	Gewicht der Keramik: 28 g
Keramiktyp: handgeformt	Anzahl der Keramik: 8	Gewicht der Keramik: 142 g
Keramiktyp: langsam gedreht 1	Anzahl der Keramik: 4	Gewicht der Keramik: 42 g
Keramiktyp: langsam gedreht 2	Anzahl der Keramik: 2	Gewicht der Keramik: 18 g
Keramiktyp: langsam gedreht 3	Anzahl der Keramik: 4	Gewicht der Keramik: 61 g
Keramiktyp: Tondüse		

Siedlungsobjekt: keine	Fundnummer: 430/97	Schicht: 16
Quadrant: 1013 NW	Abbauschicht: 08-VIII	Lage (Sektor): 16
Keramiktyp: langsam gedreht 1	Anzahl der Keramik: 1	Gewicht der Keramik: 3 g

Siedlungsobjekt: keine	Fundnummer: 573/97	Schicht: keine Angabe
Quadrant: 1013 NW	Abbauschicht: keine Angabe	Lage (Sektor): aus Profil
Keramiktyp: handgeformt	Anzahl der Keramik: 1	Gewicht der Keramik: 177 g

Siedlungsobjekt: keine	Fundnummer: 351/95	Schicht: 01
Quadrant: 1113	Abbauschicht: 02-II	Lage (Sektor): 07
Keramiktyp: handgeformt	Anzahl der Keramik: 3	Gewicht der Keramik: 106 g
Keramiktyp: Tondüse		

Siedlungsobjekt: keine	Fundnummer: 353/95	Schicht: 01
Quadrant: 1113	Abbauschicht: 02-II	Lage (Sektor): 08
Keramiktyp: Tondüse		

Siedlungsobjekt: keine	Fundnummer: 370/95	Schicht: 01
Quadrant: 1113	Abbauschicht: 02-II	Lage (Sektor): 10
Keramiktyp: handgeformt	Anzahl der Keramik: 1	Gewicht der Keramik: 14 g

Siedlungsobjekt: keine	Fundnummer: 366/95	Schicht: 01
Quadrant: 1113	Abbauschicht: 02-II	Lage (Sektor): 14
Keramiktyp: Tondüse		

Siedlungsobjekt: keine	Fundnummer: 358/95	Schicht: 01
Quadrant: 1113	Abbauschicht: 02-II	Lage (Sektor): 22
Keramiktyp: langsam gedreht 1	Anzahl der Keramik: 1	Gewicht der Keramik: 5 g

Siedlungsobjekt: keine	Fundnummer: 359/95	Schicht: 1
Quadrant: 1113	Abbauschicht: 02-II	Lage (Sektor): 23
Keramiktyp: Tondüse		

Siedlungsobjekt: keine	Fundnummer: 371/95	Schicht: 03
Quadrant: 1113	Abbauschicht: keine Angabe	Lage (Sektor): 07
Keramiktyp: Tondüse		

Siedlungsobjekt: keine	Fundnummer: 372/95	Schicht: 03
Quadrant: 1113	Abbauschicht: keine Angabe	Lage (Sektor): 07
Keramiktyp: Tondüse		

Siedlungsobjekt: keine	Fundnummer: 79/97	Schicht: 01
Quadrant: 1113 NO	Abbauschicht: 01-I	Lage (Sektor): 02
Keramiktyp: handgeformt	Anzahl der Keramik: 1	Gewicht der Keramik: 6 g
Keramiktyp: langsam gedreht 1	Anzahl der Keramik: 4	Gewicht der Keramik: 37 g

Siedlungsobjekt: keine	Fundnummer: 70/97	Schicht: 01
Quadrant: 1113 NO	Abbauschicht: 01-I	Lage (Sektor): 03
Keramiktyp: Backglocke	Anzahl der Keramik: 1	Gewicht der Keramik: 7 g
Keramiktyp: handgeformt	Anzahl der Keramik: 1	Gewicht der Keramik: 28 g
Keramiktyp: langsam gedreht 1	Anzahl der Keramik: 1	Gewicht der Keramik: 6 g
Keramiktyp: langsam gedreht 3	Anzahl der Keramik: 4	Gewicht der Keramik: 12 g

Siedlungsobjekt: keine	Fundnummer: 81/97	Schicht: 01
Quadrant: 1113 NO	Abbauschicht: 01-I	Lage (Sektor): 05
Keramiktyp: handgeformt	Anzahl der Keramik: 3	Gewicht der Keramik: 24 g
Keramiktyp: Tondüse		

Siedlungsobjekt: keine	Fundnummer: 80/97	Schicht: 01
Quadrant: 1113 NO	Abbauschicht: 01-I	Lage (Sektor): keine Angabe
Keramiktyp: Backglocke	Anzahl der Keramik: 1	Gewicht der Keramik: 12 g
Keramiktyp: handgeformt	Anzahl der Keramik: 4	Gewicht der Keramik: 42 g
Keramiktyp: Tondüse		

Siedlungsobjekt: keine	Fundnummer: 101/97	Schicht: 02
Quadrant: 1113 NO	Abbauschicht: 02-II	Lage (Sektor): 02
Keramiktyp: handgeformt	Anzahl der Keramik: 3	Gewicht der Keramik: 70 g

Siedlungsobjekt: keine	Fundnummer: 102/97	Schicht: 02
Quadrant: 1113 NO	Abbauschicht: 02-II	Lage (Sektor): 03
Keramiktyp: Tondüse		

Siedlungsobjekt: keine	Fundnummer: 59/97	Schicht: 01
Quadrant: 1113 NW	Abbauschicht: 01-I	Lage (Sektor): 06
Keramiktyp: handgeformt	Anzahl der Keramik: 1	Gewicht der Keramik: 20 g

Siedlungsobjekt: keine	Fundnummer: 67/97	Schicht: 01
Quadrant: 1113 NW	Abbauschicht: 01-I	Lage (Sektor): 06
Keramiktyp: handgeformt	Anzahl der Keramik: 1	Gewicht der Keramik: 13 g

Siedlungsobjekt: keine	Fundnummer: 61/97	Schicht: 01
Quadrant: 1113 NW	Abbauschicht: 01-I	Lage (Sektor): 16
Keramiktyp: Backglocke	Anzahl der Keramik: 1	Gewicht der Keramik: 12 g
Keramiktyp: handgeformt	Anzahl der Keramik: 1	Gewicht der Keramik: 2 g

Siedlungsobjekt: keine	Fundnummer: 62/97	Schicht: 01
Quadrant: 1113 NW	Abbauschicht: 01-I	Lage (Sektor): 21
Keramiktyp: langsam gedreht 3	Anzahl der Keramik: 3	Gewicht der Keramik: 13 g
Keramiktyp: Tondüse		

Siedlungsobjekt: keine	Fundnummer: 84/97	Schicht: 02
Quadrant: 1113 NW	Abbauschicht: 02-II	Lage (Sektor): 06
Keramiktyp: Backglocke	Anzahl der Keramik: 1	Gewicht der Keramik: 25 g
Keramiktyp: handgeformt	Anzahl der Keramik: 2	Gewicht der Keramik: 7 g
Keramiktyp: Tondüse		

Siedlungsobjekt: keine	Fundnummer: 86/97	Schicht: 02
Quadrant: 1113 NW	Abbauschicht: 02-II	Lage (Sektor): 16
Keramiktyp: handgeformt	Anzahl der Keramik: 1	Gewicht der Keramik: 7 g

Siedlungsobjekt: keine	Fundnummer: 87/97	Schicht: 02
Quadrant: 1113 NW	Abbauschicht: 02-II	Lage (Sektor): 21
Keramiktyp: handgeformt	Anzahl der Keramik: 1	Gewicht der Keramik: 22 g

Siedlungsobjekt: keine	Fundnummer: 141/97	Schicht: 07
Quadrant: 1113 NW	Abbauschicht: 03-III	Lage (Sektor): 16
Keramiktyp: handgeformt	Anzahl der Keramik: 1	Gewicht der Keramik: 34 g

Siedlungsobjekt: keine	Fundnummer: 163/97	Schicht: 07
Quadrant: 1113 NW	Abbauschicht: 04-IV	Lage (Sektor): 11
Keramiktyp: handgeformt	Anzahl der Keramik: 1	Gewicht der Keramik: 36 g

Siedlungsobjekt: keine	Fundnummer: 1205/95	Schicht: 01
Quadrant: 1212	Abbauschicht: 02-II	Lage (Sektor): 04
Keramiktyp: handgeformt	Anzahl der Keramik: 2	Gewicht der Keramik: 10 g
Keramiktyp: langsam gedreht 1	Anzahl der Keramik: 3	Gewicht der Keramik: 20 g
Keramiktyp: langsam gedreht 3	Anzahl der Keramik: 1	Gewicht der Keramik: 14 g

Siedlungsobjekt: keine	Fundnummer: 1206/95	Schicht: 01
Quadrant: 1212	Abbauschicht: 02-II	Lage (Sektor): 05
Keramiktyp: Tondüse		

Siedlungsobjekt: keine	Fundnummer: 1214/95	Schicht: 01
Quadrant: 1212	Abbauschicht: 02-II	Lage (Sektor): 15
Keramiktyp: handgeformt	Anzahl der Keramik: 1	Gewicht der Keramik: 4 g

Siedlungsobjekt: keine	Fundnummer: 1219/95	Schicht: 01
Quadrant: 1212	Abbauschicht: 02-II	Lage (Sektor): 18 (über Ofen)
Keramiktyp: handgeformt	Anzahl der Keramik: 1	Gewicht der Keramik: 12 g
Keramiktyp: langsam gedreht 1	Anzahl der Keramik: 1	Gewicht der Keramik: 2 g

Siedlungsobjekt: keine	Fundnummer: 1249/95	Schicht: 01
Quadrant: 1212	Abbauschicht: 02-II	Lage (Sektor): 18 (über Ofen)
Keramiktyp: Tondüse		

Siedlungsobjekt: keine	Fundnummer: 1216/95	Schicht: 01
Quadrant: 1212	Abbauschicht: 02-II	Lage (Sektor): 20
Keramiktyp: Tondüse		

Siedlungsobjekt: keine	Fundnummer: 1224/95	Schicht: 01
Quadrant: 1212	Abbauschicht: 02-II	Lage (Sektor): 24
Keramiktyp: Tondüse		

Siedlungsobjekt: keine	Fundnummer: 1215/95	Schicht: 01
Quadrant: 1212	Abbauschicht: 02-II	Lage (Sektor): 25
Keramiktyp: Tondüse		

Siedlungsobjekt: keine	Fundnummer: 1223/95	Schicht: 01
Quadrant: 1212	Abbauschicht: 02-II	Lage (Sektor): 25
Keramiktyp: langsam gedreht 3	Anzahl der Keramik: 1	Gewicht der Keramik: 16 g

Siedlungsobjekt: keine	Fundnummer: 1230/95	Schicht: keine Angabe
Quadrant: 1212	Abbauschicht: 02-II	Lage (Sektor): 25 Verfärbung im Schlackenrest im NO
Keramiktyp: Tondüse		

Siedlungsobjekt: keine	Fundnummer: 582/97	Schicht: 01
Quadrant: 1212	Abbauschicht: 40 cm unter HOK	Lage (Sektor): x = 1-2; y = 3,5-4,5
Keramiktyp: Tondüse		

Siedlungsobjekt: keine	Fundnummer: 627/97	Schicht: 32
Quadrant: 1212	Abbauschicht: keine Angabe	Lage (Sektor): keine Angabe
Keramiktyp: Tondüse		

Siedlungsobjekt: keine	Fundnummer: 621/97	Schicht: 07
Quadrant: 1212	Abbauschicht: keine Angabe	Lage (Sektor): x = 3,72; y = 4,47
Keramiktyp: Tondüse		

Siedlungsobjekt: keine	Fundnummer: 1201/95	Schicht: 01
Quadrant: 1212, 1213	Abbauschicht: 01-I	Lage (Sektor): keine Angabe
Keramiktyp: handgeformt	Anzahl der Keramik: 1	Gewicht der Keramik: 34 g
Keramiktyp: langsam gedreht 3	Anzahl der Keramik: 1	Gewicht der Keramik: 5 g
Keramiktyp: Tondüse		

Siedlungsobjekt: keine	Fundnummer: 1233/95	Schicht: 01
Quadrant: 1213	Abbauschicht: 02-II	Lage (Sektor): 07
Keramiktyp: handgeformt	Anzahl der Keramik: 1	Gewicht der Keramik: 26 g

Siedlungsobjekt: keine	Fundnummer: 1241/95	Schicht: 01
Quadrant: 1213	Abbauschicht: 02-II	Lage (Sektor): 17
Keramiktyp: langsam gedreht 3	Anzahl der Keramik: 1	Gewicht der Keramik: 4 g
Keramiktyp: Tondüse		

Siedlungsobjekt: keine	Fundnummer: 1242/95	Schicht: 01
Quadrant: 1213	Abbauschicht: 02-II	Lage (Sektor): 18
Keramiktyp: Tondüse		

Siedlungsobjekt: keine	Fundnummer: 1243/95	Schicht: 01
Quadrant: 1213	Abbauschicht: 02-II	Lage (Sektor): 18
Keramiktyp: handgeformt	Anzahl der Keramik: 3	Gewicht der Keramik: 88 g
Keramiktyp: langsam gedreht 1	Anzahl der Keramik: 1	Gewicht der Keramik: 6 g
Keramiktyp: langsam gedreht 2	Anzahl der Keramik: 1	Gewicht der Keramik: 34 g
Keramiktyp: Tondüse		

Siedlungsobjekt: keine	Fundnummer: 1244/95	Schicht: 01
Quadrant: 1213	Abbauschicht: 02-II	Lage (Sektor): 19
Keramiktyp: handgeformt	Anzahl der Keramik: 1	Gewicht der Keramik: 5 g
Keramiktyp: langsam gedreht 1	Anzahl der Keramik: 2	Gewicht der Keramik: 38 g
Keramiktyp: Tondüse		

Siedlungsobjekt: keine	Fundnummer: 1245/95	Schicht: 01
Quadrant: 1213	Abbauschicht: 02-II	Lage (Sektor): 20
Keramiktyp: handgeformt	Anzahl der Keramik: 1	Gewicht der Keramik: 14 g
Keramiktyp: Tondüse		

Siedlungsobjekt: keine	Fundnummer: 1246/95	Schicht: 01
Quadrant: 1213	Abbauschicht: 02-II	Lage (Sektor): 22
Keramiktyp: Tondüse		

Siedlungsobjekt: keine	Fundnummer: 1247/95	Schicht: 01
Quadrant: 1213	Abbauschicht: 02-II	Lage (Sektor): 23
Keramiktyp: handgeformt	Anzahl der Keramik: 3	Gewicht der Keramik: 42 g
Keramiktyp: langsam gedreht 1	Anzahl der Keramik: 2	Gewicht der Keramik: 54 g
Keramiktyp: Tondüse		

Siedlungsobjekt: keine	Fundnummer: 1248/95	Schicht: 01
Quadrant: 1213	Abbauschicht: 02-II	Lage (Sektor): 24
Keramiktyp: Tondüse		

Siedlungsobjekt: keine	Fundnummer: 1250/95	Schicht: 01
Quadrant: 1213	Abbauschicht: 02-II	Lage (Sektor): x = 1,4-2,4; y = 3,3-5
Keramiktyp: Tondüse		

Siedlungsobjekt: keine	Fundnummer: 1435/95	Schicht: keine Angabe
Quadrant: 1213	Abbauschicht: keine Angabe	Lage (Sektor): keine Angabe
Keramiktyp: Tondüse		

Siedlungsobjekt: keine	Fundnummer: 790/97	Schicht: 66
Quadrant: 1213	Abbauschicht: keine Angabe	Lage (Sektor): x = 1-1,5; y = 4-5
Keramiktyp: Tondüse		

Siedlungsobjekt: keine	Fundnummer: 729/97	Schicht: 13
Quadrant: 1213	Abbauschicht: keine Angabe	Lage (Sektor): x = 1-5; y = 3-5
Keramiktyp: Tondüse		

Siedlungsobjekt: keine	Fundnummer: 734 oder 739/97	Schicht: 13
Quadrant: 1213	Abbauschicht: keine Angabe	Lage (Sektor): x = 1-5; y = 3-5
Keramiktyp: Tondüse		

Siedlungsobjekt: keine	Fundnummer: 1325/97	Schicht: gemischte Erde
Quadrant: 1213 NW	Abbauschicht: 01-I	Lage (Sektor): 01
Keramiktyp: langsam gedreht 1	Anzahl der Keramik: 1	Gewicht der Keramik: 4 g

Siedlungsobjekt: keine	Fundnummer: 1326/97	Schicht: gemischte Erde
Quadrant: 1213 NW	Abbauschicht: 01-I	Lage (Sektor): 06
Keramiktyp: langsam gedreht 1	Anzahl der Keramik: 2	Gewicht der Keramik: 28 g

Siedlungsobjekt: keine	Fundnummer: 1328/97	Schicht: gemischte Erde
Quadrant: 1213 NW	Abbauschicht: 01-I	Lage (Sektor): 16
Keramiktyp: handgeformt	Anzahl der Keramik: 1	Gewicht der Keramik: 8 g

Siedlungsobjekt: keine	Fundnummer: 1329/97	Schicht: gemischte Erde
Quadrant: 1213 NW	Abbauschicht: 01-I	Lage (Sektor): 21
Keramiktyp: handgeformt	Anzahl der Keramik: 1	Gewicht der Keramik: 6 g

Siedlungsobjekt: keine	Fundnummer: 73/93	Schicht: 02
Quadrant: 6/10	Abbauschicht: keine Angabe	Lage (Sektor): keine Angabe
Keramiktyp: langsam gedreht 1	Anzahl der Keramik: 1	Gewicht der Keramik: 10 g

Siedlungsobjekt: keine	Fundnummer: 309/93	Schicht: 33
Quadrant: 6/10	Abbauschicht: keine Angabe	Lage (Sektor): keine Angabe
Keramiktyp: langsam gedreht 2	Anzahl der Keramik: 1	Gewicht der Keramik: 20 g
Siedlungsobjekt: keine	Fundnummer: 84/93	Schicht: 02
Quadrant: 6/14	Abbauschicht: keine Angabe	Lage (Sektor): keine Angabe
Keramiktyp: langsam gedreht 1	Anzahl der Keramik: 1	Gewicht der Keramik: 2 g
Siedlungsobjekt: keine	Fundnummer: 325/93	Schicht: 28
Quadrant: 6/14	Abbauschicht: keine Angabe	Lage (Sektor): keine Angabe
Keramiktyp: langsam gedreht 1	Anzahl der Keramik: 1	Gewicht der Keramik: 7 g
Siedlungsobjekt: keine	Fundnummer: 86/93	Schicht: 02
Quadrant: 6/18	Abbauschicht: keine Angabe	Lage (Sektor): keine Angabe
Keramiktyp: langsam gedreht 1	Anzahl der Keramik: 2	Gewicht der Keramik: 12 g
Keramiktyp: langsam gedreht 2	Anzahl der Keramik: 1	Gewicht der Keramik: 3 g
Siedlungsobjekt: keine	Fundnummer: 143/93	Schicht: 02
Quadrant: 7/10	Abbauschicht: keine Angabe	Lage (Sektor): keine Angabe
Keramiktyp: handgeformt	Anzahl der Keramik: 1	Gewicht der Keramik: 5 g
Siedlungsobjekt: keine	Fundnummer: 171/93	Schicht: 12
Quadrant: 7/14	Abbauschicht: keine Angabe	Lage (Sektor): keine Angabe
Keramiktyp: handgeformt	Anzahl der Keramik: 1	Gewicht der Keramik: 3 g
Siedlungsobjekt: keine	Fundnummer: 100/93	Schicht: 02
Quadrant: 7/18	Abbauschicht: keine Angabe	Lage (Sektor): keine Angabe
Keramiktyp: handgeformt	Anzahl der Keramik: 2	Gewicht der Keramik: 44 g
Siedlungsobjekt: keine	Fundnummer: 99/93	Schicht: 02
Quadrant: 7/20	Abbauschicht: keine Angabe	Lage (Sektor): keine Angabe
Keramiktyp: langsam gedreht 2	Anzahl der Keramik: 1	Gewicht der Keramik: 12 g
Keramiktyp: langsam gedreht 3	Anzahl der Keramik: 1	Gewicht der Keramik: 22 g
Siedlungsobjekt: keine	Fundnummer: 197/93	Schicht: 16
Quadrant: 7/22	Abbauschicht: keine Angabe	Lage (Sektor): keine Angabe
Keramiktyp: handgeformt	Anzahl der Keramik: 1	Gewicht der Keramik: 5 g
Siedlungsobjekt: keine	Fundnummer: 213/93	Schicht: 20
Quadrant: 7/25	Abbauschicht: keine Angabe	Lage (Sektor): keine Angabe
Keramiktyp: langsam gedreht 3	Anzahl der Keramik: 1	Gewicht der Keramik: 6 g
Siedlungsobjekt: keine	Fundnummer: 220/93	Schicht: 22
Quadrant: 7/25	Abbauschicht: keine Angabe	Lage (Sektor): keine Angabe
Keramiktyp: handgeformt	Anzahl der Keramik: 1	Gewicht der Keramik: 14 g
Siedlungsobjekt: keine	Fundnummer: 216/93	Schicht: 20
Quadrant: 7/26	Abbauschicht: keine Angabe	Lage (Sektor): keine Angabe
Keramiktyp: langsam gedreht 2	Anzahl der Keramik: 1	Gewicht der Keramik: 9 g
Siedlungsobjekt: keine	Fundnummer: 221/93	Schicht: 20
Quadrant: 7/27	Abbauschicht: keine Angabe	Lage (Sektor): keine Angabe
Keramiktyp: Tondüse		

Siedlungsobjekt: keine	Fundnummer: 226/93	Schicht: 20
Quadrant: 7/27	Abbauschicht: keine Angabe	Lage (Sektor): keine Angabe
Keramiktyp: Backglocke	Anzahl der Keramik: 1	Gewicht der Keramik: 18 g
Siedlungsobjekt: keine	Fundnummer: 229/93	Schicht: 20
Quadrant: 7/28	Abbauschicht: keine Angabe	Lage (Sektor): keine Angabe
Keramiktyp: handgeformt	Anzahl der Keramik: 1	Gewicht der Keramik: 12 g
Siedlungsobjekt: keine	Fundnummer: 239/93	Schicht: 20
Quadrant: 7/32	Abbauschicht: keine Angabe	Lage (Sektor): keine Angabe
Keramiktyp: Backglocke	Anzahl der Keramik: 1	Gewicht der Keramik: 18 g
Siedlungsobjekt: keine	Fundnummer: 250/93	Schicht: 25
Quadrant: 7/34	Abbauschicht: keine Angabe	Lage (Sektor): keine Angabe
Keramiktyp: langsam gedreht 1	Anzahl der Keramik: 1	Gewicht der Keramik: 6 g
Siedlungsobjekt: keine	Fundnummer: 125/93	Schicht: 02
Quadrant: 7/5	Abbauschicht: keine Angabe	Lage (Sektor): keine Angabe
Keramiktyp: langsam gedreht 2	Anzahl der Keramik: 1	Gewicht der Keramik: 6 g
Siedlungsobjekt: keine	Fundnummer: 124/93	Schicht: 02
Quadrant: 7/6	Abbauschicht: keine Angabe	Lage (Sektor): keine Angabe
Keramiktyp: handgeformt	Anzahl der Keramik: 1	Gewicht der Keramik: 3 g
Siedlungsobjekt: keine	Fundnummer: 139/93	Schicht: 06
Quadrant: 7/9	Abbauschicht: keine Angabe	Lage (Sektor): keine Angabe
Keramiktyp: langsam gedreht 1	Anzahl der Keramik: 1	Gewicht der Keramik: 4 g
Siedlungsobjekt: keine	Fundnummer: 27/93	Schicht: 02
Quadrant: Schnitt 1	Abbauschicht: keine Angabe	Lage (Sektor): L 31/25
Keramiktyp: langsam gedreht 3	Anzahl der Keramik: 1	Gewicht der Keramik: 8 g
Siedlungsobjekt: keine	Fundnummer: 30/93	Schicht: 04
Quadrant: Schnitt 1	Abbauschicht: keine Angabe	Lage (Sektor): M 31/85
Keramiktyp: handgeformt	Anzahl der Keramik: 1	Gewicht der Keramik: 23 g
Siedlungsobjekt: keine	Fundnummer: 67/93	Schicht: 02
Quadrant: Schnitt 6	Abbauschicht: keine Angabe	Lage (Sektor): keine Angabe
Keramiktyp: handgeformt	Anzahl der Keramik: 1	Gewicht der Keramik: 33 g
Keramiktyp: langsam gedreht 2	Anzahl der Keramik: 1	Gewicht der Keramik: 4 g
Siedlungsobjekt: keine	Fundnummer: 362/93	Schicht: Baggeraushub
Quadrant: Schnitt 7	Abbauschicht: keine Angabe	Lage (Sektor): keine Angabe
Keramiktyp: langsam gedreht 1	Anzahl der Keramik: 1	Gewicht der Keramik: 12 g
Siedlungsobjekt: keine	Fundnummer: 77/93	Schicht: Baggeraushub
Quadrant: Schnitt 7	Abbauschicht: keine Angabe	Lage (Sektor): keine Angabe
Keramiktyp: handgeformt	Anzahl der Keramik: 1	Gewicht der Keramik: 20 g

Stratigraphische Situation: Humus	Fundnummer: 1441/97	Schicht: obere Humusschicht
Quadrant: 0508	Abbauschicht: 01-I	Lage (Sektor): 07
Keramiktyp: langsam gedreht 2	Anzahl der Keramik: 2	Gewicht der Keramik: 9 g

Stratigraphische Situation: Mauerausriss	Fundnummer: 1456/97	Schicht: 6
Quadrant: 0508	Abbauschicht: 01-I	Lage (Sektor): keine Angabe
Keramiktyp: Backglocke	Anzahl der Keramik: 1	Gewicht der Keramik: 14 g

Stratigraphische Situation: nicht bestimmbar	Fundnummer: 1447/97	Schicht: unter dem Humus
Quadrant: 0508	Abbauschicht: 02-II	Lage (Sektor): 06
Keramiktyp: handgeformt	Anzahl der Keramik: 2	Gewicht der Keramik: 21 g

Stratigraphische Situation: nicht bestimmbar	Fundnummer: 1444/97	Schicht: keine Angabe
Quadrant: 0508	Abbauschicht: 02-II	Lage (Sektor): keine Angabe
Keramiktyp: langsam gedreht 2	Anzahl der Keramik: 1	Gewicht der Keramik: 6 g
Keramiktyp: langsam gedreht 3	Anzahl der Keramik: 2	Gewicht der Keramik: 10 g

Stratigraphische Situation: Mauerausriss	Fundnummer: 1377/97	Schicht: graubraune Erde mit Mörtel
Quadrant: 0508	Abbauschicht: 03-III	Lage (Sektor): 03
Keramiktyp: langsam gedreht 2	Anzahl der Keramik: 1	Gewicht der Keramik: 6 g

Stratigraphische Situation: nicht bestimmbar	Fundnummer: 1275/97	Schicht: Humus unter Grasnarbe
Quadrant: 0508	Abbauschicht: keine	Lage (Sektor): keine Angabe
Keramiktyp: Backglocke	Anzahl der Keramik: 4	Gewicht der Keramik: 63 g
Keramiktyp: handgeformt	Anzahl der Keramik: 1	Gewicht der Keramik: 16 g
Keramiktyp: langsam gedreht 1	Anzahl der Keramik: 1	Gewicht der Keramik: 6 g
Keramiktyp: langsam gedreht 3	Anzahl der Keramik: 1	Gewicht der Keramik: 8 g

Stratigraphische Situation: nicht bestimmbar	Fundnummer: 226/97	Schicht: keine Angabe
Quadrant: 0607	Abbauschicht: 01-I	Lage (Sektor): 01
Keramiktyp: langsam gedreht 2	Anzahl der Keramik: 2	Gewicht der Keramik: 8 g

Stratigraphische Situation: nicht bestimmbar	Fundnummer: 244/97	Schicht: keine Angabe
Quadrant: 0607	Abbauschicht: 01-I	Lage (Sektor): 02
Keramiktyp: handgeformt	Anzahl der Keramik: 1	Gewicht der Keramik: 4 g
Keramiktyp: langsam gedreht 1	Anzahl der Keramik: 1	Gewicht der Keramik: 4 g

Stratigraphische Situation: nicht bestimmbar	Fundnummer: 245/97	Schicht: keine Angabe
Quadrant: 0607	Abbauschicht: 01-I	Lage (Sektor): 03
Keramiktyp: handgeformt	Anzahl der Keramik: 1	Gewicht der Keramik: 10 g

Stratigraphische Situation: nicht bestimmbar	Fundnummer: 247/97	Schicht: keine Angabe
Quadrant: 0607	Abbauschicht: 01-I	Lage (Sektor): 06
Keramiktyp: handgeformt	Anzahl der Keramik: 1	Gewicht der Keramik: 10 g
Keramiktyp: langsam gedreht 3	Anzahl der Keramik: 2	Gewicht der Keramik: 4 g

Stratigraphische Situation: nicht bestimmbar	Fundnummer: 232/97	Schicht: keine Angabe
Quadrant: 0607	Abbauschicht: 01-I	Lage (Sektor): 11
Keramiktyp: langsam gedreht 2	Anzahl der Keramik: 1	Gewicht der Keramik: 3 g

Stratigraphische Situation: nicht bestimmbar	Fundnummer: 229/97	Schicht: keine Angabe
Quadrant: 0607	Abbauschicht: 01-I	Lage (Sektor): 14
Keramiktyp: handgeformt	Anzahl der Keramik: 1	Gewicht der Keramik: 2 g
Keramiktyp: langsam gedreht 3	Anzahl der Keramik: 2	Gewicht der Keramik: 17 g

Stratigraphische Situation: nicht bestimmbar	Fundnummer: 230/97	Schicht: keine Angabe
Quadrant: 0607	Abbauschicht: 01-I	Lage (Sektor): 15
Keramiktyp: Tonwanne	Anzahl der Keramik: 1	Gewicht der Keramik: 4 g

Stratigraphische Situation: nicht bestimmbar	Fundnummer: 234/97	Schicht: keine Angabe
Quadrant: 0607	Abbauschicht: 01-I	Lage (Sektor): 17
Keramiktyp: Backglocke	Anzahl der Keramik: 1	Gewicht der Keramik: 7 g
Keramiktyp: langsam gedreht 1	Anzahl der Keramik: 1	Gewicht der Keramik: 6 g

Stratigraphische Situation: nicht bestimmbar	Fundnummer: 235/97	Schicht: keine Angabe
Quadrant: 0607	Abbauschicht: 01-I	Lage (Sektor): 18
Keramiktyp: langsam gedreht 1	Anzahl der Keramik: 2	Gewicht der Keramik: 15 g
Keramiktyp: langsam gedreht 3	Anzahl der Keramik: 2	Gewicht der Keramik: 21 g

Stratigraphische Situation: Zwischenschicht	Fundnummer: 602/97	Schicht: 02
Quadrant: 0607	Abbauschicht: 02-II	Lage (Sektor): 01
Keramiktyp: handgeformt	Anzahl der Keramik: 1	Gewicht der Keramik: 10 g
Keramiktyp: langsam gedreht 1	Anzahl der Keramik: 1	Gewicht der Keramik: 3 g
Keramiktyp: langsam gedreht 3	Anzahl der Keramik: 1	Gewicht der Keramik: 14 g

Stratigraphische Situation: Zwischenschicht	Fundnummer: 600/97	Schicht: 02
Quadrant: 0607	Abbauschicht: 02-II	Lage (Sektor): 03
Keramiktyp: langsam gedreht 1	Anzahl der Keramik: 2	Gewicht der Keramik: 10 g

Stratigraphische Situation: Zwischenschicht	Fundnummer: 603/97	Schicht: 02
Quadrant: 0607	Abbauschicht: 02-II	Lage (Sektor): 06
Keramiktyp: langsam gedreht 2	Anzahl der Keramik: 4	Gewicht der Keramik: 28 g

Stratigraphische Situation: Zwischenschicht	Fundnummer: 667/97	Schicht: 02
Quadrant: 0607	Abbauschicht: 02-II	Lage (Sektor): 08
Keramiktyp: langsam gedreht 2	Anzahl der Keramik: 1	Gewicht der Keramik: 4 g

Stratigraphische Situation: Zwischenschicht	Fundnummer: 668/97	Schicht: 02
Quadrant: 0607	Abbauschicht: 02-II	Lage (Sektor): 09
Keramiktyp: langsam gedreht 1	Anzahl der Keramik: 1	Gewicht der Keramik: 2 g
Keramiktyp: langsam gedreht 3	Anzahl der Keramik: 3	Gewicht der Keramik: 12 g

Stratigraphische Situation: Zwischenschicht	Fundnummer: 604/97	Schicht: 02
Quadrant: 0607	Abbauschicht: 02-II	Lage (Sektor): 11
Keramiktyp: Backglocke	Anzahl der Keramik: 1	Gewicht der Keramik: 7 g
Keramiktyp: handgeformt	Anzahl der Keramik: 1	Gewicht der Keramik: 6 g
Keramiktyp: langsam gedreht 2	Anzahl der Keramik: 1	Gewicht der Keramik: 3 g

Stratigraphische Situation: Zwischenschicht	Fundnummer: 652/97	Schicht: 02
Quadrant: 0607	Abbauschicht: 02-II	Lage (Sektor): 12
Keramiktyp: handgeformt	Anzahl der Keramik: 1	Gewicht der Keramik: 6 g

Stratigraphische Situation: Zwischenschicht	Fundnummer: 665/97	Schicht: 02
Quadrant: 0607	Abbauschicht: 02-II	Lage (Sektor): 13
Keramiktyp: handgeformt	Anzahl der Keramik: 1	Gewicht der Keramik: 3 g
Keramiktyp: langsam gedreht 2	Anzahl der Keramik: 2	Gewicht der Keramik: 3 g
Keramiktyp: langsam gedreht 3	Anzahl der Keramik: 1	Gewicht der Keramik: 6 g

Stratigraphische Situation: Zwischenschicht	Fundnummer: 605/97	Schicht: 02
Quadrant: 0607	Abbauschicht: 02-II	Lage (Sektor): 16
Keramiktyp: handgeformt	Anzahl der Keramik: 1	Gewicht der Keramik: 6 g

Stratigraphische Situation: Zwischenschicht	Fundnummer: 664/97	Schicht: 02
Quadrant: 0607	Abbauschicht: 02-II	Lage (Sektor): 18
Keramiktyp: handgeformt	Anzahl der Keramik: 1	Gewicht der Keramik: 4 g
Keramiktyp: langsam gedreht 1	Anzahl der Keramik: 1	Gewicht der Keramik: 12 g
Keramiktyp: langsam gedreht 3	Anzahl der Keramik: 1	Gewicht der Keramik: 4 g

Stratigraphische Situation: Zwischenschicht	Fundnummer: 698/97	Schicht: 02
Quadrant: 0607	Abbauschicht: 02-II	Lage (Sektor): 19
Keramiktyp: langsam gedreht 1	Anzahl der Keramik: 1	Gewicht der Keramik: 2 g

Stratigraphische Situation: Zwischenschicht	Fundnummer: 699/97	Schicht: 02
Quadrant: 0607	Abbauschicht: 02-II	Lage (Sektor): 20
Keramiktyp: handgeformt	Anzahl der Keramik: 1	Gewicht der Keramik: 6 g

Stratigraphische Situation: Zwischenschicht	Fundnummer: 616/97	Schicht: 02
Quadrant: 0607	Abbauschicht: 02-II	Lage (Sektor): 21
Keramiktyp: handgeformt	Anzahl der Keramik: 3	Gewicht der Keramik: 120 g
Keramiktyp: langsam gedreht 2	Anzahl der Keramik: 3	Gewicht der Keramik: 36 g

Stratigraphische Situation: Zwischenschicht	Fundnummer: 653/97	Schicht: 02
Quadrant: 0607	Abbauschicht: 02-II	Lage (Sektor): 22
Keramiktyp: langsam gedreht 2	Anzahl der Keramik: 1	Gewicht der Keramik: 12 g

Stratigraphische Situation: Zwischenschicht	Fundnummer: 697/97	Schicht: 02
Quadrant: 0607	Abbauschicht: 02-II	Lage (Sektor): 24
Keramiktyp: Backglocke	Anzahl der Keramik: 1	Gewicht der Keramik: 5 g
Keramiktyp: langsam gedreht 1	Anzahl der Keramik: 1	Gewicht der Keramik: 4 g

Stratigraphische Situation: Zwischenschicht	Fundnummer: 943/97	Schicht: 02
Quadrant: 0607	Abbauschicht: 03-III	Lage (Sektor): 08
Keramiktyp: handgeformt	Anzahl der Keramik: 1	Gewicht der Keramik: 10 g

Stratigraphische Situation: nicht bestimmbar	Fundnummer: 224/97	Schicht: keine Angabe
Quadrant: 0608	Abbauschicht: 01-I	Lage (Sektor): 02
Keramiktyp: Backglocke	Anzahl der Keramik: 1	Gewicht der Keramik: 4 g
Keramiktyp: langsam gedreht 1	Anzahl der Keramik: 1	Gewicht der Keramik: 2 g
Keramiktyp: langsam gedreht 2	Anzahl der Keramik: 1	Gewicht der Keramik: 2 g
Keramiktyp: langsam gedreht 3	Anzahl der Keramik: 1	Gewicht der Keramik: 4 g

Stratigraphische Situation: nicht bestimmbar	Fundnummer: 225/97	Schicht: keine Angabe
Quadrant: 0608	Abbauschicht: 01-I	Lage (Sektor): 04
Keramiktyp: langsam gedreht 1	Anzahl der Keramik: 1	Gewicht der Keramik: 4 g

Stratigraphische Situation: nicht bestimmbar	Fundnummer: 257/97	Schicht: keine Angabe
Quadrant: 0608	Abbauschicht: 01-I	Lage (Sektor): 06
Keramiktyp: langsam gedreht 2	Anzahl der Keramik: 1	Gewicht der Keramik: 2 g
Keramiktyp: langsam gedreht 3	Anzahl der Keramik: 2	Gewicht der Keramik: 4 g

Stratigraphische Situation: nicht bestimmbar	Fundnummer: 350/97	Schicht: 01
Quadrant: 0608	Abbauschicht: 01-I	Lage (Sektor): 11
Keramiktyp: langsam gedreht 3	Anzahl der Keramik: 1	Gewicht der Keramik: 2 g

Stratigraphische Situation: nicht bestimmbar	Fundnummer: 254/97	Schicht: keine Angabe
Quadrant: 0608	Abbauschicht: 01-I	Lage (Sektor): 11
Keramiktyp: langsam gedreht 3	Anzahl der Keramik: 1	Gewicht der Keramik: 1 g

Stratigraphische Situation: nicht bestimmbar	Fundnummer: 258/97	Schicht: keine Angabe
Quadrant: 0608	Abbauschicht: 01-I	Lage (Sektor): 11
Keramiktyp: Tondüse		

Stratigraphische Situation: nicht bestimmbar	Fundnummer: 255/97	Schicht: keine Angabe
Quadrant: 0608	Abbauschicht: 01-I	Lage (Sektor): 12
Keramiktyp: langsam gedreht 2	Anzahl der Keramik: 1	Gewicht der Keramik: 8 g

Stratigraphische Situation: nicht bestimmbar	Fundnummer: 256/97	Schicht: keine Angabe
Quadrant: 0608	Abbauschicht: 01-I	Lage (Sektor): 16
Keramiktyp: Tonwanne	Anzahl der Keramik: 1	Gewicht der Keramik: 20 g

Stratigraphische Situation: nicht bestimmbar	Fundnummer: 349/97	Schicht: 01
Quadrant: 0608	Abbauschicht: 01-I	Lage (Sektor): 21
Keramiktyp: langsam gedreht 2	Anzahl der Keramik: 2	Gewicht der Keramik: 16 g

Stratigraphische Situation: nicht bestimmbar	Fundnummer: 346/97	Schicht: 01
Quadrant: 0608	Abbauschicht: 01-I	Lage (Sektor): 24
Keramiktyp: langsam gedreht 3	Anzahl der Keramik: 1	Gewicht der Keramik: 2 g
Keramiktyp: Tonwanne	Anzahl der Keramik: 1	Gewicht der Keramik: 1 g

Stratigraphische Situation: Gräbchen	Fundnummer: 681/97	Schicht: 02
Quadrant: 0608	Abbauschicht: 02-II	Lage (Sektor): 02
Keramiktyp: handgeformt	Anzahl der Keramik: 1	Gewicht der Keramik: 50 g

Stratigraphische Situation: Gräbchen	Fundnummer: 680/97	Schicht: 02
Quadrant: 0608	Abbauschicht: 02-II	Lage (Sektor): 03
Keramiktyp: langsam gedreht 2	Anzahl der Keramik: 2	Gewicht der Keramik: 4 g

Stratigraphische Situation: Zwischenschicht	Fundnummer: 435/97	Schicht: graue Erde über Mörtelstrich
Quadrant: 0608	Abbauschicht: 02-II	Lage (Sektor): 05
Keramiktyp: handgeformt	Anzahl der Keramik: 1	Gewicht der Keramik: 6 g
Keramiktyp: langsam gedreht 3	Anzahl der Keramik: 2	Gewicht der Keramik: 9 g

Stratigraphische Situation: Zwischenschicht	Fundnummer: 434/97	Schicht: graue Erde über Mörtelstrich
Quadrant: 0608	Abbauschicht: 02-II	Lage (Sektor): 10
Keramiktyp: handgeformt	Anzahl der Keramik: 1	Gewicht der Keramik: 6 g
Keramiktyp: langsam gedreht 3	Anzahl der Keramik: 2	Gewicht der Keramik: 18 g

Stratigraphische Situation: Zwischenschicht	Fundnummer: 496/97	Schicht: graue Erde mit Mörtel
Quadrant: 0608	Abbauschicht: 02-II	Lage (Sektor): 17
Keramiktyp: handgeformt	Anzahl der Keramik: 1	Gewicht der Keramik: 6 g

Stratigraphische Situation: nicht bestimmbar	Fundnummer: 511/97	Schicht: keine Angabe
Quadrant: 0608	Abbauschicht: 02-II	Lage (Sektor): 21
Keramiktyp: handgeformt	Anzahl der Keramik: 3	Gewicht der Keramik: 76 g

Stratigraphische Situation: Humus	Fundnummer: 364/97	Schicht: 01
Quadrant: 0608	Abbauschicht: 02-II	Lage (Sektor): 25
Keramiktyp: handgeformt	Anzahl der Keramik: 1	Gewicht der Keramik: 7 g
Keramiktyp: langsam gedreht 2	Anzahl der Keramik: 1	Gewicht der Keramik: 6 g

Stratigraphische Situation: Zwischenschicht	Fundnummer: 457/97	Schicht: graue Erde mit Mörtel und Ziegelfragmenten
Quadrant: 0608	Abbauschicht: 02-II	Lage (Sektor): 8/9
Keramiktyp: handgeformt	Anzahl der Keramik: 1	Gewicht der Keramik: 6 g
Keramiktyp: langsam gedreht 2	Anzahl der Keramik: 1	Gewicht der Keramik: 1 g
Keramiktyp: langsam gedreht 3	Anzahl der Keramik: 2	Gewicht der Keramik: 8 g
Keramiktyp: Tonwanne	Anzahl der Keramik: 1	Gewicht der Keramik: 2 g

Stratigraphische Situation: Humus	Fundnummer: 433/97	Schicht: Humus über römischem Mörtelstrich
Quadrant: 0608	Abbauschicht: 02-II	Lage (Sektor): keine Angabe
Keramiktyp: handgeformt	Anzahl der Keramik: 1	Gewicht der Keramik: 12 g
Keramiktyp: langsam gedreht 2	Anzahl der Keramik: 1	Gewicht der Keramik: 4 g

Stratigraphische Situation: nicht bestimmbar	Fundnummer: 283/97	Schicht: keine Angabe
Quadrant: 0608	Abbauschicht: keine	Lage (Sektor): 05
Keramiktyp: Backglocke	Anzahl der Keramik: 1	Gewicht der Keramik: 14 g

Stratigraphische Situation: **über der Verfüllung der Praefurnium**	Fundnummer: 1226/97	Schicht: 91
Quadrant: 0608 SW	Abbauschicht: 06-VI	Lage (Sektor): keine Angabe
Keramiktyp: handgeformt	Anzahl der Keramik: 1	Gewicht der Keramik: 6 g

Stratigraphische Situation: nicht bestimmbar	Fundnummer: 335/97	Schicht: 01
Quadrant: 0609	Abbauschicht: 01-I	Lage (Sektor): 01
Keramiktyp: handgeformt	Anzahl der Keramik: 2	Gewicht der Keramik: 8 g

Stratigraphische Situation: nicht bestimmbar	Fundnummer: 338/97	Schicht: 01
Quadrant: 0609	Abbauschicht: 01-I	Lage (Sektor): 01
Keramiktyp: handgeformt	Anzahl der Keramik: 1	Gewicht der Keramik: 6 g
Keramiktyp: langsam gedreht 3	Anzahl der Keramik: 1	Gewicht der Keramik: 4 g
Keramiktyp: Tonwanne	Anzahl der Keramik: 1	Gewicht der Keramik: 8 g

Stratigraphische Situation: nicht bestimmbar	Fundnummer: 337/97	Schicht: 01
Quadrant: 0609	Abbauschicht: 01-I	Lage (Sektor): 14
Keramiktyp: langsam gedreht 2	Anzahl der Keramik: 1	Gewicht der Keramik: 6 g

Stratigraphische Situation: nicht bestimmbar	Fundnummer: 336/97	Schicht: 01
Quadrant: 0609	Abbauschicht: 01-I	Lage (Sektor): 18
Keramiktyp: handgeformt	Anzahl der Keramik: 1	Gewicht der Keramik: 4 g
Keramiktyp: langsam gedreht 1	Anzahl der Keramik: 1	Gewicht der Keramik: 6 g

Stratigraphische Situation: nicht bestimmbar	Fundnummer: 342/97	Schicht: 01
Quadrant: 0609	Abbauschicht: 01-I	Lage (Sektor): 21
Keramiktyp: langsam gedreht 2	Anzahl der Keramik: 1	Gewicht der Keramik: 4 g

Stratigraphische Situation: nicht bestimmbar	Fundnummer: 333/97	Schicht: 01
Quadrant: 0609	Abbauschicht: 01-I	Lage (Sektor): 23
Keramiktyp: langsam gedreht 1	Anzahl der Keramik: 1	Gewicht der Keramik: 6 g

Stratigraphische Situation: nicht bestimmbar	Fundnummer: 334/97	Schicht: 01
Quadrant: 0609	Abbauschicht: 01-I	Lage (Sektor): 24
Keramiktyp: handgeformt	Anzahl der Keramik: 1	Gewicht der Keramik: 14 g
Keramiktyp: langsam gedreht 2	Anzahl der Keramik: 2	Gewicht der Keramik: 8 g

Stratigraphische Situation: nicht bestimmbar	Fundnummer: 517/97	Schicht: keine Angabe
Quadrant: 0609	Abbauschicht: 02-II	Lage (Sektor): 01
Keramiktyp: handgeformt	Anzahl der Keramik: 1	Gewicht der Keramik: 4 g
Keramiktyp: langsam gedreht 3	Anzahl der Keramik: 1	Gewicht der Keramik: 4 g

Stratigraphische Situation: nicht bestimmbar	Fundnummer: 518/97	Schicht: keine Angabe
Quadrant: 0609	Abbauschicht: 02-II	Lage (Sektor): 06
Keramiktyp: handgeformt	Anzahl der Keramik: 1	Gewicht der Keramik: 17 g
Keramiktyp: langsam gedreht 1	Anzahl der Keramik: 2	Gewicht der Keramik: 5 g
Keramiktyp: langsam gedreht 3	Anzahl der Keramik: 2	Gewicht der Keramik: 19 g

Stratigraphische Situation: nicht bestimmbar	Fundnummer: 519/97	Schicht: keine Angabe
Quadrant: 0609	Abbauschicht: 02-II	Lage (Sektor): 07
Keramiktyp: handgeformt	Anzahl der Keramik: 1	Gewicht der Keramik: 24 g

Stratigraphische Situation: nicht bestimmbar	Fundnummer: 523/97	Schicht: keine Angabe
Quadrant: 0609	Abbauschicht: 02-II	Lage (Sektor): 08
Keramiktyp: langsam gedreht 2	Anzahl der Keramik: 1	Gewicht der Keramik: 14 g
Keramiktyp: langsam gedreht 3	Anzahl der Keramik: 1	Gewicht der Keramik: 13 g

Stratigraphische Situation: nicht bestimmbar	Fundnummer: 520/97	Schicht: keine Angabe
Quadrant: 0609	Abbauschicht: 02-II	Lage (Sektor): 11
Keramiktyp: handgeformt	Anzahl der Keramik: 1	Gewicht der Keramik: 23 g
Keramiktyp: langsam gedreht 2	Anzahl der Keramik: 2	Gewicht der Keramik: 32 g

Stratigraphische Situation: nicht bestimmbar	Fundnummer: 522/97	Schicht: keine Angabe
Quadrant: 0609	Abbauschicht: 02-II	Lage (Sektor): 12
Keramiktyp: langsam gedreht 3	Anzahl der Keramik: 1	Gewicht der Keramik: 13 g

Stratigraphische Situation: Zwischenschicht	Fundnummer: 674/97	Schicht: 02
Quadrant: 0609	Abbauschicht: 02-II	Lage (Sektor): 14
Keramiktyp: handgeformt	Anzahl der Keramik: 1	Gewicht der Keramik: 4 g

Stratigraphische Situation: nicht bestimmbar	Fundnummer: 521/97	Schicht: keine Angabe
Quadrant: 0609	Abbauschicht: 02-II	Lage (Sektor): 16, 21
Keramiktyp: handgeformt	Anzahl der Keramik: 5	Gewicht der Keramik: 98 g
Keramiktyp: langsam gedreht 1	Anzahl der Keramik: 1	Gewicht der Keramik: 12 g

Stratigraphische Situation: Gräbchen	Fundnummer: 497/97	Schicht: graue Erde mit Mörtel
Quadrant: 0609	Abbauschicht: 02-II	Lage (Sektor): keine Angabe
Keramiktyp: handgeformt	Anzahl der Keramik: 1	Gewicht der Keramik: 8 g

Stratigraphische Situation: nicht bestimmbar	Fundnummer: 805/97	Schicht: 18
Quadrant: 0609	Abbauschicht: 03-III	Lage (Sektor): 06
Keramiktyp: langsam gedreht 1	Anzahl der Keramik: 1	Gewicht der Keramik: 14 g

Stratigraphische Situation: nicht bestimmbar	Fundnummer: 821/97	Schicht: 18
Quadrant: 0609	Abbauschicht: 03-III	Lage (Sektor): 17
Keramiktyp: handgeformt	Anzahl der Keramik: 1	Gewicht der Keramik: 8 g

Stratigraphische Situation: Awarische Grube (?)	Fundnummer: 816/97	Schicht: 16
Quadrant: 0609	Abbauschicht: 03-III	Lage (Sektor): 23
Keramiktyp: langsam gedreht 2	Anzahl der Keramik: 1	Gewicht der Keramik: 2 g

Stratigraphische Situation: nicht bestimmbar	Fundnummer: 1466/97	Schicht: W-Profil
Quadrant: 0609	Abbauschicht: keine	Lage (Sektor): Mitte des Stegs
Keramiktyp: handgeformt	Anzahl der Keramik: 1	Gewicht der Keramik: 30 g

Stratigraphische Situation: nicht bestimmbar	Fundnummer: 1266/97	Schicht: keine Angabe
Quadrant: 0706	Abbauschicht: 01-I	Lage (Sektor): keine Angabe
Keramiktyp: handgeformt	Anzahl der Keramik: 6	Gewicht der Keramik: 40 g
Keramiktyp: langsam gedreht 2	Anzahl der Keramik: 2	Gewicht der Keramik: 16 g

Stratigraphische Situation: nicht bestimmbar	Fundnummer: 1288/97	Schicht: keine Angabe
Quadrant: 0706	Abbauschicht: 02-II	Lage (Sektor): 18
Keramiktyp: langsam gedreht 1	Anzahl der Keramik: 1	Gewicht der Keramik: 3 g

Stratigraphische Situation: nicht bestimmbar	Fundnummer: 1289/97	Schicht: keine Angabe
Quadrant: 0706	Abbauschicht: 02-II	Lage (Sektor): 19
Keramiktyp: handgeformt	Anzahl der Keramik: 1	Gewicht der Keramik: 20 g

Stratigraphische Situation: nicht bestimmbar	Fundnummer: 1282/97	Schicht: keine Angabe
Quadrant: 0706	Abbauschicht: 02-II	Lage (Sektor): 24
Keramiktyp: handgeformt	Anzahl der Keramik: 1	Gewicht der Keramik: 10 g
Keramiktyp: langsam gedreht 1	Anzahl der Keramik: 1	Gewicht der Keramik: 6 g

Stratigraphische Situation: Zwischenschicht	Fundnummer: 1308/97	Schicht: graubraune Erde
Quadrant: 0706	Abbauschicht: 02-II	Lage (Sektor): 29
Keramiktyp: handgeformt	Anzahl der Keramik: 6	Gewicht der Keramik: 175 g
Keramiktyp: langsam gedreht 1	Anzahl der Keramik: 1	Gewicht der Keramik: 8 g
Keramiktyp: langsam gedreht 3	Anzahl der Keramik: 1	Gewicht der Keramik: 2 g

Stratigraphische Situation: Zwischenschicht	Fundnummer: 1310/97	Schicht: graubraune Erde
Quadrant: 0706	Abbauschicht: 02-II	Lage (Sektor): 31
Keramiktyp: handgeformt	Anzahl der Keramik: 1	Gewicht der Keramik: 16 g

Stratigraphische Situation: Zwischenschicht	Fundnummer: 1402/97	Schicht: graubraune Erde mit Mörtel und Ziegelsplitt
Quadrant: 0706	Abbauschicht: 03-III	Lage (Sektor): 29
Keramiktyp: handgeformt	Anzahl der Keramik: 1	Gewicht der Keramik: 5 g

Stratigraphische Situation: in oder über Zerstörungsschicht von Mauer 100	Fundnummer: 1544/97	Schicht: braune Erde mit Mörtel und Ziegelsplitt
Quadrant: 0706	Abbauschicht: 04-IV	Lage (Sektor): N der Nordmauer über 158 und 40
Keramiktyp: handgeformt	Anzahl der Keramik: 2	Gewicht der Keramik: 18 g

Stratigraphische Situation: nicht bestimmbar	Fundnummer: 240/97	Schicht: keine Angabe
Quadrant: 0707	Abbauschicht: 01-I	Lage (Sektor): 03
Keramiktyp: langsam gedreht 3	Anzahl der Keramik: 1	Gewicht der Keramik: 12 g

Stratigraphische Situation: nicht bestimmbar	Fundnummer: 243/97	Schicht: keine Angabe
Quadrant: 0707	Abbauschicht: 01-I	Lage (Sektor): 08
Keramiktyp: langsam gedreht 1	Anzahl der Keramik: 1	Gewicht der Keramik: 3 g
Keramiktyp: langsam gedreht 3	Anzahl der Keramik: 1	Gewicht der Keramik: 8 g

Stratigraphische Situation: nicht bestimmbar	Fundnummer: 264/97	Schicht: keine Angabe
Quadrant: 0707	Abbauschicht: 01-I	Lage (Sektor): 10
Keramiktyp: langsam gedreht 3	Anzahl der Keramik: 1	Gewicht der Keramik: 2 g

Stratigraphische Situation: nicht bestimmbar	Fundnummer: 238/97	Schicht: keine Angabe
Quadrant: 0707	Abbauschicht: 01-I	Lage (Sektor): 16
Keramiktyp: handgeformt	Anzahl der Keramik: 1	Gewicht der Keramik: 5 g
Keramiktyp: langsam gedreht 2	Anzahl der Keramik: 1	Gewicht der Keramik: 2 g

Stratigraphische Situation: nicht bestimmbar	Fundnummer: 239/97	Schicht: keine Angabe
Quadrant: 0707	Abbauschicht: 01-I	Lage (Sektor): 17
Keramiktyp: handgeformt	Anzahl der Keramik: 1	Gewicht der Keramik: 5 g

Stratigraphische Situation: nicht bestimmbar	Fundnummer: 274/97	Schicht: keine Angabe
Quadrant: 0707	Abbauschicht: 01-I	Lage (Sektor): 22
Keramiktyp: handgeformt	Anzahl der Keramik: 1	Gewicht der Keramik: 4 g
Keramiktyp: langsam gedreht 3	Anzahl der Keramik: 1	Gewicht der Keramik: 10 g

Stratigraphische Situation: nicht bestimmbar	Fundnummer: 273/97	Schicht: keine Angabe
Quadrant: 0707	Abbauschicht: 01-I	Lage (Sektor): 23
Keramiktyp: langsam gedreht 3	Anzahl der Keramik: 3	Gewicht der Keramik: 10 g

Stratigraphische Situation: nicht bestimmbar	Fundnummer: 1485/97	Schicht: Humus
Quadrant: 0707	Abbauschicht: 01-I	Lage (Sektor): keine Angabe
Keramiktyp: langsam gedreht 2	Anzahl der Keramik: 5	Gewicht der Keramik: 44 g

Stratigraphische Situation: Zwischenschicht	Fundnummer: 577/97	Schicht: 02
Quadrant: 0707	Abbauschicht: 02-II	Lage (Sektor): 01
Keramiktyp: handgeformt	Anzahl der Keramik: 1	Gewicht der Keramik: 3 g

Stratigraphische Situation: Zwischenschicht	Fundnummer: 575/97	Schicht: 02
Quadrant: 0707	Abbauschicht: 02-II	Lage (Sektor): 03
Keramiktyp: langsam gedreht 3	Anzahl der Keramik: 2	Gewicht der Keramik: 12 g

Stratigraphische Situation: Zwischenschicht	Fundnummer: 574/97	Schicht: 02
Quadrant: 0707	Abbauschicht: 02-II	Lage (Sektor): 05
Keramiktyp: handgeformt	Anzahl der Keramik: 2	Gewicht der Keramik: 8 g
Keramiktyp: langsam gedreht 2	Anzahl der Keramik: 2	Gewicht der Keramik: 14 g

Stratigraphische Situation: Zwischenschicht	Fundnummer: 702/97	Schicht: 02
Quadrant: 0707	Abbauschicht: 02-II	Lage (Sektor): 06
Keramiktyp: langsam gedreht 1	Anzahl der Keramik: 1	Gewicht der Keramik: 3 g
Keramiktyp: langsam gedreht 2	Anzahl der Keramik: 1	Gewicht der Keramik: 14 g
Keramiktyp: langsam gedreht 3	Anzahl der Keramik: 4	Gewicht der Keramik: 52 g

Stratigraphische Situation: Zwischenschicht	Fundnummer: 717/97	Schicht: 02
Quadrant: 0707	Abbauschicht: 02-II	Lage (Sektor): 07
Keramiktyp: langsam gedreht 2	Anzahl der Keramik: 1	Gewicht der Keramik: 8 g

Stratigraphische Situation: Zwischenschicht	Fundnummer: 718/97	Schicht: 02
Quadrant: 0707	Abbauschicht: 02-II	Lage (Sektor): 08
Keramiktyp: langsam gedreht 2	Anzahl der Keramik: 1	Gewicht der Keramik: 10 g

Stratigraphische Situation: Humus	Fundnummer: 395/97	Schicht: 01
Quadrant: 0707	Abbauschicht: 02-II	Lage (Sektor): 10
Keramiktyp: handgeformt	Anzahl der Keramik: 1	Gewicht der Keramik: 2 g
Keramiktyp: langsam gedreht 3	Anzahl der Keramik: 1	Gewicht der Keramik: 21 g

Stratigraphische Situation: Humus	Fundnummer: 396/97	Schicht: 01
Quadrant: 0707	Abbauschicht: 02-II	Lage (Sektor): 15
Keramiktyp: langsam gedreht 3	Anzahl der Keramik: 2	Gewicht der Keramik: 18 g

Stratigraphische Situation: Zwischenschicht	Fundnummer: 525/97	Schicht: 02
Quadrant: 0707	Abbauschicht: 02-II	Lage (Sektor): 16
Keramiktyp: langsam gedreht 2	Anzahl der Keramik: 1	Gewicht der Keramik: 8 g

Stratigraphische Situation: Humus	Fundnummer: 403/97	Schicht: 01
Quadrant: 0707	Abbauschicht: 02-II	Lage (Sektor): 18
Keramiktyp: langsam gedreht 1	Anzahl der Keramik: 1	Gewicht der Keramik: 2 g
Keramiktyp: langsam gedreht 2	Anzahl der Keramik: 1	Gewicht der Keramik: 24 g

Stratigraphische Situation: Humus	Fundnummer: 404/97	Schicht: 01
Quadrant: 0707	Abbauschicht: 02-II	Lage (Sektor): 23
Keramiktyp: langsam gedreht 1	Anzahl der Keramik: 1	Gewicht der Keramik: 8 g

Stratigraphische Situation: nicht bestimmbar	Fundnummer: 281/97	Schicht: keine Angabe
Quadrant: 0708	Abbauschicht: 01-I	Lage (Sektor): 01
Keramiktyp: langsam gedreht 1	Anzahl der Keramik: 1	Gewicht der Keramik: 6 g

Stratigraphische Situation: nicht bestimmbar	Fundnummer: 278/97	Schicht: keine Angabe
Quadrant: 0708	Abbauschicht: 01-I	Lage (Sektor): 04
Keramiktyp: langsam gedreht 2	Anzahl der Keramik: 2	Gewicht der Keramik: 10 g

Stratigraphische Situation: Humus	Fundnummer: 249/97	Schicht: 01
Quadrant: 0708	Abbauschicht: 01-I	Lage (Sektor): 05
Keramiktyp: langsam gedreht 3	Anzahl der Keramik: 1	Gewicht der Keramik: 15 g

Stratigraphische Situation: Humus	Fundnummer: 404/95	Schicht: knapp über den
Ziegelstücken		
Quadrant: 0708	Abbauschicht: 02-II	Lage (Sektor): 01
Keramiktyp: langsam gedreht 1	Anzahl der Keramik: 1	Gewicht der Keramik: 14 g

Stratigraphische Situation: nicht bestimmbar	Fundnummer: 410/95	Schicht: keine Angabe
Quadrant: 0708	Abbauschicht: 02-II	Lage (Sektor): 03
Keramiktyp: langsam gedreht 3	Anzahl der Keramik: 1	Gewicht der Keramik: 10 g

Stratigraphische Situation: nicht bestimmbar	Fundnummer: 1204/97	Schicht: Zwischenschicht
Quadrant: 0708	Abbauschicht: 02-II	Lage (Sektor): 12
Keramiktyp: handgeformt	Anzahl der Keramik: 1	Gewicht der Keramik: 8 g

Stratigraphische Situation: nicht bestimmbar	Fundnummer: 493/95	Schicht: keine Angabe
Quadrant: 0708	Abbauschicht: 02-II	Lage (Sektor): 15
Keramiktyp: langsam gedreht 3	Anzahl der Keramik: 1	Gewicht der Keramik: 48 g

Stratigraphische Situation: nicht bestimmbar	Fundnummer: 495/95	Schicht: keine Angabe
Quadrant: 0708	Abbauschicht: 02-II	Lage (Sektor): 19
Keramiktyp: langsam gedreht 2	Anzahl der Keramik: 1	Gewicht der Keramik: 3 g

Stratigraphische Situation: nicht bestimmbar	Fundnummer: 442/95	Schicht: keine Angabe
Quadrant: 0708	Abbauschicht: 02-II	Lage (Sektor): 23
Keramiktyp: langsam gedreht 2	Anzahl der Keramik: 1	Gewicht der Keramik: 4 g

Stratigraphische Situation: Zwischenschicht	Fundnummer: 409/95	Schicht: über dem festen Estrich
Quadrant: 0708	Abbauschicht: 02-II	Lage (Sektor): keine Angabe
Keramiktyp: langsam gedreht 3	Anzahl der Keramik: 1	Gewicht der Keramik: 12 g

Stratigraphische Situation: nicht bestimmbar	Fundnummer: 450/95	Schicht: keine Angabe
Quadrant: 0708	Abbauschicht: 03-III	Lage (Sektor): 04
Keramiktyp: langsam gedreht 2	Anzahl der Keramik: 1	Gewicht der Keramik: 9 g

Stratigraphische Situation: nicht bestimmbar	Fundnummer: 471/95	Schicht: keine Angabe
Quadrant: 0709	Abbauschicht: 02-II	Lage (Sektor): 15
Keramiktyp: langsam gedreht 3	Anzahl der Keramik: 1	Gewicht der Keramik: 6 g

Stratigraphische Situation: nicht bestimmbar	Fundnummer: 486/95	Schicht: keine Angabe
Quadrant: 0709	Abbauschicht: 02-II	Lage (Sektor): 16
Keramiktyp: langsam gedreht 1	Anzahl der Keramik: 1	Gewicht der Keramik: 6 g

Stratigraphische Situation: nicht bestimmbar	Fundnummer: 470/95	Schicht: keine Angabe
Quadrant: 0709	Abbauschicht: 02-II	Lage (Sektor): 20
Keramiktyp: langsam gedreht 3	Anzahl der Keramik: 1	Gewicht der Keramik: 22 g

Stratigraphische Situation: nicht bestimmbar	Fundnummer: 219/97	Schicht: keine Angabe
Quadrant: 0710	Abbauschicht: 01-I	Lage (Sektor): gesamter Quadrant
Keramiktyp: handgeformt	Anzahl der Keramik: 2	Gewicht der Keramik: 29 g
Keramiktyp: langsam gedreht 3	Anzahl der Keramik: 5	Gewicht der Keramik: 37 g

Stratigraphische Situation: Zwischenschicht	Fundnummer: 531/97	Schicht: 06
Quadrant: 0710	Abbauschicht: 02-II	Lage (Sektor): 10
Keramiktyp: Backglocke	Anzahl der Keramik: 1	Gewicht der Keramik: 34 g
Keramiktyp: langsam gedreht 1	Anzahl der Keramik: 2	Gewicht der Keramik: 34 g

Stratigraphische Situation: Zwischenschicht	Fundnummer: 537/97	Schicht: 05
Quadrant: 0710	Abbauschicht: 02-II	Lage (Sektor): 19
Keramiktyp: handgeformt	Anzahl der Keramik: 1	Gewicht der Keramik: 28 g

Stratigraphische Situation: Pfostenloch	Fundnummer: 606/97	Schicht: 07
Quadrant: 0710	Abbauschicht: 03-III	Lage (Sektor): 22
Keramiktyp: langsam gedreht 1	Anzahl der Keramik: 1	Gewicht der Keramik: 6 g

Stratigraphische Situation: Pfostenloch	Fundnummer: 635/97	Schicht: 07a
Quadrant: 0710	Abbauschicht: 03-III	Lage (Sektor): 22
Keramiktyp: handgeformt	Anzahl der Keramik: 1	Gewicht der Keramik: 101 g

Stratigraphische Situation: nicht bestimmbar	Fundnummer: 216/97	Schicht: keine Angabe
Quadrant: 0711	Abbauschicht: 01-I	Lage (Sektor): 10
Keramiktyp: Tondüse		

Stratigraphische Situation: nicht bestimmbar	Fundnummer: 325/97	Schicht: keine Angabe
Quadrant: 0711	Abbauschicht: 01-I	Lage (Sektor): 13
Keramiktyp: handgeformt	Anzahl der Keramik: 1	Gewicht der Keramik: 22 g
Stratigraphische Situation: nicht bestimmbar	Fundnummer: 218/97	Schicht: keine Angabe
Quadrant: 0711	Abbauschicht: 01-I	Lage (Sektor): gesamter Quadrant
Keramiktyp: handgeformt	Anzahl der Keramik: 1	Gewicht der Keramik: 14 g
Stratigraphische Situation: Zwischenschicht	Fundnummer: 476/97	Schicht: 07
Quadrant: 0711	Abbauschicht: 02-II	Lage (Sektor): 15
Keramiktyp: Backglocke	Anzahl der Keramik: 1	Gewicht der Keramik: 2 g
Keramiktyp: handgeformt	Anzahl der Keramik: 1	Gewicht der Keramik: 2 g
Stratigraphische Situation: Zwischenschicht	Fundnummer: 412/97	Schicht: 07
Quadrant: 0711	Abbauschicht: 02-II	Lage (Sektor): 18
Keramiktyp: langsam gedreht 1	Anzahl der Keramik: 1	Gewicht der Keramik: 8 g
Stratigraphische Situation: nicht bestimmbar	Fundnummer: 382/97	Schicht: 04
Quadrant: 0711	Abbauschicht: 02-II	Lage (Sektor): 19
Keramiktyp: handgeformt	Anzahl der Keramik: 1	Gewicht der Keramik: 4 g
Stratigraphische Situation: Zwischenschicht	Fundnummer: 475/97	Schicht: 07
Quadrant: 0711	Abbauschicht: 02-II	Lage (Sektor): 20
Keramiktyp: langsam gedreht 1	Anzahl der Keramik: 1	Gewicht der Keramik: 6 g
Stratigraphische Situation: nicht bestimmbar	Fundnummer: 203/97	Schicht: keine Angabe
Quadrant: 0712	Abbauschicht: 01-I	Lage (Sektor): gesamter Quadrant
Keramiktyp: handgeformt	Anzahl der Keramik: 1	Gewicht der Keramik: 5 g
Stratigraphische Situation: nicht bestimmbar	Fundnummer: 263/97	Schicht: keine Angabe
Quadrant: 0807	Abbauschicht: 01-I	Lage (Sektor): 01
Keramiktyp: handgeformt	Anzahl der Keramik: 1	Gewicht der Keramik: 6 g
Keramiktyp: langsam gedreht 3	Anzahl der Keramik: 2	Gewicht der Keramik: 24 g
Stratigraphische Situation: nicht bestimmbar	Fundnummer: 262/97	Schicht: keine Angabe
Quadrant: 0807	Abbauschicht: 01-I	Lage (Sektor): 05
Keramiktyp: handgeformt	Anzahl der Keramik: 1	Gewicht der Keramik: 1 g
Keramiktyp: langsam gedreht 2	Anzahl der Keramik: 3	Gewicht der Keramik: 13 g
Stratigraphische Situation: Humus	Fundnummer: 311/97	Schicht: 01
Quadrant: 0807	Abbauschicht: 01-I	Lage (Sektor): 12
Keramiktyp: Backglocke	Anzahl der Keramik: 1	Gewicht der Keramik: 12 g
Keramiktyp: langsam gedreht 3	Anzahl der Keramik: 3	Gewicht der Keramik: 30 g
Stratigraphische Situation: nicht bestimmbar	Fundnummer: 266/97	Schicht: keine Angabe
Quadrant: 0807	Abbauschicht: 01-I	Lage (Sektor): 13
Keramiktyp: langsam gedreht 3	Anzahl der Keramik: 1	Gewicht der Keramik: 7 g

Stratigraphische Situation: Humus	Fundnummer: 313/97	Schicht: 01
Quadrant: 0807	Abbauschicht: 01-I	Lage (Sektor): 14
Keramiktyp: langsam gedreht 2	Anzahl der Keramik: 1	Gewicht der Keramik: 4 g
Stratigraphische Situation: Humus	Fundnummer: 200/97	Schicht: 01
Quadrant: 0807	Abbauschicht: 01-I	Lage (Sektor): 15
Keramiktyp: langsam gedreht 1	Anzahl der Keramik: 1	Gewicht der Keramik: 6 g
Stratigraphische Situation: Humus	Fundnummer: 310/97	Schicht: 01
Quadrant: 0807	Abbauschicht: 01-I	Lage (Sektor): 17
Keramiktyp: langsam gedreht 1	Anzahl der Keramik: 1	Gewicht der Keramik: 5 g
Stratigraphische Situation: nicht bestimmbar	Fundnummer: 269/97	Schicht: keine Angabe
Quadrant: 0807	Abbauschicht: 01-I	Lage (Sektor): 18
Keramiktyp: langsam gedreht 3	Anzahl der Keramik: 1	Gewicht der Keramik: 4 g
Stratigraphische Situation: nicht bestimmbar	Fundnummer: 300/97	Schicht: keine Angabe
Quadrant: 0807	Abbauschicht: 01-I	Lage (Sektor): 19
Keramiktyp: langsam gedreht 3	Anzahl der Keramik: 1	Gewicht der Keramik: 14 g
Stratigraphische Situation: nicht bestimmbar	Fundnummer: 298/97	Schicht: keine Angabe
Quadrant: 0807	Abbauschicht: 01-I	Lage (Sektor): 20
Keramiktyp: langsam gedreht 3	Anzahl der Keramik: 2	Gewicht der Keramik: 29 g
Keramiktyp: Tondüse		
Stratigraphische Situation: nicht bestimmbar	Fundnummer: 267/97	Schicht: keine Angabe
Quadrant: 0807	Abbauschicht: 01-I	Lage (Sektor): 21
Keramiktyp: handgeformt	Anzahl der Keramik: 1	Gewicht der Keramik: 12 g
Keramiktyp: langsam gedreht 2	Anzahl der Keramik: 2	Gewicht der Keramik: 14 g
Stratigraphische Situation: Humus	Fundnummer: 309/97	Schicht: 01
Quadrant: 0807	Abbauschicht: 01-I	Lage (Sektor): 22
Keramiktyp: langsam gedreht 2	Anzahl der Keramik: 2	Gewicht der Keramik: 11 g
Stratigraphische Situation: nicht bestimmbar	Fundnummer: 268/97	Schicht: keine Angabe
Quadrant: 0807	Abbauschicht: 01-I	Lage (Sektor): 22
Keramiktyp: langsam gedreht 3	Anzahl der Keramik: 1	Gewicht der Keramik: 1 g
Stratigraphische Situation: nicht bestimmbar	Fundnummer: 297/97	Schicht: keine Angabe
Quadrant: 0807	Abbauschicht: 01-I	Lage (Sektor): 25
Keramiktyp: handgeformt	Anzahl der Keramik: 2	Gewicht der Keramik: 15 g
Keramiktyp: langsam gedreht 3	Anzahl der Keramik: 2	Gewicht der Keramik: 12 g
Stratigraphische Situation: Humus	Fundnummer: 381/97	Schicht: 01
Quadrant: 0807	Abbauschicht: 02-II	Lage (Sektor): 02
Keramiktyp: handgeformt	Anzahl der Keramik: 2	Gewicht der Keramik: 55 g
Keramiktyp: langsam gedreht 1	Anzahl der Keramik: 1	Gewicht der Keramik: 2 g
Keramiktyp: langsam gedreht 3	Anzahl der Keramik: 1	Gewicht der Keramik: 2 g

Stratigraphische Situation: Humus	Fundnummer: 390/97	Schicht: 01
Quadrant: 0807	Abbauschicht: 02-II	Lage (Sektor): 05
Keramiktyp: langsam gedreht 1	Anzahl der Keramik: 1	Gewicht der Keramik: 6 g
Stratigraphische Situation: Humus	Fundnummer: 360/97	Schicht: 01
Quadrant: 0807	Abbauschicht: 02-II	Lage (Sektor): 06
Keramiktyp: langsam gedreht 3	Anzahl der Keramik: 3	Gewicht der Keramik: 28 g
Stratigraphische Situation: Humus	Fundnummer: 361/97	Schicht: 01
Quadrant: 0807	Abbauschicht: 02-II	Lage (Sektor): 11
Keramiktyp: handgeformt	Anzahl der Keramik: 1	Gewicht der Keramik: 22 g
Stratigraphische Situation: Humus	Fundnummer: 362/97	Schicht: 01
Quadrant: 0807	Abbauschicht: 02-II	Lage (Sektor): 16
Keramiktyp: langsam gedreht 1	Anzahl der Keramik: 1	Gewicht der Keramik: 9 g
Stratigraphische Situation: Zwischenschicht	Fundnummer: 463/97	Schicht: 02
Quadrant: 0807	Abbauschicht: 03-III	Lage (Sektor): 02
Keramiktyp: handgeformt	Anzahl der Keramik: 1	Gewicht der Keramik: 8 g
Stratigraphische Situation: Zwischenschicht	Fundnummer: 493/97	Schicht: 02
Quadrant: 0807	Abbauschicht: 03-III	Lage (Sektor): 03
Keramiktyp: handgeformt	Anzahl der Keramik: 1	Gewicht der Keramik: 32 g
Stratigraphische Situation: Zwischenschicht	Fundnummer: 441/97	Schicht: 02
Quadrant: 0807	Abbauschicht: 03-III	Lage (Sektor): 04
Keramiktyp: langsam gedreht 2	Anzahl der Keramik: 1	Gewicht der Keramik: 6 g
Keramiktyp: langsam gedreht 3	Anzahl der Keramik: 1	Gewicht der Keramik: 3 g
Stratigraphische Situation: Zwischenschicht	Fundnummer: 443/97	Schicht: 02
Quadrant: 0807	Abbauschicht: 03-III	Lage (Sektor): 05
Keramiktyp: langsam gedreht 3	Anzahl der Keramik: 1	Gewicht der Keramik: 12 g
Stratigraphische Situation: Zwischenschicht	Fundnummer: 460/97	Schicht: 02
Quadrant: 0807	Abbauschicht: 03-III	Lage (Sektor): 07
Keramiktyp: handgeformt	Anzahl der Keramik: 1	Gewicht der Keramik: 4 g
Stratigraphische Situation: Zwischenschicht	Fundnummer: 442/97	Schicht: 02
Quadrant: 0807	Abbauschicht: 03-III	Lage (Sektor): 10
Keramiktyp: handgeformt	Anzahl der Keramik: 1	Gewicht der Keramik: 8 g
Keramiktyp: langsam gedreht 2	Anzahl der Keramik: 1	Gewicht der Keramik: 2 g
Stratigraphische Situation: Zwischenschicht	Fundnummer: 436/97	Schicht: 02
Quadrant: 0807	Abbauschicht: 03-III	Lage (Sektor): 13
Keramiktyp: handgeformt	Anzahl der Keramik: 1	Gewicht der Keramik: 5 g
Stratigraphische Situation: nicht bestimmbar	Fundnummer: 809/97	Schicht: keine Angabe
Quadrant: 0807	Abbauschicht: 04-IV	Lage (Sektor): 05
Keramiktyp: Tondüse		

Stratigraphische Situation: nicht bestimmbar	Fundnummer: 686/97	Schicht: keine Angabe
Quadrant: 0807	Abbauschicht: keine	Lage (Sektor): 19
Keramiktyp: handgeformt	Anzahl der Keramik: 2	Gewicht der Keramik: 31 g

Stratigraphische Situation: nicht bestimmbar	Fundnummer: 688/97	Schicht: keine Angabe
Quadrant: 0807	Abbauschicht: keine	Lage (Sektor): 20
Keramiktyp: langsam gedreht 3	Anzahl der Keramik: 1	Gewicht der Keramik: 31 g

Stratigraphische Situation: nicht bestimmbar	Fundnummer: 1567/97	Schicht: 01+02
Quadrant: 0807	Abbauschicht: keine	Lage (Sektor): Steg
Keramiktyp: Tonwanne	Anzahl der Keramik: 1	Gewicht der Keramik: 14 g

Stratigraphische Situation: nicht bestimmbar	Fundnummer: 282/97	Schicht: keine Angabe
Quadrant: 0808	Abbauschicht: 01-I	Lage (Sektor): 01
Keramiktyp: handgeformt	Anzahl der Keramik: 2	Gewicht der Keramik: 20 g
Keramiktyp: langsam gedreht 3	Anzahl der Keramik: 1	Gewicht der Keramik: 8 g

Stratigraphische Situation: nicht bestimmbar	Fundnummer: 302/97	Schicht: keine Angabe
Quadrant: 0808	Abbauschicht: 01-I	Lage (Sektor): 05
Keramiktyp: langsam gedreht 3	Anzahl der Keramik: 1	Gewicht der Keramik: 5 g

Stratigraphische Situation: Pfostenloch (stört die Verfüllung des röm. Heizkanals)	Fundnummer: 977/97	Schicht: 36
Quadrant: 0808	Abbauschicht: 02-II	Lage (Sektor): 3
Keramiktyp: handgeformt	Anzahl der Keramik: 1	Gewicht der Keramik: 3 g

Stratigraphische Situation: Pfostenloch (stört die Verfüllung des röm. Heizkanals)	Fundnummer: 1104/97	Schicht: 64
Quadrant: 0808	Abbauschicht: 03-III	Lage (Sektor): 05
Keramiktyp: handgeformt	Anzahl der Keramik: 8	Gewicht der Keramik: 146 g

Stratigraphische Situation: nicht bestimmbar	Fundnummer: 1149/97	Schicht: keine Angabe
Quadrant: 0808 O	Abbauschicht: 04-IV	Lage (Sektor): 4, 5, 9, 10 + 14/15
Keramiktyp: Tonwanne	Anzahl der Keramik: 1	Gewicht der Keramik: 4 g

Stratigraphische Situation: nicht bestimmbar	Fundnummer: 469/95	Schicht: keine Angabe
Quadrant: 0809	Abbauschicht: 01-I	Lage (Sektor): 21
Keramiktyp: langsam gedreht 1	Anzahl der Keramik: 1	Gewicht der Keramik: 20 g

Stratigraphische Situation: nicht bestimmbar	Fundnummer: 753/97	Schicht: 02
Quadrant: 0809	Abbauschicht: 02-II	Lage (Sektor): 10
Keramiktyp: langsam gedreht 3	Anzahl der Keramik: 1	Gewicht der Keramik: 18 g

Stratigraphische Situation: nicht bestimmbar	Fundnummer: 709/97	Schicht: 01
Quadrant: 0809	Abbauschicht: 02-II	Lage (Sektor): 19
Keramiktyp: langsam gedreht 2	Anzahl der Keramik: 1	Gewicht der Keramik: 22 g

Stratigraphische Situation: nicht bestimmbar	Fundnummer: 678/97	Schicht: 02
Quadrant: 0809	Abbauschicht: 02-II	Lage (Sektor): 22
Keramiktyp: handgeformt	Anzahl der Keramik: 1	Gewicht der Keramik: 7 g

Stratigraphische Situation: nicht bestimmbar	Fundnummer: 1422/97	Schicht: keine Angabe
Quadrant: 0811 Erweiterung	Abbauschicht: 01-I	Lage (Sektor): gesamter Quadrant
Keramiktyp: Tondüse		

Stratigraphische Situation: nicht bestimmbar	Fundnummer: 1505/97	Schicht: 01
Quadrant: 0811 Erweiterung 2	Abbauschicht: 01-I	Lage (Sektor): 04
Keramiktyp: Tondüse		

Stratigraphische Situation: nicht bestimmbar	Fundnummer: 1426/97	Schicht: braune Erde mit Mörtel und Ziegelsplitt
Quadrant: 0908	Abbauschicht: 02-II	Lage (Sektor): 02
Keramiktyp: handgeformt	Anzahl der Keramik: 1	Gewicht der Keramik: 12 g
Keramiktyp: langsam gedreht 1	Anzahl der Keramik: 2	Gewicht der Keramik: 18 g

Stratigraphische Situation: nicht bestimmbar	Fundnummer: 1433/97	Schicht: 19
Quadrant: 0908	Abbauschicht: 02-II	Lage (Sektor): 9/10
Keramiktyp: handgeformt	Anzahl der Keramik: 2	Gewicht der Keramik: 14 g

Stratigraphische Situation: nicht bestimmbar	Fundnummer: 1457/97	Schicht: braune Erde mit Mörtel und Ziegelsplitt
Quadrant: 0908 A	Abbauschicht: 01-I	Lage (Sektor): keine Angabe
Keramiktyp: langsam gedreht 2	Anzahl der Keramik: 1	Gewicht der Keramik: 2 g

Stratigraphische Situation: nicht bestimmbar	Fundnummer: 1459/97	Schicht: braune Erde mit Mörtel und Ziegelsplitt
Quadrant: 0908 B	Abbauschicht: 01-I	Lage (Sektor): keine Angabe
Keramiktyp: handgeformt	Anzahl der Keramik: 1	Gewicht der Keramik: 29 g
Keramiktyp: langsam gedreht 1	Anzahl der Keramik: 2	Gewicht der Keramik: 31 g

KATALOG DER KERAMIKFUNDE
SOWIE DER ANGABEN ZU DEN GRÄBERN,
DER ANTHROPOLOGISCHEN
UND DER ZOOLOGISCHEN BESTIMMUNGEN
AUS DEM GRÄBERFELD ZILLINGTAL

Die Bestimmung des anthropologischen und zoologischen Materials wurde von Dr. Silke Grefen-Peters durchgeführt. Ich bedanke mich für die Möglichkeit der Benützung dieser Daten.
Abkürzungen: HOK: heutige Oberflächenkante; e: erwachsen; k: Kind; m: männlich; w: weiblich; unbest.: unbestimmbar; dm: Durchmesser; pk: postkraniales Skelett.

Grab: 001	Geschl. archäologisch: m	Altersstufe: senil	Tiefe unter HOK: 133 cm
	Geschl. anthropologisch: m	Alter: 65-70 Jahre	Tiefe unter Planum 1: 93 cm
	Superposition: keine	Sarg: ja	Anzahl der Gefäße: 1
Gefäßtyp: HG 3	Randverzierung: ohne	Untertyp: 5	Delle: nicht vorhanden
	Höhe: 12 cm	Bauchdm: 12 cm	Seite im Grab: links
	Randdm: 10 cm	Bodendm: 9 cm	Höhe im Grab: Fuß
	Halsdm: 9,5 cm	Volumen: 0,688 Liter	Bemerkung: –
Tierart: Schaf/Ziege (?)	Fundnummer: 11	Altersstufe des Tieres:	subadult
	Skelettelement: Tibia	Seite des Tieres: rechts	Alter in Jahren: unbestimmbar

Grab: 002A	Geschl. archäologisch: w	Altersstufe: senil	Tiefe unter HOK: 128 cm
	Geschl. anthropologisch: w	Alter: 60-65 Jahre	Tiefe unter Planum 1: 88 cm
	Superposition: keine	Sarg: nein	Anzahl der Gefäße: 2
Gefäßtyp: HG 3	Randverzierung: mit	Untertyp: 3	Delle: nicht vorhanden
	Höhe: 6,5 cm	Bauchdm: 6,5 cm	Seite im Grab: rechts
	Randdm: 5 cm	Bodendm: 3,5 cm	Höhe im Grab: Fuß
	Halsdm: 4,5 cm	Volumen: 0,058 Liter	Bemerkung: –
Gefäßtyp: LG 2	Randverzierung: ohne	Untertyp: 1	Delle: nicht vorhanden
	Höhe: 11,5 cm	Bauchdm: 10 cm	Seite im Grab: Mitte
	Randdm: 9 cm	Bodendm: 7 cm	Höhe im Grab: unterhalb der Füße
	Halsdm: 8,5 cm	Volumen: 0,454 Liter	Bemerkung: –
Tierart: Rind (?)	Fundnummer: bei Skelett	Altersstufe des Tieres:	unbestimmbar
	Skelettelement: Unterkiefer	Seite des Tieres: unbest.	Alter in Jahren: unbestimmbar

Grab: 002B	Geschl. archäologisch: w	Altersstufe: adult	Tiefe unter HOK: 143 cm
	Geschl. anthropologisch: w	Alter: 30 Jahre	Tiefe unter Planum 1: 103 cm
	Superposition: keine	Sarg: nein	Anzahl der Gefäße: 0
Tierart: Schwein (?)	Fundnummer: 9	Altersstufe des Tieres:	juvenil
	Skelettelement: Femur	Seite des Tieres: links	Alter in Jahren: unbestimmbar

Grab: 003	Geschl. archäologisch: m	Altersstufe: matur	Tiefe unter HOK: 167 cm
	Geschl. anthropologisch: m	Alter: 50 Jahre	Tiefe unter Planum 1: 130 cm
	Superposition: keine	Sarg: ja	Anzahl der Gefäße: 0

Grab: 004	Geschl. archäologisch: k	Altersstufe: infans II	Tiefe unter HOK: 109 cm
	Geschl. anthropologisch: m	Alter: 13 Jahre	Tiefe unter Planum 1: 67 cm
	Superposition: keine	Sarg: ja	Anzahl der Gefäße: 1
Gefäßtyp: HG 3	Randverzierung: ohne	Untertyp: 4	Delle: nicht vorhanden
	Höhe: 10 cm	Bauchdm: 11 cm	Seite im Grab: rechts
	Randdm: 8,5 cm	Bodendm: 7,5 cm	Höhe im Grab: Fuß
	Halsdm: 8 cm	Volumen: 0,403 Liter	Bemerkung: –

Grab: 005	Geschl. archäologisch: k	Altersstufe: infans I/2	Tiefe unter HOK: 70 cm
	Geschl. anthropologisch: k	Alter: 3 Jahre	Tiefe unter Planum 1: 30 cm
	Superposition: keine	Sarg: nein	Anzahl der Gefäße: 1
Gefäßtyp: HG 3	Randverzierung: ohne	Untertyp: 4	Delle: nicht vorhanden
	Höhe: 10 cm	Bauchdm: 10,5 cm	Seite im Grab: Mitte
	Randdm: 10 cm	Bodendm: 6,5 cm	Höhe im Grab: unterhalb der Füße
	Halsdm: 9 cm	Volumen: 0,43 Liter	Bemerkung: –

Grab: 006	Geschl. archäologisch: k Geschl. anthropologisch: – Superposition: schneidet Grab 7	Altersstufe: unbestimmbar Alter: unbestimmbar Sarg: nein	Tiefe unter HOK: 48 cm Tiefe unter Planum 1: 8 cm Anzahl der Gefäße: 1
Grab: 007	Geschl. archäologisch: m Geschl. anthropologisch: m Superposition: wird geschnitten von Grab 6	Altersstufe: matur Alter: 50 Jahre Sarg: ja	Tiefe unter HOK: 139 cm Tiefe unter Planum 1: 95 cm Anzahl der Gefäße: 1
Gefäßtyp: HG 2	Randverzierung: ohne Höhe: unbest. Randdm: unbest. Halsdm: unbest.	Untertyp: unbestimmbar Bauchdm: unbest. Bodendm: unbest. Volumen: unbest.	Delle: unbestimmbar Seite im Grab: rechts Höhe im Grab: Unterschenkel Bemerkung: stark fragmentiert erhalten
Tierart: Rind	Fundnummer: 13 Skelettelement: Calcaneus	Altersstufe des Tieres: Seite des Tieres: links	subadult Alter in Jahren: unbestimmbar
Grab: 008	Geschl. archäologisch: m Geschl. anthropologisch: m Superposition: keine	Altersstufe: matur Alter: 50-60 Jahre Sarg: ja	Tiefe unter HOK: 132 cm Tiefe unter Planum 1: 82 cm Anzahl der Gefäße: 1
Gefäßtyp: HG 2	Randverzierung: ohne Höhe: 15,5 cm Randdm: 10,5 cm Halsdm: 9,5 cm	Untertyp: 4 Bauchdm: 12 cm Bodendm: 8 cm Volumen: 0,881 Liter	Delle: nicht vorhanden Seite im Grab: links Höhe im Grab: Fuß Bemerkung: –
Tierart: Rind/Pferd	Fundnummer: 13 Skelettelement: Tibia	Altersstufe des Tieres: Seite des Tieres: links	erwachsen (?) Alter in Jahren: unbestimmbar
Grab: 009	Geschl. archäologisch: w Geschl. anthropologisch: w (?) Superposition: keine	Altersstufe: spätmatur-senil Alter: 60 Jahre Sarg: ja	Tiefe unter HOK: 125 cm Tiefe unter Planum 1: 85 cm Anzahl der Gefäße: 1
Gefäßtyp: HG	Randverzierung: unbest. Höhe: unbest. Randdm: unbest. Halsdm: unbest.	Untertyp: unbestimmbar Bauchdm: unbest. Bodendm: unbest. Volumen: unbest.	Delle: unbestimmbar Seite im Grab: links Höhe im Grab: Knie Bemerkung: stark fragmentiert erhalten
Tierart: Rind	Fundnummer: 14 Skelettelement: Femur	Altersstufe des Tieres: Seite des Tieres: rechts	subadult Alter in Jahren: unbestimmbar
Grab: 010	Geschl. archäologisch: m Geschl. anthropologisch: m Superposition: keine	Altersstufe: frühadult Alter: 20 Jahre Sarg: nein	Tiefe unter HOK: 100 cm Tiefe unter Planum 1: 50 cm Anzahl der Gefäße: 1
Gefäßtyp: HG 1	Randverzierung: mit Höhe: 11 cm Randdm: 8 cm Halsdm: 7,5 cm	Untertyp: 1 Bauchdm: 10,5 cm Bodendm: 8 cm Volumen: 0,418 Liter	Delle: nicht vorhanden Seite im Grab: rechts Höhe im Grab: Fuß Bemerkung: –
Tierart: Rind	Fundnummer: 18 Skelettelement: Calcaneus, Patella	Altersstufe des Tieres: Seite des Tieres: links	unbestimmbar Alter in Jahren: unbestimmbar
Tierart: Rind	Fundnummer: ohne Nr. Skelettelement: Langknochen, pk	Altersstufe des Tieres: Seite des Tieres: unbest.	unbestimmbar Alter in Jahren: unbestimmbar

Katalog der Keramikfunde sowie der Angaben zu den Gräbern [...] aus dem Gräberfeld Zillingtal

Tierart: Huhn	Fundnummer: ohne Nr. Skelettelement: Langknochen, pk	Altersstufe des Tieres: Seite des Tieres: unbest.	unbestimmbar Alter in Jahren: unbestimmbar

Grab: 011	Geschl. archäologisch: m Geschl. anthropologisch: m Superposition: keine	Altersstufe: matur Alter: 55-60 Jahre Sarg: nein	Tiefe unter HOK: 100 cm Tiefe unter Planum 1: 50 cm Anzahl der Gefäße: 1
Gefäßtyp: LG 1	Randverzierung: ohne Höhe: 14 cm Randdm: 10 cm Halsdm: 9 cm	Untertyp: 3 Bauchdm: 11,5 cm Bodendm: 7,5 cm Volumen: 0,703 Liter	Delle: nicht vorhanden Seite im Grab: links Höhe im Grab: Fuß Bemerkung: –
Tierart: Rind	Fundnummer: 6 Skelettelement: Tibia	Altersstufe des Tieres: Seite des Tieres: links	juvenil Alter in Jahren: unbestimmbar
Tierart: Huhn	Fundnummer: 7 Skelettelement: Skelett	Altersstufe des Tieres: Seite des Tieres: unbest.	unbestimmbar Alter in Jahren: unbestimmbar

Grab: 012	Geschl. archäologisch: k Geschl. anthropologisch: k Superposition: keine	Altersstufe: infans I/2 Alter: 4 Jahre Sarg: nein	Tiefe unter HOK: 118 cm Tiefe unter Planum 1: 68 cm Anzahl der Gefäße: 1
Gefäßtyp: HG 1	Randverzierung: mit Höhe: 12,5 cm Randdm: 9,5 cm Halsdm: 8,5 cm	Untertyp: 1 Bauchdm: 11,5 cm Bodendm: 9,5 cm Volumen: 0,66 Liter	Delle: nicht vorhanden Seite im Grab: Mitte Höhe im Grab: unterhalb der Füße Bemerkung: –
Tierart: Rind	Fundnummer: 6 Skelettelement: Femur	Altersstufe des Tieres: Seite des Tieres: rechts	subadult Alter in Jahren: unbestimmbar

Grab: 013	Geschl. archäologisch: w Geschl. anthropologisch: w Superposition: keine	Altersstufe: senil Alter: 60 Jahre Sarg: nein	Tiefe unter HOK: 84 cm Tiefe unter Planum 1: 40 cm Anzahl der Gefäße: 0
Tierart: unbestimmbar	Fundnummer: ohne Nr. Skelettelement: Langknochen	Altersstufe des Tieres: Seite des Tieres: unbest.	unbestimmbar Alter in Jahren: unbestimmbar
Tierart: Schaf/Ziege	Fundnummer: 3 Skelettelement: Femur	Altersstufe des Tieres: Seite des Tieres: links	subadult Alter in Jahren: unbestimmbar

Grab: 014	Geschl. archäologisch: m Geschl. anthropologisch: m Superposition: keine	Altersstufe: frühadult Alter: 20 Jahre Sarg: ja	Tiefe unter HOK: 179 cm Tiefe unter Planum 1: 134 cm Anzahl der Gefäße: 1
Gefäßtyp: HG 1	Randverzierung: ohne Höhe: 13,5 cm Randdm: 11 cm Halsdm: 9,5 cm	Untertyp: Buckelrand 2 Bauchdm: 11,5 cm Bodendm: 8 cm Volumen: 0,76 Liter	Delle: nicht vorhanden Seite im Grab: Mitte Höhe im Grab: unterhalb der Füße Bemerkung: –
Tierart: Rind	Fundnummer: ohne Nr. Skelettelement: Femur	Altersstufe des Tieres: Seite des Tieres: rechts	subadult Alter in Jahren: unbestimmbar

Grab: 015	Geschl. archäologisch: w Geschl. anthropologisch: w Superposition: keine	Altersstufe: adult Alter: 30 Jahre Sarg: ja	Tiefe unter HOK: 150 cm Tiefe unter Planum 1: 100 cm Anzahl der Gefäße: 1
Gefäßtyp: HG 2	Randverzierung: mit Höhe: 11 cm Randdm: 7,5 cm Halsdm: 7 cm	Untertyp: 1 Bauchdm: 10,5 cm Bodendm: 7,5 cm Volumen: 0,376 Liter	Delle: nicht vorhanden Seite im Grab: links Höhe im Grab: Fuß Bemerkung: –

| Tierart: Schaf/Ziege | Fundnummer: 8
Skelettelement: Femur | Altersstufe des Tieres:
Seite des Tieres: links | juvenil
Alter in Jahren: unbestimmbar |
| Tierart: Huhn | Fundnummer: 9
Skelettelement: Langknochen | Altersstufe des Tieres:
Seite des Tieres: unbest. | juvenil
Alter in Jahren: unbestimmbar |

Grab: 016	Geschl. archäologisch: k Geschl. anthropologisch: k Superposition: keine	Altersstufe: infans I/2 Alter: 4 Jahre Sarg: nein	Tiefe unter HOK: 88 cm Tiefe unter Planum 1: 12 cm Anzahl der Gefäße: 1
Gefäßtyp: HG 3	Randverzierung: ohne Höhe: 11,5 cm Randdm: 9 cm Halsdm: 8 cm	Untertyp: 8 Bauchdm: 10 cm Bodendm: 6,5 cm Volumen: 0,424 Liter	Delle: nicht vorhanden Seite im Grab: Mitte Höhe im Grab: unterhalb der Füße Bemerkung: –
Tierart: Schaf/Ziege	Fundnummer: bei Skelett Skelettelement: Femur	Altersstufe des Tieres: Seite des Tieres: links	juvenil Alter in Jahren: unbestimmbar

| Grab: 017 | Geschl. archäologisch: –
Geschl. anthropologisch: –
Superposition: keine | Altersstufe: unbestimmbar
Alter: unbestimmbar
Sarg: nein | Tiefe unter HOK: 0 cm
Tiefe unter Planum 1: 0 cm
Anzahl der Gefäße: 0 |

Grab: 018	Geschl. archäologisch: m Geschl. anthropologisch: m Superposition: keine	Altersstufe: matur Alter: 40-50 Jahre Sarg: ja	Tiefe unter HOK: 173 cm Tiefe unter Planum 1: 131 cm Anzahl der Gefäße: 1
Gefäßtyp: HG 2	Randverzierung: ohne Höhe: 12 cm Randdm: 9 cm Halsdm: 8,5 cm	Untertyp: 8 Bauchdm: 11 cm Bodendm: 6 cm Volumen: 0,476 Liter	Delle: nicht vorhanden Seite im Grab: rechts Höhe im Grab: Fuß Bemerkung: –
Tierart: Pferd	Fundnummer: 13 Skelettelement: Tibia	Altersstufe des Tieres: Seite des Tieres: rechts	erwachsen Alter in Jahren: unbestimmbar

Grab: 019	Geschl. archäologisch: k Geschl. anthropologisch: k Superposition: keine	Altersstufe: infans I/2 Alter: 5 Jahre Sarg: nein	Tiefe unter HOK: 83 cm Tiefe unter Planum 1: 41 cm Anzahl der Gefäße: 1
Gefäßtyp: HG 3	Randverzierung: ohne Höhe: 9,5 cm Randdm: 8,5 cm Halsdm: 8 cm	Untertyp: 4 Bauchdm: 11 cm Bodendm: 8 cm Volumen: 0,393 Liter	Delle: nicht vorhanden Seite im Grab: rechts Höhe im Grab: Fuß Bemerkung: –
Tierart: Huhn	Fundnummer: 9 Skelettelement: Langknochen	Altersstufe des Tieres: Seite des Tieres: unbest.	unbestimmbar Alter in Jahren: unbestimmbar
Tierart: Schaf	Fundnummer: 10 Skelettelement: Femur	Altersstufe des Tieres: Seite des Tieres: rechts	erwachsen Alter in Jahren: unbestimmbar

| Grab: 020 | Geschl. archäologisch: k
Geschl. anthropologisch: k
Superposition: keine | Altersstufe: infans I/2
Alter: 3 Jahre
Sarg: nein | Tiefe unter HOK: 80 cm
Tiefe unter Planum 1: 38 cm
Anzahl der Gefäße: 1 |
| Gefäßtyp: LG 2 | Randverzierung: mit
Höhe: 10 cm
Randdm: 8,5 cm
Halsdm: 7,5 cm | Untertyp: 2
Bauchdm: 10 cm
Bodendm: 7 cm
Volumen: 0,351 Liter | Delle: vorhanden
Seite im Grab: links
Höhe im Grab: Fuß
Bemerkung: – |

| Grab: 021 | Geschl. archäologisch: w
Geschl. anthropologisch: w
Superposition: keine | Altersstufe: matur
Alter: 50-60 Jahre
Sarg: ja | Tiefe unter HOK: 163 cm
Tiefe unter Planum 1: 121 cm
Anzahl der Gefäße: 1 |

Katalog der Keramikfunde sowie der Angaben zu den Gräbern [...] aus dem Gräberfeld Zillingtal

Gefäßtyp: HG 3	Randverzierung: ohne Höhe: 10,5 cm Randdm: 8,5 cm Halsdm: 7,5 cm	Untertyp: 7 Bauchdm: 8 cm Bodendm: 4,5 cm Volumen: 0,262 Liter	Delle: nicht vorhanden Seite im Grab: rechts Höhe im Grab: Fuß Bemerkung: –
Tierart: Schaf/Ziege	Fundnummer: 8 Skelettelement: Femur	Altersstufe des Tieres: Seite des Tieres: rechts	subadult Alter in Jahren: unbestimmbar
Grab: 022	Geschl. archäologisch: k Geschl. anthropologisch: k Superposition: keine	Altersstufe: infans I/2 Alter: 6 Jahre Sarg: nein	Tiefe unter HOK: 122 cm Tiefe unter Planum 1: 80 cm Anzahl der Gefäße: 1
Gefäßtyp: HG 3	Randverzierung: ohne Höhe: 10,5 cm Randdm: 10 cm Halsdm: 9,5 cm	Untertyp: 4 Bauchdm: 10,5 cm Bodendm: 6 cm Volumen: 0,454 Liter	Delle: nicht vorhanden Seite im Grab: Mitte Höhe im Grab: unterhalb der Füße Bemerkung: –
Tierart: Huhn	Fundnummer: 8 Skelettelement: Schädel, pk	Altersstufe des Tieres: Seite des Tieres: unbest.	unbestimmbar Alter in Jahren: unbestimmbar
Tierart: Rind	 Skelettelement: Femur	Fundnummer: 9 Seite des Tieres: links	Altersstufe des Tieres: erwachsen Alter in Jahren: unbestimmbar
Grab: 023	Geschl. archäologisch: k Geschl. anthropologisch: k Superposition: keine	Altersstufe: infans I/2 Alter: 3 Jahre Sarg: nein	Tiefe unter HOK: 117 cm Tiefe unter Planum 1: 50 cm Anzahl der Gefäße: 0
Tierart: Eierschalen	Fundnummer: 8 Skelettelement:	Altersstufe des Tieres: Seite des Tieres:	Alter in Jahren:
Grab: 024	Geschl. archäologisch: k Geschl. anthropologisch: w Superposition: keine	Altersstufe: infans I/2 Alter: 4 Jahre Sarg: nein	Tiefe unter HOK: 66 cm Tiefe unter Planum 1: 20 cm Anzahl der Gefäße: 1
Gefäßtyp: unbest.	Randverzierung: unbest. Höhe: unbest. Randdm: unbest. Halsdm: unbest.	Untertyp: unbestimmbar Bauchdm: unbest. Bodendm: unbest. Volumen: unbest.	Delle: unbestimmbar Seite im Grab: Mitte Höhe im Grab: unterhalb der Füße Bemerkung: nicht erhalten, zerfallen
Grab: 025	Geschl. archäologisch: w Geschl. anthropologisch: w Superposition: keine	Altersstufe: spätmatur Alter: 55 Jahre Sarg: nein	Tiefe unter HOK: 114 cm Tiefe unter Planum 1: 77 cm Anzahl der Gefäße: 1
Gefäßtyp: LG 2N	Randverzierung: ohne Höhe: 8 cm Randdm: 11 cm Halsdm: 10 cm	Untertyp: unbestimmbar Bauchdm: 10 cm Bodendm: 6,5 cm Volumen: 0,367 Liter	Delle: nicht vorhanden Seite im Grab: links Höhe im Grab: Knie Bemerkung: –
Tierart: Rind	Fundnummer: 13 Skelettelement: Femur	Altersstufe des Tieres: Seite des Tieres: links	erwachsen Alter in Jahren: unbestimmbar
Grab: 026	Geschl. archäologisch: k Geschl. anthropologisch: – Superposition: keine	Altersstufe: unbestimmbar Alter: unbestimmbar Sarg: nein	Tiefe unter HOK: 86 cm Tiefe unter Planum 1: 40 cm Anzahl der Gefäße: 1
Gefäßtyp: HG 3	Randverzierung: ohne Höhe: 9 cm Randdm: 8 cm Halsdm: 7,5 cm	Untertyp: 6 Bauchdm: 8,5 cm Bodendm: 6 cm Volumen: 0,249 Liter	Delle: nicht vorhanden Seite im Grab: Mitte Höhe im Grab: unterhalb der Füße Bemerkung: –

Grab: 027	Geschl. archäologisch: k	Altersstufe: unbestimmbar	Tiefe unter HOK: 41 cm
	Geschl. anthropologisch: –	Alter: unbestimmbar	Tiefe unter Planum 1: 0 cm
	Superposition: keine	Sarg: nein	Anzahl der Gefäße: 0

Grab: 028	Geschl. archäologisch: k	Altersstufe: infans I/2	Tiefe unter HOK: 128 cm
	Geschl. anthropologisch: k	Alter: 4 Jahre	Tiefe unter Planum 1: 89 cm
	Superposition: keine	Sarg: nein	Anzahl der Gefäße: 1
Gefäßtyp: HG 2	Randverzierung: ohne	Untertyp: 2	Delle: nicht vorhanden
	Höhe: 9 cm	Bauchdm: 8,5 cm	Seite im Grab: unbekannt
	Randdm: 7,5 cm	Bodendm: 6 cm	Höhe im Grab: Becken
	Halsdm: 7 cm	Volumen: 0,23 Liter	Bemerkung: –
Tierart: Rind	Fundnummer: 8	Altersstufe des Tieres:	subadult
	Skelettelement: Tibia	Seite des Tieres: links	Alter in Jahren: unbestimmbar
Tierart: Schaf/Ziege	Fundnummer: ohne Nr.	Altersstufe des Tieres:	subadult
	Skelettelement: Femur	Seite des Tieres: links	Alter in Jahren: unbestimmbar

Grab: 029	Geschl. archäologisch: w	Altersstufe: adult	Tiefe unter HOK: 109 cm
	Geschl. anthropologisch: w	Alter: 30 Jahre	Tiefe unter Planum 1: 65 cm
	Superposition: keine	Sarg: ja	Anzahl der Gefäße: 1
Gefäßtyp: LG 2N	Randverzierung: ohne	Untertyp: unbestimmbar	Delle: nicht vorhanden
	Höhe: 7,5 cm	Bauchdm: 9 cm	Seite im Grab: rechts
	Randdm: 10 cm	Bodendm: 7 cm	Höhe im Grab: Fuß
	Halsdm: 9,5 cm	Volumen: 0,301 Liter	Bemerkung: –
Tierart: Rind	Fundnummer: 11	Altersstufe des Tieres:	erwachsen
	Skelettelement: Femur	Seite des Tieres: rechts	Alter in Jahren: unbestimmbar

Grab: 030	Geschl. archäologisch: w	Altersstufe: adult	Tiefe unter HOK: 97 cm
	Geschl. anthropologisch: w	Alter: 30 Jahre	Tiefe unter Planum 1: 32 cm
	Superposition: keine	Sarg: ja	Anzahl der Gefäße: 1
Gefäßtyp: HG 2	Randverzierung: ohne	Untertyp: 2	Delle: nicht vorhanden
	Höhe: 8 cm	Bauchdm: 8,5 cm	Seite im Grab: links
	Randdm: 6,5 cm	Bodendm: 5,5 cm	Höhe im Grab: Knie
	Halsdm: 6,5 cm	Volumen: 0,169 Liter	Bemerkung: –
Tierart: Rind	Fundnummer: 22	Altersstufe des Tieres:	juvenil-subadult
	Skelettelement: Femur	Seite des Tieres: links	Alter in Jahren: unbestimmbar

Grab: 031	Geschl. archäologisch: m	Altersstufe: spätmatur	Tiefe unter HOK: 94 cm
	Geschl. anthropologisch: m	Alter: 60 Jahre	Tiefe unter Planum 1: 31 cm
	Superposition: keine	Sarg: nein	Anzahl der Gefäße: 1
Gefäßtyp: HG 2	Randverzierung: ohne	Untertyp: 1	Delle: nicht vorhanden
	Höhe: 8,5 cm	Bauchdm: 8 cm	Seite im Grab: links
	Randdm: 7 cm	Bodendm: 6 cm	Höhe im Grab: Fuß
	Halsdm: 6,5 cm	Volumen: 0,19 Liter	Bemerkung: –
Tierart: Rind	Fundnummer: 11/1	Altersstufe des Tieres:	erwachsen
	Skelettelement: Tibia	Seite des Tieres: links	Alter in Jahren: unbestimmbar
Tierart: Schaf/Ziege	Fundnummer: 11/2	Altersstufe des Tieres:	subadult
	Skelettelement: Tibia	Seite des Tieres: links	Alter in Jahren: unbestimmbar

Grab: 032	Geschl. archäologisch: m	Altersstufe: matur	Tiefe unter HOK: 159 cm
	Geschl. anthropologisch: m	Alter: 55 Jahre	Tiefe unter Planum 1: 104 cm
	Superposition: keine	Sarg: ja	Anzahl der Gefäße: 1

Gefäßtyp: HG 1	Randverzierung: mit Höhe: 13,5 cm Randdm: 9 cm Halsdm: 8,5 cm	Untertyp: 1 Bauchdm: 12 cm Bodendm: 7 cm Volumen: 0,616 Liter	Delle: nicht vorhanden Seite im Grab: Mitte Höhe im Grab: Knie Bemerkung: –
Tierart: Rind	Fundnummer: 15 Skelettelement: Femur	Altersstufe des Tieres: Seite des Tieres: rechts	subadult Alter in Jahren: unbestimmbar
Tierart: Rind (?)	Fundnummer: 15 Skelettelement: Wirbelsäule	Altersstufe des Tieres: Seite des Tieres: unbest.	unbestimmbar Alter in Jahren: unbestimmbar
Tierart: Rind	Fundnummer: Grabschacht Skelettelement: Phalange	Altersstufe des Tieres: Seite des Tieres: unbest.	erwachsen Alter in Jahren: unbestimmbar
Grab: 033	Geschl. archäologisch: k Geschl. anthropologisch: k Superposition: keine	Altersstufe: infans II Alter: 10 Jahre Sarg: ja	Tiefe unter HOK: 100 cm Tiefe unter Planum 1: 47 cm Anzahl der Gefäße: 0
Tierart: Rind	Fundnummer: ohne Nr. Skelettelement: Tibia	Altersstufe des Tieres: Seite des Tieres: rechts	subadult Alter in Jahren: unbestimmbar
Grab: 034	Geschl. archäologisch: w Geschl. anthropologisch: w Superposition: keine	Altersstufe: spätjuvenil Alter: 18 Jahre Sarg: ja	Tiefe unter HOK: 125 cm Tiefe unter Planum 1: 70 cm Anzahl der Gefäße: 1
Gefäßtyp: HG 1	Randverzierung: ohne Höhe: 10 cm Randdm: 9,5 cm Halsdm: 9 cm	Untertyp: unbestimmbar Bauchdm: 11 cm Bodendm: 8 cm Volumen: 0,472 Liter	Delle: nicht vorhanden Seite im Grab: links Höhe im Grab: Unterschenkel Bemerkung: –
Tierart: Schwein	Fundnummer: ohne Nr. Skelettelement: Humerus	Altersstufe des Tieres: Seite des Tieres: links	juvenil Alter in Jahren: unbestimmbar
Tierart: Huhn	Fundnummer: ohne Nr. Skelettelement: Langknochen, pk	Altersstufe des Tieres: Seite des Tieres: unbest.	unbestimmbar Alter in Jahren: unbestimmbar
Grab: 035	Geschl. archäologisch: w Geschl. anthropologisch: w Superposition: keine	Altersstufe: matur Alter: 40 Jahre Sarg: nein	Tiefe unter HOK: 67 cm Tiefe unter Planum 1: 25 cm Anzahl der Gefäße: 1
Gefäßtyp: HG 2	Randverzierung: ohne Höhe: 8,5 cm Randdm: 7 cm Halsdm: 6,5 cm	Untertyp: 2 Bauchdm: 8 cm Bodendm: 5,5 cm Volumen: 0,181 Liter	Delle: nicht vorhanden Seite im Grab: rechts Höhe im Grab: Unterschenkel Bemerkung: –
Grab: 036	Geschl. archäologisch: w Geschl. anthropologisch: w Superposition: keine	Altersstufe: adult Alter: 40 Jahre Sarg: ja	Tiefe unter HOK: 127 cm Tiefe unter Planum 1: 51 cm Anzahl der Gefäße: 1
Gefäßtyp: HG 2	Randverzierung: ohne Höhe: 8 cm Randdm: 8 cm Halsdm: 7,5 cm	Untertyp: viereckiger Mündung 2 Bauchdm: 9,5 cm Bodendm: 8 cm Volumen: 0,273 Liter	Delle: nicht vorhanden Seite im Grab: rechts Höhe im Grab: Fuß Bemerkung: –
Tierart: Schaf/Ziege	Fundnummer: ohne Nr. Skelettelement: Femur	Altersstufe des Tieres: Seite des Tieres: rechts	subadult Alter in Jahren: unbestimmbar
Grab: 037	Geschl. archäologisch: m Geschl. anthropologisch: m Superposition: keine	Altersstufe: matur Alter: 60 Jahre Sarg: nein	Tiefe unter HOK: 180 cm Tiefe unter Planum 1: 120 cm Anzahl der Gefäße: 1

Gefäßtyp: HG 2	Randverzierung: mit	Untertyp: 1	Delle: nicht vorhanden
	Höhe: 12 cm	Bauchdm: 12 cm	Seite im Grab: rechts
	Randdm: 12 cm	Bodendm: 7,5 cm	Höhe im Grab: Fuß
	Halsdm: 10 cm	Volumen: 0,727 Liter	Bemerkung: –
Tierart: Rind	Fundnummer: 10	Altersstufe des Tieres:	subadult
	Skelettelement: Calcaneus	Seite des Tieres: links	Alter in Jahren: unbestimmbar

Grab: 038	Geschl. archäologisch: m	Altersstufe: matur	Tiefe unter HOK: 78 cm
	Geschl. anthropologisch: m	Alter: 55 Jahre	Tiefe unter Planum 1: 43 cm
	Superposition: keine	Sarg: nein	Anzahl der Gefäße: 0
Tierart: Schwein	Fundnummer: 5	Altersstufe des Tieres:	juvenil
	Skelettelement: Metacarpus	Seite des Tieres: unbest.	Alter in Jahren: unbestimmbar
Tierart: Schaf	Fundnummer: 38	Altersstufe des Tieres:	subadult
	Skelettelement: Tibia	Seite des Tieres: rechts	Alter in Jahren: unbestimmbar

Grab: 039	Geschl. archäologisch: w	Altersstufe: senil	Tiefe unter HOK: 70 cm
	Geschl. anthropologisch: w	Alter: 60 Jahre	Tiefe unter Planum 1: 50 cm
	Superposition: keine	Sarg: ja	Anzahl der Gefäße: 1
Gefäßtyp: HG 3	Randverzierung: ohne	Untertyp: 8	Delle: nicht vorhanden
	Höhe: 11,5 cm	Bauchdm: 10,5 cm	Seite im Grab: Mitte
	Randdm: 9,5 cm	Bodendm: 6,5 cm	Höhe im Grab: unterhalb der Füße
	Halsdm: 8 cm	Volumen: 0,454 Liter	Bemerkung: –
Tierart: Schwein	Fundnummer: 11	Altersstufe des Tieres:	subadult
	Skelettelement: Humerus	Seite des Tieres: links	Alter in Jahren: unbestimmbar

Grab: 040	Geschl. archäologisch: m	Altersstufe: senil	Tiefe unter HOK: 118 cm
	Geschl. anthropologisch: m	Alter: 60 Jahre	Tiefe unter Planum 1: 60 cm
	Superposition: keine	Sarg: ja	Anzahl der Gefäße: 1
Gefäßtyp: LG 2	Randverzierung: ohne	Untertyp: 2	Delle: vorhanden
	Höhe: 11,5 cm	Bauchdm: 10 cm	Seite im Grab: rechts
	Randdm: 8,5 cm	Bodendm: 4,5 cm	Höhe im Grab: Fuß
	Halsdm: 7,5 cm	Volumen: 0,34 Liter	Bemerkung: –
Tierart: Rind	Fundnummer: 9	Altersstufe des Tieres:	juvenil
	Skelettelement: Tibia	Seite des Tieres: rechts	Alter in Jahren: unbestimmbar

Grab: 041	Geschl. archäologisch: w	Altersstufe: frühadult	Tiefe unter HOK: 146 cm
	Geschl. anthropologisch: w	Alter: 25 Jahre	Tiefe unter Planum 1: 106 cm
	Superposition: keine	Sarg: ja	Anzahl der Gefäße: 2
Gefäßtyp: HG 1	Randverzierung: ohne	Untertyp: Sondergruppe	Delle: nicht vorhanden
	Höhe: 8 cm	Bauchdm: 8,5 cm	Seite im Grab: rechts
	Randdm: 8,5 cm	Bodendm: 5,5 cm	Höhe im Grab: Kopf
	Halsdm: 7,5 cm	Volumen: 0,218 Liter	Bemerkung: –
Gefäßtyp: HG 1	Randverzierung: mit	Untertyp: 2	Delle: nicht vorhanden
	Höhe: 12,5 cm	Bauchdm: 11,5 cm	Seite im Grab: rechts
	Randdm: 11 cm	Bodendm: 7,5 cm	Höhe im Grab: Schulter
	Halsdm: 10,5 cm	Volumen: 0,719 Liter	Bemerkung: –
Tierart: Rind	Fundnummer: 28	Altersstufe des Tieres:	subadult
	Skelettelement: Femur	Seite des Tieres: rechts	Alter in Jahren: unbestimmbar
Tierart: Rind	Fundnummer: bei Skelett	Altersstufe des Tieres:	subadult
	Skelettelement: Femur	Seite des Tieres: rechts	Alter in Jahren: unbestimmbar

Grab: 042

Geschl. archäologisch: e	Altersstufe: spätjuvenil	Tiefe unter HOK: 95 cm
Geschl. anthropologisch: m	Alter: 18 Jahre	Tiefe unter Planum 1: 57 cm
Superposition: keine	Sarg: ja	Anzahl der Gefäße: 1

Gefäßtyp: HG 2

Randverzierung: ohne	Untertyp: 9	Delle: nicht vorhanden
Höhe: 12 cm	Bauchdm: 13 cm	Seite im Grab: rechts
Randdm: 11 cm	Bodendm: 8 cm	Höhe im Grab: Fuß
Halsdm: 10,5 cm	Volumen: 0,767 Liter	Bemerkung: –

Tierart: Huhn

Fundnummer: 3	Altersstufe des Tieres:	unbestimmbar
Skelettelement: Langknochen	Seite des Tieres: unbest.	Alter in Jahren: unbestimmbar

Grab: 043

Geschl. archäologisch: w	Altersstufe: matur	Tiefe unter HOK: 164 cm
Geschl. anthropologisch: w	Alter: 50-60 Jahre	Tiefe unter Planum 1: 125 cm
Superposition: keine	Sarg: nein	Anzahl der Gefäße: 1

Gefäßtyp: HG 1

Randverzierung: mit	Untertyp: Buckelrand 1	Delle: nicht vorhanden
Höhe: 16,5 cm	Bauchdm: 13 cm	Seite im Grab: Mitte
Randdm: 11 cm	Bodendm: 8,5 cm	Höhe im Grab: unterhalb der Füße
Halsdm: 10,5 cm	Volumen: 1,11 Liter	Bemerkung: –

Tierart: Rind

Fundnummer: 12	Altersstufe des Tieres:	subadult
Skelettelement: Femur	Seite des Tieres: rechts	Alter in Jahren: unbestimmbar

Grab: 044

Geschl. archäologisch: k	Altersstufe: infans II	Tiefe unter HOK: 89 cm
Geschl. anthropologisch: w	Alter: 9 Jahre	Tiefe unter Planum 1: 34 cm
Superposition: keine	Sarg: ja	Anzahl der Gefäße: 1

Gefäßtyp: HG 3

Randverzierung: ohne	Untertyp: 4	Delle: nicht vorhanden
Höhe: 10 cm	Bauchdm: 10,5 cm	Seite im Grab: Mitte
Randdm: 9,5 cm	Bodendm: 7 cm	Höhe im Grab: unterhalb der Füße
Halsdm: 8,5 cm	Volumen: 0,416 Liter	Bemerkung: –

Tierart: Schwein

Fundnummer: 12	Altersstufe des Tieres:	subadult
Skelettelement: Femur	Seite des Tieres: rechts	Alter in Jahren: unbestimmbar

Tierart: Huhn

Fundnummer: 14	Altersstufe des Tieres:	unbestimmbar
Skelettelement: Skelett	Seite des Tieres: unbest.	Alter in Jahren: unbestimmbar

Grab: 045

Geschl. archäologisch: k	Altersstufe: infans II	Tiefe unter HOK: 77 cm
Geschl. anthropologisch: m	Alter: 8 Jahre	Tiefe unter Planum 1: 47 cm
Superposition: keine	Sarg: nein	Anzahl der Gefäße: 1

Gefäßtyp: HG 2

Randverzierung: ohne	Untertyp: 8	Delle: nicht vorhanden
Höhe: 12 cm	Bauchdm: 10 cm	Seite im Grab: Mitte
Randdm: 9 cm	Bodendm: 6,5 cm	Höhe im Grab: unterhalb der Füße
Halsdm: 8,5 cm	Volumen: 0,46 Liter	Bemerkung: –

Tierart: Rind

Fundnummer: 10	Altersstufe des Tieres:	juvenil
Skelettelement: Tibia	Seite des Tieres: links	Alter in Jahren: unbestimmbar

Grab: 046

Geschl. archäologisch: m	Altersstufe: matur	Tiefe unter HOK: 40 cm
Geschl. anthropologisch: m	Alter: 50 Jahre	Tiefe unter Planum 1: 6 cm
Superposition: keine	Sarg: nein	Anzahl der Gefäße: 1

Gefäßtyp: HG 1

Randverzierung: unbest.	Untertyp: unbestimmbar	Delle: unbestimmbar
Höhe: unbest.	Bauchdm: unbest.	Seite im Grab: links
Randdm: unbest.	Bodendm: unbest.	Höhe im Grab: Unterschenkel
Halsdm: unbest.	Volumen: unbest.	Bemerkung: stark fragmentiert erhalten

Tierart: Schaf	Fundnummer: ohne Nr. Skelettelement: Tibia	Altersstufe des Tieres: Seite des Tieres: rechts	erwachsen Alter in Jahren: unbestimmbar
Tierart: Hahn	Fundnummer: ohne Nr. Skelettelement: Langknochen, Phalangen	Altersstufe des Tieres: Seite des Tieres: unbest.	subadult Alter in Jahren: unbestimmbar

Grab: 047	Geschl. archäologisch: m Geschl. anthropologisch: m Superposition: keine	Altersstufe: matur Alter: 40-60 Jahre Sarg: nein	Tiefe unter HOK: 148 cm Tiefe unter Planum 1: 108 cm Anzahl der Gefäße: 1
Gefäßtyp: HG 1	Randverzierung: ohne Höhe: 12,5 cm Randdm: 9,5 cm Halsdm: 9 cm	Untertyp: unbestimmbar Bauchdm: 11,5 cm Bodendm: 7 cm Volumen: 0,585 Liter	Delle: nicht vorhanden Seite im Grab: links Höhe im Grab: Fuß Bemerkung: –
Tierart: Rind	Fundnummer: ohne Nr./1 Skelettelement: Tibia, Tarsus	Altersstufe des Tieres: Seite des Tieres: rechts	erwachsen Alter in Jahren: unbestimmbar
Tierart: Rind	Fundnummer: ohne Nr./2 Skelettelement: Metatarsus	Altersstufe des Tieres: Seite des Tieres: unbest.	unbestimmbar Alter in Jahren: unbestimmbar

Grab: 048	Geschl. archäologisch: w Geschl. anthropologisch: w Superposition: keine	Altersstufe: spätjuvenil Alter: 20 Jahre Sarg: nein	Tiefe unter HOK: 110 cm Tiefe unter Planum 1: 75 cm Anzahl der Gefäße: 1
Gefäßtyp: HG 2	Randverzierung: ohne Höhe: 10,5 cm Randdm: 9 cm Halsdm: 8 cm	Untertyp: 3 Bauchdm: 10,5 cm Bodendm: 7 cm Volumen: 0,411 Liter	Delle: nicht vorhanden Seite im Grab: Mitte Höhe im Grab: unterhalb der Füße Bemerkung: –
Tierart: Rind	Fundnummer: bei Skelett Skelettelement: Femur	Altersstufe des Tieres: Seite des Tieres: links	juvenil Alter in Jahren: unbestimmbar

Grab: 049	Geschl. archäologisch: m Geschl. anthropologisch: m Superposition: keine	Altersstufe: matur Alter: 55-60 Jahre Sarg: ja	Tiefe unter HOK: 81 cm Tiefe unter Planum 1: 56 cm Anzahl der Gefäße: 1
Gefäßtyp: HG 3	Randverzierung: ohne Höhe: 10 cm Randdm: 7,5 cm Halsdm: 7,5 cm	Untertyp: unbestimmbar Bauchdm: 10 cm Bodendm: 6,5 cm Volumen: 0,315 Liter	Delle: nicht vorhanden Seite im Grab: rechts Höhe im Grab: Fuß Bemerkung: –
Tierart: Rind	Fundnummer: ohne Nr. Skelettelement: Femur	Altersstufe des Tieres: Seite des Tieres: links	juvenil Alter in Jahren: unbestimmbar

Grab: 050	Geschl. archäologisch: w Geschl. anthropologisch: w Superposition: keine	Altersstufe: adult Alter: 30 Jahre Sarg: ja	Tiefe unter HOK: 78 cm Tiefe unter Planum 1: 50 cm Anzahl der Gefäße: 0
Tierart: Schaf/Ziege (?)	Fundnummer: ohne Nr. /2 Skelettelement: Rippen	Altersstufe des Tieres: Seite des Tieres: unbest.	unbestimmbar Alter in Jahren: unbestimmbar
Tierart: Schaf/Ziege (?)	Fundnummer: bei Becken/3 Skelettelement: Femur	Altersstufe des Tieres: Seite des Tieres: unbest.	subadult Alter in Jahren: unbestimmbar
Tierart: Huhn	Fundnummer: bei Becken/1 Skelettelement: Langknochen	Altersstufe des Tieres: Seite des Tieres: unbest.	unbestimmbar Alter in Jahren: unbestimmbar

Grab: 051	Geschl. archäologisch: w Geschl. anthropologisch: w Superposition: keine	Altersstufe: juvenil Alter: 16-17 Jahre Sarg: ja	Tiefe unter HOK: 71 cm Tiefe unter Planum 1: 39 cm Anzahl der Gefäße: 0

Tierart: Huhn	Fundnummer: ohne Nr. Skelettelement: Langknochen, pk	Altersstufe des Tieres: Seite des Tieres: links	unbestimmbar Alter in Jahren: unbestimmbar
Tierart: Rind	Fundnummer: ohne Nr. Skelettelement: Femur	Altersstufe des Tieres: Seite des Tieres: links	subadult Alter in Jahren: unbestimmbar

---

Grab: 052	Geschl. archäologisch: k Geschl. anthropologisch: k Superposition: keine	Altersstufe: infans I/2 Alter: 3 Jahre Sarg: nein	Tiefe unter HOK: 50 cm Tiefe unter Planum 1: 0 cm Anzahl der Gefäße: 1
Gefäßtyp: HG 2	Randverzierung: ohne Höhe: 9 cm Randdm: 8,5 cm Halsdm: 7,5 cm	Untertyp: 6 Bauchdm: 9,5 cm Bodendm: 7 cm Volumen: 0,301 Liter	Delle: nicht vorhanden Seite im Grab: rechts Höhe im Grab: Fuß Bemerkung: –
Tierart: Schaf	Fundnummer: ohne Nr. Skelettelement: Tibia, Talus	Altersstufe des Tieres: Seite des Tieres: rechts	erwachsen Alter in Jahren: unbestimmbar
Tierart: Schnecke	Fundnummer: bei Schädel Skelettelement: unbestimmbar	Altersstufe des Tieres: Seite des Tieres: unbest.	unbestimmbar Alter in Jahren: unbestimmbar

---

Grab: 053	Geschl. archäologisch: e Geschl. anthropologisch: w Superposition: keine	Altersstufe: matur Alter: unbestimmbar Sarg: nein	Tiefe unter HOK: 34 cm Tiefe unter Planum 1: 8 cm Anzahl der Gefäße: 0

Grab: 054	Geschl. archäologisch: e Geschl. anthropologisch: w Superposition: keine	Altersstufe: adult Alter: 30-40 Jahre Sarg: nein	Tiefe unter HOK: 68 cm Tiefe unter Planum 1: 39 cm Anzahl der Gefäße: 0
Tierart: Rind/Pferd	Fundnummer: Grabschacht Skelettelement: Tibia	Altersstufe des Tieres: Seite des Tieres: unbest.	erwachsen Alter in Jahren: unbestimmbar

---

Grab: 055	Geschl. archäologisch: k Geschl. anthropologisch: k Superposition: keine	Altersstufe: infans I/1 Alter: 2 Jahre Sarg: nein	Tiefe unter HOK: 40 cm Tiefe unter Planum 1: 0 cm Anzahl der Gefäße: 1
Gefäßtyp: HG 3	Randverzierung: ohne Höhe: 9,5 cm Randdm: 9,5 cm Halsdm: 8,5 cm	Untertyp: 4 Bauchdm: 10,5 cm Bodendm: 5,5 cm Volumen: 0,356 Liter	Delle: nicht vorhanden Seite im Grab: Mitte Höhe im Grab: unterhalb der Füße Bemerkung: –
Tierart: Eierschalen	Fundnummer: bei Skelett Skelettelement:	Altersstufe des Tieres: Seite des Tieres:	 Alter in Jahren:

Grab: 056	Geschl. archäologisch: w Geschl. anthropologisch: w Superposition: keine	Altersstufe: frühadult Alter: 20 Jahre Sarg: ja	Tiefe unter HOK: 155 cm Tiefe unter Planum 1: 94 cm Anzahl der Gefäße: 1
Gefäßtyp: HG 3	Randverzierung: ohne Höhe: 11 cm Randdm: 7,5 cm Halsdm: 7 cm	Untertyp: 3 Bauchdm: 9,5 cm Bodendm: 6,5 cm Volumen: 0,324 Liter	Delle: nicht vorhanden Seite im Grab: links Höhe im Grab: Fuß Bemerkung: –
Tierart: Rind	Fundnummer: 12 Skelettelement: Femur	Altersstufe des Tieres: Seite des Tieres: links	erwachsen Alter in Jahren: unbestimmbar

---

Grab: 057	Geschl. archäologisch: m Geschl. anthropologisch: m Superposition: wird geschnitten von Grab 63	Altersstufe: matur Alter: 50 Jahre Sarg: ja	Tiefe unter HOK: 129 cm Tiefe unter Planum 1: 76 cm Anzahl der Gefäße: 0

Tierart: Rind	Fundnummer: 9 Skelettelement: Tibia, Talus	Altersstufe des Tieres: Seite des Tieres: links	erwachsen Alter in Jahren: unbestimmbar
Tierart: Huhn	Fundnummer: 10 Skelettelement: Langknochen, pk	Altersstufe des Tieres: Seite des Tieres: unbest.	unbestimmbar Alter in Jahren: unbestimmbar
Tierart: Rind	Fundnummer: 10 Skelettelement: Os malleolare	Altersstufe des Tieres: Seite des Tieres: unbest.	unbestimmbar Alter in Jahren: unbestimmbar

Grab: 058	Geschl. archäologisch: w Geschl. anthropologisch: w Superposition: keine	Altersstufe: adult Alter: 30-40 Jahre Sarg: nein	Tiefe unter HOK: 79 cm Tiefe unter Planum 1: 29 cm Anzahl der Gefäße: 1
Gefäßtyp: HG 3	Randverzierung: mit Höhe: 12,5 cm Randdm: 9,5 cm Halsdm: 8,5 cm	Untertyp: 1 Bauchdm: 11 cm Bodendm: 8 cm Volumen: 0,585 Liter	Delle: nicht vorhanden Seite im Grab: Mitte Höhe im Grab: unterhalb der Füße Bemerkung: –
Tierart: Rind	Fundnummer: 8 Skelettelement: Femur	Altersstufe des Tieres: Seite des Tieres: links	erwachsen (?) Alter in Jahren: unbestimmbar

Grab: 059	Geschl. archäologisch: m Geschl. anthropologisch: m Superposition: keine	Altersstufe: matur Alter: 50-60 Jahre Sarg: nein	Tiefe unter HOK: 50 cm Tiefe unter Planum 1: 10 cm Anzahl der Gefäße: 1
Gefäßtyp: HG 3	Randverzierung: mit Höhe: 10,5 cm Randdm: 9 cm Halsdm: 8,5 cm	Untertyp: 1 Bauchdm: 10 cm Bodendm: 7 cm Volumen: 0,411 Liter	Delle: nicht vorhanden Seite im Grab: rechts Höhe im Grab: Knie Bemerkung: –
Tierart: Huhn	Fundnummer: 9 Skelettelement: Langknochen, pk	Altersstufe des Tieres: Seite des Tieres: unbest.	erwachsen Alter in Jahren: unbestimmbar
Tierart: Schaf/Ziege	Fundnummer: ohne Nr. Skelettelement: Tibia, Talus	Altersstufe des Tieres: Seite des Tieres: rechts	subadult Alter in Jahren: unbestimmbar

Grab: 060	Geschl. archäologisch: k Geschl. anthropologisch: – Superposition: keine	Altersstufe: unbestimmbar Alter: unbestimmbar Sarg: nein	Tiefe unter HOK: 80 cm Tiefe unter Planum 1: 0 cm Anzahl der Gefäße: 0

Grab: 061	Geschl. archäologisch: k Geschl. anthropologisch: k Superposition: keine	Altersstufe: infans I/1 Alter: 1 Jahr Sarg: nein	Tiefe unter HOK: 80 cm Tiefe unter Planum 1: 17 cm Anzahl der Gefäße: 1
Gefäßtyp: HG 2	Randverzierung: unbest. Höhe: unbest. Randdm: unbest. Halsdm: unbest.	Untertyp: unbestimmbar Bauchdm: unbest. Bodendm: unbest. Volumen: unbest.	Delle: unbestimmbar Seite im Grab: rechts Höhe im Grab: Unterschenkel Bemerkung: –
Tierart: Eierschalen	Fundnummer: 5 Skelettelement:	Altersstufe des Tieres: Seite des Tieres:	 Alter in Jahren:

Grab: 062	Geschl. archäologisch: m Geschl. anthropologisch: m Superposition: keine	Altersstufe: matur Alter: 50-60 Jahre Sarg: nein	Tiefe unter HOK: 101 cm Tiefe unter Planum 1: 44 cm Anzahl der Gefäße: 1
Gefäßtyp: HG 4	Randverzierung: ohne Höhe: 12 cm Randdm: 11 cm Halsdm: 10 cm	Untertyp: 3 Bauchdm: 12 cm Bodendm: 7 cm Volumen: 0,669 Liter	Delle: nicht vorhanden Seite im Grab: links Höhe im Grab: Unterschenkel Bemerkung: –

| Tierart: Schaf | Fundnummer: ohne Nr.
Skelettelement:
Tibia, Calcaneus | Altersstufe des Tieres:
Seite des Tieres: links | subadult
Alter in Jahren: unbestimmbar |
| Tierart: Huhn | Fundnummer: ohne Nr.
Skelettelement: Langknochen | Altersstufe des Tieres:
Seite des Tieres: unbest. | unbestimmbar
Alter in Jahren: unbestimmbar |

Grab: 063

	Geschl. archäologisch: m Geschl. anthropologisch: m Superposition: schneidet Grab 57	Altersstufe: spätmatur Alter: 60 Jahre Sarg: ja	Tiefe unter HOK: 137 cm Tiefe unter Planum 1: 72 cm Anzahl der Gefäße: 1
Gefäßtyp: HG 3	Randverzierung: ohne Höhe: 10,5 cm Randdm: 9 cm	Untertyp: 3 Bauchdm: 10 cm Bodendm: 6,5 cm	Delle: nicht vorhanden Seite im Grab: Mitte Höhe im Grab: unterhalb der Füße
	Halsdm: 8,5 cm	Volumen: 0,397 Liter	Bemerkung: –
Tierart: Rind	Fundnummer: 10 Skelettelement: Tibia, Talus	Altersstufe des Tieres: Seite des Tieres: rechts	subadult Alter in Jahren: unbestimmbar
Tierart: Huhn	Fundnummer: 10 Skelettelement: Langknochen	Altersstufe des Tieres: Seite des Tieres: unbest.	unbestimmbar Alter in Jahren: unbestimmbar

Grab: 064

	Geschl. archäologisch: k Geschl. anthropologisch: k Superposition: keine	Altersstufe: infans I/2 Alter: 4 Jahre Sarg: nein	Tiefe unter HOK: 54 cm Tiefe unter Planum 1: 9 cm Anzahl der Gefäße: 1
Gefäßtyp: HG 2	Randverzierung: unbest. Höhe: unbest. Randdm: unbest.	Untertyp: unbestimmbar Bauchdm: unbest. Bodendm: unbest.	Delle: unbestimmbar Seite im Grab: Mitte Höhe im Grab: unterhalb der Füße
	Halsdm: unbest.	Volumen: unbest.	Bemerkung: stark fragmentiert erhalten
Tierart: Rind	Fundnummer: 8 Skelettelement: Tibia	Altersstufe des Tieres: Seite des Tieres: links	juvenil Alter in Jahren: unbestimmbar

Grab: 065

	Geschl. archäologisch: m Geschl. anthropologisch: m Superposition: keine	Altersstufe: adult Alter: 30-40 Jahre Sarg: ja	Tiefe unter HOK: 86 cm Tiefe unter Planum 1: 30 cm Anzahl der Gefäße: 1
Gefäßtyp: HG 2	Randverzierung: ohne Höhe: 9 cm Randdm: 8 cm Halsdm: 7,5 cm	Untertyp: 8 Bauchdm: 9 cm Bodendm: 6,5 cm Volumen: 0,269 Liter	Delle: nicht vorhanden Seite im Grab: rechts Höhe im Grab: Fuß Bemerkung: –
Tierart: Rind	Fundnummer: 5 Skelettelement: Tibia	Altersstufe des Tieres: Seite des Tieres: rechts	subadult Alter in Jahren: unbestimmbar
Tierart: Huhn	Fundnummer: 6 Skelettelement: Langknochen	Altersstufe des Tieres: Seite des Tieres: unbest.	unbestimmbar Alter in Jahren: unbestimmbar

Grab: 066

	Geschl. archäologisch: m Geschl. anthropologisch: m Superposition: keine	Altersstufe: spätmatur Alter: 60 Jahre Sarg: nein	Tiefe unter HOK: 82 cm Tiefe unter Planum 1: 42 cm Anzahl der Gefäße: 1
Gefäßtyp: HG 2	Randverzierung: ohne Höhe: 13 cm Randdm: 10 cm	Untertyp: 4 Bauchdm: 11,5 cm Bodendm: 8,5 cm	Delle: nicht vorhanden Seite im Grab: Mitte Höhe im Grab: unterhalb der Füße
	Halsdm: 9 cm	Volumen: 0,689 Liter	Bemerkung: –

Tierart: Rind	Fundnummer: 5 Skelettelement: Tibia	Altersstufe des Tieres: Seite des Tieres: rechts	subadult Alter in Jahren: unbestimmbar
Tierart: Huhn	Fundnummer: bei Skelett Skelettelement: Langknochen	Altersstufe des Tieres: Seite des Tieres: unbest.	unbestimmbar Alter in Jahren: unbestimmbar
Grab: 067	Geschl. archäologisch: k Geschl. anthropologisch: w Superposition: keine	Altersstufe: frühadult Alter: 20-25 Jahre Sarg: ja	Tiefe unter HOK: 121 cm Tiefe unter Planum 1: 74 cm Anzahl der Gefäße: 1
Gefäßtyp: HG 3	Randverzierung: ohne Höhe: 10,5 cm Randdm: 7,5 cm Halsdm: 6,5 cm	Untertyp: 4 Bauchdm: 9,5 cm Bodendm: 7 cm Volumen: 0,308 Liter	Delle: nicht vorhanden Seite im Grab: rechts Höhe im Grab: Fuß Bemerkung: –
Tierart: Rind	Fundnummer: 8 Skelettelement: Tibia	Altersstufe des Tieres: Seite des Tieres: links	juvenil Alter in Jahren: unbestimmbar
Grab: 068	Geschl. archäologisch: k Geschl. anthropologisch: – Superposition: keine	Altersstufe: unbestimmbar Alter: unbestimmbar Sarg: nein	Tiefe unter HOK: 41 cm Tiefe unter Planum 1: 6 cm Anzahl der Gefäße: 0
Grab: 069	Geschl. archäologisch: m Geschl. anthropologisch: m Superposition: schneidet Grab 70	Altersstufe: frühadult Alter: 20 Jahre Sarg: nein	Tiefe unter HOK: 166 cm Tiefe unter Planum 1: 120 cm Anzahl der Gefäße: 1
Gefäßtyp: HG 2	Randverzierung: ohne Höhe: 13 cm Randdm: 12,5 cm Halsdm: 11 cm	Untertyp: 4 Bauchdm: 12,5 cm Bodendm: 9 cm Volumen: 0,951 Liter	Delle: nicht vorhanden Seite im Grab: links Höhe im Grab: Fuß Bemerkung: –
Tierart: Schaf/Ziege (?)	Fundnummer: 6 Skelettelement: Femur	Altersstufe des Tieres: Seite des Tieres: unbest.	unbestimmbar Alter in Jahren: unbestimmbar
Grab: 070	Geschl. archäologisch: w Geschl. anthropologisch: w Superposition: wird geschnitten von Grab 69	Altersstufe: adult Alter: 25-30 Jahre Sarg: nein	Tiefe unter HOK: 135 cm Tiefe unter Planum 1: 95 cm Anzahl der Gefäße: 2
Gefäßtyp: HG 1	Randverzierung: mit Höhe: 11 cm Randdm: 10 cm Halsdm: 10 cm	Untertyp: Buckelrand 1 Bauchdm: 11 cm Bodendm: 8 cm Volumen: 0,574 Liter	Delle: nicht vorhanden Seite im Grab: links Höhe im Grab: Unterschenkel Bemerkung: –
Gefäßtyp: HG 2	Randverzierung: ohne Höhe: 17 cm Randdm: 11,5 cm Halsdm: 10,5 cm	Untertyp: Krug Bauchdm: 15 cm Bodendm: 9 cm Volumen: 1,332 Liter	Delle: nicht vorhanden Seite im Grab: links Höhe im Grab: Fuß Bemerkung: –
Tierart: Schaf/Ziege	Fundnummer: 11/1 Skelettelement: Femur	Altersstufe des Tieres: Seite des Tieres: links	erwachsen Alter in Jahren: unbestimmbar
Tierart: Rind	Fundnummer: 11/2 Skelettelement: Patella	Altersstufe des Tieres: Seite des Tieres: rechts	unbestimmbar Alter in Jahren: unbestimmbar
Tierart: Huhn	Fundnummer: bei re. Hand Skelettelement: Langknochen	Altersstufe des Tieres: Seite des Tieres: unbest.	unbestimmbar Alter in Jahren: unbestimmbar
Grab: 071	Geschl. archäologisch: m Geschl. anthropologisch: m Superposition: keine	Altersstufe: spätadult Alter: 40 Jahre Sarg: nein	Tiefe unter HOK: 135 cm Tiefe unter Planum 1: 85 cm Anzahl der Gefäße: 1

| Katalog der Keramikfunde sowie der Angaben zu den Gräbern […] aus dem Gräberfeld Zillingtal

Gefäßtyp: LG 2	Randverzierung: mit Höhe: 12,5 cm Randdm: 10 cm	Untertyp: 1 Bauchdm: 12 cm Bodendm: 7 cm	Delle: vorhanden Seite im Grab: Mitte Höhe im Grab: unterhalb der Füße
	Halsdm: 9 cm	Volumen: 0,622 Liter	Bemerkung: –
Tierart: Rind	Fundnummer: keine Angabe Skelettelement: Tibia	Altersstufe des Tieres: Seite des Tieres: rechts	erwachsen Alter in Jahren: unbestimmbar

Grab: 072	Geschl. archäologisch: k Geschl. anthropologisch: k Superposition: keine	Altersstufe: infans I/1 Alter: 0,5 Jahr Sarg: nein	Tiefe unter HOK: 59 cm Tiefe unter Planum 1: 6 cm Anzahl der Gefäße: 1
Gefäßtyp: HG 4	Randverzierung: ohne Höhe: 7,5 cm Randdm: 7 cm	Untertyp: 2 Bauchdm: 8 cm Bodendm: 5,5 cm	Delle: nicht vorhanden Seite im Grab: Mitte Höhe im Grab: unterhalb der Füße
	Halsdm: 6,5 cm	Volumen: 0,157 Liter	Bemerkung: –
Tierart: Schaf/Ziege	Fundnummer: 7 Skelettelement: Tibia	Altersstufe des Tieres: Seite des Tieres: rechts	erwachsen Alter in Jahren: unbestimmbar

| **Grab: 073** | Geschl. archäologisch: e
Geschl. anthropologisch: m
Superposition: keine | Altersstufe: matur
Alter: 40-50 Jahre
Sarg: nein | Tiefe unter HOK: 136 cm
Tiefe unter Planum 1: 86 cm
Anzahl der Gefäße: 0 |
| **Tierart: Schaf/Ziege** | Fundnummer: 5
Skelettelement: Tibia | Altersstufe des Tieres:
Seite des Tieres: links | unbestimmbar
Alter in Jahren: unbestimmbar |

Grab: 074	Geschl. archäologisch: w Geschl. anthropologisch: w Superposition: keine	Altersstufe: adult Alter: 30-40 Jahre Sarg: nein	Tiefe unter HOK: 96 cm Tiefe unter Planum 1: 66 cm Anzahl der Gefäße: 1
Gefäßtyp: HG 3	Randverzierung: ohne Höhe: 11 cm Randdm: 9 cm	Untertyp: 8 Bauchdm: 11 cm Bodendm: 7 cm	Delle: nicht vorhanden Seite im Grab: Mitte Höhe im Grab: unterhalb der Füße
	Halsdm: 8 cm	Volumen: 0,447 Liter	Bemerkung: –
Tierart: Schaf/Ziege(?)	Fundnummer: 8 Skelettelement: Femur	Altersstufe des Tieres: Seite des Tieres: links	subadult Alter in Jahren: unbestimmbar

Grab: 075	Geschl. archäologisch: m Geschl. anthropologisch: m Superposition: keine	Altersstufe: adult Alter: 25-30 Jahre Sarg: nein	Tiefe unter HOK: 75 cm Tiefe unter Planum 1: 30 cm Anzahl der Gefäße: 0
Gefäßtyp: HG 2	Randverzierung: ohne Höhe: 9 cm Randdm: 8,5 cm Halsdm: 8,5 cm	Untertyp: 2 Bauchdm: 11 cm Bodendm: 9 cm Volumen: 0,407 Liter	Delle: nicht vorhanden Seite im Grab: unbekannt Höhe im Grab: unbekannt Bemerkung: –
Tierart: Schaf/Ziege	Fundnummer: 7 Skelettelement: Tibia	Altersstufe des Tieres: Seite des Tieres: links	unbest. Alter in Jahren: unbestimmbar
Tierart: Huhn	Fundnummer: bei re. Fuß Skelettelement: Langknochen	Altersstufe des Tieres: Seite des Tieres: unbest.	unbestimmbar Alter in Jahren: unbestimmbar

| **Grab: 076** | Geschl. archäologisch: k
Geschl. anthropologisch: –
Superposition: keine | Altersstufe: unbestimmbar
Alter: unbestimmbar
Sarg: nein | Tiefe unter HOK: 0 cm
Tiefe unter Planum 1: 0 cm
Anzahl der Gefäße: 0 |

Grab: 077	Geschl. archäologisch: k Geschl. anthropologisch: k Superposition: keine	Altersstufe: infans I/2 Alter: 3 Jahre Sarg: ja	Tiefe unter HOK: 65 cm Tiefe unter Planum 1: 15 cm Anzahl der Gefäße: 1
Gefäßtyp: HG 2	Randverzierung: ohne Höhe: 12 cm Randdm: 12 cm	Untertyp: 5 Bauchdm: 12,5 cm Bodendm: 7 cm	Delle: nicht vorhanden Seite im Grab: Mitte Höhe im Grab: unterhalb der Füße
	Halsdm: 11 cm	Volumen: 0,767 Liter	Bemerkung: –
Tierart: Rind	Fundnummer: ohne Nr. Skelettelement: Femur	Altersstufe des Tieres: Seite des Tieres: links	juvenil Alter in Jahren: unbestimmbar
Grab: 078	Geschl. archäologisch: m Geschl. anthropologisch: m Superposition: keine	Altersstufe: senil Alter: 70 Jahre Sarg: nein	Tiefe unter HOK: 119 cm Tiefe unter Planum 1: 74 cm Anzahl der Gefäße: 1
Gefäßtyp: HG 3	Randverzierung: ohne Höhe: 11,5 cm Randdm: 9 cm Halsdm: 8,5 cm	Untertyp: 8 Bauchdm: 11 cm Bodendm: 7 cm Volumen: 0,486 Liter	Delle: nicht vorhanden Seite im Grab: rechts Höhe im Grab: Unterschenkel Bemerkung: –
Tierart: Rind	Fundnummer: 11 Skelettelement: Tibia	Altersstufe des Tieres: Seite des Tieres: links	juvenil Alter in Jahren: unbestimmbar
Tierart: Hahn	Fundnummer: 12 Skelettelement: Skelett, m	Altersstufe des Tieres: Seite des Tieres: unbest.	subadult Alter in Jahren: unbestimmbar
Tierart: Huhn	Fundnummer: 13 Skelettelement: Langknochen	Altersstufe des Tieres: Seite des Tieres: unbest.	unbestimmbar Alter in Jahren: unbestimmbar
Tierart: Huhn	Fundnummer: bei Skelett Skelettelement: Langknochen	Altersstufe des Tieres: Seite des Tieres: unbest.	unbestimmbar Alter in Jahren: unbestimmbar
Grab: 079	Geschl. archäologisch: m Geschl. anthropologisch: m Superposition: keine	Altersstufe: adult Alter: 30-40 Jahre Sarg: ja	Tiefe unter HOK: 115 cm Tiefe unter Planum 1: 65 cm Anzahl der Gefäße: 1
Gefäßtyp: HG 3	Randverzierung: mit Höhe: 13 cm Randdm: 9,5 cm Halsdm: 8,5 cm	Untertyp: 1 Bauchdm: 10,5 cm Bodendm: 7,5 cm Volumen: 0,573 Liter	Delle: nicht vorhanden Seite im Grab: rechts Höhe im Grab: Fuß Bemerkung: –
Tierart: Rind	Fundnummer: 8 Skelettelement: Tibia	Altersstufe des Tieres: Seite des Tieres: rechts	juvenil Alter in Jahren: unbestimmbar
Grab: 080	Geschl. archäologisch: k Geschl. anthropologisch: k Superposition: keine	Altersstufe: infans I/2 Alter: 2-3 Jahre Sarg: ja	Tiefe unter HOK: 0 cm Tiefe unter Planum 1: 0 cm Anzahl der Gefäße: 0
Grab: 081	Geschl. archäologisch: w Geschl. anthropologisch: w Superposition: keine	Altersstufe: matur Alter: 50-60 Jahre Sarg: ja	Tiefe unter HOK: 119 cm Tiefe unter Planum 1: 55 cm Anzahl der Gefäße: 1
Gefäßtyp: HG 2	Randverzierung: mit Höhe: 10,5 cm Randdm: 9 cm	Untertyp: 1 Bauchdm: 11 cm Bodendm: 6,5 cm	Delle: nicht vorhanden Seite im Grab: Mitte Höhe im Grab: unterhalb der Füße
	Halsdm: 8,5 cm	Volumen: 0,425 Liter	Bemerkung: –
Tierart: Rind	Fundnummer: ohne Nr. Skelettelement: Femur	Altersstufe des Tieres: Seite des Tieres: rechts	erwachsen Alter in Jahren: unbestimmbar

| Katalog der Keramikfunde sowie der Angaben zu den Gräbern [...] aus dem Gräberfeld Zillingtal

Grab: 082

Geschl. archäologisch: m	Altersstufe: adult	Tiefe unter HOK: 105 cm
Geschl. anthropologisch: m	Alter: 20-30 Jahre	Tiefe unter Planum 1: 60 cm
Superposition: keine	Sarg: ja	Anzahl der Gefäße: 1

Gefäßtyp: LG 3

Randverzierung: ohne	Untertyp: 1	Delle: nicht vorhanden
Höhe: 11,5 cm	Bauchdm: 12 cm	Seite im Grab: links
Randdm: 11 cm	Bodendm: 6,5 cm	Höhe im Grab: Fuß
Halsdm: 9,5 cm	Volumen: 0,603 Liter	Bemerkung: –

Tierart: Schwein (?)

Fundnummer: 11	Altersstufe des Tieres:	subadult (?)
Skelettelement: Tibia	Seite des Tieres: rechts	Alter in Jahren: unbestimmbar

Tierart: Gans/Ente

Fundnummer: 11	Altersstufe des Tieres:	unbestimmbar
Skelettelement: Langknochen, pk	Seite des Tieres: unbest.	Alter in Jahren: unbestimmbar

Grab: 083

Geschl. archäologisch: k	Altersstufe: infans I/2	Tiefe unter HOK: 109 cm
Geschl. anthropologisch: k	Alter: 3 Jahre	Tiefe unter Planum 1: 67 cm
Superposition: keine	Sarg: nein	Anzahl der Gefäße: 1

Gefäßtyp: HG 3

Randverzierung: mit	Untertyp: 2	Delle: nicht vorhanden
Höhe: 8,5 cm	Bauchdm: 9 cm	Seite im Grab: Mitte
Randdm: 8 cm	Bodendm: 7 cm	Höhe im Grab: unterhalb der Füße
Halsdm: 7,5 cm	Volumen: 0,262 Liter	Bemerkung: –

Tierart: Schaf/Ziege

Fundnummer: 6	Altersstufe des Tieres:	subadult (?)
Skelettelement: Femur	Seite des Tieres: links	Alter in Jahren: unbestimmbar

Tierart: Huhn

Fundnummer: 6	Altersstufe des Tieres:	unbestimmbar
Skelettelement: Langknochen	Seite des Tieres: unbest.	Alter in Jahren: unbestimmbar

Grab: 084

Geschl. archäologisch: k	Altersstufe: infans II	Tiefe unter HOK: 60 cm
Geschl. anthropologisch: w	Alter: 10 Jahre	Tiefe unter Planum 1: 12 cm
Superposition: keine	Sarg: nein	Anzahl der Gefäße: 0

Grab: 085

Geschl. archäologisch: w	Altersstufe: adult	Tiefe unter HOK: 55 cm
Geschl. anthropologisch: w	Alter: 30-40 Jahre	Tiefe unter Planum 1: 20 cm
Superposition: keine	Sarg: ja	Anzahl der Gefäße: 1

Gefäßtyp: HG 1

Randverzierung: mit	Untertyp: 1	Delle: nicht vorhanden
Höhe: 14 cm	Bauchdm: 13,5 cm	Seite im Grab: rechts
Randdm: 11,5 cm	Bodendm: 8 cm	Höhe im Grab: Unterschenkel
Halsdm: 10,5 cm	Volumen: 0,955 Liter	Bemerkung: –

Tierart: Huhn

Fundnummer: 5	Altersstufe des Tieres:	unbestimmbar
Skelettelement: Langknochen, pk	Seite des Tieres: unbest.	Alter in Jahren: unbestimmbar

Tierart: Schwein

Fundnummer: 6	Altersstufe des Tieres:	infans (?)
Skelettelement: Femur	Seite des Tieres: links	Alter in Jahren: unbestimmbar

Grab: 086

Geschl. archäologisch: m	Altersstufe: juvenil	Tiefe unter HOK: 119 cm
Geschl. anthropologisch: w	Alter: 16-17 Jahre	Tiefe unter Planum 1: 73 cm
Superposition: keine	Sarg: ja	Anzahl der Gefäße: 1

Gefäßtyp: HG 2

Randverzierung: ohne	Untertyp: 8	Delle: nicht vorhanden
Höhe: 11 cm	Bauchdm: 10 cm	Seite im Grab: links
Randdm: 8 cm	Bodendm: 7 cm	Höhe im Grab: Fuß
Halsdm: 7,5 cm	Volumen: 0,376 Liter	Bemerkung: –

Tierart: Rind

Fundnummer: 7	Altersstufe des Tieres:	erwachsen
Skelettelement: Femur	Seite des Tieres: links	Alter in Jahren: unbestimmbar

Grab: 087

Geschl. archäologisch: k	Altersstufe: infans I/2	Tiefe unter HOK: 60 cm
Geschl. anthropologisch: k	Alter: 5 Jahre	Tiefe unter Planum 1: 37 cm
Superposition: keine	Sarg: ja	Anzahl der Gefäße: 1

Gefäßtyp: HG 3

Randverzierung: ohne	Untertyp: 4	Delle: nicht vorhanden
Höhe: 9 cm	Bauchdm: 10,5 cm	Seite im Grab: Mitte
Randdm: 8,5 cm	Bodendm: 8 cm	Höhe im Grab: unterhalb der Füße
Halsdm: 8 cm	Volumen: 0,358 Liter	Bemerkung: –

Grab: 088

Geschl. archäologisch: w	Altersstufe: adult	Tiefe unter HOK: 148 cm
Geschl. anthropologisch: w	Alter: 30-40 Jahre	Tiefe unter Planum 1: 90 cm
Superposition: keine	Sarg: ja	Anzahl der Gefäße: 1

Gefäßtyp: HG 4

Randverzierung: ohne	Untertyp: 3	Delle: nicht vorhanden
Höhe: 10 cm	Bauchdm: 11,5 cm	Seite im Grab: links
Randdm: 9,5 cm	Bodendm: 7,5 cm	Höhe im Grab: Fuß
Halsdm: 9 cm	Volumen: 0,472 Liter	Bemerkung: –

Tierart: Rind

Fundnummer: 6	Altersstufe des Tieres:	erwachsen
Skelettelement: Zahn	Seite des Tieres: unbest.	Alter in Jahren: unbestimmbar

Grab: 089

Geschl. archäologisch: e	Altersstufe: matur	Tiefe unter HOK: 50 cm
Geschl. anthropologisch: m	Alter: 40-50 Jahre	Tiefe unter Planum 1: 10 cm
Superposition:	Sarg: nein	Anzahl der Gefäße: 0
wird geschnitten von Grab 90		

Grab: 090

Geschl. archäologisch: w	Altersstufe: adult	Tiefe unter HOK: 150 cm
Geschl. anthropologisch: w	Alter: 30 Jahre	Tiefe unter Planum 1: 95 cm
Superposition:	Sarg: ja	Anzahl der Gefäße: 1
schneidet Grab 89		

Gefäßtyp: LG 1

Randverzierung: ohne	Untertyp: 4	Delle: nicht vorhanden
Höhe: 12 cm	Bauchdm: 12 cm	Seite im Grab: Mitte
Randdm: 10 cm	Bodendm: 8 cm	Höhe im Grab: unterhalb der Füße
Halsdm: 9 cm	Volumen: 0,631 Liter	Bemerkung: –

Tierart: Huhn

Fundnummer: 12	Altersstufe des Tieres:	unbestimmbar
Skelettelement:	Seite des Tieres: unbest.	Alter in Jahren: unbestimmbar
Langknochen, Phalange		

Tierart: Rind

Fundnummer: 12	Altersstufe des Tieres:	subadult
Skelettelement: Femur	Seite des Tieres: links	Alter in Jahren: unbestimmbar

Grab: 091

Geschl. archäologisch: m	Altersstufe: adult	Tiefe unter HOK: 120 cm
Geschl. anthropologisch: m (?)	Alter: 30-40 Jahre	Tiefe unter Planum 1: 82 cm
Superposition: keine	Sarg: nein	Anzahl der Gefäße: 1

Gefäßtyp: HG 2

Randverzierung: ohne	Untertyp: 4	Delle: nicht vorhanden
Höhe: 12,5 cm	Bauchdm: 12,5 cm	Seite im Grab: links
Randdm: 11 cm	Bodendm: 8 cm	Höhe im Grab: Unterschenkel
Halsdm: 9,5 cm	Volumen: 0,739 Liter	Bemerkung: –

Tierart: Rind

Fundnummer: 6	Altersstufe des Tieres:	juvenil
Skelettelement: Tibia	Seite des Tieres: links	Alter in Jahren: unbestimmbar

Grab: 092

Geschl. archäologisch: m	Altersstufe: matur	Tiefe unter HOK: 142 cm
Geschl. anthropologisch: m	Alter: 40-50 Jahre	Tiefe unter Planum 1: 96 cm
Superposition: keine	Sarg: ja	Anzahl der Gefäße: 1

Katalog der Keramikfunde sowie der Angaben zu den Gräbern […] aus dem Gräberfeld Zillingtal

Gefäßtyp: HG 2	Randverzierung: ohne Höhe: 12 cm Randdm: 10 cm Halsdm: 9,5 cm	Untertyp: 5 Bauchdm: 12 cm Bodendm: 8 cm Volumen: 0,65 Liter	Delle: nicht vorhanden Seite im Grab: rechts Höhe im Grab: Fuß Bemerkung: –
Tierart: Rind	Fundnummer: ohne Nr. Skelettelement: Tibia	Altersstufe des Tieres: Seite des Tieres: links	subadult Alter in Jahren: unbestimmbar
Grab: 093A	Geschl. archäologisch: w Geschl. anthropologisch: w Superposition: keine	Altersstufe: matur Alter: unbestimmbar Sarg: ja	Tiefe unter HOK: 94 cm Tiefe unter Planum 1: 37 cm Anzahl der Gefäße: 1
Grab: 093B	Geschl. archäologisch: – Geschl. anthropologisch: m Superposition: keine	Altersstufe: matur Alter: 50-60 Jahre Sarg: nein	Tiefe unter HOK: 0 cm Tiefe unter Planum 1: 0 cm Anzahl der Gefäße: 0
Tierart: Rind	Fundnummer: 7 Skelettelement: Femur	Altersstufe des Tieres: Seite des Tieres: rechts	erwachsen Alter in Jahren: unbestimmbar
Grab: 094	Geschl. archäologisch: m Geschl. anthropologisch: m Superposition: keine	Altersstufe: matur Alter: 50 Jahre Sarg: ja	Tiefe unter HOK: 0 cm Tiefe unter Planum 1: 0 cm Anzahl der Gefäße: 1
Gefäßtyp: LG 1	Randverzierung: ohne Höhe: 12 cm Randdm: 9 cm Halsdm: 8,5 cm	Untertyp: 3 Bauchdm: 10,5 cm Bodendm: 7 cm Volumen: 0,492 Liter	Delle: nicht vorhanden Seite im Grab: Mitte Höhe im Grab: unterhalb der Füße Bemerkung: –
Tierart: Rind	Fundnummer: ohne Nr. Skelettelement: Tibia	Altersstufe des Tieres: Seite des Tieres: rechts	subadult Alter in Jahren: unbestimmbar
Grab: 095	Geschl. archäologisch: k Geschl. anthropologisch: – Superposition: keine	Altersstufe: unbestimmbar Alter: unbestimmbar Sarg: nein	Tiefe unter HOK: 35 cm Tiefe unter Planum 1: 0 cm Anzahl der Gefäße: 1
Gefäßtyp: LG 2	Randverzierung: ohne Höhe: 10,5 cm Randdm: 11 cm Halsdm: 10 cm	Untertyp: 2 Bauchdm: 11 cm Bodendm: 7 cm Volumen: 0,545 Liter	Delle: nicht vorhanden Seite im Grab: unbekannt Höhe im Grab: unbekannt Bemerkung: Lage nicht bestimmbar
Grab: 096	Geschl. archäologisch: w Geschl. anthropologisch: w Superposition: keine	Altersstufe: spätadult Alter: 40 Jahre Sarg: ja	Tiefe unter HOK: 171 cm Tiefe unter Planum 1: 121 cm Anzahl der Gefäße: 1
Gefäßtyp: HG 3	Randverzierung: ohne Höhe: 13 cm Randdm: 9 cm Halsdm: 8,5 cm	Untertyp: 3 Bauchdm: 10,5 cm Bodendm: 7 cm Volumen: 0,537 Liter	Delle: nicht vorhanden Seite im Grab: rechts Höhe im Grab: Fuß Bemerkung: –
Tierart: Rind	Fundnummer: ohne Nr. Skelettelement: Femur	Altersstufe des Tieres: Seite des Tieres: links	juvenil Alter in Jahren: unbestimmbar
Tierart: Huhn	Fundnummer: bei Skelett Skelettelement: Langknochen	Altersstufe des Tieres: Seite des Tieres: unbest.	unbestimmbar Alter in Jahren: unbestimmbar
Grab: 097	Geschl. archäologisch: w Geschl. anthropologisch: w Superposition: keine	Altersstufe: spätjuvenil Alter: 20 Jahre Sarg: ja	Tiefe unter HOK: 164 cm Tiefe unter Planum 1: 122 cm Anzahl der Gefäße: 2

Gefäßtyp: HG 2	Randverzierung: ohne Höhe: 8 cm Randdm: 6,5 cm	Untertyp: 2 Bauchdm: 8 cm Bodendm: 4 cm	Delle: nicht vorhanden Seite im Grab: Mitte Höhe im Grab: unterhalb der Füße
	Halsdm: 6 cm	Volumen: 0,133 Liter	Bemerkung: –
Gefäßtyp: LG 1	Randverzierung: ohne Höhe: 12 cm Randdm: 9 cm Halsdm: 8,5 cm	Untertyp: 4 Bauchdm: 11 cm Bodendm: 7 cm Volumen: 0,509 Liter	Delle: nicht vorhanden Seite im Grab: rechts Höhe im Grab: Fuß Bemerkung: –
Tierart: Rind	Fundnummer: 27 Skelettelement: Femur	Altersstufe des Tieres: Seite des Tieres: links	juvenil (?) Alter in Jahren: unbestimmbar

Grab: 098	Geschl. archäologisch: m Geschl. anthropologisch: m Superposition: keine	Altersstufe: erwachsen Alter: unbestimmbar Sarg: ja	Tiefe unter HOK: 100 cm Tiefe unter Planum 1: 49 cm Anzahl der Gefäße: 1
Gefäßtyp: unbest.	Randverzierung: unbest. Höhe: unbest. Randdm: unbest.	Untertyp: unbestimmbar Bauchdm: unbest. Bodendm: unbest.	Delle: unbestimmbar Seite im Grab: Mitte Höhe im Grab: unterhalb der Füße
	Halsdm: unbest.	Volumen: unbest.	Bemerkung: nicht erhalten
Tierart: Rind	Fundnummer: 16 Skelettelement: Tibia	Altersstufe des Tieres: Seite des Tieres: rechts	subadult (?) Alter in Jahren: unbestimmbar
Tierart: Rind	Fundnummer: keine Angabe Skelettelement: Calcaneus	Altersstufe des Tieres: Seite des Tieres: rechts	unbestimmbar Alter in Jahren: unbestimmbar

| **Grab: 099** | Geschl. archäologisch: k
Geschl. anthropologisch: k
Superposition: keine | Altersstufe: infans I/1
Alter: 1 Jahr
Sarg: nein | Tiefe unter HOK: 53 cm
Tiefe unter Planum 1: 3 cm
Anzahl der Gefäße: 0 |

Grab: 100	Geschl. archäologisch: k Geschl. anthropologisch: k Superposition: keine	Altersstufe: infans I/2 Alter: 4 Jahre Sarg: nein	Tiefe unter HOK: 127 cm Tiefe unter Planum 1: 75 cm Anzahl der Gefäße: 1
Gefäßtyp: LG 1	Randverzierung: ohne Höhe: 12 cm Randdm: 9 cm	Untertyp: 3 Bauchdm: 11,5 cm Bodendm: 7,5 cm	Delle: nicht vorhanden Seite im Grab: Mitte Höhe im Grab: unterhalb der Füße
	Halsdm: 8,5 cm	Volumen: 0,542 Liter	Bemerkung: –
Tierart: Rind	Fundnummer: 6 Skelettelement: Femur	Altersstufe des Tieres: Seite des Tieres: links	juvenil-subadult Alter in Jahren: unbestimmbar

| **Grab: 101** | Geschl. archäologisch: k
Geschl. anthropologisch: k
Superposition: keine | Altersstufe: infans I/1
Alter: 0,5 Jahr
Sarg: nein | Tiefe unter HOK: 63 cm
Tiefe unter Planum 1: 11 cm
Anzahl der Gefäße: 0 |
| **Tierart: Schaf/Ziege** | Fundnummer: keine Angabe
Skelettelement: Tibia | Altersstufe des Tieres:
Seite des Tieres: rechts | erwachsen
Alter in Jahren: unbestimmbar |

| **Grab: 102** | Geschl. archäologisch: m
Geschl. anthropologisch: m
Superposition: keine | Altersstufe: frühadult
Alter: 20-25 Jahre
Sarg: ja | Tiefe unter HOK: 122 cm
Tiefe unter Planum 1: 77 cm
Anzahl der Gefäße: 1 |
| **Gefäßtyp: HG 3** | Randverzierung: ohne
Höhe: 11,5 cm
Randdm: 7,5 cm
Halsdm: 7 cm | Untertyp: 1
Bauchdm: 11 cm
Bodendm: 8 cm
Volumen: 0,424 Liter | Delle: nicht vorhanden
Seite im Grab: rechts
Höhe im Grab: Fuß
Bemerkung: – |

Tierart: Rind	Fundnummer: 20 Skelettelement: Tibia	Altersstufe des Tieres: Seite des Tieres: rechts	subadult Alter in Jahren: unbestimmbar
Grab: 103	Geschl. archäologisch: k Geschl. anthropologisch: – Superposition: keine	Altersstufe: unbestimmbar Alter: unbestimmbar Sarg: nein	Tiefe unter HOK: 45 cm Tiefe unter Planum 1: 0 cm Anzahl der Gefäße: 1
Gefäßtyp: HG 3	Randverzierung: unbest. Höhe: unbest. Randdm: unbest. Halsdm: unbest.	Untertyp: unbestimmbar Bauchdm: unbest. Bodendm: unbest. Volumen: unbest.	Delle: unbestimmbar Seite im Grab: unbekannt Höhe im Grab: unbekannt Bemerkung: stark fragmentiert erhalten
Grab: 104	Geschl. archäologisch: w Geschl. anthropologisch: w Superposition: keine	Altersstufe: senil Alter: 60-65 Jahre Sarg: ja	Tiefe unter HOK: 87 cm Tiefe unter Planum 1: 27 cm Anzahl der Gefäße: 1
Gefäßtyp: HG 3	Randverzierung: ohne Höhe: 8 cm Randdm: 9 cm Halsdm: 8,5 cm	Untertyp: 4 Bauchdm: 11 cm Bodendm: 9 cm Volumen: 0,367 Liter	Delle: nicht vorhanden Seite im Grab: rechts Höhe im Grab: Fuß Bemerkung: –
Tierart: Schaf/Ziege	Fundnummer: Verfüllung/2 Skelettelement: Tibia	Altersstufe des Tieres: Seite des Tieres: links	subadult/erw. Alter in Jahren: unbestimmbar
Tierart: Rind	Fundnummer: ohne Nr./1 Skelettelement: Femur	Altersstufe des Tieres: Seite des Tieres: rechts	erwachsen Alter in Jahren: unbestimmbar
Grab: 105	Geschl. archäologisch: k Geschl. anthropologisch: k Superposition: keine	Altersstufe: infans I/1 Alter: 2 Jahre Sarg: nein	Tiefe unter HOK: 70 cm Tiefe unter Planum 1: 18 cm Anzahl der Gefäße: 1
Gefäßtyp: HG 2	Randverzierung: mit Höhe: 9 cm Randdm: 9 cm Halsdm: 8 cm	Untertyp: 1 Bauchdm: 10 cm Bodendm: 6,5 cm Volumen: 0,323 Liter	Delle: nicht vorhanden Seite im Grab: Mitte Höhe im Grab: oberhalb des Kopfes Bemerkung: –
Grab: 106	Geschl. archäologisch: k Geschl. anthropologisch: m Superposition: keine	Altersstufe: infans II Alter: 7 Jahre Sarg: nein	Tiefe unter HOK: 53 cm Tiefe unter Planum 1: 6 cm Anzahl der Gefäße: 1
Gefäßtyp: LG 2	Randverzierung: ohne Höhe: 10 cm Randdm: 10 cm Halsdm: 9,5 cm	Untertyp: 2 Bauchdm: 11 cm Bodendm: 7,5 cm Volumen: 0,487 Liter	Delle: nicht vorhanden Seite im Grab: rechts Höhe im Grab: Unterschenkel Bemerkung: –
Tierart: Hahn	Fundnummer: 3 Skelettelement: Skelett, m	Altersstufe des Tieres: Seite des Tieres: unbest.	unbestimmbar Alter in Jahren: unbestimmbar
Tierart: Schaf/Ziege	Fundnummer: 3 Skelettelement: Tibia	Altersstufe des Tieres: Seite des Tieres: links	subadult Alter in Jahren: unbestimmbar
Grab: 107	Geschl. archäologisch: k Geschl. anthropologisch: – Superposition: keine	Altersstufe: unbestimmbar Alter: unbestimmbar Sarg: nein	Tiefe unter HOK: 45 cm Tiefe unter Planum 1: 0 cm Anzahl der Gefäße: 0
Grab: 108	Geschl. archäologisch: k Geschl. anthropologisch: k Superposition: keine	Altersstufe: infans I/2 Alter: 4 Jahre Sarg: ja	Tiefe unter HOK: 115 cm Tiefe unter Planum 1: 58 cm Anzahl der Gefäße: 1

| **Gefäßtyp: HG 2** | Randverzierung: ohne
Höhe: 10 cm
Randdm: 9,5 cm | Untertyp: 9
Bauchdm: 11 cm
Bodendm: 8,5 cm | Delle: nicht vorhanden
Seite im Grab: Mitte
Höhe im Grab: unterhalb der
Füße |
| | Halsdm: 9 cm | Volumen: 0,487 Liter | Bemerkung: – |

Grab: 109	Geschl. archäologisch: m Geschl. anthropologisch: m Superposition: keine	Altersstufe: frühadult Alter: 25 Jahre Sarg: ja	Tiefe unter HOK: 142 cm Tiefe unter Planum 1: 85 cm Anzahl der Gefäße: 1
Gefäßtyp: HG 3	Randverzierung: ohne Höhe: 12,5 cm Randdm: 4,5 cm	Untertyp: unbestimmbar Bauchdm: 11,5 cm Bodendm: 6,5 cm	Delle: nicht vorhanden Seite im Grab: Mitte Höhe im Grab: unterhalb der Füße
	Halsdm: 5 cm	Volumen: 0,291 Liter	Bemerkung: –
Tierart: Schaf/Ziege	Fundnummer: 9 Skelettelement: Tibia	Altersstufe des Tieres: Seite des Tieres: links	subadult Alter in Jahren: unbestimmbar
Tierart: Rind (?)	Fundnummer: 9 Skelettelement: Metacarpus	Altersstufe des Tieres: Seite des Tieres: unbest.	subadult Alter in Jahren: unbestimmbar

Grab: 110	Geschl. archäologisch: k Geschl. anthropologisch: – Superposition: keine	Altersstufe: unbestimmbar Alter: unbestimmbar Sarg: nein	Tiefe unter HOK: 50 cm Tiefe unter Planum 1: 0 cm Anzahl der Gefäße: 1
Gefäßtyp: HG 2	Randverzierung: ohne Höhe: 11 cm Randdm: 9,5 cm	Untertyp: 6 Bauchdm: 10,5 cm Bodendm: 7,5 cm	Delle: nicht vorhanden Seite im Grab: Mitte Höhe im Grab: unterhalb der Füße
	Halsdm: 9 cm	Volumen: 0,493 Liter	Bemerkung: –

Grab: 111	Geschl. archäologisch: w Geschl. anthropologisch: w Superposition: keine	Altersstufe: frühadult Alter: 25 Jahre Sarg: ja	Tiefe unter HOK: 134 cm Tiefe unter Planum 1: 84 cm Anzahl der Gefäße: 1
Gefäßtyp: HG 3	Randverzierung: ohne Höhe: 11 cm Randdm: 7,5 cm	Untertyp: 1 Bauchdm: 10,5 cm Bodendm: 8,5 cm	Delle: nicht vorhanden Seite im Grab: Mitte Höhe im Grab: unterhalb der Füße
	Halsdm: 7 cm	Volumen: 0,404 Liter	Bemerkung: –
Tierart: Rind	Fundnummer: 12 Skelettelement: Femur	Altersstufe des Tieres: Seite des Tieres: links	erwachsen Alter in Jahren: unbestimmbar
Tierart: Huhn	Fundnummer: unter 12 Skelettelement: Langknochen	Altersstufe des Tieres: Seite des Tieres: unbest.	unbestimmbar Alter in Jahren: unbestimmbar

Grab: 112	Geschl. archäologisch: w Geschl. anthropologisch: w Superposition: keine	Altersstufe: matur Alter: 55 Jahre Sarg: ja	Tiefe unter HOK: 160 cm Tiefe unter Planum 1: 110 cm Anzahl der Gefäße: 1
Gefäßtyp: HG 3	Randverzierung: ohne Höhe: 9 cm Randdm: 7 cm	Untertyp: 6 Bauchdm: 8,5 cm Bodendm: 4,5 cm	Delle: nicht vorhanden Seite im Grab: Mitte Höhe im Grab: unterhalb der Füße
	Halsdm: 6,5 cm	Volumen: 0,185 Liter	Bemerkung: –
Tierart: Rind	Fundnummer: 7 Skelettelement: Femur	Altersstufe des Tieres: Seite des Tieres: links	erwachsen Alter in Jahren: unbestimmbar

Katalog der Keramikfunde sowie der Angaben zu den Gräbern [...] aus dem Gräberfeld Zillingtal

Grab: 113

Geschl. archäologisch: k (w)	Alterssstufe: unbestimmbar	Tiefe unter HOK: 135 cm
Geschl. anthropologisch: –	Alter: unbestimmbar	Tiefe unter Planum 1: 85 cm
Superposition: keine	Sarg: ja	Anzahl der Gefäße: 1

Gefäßtyp: HG 2

Randverzierung: ohne	Untertyp: 8	Delle: nicht vorhanden
Höhe: 12,5 cm	Bauchdm: 10,5 cm	Seite im Grab: Mitte
Randdm: 7,5 cm	Bodendm: 8,5 cm	Höhe im Grab: unterhalb der Füße
Halsdm: 7 cm	Volumen: 0,465 Liter	Bemerkung: –

Grab: 114

Geschl. archäologisch: k	Alterssstufe: infans II	Tiefe unter HOK: 157 cm
Geschl. anthropologisch: m	Alter: 10 Jahre	Tiefe unter Planum 1: 109 cm
Superposition: keine	Sarg: ja	Anzahl der Gefäße: 1

Gefäßtyp: HG 2

Randverzierung: ohne	Untertyp: 5	Delle: nicht vorhanden
Höhe: 12,5 cm	Bauchdm: 11,5 cm	Seite im Grab: Mitte
Randdm: 9,5 cm	Bodendm: 7,5 cm	Höhe im Grab: unterhalb der Füße
Halsdm: 9 cm	Volumen: 0,603 Liter	Bemerkung: –

Tierart: Huhn

Fundnummer: 12	Alterssstufe des Tieres:	unbestimmbar
Skelettelement: Langknochen	Seite des Tieres: unbest.	Alter in Jahren: unbestimmbar

Tierart: Rind

Fundnummer: 13	Alterssstufe des Tieres:	subadult
Skelettelement: Tibia	Seite des Tieres: rechts	Alter in Jahren: unbestimmbar

Grab: 115

Geschl. archäologisch: k	Alterssstufe: unbestimmbar	Tiefe unter HOK: 0 cm
Geschl. anthropologisch: –	Alter: unbestimmbar	Tiefe unter Planum 1: 0 cm
Superposition: keine	Sarg: nein	Anzahl der Gefäße: 0

Grab: 116

Geschl. archäologisch: k	Alterssstufe: infans I/2	Tiefe unter HOK: 90 cm
Geschl. anthropologisch: k	Alter: 6 Jahre	Tiefe unter Planum 1: 31 cm
Superposition: keine	Sarg: nein	Anzahl der Gefäße: 1

Gefäßtyp: LG 2

Randverzierung: ohne	Untertyp: 2	Delle: nicht vorhanden
Höhe: 12,5 cm	Bauchdm: 10,5 cm	Seite im Grab: Mitte
Randdm: 8,5 cm	Bodendm: 6,5 cm	Höhe im Grab: unterhalb der Füße
Halsdm: 8 cm	Volumen: 0,465 Liter	Bemerkung: –

Grab: 117

Geschl. archäologisch: k	Alterssstufe: infans I/2	Tiefe unter HOK: 91 cm
Geschl. anthropologisch: k	Alter: 4 Jahre	Tiefe unter Planum 1: 16 cm
Superposition: keine	Sarg: nein	Anzahl der Gefäße: 1

Gefäßtyp: HG 3

Randverzierung: ohne	Untertyp: 4	Delle: nicht vorhanden
Höhe: 11,5 cm	Bauchdm: 13 cm	Seite im Grab: Mitte
Randdm: 11 cm	Bodendm: 8 cm	Höhe im Grab: unterhalb der Füße
Halsdm: 10 cm	Volumen: 0,713 Liter	Bemerkung: –

Tierart: Rind (?)

Fundnummer: 6	Alterssstufe des Tieres:	juvenil
Skelettelement: Metatarsus	Seite des Tieres: unbest.	Alter in Jahren: unbestimmbar

Tierart: Schwein

Fundnummer:	Alterssstufe des Tieres:	bei Kinderzähnen unbest.
Skelettelement: Zahn	Seite des Tieres: unbest.	Alter in Jahren: unbestimmbar

Grab: 118

Geschl. archäologisch: m	Alterssstufe: matur	Tiefe unter HOK: 176 cm
Geschl. anthropologisch: m	Alter: 50 Jahre	Tiefe unter Planum 1: 98 cm
Superposition:	Sarg: ja	Anzahl der Gefäße: 1
wird geschnitten v. Grab 119		

Gefäßtyp: HG	Randverzierung: unbest.	Untertyp: unbestimmbar	Delle: unbestimmbar
	Höhe: unbest.	Bauchdm: unbest.	Seite im Grab: rechts
	Randdm: unbest.	Bodendm: unbest.	Höhe im Grab: Kopf
	Halsdm: unbest.	Volumen: unbest.	Bemerkung: –
Tierart: Rind	Fundnummer: 9	Altersstufe des Tieres:	subadult
	Skelettelement: Femur	Seite des Tieres: rechts	Alter in Jahren: unbestimmbar
Tierart: Huhn	Fundnummer: 10	Altersstufe des Tieres:	unbestimmbar
	Skelettelement: Langknochen	Seite des Tieres: unbest.	Alter in Jahren: unbestimmbar

Grab: 119	Geschl. archäologisch: k	Altersstufe: infans II	Tiefe unter HOK: 142 cm
	Geschl. anthropologisch: k	Alter: 11 Jahre	Tiefe unter Planum 1: 74 cm
	Superposition: schneidet Grab 118	Sarg: ja	Anzahl der Gefäße: 1
Gefäßtyp: LG 3	Randverzierung: ohne	Untertyp: 1	Delle: vorhanden
	Höhe: 12 cm	Bauchdm: 12 cm	Seite im Grab: Mitte
	Randdm: 10,5 cm	Bodendm: 6,5 cm	Höhe im Grab: unterhalb der Füße
	Halsdm: 9,5 cm	Volumen: 0,613 Liter	Bemerkung: –
Tierart: Rind	Fundnummer: 3	Altersstufe des Tieres:	subadult
	Skelettelement: Tibia, Calcaneus, Talus	Seite des Tieres: links	Alter in Jahren: unbestimmbar

Grab: 120	Geschl. archäologisch: k	Altersstufe: infans II	Tiefe unter HOK: 131 cm
	Geschl. anthropologisch: k	Alter: 8 Jahre	Tiefe unter Planum 1: 69 cm
	Superposition: keine	Sarg: nein	Anzahl der Gefäße: 1
Gefäßtyp: HG 3	Randverzierung: ohne	Untertyp: 4	Delle: nicht vorhanden
	Höhe: 9,5 cm	Bauchdm: 10 cm	Seite im Grab: rechts
	Randdm: 8 cm	Bodendm: 6,5 cm	Höhe im Grab: Unterschenkel
	Halsdm: 7,5 cm	Volumen: 0,309 Liter	Bemerkung: –
Tierart: Rind	Fundnummer: 9	Altersstufe des Tieres:	subadult
	Skelettelement: Femur	Seite des Tieres: links	Alter in Jahren: unbestimmbar
Tierart: Huhn	Fundnummer: ohne Nr.	Altersstufe des Tieres:	unbestimmbar
	Skelettelement: Langknochen	Seite des Tieres: unbest.	Alter in Jahren: unbestimmbar

Grab: 121	Geschl. archäologisch: k	Altersstufe: infans II	Tiefe unter HOK: 98 cm
	Geschl. anthropologisch: k	Alter: 11 Jahre	Tiefe unter Planum 1: 9 cm
	Superposition: keine	Sarg: nein	Anzahl der Gefäße: 0
Tierart: Schwein	Fundnummer: 3	Altersstufe des Tieres:	juvenil
	Skelettelement: Tibia	Seite des Tieres: rechts	Alter in Jahren: unbestimmbar
Tierart: Huhn	Fundnummer: bei Schädel	Altersstufe des Tieres:	unbestimmbar
	Skelettelement: pk	Seite des Tieres: unbest.	Alter in Jahren: unbestimmbar

Grab: 122	Geschl. archäologisch: w	Altersstufe: adult	Tiefe unter HOK: 42 cm
	Geschl. anthropologisch: w	Alter: 30 Jahre	Tiefe unter Planum 1: 10 cm
	Superposition: keine	Sarg: ja	Anzahl der Gefäße: 1
Gefäßtyp: HG	Randverzierung: unbest.	Untertyp: unbestimmbar	Delle: unbestimmbar
	Höhe: unbest.	Bauchdm: unbest.	Seite im Grab: Mitte
	Randdm: unbest.	Bodendm: unbest.	Höhe im Grab: unterhalb der Füße
	Halsdm: unbest.	Volumen: unbest.	Bemerkung: stark fragmentiert erhalten

Tierart: Schaf/Ziege (?)	Fundnummer: ohne Nr. Skelettelement: Femur	Altersstufe des Tieres: Seite des Tieres: links	subadult Alter in Jahren: unbestimmbar

Grab: 123	Geschl. archäologisch: w Geschl. anthropologisch: w Superposition: keine	Altersstufe: frühadult Alter: 25 Jahre Sarg: ja	Tiefe unter HOK: 130 cm Tiefe unter Planum 1: 67 cm Anzahl der Gefäße: 1
Gefäßtyp: HG 2	Randverzierung: mit Höhe: 11 cm Randdm: 8,5 cm Halsdm: 8 cm	Untertyp: 3 Bauchdm: 10 cm Bodendm: 6 cm Volumen: 0,376 Liter	Delle: nicht vorhanden Seite im Grab: links Höhe im Grab: Fuß Bemerkung: –
Tierart: Huhn	Fundnummer: 20 Skelettelement: Langknochen	Altersstufe des Tieres: Seite des Tieres: unbest.	unbestimmbar Alter in Jahren: unbestimmbar
Tierart: Rind	Fundnummer: ohne Nr. Skelettelement: Femur	Altersstufe des Tieres: Seite des Tieres: rechts	subadult Alter in Jahren: unbestimmbar

Grab: 124	Geschl. archäologisch: w Geschl. anthropologisch: w Superposition: keine	Altersstufe: frühadult Alter: 25 Jahre Sarg: nein	Tiefe unter HOK: 107 cm Tiefe unter Planum 1: 70 cm Anzahl der Gefäße: 2
Gefäßtyp: HG 2	Randverzierung: ohne Höhe: 4,5 cm Randdm: 3 cm Halsdm: 3 cm	Untertyp: unbestimmbar Bauchdm: 5 cm Bodendm: 3 cm Volumen: 0,015 Liter	Delle: nicht vorhanden Seite im Grab: Mitte Höhe im Grab: unterhalb der Füße Bemerkung: –
Gefäßtyp: LG 1	Randverzierung: ohne Höhe: 14,5 cm Randdm: 10,5 cm Halsdm: 9,5 cm	Untertyp: 5 Bauchdm: 12,5 cm Bodendm: 7,5 cm Volumen: 0,821 Liter	Delle: nicht vorhanden Seite im Grab: Mitte Höhe im Grab: unterhalb der Füße Bemerkung: –
Tierart: Rind	Fundnummer: 17 Skelettelement: Femur	Altersstufe des Tieres: Seite des Tieres: rechts	subadult Alter in Jahren: unbestimmbar

Grab: 125	Geschl. archäologisch: k/m Geschl. anthropologisch: w Superposition: keine	Altersstufe: juvenil Alter: 14 Jahre Sarg: ja	Tiefe unter HOK: 120 cm Tiefe unter Planum 1: 70 cm Anzahl der Gefäße: 1
Gefäßtyp: HG 2	Randverzierung: ohne Höhe: 10 cm Randdm: 8 cm Halsdm: 7,5 cm	Untertyp: viereckiger M. 2 Bauchdm: 11 cm Bodendm: 8 cm Volumen: 0,389 Liter	Delle: nicht vorhanden Seite im Grab: Mitte Höhe im Grab: unterhalb der Füße Bemerkung: –
Tierart: Rind	Fundnummer: 7 Skelettelement: Femur	Altersstufe des Tieres: Seite des Tieres: links	subadult Alter in Jahren: unbestimmbar
Tierart: Rind	Fundnummer: 15 Skelettelement: Tibia	Altersstufe des Tieres: Seite des Tieres: rechts	juvenil Alter in Jahren: unbestimmbar

Grab: 126	Geschl. archäologisch: k Geschl. anthropologisch: k Superposition: keine	Altersstufe: infans I/2 Alter: 4 Jahre Sarg: nein	Tiefe unter HOK: 52 cm Tiefe unter Planum 1: 0 cm Anzahl der Gefäße: 1
Gefäßtyp: HG 3	Randverzierung: ohne Höhe: 11 cm Randdm: 8,5 cm Halsdm: 8 cm	Untertyp: 3 Bauchdm: 10 cm Bodendm: 8 cm Volumen: 0,433 Liter	Delle: nicht vorhanden Seite im Grab: Mitte Höhe im Grab: unterhalb der Füße Bemerkung: –

Tierart: Schaf/Ziege (?)	Fundnummer: 4	Altersstufe des Tieres:	juvenil
	Skelettelement: Femur	Seite des Tieres: rechts	Alter in Jahren: unbestimmbar

Grab: 127	Geschl. archäologisch: k	Altersstufe: infans II	Tiefe unter HOK: 87 cm
	Geschl. anthropologisch: k	Alter: 9 Jahre	Tiefe unter Planum 1: 42 cm
	Superposition: keine	Sarg: ja	Anzahl der Gefäße: 1
Gefäßtyp: HG 2	Randverzierung: mit	Untertyp: 4	Delle: nicht vorhanden
	Höhe: 7 cm	Bauchdm: 8 cm	Seite im Grab: Mitte
	Randdm: 8 cm	Bodendm: 5,5 cm	Höhe im Grab: unterhalb der Füße
	Halsdm: 7,5 cm	Volumen: 0,172 Liter	Bemerkung: –
Tierart: Eierschalen	Fundnummer: 7	Altersstufe des Tieres:	
	Skelettelement:	Seite des Tieres:	Alter in Jahren:
Tierart: Eierschalen	Fundnummer: 10	Altersstufe des Tieres:	
	Skelettelement:	Seite des Tieres:	Alter in Jahren:
Tierart: Schaf/Ziege (?)	Fundnummer: 11	Altersstufe des Tieres:	neonatil/infans
	Skelettelement: Femur	Seite des Tieres: links	Alter in Jahren: unbestimmbar

Grab: 128	Geschl. archäologisch: m	Altersstufe: spätmatur	Tiefe unter HOK: 130 cm
	Geschl. anthropologisch: m	Alter: 60 Jahre	Tiefe unter Planum 1: 90 cm
	Superposition: keine	Sarg: ja	Anzahl der Gefäße: 1
Gefäßtyp: HG 3	Randverzierung: ohne	Untertyp: 5	Delle: nicht vorhanden
	Höhe: 11 cm	Bauchdm: 11,5 cm	Seite im Grab: links
	Randdm: 9,5 cm	Bodendm: 9 cm	Höhe im Grab: Fuß
	Halsdm: 9 cm	Volumen: 0,574 Liter	Bemerkung: –
Tierart: Eierschalen	Fundnummer: 12	Altersstufe des Tieres:	
	Skelettelement:	Seite des Tieres:	Alter in Jahren:

Grab: 129	Geschl. archäologisch: k	Altersstufe: infans I/2	Tiefe unter HOK: 75 cm
	Geschl. anthropologisch: k	Alter: 4 Jahre	Tiefe unter Planum 1: 29 cm
	Superposition: keine	Sarg: nein	Anzahl der Gefäße: 1
Gefäßtyp: HG 2	Randverzierung: ohne	Untertyp: 9	Delle: nicht vorhanden
	Höhe: 10 cm	Bauchdm: 10,5 cm	Seite im Grab: Mitte
	Randdm: 9,5 cm	Bodendm: 7,5 cm	Höhe im Grab: unterhalb der Füße
	Halsdm: 8,5 cm	Volumen: 0,43 Liter	Bemerkung: –

Grab: 130	Geschl. archäologisch: m	Altersstufe: frühadult	Tiefe unter HOK: 117 cm
	Geschl. anthropologisch: m	Alter: 25 Jahre	Tiefe unter Planum 1: 61 cm
	Superposition: keine	Sarg: ja	Anzahl der Gefäße: 1
Gefäßtyp: HG 3	Randverzierung: ohne	Untertyp: 5	Delle: nicht vorhanden
	Höhe: 12,5 cm	Bauchdm: 11 cm	Seite im Grab: links
	Randdm: 9 cm	Bodendm: 8,5 cm	Höhe im Grab: Knie
	Halsdm: 8,5 cm	Volumen: 0,585 Liter	Bemerkung: –
Tierart: Rind	Fundnummer: nicht bekannt	Altersstufe des Tieres:	subadult
	Skelettelement: Tibia	Seite des Tieres: links	Alter in Jahren: unbestimmbar

Grab: 131A	Geschl. archäologisch: w	Altersstufe: adult	Tiefe unter HOK: 132 cm
	Geschl. anthropologisch: w	Alter: unbestimmbar	Tiefe unter Planum 1: 92 cm
	Superposition: keine	Sarg: ja	Anzahl der Gefäße: 1

Grab: 131B	Geschl. archäologisch: –	Altersstufe: juvenil	Tiefe unter HOK: 0 cm
	Geschl. anthropologisch: w	Alter: 17 Jahre	Tiefe unter Planum 1: 0 cm
	Superposition: keine	Sarg: nein	Anzahl der Gefäße: 0

Katalog der Keramikfunde sowie der Angaben zu den Gräbern [...] aus dem Gräberfeld Zillingtal

Grab: 132

Geschl. archäologisch: k	Altersstufe: unbestimmbar	Tiefe unter HOK: 0 cm
Geschl. anthropologisch: –	Alter: unbestimmbar	Tiefe unter Planum 1: 0 cm
Superposition: keine	Sarg: nein	Anzahl der Gefäße: 1

Gefäßtyp: HG 3

Randverzierung: ohne	Untertyp: unbestimmbar	Delle: unbestimmbar
Höhe: unbest.	Bauchdm: unbest.	Seite im Grab: unbekannt
Randdm: unbest.	Bodendm: unbest.	Höhe im Grab: unbekannt
Halsdm: unbest.	Volumen: unbest.	Bemerkung: stark fragmentiert erhalten

Grab: 133

Geschl. archäologisch: m	Altersstufe: senil	Tiefe unter HOK: 113 cm
Geschl. anthropologisch: m	Alter: 65 Jahre	Tiefe unter Planum 1: 73 cm
Superposition: keine	Sarg: ja	Anzahl der Gefäße: 1

Gefäßtyp: LG 1

Randverzierung: ohne	Untertyp: 4	Delle: nicht vorhanden
Höhe: 10,5 cm	Bauchdm: 10,5 cm	Seite im Grab: links
Randdm: 10 cm	Bodendm: 7,5 cm	Höhe im Grab: Fuß
Halsdm: 9 cm	Volumen: 0,483 Liter	Bemerkung: –

Tierart: Rind

Fundnummer: 13	Altersstufe des Tieres:	erwachsen
Skelettelement: Tibia, Talus	Seite des Tieres: rechts	Alter in Jahren: unbestimmbar

Tierart: Huhn

Fundnummer: 14	Altersstufe des Tieres:	unbestimmbar
Skelettelement: Langknochen	Seite des Tieres: unbest.	Alter in Jahren: unbestimmbar

Tierart: Huhn

Fundnummer: bei Skelett	Altersstufe des Tieres:	unbestimmbar
Skelettelement: Langknochen	Seite des Tieres: unbest.	Alter in Jahren: unbestimmbar

Grab: 134

Geschl. archäologisch: k	Altersstufe: infans II	Tiefe unter HOK: 45 cm
Geschl. anthropologisch: m	Alter: 13 Jahre	Tiefe unter Planum 1: 3 cm
Superposition: keine	Sarg: nein	Anzahl der Gefäße: 0

Grab: 135

Geschl. archäologisch: m	Altersstufe: matur	Tiefe unter HOK: 135 cm
Geschl. anthropologisch: m	Alter: 50 Jahre	Tiefe unter Planum 1: 88 cm
Superposition: keine	Sarg: ja	Anzahl der Gefäße: 1

Gefäßtyp: LG 2

Randverzierung: ohne	Untertyp: 2	Delle: nicht vorhanden
Höhe: 14 cm	Bauchdm: 13 cm	Seite im Grab: links
Randdm: 12 cm	Bodendm: 8 cm	Höhe im Grab: Unterschenkel
Halsdm: 10,5 cm	Volumen: 0,955 Liter	Bemerkung: –

Tierart: Rind

Fundnummer: 5	Altersstufe des Tieres:	erwachsen
Skelettelement: Tibia	Seite des Tieres: rechts	Alter in Jahren: unbestimmbar

Grab: 136

Geschl. archäologisch: k	Altersstufe: infans I/2	Tiefe unter HOK: 85 cm
Geschl. anthropologisch: k	Alter: 5 Jahre	Tiefe unter Planum 1: 35 cm
Superposition: keine	Sarg: nein	Anzahl der Gefäße: 2

Gefäßtyp: HG 3

Randverzierung: ohne	Untertyp: 6	Delle: nicht vorhanden
Höhe: 8,5 cm	Bauchdm: 7 cm	Seite im Grab: links
Randdm: 6,5 cm	Bodendm: 4 cm	Höhe im Grab: Schulter
Halsdm: 6 cm	Volumen: 0,129 Liter	Bemerkung: –

Gefäßtyp: HG 3

Randverzierung: ohne	Untertyp: 6	Delle: nicht vorhanden
Höhe: unbest.	Bauchdm: unbest.	Seite im Grab: Mitte
Randdm: unbest.	Bodendm: unbest.	Höhe im Grab: unterhalb der Füße
Halsdm: unbest.	Volumen: unbest.	Bemerkung: stark fragmentiert erhalten

Grab: 137

Geschl. archäologisch: w	Altersstufe: spätadult-matur	Tiefe unter HOK: 118 cm
Geschl. anthropologisch: w(?)	Alter: 40 Jahre	Tiefe unter Planum 1: 58 cm
Superposition: keine	Sarg: ja	Anzahl der Gefäße: 1

Gefäßtyp: unbest.	Randverzierung: unbest.	Untertyp: unbestimmbar	Delle: unbestimmbar
	Höhe: unbest.	Bauchdm: unbest.	Seite im Grab: Mitte
	Randdm: unbest.	Bodendm: unbest.	Höhe im Grab: unterhalb der Füße
	Halsdm: unbest.	Volumen: unbest.	Bemerkung: nicht erhalten
Tierart: Rind	Fundnummer: 10	Altersstufe des Tieres:	erwachsen
	Skelettelement: Femur	Seite des Tieres: links	Alter in Jahren: unbestimmbar

Grab: 138	Geschl. archäologisch: w	Altersstufe: adult	Tiefe unter HOK: 93 cm
	Geschl. anthropologisch: w	Alter: 20–25 Jahre	Tiefe unter Planum 1: 13 cm
	Superposition: keine	Sarg: ja	Anzahl der Gefäße: 1
Gefäßtyp: HG 2	Randverzierung: ohne	Untertyp: 9	Delle: nicht vorhanden
	Höhe: 7,5 cm	Bauchdm: 11 cm	Seite im Grab: Mitte
	Randdm: 10 cm	Bodendm: 9,5 cm	Höhe im Grab: unterhalb der Füße
	Halsdm: 9,5 cm	Volumen: 0,395 Liter	Bemerkung: –

Grab: 139	Geschl. archäologisch: k	Altersstufe: infans II	Tiefe unter HOK: 55 cm
	Geschl. anthropologisch: k	Alter: 8 Jahre	Tiefe unter Planum 1: 4 cm
	Superposition: keine	Sarg: nein	Anzahl der Gefäße: 1
Gefäßtyp: HG 2	Randverzierung: ohne	Untertyp: 10	Delle: nicht vorhanden
	Höhe: 9,5 cm	Bauchdm: 10 cm	Seite im Grab: Mitte
	Randdm: 8,5 cm	Bodendm: 7 cm	Höhe im Grab: unterhalb der Füße
	Halsdm: 8 cm	Volumen: 0,344 Liter	Bemerkung: –

Grab: 140	Geschl. archäologisch: m	Altersstufe: spätadult	Tiefe unter HOK: 165 cm
	Geschl. anthropologisch: m	Alter: 40 Jahre	Tiefe unter Planum 1: 85 cm
	Superposition: keine	Sarg: ja	Anzahl der Gefäße: 1
Gefäßtyp: HG 3	Randverzierung: ohne	Untertyp: 6	Delle: nicht vorhanden
	Höhe: 8 cm	Bauchdm: 8 cm	Seite im Grab: rechts
	Randdm: 7 cm	Bodendm: 5 cm	Höhe im Grab: Fuß
	Halsdm: 6,5 cm	Volumen: 0,162 Liter	Bemerkung: –
Tierart: Pferd	Fundnummer: 23	Altersstufe des Tieres:	subadult
	Skelettelement: Tibia	Seite des Tieres: rechts	Alter in Jahren: unbestimmbar

Grab: 141	Geschl. archäologisch: w	Altersstufe: senil	Tiefe unter HOK: 102 cm
	Geschl. anthropologisch: w(?)	Alter: 60 Jahre	Tiefe unter Planum 1: 45 cm
	Superposition: keine	Sarg: ja	Anzahl der Gefäße: 1
Tierart: Schwein (?)	Fundnummer: 9	Altersstufe des Tieres:	juvenil
	Skelettelement: Femur	Seite des Tieres: unbest.	Alter in Jahren: unbestimmbar
Tierart: Huhn	Fundnummer: 11	Altersstufe des Tieres:	unbestimmbar
	Skelettelement: Langknochen	Seite des Tieres: unbest.	Alter in Jahren: unbestimmbar

Grab: 146	Geschl. archäologisch: m	Altersstufe: adult	Tiefe unter HOK: 145 cm
	Geschl. anthropologisch: m	Alter: 25 Jahre	Tiefe unter Planum 1: 85 cm
	Superposition: keine	Sarg: nein	Anzahl der Gefäße: 0
Tierart: Rind	Fundnummer: 44	Altersstufe des Tieres:	subadult
	Skelettelement: Femur	Seite des Tieres: links	Alter in Jahren: unbestimmbar

Grab: 147	Geschl. archäologisch: m	Altersstufe: adult	Tiefe unter HOK: 108 cm
	Geschl. anthropologisch: m	Alter: 40 Jahre	Tiefe unter Planum 1: 53 cm
	Superposition: keine	Sarg: ja	Anzahl der Gefäße: 1

Gefäßtyp: LG 2	Randverzierung: ohne Höhe: 12,5 cm Randdm: 9,5 cm	Untertyp: 1 Bauchdm: 11,5 cm Bodendm: 7 cm	Delle: nicht vorhanden Seite im Grab: Mitte Höhe im Grab: unterhalb der Füße
	Halsdm: 8,5 cm	Volumen: 0,567 Liter	Bemerkung: –
Tierart: Rind	Fundnummer: 7 oder 10? Skelettelement: Tibia, Os malleolare	Altersstufe des Tieres: Seite des Tieres: rechts	subadult Alter in Jahren: unbestimmbar
Tierart: Huhn	Fundnummer: ohne Nr. Skelettelement: Langknochen	Altersstufe des Tieres: Seite des Tieres: unbest.	unbestimmbar Alter in Jahren: unbestimmbar
Grab: 148	Geschl. archäologisch: k Geschl. anthropologisch: k Superposition: keine	Altersstufe: infans II Alter: 11 Jahre Sarg: nein	Tiefe unter HOK: 99 cm Tiefe unter Planum 1: 37 cm Anzahl der Gefäße: 1
Gefäßtyp: HG 2	Randverzierung: ohne Höhe: 11 cm Randdm: 7,5 cm	Untertyp: 3 Bauchdm: 10 cm Bodendm: 6 cm	Delle: nicht vorhanden Seite im Grab: Mitte Höhe im Grab: unterhalb der Füße
	Halsdm: 7 cm	Volumen: 0,324 Liter	Bemerkung: –
Tierart: Rind/Pferd	Fundnummer: 16 Skelettelement: Tibia	Altersstufe des Tieres: Seite des Tieres: rechts	subadult/adult Alter in Jahren: unbestimmbar
Tierart: Eierschalen	Fundnummer: 16e Skelettelement:	Altersstufe des Tieres: Seite des Tieres:	Alter in Jahren:
Tierart: Rind(?)	Fundnummer: 16h Skelettelement: Zahn	Altersstufe des Tieres: Seite des Tieres: unbest.	unbestimmbar Alter in Jahren: unbestimmbar
Grab: 149	Geschl. archäologisch: m Geschl. anthropologisch: w(?) Superposition: keine	Altersstufe: adult Alter: 30-40 Jahre Sarg: nein	Tiefe unter HOK: 110 cm Tiefe unter Planum 1: 40 cm Anzahl der Gefäße: 1
Gefäßtyp: HG 3	Randverzierung: ohne Höhe: 10,5 cm Randdm: 10 cm Halsdm: 9,5 cm	Untertyp: 4 Bauchdm: 11 cm Bodendm: 7 cm Volumen: 0,498 Liter	Delle: nicht vorhanden Seite im Grab: links Höhe im Grab: Unterschenkel Bemerkung: –
Tierart: Rind	Fundnummer: 11 Skelettelement: Tibia	Altersstufe des Tieres: Seite des Tieres: links	subadult Alter in Jahren: um 3 Jahre
Grab: 150	Geschl. archäologisch: m Geschl. anthropologisch: m Superposition: keine	Altersstufe: juvenil Alter: 16 Jahre Sarg: ja	Tiefe unter HOK: 137 cm Tiefe unter Planum 1: 73 cm Anzahl der Gefäße: 0
Tierart: Huhn	Fundnummer: 15 Skelettelement: pk	Altersstufe des Tieres: Seite des Tieres: unbest.	unbestimmbar Alter in Jahren: unbestimmbar
Tierart: Rind	Fundnummer: 16 Skelettelement: Tibia	Altersstufe des Tieres: Seite des Tieres: rechts	subadult Alter in Jahren: < 2 Jahre
Tierart: Huhn	Fundnummer: 17 Skelettelement: Langknochen	Altersstufe des Tieres: Seite des Tieres: unbest.	unbestimmbar Alter in Jahren: unbestimmbar
Grab: 151	Geschl. archäologisch: m Geschl. anthropologisch: m Superposition: keine	Altersstufe: matur Alter: 50-60 Jahre Sarg: ja	Tiefe unter HOK: 143 cm Tiefe unter Planum 1: 80 cm Anzahl der Gefäße: 1
Gefäßtyp: HG 2	Randverzierung: mit Höhe: 10,5 cm Randdm: 10 cm Halsdm: 9 cm	Untertyp: 1 Bauchdm: 11,5 cm Bodendm: 8 cm Volumen: 0,529 Liter	Delle: nicht vorhanden Seite im Grab: links Höhe im Grab: Knie Bemerkung: –

Tierart: Rind	Fundnummer: 10/1 Skelettelement: Tibia, Talus, Os malleolare	Altersstufe des Tieres: Seite des Tieres: rechts	erwachsen Alter in Jahren: unbestimmbar
Tierart: Huhn	Fundnummer: 10/2 Skelettelement: Langknochen, pk	Altersstufe des Tieres: Seite des Tieres: unbest.	unbestimmbar Alter in Jahren: unbestimmbar

Grab: 152	Geschl. archäologisch: m Geschl. anthropologisch: w Superposition: keine	Altersstufe: juvenil Alter: 17 Jahre Sarg: ja	Tiefe unter HOK: 117 cm Tiefe unter Planum 1: 57 cm Anzahl der Gefäße: 1
Gefäßtyp: HG 3	Randverzierung: ohne Höhe: 13,5 cm Randdm: 10,5 cm Halsdm: 10 cm	Untertyp: 2 Bauchdm: 11,5 cm Bodendm: 7,5 cm Volumen: 0,738 Liter	Delle: nicht vorhanden Seite im Grab: Mitte Höhe im Grab: unterhalb der Füße Bemerkung: –

Grab: 153	Geschl. archäologisch: k Geschl. anthropologisch: w Superposition: keine	Altersstufe: infans I/2 Alter: 5 Jahre Sarg: ja	Tiefe unter HOK: 83 cm Tiefe unter Planum 1: 28 cm Anzahl der Gefäße: 1
Gefäßtyp: HG 3	Randverzierung: ohne Höhe: 12 cm Randdm: 8 cm Halsdm: 8 cm	Untertyp: 1 Bauchdm: 10,5 cm Bodendm: 7,5 cm Volumen: 0,46 Liter	Delle: nicht vorhanden Seite im Grab: Mitte Höhe im Grab: unterhalb der Füße Bemerkung: –

Grab: 154	Geschl. archäologisch: k Geschl. anthropologisch: w(?) Superposition: keine	Altersstufe: infans II Alter: 12 Jahre Sarg: ja	Tiefe unter HOK: 115 cm Tiefe unter Planum 1: 35 cm Anzahl der Gefäße: 0

Grab: 155	Geschl. archäologisch: k Geschl. anthropologisch: – Superposition: keine	Altersstufe: unbestimmbar Alter: unbestimmbar Sarg: nein	Tiefe unter HOK: 0 cm Tiefe unter Planum 1: 0 cm Anzahl der Gefäße: 0

Grab: 156	Geschl. archäologisch: w Geschl. anthropologisch: w Superposition: keine	Altersstufe: adult Alter: 20-30 Jahre Sarg: nein	Tiefe unter HOK: 150 cm Tiefe unter Planum 1: 65 cm Anzahl der Gefäße: 1
Gefäßtyp: HG 1	Randverzierung: ohne Höhe: 14 cm Randdm: 11,5 cm Halsdm: 11 cm	Untertyp: unbestimmbar Bauchdm: 13 cm Bodendm: 9,5 cm Volumen: 1,031 Liter	Delle: nicht vorhanden Seite im Grab: Mitte Höhe im Grab: unterhalb der Füße Bemerkung: –
Tierart: Rind	Fundnummer: 17 Skelettelement: Femur	Altersstufe des Tieres: Seite des Tieres: links	juvenil-subadult Alter in Jahren: unbestimmbar

Grab: 157A	Geschl. archäologisch: k Geschl. anthropologisch: k Superposition: keine	Altersstufe: infans I/2 Alter: 4 Jahre Sarg: ja	Tiefe unter HOK: 83 cm Tiefe unter Planum 1: 23 cm Anzahl der Gefäße: 1

Grab: 157B	Geschl. archäologisch: – Geschl. anthropologisch: m Superposition: keine	Altersstufe: adult Alter: 40 Jahre Sarg: nein	Tiefe unter HOK: 0 cm Tiefe unter Planum 1: 0 cm Anzahl der Gefäße: 0

Grab: 158	Geschl. archäologisch: k Geschl. anthropologisch: k Superposition: keine	Altersstufe: infans I/2 Alter: 5 Jahre Sarg: ja	Tiefe unter HOK: 118 cm Tiefe unter Planum 1: 55 cm Anzahl der Gefäße: 1

Katalog der Keramikfunde sowie der Angaben zu den Gräbern [...] aus dem Gräberfeld Zillingtal

Gefäßtyp: LG 2	Randverzierung: ohne Höhe: 13 cm Randdm: 10 cm Halsdm: 9 cm	Untertyp: 3 Bauchdm: 13,5 cm Bodendm: 9 cm Volumen: 0,793 Liter	Delle: vorhanden Seite im Grab: links Höhe im Grab: Knie Bemerkung: –
Tierart: Rind	Fundnummer: 9 Skelettelement: Tibia	Altersstufe des Tieres: Seite des Tieres: rechts	subadult Alter in Jahren: < 2 Jahre

Grab: 159	Geschl. archäologisch: w Geschl. anthropologisch: m (?) Superposition: keine	Altersstufe: senil Alter: 60 Jahre Sarg: ja	Tiefe unter HOK: 133 cm Tiefe unter Planum 1: 83 cm Anzahl der Gefäße: 1
Gefäßtyp: LG 3	Randverzierung: ohne Höhe: 10 cm Randdm: 9 cm Halsdm: 7,5 cm	Untertyp: 1 Bauchdm: 10 cm Bodendm: 6,5 cm Volumen: 0,351 Liter	Delle: nicht vorhanden Seite im Grab: links Höhe im Grab: Fuß Bemerkung: –
Tierart: Rind	Fundnummer: 10 Skelettelement: Femur	Altersstufe des Tieres: Seite des Tieres: links	subadult Alter in Jahren: um 4 Jahre

Grab: 160	Geschl. archäologisch: k Geschl. anthropologisch: w Superposition: keine	Altersstufe: infans II Alter: 12 Jahre Sarg: ja	Tiefe unter HOK: 102 cm Tiefe unter Planum 1: 47 cm Anzahl der Gefäße: 1
Gefäßtyp: LG 3	Randverzierung: ohne Höhe: 13 cm Randdm: 10,5 cm Halsdm: 10 cm	Untertyp: 1 Bauchdm: 13 cm Bodendm: 6,5 cm Volumen: 0,729 Liter	Delle: nicht vorhanden Seite im Grab: rechts Höhe im Grab: Fuß Bemerkung: –
Tierart: Hahn	Fundnummer: 5 Skelettelement: Metatarsus, m	Altersstufe des Tieres: Seite des Tieres: unbest.	unbestimmbar Alter in Jahren: unbestimmbar

Grab: 161	Geschl. archäologisch: w Geschl. anthropologisch: w Superposition: keine	Altersstufe: spätjuvenil Alter: 18 Jahre Sarg: nein	Tiefe unter HOK: 130 cm Tiefe unter Planum 1: 80 cm Anzahl der Gefäße: 1
Gefäßtyp: LG 3	Randverzierung: ohne Höhe: 13 cm Randdm: 11 cm Halsdm: 10 cm	Untertyp: 1 Bauchdm: 13 cm Bodendm: 7,5 cm Volumen: 0,793 Liter	Delle: vorhanden Seite im Grab: Mitte Höhe im Grab: Fuß Bemerkung: –
Tierart: Rind	Fundnummer: 9 Skelettelement: Femur	Altersstufe des Tieres: Seite des Tieres: links	juvenil Alter in Jahren: unbestimmbar

Grab: 162	Geschl. archäologisch: m Geschl. anthropologisch: m Superposition: keine	Altersstufe: spätadult Alter: 40 Jahre Sarg: ja	Tiefe unter HOK: 134 cm Tiefe unter Planum 1: 74 cm Anzahl der Gefäße: 1
Gefäßtyp: LG 1	Randverzierung: ohne Höhe: 12 cm Randdm: 10,5 cm Halsdm: 9,5 cm	Untertyp: 4 Bauchdm: 12 cm Bodendm: 7 cm Volumen: 0,631 Liter	Delle: nicht vorhanden Seite im Grab: links Höhe im Grab: Knie Bemerkung: –
Tierart: Rind	Fundnummer: 14 Skelettelement: Tibia	Altersstufe des Tieres: Seite des Tieres: rechts	erwachsen Alter in Jahren: um 4 Jahre

Grab: 163	Geschl. archäologisch: w Geschl. anthropologisch: m (?) Superposition: keine	Altersstufe: matur Alter: 50 Jahre Sarg: nein	Tiefe unter HOK: 135 cm Tiefe unter Planum 1: 80 cm Anzahl der Gefäße: 1
Gefäßtyp: HG 4	Randverzierung: ohne Höhe: 7 cm Randdm: 8,5 cm Halsdm: 7,5 cm	Untertyp: 2 Bauchdm: 8 cm Bodendm: 5,5 cm Volumen: 0,18 Liter	Delle: nicht vorhanden Seite im Grab: Mitte Höhe im Grab: Unterschenkel Bemerkung: –

| Tierart: Rind | Fundnummer: 8 | Altersstufe des Tieres: | subadult |
| | Skelettelement: Femur | Seite des Tieres: rechts | Alter in Jahren: < 3,5 Jahre |

Grab: 164	Geschl. archäologisch: w	Altersstufe: frühadult	Tiefe unter HOK: 138 cm
	Geschl. anthropologisch: w	Alter: 20 Jahre	Tiefe unter Planum 1: 88 cm
	Superposition: keine	Sarg: ja	Anzahl der Gefäße: 1
Gefäßtyp: unbest.	Randverzierung: unbest.	Untertyp: unbestimmbar	Delle: unbestimmbar
	Höhe: unbest.	Bauchdm: unbest.	Seite im Grab: Mitte
	Randdm: unbest.	Bodendm: unbest.	Höhe im Grab: unterhalb der Füße
	Halsdm: unbest.	Volumen: unbest.	Bemerkung: nicht erhalten, von Grabräubern gestohlen

| Tierart: Rind | Fundnummer: 10 | Altersstufe des Tieres: | erwachsen |
| | Skelettelement: Femur | Seite des Tieres: links | Alter in Jahren: um 4 Jahre |

| Tierart: Huhn | Fundnummer: ohne Nr. | Altersstufe des Tieres: | unbestimmbar |
| | Skelettelement: unbestimmbar | Seite des Tieres: unbest. | Alter in Jahren: unbestimmbar |

Grab: 165	Geschl. archäologisch: m	Altersstufe: matur	Tiefe unter HOK: 0 cm
	Geschl. anthropologisch: m	Alter: 50 Jahre	Tiefe unter Planum 1: 0 cm
	Superposition: keine	Sarg: nein	Anzahl der Gefäße: 1
Gefäßtyp: HG	Randverzierung: unbest.	Untertyp: unbestimmbar	Delle: nicht vorhanden
	Höhe: 10,5 cm	Bauchdm: 10 cm	Seite im Grab: links
	Randdm: 8 cm	Bodendm: 7 cm	Höhe im Grab: Fuß
	Halsdm: 7,5 cm	Volumen: 0,358 Liter	Bemerkung: –

| Tierart: Rind | Fundnummer: 6 | Altersstufe des Tieres: | erwachsen |
| | Skelettelement: Tibia, Talus, Tarsus | Seite des Tieres: links | Alter in Jahren: > 4 Jahre |

Grab: 166	Geschl. archäologisch: w	Altersstufe: adult	Tiefe unter HOK: 122 cm
	Geschl. anthropologisch: w	Alter: 20-30 Jahre	Tiefe unter Planum 1: 35 cm
	Superposition: wird geschnitten v. Grab 168	Sarg: ja	Anzahl der Gefäße: 1
Gefäßtyp: HG 3	Randverzierung: ohne	Untertyp: 5	Delle: nicht vorhanden
	Höhe: 14 cm	Bauchdm: 13 cm	Seite im Grab: links
	Randdm: 9,5 cm	Bodendm: 9 cm	Höhe im Grab: Knie
	Halsdm: 9 cm	Volumen: 0,813 Liter	Bemerkung: –

| Tierart: Huhn | Fundnummer: 17 | Altersstufe des Tieres: | unbestimmbar |
| | Skelettelement: Langknochen | Seite des Tieres: unbest. | Alter in Jahren: unbestimmbar |

| Tierart: Rind | Fundnummer: 18 | Altersstufe des Tieres: | erwachsen |
| | Skelettelement: Femur | Seite des Tieres: links | Alter in Jahren: unbestimmbar |

Grab: 167	Geschl. archäologisch: w	Altersstufe: adult	Tiefe unter HOK: 125 cm
	Geschl. anthropologisch: w	Alter: 30 Jahre	Tiefe unter Planum 1: 51 cm
	Superposition: keine	Sarg: ja	Anzahl der Gefäße: 1
Gefäßtyp: HG 2	Randverzierung: ohne	Untertyp: 9	Delle: nicht vorhanden
	Höhe: 8,5 cm	Bauchdm: 9,5 cm	Seite im Grab: links
	Randdm: 9 cm	Bodendm: 6 cm	Höhe im Grab: Fuß
	Halsdm: 8 cm	Volumen: 0,282 Liter	Bemerkung: –

| Tierart: Eierschalen | Fundnummer: 11 | Altersstufe des Tieres: | |
| | Skelettelement: | Seite des Tieres: | Alter in Jahren: |

| Tierart: Schwein (?) | Fundnummer: 10/1 | Altersstufe des Tieres: | juvenil |
| | Skelettelement: Femur | Seite des Tieres: rechts | Alter in Jahren: unbestimmbar |

Tierart: Huhn	Fundnummer: 10/2 Skelettelement: Skelett, w	Altersstufe des Tieres: Seite des Tieres: unbest.	unbestimmbar Alter in Jahren: unbestimmbar
Grab: 168	Geschl. archäologisch: k Geschl. anthropologisch: k Superposition: schneidet Grab 166	Altersstufe: infans I/1 Alter: 2 Jahre Sarg: nein	Tiefe unter HOK: 123 cm Tiefe unter Planum 1: 48 cm Anzahl der Gefäße: 1
Gefäßtyp: LG 3	Randverzierung: mit Höhe: 9,5 cm Randdm: 11 cm Halsdm: 10 cm	Untertyp: 1 Bauchdm: 11 cm Bodendm: 5 cm Volumen: 0,432 Liter	Delle: nicht vorhanden Seite im Grab: links Höhe im Grab: Unterschenkel Bemerkung: –
Grab: 169	Geschl. archäologisch: k Geschl. anthropologisch: k Superposition: keine	Altersstufe: infans I/1 Alter: 1 Jahr Sarg: ja	Tiefe unter HOK: 99 cm Tiefe unter Planum 1: 57 cm Anzahl der Gefäße: 1
Gefäßtyp: HG 4	Randverzierung: ohne Höhe: 11,5 cm Randdm: 8 cm Halsdm: 7 cm	Untertyp: 1 Bauchdm: 10,5 cm Bodendm: 6 cm Volumen: 0,367 Liter	Delle: nicht vorhanden Seite im Grab: Mitte Höhe im Grab: unterhalb der Füße Bemerkung: –
Tierart: Schaf/Ziege	Fundnummer: bei Skelett Skelettelement: Tibia	Altersstufe des Tieres: Seite des Tieres: links	unbestimmbar Alter in Jahren: unbestimmbar
Grab: 170	Geschl. archäologisch: m Geschl. anthropologisch: m Superposition: keine	Altersstufe: matur Alter: 55-60 Jahre Sarg: ja	Tiefe unter HOK: 132 cm Tiefe unter Planum 1: 77 cm Anzahl der Gefäße: 1
Gefäßtyp: HG 2	Randverzierung: ohne Höhe: 10 cm Randdm: 10 cm Halsdm: 9,5 cm	Untertyp: 2 Bauchdm: 11,5 cm Bodendm: 7,5 cm Volumen: 0,501 Liter	Delle: nicht vorhanden Seite im Grab: links Höhe im Grab: Fuß Bemerkung: –
Tierart: Rind	Fundnummer: 22 Skelettelement: Tibia	Altersstufe des Tieres: Seite des Tieres: links	subadult Alter in Jahren: unbestimmbar
Grab: 171	Geschl. archäologisch: k Geschl. anthropologisch: k Superposition: keine	Altersstufe: infans I/1 Alter: 0,5 Jahr Sarg: nein	Tiefe unter HOK: 53 cm Tiefe unter Planum 1: 13 cm Anzahl der Gefäße: 1
Gefäßtyp: HG 3	Randverzierung: ohne Höhe: 7,5 cm Randdm: 8 cm Halsdm: 7,5 cm	Untertyp: 6 Bauchdm: 8 cm Bodendm: 5,5 cm Volumen: 0,187 Liter	Delle: nicht vorhanden Seite im Grab: Mitte Höhe im Grab: unterhalb der Füße Bemerkung: –
Grab: 172	Geschl. archäologisch: k Geschl. anthropologisch: k Superposition: keine	Altersstufe: infans I/1 Alter: 2-3 Jahre Sarg: nein	Tiefe unter HOK: 95 cm Tiefe unter Planum 1: 40 cm Anzahl der Gefäße: 1
Gefäßtyp: HG 3	Randverzierung: unbest. Höhe: unbest. Randdm: unbest. Halsdm: unbest.	Untertyp: unbestimmbar Bauchdm: unbest. Bodendm: unbest. Volumen: unbest.	Delle: unbestimmbar Seite im Grab: Mitte Höhe im Grab: unterhalb der Füße Bemerkung: stark fragmentiert erhalten
Tierart: Schaf	Fundnummer: 4 Skelettelement: Femur	Altersstufe des Tieres: Seite des Tieres: rechts	erwachsen Alter in Jahren: > 3,5 Jahre

Grab: 173	Geschl. archäologisch: w	Altersstufe: senil	Tiefe unter HOK: 160 cm
	Geschl. anthropologisch: w	Alter: 60 Jahre	Tiefe unter Planum 1: 103 cm
	Superposition: keine	Sarg: ja	Anzahl der Gefäße: 1
Gefäßtyp: HG 2	Randverzierung: mit	Untertyp: 3	Delle: nicht vorhanden
	Höhe: 11 cm	Bauchdm: 11 cm	Seite im Grab: Mitte
	Randdm: 9 cm	Bodendm: 7 cm	Höhe im Grab: unterhalb der Füße
	Halsdm: 8,5 cm	Volumen: 0,462 Liter	Bemerkung: –
Tierart: unbestimmbar	Fundnummer: 7/1	Altersstufe des Tieres:	subadult
	Skelettelement: Femur	Seite des Tieres: links	Alter in Jahren: unbestimmbar
Tierart: Huhn	Fundnummer: 7/2	Altersstufe des Tieres:	unbestimmbar
	Skelettelement: Langknochen, pk	Seite des Tieres: unbest.	Alter in Jahren: unbestimmbar

Grab: 174	Geschl. archäologisch: k	Altersstufe: infans I/1	Tiefe unter HOK: 60 cm
	Geschl. anthropologisch: k	Alter: 2 Jahre	Tiefe unter Planum 1: 5 cm
	Superposition: keine	Sarg: ja	Anzahl der Gefäße: 1
Gefäßtyp: HG 3	Randverzierung: ohne	Untertyp: 4	Delle: nicht vorhanden
	Höhe: 10 cm	Bauchdm: 11 cm	Seite im Grab: Mitte
	Randdm: 9,5 cm	Bodendm: 8 cm	Höhe im Grab: unterhalb der Füße
	Halsdm: 9 cm	Volumen: 0,472 Liter	Bemerkung: –
Tierart: Schaf/Ziege (?)	Fundnummer: 3	Altersstufe des Tieres:	subadult (?)
	Skelettelement: Femur	Seite des Tieres: rechts	Alter in Jahren: unbestimmbar

Grab: 175	Geschl. archäologisch: w	Altersstufe: senil	Tiefe unter HOK: 108 cm
	Geschl. anthropologisch: m	Alter: 70 Jahre	Tiefe unter Planum 1: 68 cm
	Superposition: keine	Sarg: ja	Anzahl der Gefäße: 1
Gefäßtyp: LG 3	Randverzierung: ohne	Untertyp: 1	Delle: nicht vorhanden
	Höhe: 14 cm	Bauchdm: 14,5 cm	Seite im Grab: links
	Randdm: 11 cm	Bodendm: 7,5 cm	Höhe im Grab: Fuß
	Halsdm: 10,5 cm	Volumen: 0,955 Liter	Bemerkung: –

Grab: 176	Geschl. archäologisch: k	Altersstufe: infans I/2	Tiefe unter HOK: 131 cm
	Geschl. anthropologisch: k	Alter: 7 Jahre	Tiefe unter Planum 1: 52 cm
	Superposition: keine	Sarg: ja	Anzahl der Gefäße: 1
Gefäßtyp: HG 3	Randverzierung: ohne	Untertyp: 6	Delle: nicht vorhanden
	Höhe: 7,5 cm	Bauchdm: 9,5 cm	Seite im Grab: Mitte
	Randdm: 8 cm	Bodendm: 5,5 cm	Höhe im Grab: unterhalb der Füße
	Halsdm: 7,5 cm	Volumen: 0,211 Liter	Bemerkung: –
Tierart: Rind (?)	Fundnummer: 21	Altersstufe d. Tieres:	juvenil (?)
	Skelettelement: Tibia	Seite des Tieres: links	Alter in Jahren: < 2 Jahre

Grab: 177	Geschl. archäologisch: k	Altersstufe: infans II	Tiefe unter HOK: 132 cm
	Geschl. anthropologisch: k	Alter: 9 Jahre	Tiefe unter Planum 1: 46 cm
	Superposition: keine	Sarg: ja	Anzahl der Gefäße: 1
Gefäßtyp: LG 2	Randverzierung: ohne	Untertyp: 3	Delle: nicht vorhanden
	Höhe: 10,5 cm	Bauchdm: 11 cm	Seite im Grab: rechts
	Randdm: 9 cm	Bodendm: 6,5 cm	Höhe im Grab: Fuß
	Halsdm: 8,5 cm	Volumen: 0,425 Liter	Bemerkung: –
Tierart: Rind	Fundnummer: 8	Altersstufe des Tieres:	erwachsen
	Skelettelement: Tibia	Seite des Tieres: rechts	Alter in Jahren: unbestimmbar

Katalog der Keramikfunde sowie der Angaben zu den Gräbern [...] aus dem Gräberfeld Zillingtal

Grab: 178A	Geschl. archäologisch: m Geschl. anthropologisch: m Superposition: keine	Altersstufe: matur Alter: 50 Jahre Sarg: nein	Tiefe unter HOK: 115 cm Tiefe unter Planum 1: 30 cm Anzahl der Gefäße: 2
Gefäßtyp: HG 2	Randverzierung: mit Höhe: 10,5 cm Randdm: 8,5 cm Halsdm: 8 cm	Untertyp: 1 Bauchdm: 11,5 cm Bodendm: 7 cm Volumen: 0,425 Liter	Delle: nicht vorhanden Seite im Grab: rechts Höhe im Grab: Unterschenkel Bemerkung: –
Gefäßtyp: HG 3	Randverzierung: ohne Höhe: 9,5 cm Randdm: 8,5 cm Halsdm: 8 cm	Untertyp: 4 Bauchdm: 10 cm Bodendm: 7,5 cm Volumen: 0,356 Liter	Delle: nicht vorhanden Seite im Grab: Mitte Höhe im Grab: unterhalb der Füße Bemerkung: –
Tierart: Rind	Fundnummer: 20 Skelettelement: Tibia	Altersstufe des Tieres: Seite des Tieres: rechts	erwachsen Alter in Jahren: unbestimmbar
Grab: 178B	Geschl. archäologisch: k Geschl. anthropologisch: k Superposition: keine	Altersstufe: infans I/2 Alter: 4 Jahre Sarg: nein	Tiefe unter HOK: 115 cm Tiefe unter Planum 1: 30 cm Anzahl der Gefäße: 0
Grab: 179	Geschl. archäologisch: w Geschl. anthropologisch: w Superposition: keine	Altersstufe: matur Alter: 50-60 Jahre Sarg: ja	Tiefe unter HOK: 93 cm Tiefe unter Planum 1: 11 cm Anzahl der Gefäße: 0
Tierart: Rind	Fundnummer: 7 Skelettelement: Femur	Altersstufe des Tieres: Seite des Tieres: rechts	erwachsen Alter in Jahren: unbestimmbar
Grab: 180A	Geschl. archäologisch: k Geschl. anthropologisch: m Superposition: keine	Altersstufe: infans I/2 Alter: 7 Jahre Sarg: ja	Tiefe unter HOK: 65 cm Tiefe unter Planum 1: 5 cm Anzahl der Gefäße: 1
Gefäßtyp: HG 2	Randverzierung: ohne Höhe: 12,5 cm Randdm: 10,5 cm Halsdm: 9 cm	Untertyp: 6 Bauchdm: 10,5 cm Bodendm: 6,5 cm Volumen: 0,567 Liter	Delle: nicht vorhanden Seite im Grab: links Höhe im Grab: Fuß Bemerkung: –
Grab: 180B	Geschl. archäologisch: k Geschl. anthropologisch: k Superposition: keine	Altersstufe: infans I/1 Alter: 1 Jahr Sarg: nein	Tiefe unter HOK: 65 cm Tiefe unter Planum 1: 5 cm Anzahl der Gefäße: 0
Grab: 181	Geschl. archäologisch: k Geschl. anthropologisch: k Superposition: keine	Altersstufe: infans I/2 Alter: 3,5 Jahre Sarg: nein	Tiefe unter HOK: 85 cm Tiefe unter Planum 1: 26 cm Anzahl der Gefäße: 1
Gefäßtyp: LG 2	Randverzierung: ohne Höhe: 11,5 cm Randdm: 8,5 cm Halsdm: 8 cm	Untertyp: 2 Bauchdm: 10 cm Bodendm: 6,5 cm Volumen: 0,41 Liter	Delle: nicht vorhanden Seite im Grab: Mitte Höhe im Grab: unterhalb der Füße Bemerkung: –
Grab: 182	Geschl. archäologisch: k Geschl. anthropologisch: k Superposition: keine	Altersstufe: infans I/1 Alter: 1,5 Jahre Sarg: nein	Tiefe unter HOK: 84 cm Tiefe unter Planum 1: 26 cm Anzahl der Gefäße: 0
Tierart: Schwein	Fundnummer: 4 Skelettelement: Humerus	Altersstufe des Tieres: Seite des Tieres: links	infans/juvenil Alter in Jahren: <<1 Jahr
Grab: 183	Geschl. archäologisch: k Geschl. anthropologisch: k Superposition: keine	Altersstufe: infans II Alter: 12 Jahre Sarg: nein	Tiefe unter HOK: 112 cm Tiefe unter Planum 1: 58 cm Anzahl der Gefäße: 1

Gefäßtyp: LG 2	Randverzierung: ohne Höhe: 12 cm Randdm: 10 cm Halsdm: 9,5 cm	Untertyp: 2 Bauchdm: 12 cm Bodendm: 7,5 cm Volumen: 0,631 Liter	Delle: vorhanden Seite im Grab: Mitte Höhe im Grab: Fuß Bemerkung: –
Tierart: Rind	Fundnummer: 13 Skelettelement: Tibia, Talus, Os cun.	Altersstufe des Tieres: Seite des Tieres: links	erwachsen Alter in Jahren: unbestimmbar
Tierart: Huhn	Fundnummer: 14 Skelettelement: Langknochen	Altersstufe des Tieres: Seite des Tieres: unbest.	unbestimmbar Alter in Jahren: unbestimmbar

Grab: 184	Geschl. archäologisch: w Geschl. anthropologisch: w Superposition: keine	Altersstufe: adult Alter: 25 Jahre Sarg: nein	Tiefe unter HOK: 105 cm Tiefe unter Planum 1: 55 cm Anzahl der Gefäße: 1
Gefäßtyp: HG 1	Randverzierung: mit Höhe: 12,5 cm Randdm: 9,5 cm Halsdm: 9 cm	Untertyp: 1 Bauchdm: 12 cm Bodendm: 8 cm Volumen: 0,641 Liter	Delle: nicht vorhanden Seite im Grab: links Höhe im Grab: Unterschenkel Bemerkung: –
Tierart: Rind	Fundnummer: 18 Skelettelement: Femur	Altersstufe des Tieres: Seite des Tieres: links	juvenil-subadult Alter in Jahren: unbestimmbar

Grab: 185	Geschl. archäologisch: w Geschl. anthropologisch: w Superposition: keine	Altersstufe: matur Alter: 40-45 Jahre Sarg: nein	Tiefe unter HOK: 66 cm Tiefe unter Planum 1: 9 cm Anzahl der Gefäße: 1
Gefäßtyp: HG 3	Randverzierung: ohne Höhe: 10,5 cm Randdm: 9,5 cm Halsdm: 8,5 cm	Untertyp: 4 Bauchdm: 11 cm Bodendm: 9 cm Volumen: 0,514 Liter	Delle: nicht vorhanden Seite im Grab: unbekannt Höhe im Grab: unbekannt Bemerkung: Lage nicht bestimmbar
Tierart: Schaf/Ziege	Fundnummer: bei Skelett Skelettelement: Femur	Altersstufe des Tieres: Seite des Tieres: links	juvenil Alter in Jahren: << 3,5 Jahre

Grab: 186	Geschl. archäologisch: k Geschl. anthropologisch: k Superposition: keine	Altersstufe: infans I/2 Alter: 5 Jahre Sarg: ja	Tiefe unter HOK: 102 cm Tiefe unter Planum 1: 42 cm Anzahl der Gefäße: 0
Tierart: Rind	Fundnummer: 13 Skelettelement: Tibia, Talus	Altersstufe des Tieres: Seite des Tieres: rechts	subadult Alter in Jahren: 2,5-3,5 Jahre

Grab: 187	Geschl. archäologisch: e Geschl. anthropologisch: w Superposition: keine	Altersstufe: adult Alter: 40 Jahre Sarg: ja	Tiefe unter HOK: 114 cm Tiefe unter Planum 1: 20 cm Anzahl der Gefäße: 0

Grab: 188	Geschl. archäologisch: m Geschl. anthropologisch: m (?) Superposition: keine	Altersstufe: adult Alter: 30-40 Jahre Sarg: ja	Tiefe unter HOK: 137 cm Tiefe unter Planum 1: 87 cm Anzahl der Gefäße: 1
Gefäßtyp: HG 4	Randverzierung: ohne Höhe: 10 cm Randdm: 10,5 cm Halsdm: 9,5 cm	Untertyp: 3 Bauchdm: 11,5 cm Bodendm: 8,5 cm Volumen: 0,547 Liter	Delle: nicht vorhanden Seite im Grab: Mitte Höhe im Grab: unterhalb der Füße Bemerkung: –
Tierart: Rind	Fundnummer: 8 Skelettelement: Tibia, Os malleolare	Altersstufe des Tieres: Seite des Tieres: links	erwachsen Alter in Jahren: > 4 Jahre

Grab: 189	Geschl. archäologisch: k	Altersstufe: infans I/2	Tiefe unter HOK: 137 cm
	Geschl. anthropologisch: k	Alter: 3 Jahre	Tiefe unter Planum 1: 65 cm
	Superposition: keine	Sarg: ja	Anzahl der Gefäße: 1
Gefäßtyp: LG 3	Randverzierung: mit	Untertyp: 1	Delle: vorhanden
	Höhe: 9 cm	Bauchdm: 8 cm	Seite im Grab: Mitte
	Randdm: 7 cm	Bodendm: 5,5 cm	Höhe im Grab: unterhalb der Füße
	Halsdm: 6,5 cm	Volumen: 0,193 Liter	Bemerkung: –
Tierart: unbestimmbar	Fundnummer: 10	Altersstufe des Tieres:	unbestimmbar
	Skelettelement: Langknochen	Seite des Tieres: unbest.	Alter in Jahren: unbestimmbar

Grab: 190	Geschl. archäologisch: w	Altersstufe: adult	Tiefe unter HOK: 150 cm
	Geschl. anthropologisch: w	Alter: 20-30 Jahre	Tiefe unter Planum 1: 80 cm
	Superposition: keine	Sarg: ja	Anzahl der Gefäße: 1
Gefäßtyp: LG 2	Randverzierung: ohne	Untertyp: 2	Delle: nicht vorhanden
	Höhe: 10,5 cm	Bauchdm: 9 cm	Seite im Grab: rechts
	Randdm: 8,5 cm	Bodendm: 6 cm	Höhe im Grab: Fuß
	Halsdm: 7 cm	Volumen: 0,308 Liter	Bemerkung: –

Grab: 191	Geschl. archäologisch: w	Altersstufe: spätmatur	Tiefe unter HOK: 177 cm
	Geschl. anthropologisch: w	Alter: 60 Jahre	Tiefe unter Planum 1: 107 cm
	Superposition: keine	Sarg: ja	Anzahl der Gefäße: 1
Gefäßtyp: LG 3	Randverzierung: ohne	Untertyp: 1	Delle: nicht vorhanden
	Höhe: 9,5 cm	Bauchdm: 10 cm	Seite im Grab: Mitte
	Randdm: 8,5 cm	Bodendm: 6,5 cm	Höhe im Grab: unterhalb der Füße
	Halsdm: 8 cm	Volumen: 0,332 Liter	Bemerkung: –
Tierart: Rind	Fundnummer: 7	Altersstufe des Tieres:	erwachsen
	Skelettelement: Femur	Seite des Tieres: unbest.	Alter in Jahren: um 4 Jahre
Tierart: Rind	Fundnummer: 8	Altersstufe des Tieres:	juvenil
	Skelettelement: Femur	Seite des Tieres: unbest.	Alter in Jahren: unbestimmbar

Grab: 192	Geschl. archäologisch: k	Altersstufe: infans I/2	Tiefe unter HOK: 160 cm
	Geschl. anthropologisch: m	Alter: 7 Jahre	Tiefe unter Planum 1: 70 cm
	Superposition: keine	Sarg: ja	Anzahl der Gefäße: 1
Gefäßtyp: HG 4	Randverzierung: ohne	Untertyp: 1	Delle: nicht vorhanden
	Höhe: 11 cm	Bauchdm: 10,5 cm	Seite im Grab: Mitte
	Randdm: 10,5 cm	Bodendm: 7 cm	Höhe im Grab: unterhalb der Füße
	Halsdm: 9,5 cm	Volumen: 0,525 Liter	Bemerkung: –
Tierart: Rind (?)	Fundnummer: 11	Altersstufe des Tieres:	unbestimmbar
	Skelettelement: Tibia	Seite des Tieres: links	Alter in Jahren: unbestimmbar

Grab: 193	Geschl. archäologisch: k	Altersstufe: infans II	Tiefe unter HOK: 166 cm
	Geschl. anthropologisch: m (?)	Alter: 8 Jahre	Tiefe unter Planum 1: 96 cm
	Superposition: keine	Sarg: ja	Anzahl der Gefäße: 1
Gefäßtyp: LG 3	Randverzierung: ohne	Untertyp: 2	Delle: nicht vorhanden
	Höhe: 11 cm	Bauchdm: 11 cm	Seite im Grab: rechts
	Randdm: 10,5 cm	Bodendm: 6,5 cm	Höhe im Grab: Fuß
	Halsdm: 9,5 cm	Volumen: 0,525 Liter	Bemerkung: –
Tierart: Rind	Fundnummer: 12	Altersstufe des Tieres:	erwachsen
	Skelettelement: Tibia	Seite des Tieres: links	Alter in Jahren: > 4 Jahre

Grab: 194	Geschl. archäologisch: k	Altersstufe: infans I/2	Tiefe unter HOK: 108 cm
	Geschl. anthropologisch: k	Alter: 3 Jahre	Tiefe unter Planum 1: 38 cm
	Superposition: keine	Sarg: nein	Anzahl der Gefäße: 1

Grab: 195	Geschl. archäologisch: k	Altersstufe: infans I/1	Tiefe unter HOK: 80 cm
	Geschl. anthropologisch: k	Alter: 2 Jahre	Tiefe unter Planum 1: 4 cm
	Superposition: keine	Sarg: nein	Anzahl der Gefäße: 1
Gefäßtyp: LG 2	Randverzierung: ohne	Untertyp: 2	Delle: unbestimmbar
	Höhe: unbest.	Bauchdm: unbest.	Seite im Grab: Mitte
	Randdm: unbest.	Bodendm: unbest.	Höhe im Grab: unterhalb der Füße
	Halsdm: unbest.	Volumen: unbest.	Bemerkung: stark fragmentiert erhalten

Grab: 196	Geschl. archäologisch: w	Altersstufe: senil	Tiefe unter HOK: 115 cm
	Geschl. anthropologisch: w	Alter: 60 Jahre	Tiefe unter Planum 1: 29 cm
	Superposition: keine	Sarg: nein	Anzahl der Gefäße: 1
Gefäßtyp: LG 3	Randverzierung: mit	Untertyp: 1	Delle: nicht vorhanden
	Höhe: 9 cm	Bauchdm: 8,5 cm	Seite im Grab: links
	Randdm: 7,5 cm	Bodendm: 5,5 cm	Höhe im Grab: Fuß
	Halsdm: 7 cm	Volumen: 0,22 Liter	Bemerkung: –
Tierart: Rind	Fundnummer: 6	Altersstufe des Tieres:	juvenil
	Skelettelement: Femur	Seite des Tieres: links	Alter in Jahren: unbestimmbar

Grab: 197	Geschl. archäologisch: k	Altersstufe: infans I/1	Tiefe unter HOK: 100 cm
	Geschl. anthropologisch: k	Alter: 2 Jahre	Tiefe unter Planum 1: 10 cm
	Superposition: keine	Sarg: nein	Anzahl der Gefäße: 0
Gefäßtyp: LG 3	Randverzierung: ohne	Untertyp: 1	Delle: vorhanden
	Höhe: 8 cm	Bauchdm: 9 cm	Seite im Grab: links
	Randdm: 7,5 cm	Bodendm: 6 cm	Höhe im Grab: Knie
	Halsdm: 7 cm	Volumen: 0,21 Liter	Bemerkung: –

Grab: 198A	Geschl. archäologisch: m	Altersstufe: spätmatur	Tiefe unter HOK: 212 cm
	Geschl. anthropologisch: m (?)	Alter: 60 Jahre	Tiefe unter Planum 1: 92 cm
	Superposition: keine	Sarg: ja	Anzahl der Gefäße: 1
Gefäßtyp: LG 3	Randverzierung: ohne	Untertyp: 1	Delle: vorhanden
	Höhe: 11,5 cm	Bauchdm: 12,5 cm	Seite im Grab: rechts
	Randdm: 11 cm	Bodendm: 7,5 cm	Höhe im Grab: Fuß
	Halsdm: 10 cm	Volumen: 0,675 Liter	Bemerkung: –
Tierart: Rind	Fundnummer: 10	Altersstufe des Tieres:	subadult
	Skelettelement: Tibia	Seite des Tieres: rechts	Alter in Jahren: um 3 Jahre

Grab: 198B	Geschl. archäologisch: m	Altersstufe: spätmatur	Tiefe unter HOK: 212 cm
	Geschl. anthropologisch: w (?)	Alter: 50-60 Jahre	Tiefe unter Planum 1: 92 cm
	Superposition: keine	Sarg: ja	Anzahl der Gefäße: 1
Gefäßtyp: HG 4	Randverzierung: ohne	Untertyp: 3	Delle: nicht vorhanden
	Höhe: 11 cm	Bauchdm: 11 cm	Seite im Grab: Mitte
	Randdm: 10,5 cm	Bodendm: 6,5 cm	Höhe im Grab: unterhalb der Füße
	Halsdm: 9,5 cm	Volumen: 0,525 Liter	Bemerkung: –
Tierart: Huhn	Fundnummer: 5	Altersstufe des Tieres:	unbestimmbar
	Skelettelement: Langknochen	Seite des Tieres: unbest.	Alter in Jahren: unbestimmbar
Tierart: Rind	Fundnummer: 6	Altersstufe des Tieres:	erwachsen
	Skelettelement: Tibia	Seite des Tieres: links	Alter in Jahren: unbestimmbar

Katalog der Keramikfunde sowie der Angaben zu den Gräbern [...] aus dem Gräberfeld Zillingtal

Grab: 199A	Geschl. archäologisch: m Geschl. anthropologisch: m Superposition: keine	Altersstufe: spätadult Alter: 40 Jahre Sarg: ja	Tiefe unter HOK: 0 cm Tiefe unter Planum 1: 0 cm Anzahl der Gefäße: 1
Gefäßtyp: LG 3	Randverzierung: ohne Höhe: 13 cm Randdm: 10,5 cm Halsdm: 9,5 cm	Untertyp: 1 Bauchdm: 13 cm Bodendm: 7,5 cm Volumen: 0,75 Liter	Delle: nicht vorhanden Seite im Grab: links Höhe im Grab: Fuß Bemerkung: –
Tierart: Rind	Fundnummer: 11 Skelettelement: Tibia	Altersstufe des Tieres: Seite des Tieres: rechts	erwachsen (?) Alter in Jahren: unbestimmbar
Tierart: Huhn (?)	Fundnummer: 12 Skelettelement: Langknochen	Altersstufe des Tieres: Seite des Tieres: unbest.	unbestimmbar Alter in Jahren: unbestimmbar

Grab: 199B	Geschl. archäologisch: k Geschl. anthropologisch: k Superposition: keine	Altersstufe: infans I/2 Alter: 4 Jahre Sarg: nein	Tiefe unter HOK: 0 cm Tiefe unter Planum 1: 0 cm Anzahl der Gefäße: 0

Grab: 200	Geschl. archäologisch: k Geschl. anthropologisch: m (?) Superposition: keine	Altersstufe: infans I/2 Alter: 5 Jahre Sarg: ja	Tiefe unter HOK: 134 cm Tiefe unter Planum 1: 42 cm Anzahl der Gefäße: 1
Gefäßtyp: LG 1N	Randverzierung: ohne Höhe: 6 cm Randdm: 7,5 cm Halsdm: 6,5 cm	Untertyp: unbestimmbar Bauchdm: 7 cm Bodendm: 4 cm Volumen: 0,1 Liter	Delle: nicht vorhanden Seite im Grab: rechts Höhe im Grab: Fuß Bemerkung: –
Tierart: Schaf/Ziege	Fundnummer: 2 Skelettelement: Unterkiefer	Altersstufe des Tieres: Seite des Tieres: unbest.	subadult Alter in Jahren: unbestimmbar

Grab: 201	Geschl. archäologisch: m Geschl. anthropologisch: m Superposition: keine	Altersstufe: adult Alter: 30 Jahre Sarg: nein	Tiefe unter HOK: 60 cm Tiefe unter Planum 1: 5 cm Anzahl der Gefäße: 0
Tierart: Huhn	Fundnummer: 10 Skelettelement: Langknochen	Altersstufe des Tieres: Seite des Tieres: unbest.	unbestimmbar Alter in Jahren: unbestimmbar

Grab: 202	Geschl. archäologisch: k Geschl. anthropologisch: k Superposition: schneidet Grab 142	Altersstufe: infans I/2 Alter: 5 Jahre Sarg: ja	Tiefe unter HOK: 77 cm Tiefe unter Planum 1: 32 cm Anzahl der Gefäße: 1
Gefäßtyp: HG 2	Randverzierung: ohne Höhe: 8,5 cm Randdm: 7 cm Halsdm: 6,5 cm	Untertyp: 3 Bauchdm: 9 cm Bodendm: 6,5 cm Volumen: 0,215 Liter	Delle: nicht vorhanden Seite im Grab: Mitte Höhe im Grab: unterhalb der Füße Bemerkung: –

Grab: 203	Geschl. archäologisch: k Geschl. anthropologisch: k Superposition: keine	Altersstufe: infans I/1 Alter: 2 Jahre Sarg: nein	Tiefe unter HOK: 99 cm Tiefe unter Planum 1: 20 cm Anzahl der Gefäße: 1
Gefäßtyp: HG 2	Randverzierung: ohne Höhe: 9,5 cm Randdm: 7 cm Halsdm: 7 cm	Untertyp: 2 Bauchdm: 8 cm Bodendm: 5,5 cm Volumen: 0,215 Liter	Delle: nicht vorhanden Seite im Grab: links Höhe im Grab: Unterschenkel Bemerkung: –
Tierart: Huhn	Fundnummer: 6 Skelettelement: Langknochen, pk	Altersstufe des Tieres: Seite des Tieres: unbest.	unbestimmbar Alter in Jahren: unbestimmbar

| Tierart: Huhn | Fundnummer: bei Schädel | Altersstufe des Tieres: | unbestimmbar |
| | Skelettelement: pk | Seite des Tieres: unbest. | Alter in Jahren: unbestimmbar |

Grab: 204A	Geschl. archäologisch: m	Altersstufe: adult	Tiefe unter HOK: 163 cm
	Geschl. anthropologisch: w	Alter: 30 Jahre	Tiefe unter Planum 1: 85 cm
	Superposition: keine	Sarg: ja	Anzahl der Gefäße: 1
Gefäßtyp: LG 2	Randverzierung: ohne	Untertyp: 2	Delle: vorhanden
	Höhe: 13 cm	Bauchdm: 11,5 cm	Seite im Grab: Mitte
	Randdm: 9,5 cm	Bodendm: 8 cm	Höhe im Grab: unterhalb der Füße
	Halsdm: 9 cm	Volumen: 0,649 Liter	Bemerkung: –

| Tierart: unbestimmbar | Fundnummer: 15 | Altersstufe des Tieres: | unbestimmbar |
| | Skelettelement: unbestimmbar | Seite des Tieres: unbest. | Alter in Jahren: unbestimmbar |

| Tierart: Rind | Fundnummer: 16 | Altersstufe des Tieres: | erwachsen |
| | Skelettelement: Tibia | Seite des Tieres: rechts | Alter in Jahren: > 4 Jahre |

| Tierart: Rind | Fundnummer: 17 | Altersstufe des Tieres: | erwachsen |
| | Skelettelement: Tibia | Seite des Tieres: rechts | Alter in Jahren: > 4 Jahre |

Grab: 204B	Geschl. archäologisch: m	Altersstufe: infans I/2 – infans II	Tiefe unter HOK: 163 cm
	Geschl. anthropologisch: m	Alter: 12 Jahre	Tiefe unter Planum 1: 85 cm
	Superposition: keine	Sarg: ja	Anzahl der Gefäße: 1
Gefäßtyp: LG 3	Randverzierung: ohne	Untertyp: 1	Delle: nicht vorhanden
	Höhe: 13,5 cm	Bauchdm: 13 cm	Seite im Grab: rechts
	Randdm: 10,5 cm	Bodendm: 7,5 cm	Höhe im Grab: Kopf
	Halsdm: 10 cm	Volumen: 0,804 Liter	Bemerkung: –

Grab: 205	Geschl. archäologisch: w	Altersstufe: adult	Tiefe unter HOK: 140 cm
	Geschl. anthropologisch: w	Alter: 25 Jahre	Tiefe unter Planum 1: 90 cm
	Superposition: keine	Sarg: ja	Anzahl der Gefäße: 1
Gefäßtyp: HG 3	Randverzierung: ohne	Untertyp: 8	Delle: nicht vorhanden
	Höhe: 11,5 cm	Bauchdm: 11 cm	Seite im Grab: Mitte
	Randdm: 9,5 cm	Bodendm: 8 cm	Höhe im Grab: unterhalb der Füße
	Halsdm: 8,5 cm	Volumen: 0,534 Liter	Bemerkung: –

| Tierart: Huhn | Fundnummer: 31 | Altersstufe des Tieres: | unbestimmbar |
| | Skelettelement: Langknochen | Seite des Tieres: unbest. | Alter in Jahren: unbestimmbar |

| Tierart: Rind (?) | Fundnummer: 30/1 | Altersstufe des Tieres: | juvenil |
| | Skelettelement: Femur | Seite des Tieres: links | Alter in Jahren: unbestimmbar |

| Tierart: Huhn | Fundnummer: 30/2 | Altersstufe des Tieres: | unbestimmbar |
| | Skelettelement: Langknochen | Seite des Tieres: unbest. | Alter in Jahren: unbestimmbar |

Grab: 206	Geschl. archäologisch: m	Altersstufe: matur	Tiefe unter HOK: 122 cm
	Geschl. anthropologisch: m	Alter: 55 Jahre	Tiefe unter Planum 1: 38 cm
	Superposition: keine	Sarg: nein	Anzahl der Gefäße: 1
Gefäßtyp: HG 3	Randverzierung: ohne	Untertyp: viereckiger M. 2	Delle: nicht vorhanden
	Höhe: 12,5 cm	Bauchdm: 13 cm	Seite im Grab: links
	Randdm: 9,5 cm	Bodendm: 8 cm	Höhe im Grab: Unterschenkel
	Halsdm: 9,5 cm	Volumen: 0,699 Liter	Bemerkung: –

Grab: 207A	Geschl. archäologisch: m	Altersstufe: adult	Tiefe unter HOK: 93 cm
	Geschl. anthropologisch: m	Alter: 30-40 Jahre	Tiefe unter Planum 1: 46 cm
	Superposition: keine	Sarg: ja	Anzahl der Gefäße: 1

Gefäßtyp: LG 2	Randverzierung: ohne Höhe: 10 cm Randdm: 8 cm Halsdm: 7 cm	Untertyp: 1 Bauchdm: 8,5 cm Bodendm: 4 cm Volumen: 0,228 Liter	Delle: nicht vorhanden Seite im Grab: links Höhe im Grab: Unterschenkel Bemerkung: –
Grab: 207B	Geschl. archäologisch: k Geschl. anthropologisch: k Superposition: keine	Altersstufe: neonatus Alter: 0,5 Jahr Sarg: ja	Tiefe unter HOK: 93 cm Tiefe unter Planum 1: 46 cm Anzahl der Gefäße: 0
Grab: 208	Geschl. archäologisch: k Geschl. anthropologisch: m Superposition: keine	Altersstufe: infans II Alter: 8 Jahre Sarg: ja	Tiefe unter HOK: 150 cm Tiefe unter Planum 1: 50 cm Anzahl der Gefäße: 1
Gefäßtyp: LG 1	Randverzierung: ohne Höhe: 11 cm Randdm: 9 cm Halsdm: 8,5 cm	Untertyp: 4 Bauchdm: 10,5 cm Bodendm: 7 cm Volumen: 0,447 Liter	Delle: nicht vorhanden Seite im Grab: Mitte Höhe im Grab: unterhalb der Füße Bemerkung: –
Grab: 209	Geschl. archäologisch: k Geschl. anthropologisch: k Superposition: keine	Altersstufe: infans I/2 Alter: 2 Jahre Sarg: ja	Tiefe unter HOK: 0 cm Tiefe unter Planum 1: 0 cm Anzahl der Gefäße: 1
Gefäßtyp: HG 3	Randverzierung: mit Höhe: 9,5 cm Randdm: 10 cm Halsdm: 9 cm	Untertyp: 2 Bauchdm: 10 cm Bodendm: 6,5 cm Volumen: 0,393 Liter	Delle: nicht vorhanden Seite im Grab: Mitte Höhe im Grab: unterhalb der Füße Bemerkung: –
Tierart: Eierschalen	Fundnummer: 12 Skelettelement:	Altersstufe des Tieres: Seite des Tieres:	 Alter in Jahren:
Tierart: Huhn	Fundnummer: 13 Skelettelement: Langknochen	Altersstufe des Tieres: Seite des Tieres: unbest.	unbestimmbar Alter in Jahren: unbestimmbar
Tierart: unbestimmbar	Fundnummer: 13 Skelettelement: unbestimmbar	Altersstufe des Tieres: Seite des Tieres: unbest.	unbestimmbar Alter in Jahren: unbestimmbar
Grab: 210	Geschl. archäologisch: m Geschl. anthropologisch: m Superposition: wird geschnitten v. Grab 212	Altersstufe: spätmatur-senil Alter: 60 Jahre Sarg: ja	Tiefe unter HOK: 160 cm Tiefe unter Planum 1: 100 cm Anzahl der Gefäße: 1
Gefäßtyp: LG 1	Randverzierung: ohne Höhe: 16 cm Randdm: 9,5 cm Halsdm: 9 cm	Untertyp: 3 Bauchdm: 12 cm Bodendm: 7 cm Volumen: 0,787 Liter	Delle: nicht vorhanden Seite im Grab: rechts Höhe im Grab: Fuß Bemerkung: –
Tierart: Rind	Fundnummer: 14 Skelettelement: Femur	Altersstufe des Tieres: Seite des Tieres: links	unbestimmbar Alter in Jahren: unbestimmbar
Tierart: Rind	Fundnummer: bei Skelett Skelettelement: Zähne	Altersstufe des Tieres: Seite des Tieres: unbest.	unbestimmbar Alter in Jahren: unbestimmbar
Grab: 211	Geschl. archäologisch: k Geschl. anthropologisch: k Superposition: keine	Altersstufe: infans I/2 Alter: 3-4 Jahre Sarg: ja	Tiefe unter HOK: 85 cm Tiefe unter Planum 1: 20 cm Anzahl der Gefäße: 1
Gefäßtyp: HG 3	Randverzierung: mit Höhe: 8,5 cm Randdm: 7 cm Halsdm: 6,5 cm	Untertyp: 3 Bauchdm: 8,5 cm Bodendm: 6 cm Volumen: 0,198 Liter	Delle: nicht vorhanden Seite im Grab: Mitte Höhe im Grab: Fuß Bemerkung: –

Tierart: Huhn	Fundnummer: ohne Nr. Skelettelement: Langknochen	Altersstufe des Tieres: Seite des Tieres: unbest.	unbestimmbar Alter in Jahren: unbestimmbar
Grab: 212	Geschl. archäologisch: w Geschl. anthropologisch: w Superposition: schneidet Grab 210	Altersstufe: senil Alter: 60 Jahre Sarg: ja	Tiefe unter HOK: 115 cm Tiefe unter Planum 1: 57 cm Anzahl der Gefäße: 1
Gefäßtyp: HG 2	Randverzierung: ohne Höhe: 9,5 cm Randdm: 6 cm Halsdm: 5,5 cm	Untertyp: 2 Bauchdm: 8,5 cm Bodendm: 5,5 cm Volumen: 0,179 Liter	Delle: nicht vorhanden Seite im Grab: links Höhe im Grab: Fuß Bemerkung: –
Grab: 213	Geschl. archäologisch: m Geschl. anthropologisch: m Superposition: keine	Altersstufe: adult Alter: 45 Jahre Sarg: ja	Tiefe unter HOK: 170 cm Tiefe unter Planum 1: 98 cm Anzahl der Gefäße: 1
Gefäßtyp: HG 3	Randverzierung: ohne Höhe: 14 cm Randdm: 9,5 cm Halsdm: 8,5 cm	Untertyp: 2 Bauchdm: 11,5 cm Bodendm: 6,5 cm Volumen: 0,621 Liter	Delle: nicht vorhanden Seite im Grab: rechts Höhe im Grab: Fuß Bemerkung: –
Grab: 214	Geschl. archäologisch: k Geschl. anthropologisch: k Superposition: keine	Altersstufe: infans I/1 Alter: 1,5 Jahre Sarg: nein	Tiefe unter HOK: 56 cm Tiefe unter Planum 1: 14 cm Anzahl der Gefäße: 1
Gefäßtyp: LG 1	Randverzierung: ohne Höhe: 10 cm Randdm: 9 cm Halsdm: 8 cm	Untertyp: 4 Bauchdm: 9 cm Bodendm: 5,5 cm Volumen: 0,315 Liter	Delle: nicht vorhanden Seite im Grab: Mitte Höhe im Grab: unterhalb der Füße Bemerkung: –
Grab: 215	Geschl. archäologisch: m Geschl. anthropologisch: – Superposition: keine	Altersstufe: unbestimmbar Alter: unbestimmbar Sarg: ja	Tiefe unter HOK: 159 cm Tiefe unter Planum 1: 82 cm Anzahl der Gefäße: 1
Gefäßtyp: HG 2	Randverzierung: mit Höhe: 11,5 cm Randdm: 9,5 cm Halsdm: 8,5 cm	Untertyp: 1 Bauchdm: 11 cm Bodendm: 7 cm Volumen: 0,501 Liter	Delle: nicht vorhanden Seite im Grab: rechts Höhe im Grab: Unterschenkel Bemerkung: –
Tierart: Rind	Fundnummer: 14 Skelettelement: Tibia, Os malleolare	Altersstufe des Tieres: Seite des Tieres: rechts	subadult Alter in Jahren: um 3 Jahre
Grab: 216	Geschl. archäologisch: m Geschl. anthropologisch: m Superposition: keine	Altersstufe: infans II Alter: 10 Jahre Sarg: ja	Tiefe unter HOK: 155 cm Tiefe unter Planum 1: 99 cm Anzahl der Gefäße: 1
Gefäßtyp: HG 3	Randverzierung: ohne Höhe: 12 cm Randdm: 11 cm Halsdm: 10,5 cm	Untertyp: 2 Bauchdm: 12 cm Bodendm: 8 cm Volumen: 0,727 Liter	Delle: nicht vorhanden Seite im Grab: links Höhe im Grab: Oberschenkel Bemerkung: –
Tierart: Rind	Fundnummer: 7 Skelettelement: Femur	Altersstufe des Tieres: Seite des Tieres: links	subadult Alter in Jahren: < 3 Jahre
Grab: 217	Geschl. archäologisch: k Geschl. anthropologisch: k Superposition: keine	Altersstufe: infans I/2 Alter: 4 Jahre Sarg: ja	Tiefe unter HOK: 125 cm Tiefe unter Planum 1: 75 cm Anzahl der Gefäße: 1

Katalog der Keramikfunde sowie der Angaben zu den Gräbern [...] aus dem Gräberfeld Zillingtal

Gefäßtyp: HG 3	Randverzierung: ohne Höhe: 7,5 cm Randdm: 6,5 cm Halsdm: 6 cm	Untertyp: 6 Bauchdm: 7,5 cm Bodendm: 5 cm Volumen: 0,13 Liter	Delle: nicht vorhanden Seite im Grab: links Höhe im Grab: Fuß Bemerkung: –
Tierart: Rind (?)	Fundnummer: 9 Skelettelement: Femur, Patella	Altersstufe des Tieres: Seite des Tieres: links	subadult Alter in Jahren: << 3 Jahre
Tierart: Huhn	Fundnummer: 10 Skelettelement: Langknochen, pk	Altersstufe des Tieres: Seite des Tieres: unbest.	unbestimmbar Alter in Jahren: unbestimmbar

Grab: 218	Geschl. archäologisch: k Geschl. anthropologisch: k Superposition: keine	Altersstufe: infans I/1 Alter: 2 Jahre Sarg: nein	Tiefe unter HOK: 0 cm Tiefe unter Planum 1: 0 cm Anzahl der Gefäße: 1
Gefäßtyp: LG 2	Randverzierung: ohne Höhe: 13 cm Randdm: 10,5 cm Halsdm: 10 cm	Untertyp: 1 Bauchdm: 12 cm Bodendm: 7,5 cm Volumen: 0,729 Liter	Delle: nicht vorhanden Seite im Grab: links Höhe im Grab: Fuß Bemerkung: –
Tierart: Schwein	Fundnummer: 9 Skelettelement: Tibia	Altersstufe des Tieres: Seite des Tieres: rechts	juvenil/subadult Alter in Jahren: unbestimmbar

Grab: 219	Geschl. archäologisch: w Geschl. anthropologisch: w Superposition: keine	Altersstufe: adult Alter: 20–25 Jahre Sarg: ja	Tiefe unter HOK: 140 cm Tiefe unter Planum 1: 80 cm Anzahl der Gefäße: 1
Gefäßtyp: HG 3	Randverzierung: ohne Höhe: 9 cm Randdm: 9 cm Halsdm: 8,5 cm	Untertyp: 4 Bauchdm: 10 cm Bodendm: 8 cm Volumen: 0,37 Liter	Delle: nicht vorhanden Seite im Grab: links Höhe im Grab: Unterschenkel Bemerkung: –
Tierart: Huhn	Fundnummer: 16 Skelettelement: Langknochen	Altersstufe des Tieres: Seite des Tieres: unbest.	unbestimmbar Alter in Jahren: unbestimmbar
Tierart: Rind	Fundnummer: 17 Skelettelement: Femur	Altersstufe des Tieres: Seite des Tieres: links	juvenil Alter in Jahren: unbestimmbar
Tierart: Eierschalen	Fundnummer: ohne Nr. Skelettelement:	Altersstufe des Tieres: Seite des Tieres:	 Alter in Jahren:

Grab: 220	Geschl. archäologisch: w Geschl. anthropologisch: m (?) Superposition: keine	Altersstufe: infans II Alter: 13-14 Jahre Sarg: nein	Tiefe unter HOK: 110 cm Tiefe unter Planum 1: 50 cm Anzahl der Gefäße: 1
Gefäßtyp: LG 2N	Randverzierung: ohne Höhe: 11 cm Randdm: 10 cm Halsdm: 9,5 cm	Untertyp: unbestimmbar Bauchdm: 11,5 cm Bodendm: 7,5 cm Volumen: 0,557 Liter	Delle: nicht vorhanden Seite im Grab: Mitte Höhe im Grab: unterhalb der Füße Bemerkung: –
Tierart: Huhn	Fundnummer: 5 Skelettelement: Langknochen	Altersstufe des Tieres: Seite des Tieres: unbest.	unbestimmbar Alter in Jahren: unbestimmbar
Tierart: Schaf/Ziege	Fundnummer: 6 Skelettelement: Femur	Altersstufe des Tieres: Seite des Tieres: links	subadult Alter in Jahren: unbestimmbar

| **Grab: 221** | Geschl. archäologisch: w
Geschl. anthropologisch: w
Superposition: keine | Altersstufe: matur
Alter: unbestimmbar
Sarg: nein | Tiefe unter HOK: 105 cm
Tiefe unter Planum 1: 53 cm
Anzahl der Gefäße: 1 |

Gefäßtyp: HG 3	Randverzierung: ohne Höhe: 10 cm Randdm: 9,5 cm Halsdm: 9 cm	Untertyp: 4 Bauchdm: 11 cm Bodendm: 6,5 cm Volumen: 0,43 Liter	Delle: nicht vorhanden Seite im Grab: links Höhe im Grab: Fuß Bemerkung: –
Tierart: Rind	Fundnummer: 8 Skelettelement: Femur	Altersstufe des Tieres: Seite des Tieres: links	erwachsen Alter in Jahren: unbestimmbar

Grab: 222	Geschl. archäologisch: m Geschl. anthropologisch: m Superposition: keine	Altersstufe: senil Alter: 60-70 Jahre Sarg: ja	Tiefe unter HOK: 156 cm Tiefe unter Planum 1: 96 cm Anzahl der Gefäße: 1
Gefäßtyp: HG 4	Randverzierung: ohne Höhe: 9,5 cm Randdm: 9 cm Halsdm: 8 cm	Untertyp: 3 Bauchdm: 10,5 cm Bodendm: 7 cm Volumen: 0,368 Liter	Delle: nicht vorhanden Seite im Grab: Mitte Höhe im Grab: unterhalb der Füße Bemerkung: –
Tierart: Eierschalen	Fundnummer: 8 Skelettelement:	Altersstufe des Tieres: Seite des Tieres:	Alter in Jahren:
Tierart: Huhn	Fundnummer: ohne Nr. Skelettelement: Langknochen, pk	Altersstufe des Tieres: Seite des Tieres: unbest.	subadult Alter in Jahren: unbestimmbar
Tierart: Huhn	Fundnummer: 7/1 Skelettelement: Langknochen, pk	Altersstufe des Tieres: Seite des Tieres: unbest.	subadult Alter in Jahren: unbestimmbar
Tierart: Rind	Fundnummer: 7/2 Skelettelement: Tibia, Talus	Altersstufe des Tieres: Seite des Tieres: links	subadult Alter in Jahren: < 3,5 Jahre

Grab: 223	Geschl. archäologisch: k Geschl. anthropologisch: k Superposition: keine	Altersstufe: infans I/2 Alter: 5 Jahre Sarg: ja	Tiefe unter HOK: 103 cm Tiefe unter Planum 1: 50 cm Anzahl der Gefäße: 1
Gefäßtyp: HG 3	Randverzierung: ohne Höhe: 8,5 cm Randdm: 7,5 cm Halsdm: 7 cm	Untertyp: 7 Bauchdm: 8 cm Bodendm: 6 cm Volumen: 0,207 Liter	Delle: nicht vorhanden Seite im Grab: Mitte Höhe im Grab: unterhalb der Füße Bemerkung: –
Tierart: Rind	Fundnummer: 10 Skelettelement: Tibia	Altersstufe des Tieres: Seite des Tieres: links	subadult (?) Alter in Jahren: unbestimmbar

Grab: 224	Geschl. archäologisch: m Geschl. anthropologisch: k Superposition: keine	Altersstufe: juvenil Alter: 14 Jahre Sarg: nein	Tiefe unter HOK: 160 cm Tiefe unter Planum 1: 100 cm Anzahl der Gefäße: 1
Gefäßtyp: LG 2	Randverzierung: ohne Höhe: 12,5 cm Randdm: 11 cm Halsdm: 9,5 cm	Untertyp: 2 Bauchdm: 11,5 cm Bodendm: 7 cm Volumen: 0,66 Liter	Delle: nicht vorhanden Seite im Grab: Mitte Höhe im Grab: unterhalb der Füße Bemerkung: –
Tierart: Rind	Fundnummer: 3 Skelettelement: Tibia	Altersstufe des Tieres: Seite des Tieres: rechts	subadult Alter in Jahren: 2,5-3,5 Jahre

Grab: 225	Geschl. archäologisch: m Geschl. anthropologisch: m Superposition: keine	Altersstufe: matur Alter: 50 Jahre Sarg: ja	Tiefe unter HOK: 113 cm Tiefe unter Planum 1: 28 cm Anzahl der Gefäße: 1

Gefäßtyp: HG 3	Randverzierung: mit Höhe: 9,5 cm Randdm: 10 cm Halsdm: 9 cm	Untertyp: 2 Bauchdm: 10,5 cm Bodendm: 7 cm Volumen: 0,419 Liter	Delle: nicht vorhanden Seite im Grab: links Höhe im Grab: Fuß Bemerkung: –
Tierart: Huhn	Fundnummer: 18 Skelettelement: Langknochen	Altersstufe des Tieres: Seite des Tieres: unbest.	unbestimmbar Alter in Jahren: unbestimmbar
Tierart: Rind	Fundnummer: 19 Skelettelement: Tibia	Altersstufe des Tieres: Seite des Tieres: links	subadult Alter in Jahren: unbestimmbar

Grab: 226	Geschl. archäologisch: m Geschl. anthropologisch: m Superposition: keine	Altersstufe: adult Alter: 45 Jahre Sarg: ja	Tiefe unter HOK: 117 cm Tiefe unter Planum 1: 57 cm Anzahl der Gefäße: 1
Gefäßtyp: LG 2	Randverzierung: ohne Höhe: 13 cm Randdm: 10,5 cm Halsdm: 9,5 cm	Untertyp: 2 Bauchdm: 12,5 cm Bodendm: 8 cm Volumen: 0,75 Liter	Delle: nicht vorhanden Seite im Grab: Mitte Höhe im Grab: unterhalb der Füße Bemerkung: –
Tierart: unbestimmbar	Fundnummer: 9 Skelettelement: Langknochen	Altersstufe des Tieres: Seite des Tieres: unbest.	unbestimmbar Alter in Jahren: unbestimmbar
Tierart: Rind (?)	Fundnummer: 10 Skelettelement: Tibia, Talus	Altersstufe des Tieres: Seite des Tieres: rechts	subadult Alter in Jahren: unbestimmbar
Tierart: Schaf/Ziege	Fundnummer: 11 Skelettelement: Tibia, Fußknochen	Altersstufe des Tieres: Seite des Tieres: rechts	unbestimmbar Alter in Jahren: unbestimmbar
Tierart: Rind (?)	Fundnummer: 12 Skelettelement: Tibia	Altersstufe des Tieres: Seite des Tieres: rechts	subadult Alter in Jahren: > 3,5 Jahre

Grab: 227	Geschl. archäologisch: w Geschl. anthropologisch: w Superposition: keine	Altersstufe: adult/matur Alter: 40 Jahre Sarg: nein	Tiefe unter HOK: 155 cm Tiefe unter Planum 1: 105 cm Anzahl der Gefäße: 1
Gefäßtyp: HG 4	Randverzierung: ohne Höhe: 10,5 cm Randdm: 10 cm Halsdm: 9,5 cm	Untertyp: 1 Bauchdm: 11 cm Bodendm: 8 cm Volumen: 0,529 Liter	Delle: nicht vorhanden Seite im Grab: Mitte Höhe im Grab: unterhalb der Füße Bemerkung: –
Tierart: Rind	Fundnummer: 5 Skelettelement: Femur	Altersstufe des Tieres: Seite des Tieres: links	unbestimmbar Alter in Jahren: unbestimmbar

| **Grab: 228** | Geschl. archäologisch: k
Geschl. anthropologisch: –
Superposition: keine | Altersstufe: unbestimmbar
Alter: unbestimmbar
Sarg: nein | Tiefe unter HOK: 75 cm
Tiefe unter Planum 1: 20 cm
Anzahl der Gefäße: 0 |

| **Grab: 229** | Geschl. archäologisch: k
Geschl. anthropologisch: –
Superposition: keine | Altersstufe: unbestimmbar
Alter: unbestimmbar
Sarg: nein | Tiefe unter HOK: 100 cm
Tiefe unter Planum 1: 40 cm
Anzahl der Gefäße: 0 |

| **Grab: 230A** | Geschl. archäologisch: k
Geschl. anthropologisch: k
Superposition: keine | Altersstufe: infans
Alter: unbestimmbar
Sarg: nein | Tiefe unter HOK: 135 cm
Tiefe unter Planum 1: 75 cm
Anzahl der Gefäße: 1 |
| Gefäßtyp: LG 3 | Randverzierung: ohne
Höhe: 7,5 cm
Randdm: 6,5 cm
Halsdm: 6 cm | Untertyp: 1
Bauchdm: 8,5 cm
Bodendm: 6 cm
Volumen: 0,157 Liter | Delle: vorhanden
Seite im Grab: links
Höhe im Grab: Kopf
Bemerkung: – |

Grab: 230B

Geschl. archäologisch: m	Altersstufe: spätadult	Tiefe unter HOK: 135 cm
Geschl. anthropologisch: m	Alter: 40 Jahre	Tiefe unter Planum 1: 75 cm
Superposition: keine	Sarg: ja	Anzahl der Gefäße: 1

Gefäßtyp: LG 3

Randverzierung: ohne	Untertyp: 2	Delle: nicht vorhanden
Höhe: 8,5 cm	Bauchdm: 9 cm	Seite im Grab: rechts
Randdm: 8,5 cm	Bodendm: 6 cm	Höhe im Grab: Fuß
Halsdm: 7,5 cm	Volumen: 0,253 Liter	Bemerkung: –

Tierart: Rind

Fundnummer: 7	Altersstufe des Tieres:	subadult
Skelettelement: Tibia, Talus	Seite des Tieres: rechts	Alter in Jahren: < 2 Jahre

---

Grab: 231

Geschl. archäologisch: w	Altersstufe: adult	Tiefe unter HOK: 133 cm
Geschl. anthropologisch: –	Alter: 30–40 Jahre	Tiefe unter Planum 1: 72 cm
Superposition: keine	Sarg: ja	Anzahl der Gefäße: 1

Gefäßtyp: LG 2

Randverzierung: ohne	Untertyp: 2	Delle: nicht vorhanden
Höhe: 12 cm	Bauchdm: 11 cm	Seite im Grab: Mitte
Randdm: 9,5 cm	Bodendm: 6,5 cm	Höhe im Grab: unterhalb der Füße
Halsdm: 9 cm	Volumen: 0,525 Liter	Bemerkung: –

Tierart: Schaf/Ziege

Fundnummer: 9	Altersstufe des Tieres:	unbestimmbar
Skelettelement: Femur	Seite des Tieres: rechts	Alter in Jahren: unbestimmbar

---

Grab: 232

Geschl. archäologisch: m	Altersstufe: matur	Tiefe unter HOK: 117 cm
Geschl. anthropologisch: m	Alter: 40–60 Jahre	Tiefe unter Planum 1: 83 cm
Superposition: keine	Sarg: ja	Anzahl der Gefäße: 1

Gefäßtyp: HG 1

Randverzierung: ohne	Untertyp: unbestimmbar	Delle: nicht vorhanden
Höhe: 16 cm	Bauchdm: 12,5 cm	Seite im Grab: links
Randdm: 9,5 cm	Bodendm: 7,5 cm	Höhe im Grab: Knie
Halsdm: 9 cm	Volumen: 0,836 Liter	Bemerkung: –

Grab: 233

Geschl. archäologisch: w	Altersstufe: matur	Tiefe unter HOK: 135 cm
Geschl. anthropologisch: w	Alter: unbestimmbar	Tiefe unter Planum 1: 71 cm
Superposition: keine	Sarg: ja	Anzahl der Gefäße: 2

Gefäßtyp: HG 3

Randverzierung: mit	Untertyp: 1	Delle: nicht vorhanden
Höhe: 9,5 cm	Bauchdm: 9 cm	Seite im Grab: Mitte
Randdm: 7,5 cm	Bodendm: 7 cm	Höhe im Grab: unterhalb der Füße
Halsdm: 6,5 cm	Volumen: 0,265 Liter	Bemerkung: –

Gefäßtyp: HG 2

Randverzierung: ohne	Untertyp: viereckig	Delle: nicht vorhanden
Höhe: 9 cm	Bauchdm: 11,5 cm	Seite im Grab: links
Randdm: 8 cm	Bodendm: 8 cm	Höhe im Grab: Unterschenkel
Halsdm: 9 cm	Volumen: 0,394 Liter	Bemerkung: –

Tierart: Rind

Fundnummer: 8	Altersstufe des Tieres:	subadult
Skelettelement: Femur	Seite des Tieres: rechts	Alter in Jahren: unbestimmbar

Tierart: Huhn

Fundnummer: 9	Altersstufe des Tieres:	unbestimmbar
Skelettelement: Langknochen	Seite des Tieres: unbest.	Alter in Jahren: unbestimmbar

---

Grab: 234

Geschl. archäologisch: k	Altersstufe: infans I/2	Tiefe unter HOK: 105 cm
Geschl. anthropologisch: k	Alter: 6 Jahre	Tiefe unter Planum 1: 70 cm
Superposition: keine	Sarg: ja	Anzahl der Gefäße: 1

Gefäßtyp: HG 1

Randverzierung: ohne	Untertyp: unbestimmbar	Delle: nicht vorhanden
Höhe: 13 cm	Bauchdm: 12 cm	Seite im Grab: Mitte
Randdm: 10 cm	Bodendm: 8 cm	Höhe im Grab: unterhalb der Füße
Halsdm: 9,5 cm	Volumen: 0,709 Liter	Bemerkung: –

Katalog der Keramikfunde sowie der Angaben zu den Gräbern […] aus dem Gräberfeld Zillingtal

Tierart: **Rind**	Fundnummer: 11 Skelettelement: Femur	Altersstufe des Tieres: Seite des Tieres: links	juvenil Alter in Jahren: unbestimmbar
Tierart: **Eierschalen**	Fundnummer: 10 Skelettelement:	Altersstufe des Tieres: Seite des Tieres:	 Alter in Jahren:

Grab: 235	Geschl. archäologisch: m Geschl. anthropologisch: m Superposition: keine	Altersstufe: matur Alter: 50 Jahre Sarg: ja	Tiefe unter HOK: 170 cm Tiefe unter Planum 1: 100 cm Anzahl der Gefäße: 1
Gefäßtyp: HG 4	Randverzierung: ohne Höhe: 11,5 cm Randdm: 9 cm	Untertyp: 1 Bauchdm: 11 cm Bodendm: 6,5 cm	Delle: nicht vorhanden Seite im Grab: Mitte Höhe im Grab: unterhalb der Füße
	Halsdm: 8,5 cm	Volumen: 0,47 Liter	Bemerkung: –
Tierart: **Rind**	Fundnummer: ohne Nr. Skelettelement: Tibia, Calcaneus, Talus	Altersstufe des Tieres: Seite des Tieres: links	subadult Alter in Jahren: um 3 Jahre
Tierart: **Huhn**	Fundnummer: ohne Nr. Skelettelement: Langknochen	Altersstufe des Tieres: Seite des Tieres: unbest.	unbestimmbar Alter in Jahren: unbestimmbar

Grab: 236	Geschl. archäologisch: m Geschl. anthropologisch: m Superposition: wird geschnitten v. Grab 237	Altersstufe: juvenil Alter: 17 Jahre Sarg: nein	Tiefe unter HOK: 70 cm Tiefe unter Planum 1: 10 cm Anzahl der Gefäße: 0
Tierart: **Schwein (?)**	Fundnummer: 3 Skelettelement: Femur	Altersstufe des Tieres: Seite des Tieres: links	juvenil Alter in Jahren: unbestimmbar

Grab: 237	Geschl. archäologisch: w Geschl. anthropologisch: w Superposition: schneidet Grab 236	Altersstufe: matur Alter: 50 Jahre Sarg: ja	Tiefe unter HOK: 132 cm Tiefe unter Planum 1: 72 cm Anzahl der Gefäße: 1
Gefäßtyp: HG 2	Randverzierung: mit Höhe: unbest. Randdm: unbest.	Untertyp: unbestimmbar Bauchdm: unbest. Bodendm: unbest.	Delle: unbestimmbar Seite im Grab: Mitte Höhe im Grab: unterhalb der Füße
	Halsdm: unbest.	Volumen: unbest.	Bemerkung: stark fragmentiert erhalten
Tierart: **Rind**	Fundnummer: 8 Skelettelement: Femur	Altersstufe des Tieres: Seite des Tieres: links	juvenil Alter in Jahren: unbestimmbar
Tierart: **Rind**	Fundnummer: 6 Skelettelement: Femur	Altersstufe des Tieres: Seite des Tieres: unbest.	juvenil Alter in Jahren: unbestimmbar

Grab: 238	Geschl. archäologisch: m Geschl. anthropologisch: m Superposition: keine	Altersstufe: matur Alter: unbestimmbar Sarg: nein	Tiefe unter HOK: 50 cm Tiefe unter Planum 1: 12 cm Anzahl der Gefäße: 0
Tierart: **Hahn**	Fundnummer: 5 Skelettelement: Langknochen	Altersstufe des Tieres: Seite des Tieres: unbest.	unbestimmbar Alter in Jahren: unbestimmbar
Tierart: **Schaf/Ziege**	Fundnummer: 6 Skelettelement: Tibia, Talus	Altersstufe des Tieres: Seite des Tieres: rechts	subadult Alter in Jahren: unbestimmbar
Tierart: **Schaf/Ziege**	Fundnummer: bei Skelett Skelettelement: Talus	Altersstufe des Tieres: Seite des Tieres: rechts	unbestimmbar Alter in Jahren: unbestimmbar

Grab: 239	Geschl. archäologisch: k	Altersstufe: infans I/2	Tiefe unter HOK: 29 cm
	Geschl. anthropologisch: k	Alter: 4 Jahre	Tiefe unter Planum 1: 7 cm
	Superposition: keine	Sarg: nein	Anzahl der Gefäße: 0

Grab: 240	Geschl. archäologisch: m	Altersstufe: matur	Tiefe unter HOK: 160 cm
	Geschl. anthropologisch: m	Alter: 40–50 Jahre	Tiefe unter Planum 1: 107 cm
	Superposition: keine	Sarg: ja	Anzahl der Gefäße: 0
Tierart: Rind	Fundnummer: 25	Altersstufe des Tieres:	subadult/erwachsen
	Skelettelement: Femur	Seite des Tieres: rechts	Alter in Jahren: unbestimmbar

Grab: 241	Geschl. archäologisch: m	Altersstufe: senil	Tiefe unter HOK: 35 cm
	Geschl. anthropologisch: m	Alter: 60-70 Jahre	Tiefe unter Planum 1: 0 cm
	Superposition: keine	Sarg: nein	Anzahl der Gefäße: 0

Grab: 242	Geschl. archäologisch: k	Altersstufe: infans I/2	Tiefe unter HOK: 53 cm
	Geschl. anthropologisch: k	Alter: 4 Jahre	Tiefe unter Planum 1: 21 cm
	Superposition: keine	Sarg: ja	Anzahl der Gefäße: 2
Gefäßtyp: HG 2	Randverzierung: ohne	Untertyp: 7	Delle: nicht vorhanden
	Höhe: 10 cm	Bauchdm: 10,5 cm	Seite im Grab: Mitte
	Randdm: 8,5 cm	Bodendm: 6,5 cm	Höhe im Grab: unterhalb der Füße
	Halsdm: 8 cm	Volumen: 0,364 Liter	Bemerkung: –
Gefäßtyp: HG 2	Randverzierung: ohne	Untertyp: viereckiger M. 2	Delle: nicht vorhanden
	Höhe: 4 cm	Bauchdm: 3,5 cm	Seite im Grab: rechts
	Randdm: 3 cm	Bodendm: 3 cm	Höhe im Grab: Fuß
	Halsdm: 3 cm	Volumen: 0,009 Liter	Bemerkung: –
Tierart: unbestimmbar	Fundnummer: 7	Altersstufe des Tieres:	unbestimmbar
	Skelettelement: Langknochen	Seite des Tieres: unbest.	Alter in Jahren: unbestimmbar

Grab: 243	Geschl. archäologisch: w	Altersstufe: matur	Tiefe unter HOK: 84 cm
	Geschl. anthropologisch: w	Alter: 50–60 Jahre	Tiefe unter Planum 1: 61 cm
	Superposition: keine	Sarg: ja	Anzahl der Gefäße: 1
Gefäßtyp: LG 2	Randverzierung: ohne	Untertyp: 1	Delle: vorhanden
	Höhe: 9,5 cm	Bauchdm: 10 cm	Seite im Grab: links
	Randdm: 9 cm	Bodendm: 6,5 cm	Höhe im Grab: Fuß
	Halsdm: 8 cm	Volumen: 0,344 Liter	Bemerkung: –
Tierart: Rind	Fundnummer: ohne Nr.	Altersstufe des Tieres:	subadult
	Skelettelement: Femur	Seite des Tieres: links	Alter in Jahren: unbestimmbar
Tierart: Huhn	Fundnummer: bei Skelett	Altersstufe des Tieres:	unbestimmbar
	Skelettelement: Langknochen, pk	Seite des Tieres: unbest.	Alter in Jahren: unbestimmbar

Grab: 244	Geschl. archäologisch: m	Altersstufe: matur	Tiefe unter HOK: 145 cm
	Geschl. anthropologisch: m	Alter: 50–60 Jahre	Tiefe unter Planum 1: 90 cm
	Superposition: keine	Sarg: ja	Anzahl der Gefäße: 1
Gefäßtyp: LG 1	Randverzierung: ohne	Untertyp: 4	Delle: nicht vorhanden
	Höhe: 14 cm	Bauchdm: 12,5 cm	Seite im Grab: Mitte
	Randdm: 9,5 cm	Bodendm: 7,5 cm	Höhe im Grab: unterhalb der Füße
	Halsdm: 9 cm	Volumen: 0,724 Liter	Bemerkung: –

Grab: 245	Geschl. archäologisch: m	Altersstufe: senil	Tiefe unter HOK: 130 cm
	Geschl. anthropologisch: m	Alter: > 60 Jahre	Tiefe unter Planum 1: 70 cm
	Superposition: keine	Sarg: ja	Anzahl der Gefäße: 1

Katalog der Keramikfunde sowie der Angaben zu den Gräbern [...] aus dem Gräberfeld Zillingtal

Gefäßtyp: HG 4	Randverzierung: ohne Höhe: 7,5 cm Randdm: 8,5 cm Halsdm: 8 cm	Untertyp: 2 Bauchdm: 9 cm Bodendm: 6 cm Volumen: 0,227 Liter	Delle: nicht vorhanden Seite im Grab: links Höhe im Grab: Unterschenkel Bemerkung: –
Tierart: Rind	Fundnummer: 10 Skelettelement: Tibia, Patella	Altersstufe des Tieres: Seite des Tieres: rechts	erwachsen Alter in Jahren: um 4 Jahre

Grab: 246	Geschl. archäologisch: k Geschl. anthropologisch: k Superposition: keine	Altersstufe: infans I/2 Alter: 2 Jahre Sarg: nein	Tiefe unter HOK: 71 cm Tiefe unter Planum 1: 5 cm Anzahl der Gefäße: 1
Gefäßtyp: HG 3	Randverzierung: ohne Höhe: 9 cm Randdm: 7,5 cm Halsdm: 6,5 cm	Untertyp: 6 Bauchdm: 8,5 cm Bodendm: 6,5 cm Volumen: 0,23 Liter	Delle: nicht vorhanden Seite im Grab: Mitte Höhe im Grab: unterhalb der Füße Bemerkung: –

Grab: 247	Geschl. archäologisch: m Geschl. anthropologisch: m Superposition: keine	Altersstufe: matur Alter: 50 Jahre Sarg: nein	Tiefe unter HOK: 136 cm Tiefe unter Planum 1: 96 cm Anzahl der Gefäße: 1
Gefäßtyp: HG 2	Randverzierung: mit Höhe: 11 cm Randdm: 11 cm Halsdm: 9,5 cm	Untertyp: 1 Bauchdm: 10,5 cm Bodendm: 6,5 cm Volumen: 0,525 Liter	Delle: nicht vorhanden Seite im Grab: Mitte Höhe im Grab: unterhalb der Füße Bemerkung: –

Grab: 248	Geschl. archäologisch: w Geschl. anthropologisch: w Superposition: keine	Altersstufe: spätjuvenil Alter: 18-20 Jahre Sarg: ja	Tiefe unter HOK: 160 cm Tiefe unter Planum 1: 107 cm Anzahl der Gefäße: 1
Gefäßtyp: HG 1	Randverzierung: mit Höhe: 12 cm Randdm: 9 cm Halsdm: 8,5 cm	Untertyp: 1 Bauchdm: 12 cm Bodendm: 7,5 cm Volumen: 0,56 Liter	Delle: nicht vorhanden Seite im Grab: Mitte Höhe im Grab: Unterschenkel Bemerkung: –
Tierart: Rind	Fundnummer: 14 Skelettelement: Femur	Altersstufe des Tieres: Seite des Tieres: rechts	unbestimmbar Alter in Jahren: unbestimmbar

Grab: 249	Geschl. archäologisch: k Geschl. anthropologisch: k Superposition: keine	Altersstufe: infans I/2 Alter: > 3 Jahre Sarg: nein	Tiefe unter HOK: 98 cm Tiefe unter Planum 1: 69 cm Anzahl der Gefäße: 1
Gefäßtyp: HG 2	Randverzierung: mit Höhe: 9,5 cm Randdm: 9 cm Halsdm: 7,5 cm	Untertyp: 1 Bauchdm: 10 cm Bodendm: 7 cm Volumen: 0,344 Liter	Delle: nicht vorhanden Seite im Grab: links Höhe im Grab: Knie Bemerkung: –
Tierart: Nager	Fundnummer: 11 Skelettelement: Oberkiefer, Langknochen	Altersstufe des Tieres: Seite des Tieres: unbest.	unbestimmbar Alter in Jahren: unbestimmbar

Grab: 250A	Geschl. archäologisch: k Geschl. anthropologisch: m Superposition: keine	Altersstufe: infans I/1 Alter: 2,5-3 Jahre Sarg: nein	Tiefe unter HOK: 120 cm Tiefe unter Planum 1: 166 cm Anzahl der Gefäße: 1
Gefäßtyp: HG 2	Randverzierung: mit Höhe: 11,5 cm Randdm: 9,5 cm Halsdm: 8 cm	Untertyp: 1 Bauchdm: 10 cm Bodendm: 5,5 cm Volumen: 0,41 Liter	Delle: nicht vorhanden Seite im Grab: Mitte Höhe im Grab: unterhalb der Füße Bemerkung: –

Grab: 250B	Geschl. archäologisch: k	Altersstufe: infans I/2	Tiefe unter HOK: 120 cm
	Geschl. anthropologisch: k	Alter: 4 Jahre	Tiefe unter Planum 1: 166 cm
	Superposition: keine	Sarg: nein	Anzahl der Gefäße: 0

Grab: 251	Geschl. archäologisch: k	Altersstufe: infans I/1	Tiefe unter HOK: 91 cm
	Geschl. anthropologisch: k	Alter: 3 Jahre	Tiefe unter Planum 1: 27 cm
	Superposition: keine	Sarg: nein	Anzahl der Gefäße: 1
Gefäßtyp: HG	Randverzierung: unbest.	Untertyp: unbestimmbar	Delle: unbestimmbar
	Höhe: unbest.	Bauchdm: unbest.	Seite im Grab: Mitte
	Randdm: unbest.	Bodendm: unbest.	Höhe im Grab: unterhalb der Füße
	Halsdm: unbest.	Volumen: unbest.	Bemerkung: stark fragmentiert erhalten

Grab: 252	Geschl. archäologisch: w	Altersstufe: adult	Tiefe unter HOK: 142 cm
	Geschl. anthropologisch: w	Alter: 20-30 Jahre	Tiefe unter Planum 1: 63 cm
	Superposition: keine	Sarg: ja	Anzahl der Gefäße: 1
Gefäßtyp: HG 4	Randverzierung: ohne	Untertyp: 3	Delle: nicht vorhanden
	Höhe: 10,5 cm	Bauchdm: 10 cm	Seite im Grab: Mitte
	Randdm: 9 cm	Bodendm: 5,5 cm	Höhe im Grab: unterhalb der Füße
	Halsdm: 8,5 cm	Volumen: 0,371 Liter	Bemerkung: –
Tierart: Huhn	Fundnummer: 10	Altersstufe des Tieres:	unbestimmbar
	Skelettelement: pk	Seite des Tieres: unbest.	Alter in Jahren: unbestimmbar
Tierart: Rind	Fundnummer: 11	Altersstufe des Tieres:	erwachsen
	Skelettelement: Femur	Seite des Tieres: rechts	Alter in Jahren: unbestimmbar

Grab: 253	Geschl. archäologisch: w	Altersstufe: matur	Tiefe unter HOK: 136 cm
	Geschl. anthropologisch: w	Alter: 50-60 Jahre	Tiefe unter Planum 1: 76 cm
	Superposition: keine	Sarg: ja	Anzahl der Gefäße: 1
Gefäßtyp: LG 3	Randverzierung: ohne	Untertyp: 1	Delle: vorhanden
	Höhe: 16 cm	Bauchdm: 13,5 cm	Seite im Grab: links
	Randdm: 12 cm	Bodendm: 7 cm	Höhe im Grab: Fuß
	Halsdm: 11 cm	Volumen: 1,102 Liter	Bemerkung: –
Tierart: Schnecke	Fundnummer: 9	Altersstufe des Tieres:	unbestimmbar
	Skelettelement: mind. 4 Schnecken	Seite des Tieres: unbest.	Alter in Jahren: unbestimmbar
Tierart: Huhn	Fundnummer: 10	Altersstufe des Tieres:	unbestimmbar
	Skelettelement: Langknochen	Seite des Tieres: unbest.	Alter in Jahren: unbestimmbar
Tierart: Huhn	Fundnummer: 11	Altersstufe des Tieres:	unbestimmbar
	Skelettelement: Langknochen, pk	Seite des Tieres: unbest.	Alter in Jahren: unbestimmbar
Tierart: Rind	Fundnummer: 12	Altersstufe des Tieres:	subadult
	Skelettelement: Femur	Seite des Tieres: rechts	Alter in Jahren: < 3 Jahre

Grab: 254	Geschl. archäologisch: m	Altersstufe: matur	Tiefe unter HOK: 139 cm
	Geschl. anthropologisch: m	Alter: unbestimmbar	Tiefe unter Planum 1: 74 cm
	Superposition: keine	Sarg: nein	Anzahl der Gefäße: 1
Gefäßtyp: LG 2	Randverzierung: mit	Untertyp: 2	Delle: nicht vorhanden
	Höhe: 10 cm	Bauchdm: 10 cm	Seite im Grab: links
	Randdm: 9,5 cm	Bodendm: 6,5 cm	Höhe im Grab: Fuß
	Halsdm: 8,5 cm	Volumen: 0,389 Liter	Bemerkung: –

Katalog der Keramikfunde sowie der Angaben zu den Gräbern […] aus dem Gräberfeld Zillingtal

Tierart: Rind	Fundnummer: 15 Skelettelement: Femur	Altersstufe des Tieres: Seite des Tieres: links	juvenil Alter in Jahren: unbestimmbar
Tierart: unbestimmbar	Fundnummer: bei Skelett Skelettelement: unbestimbare	Altersstufe des Tieres: Seite des Tieres: unbest.	unbestimmbar Alter in Jahren: unbestimmbar
Grab: 255	Geschl. archäologisch: w Geschl. anthropologisch: w Superposition: keine	Altersstufe: matur Alter: unbestimmbar Sarg: ja	Tiefe unter HOK: 192 cm Tiefe unter Planum 1: 110 cm Anzahl der Gefäße: 1
Gefäßtyp: HG 4	Randverzierung: ohne Höhe: 9,5 cm Randdm: 9,5 cm Halsdm: 8,5 cm	Untertyp: 3 Bauchdm: 11 cm Bodendm: 7,5 cm Volumen: 0,419 Liter	Delle: nicht vorhanden Seite im Grab: rechts Höhe im Grab: Fuß Bemerkung: –
Tierart: Rind	Fundnummer: 13 Skelettelement: Femur	Altersstufe des Tieres: Seite des Tieres: links	juvenil/subadult Alter in Jahren: unbestimmbar
Grab: 256	Geschl. archäologisch: k Geschl. anthropologisch: k Superposition: keine	Altersstufe: infans I/2 Alter: 5 Jahre Sarg: nein	Tiefe unter HOK: 75 cm Tiefe unter Planum 1: 20 cm Anzahl der Gefäße: 1
Gefäßtyp: HG 4	Randverzierung: ohne Höhe: unbest. Randdm: unbest. Halsdm: unbest.	Untertyp: 1 Bauchdm: unbest. Bodendm: unbest. Volumen: unbest.	Delle: unbestimmbar Seite im Grab: Mitte Höhe im Grab: unterhalb der Füße Bemerkung: stark fragmentiert erhalten
Tierart: Schwein	Fundnummer: 7 Skelettelement: Tibia	Altersstufe des Tieres: Seite des Tieres: rechts	unbestimmbar Alter in Jahren: unbestimmbar
Grab: 257	Geschl. archäologisch: m Geschl. anthropologisch: m Superposition: keine	Altersstufe: matur Alter: 50 Jahre Sarg: ja	Tiefe unter HOK: 80 cm Tiefe unter Planum 1: 54 cm Anzahl der Gefäße: 1
Gefäßtyp: LG 1	Randverzierung: ohne Höhe: 15 cm Randdm: 9,5 cm Halsdm: 8,5 cm	Untertyp: 3 Bauchdm: 12 cm Bodendm: 7 cm Volumen: 0,712 Liter	Delle: vorhanden Seite im Grab: Mitte Höhe im Grab: unterhalb der Füße Bemerkung: –
Tierart: Rind	Fundnummer: 8 Skelettelement: Tibia	Altersstufe des Tieres: Seite des Tieres: links	subadult Alter in Jahren: < 2 Jahre
Grab: 258A	Geschl. archäologisch: w Geschl. anthropologisch: w Superposition: keine	Altersstufe: matur Alter: 40-50 Jahre Sarg: ja	Tiefe unter HOK: 135 cm Tiefe unter Planum 1: 80 cm Anzahl der Gefäße: 1
Gefäßtyp: LG 3	Randverzierung: ohne Höhe: 8 cm Randdm: 7 cm Halsdm: 6,5 cm	Untertyp: 1 Bauchdm: 8,5 cm Bodendm: 6,5 cm Volumen: 0,193 Liter	Delle: nicht vorhanden Seite im Grab: rechts Höhe im Grab: Fuß Bemerkung: –
Grab: 258B	Geschl. archäologisch: k Geschl. anthropologisch: k Superposition: keine	Altersstufe: infans I/2 Alter: 5 Jahre Sarg: nein	Tiefe unter HOK: 135 cm Tiefe unter Planum 1: 80 cm Anzahl der Gefäße: 0
Grab: 259	Geschl. archäologisch: m Geschl. anthropologisch: m Superposition: keine	Altersstufe: matur Alter: 50 Jahre Sarg: ja	Tiefe unter HOK: 182 cm Tiefe unter Planum 1: 102 cm Anzahl der Gefäße: 1

Gefäßtyp: LG 3	Randverzierung: ohne Höhe: 11 cm Randdm: 9,5 cm Halsdm: 9 cm	Untertyp: 1 Bauchdm: 12 cm Bodendm: 7,5 cm Volumen: 0,541 Liter	Delle: nicht vorhanden Seite im Grab: rechts Höhe im Grab: Fuß Bemerkung: –
Tierart: Rind	Fundnummer: ohne Nr. Skelettelement: Tibia	Altersstufe des Tieres: Seite des Tieres: links	juvenil Alter in Jahren: um 1 Jahr
Grab: 260	Geschl. archäologisch: m Geschl. anthropologisch: m Superposition: keine	Altersstufe: frühadult Alter: 20-25 Jahre Sarg: ja	Tiefe unter HOK: 200 cm Tiefe unter Planum 1: 115 cm Anzahl der Gefäße: 1
Gefäßtyp: HG 3	Randverzierung: ohne Höhe: 11,5 cm Randdm: 9 cm Halsdm: 8,5 cm	Untertyp: 5 Bauchdm: 11,5 cm Bodendm: 8 cm Volumen: 0,534 Liter	Delle: nicht vorhanden Seite im Grab: rechts Höhe im Grab: Fuß Bemerkung: –
Tierart: Rind	Fundnummer: 18 Skelettelement: Tibia, Talus, Os malleolare	Altersstufe des Tieres: Seite des Tieres: links	subadult Alter in Jahren: unbestimmbar
Grab: 261	Geschl. archäologisch: k Geschl. anthropologisch: k Superposition: keine	Altersstufe: infans I/2 Alter: 3 Jahre Sarg: nein	Tiefe unter HOK: 0 cm Tiefe unter Planum 1: 0 cm Anzahl der Gefäße: 0
Grab: 262A	Geschl. archäologisch: m Geschl. anthropologisch: m Superposition: keine	Altersstufe: spätjuvenil Alter: 20 Jahre Sarg: nein	Tiefe unter HOK: 110 cm Tiefe unter Planum 1: 50 cm Anzahl der Gefäße: 0
Grab: 262B	Geschl. archäologisch: w Geschl. anthropologisch: w Superposition: keine	Altersstufe: matur Alter: 45-55 Jahre Sarg: nein	Tiefe unter HOK: 110 cm Tiefe unter Planum 1: 50 cm Anzahl der Gefäße: 1
Gefäßtyp: HG 3	Randverzierung: mit Höhe: 11 cm Randdm: 8,5 cm Halsdm: 7,5 cm	Untertyp: 1 Bauchdm: 9 cm Bodendm: 5,5 cm Volumen: 0,324 Liter	Delle: nicht vorhanden Seite im Grab: links Höhe im Grab: Fuß Bemerkung: –
Grab: 263	Geschl. archäologisch: w Geschl. anthropologisch: w Superposition: keine	Altersstufe: adult Alter: 30-40 Jahre Sarg: ja	Tiefe unter HOK: 175 cm Tiefe unter Planum 1: 105 cm Anzahl der Gefäße: 1
Gefäßtyp: LG 3	Randverzierung: mit Höhe: 11,5 cm Randdm: 9,5 cm Halsdm: 9 cm	Untertyp: 1 Bauchdm: 12 cm Bodendm: 6,5 cm Volumen: 0,534 Liter	Delle: vorhanden Seite im Grab: Mitte Höhe im Grab: unterhalb der Füße Bemerkung: –
Tierart: Rind	Fundnummer: 25 Skelettelement: Femur	Altersstufe des Tieres: Seite des Tieres: rechts	juvenil Alter in Jahren: unbestimmbar
Grab: 264	Geschl. archäologisch: k Geschl. anthropologisch: k Superposition: keine	Altersstufe: infans I/2 Alter: 2 Jahre Sarg: nein	Tiefe unter HOK: 90 cm Tiefe unter Planum 1: 20 cm Anzahl der Gefäße: 1
Gefäßtyp: LG 3	Randverzierung: ohne Höhe: 9 cm Randdm: 7 cm Halsdm: 6,5 cm	Untertyp: 2 Bauchdm: 9 cm Bodendm: 5 cm Volumen: 0,202 Liter	Delle: nicht vorhanden Seite im Grab: links Höhe im Grab: Oberschenkel Bemerkung: –
Grab: 265	Geschl. archäologisch: m Geschl. anthropologisch: – Superposition: keine	Altersstufe: spätjuvenil Alter: 18-20 Jahre Sarg: nein	Tiefe unter HOK: 120 cm Tiefe unter Planum 1: 50 cm Anzahl der Gefäße: 1

Gefäßtyp: HG 4	Randverzierung: ohne Höhe: 7,5 cm Randdm: 7,5 cm	Untertyp: 1 Bauchdm: 7 cm Bodendm: 5 cm	Delle: nicht vorhanden Seite im Grab: Mitte Höhe im Grab: unterhalb der Füße
	Halsdm: 6,5 cm	Volumen: 0,143 Liter	Bemerkung: –
Tierart: Rind	Fundnummer: Skelettelement: Metacarpus	Altersstufe des Tieres: Seite des Tieres: unbest.	unbestimmbar Alter in Jahren: unbestimmbar
Grab: 266	Geschl. archäologisch: k Geschl. anthropologisch: k Superposition: keine	Altersstufe: infans I/2 Alter: 5 Jahre Sarg: nein	Tiefe unter HOK: 75 cm Tiefe unter Planum 1: 0 cm Anzahl der Gefäße: 0
Grab: 267	Geschl. archäologisch: e Geschl. anthropologisch: w Superposition: keine	Altersstufe: spätmatur Alter: 50-60 Jahre Sarg: nein	Tiefe unter HOK: 81 cm Tiefe unter Planum 1: 36 cm Anzahl der Gefäße: 0
Grab: 268	Geschl. archäologisch: m Geschl. anthropologisch: m Superposition: keine	Altersstufe: spätmatur Alter: 50-60 Jahre Sarg: ja	Tiefe unter HOK: 97 cm Tiefe unter Planum 1: 47 cm Anzahl der Gefäße: 0
Tierart: Schaf/Ziege	Fundnummer: 7 Skelettelement: Tibia	Altersstufe des Tieres: Seite des Tieres: rechts	subadult Alter in Jahren: unbestimmbar
Grab: 269	Geschl. archäologisch: e Geschl. anthropologisch: m Superposition: keine	Altersstufe: senil Alter: 60 Jahre Sarg: nein	Tiefe unter HOK: 108 cm Tiefe unter Planum 1: 66 cm Anzahl der Gefäße: 0
Tierart: Rind	Fundnummer: 3 Skelettelement: Tibia	Altersstufe des Tieres: Seite des Tieres: links	juvenil/subadult Alter in Jahren: < 2 Jahre
Grab: 270	Geschl. archäologisch: k Geschl. anthropologisch: k Superposition: keine	Altersstufe: infans I/2 Alter: 4 Jahre Sarg: nein	Tiefe unter HOK: 48 cm Tiefe unter Planum 1: 8 cm Anzahl der Gefäße: 0
Grab: 271	Geschl. archäologisch: m Geschl. anthropologisch: m Superposition: keine	Altersstufe: adult Alter: 35 Jahre Sarg: ja	Tiefe unter HOK: 150 cm Tiefe unter Planum 1: 110 cm Anzahl der Gefäße: 1
Gefäßtyp: LG 2	Randverzierung: ohne Höhe: 13,5 cm Randdm: 12,5 cm	Untertyp: 1 Bauchdm: 14 cm Bodendm: 8,5 cm	Delle: nicht vorhanden Seite im Grab: Mitte Höhe im Grab: unterhalb der Füße
	Halsdm: 12 cm	Volumen: 1,092 Liter	Bemerkung: –
Tierart: Rind	Fundnummer: 35 Skelettelement: Tibia	Altersstufe des Tieres: Seite des Tieres: links	subadult Alter in Jahren: um 3 Jahre
Grab: 272	Geschl. archäologisch: k Geschl. anthropologisch: k Superposition: keine	Altersstufe: infans II Alter: > 7 Jahre Sarg: nein	Tiefe unter HOK: 105 cm Tiefe unter Planum 1: 57 cm Anzahl der Gefäße: 1
Gefäßtyp: HG 4	Randverzierung: ohne Höhe: 6,5 cm Randdm: 7,5 cm	Untertyp: 2 Bauchdm: 8 cm Bodendm: 6,5 cm	Delle: nicht vorhanden Seite im Grab: Mitte Höhe im Grab: unterhalb der Füße
	Halsdm: 7,5 cm	Volumen: 0,165 Liter	Bemerkung: –
Tierart: Schaf/Ziege	Fundnummer: 6 Skelettelement: Tibia, Talus	Altersstufe des Tieres: Seite des Tieres: rechts	unbestimmbar Alter in Jahren: unbestimmbar

Grab: 273

Geschl. archäologisch: k	Altersstufe: infans I/1	Tiefe unter HOK: 109 cm
Geschl. anthropologisch: k	Alter: 2 Jahre	Tiefe unter Planum 1: 61 cm
Superposition: keine	Sarg: nein	Anzahl der Gefäße: 1

Gefäßtyp: HG 4

Randverzierung: ohne	Untertyp: 2	Delle: nicht vorhanden
Höhe: 6,5 cm	Bauchdm: 7,5 cm	Seite im Grab: Mitte
Randdm: 7,5 cm	Bodendm: 4,5 cm	Höhe im Grab: unterhalb der Füße
Halsdm: 6,5 cm	Volumen: 0,121 Liter	Bemerkung: –

Grab: 274

Geschl. archäologisch: k	Altersstufe: infans I/1	Tiefe unter HOK: 0 cm
Geschl. anthropologisch: k	Alter: 3 Jahre	Tiefe unter Planum 1: 0 cm
Superposition: keine	Sarg: nein	Anzahl der Gefäße: 0

Grab: 275

Geschl. archäologisch: k	Altersstufe: infans I/1	Tiefe unter HOK: 81 cm
Geschl. anthropologisch: k	Alter: 1,5 Jahre	Tiefe unter Planum 1: 31 cm
Superposition: keine	Sarg: nein	Anzahl der Gefäße: 0

Grab: 276

Geschl. archäologisch: k	Altersstufe: infans I/2	Tiefe unter HOK: 112 cm
Geschl. anthropologisch: k	Alter: 4 Jahre	Tiefe unter Planum 1: 66 cm
Superposition: keine	Sarg: nein	Anzahl der Gefäße: 1

Gefäßtyp: LG 3

Randverzierung: ohne	Untertyp: 1	Delle: nicht vorhanden
Höhe: 9,5 cm	Bauchdm: 10 cm	Seite im Grab: Mitte
Randdm: 8,5 cm	Bodendm: 7 cm	Höhe im Grab: unterhalb der Füße
Halsdm: 8 cm	Volumen: 0,344 Liter	Bemerkung: –

Tierart: unbestimmbar

| Fundnummer: bei Schädel/1 | Altersstufe des Tieres: | unbestimmbar |
| Skelettelement: Langknochen | Seite des Tieres: unbest. | Alter in Jahren: unbestimmbar |

Tierart: Schwein

| Fundnummer: bei Schädel/2 | Altersstufe des Tieres: | juvenil |
| Skelettelement: Humerus | Seite des Tieres: unbest. | Alter in Jahren: unbestimmbar |

Grab: 277

Geschl. archäologisch: k	Altersstufe: infans II	Tiefe unter HOK: 56 cm
Geschl. anthropologisch: k	Alter: 7-9 Jahre	Tiefe unter Planum 1: 6 cm
Superposition: keine	Sarg: nein	Anzahl der Gefäße: 0

Grab: 278

Geschl. archäologisch: k	Altersstufe: infans I/2	Tiefe unter HOK: 57 cm
Geschl. anthropologisch: k	Alter: 4 Jahre	Tiefe unter Planum 1: 12 cm
Superposition: keine	Sarg: nein	Anzahl der Gefäße: 0

Grab: 279

Geschl. archäologisch: k	Altersstufe: infans I/1	Tiefe unter HOK: 62 cm
Geschl. anthropologisch: k	Alter: 0,5 Jahre	Tiefe unter Planum 1: 22 cm
Superposition: keine	Sarg: nein	Anzahl der Gefäße: 0

Grab: 280

Geschl. archäologisch: m	Altersstufe: spätmatur	Tiefe unter HOK: 193 cm
Geschl. anthropologisch: m	Alter: 50-55 Jahre	Tiefe unter Planum 1: 141 cm
Superposition: keine	Sarg: ja	Anzahl der Gefäße: 1

Gefäßtyp: LG 3

Randverzierung: ohne	Untertyp: 1	Delle: nicht vorhanden
Höhe: 13,5 cm	Bauchdm: 14 cm	Seite im Grab: unbekannt
Randdm: 12 cm	Bodendm: 8 cm	Höhe im Grab: unbekannt
Halsdm: 10,5 cm	Volumen: 0,967 Liter	Bemerkung: Lage nicht bestimmbar

Tierart: Rind

| Fundnummer: 58 | Altersstufe des Tieres: | subadult |
| Skelettelement: Tibia, Talus | Seite des Tieres: rechts | Alter in Jahren: um 3 Jahre |

Grab: 281	Geschl. archäologisch: w Geschl. anthropologisch: w Superposition: keine	Altersstufe: matur Alter: 50-60 Jahre Sarg: ja	Tiefe unter HOK: 140 cm Tiefe unter Planum 1: 95 cm Anzahl der Gefäße: 1
Gefäßtyp: HG	Randverzierung: unbest. Höhe: unbest. Randdm: unbest. Halsdm: unbest.	Untertyp: unbestimmbar Bauchdm: unbest. Bodendm: unbest. Volumen: unbest.	Delle: unbestimmbar Seite im Grab: links Höhe im Grab: Fuß Bemerkung: stark fragmentiert erhalten
Tierart: Rind	Fundnummer: 10 Skelettelement: Femur	Altersstufe des Tieres: Seite des Tieres: links	subadult Alter in Jahren: um 4 Jahre
Tierart: Huhn	Fundnummer: ohne Nr. Skelettelement: Langknochen	Altersstufe des Tieres: Seite des Tieres: unbest.	unbestimmbar Alter in Jahren: unbestimmbar
Grab: 282	Geschl. archäologisch: k Geschl. anthropologisch: k Superposition: keine	Altersstufe: infans I/1 Alter: 0-0,5 Jahr Sarg: nein	Tiefe unter HOK: 83 cm Tiefe unter Planum 1: 28 cm Anzahl der Gefäße: 0
Grab: 283	Geschl. archäologisch: m Geschl. anthropologisch: k Superposition: keine	Altersstufe: juvenil Alter: 15 Jahre Sarg: ja	Tiefe unter HOK: 170 cm Tiefe unter Planum 1: 120 cm Anzahl der Gefäße: 1
Gefäßtyp: LG 3	Randverzierung: ohne Höhe: 13 cm Randdm: 11 cm Halsdm: 10 cm	Untertyp: 1 Bauchdm: 13,5 cm Bodendm: 8,5 cm Volumen: 0,859 Liter	Delle: nicht vorhanden Seite im Grab: links Höhe im Grab: Fuß Bemerkung: –
Tierart: Rind	Fundnummer: 11 Skelettelement: Tibia	Altersstufe des Tieres: Seite des Tieres: rechts	erwachsen Alter in Jahren: unbestimmbar
Tierart: Schnecke	Fundnummer: ohne Nr. Skelettelement: Schneckengehäuse	Altersstufe des Tieres: Seite des Tieres: unbest.	unbestimmbar Alter in Jahren: unbestimmbar
Grab: 284	Geschl. archäologisch: k Geschl. anthropologisch: k Superposition: keine	Altersstufe: infans I/1 Alter: 0,5 Jahr Sarg: nein	Tiefe unter HOK: 68 cm Tiefe unter Planum 1: 8 cm Anzahl der Gefäße: 1
Gefäßtyp: HG	Randverzierung: unbest. Höhe: unbest. Randdm: unbest. Halsdm: unbest.	Untertyp: unbestimmbar Bauchdm: unbest. Bodendm: unbest. Volumen: unbest.	Delle: unbestimmbar Seite im Grab: Mitte Höhe im Grab: unterhalb der Füße Bemerkung: stark fragmentiert erhalten
Grab: 285	Geschl. archäologisch: w Geschl. anthropologisch: w Superposition: keine	Altersstufe: juvenil Alter: 14-16 Jahre Sarg: ja	Tiefe unter HOK: 129 cm Tiefe unter Planum 1: 74 cm Anzahl der Gefäße: 1
Gefäßtyp: HG 4	Randverzierung: ohne Höhe: 11,5 cm Randdm: 8 cm Halsdm: 7 cm	Untertyp: 3 Bauchdm: 10 cm Bodendm: 7 cm Volumen: 0,381 Liter	Delle: nicht vorhanden Seite im Grab: Mitte Höhe im Grab: unterhalb der Füße Bemerkung: –
Tierart: Schaf/Ziege(?)	Fundnummer: 6 Skelettelement: Tibia (?)	Altersstufe des Tieres: Seite des Tieres: unbest.	unbestimmbar Alter in Jahren: unbestimmbar

Grab: 286	Geschl. archäologisch: m	Altersstufe: spätadult	Tiefe unter HOK: 179 cm
	Geschl. anthropologisch: m	Alter: 40 Jahre	Tiefe unter Planum 1: 113 cm
	Superposition: keine	Sarg: nein	Anzahl der Gefäße: 1
Gefäßtyp: LG 2	Randverzierung: ohne	Untertyp: 2	Delle: nicht vorhanden
	Höhe: 11,5 cm	Bauchdm: 11 cm	Seite im Grab: links
	Randdm: 9,5 cm	Bodendm: 7,5 cm	Höhe im Grab: Fuß
	Halsdm: 9 cm	Volumen: 0,534 Liter	Bemerkung: –
Tierart: Rind	Fundnummer: 7	Altersstufe des Tieres:	juvenil
	Skelettelement: Tibia	Seite des Tieres: rechts	Alter in Jahren: < 2 Jahre

Grab: 287	Geschl. archäologisch: k	Altersstufe: infans II	Tiefe unter HOK: 165 cm
	Geschl. anthropologisch: m (?)	Alter: 10 Jahre	Tiefe unter Planum 1: 100 cm
	Superposition: keine	Sarg: ja	Anzahl der Gefäße: 1
Gefäßtyp: LG 3	Randverzierung: ohne	Untertyp: 1	Delle: vorhanden
	Höhe: 11,5 cm	Bauchdm: 12 cm	Seite im Grab: rechts
	Randdm: 10 cm	Bodendm: 6,5 cm	Höhe im Grab: Fuß
	Halsdm: 9,5 cm	Volumen: 0,568 Liter	Bemerkung: –
Tierart: Rind	Fundnummer: 8	Altersstufe des Tieres:	erwachsen
	Skelettelement: Tibia, Talus	Seite des Tieres: links	Alter in Jahren: unbestimmbar

Grab: 288	Geschl. archäologisch: k	Altersstufe: infans I/2	Tiefe unter HOK: 92 cm
	Geschl. anthropologisch: m	Alter: 5 Jahre	Tiefe unter Planum 1: 12 cm
	Superposition: keine	Sarg: nein	Anzahl der Gefäße: 0

Grab: 289	Geschl. archäologisch: k	Altersstufe: infans I/1	Tiefe unter HOK: 92 cm
	Geschl. anthropologisch: k	Alter: 1,5 Jahre	Tiefe unter Planum 1: 12 cm
	Superposition: keine	Sarg: nein	Anzahl der Gefäße: 0

Grab: 290	Geschl. archäologisch: k	Altersstufe: infans II	Tiefe unter HOK: 160 cm
	Geschl. anthropologisch: k	Alter: 10 Jahre	Tiefe unter Planum 1: 92 cm
	Superposition: keine	Sarg: ja	Anzahl der Gefäße: 1
Gefäßtyp: LG 3	Randverzierung: ohne	Untertyp: 1	Delle: vorhanden
	Höhe: 11 cm	Bauchdm: 11,5 cm	Seite im Grab: rechts
	Randdm: 10 cm	Bodendm: 7,5 cm	Höhe im Grab: Fuß
	Halsdm: 9 cm	Volumen: 0,541 Liter	Bemerkung: –
Tierart: Rind	Fundnummer: 13	Altersstufe des Tieres:	subadult
	Skelettelement: Femur	Seite des Tieres: rechts	Alter in Jahren: unbestimmbar
Tierart: Huhn	Fundnummer: 12	Altersstufe des Tieres:	unbestimmbar
	Skelettelement: Langknochen	Seite des Tieres: unbest.	Alter in Jahren: unbestimmbar
Tierart: Huhn (?)	Fundnummer: ohne Nr.	Altersstufe des Tieres:	unbestimmbar
	Skelettelement: Langknochen	Seite des Tieres: unbest.	Alter in Jahren: unbestimmbar

Grab: 291	Geschl. archäologisch: k	Altersstufe: infans I/1	Tiefe unter HOK: 80 cm
	Geschl. anthropologisch: k	Alter: 1 Jahr	Tiefe unter Planum 1: 10 cm
	Superposition: keine	Sarg: nein	Anzahl der Gefäße: 0
Tierart: Eierschalen	Fundnummer: 4	Altersstufe des Tieres:	
	Skelettelement:	Seite des Tieres:	Alter in Jahren:

Grab: 292	Geschl. archäologisch: k	Altersstufe: infans I/1	Tiefe unter HOK: 80 cm
	Geschl. anthropologisch: k	Alter: 1,5 Jahre	Tiefe unter Planum 1: 0 cm
	Superposition: keine	Sarg: nein	Anzahl der Gefäße: 0

Grab: 293	Geschl. archäologisch: w Geschl. anthropologisch: w Superposition: keine	Altersstufe: frühadult Alter: 20-25 Jahre Sarg: ja	Tiefe unter HOK: 124 cm Tiefe unter Planum 1: 76 cm Anzahl der Gefäße: 1
Gefäßtyp: HG 4	Randverzierung: ohne Höhe: unbest. Randdm: unbest. Halsdm: unbest.	Untertyp: 1 Bauchdm: unbest. Bodendm: unbest. Volumen: unbest.	Delle: unbestimmbar Seite im Grab: rechts Höhe im Grab: Unterschenkel Bemerkung: stark fragmentiert erhalten
Tierart: Rind (?)	Fundnummer: 9 Skelettelement: Femur-Epiphyse	Altersstufe des Tieres: Seite des Tieres: unbest.	subadult Alter in Jahren: unbestimmbar
Tierart: Rind	Fundnummer: 10 Skelettelement: Femur	Altersstufe des Tieres: Seite des Tieres: rechts	subadult Alter in Jahren: unbestimmbar
Grab: 294	Geschl. archäologisch: – Geschl. anthropologisch: – Superposition: keine	Altersstufe: unbestimmbar Alter: unbestimmbar Sarg: nein	Tiefe unter HOK: 0 cm Tiefe unter Planum 1: 0 cm Anzahl der Gefäße: 0
Grab: 295	Geschl. archäologisch: k Geschl. anthropologisch: m (?) Superposition: keine	Altersstufe: infans I/2 Alter: 5 Jahre Sarg: nein	Tiefe unter HOK: 72 cm Tiefe unter Planum 1: 0 cm Anzahl der Gefäße: 0
Grab: 296A	Geschl. archäologisch: w Geschl. anthropologisch: w Superposition: keine	Altersstufe: senil Alter: 60 Jahre Sarg: ja	Tiefe unter HOK: 135 cm Tiefe unter Planum 1: 80 cm Anzahl der Gefäße: 1
Gefäßtyp: HG 4	Randverzierung: ohne Höhe: 11,5 cm Randdm: 8,5 cm Halsdm: 8 cm	Untertyp: 1 Bauchdm: 10,5 cm Bodendm: 5 cm Volumen: 0,381 Liter	Delle: nicht vorhanden Seite im Grab: Mitte Höhe im Grab: unterhalb der Füße Bemerkung: –
Grab: 296B	Geschl. archäologisch: k Geschl. anthropologisch: k Superposition: keine	Altersstufe: neonatus Alter: 0 Jahr Sarg: nein	Tiefe unter HOK: 0 cm Tiefe unter Planum 1: 0 cm Anzahl der Gefäße: 0
Grab: 297	Geschl. archäologisch: k Geschl. anthropologisch: k Superposition: keine	Altersstufe: infans I/2 Alter: 4 Jahre Sarg: nein	Tiefe unter HOK: 73 cm Tiefe unter Planum 1: 23 cm Anzahl der Gefäße: 1
Gefäßtyp: HG 2	Randverzierung: mit Höhe: 11 cm Randdm: 9,5 cm Halsdm: 8,5 cm	Untertyp: 1 Bauchdm: 9,5 cm Bodendm: 6,5 cm Volumen: 0,418 Liter	Delle: nicht vorhanden Seite im Grab: Mitte Höhe im Grab: unterhalb der Füße Bemerkung: –
Tierart: Schaf/Ziege	Fundnummer: 4 Skelettelement: Tibia	Altersstufe des Tieres: Seite des Tieres: unbest.	subadult Alter in Jahren: unbestimmbar
Grab: 298	Geschl. archäologisch: k Geschl. anthropologisch: k Superposition: keine	Altersstufe: infans I/1 Alter: 2,5 Jahre Sarg: nein	Tiefe unter HOK: 40 cm Tiefe unter Planum 1: 8 cm Anzahl der Gefäße: 1
Gefäßtyp: HG 3	Randverzierung: ohne Höhe: 8 cm Randdm: 7,5 cm Halsdm: 6,5 cm	Untertyp: 6 Bauchdm: 8,5 cm Bodendm: 5 cm Volumen: 0,177 Liter	Delle: nicht vorhanden Seite im Grab: Mitte Höhe im Grab: unterhalb der Füße Bemerkung: –

Tierart: Schaf/Ziege	Fundnummer: 5 Skelettelement: Tibia	Altersstufe des Tieres: Seite des Tieres: links	erwachsen Alter in Jahren: unbestimmbar
Grab: 299	Geschl. archäologisch: w Geschl. anthropologisch: w Superposition: keine	Altersstufe: adult Alter: unbestimmbar Sarg: ja	Tiefe unter HOK: 120 cm Tiefe unter Planum 1: 80 cm Anzahl der Gefäße: 1
Gefäßtyp: HG 2	Randverzierung: mit Höhe: 9 cm Randdm: 7 cm Halsdm: 6,5 cm	Untertyp: viereckiger M. 1 Bauchdm: 9 cm Bodendm: 6 cm Volumen: 0,22 Liter	Delle: nicht vorhanden Seite im Grab: links Höhe im Grab: Fuß Bemerkung: –
Tierart: Rind	Fundnummer: 9 Skelettelement: Femur	Altersstufe des Tieres: Seite des Tieres: links	juvenil Alter in Jahren: unbestimmbar
Tierart: Huhn	Fundnummer: 10 Skelettelement: Langknochen	Altersstufe des Tieres: Seite des Tieres: unbest.	unbestimmbar Alter in Jahren: unbestimmbar
Tierart: Huhn	Fundnummer: 11 Skelettelement: pk	Altersstufe des Tieres: Seite des Tieres: unbest.	unbestimmbar Alter in Jahren: unbestimmbar
Grab: 300	Geschl. archäologisch: k Geschl. anthropologisch: k Superposition: keine	Altersstufe: infans I/1 Alter: 2,5 Jahre Sarg: nein	Tiefe unter HOK: 61 cm Tiefe unter Planum 1: 18 cm Anzahl der Gefäße: 1
Gefäßtyp: HG 2	Randverzierung: ohne Höhe: 8,5 cm Randdm: 8,5 cm Halsdm: 7,5 cm	Untertyp: 10 Bauchdm: 8,5 cm Bodendm: 5,5 cm Volumen: 0,234 Liter	Delle: nicht vorhanden Seite im Grab: Mitte Höhe im Grab: unterhalb der Füße Bemerkung: –
Tierart: Schaf/Ziege	Fundnummer: 6 Skelettelement: Tibia	Altersstufe des Tieres: Seite des Tieres: unbest.	unbestimmbar Alter in Jahren: unbestimmbar
Grab: 301	Geschl. archäologisch: w Geschl. anthropologisch: w Superposition: keine	Altersstufe: spätmatur Alter: 60 Jahre Sarg: ja	Tiefe unter HOK: 124 cm Tiefe unter Planum 1: 80 cm Anzahl der Gefäße: 1
Gefäßtyp: HG 2	Randverzierung: ohne Höhe: 11 cm Randdm: 11,5 cm Halsdm: 10,5 cm	Untertyp: 9 Bauchdm: 11,5 cm Bodendm: 7 cm Volumen: 0,625 Liter	Delle: nicht vorhanden Seite im Grab: rechts Höhe im Grab: Knie Bemerkung: –
Tierart: Rind	Fundnummer: 5 Skelettelement: Femur	Altersstufe des Tieres: Seite des Tieres: links	subadult Alter in Jahren: unbestimmbar
Grab: 302	Geschl. archäologisch: w Geschl. anthropologisch: w Superposition: keine	Altersstufe: frühadult Alter: 20-25 Jahre Sarg: nein	Tiefe unter HOK: 135 cm Tiefe unter Planum 1: 80 cm Anzahl der Gefäße: 1
Gefäßtyp: HG 3	Randverzierung: ohne Höhe: 11,5 cm Randdm: 10,5 cm Halsdm: 9,5 cm	Untertyp: 4 Bauchdm: 12 cm Bodendm: 8 cm Volumen: 0,638 Liter	Delle: nicht vorhanden Seite im Grab: rechts Höhe im Grab: Unterschenkel Bemerkung: –
Tierart: Rind	Fundnummer: 6 Skelettelement: Femur	Altersstufe des Tieres: Seite des Tieres: unbest.	juvenil Alter in Jahren: unbestimmbar
Tierart: Huhn	Fundnummer: 7 Skelettelement: Tibiotarsus	Altersstufe des Tieres: Seite des Tieres: unbest.	unbestimmbar Alter in Jahren: unbestimmbar
Grab: 303	Geschl. archäologisch: k Geschl. anthropologisch: – Superposition: keine	Altersstufe: unbestimmbar Alter: unbestimmbar Sarg: ja	Tiefe unter HOK: 122 cm Tiefe unter Planum 1: 95 cm Anzahl der Gefäße: 1

Gefäßtyp: HG 2	Randverzierung: ohne Höhe: 10 cm Randdm: 11 cm Halsdm: 9,5 cm	Untertyp: 6 Bauchdm: 8,5 cm Bodendm: 5 cm Volumen: 0,376 Liter	Delle: nicht vorhanden Seite im Grab: links Höhe im Grab: Unterschenkel Bemerkung: –
Grab: 304	Geschl. archäologisch: w Geschl. anthropologisch: w Superposition: keine	Altersstufe: adult Alter: 30-40 Jahre Sarg: ja	Tiefe unter HOK: 132 cm Tiefe unter Planum 1: 72 cm Anzahl der Gefäße: 1
Gefäßtyp: LG 1	Randverzierung: ohne Höhe: 14,5 cm Randdm: 9 cm Halsdm: 8,5 cm	Untertyp: 3 Bauchdm: 11 cm Bodendm: 6,5 cm Volumen: 0,604 Liter	Delle: vorhanden Seite im Grab: links Höhe im Grab: Knie Bemerkung: –
Grab: 305	Geschl. archäologisch: m Geschl. anthropologisch: m Superposition: keine	Altersstufe: spätmatur Alter: 60 Jahre Sarg: ja	Tiefe unter HOK: 126 cm Tiefe unter Planum 1: 68 cm Anzahl der Gefäße: 1
Gefäßtyp: HG	Randverzierung: unbest. Höhe: unbest. Randdm: unbest. Halsdm: unbest.	Untertyp: unbestimmbar Bauchdm: unbest. Bodendm: unbest. Volumen: unbest.	Delle: unbestimmbar Seite im Grab: links Höhe im Grab: Fuß Bemerkung: –
Tierart: Pferd	Fundnummer: 9 Skelettelement: Tibia	Altersstufe des Tieres: Seite des Tieres: links	subadult Alter in Jahren: 2-3,5 Jahre
Grab: 306	Geschl. archäologisch: m Geschl. anthropologisch: m Superposition: keine	Altersstufe: senil Alter: 60–70 Jahre Sarg: ja	Tiefe unter HOK: 110 cm Tiefe unter Planum 1: 70 cm Anzahl der Gefäße: 1
Gefäßtyp: HG	Randverzierung: unbest. Höhe: unbest. Randdm: unbest. Halsdm: unbest.	Untertyp: unbestimmbar Bauchdm: unbest. Bodendm: unbest. Volumen: unbest.	Delle: unbestimmbar Seite im Grab: Mitte Höhe im Grab: Fuß Bemerkung: stark fragmentiert erhalten
Grab: 307	Geschl. archäologisch: m Geschl. anthropologisch: m Superposition: keine	Altersstufe: frühadult Alter: 20-25 Jahre Sarg: ja	Tiefe unter HOK: 102 cm Tiefe unter Planum 1: 42 cm Anzahl der Gefäße: 1
Gefäßtyp: HG 3	Randverzierung: ohne Höhe: 8 cm Randdm: 7,5 cm Halsdm: 7 cm	Untertyp: 6 Bauchdm: 9 cm Bodendm: 6,5 cm Volumen: 0,218 Liter	Delle: nicht vorhanden Seite im Grab: links Höhe im Grab: Oberschenkel Bemerkung: –
Tierart: Rind	Fundnummer: 7 Skelettelement: Tibia, Os malleolare	Altersstufe des Tieres: Seite des Tieres: links	subadult Alter in Jahren: um 3 Jahre
Grab: 308	Geschl. archäologisch: e Geschl. anthropologisch: w Superposition: keine	Altersstufe: spätjuvenil Alter: 19 Jahre Sarg: nein	Tiefe unter HOK: 94 cm Tiefe unter Planum 1: 44 cm Anzahl der Gefäße: 0
Grab: 309	Geschl. archäologisch: m Geschl. anthropologisch: m Superposition: keine	Altersstufe: matur Alter: 50 Jahre Sarg: ja	Tiefe unter HOK: 168 cm Tiefe unter Planum 1: 110 cm Anzahl der Gefäße: 1
Gefäßtyp: HG 2	Randverzierung: ohne Höhe: 12 cm Randdm: 10,5 cm Halsdm: 9 cm	Untertyp: 6 Bauchdm: 10 cm Bodendm: 7 cm Volumen: 0,542 Liter	Delle: nicht vorhanden Seite im Grab: rechts Höhe im Grab: Fuß Bemerkung: –

| **Tierart: Rind** | Fundnummer: 9 | Altersstufe des Tieres: | erwachsen |
| | Skelettelement: Femur | Seite des Tieres: rechts | Alter in Jahren: unbestimmbar |

Grab: 310	Geschl. archäologisch: m	Altersstufe: matur	Tiefe unter HOK: 98 cm
	Geschl. anthropologisch: m	Alter: 50–60 Jahre	Tiefe unter Planum 1: 54 cm
	Superposition: keine	Sarg: ja	Anzahl der Gefäße: 1
Gefäßtyp: HG	Randverzierung: unbest.	Untertyp: unbestimmbar	Delle: unbestimmbar
	Höhe: unbest.	Bauchdm: unbest.	Seite im Grab: unbekannt
	Randdm: unbest.	Bodendm: unbest.	Höhe im Grab: unbekannt
	Halsdm: unbest.	Volumen: unbest.	Bemerkung: stark fragmentiert
			erhalten

| **Tierart: Huhn** | Fundnummer: 5 | Altersstufe des Tieres: | unbestimmbar |
| | Skelettelement: Tibiotarsus | Seite des Tieres: unbest. | Alter in Jahren: unbestimmbar |

| **Tierart: Rind** | Fundnummer: 6 | Altersstufe des Tieres: | erwachsen |
| | Skelettelement: Femur | Seite des Tieres: links | Alter in Jahren: unbestimmbar |

| **Tierart: Huhn** | Fundnummer: 7 | Altersstufe des Tieres: | unbestimmbar |
| | Skelettelement: unbestimmbar | Seite des Tieres: unbest. | Alter in Jahren: unbestimmbar |

| **Tierart: unbestimmbar** | Fundnummer: 8 | Altersstufe des Tieres: | unbestimmbar |
| | Skelettelement: Langknochen | Seite des Tieres: unbest. | Alter in Jahren: unbestimmbar |

| **Tierart: Rind** | Fundnummer: 9 | Altersstufe des Tieres: | erwachsen |
| | Skelettelement: Tibia | Seite des Tieres: links | Alter in Jahren: unbestimmbar |

Grab: 311	Geschl. archäologisch: k	Altersstufe: infans II	Tiefe unter HOK: 107 cm
	Geschl. anthropologisch: k	Alter: 7 Jahre	Tiefe unter Planum 1: 48 cm
	Superposition: keine	Sarg: ja	Anzahl der Gefäße: 1
Gefäßtyp: HG 3	Randverzierung: ohne	Untertyp: 6	Delle: nicht vorhanden
	Höhe: 9 cm	Bauchdm: 9 cm	Seite im Grab: links
	Randdm: 8 cm	Bodendm: 5 cm	Höhe im Grab: Knie
	Halsdm: 7 cm	Volumen: 0,23 Liter	Bemerkung: –

| **Tierart: Schwein (?)** | Fundnummer: 12 | Altersstufe des Tieres: | subadult |
| | Skelettelement: Metatarsus | Seite des Tieres: unbest. | Alter in Jahren: unbestimmbar |

Grab: 312	Geschl. archäologisch: m	Altersstufe: matur	Tiefe unter HOK: 101 cm
	Geschl. anthropologisch: m	Alter: 55 Jahre	Tiefe unter Planum 1: 40 cm
	Superposition: keine	Sarg: nein	Anzahl der Gefäße: 1
Gefäßtyp: LG 3	Randverzierung: ohne	Untertyp: 1	Delle: nicht vorhanden
	Höhe: 13,5 cm	Bauchdm: 13 cm	Seite im Grab: Mitte
	Randdm: 10,5 cm	Bodendm: 8 cm	Höhe im Grab: Fuß
	Halsdm: 10 cm	Volumen: 0,826 Liter	Bemerkung: –

| **Tierart: Rind** | Fundnummer: 12 | Altersstufe des Tieres: | subadult |
| | Skelettelement: Tibia | Seite des Tieres: rechts | Alter in Jahren: unbestimmbar |

| **Tierart: Huhn** | Fundnummer: 13 | Altersstufe des Tieres: | unbestimmbar |
| | Skelettelement: Langknochen | Seite des Tieres: unbest. | Alter in Jahren: unbestimmbar |

Grab: 313	Geschl. archäologisch: –	Altersstufe: unbestimmbar	Tiefe unter HOK: 65 cm
	Geschl. anthropologisch: –	Alter: unbestimmbar	Tiefe unter Planum 1: 0 cm
	Superposition: keine	Sarg: nein	Anzahl der Gefäße: 0

Grab: 314	Geschl. archäologisch: k	Altersstufe: infans	Tiefe unter HOK: 68 cm
	Geschl. anthropologisch: k	Alter: unbestimmbar	Tiefe unter Planum 1: 3 cm
	Superposition: keine	Sarg: nein	Anzahl der Gefäße: 0

Katalog der Keramikfunde sowie der Angaben zu den Gräbern [...] aus dem Gräberfeld Zillingtal

| **Tierart: Huhn** | Fundnummer: 15 | Altersstufe des Tieres: | unbestimmbar |
| | Skelettelement: Humerus, pk | Seite des Tieres: unbest. | Alter in Jahren: unbestimmbar |

Grab: 315	Geschl. archäologisch: k	Altersstufe: infans II	Tiefe unter HOK: 45 cm
	Geschl. anthropologisch: k	Alter: 7 Jahre	Tiefe unter Planum 1: 10 cm
	Superposition: keine	Sarg: ja	Anzahl der Gefäße: 1
Gefäßtyp: HG 2	Randverzierung: mit	Untertyp: 1	Delle: nicht vorhanden
	Höhe: 10,5 cm	Bauchdm: 11 cm	Seite im Grab: Mitte
	Randdm: 10,5 cm	Bodendm: 7,5 cm	Höhe im Grab: unterhalb der Füße
	Halsdm: 9 cm	Volumen: 0,514 Liter	Bemerkung: –

| **Tierart: Schaf/Ziege** | Fundnummer: 3 | Altersstufe des Tieres: | subadult (?) |
| | Skelettelement: Femur | Seite des Tieres: rechts | Alter in Jahren: unbestimmbar |

Grab: 316	Geschl. archäologisch: k	Altersstufe: unbestimmbar	Tiefe unter HOK: 45 cm
	Geschl. anthropologisch: –	Alter: unbestimmbar	Tiefe unter Planum 1: 5 cm
	Superposition: keine	Sarg: nein	Anzahl der Gefäße: 1
Gefäßtyp: HG 2	Randverzierung: ohne	Untertyp: 7	Delle: nicht vorhanden
	Höhe: 9,5 cm	Bauchdm: 10,5 cm	Seite im Grab: Mitte
	Randdm: 9 cm	Bodendm: 7,5 cm	Höhe im Grab: unterhalb der Füße
	Halsdm: 9 cm	Volumen: 0,406 Liter	Bemerkung: –

| **Tierart: Schaf/Ziege (?)** | Fundnummer: 11 | Altersstufe des Tieres: | unbestimmbar |
| | Skelettelement: Langknochen | Seite des Tieres: unbest. | Alter in Jahren: unbestimmbar |

Grab: 317	Geschl. archäologisch: k	Altersstufe: neonatus	Tiefe unter HOK: 81 cm
	Geschl. anthropologisch: k	Alter: 0 Jahr	Tiefe unter Planum 1: 8 cm
	Superposition: keine	Sarg: nein	Anzahl der Gefäße: 1
Gefäßtyp: HG 3	Randverzierung: unbest.	Untertyp: unbestimmbar	Delle: unbestimmbar
	Höhe: unbest.	Bauchdm: unbest.	Seite im Grab: Mitte
	Randdm: unbest.	Bodendm: unbest.	Höhe im Grab: unterhalb der Füße
	Halsdm: unbest.	Volumen: unbest.	Bemerkung: stark fragmentiert erhalten

Grab: 318	Geschl. archäologisch: m	Altersstufe: matur	Tiefe unter HOK: 75 cm
	Geschl. anthropologisch: m	Alter: 50 Jahre	Tiefe unter Planum 1: 10 cm
	Superposition: keine	Sarg: nein	Anzahl der Gefäße: 1
Gefäßtyp: LG 2	Randverzierung: ohne	Untertyp: 1	Delle: vorhanden
	Höhe: 12 cm	Bauchdm: 12 cm	Seite im Grab: rechts
	Randdm: 9,5 cm	Bodendm: 7 cm	Höhe im Grab: Unterschenkel
	Halsdm: 8,5 cm	Volumen: 0,56 Liter	Bemerkung: –

| **Tierart: Rind** | Fundnummer: 10 | Altersstufe des Tieres: | subadult |
| | Skelettelement: Tibia | Seite des Tieres: links | Alter in Jahren: < 2 Jahre |

| **Tierart: Huhn** | Fundnummer: 12 | Altersstufe des Tieres: | unbestimmbar |
| | Skelettelement: Langknochen | Seite des Tieres: unbest. | Alter in Jahren: unbestimmbar |

Grab: 319	Geschl. archäologisch: e	Altersstufe: senil	Tiefe unter HOK: 115 cm
	Geschl. anthropologisch: m	Alter: 65 Jahre	Tiefe unter Planum 1: 60 cm
	Superposition: keine	Sarg: ja	Anzahl der Gefäße: 0

| **Tierart: Rind** | Fundnummer: 3 | Altersstufe des Tieres: | erwachsen |
| | Skelettelement: Tibia | Seite des Tieres: rechts | Alter in Jahren: unbestimmbar |

Grab: 320	Geschl. archäologisch: k	Altersstufe: infans I/1	Tiefe unter HOK: 71 cm
	Geschl. anthropologisch: k	Alter: 2 Jahre	Tiefe unter Planum 1: 16 cm
	Superposition: keine	Sarg: nein	Anzahl der Gefäße: 1
Gefäßtyp: HG 2	Randverzierung: ohne	Untertyp: 7	Delle: nicht vorhanden
	Höhe: 9 cm	Bauchdm: 9,5 cm	Seite im Grab: Mitte
	Randdm: 8 cm	Bodendm: 6 cm	Höhe im Grab: unterhalb der Füße
	Halsdm: 7,5 cm	Volumen: 0,269 Liter	Bemerkung: –
Tierart: Eierschalen	Fundnummer: 13	Altersstufe des Tieres:	
	Skelettelement:	Seite des Tieres:	Alter in Jahren:

Grab: 321A	Geschl. archäologisch: w	Altersstufe: infans I/2	Tiefe unter HOK: 133 cm
	Geschl. anthropologisch: k	Alter: 4 Jahre	Tiefe unter Planum 1: 83 cm
	Superposition: schneidet Grab 323	Sarg: ja	Anzahl der Gefäße: 1
Gefäßtyp: HG 2	Randverzierung: ohne	Untertyp: 6	Delle: nicht vorhanden
	Höhe: 11 cm	Bauchdm: 9,5 cm	Seite im Grab: Mitte
	Randdm: 9 cm	Bodendm: 6,5 cm	Höhe im Grab: Unterschenkel
	Halsdm: 7,5 cm	Volumen: 0,376 Liter	Bemerkung: –

Grab: 321B	Geschl. archäologisch: k	Altersstufe: infans	Tiefe unter HOK: 0 cm
	Geschl. anthropologisch: w(?)	Alter: unbestimmbar	Tiefe unter Planum 1: 0 cm
	Superposition: keine	Sarg: nein	Anzahl der Gefäße: 0

Grab: 322	Geschl. archäologisch: m	Altersstufe: adult	Tiefe unter HOK: 69 cm
	Geschl. anthropologisch: m	Alter: 20-25 Jahre	Tiefe unter Planum 1: 27 cm
	Superposition: keine	Sarg: ja	Anzahl der Gefäße: 0
Tierart: Rind	Fundnummer: 10	Altersstufe des Tieres:	erwachsen
	Skelettelement: Tibia	Seite des Tieres: rechts	Alter in Jahren: unbestimmbar

Grab: 323	Geschl. archäologisch: m	Altersstufe: adult	Tiefe unter HOK: 185 cm
	Geschl. anthropologisch: m	Alter: 25 Jahre	Tiefe unter Planum 1: 135 cm
	Superposition: wird geschnitten v. Grab 321	Sarg: ja	Anzahl der Gefäße: 0

Grab: 324	Geschl. archäologisch: w	Altersstufe: adult	Tiefe unter HOK: 108 cm
	Geschl. anthropologisch: w	Alter: unbestimmbar	Tiefe unter Planum 1: 62 cm
	Superposition: keine	Sarg: nein	Anzahl der Gefäße: 1
Gefäßtyp: HG 2	Randverzierung: ohne	Untertyp: 6	Delle: nicht vorhanden
	Höhe: 11 cm	Bauchdm: 10,5 cm	Seite im Grab: links
	Randdm: 9 cm	Bodendm: 7 cm	Höhe im Grab: Fuß
	Halsdm: 8 cm	Volumen: 0,433 Liter	Bemerkung: –
Tierart: Rind	Fundnummer: 12	Altersstufe des Tieres:	juvenil
	Skelettelement: Femur	Seite des Tieres: links	Alter in Jahren: unbestimmbar

Grab: 325	Geschl. archäologisch: w	Altersstufe: matur	Tiefe unter HOK: 128 cm
	Geschl. anthropologisch: w	Alter: 50 Jahre	Tiefe unter Planum 1: 63 cm
	Superposition: keine	Sarg: ja	Anzahl der Gefäße: 1
Gefäßtyp: HG 2	Randverzierung: ohne	Untertyp: 2	Delle: nicht vorhanden
	Höhe: 7,5 cm	Bauchdm: 7 cm	Seite im Grab: links
	Randdm: 6,5 cm	Bodendm: 5,5 cm	Höhe im Grab: Unterschenkel
	Halsdm: 6 cm	Volumen: 0,13 Liter	Bemerkung: –
Tierart: Rind	Fundnummer: 10	Altersstufe des Tieres:	subadult
	Skelettelement: Femur	Seite des Tieres: links	Alter in Jahren: unbestimmbar

Katalog der Keramikfunde sowie der Angaben zu den Gräbern [...] aus dem Gräberfeld Zillingtal

Grab: 326

Geschl. archäologisch: k	Altersstufe: infans I/1	Tiefe unter HOK: 51 cm
Geschl. anthropologisch: k	Alter: 3 Jahre	Tiefe unter Planum 1: 3 cm
Superposition: keine	Sarg: ja	Anzahl der Gefäße: 1

Gefäßtyp: HG 2

Randverzierung: unbest.	Untertyp: unbestimmbar	Delle: unbestimmbar
Höhe: unbest.	Bauchdm: unbest.	Seite im Grab: Mitte
Randdm: unbest.	Bodendm: unbest.	Höhe im Grab: unterhalb der Füße
Halsdm: unbest.	Volumen: unbest.	Bemerkung: stark fragmentiert erhalten

Grab: 327

Geschl. archäologisch: m	Altersstufe: senil	Tiefe unter HOK: 90 cm
Geschl. anthropologisch: m	Alter: 60 Jahre	Tiefe unter Planum 1: 40 cm
Superposition: keine	Sarg: ja	Anzahl der Gefäße: 1

Gefäßtyp: HG 2

Randverzierung: unbest.	Untertyp: unbestimmbar	Delle: unbestimmbar
Höhe: unbest.	Bauchdm: unbest.	Seite im Grab: rechts
Randdm: unbest.	Bodendm: unbest.	Höhe im Grab: Fuß
Halsdm: unbest.	Volumen: unbest.	Bemerkung: stark fragmentiert erhalten

Tierart: Rind

Fundnummer: 11	Altersstufe des Tieres:	erwachsen
Skelettelement: Tibia	Seite des Tieres: links	Alter in Jahren: unbestimmbar

Grab: 328

Geschl. archäologisch: w	Altersstufe: spätjuvenil	Tiefe unter HOK: 120 cm
Geschl. anthropologisch: w	Alter: 18 Jahre	Tiefe unter Planum 1: 75 cm
Superposition: keine	Sarg: ja	Anzahl der Gefäße: 1

Gefäßtyp: LG 1

Randverzierung: ohne	Untertyp: 2	Delle: vorhanden
Höhe: 10,5 cm	Bauchdm: 12,5 cm	Seite im Grab: Mitte
Randdm: 10 cm	Bodendm: 8,5 cm	Höhe im Grab: unterhalb der Füße
Halsdm: 8,5 cm	Volumen: 0,561 Liter	Bemerkung: –

Tierart: Rind

Fundnummer: 4	Altersstufe des Tieres:	erwachsen
Skelettelement: Femur	Seite des Tieres: rechts	Alter in Jahren: unbestimmbar

Grab: 329

Geschl. archäologisch: w	Altersstufe: juvenil	Tiefe unter HOK: 158 cm
Geschl. anthropologisch: w	Alter: 15 Jahre	Tiefe unter Planum 1: 86 cm
Superposition: keine	Sarg: ja	Anzahl der Gefäße: 1

Gefäßtyp: HG 2

Randverzierung: ohne	Untertyp: 3	Delle: nicht vorhanden
Höhe: 8,5 cm	Bauchdm: 8 cm	Seite im Grab: rechts
Randdm: 6,5 cm	Bodendm: 5 cm	Höhe im Grab: Knie
Halsdm: 6 cm	Volumen: 0,158 Liter	Bemerkung: –

Grab: 330

Geschl. archäologisch: m	Altersstufe: matur	Tiefe unter HOK: 90 cm
Geschl. anthropologisch: m	Alter: 50–60 Jahre	Tiefe unter Planum 1: 40 cm
Superposition: keine	Sarg: ja	Anzahl der Gefäße: 1

Gefäßtyp: HG 2

Randverzierung: ohne	Untertyp: 9	Delle: nicht vorhanden
Höhe: 11 cm	Bauchdm: 10,5 cm	Seite im Grab: rechts
Randdm: 10 cm	Bodendm: 7 cm	Höhe im Grab: Fuß
Halsdm: 9 cm	Volumen: 0,493 Liter	Bemerkung: –

Grab: 331

Geschl. archäologisch: k	Altersstufe: infans II	Tiefe unter HOK: 55 cm
Geschl. anthropologisch: k	Alter: 11 Jahre	Tiefe unter Planum 1: 0 cm
Superposition: keine	Sarg: ja	Anzahl der Gefäße: 1

Gefäßtyp: HG 2	Randverzierung: unbest. Höhe: unbest. Randdm: unbest. Halsdm: unbest.	Untertyp: unbestimmbar Bauchdm: unbest. Bodendm: unbest. Volumen: unbest.	Delle: unbestimmbar Seite im Grab: Mitte Höhe im Grab: unterhalb der Füße Bemerkung: stark fragmentiert erhalten
Grab: 332	Geschl. archäologisch: k Geschl. anthropologisch: – Superposition: keine	Altersstufe: unbestimmbar Alter: unbestimmbar Sarg: ja	Tiefe unter HOK: 104 cm Tiefe unter Planum 1: 0 cm Anzahl der Gefäße: 1
Gefäßtyp: HG 2	Randverzierung: ohne Höhe: 9,5 cm Randdm: 8 cm Halsdm: 7 cm	Untertyp: 3 Bauchdm: 9 cm Bodendm: 5,5 cm Volumen: 0,254 Liter	Delle: nicht vorhanden Seite im Grab: Mitte Höhe im Grab: unterhalb der Füße Bemerkung: –
Grab: 333	Geschl. archäologisch: w Geschl. anthropologisch: w Superposition: keine	Altersstufe: matur Alter: 50 Jahre Sarg: ja	Tiefe unter HOK: 76 cm Tiefe unter Planum 1: 32 cm Anzahl der Gefäße: 1
Gefäßtyp: HG 2	Randverzierung: mit Höhe: 8,5 cm Randdm: 7 cm Halsdm: 6,5 cm	Untertyp: viereckiger M. 1 Bauchdm: 9,5 cm Bodendm: 6 cm Volumen: 0,215 Liter	Delle: nicht vorhanden Seite im Grab: Mitte Höhe im Grab: unterhalb der Füße Bemerkung: –
Tierart: Rind	Fundnummer: 15 Skelettelement: Femur	Altersstufe des Tieres: Seite des Tieres: links	erwachsen Alter in Jahren: unbestimmbar
Grab: 334	Geschl. archäologisch: k Geschl. anthropologisch: k Superposition: keine	Altersstufe: infans II Alter: 8 Jahre Sarg: ja	Tiefe unter HOK: 65 cm Tiefe unter Planum 1: 20 cm Anzahl der Gefäße: 1
Gefäßtyp: HG 2	Randverzierung: ohne Höhe: 12,5 cm Randdm: 11,5 cm Halsdm: 9,5 cm	Untertyp: 6 Bauchdm: 11,5 cm Bodendm: 8,5 cm Volumen: 0,739 Liter	Delle: nicht vorhanden Seite im Grab: Mitte Höhe im Grab: unterhalb der Füße Bemerkung: –
Tierart: Rind	Fundnummer: 7 Skelettelement: Femur	Altersstufe des Tieres: Seite des Tieres: rechts	juvenil Alter in Jahren: unbestimmbar
Grab: 335	Geschl. archäologisch: k Geschl. anthropologisch: k Superposition: keine	Altersstufe: infans II Alter: 7–10 Jahre Sarg: ja	Tiefe unter HOK: 80 cm Tiefe unter Planum 1: 11 cm Anzahl der Gefäße: 0
Grab: 336	Geschl. archäologisch: k Geschl. anthropologisch: k Superposition: keine	Altersstufe: infans I/2 Alter: 6-7 Jahre Sarg: ja	Tiefe unter HOK: 90 cm Tiefe unter Planum 1: 25 cm Anzahl der Gefäße: 1
Gefäßtyp: HG 2	Randverzierung: mit Höhe: 8,5 cm Randdm: 7,5 cm Halsdm: 6,5 cm	Untertyp: 1 Bauchdm: 7,5 cm Bodendm: 5,5 cm Volumen: 0,181 Liter	Delle: nicht vorhanden Seite im Grab: Mitte Höhe im Grab: unterhalb der Füße Bemerkung: –
Grab: 337	Geschl. archäologisch: m Geschl. anthropologisch: m Superposition: keine	Altersstufe: adult Alter: unbestimmbar Sarg: ja	Tiefe unter HOK: 150 cm Tiefe unter Planum 1: 70 cm Anzahl der Gefäße: 1

Katalog der Keramikfunde sowie der Angaben zu den Gräbern [...] aus dem Gräberfeld Zillingtal

| **Gefäßtyp: LG 1** | Randverzierung: mit
Höhe: 15 cm
Randdm: 10,5 cm
Halsdm: 9,5 cm | Untertyp: 5
Bauchdm: 13 cm
Bodendm: 7,5 cm
Volumen: 0,875 Liter | Delle: nicht vorhanden
Seite im Grab: rechts
Höhe im Grab: Fuß
Bemerkung: – |
| **Tierart: Rind** | Fundnummer: 14
Skelettelement: Tibia | Altersstufe des Tieres:
Seite des Tieres: rechts | subadult
Alter in Jahren: um 3 Jahre |

Grab: 338	Geschl. archäologisch: m Geschl. anthropologisch: m Superposition: keine	Altersstufe: matur Alter: 50-60 Jahre Sarg: ja	Tiefe unter HOK: 165 cm Tiefe unter Planum 1: 85 cm Anzahl der Gefäße: 1
Gefäßtyp: LG 1	Randverzierung: ohne Höhe: 16 cm Randdm: 10 cm Halsdm: 9,5 cm	Untertyp: 3 Bauchdm: 11,5 cm Bodendm: 6,5 cm Volumen: 0,787 Liter	Delle: nicht vorhanden Seite im Grab: links Höhe im Grab: Unterschenkel Bemerkung: –
Tierart: Rind	Fundnummer: 25 Skelettelement: Talus	Altersstufe des Tieres: Seite des Tieres: rechts	erwachsen Alter in Jahren: unbestimmbar
Tierart: Rind	Fundnummer: 26 Skelettelement: Tibia	Altersstufe des Tieres: Seite des Tieres: rechts	subadult Alter in Jahren: unbestimmbar

| **Grab: 339** | Geschl. archäologisch: m
Geschl. anthropologisch: –
Superposition: keine | Altersstufe: unbestimmbar
Alter: unbestimmbar
Sarg: ja | Tiefe unter HOK: 155 cm
Tiefe unter Planum 1: 70 cm
Anzahl der Gefäße: 1 |
| **Gefäßtyp: HG 3** | Randverzierung: ohne
Höhe: 11,5 cm
Randdm: 9 cm
Halsdm: 8,5 cm | Untertyp: 2
Bauchdm: 10 cm
Bodendm: 6 cm
Volumen: 0,424 Liter | Delle: nicht vorhanden
Seite im Grab: rechts
Höhe im Grab: Unterschenkel
Bemerkung: – |

| **Grab: 340** | Geschl. archäologisch: k (m)
Geschl. anthropologisch: –
Superposition:
wird geschnitten v. Grab 341 | Altersstufe: unbestimmbar
Alter: unbestimmbar
Sarg: ja | Tiefe unter HOK: 140 cm
Tiefe unter Planum 1: 70 cm
Anzahl der Gefäße: 0 |

Grab: 341	Geschl. archäologisch: w Geschl. anthropologisch: w Superposition: schneidet Grab 340	Altersstufe: adult Alter: 30-40 Jahre Sarg: ja	Tiefe unter HOK: 110 cm Tiefe unter Planum 1: 50 cm Anzahl der Gefäße: 1
Gefäßtyp: HG 2	Randverzierung: mit Höhe: 11,5 cm Randdm: 11 cm Halsdm: 10 cm	Untertyp: 1 Bauchdm: 12 cm Bodendm: 7,5 cm Volumen: 0,657 Liter	Delle: nicht vorhanden Seite im Grab: Mitte Höhe im Grab: unterhalb der Füße Bemerkung: –
Tierart: Rind	Fundnummer: 8 Skelettelement: Femur	Altersstufe des Tieres: Seite des Tieres: links	subadult Alter in Jahren: unbestimmbar

Grab: 342	Geschl. archäologisch: k Geschl. anthropologisch: k Superposition: keine	Altersstufe: infans I/2 Alter: 6,5 Jahre Sarg: nein	Tiefe unter HOK: 76 cm Tiefe unter Planum 1: 76 cm Anzahl der Gefäße: 1
Gefäßtyp: HG 2	Randverzierung: ohne Höhe: 9,5 cm Randdm: 9,5 cm Halsdm: 9 cm	Untertyp: unbestimmbar Bauchdm: 10 cm Bodendm: 8 cm Volumen: 0,419 Liter	Delle: nicht vorhanden Seite im Grab: Mitte Höhe im Grab: unterhalb der Füße Bemerkung: –
Tierart: Rind	Fundnummer: 9 Skelettelement: Femur	Altersstufe des Tieres: Seite des Tieres: links	infans Alter in Jahren: unbestimmbar

Grab: 343	Geschl. archäologisch: k Geschl. anthropologisch: – Superposition: keine	Altersstufe: unbestimmbar Alter: unbestimmbar Sarg: ja	Tiefe unter HOK: 102 cm Tiefe unter Planum 1: 33 cm Anzahl der Gefäße: 1
Gefäßtyp: HG 2	Randverzierung: mit Höhe: 12,5 cm Randdm: 10,5 cm	Untertyp: Buckelrand 1 Bauchdm: 12,5 cm Bodendm: 7 cm	Delle: nicht vorhanden Seite im Grab: Mitte Höhe im Grab: unterhalb der Füße
	Halsdm: 10 cm	Volumen: 0,699 Liter	Bemerkung: –
Grab: 344	Geschl. archäologisch: m Geschl. anthropologisch: w Superposition: keine	Altersstufe: adult Alter: unbestimmbar Sarg: ja	Tiefe unter HOK: 130 cm Tiefe unter Planum 1: 72 cm Anzahl der Gefäße: 1
Gefäßtyp: LG 1	Randverzierung: ohne Höhe: 11 cm Randdm: 10,5 cm Halsdm: 9 cm	Untertyp: 2 Bauchdm: 11 cm Bodendm: 6 cm Volumen: 0,493 Liter	Delle: nicht vorhanden Seite im Grab: rechts Höhe im Grab: Fuß Bemerkung: –
Grab: 345	Geschl. archäologisch: m Geschl. anthropologisch: m Superposition: keine	Altersstufe: matur Alter: 50-55 Jahre Sarg: ja	Tiefe unter HOK: 200 cm Tiefe unter Planum 1: 84 cm Anzahl der Gefäße: 0
Grab: 346A	Geschl. archäologisch: m Geschl. anthropologisch: – Superposition: schneidet Grab 347	Altersstufe: unbestimmbar Alter: unbestimmbar Sarg: ja	Tiefe unter HOK: 95 cm Tiefe unter Planum 1: 50 cm Anzahl der Gefäße: 0
Grab: 346B	Geschl. archäologisch: w Geschl. anthropologisch: – Superposition: schneidet Grab 347	Altersstufe: unbestimmbar Alter: unbestimmbar Sarg: ja	Tiefe unter HOK: 95 cm Tiefe unter Planum 1: 50 cm Anzahl der Gefäße: 0
Grab: 347	Geschl. archäologisch: m Geschl. anthropologisch: m Superposition: wird geschnitten von den Gräbern 346A und 346B	Altersstufe: senil Alter: unbestimmbar Sarg: ja	Tiefe unter HOK: 107 cm Tiefe unter Planum 1: 47 cm Anzahl der Gefäße: 1
Gefäßtyp: HG 3	Randverzierung: ohne Höhe: 7 cm Randdm: 7 cm Halsdm: 6,5 cm	Untertyp: unbestimmbar Bauchdm: 7 cm Bodendm: 5,5 cm Volumen: 0,132 Liter	Delle: nicht vorhanden Seite im Grab: links Höhe im Grab: Fuß Bemerkung: –
Tierart: Rind	Fundnummer: 11 Skelettelement: Tibia	Altersstufe des Tieres: Seite des Tieres: links	erwachsen Alter in Jahren: um 4 Jahre
Grab: 348	Geschl. archäologisch: k Geschl. anthropologisch: k Superposition: keine	Altersstufe: infans I/2 Alter: 3,5 Jahre Sarg: nein	Tiefe unter HOK: 0 cm Tiefe unter Planum 1: 0 cm Anzahl der Gefäße: 1
Gefäßtyp: HG 2	Randverzierung: mit Höhe: 9 cm Randdm: 9 cm	Untertyp: 4 Bauchdm: 10 cm Bodendm: 7,5 cm	Delle: nicht vorhanden Seite im Grab: Mitte Höhe im Grab: unterhalb der Füße
	Halsdm: 8 cm	Volumen: 0,346 Liter	Bemerkung: –
Grab: 349	Geschl. archäologisch: w Geschl. anthropologisch: w Superposition: keine	Altersstufe: spätmatur-senil Alter: 60 Jahre Sarg: ja	Tiefe unter HOK: 78 cm Tiefe unter Planum 1: 65 cm Anzahl der Gefäße: 1

Katalog der Keramikfunde sowie der Angaben zu den Gräbern [...] aus dem Gräberfeld Zillingtal

Gefäßtyp: HG 2	Randverzierung: ohne Höhe: 13,5 cm Randdm: 11,5 cm Halsdm: 10 cm	Untertyp: 8 Bauchdm: 14 cm Bodendm: 7,5 cm Volumen: 0,895 Liter	Delle: nicht vorhanden Seite im Grab: rechts Höhe im Grab: Fuß Bemerkung: –
Tierart: Bos-O/C	Fundnummer: 8 Skelettelement: Femur	Altersstufe des Tieres: Seite des Tieres: unbest.	unbestimmbar Alter in Jahren: unbestimmbar

Grab: 350	Geschl. archäologisch: m Geschl. anthropologisch: m Superposition: keine	Altersstufe: frühmatur Alter: 40 Jahre Sarg: ja	Tiefe unter HOK: 153 cm Tiefe unter Planum 1: 93 cm Anzahl der Gefäße: 1
Gefäßtyp: HG 2	Randverzierung: ohne Höhe: 11,5 cm Randdm: 9 cm Halsdm: 9 cm	Untertyp: unbestimmbar Bauchdm: 10 cm Bodendm: 7 cm Volumen: 0,47 Liter	Delle: nicht vorhanden Seite im Grab: Mitte Höhe im Grab: oberhalb des Kopfes Bemerkung: –
Tierart: Rind	Fundnummer: 30 Skelettelement: Femur	Altersstufe des Tieres: Seite des Tieres: rechts	subadult Alter in Jahren: unbestimmbar

Grab: 351	Geschl. archäologisch: w Geschl. anthropologisch: w Superposition: keine	Altersstufe: adult Alter: 30 Jahre Sarg: ja	Tiefe unter HOK: 102 cm Tiefe unter Planum 1: 60 cm Anzahl der Gefäße: 1
Gefäßtyp: HG 2	Randverzierung: mit Höhe: 7,5 cm Randdm: 8,5 cm Halsdm: 7,5 cm	Untertyp: 4 Bauchdm: 8,5 cm Bodendm: 6,5 cm Volumen: 0,219 Liter	Delle: nicht vorhanden Seite im Grab: Mitte Höhe im Grab: unterhalb der Füße Bemerkung: –
Tierart: Rind	Fundnummer: 6 Skelettelement: Femur	Altersstufe des Tieres: Seite des Tieres: rechts	juvenil Alter in Jahren: unbestimmbar

Grab: 352	Geschl. archäologisch: – Geschl. anthropologisch: w Superposition: keine	Altersstufe: spätadult Alter: 40 Jahre Sarg: nein	Tiefe unter HOK: 68 cm Tiefe unter Planum 1: 29 cm Anzahl der Gefäße: 0

Grab: 353	Geschl. archäologisch: w Geschl. anthropologisch: w Superposition: keine	Altersstufe: adult Alter: 30 Jahre Sarg: nein	Tiefe unter HOK: 50 cm Tiefe unter Planum 1: 0 cm Anzahl der Gefäße: 0

Grab: 354	Geschl. archäologisch: w Geschl. anthropologisch: w Superposition: keine	Altersstufe: matur Alter: 50 Jahre Sarg: ja	Tiefe unter HOK: 166 cm Tiefe unter Planum 1: 90 cm Anzahl der Gefäße: 1
Gefäßtyp: HG 1	Randverzierung: mit Höhe: 13 cm Randdm: 10 cm Halsdm: 8,5 cm	Untertyp: 2 Bauchdm: 11,5 cm Bodendm: 6 cm Volumen: 0,573 Liter	Delle: nicht vorhanden Seite im Grab: Mitte Höhe im Grab: unterhalb der Füße Bemerkung: –

Grab: 355	Geschl. archäologisch: k Geschl. anthropologisch: k Superposition: keine	Altersstufe: neonatus Alter: 0 Jahr Sarg: nein	Tiefe unter HOK: 66 cm Tiefe unter Planum 1: 8 cm Anzahl der Gefäße: 0

Grab: 356	Geschl. archäologisch: k Geschl. anthropologisch: k Superposition: keine	Altersstufe: neonatus Alter: 0 Jahr Sarg: nein	Tiefe unter HOK: 61 cm Tiefe unter Planum 1: 0 cm Anzahl der Gefäße: 0

Grab: 357	Geschl. archäologisch: k Geschl. anthropologisch: k Superposition: keine	Altersstufe: infans II Alter: 8–10 Jahre Sarg: nein	Tiefe unter HOK: 70 cm Tiefe unter Planum 1: 10 cm Anzahl der Gefäße: 0
Grab: 358	Geschl. archäologisch: k Geschl. anthropologisch: – Superposition: keine	Altersstufe: unbestimmbar Alter: unbestimmbar Sarg: nein	Tiefe unter HOK: 55 cm Tiefe unter Planum 1: 5 cm Anzahl der Gefäße: 0
Grab: 359	Geschl. archäologisch: m Geschl. anthropologisch: w Superposition: keine	Altersstufe: adult Alter: unbestimmbar Sarg: ja	Tiefe unter HOK: 85 cm Tiefe unter Planum 1: 25 cm Anzahl der Gefäße: 1
Gefäßtyp: LG 1	Randverzierung: mit Höhe: 12 cm Randdm: 9,5 cm Halsdm: 8 cm	Untertyp: 2 Bauchdm: 11,5 cm Bodendm: 6 cm Volumen: 0,492 Liter	Delle: nicht vorhanden Seite im Grab: Mitte Höhe im Grab: unterhalb der Füße Bemerkung: –
Grab: 360	Geschl. archäologisch: w Geschl. anthropologisch: w Superposition: keine	Altersstufe: spätjuvenil Alter: 18 Jahre Sarg: ja	Tiefe unter HOK: 95 cm Tiefe unter Planum 1: 35 cm Anzahl der Gefäße: 1
Gefäßtyp: HG 2	Randverzierung: ohne Höhe: 7,5 cm Randdm: 7 cm Halsdm: 6,5 cm	Untertyp: 10 Bauchdm: 7 cm Bodendm: 5 cm Volumen: 0,137 Liter	Delle: nicht vorhanden Seite im Grab: links Höhe im Grab: Fuß Bemerkung: –
Tierart: Rind	Fundnummer: 14 Skelettelement: Femur	Altersstufe des Tieres: Seite des Tieres: links	erwachsen Alter in Jahren: unbestimmbar
Grab: 361	Geschl. archäologisch: m Geschl. anthropologisch: m Superposition: keine	Altersstufe: spätmatur Alter: 60 Jahre Sarg: ja	Tiefe unter HOK: 165 cm Tiefe unter Planum 1: 110 cm Anzahl der Gefäße: 1
Gefäßtyp: HG 3	Randverzierung: mit Höhe: 11,5 cm Randdm: 8,5 cm Halsdm: 8,5 cm	Untertyp: 2 Bauchdm: 11 cm Bodendm: 7,5 cm Volumen: 0,486 Liter	Delle: nicht vorhanden Seite im Grab: rechts Höhe im Grab: Fuß Bemerkung: –
Tierart: Rind	Fundnummer: 22 Skelettelement: Tibia	Altersstufe des Tieres: Seite des Tieres: links	juvenil Alter in Jahren: unbestimmbar
Tierart: Huhn	Fundnummer: 23 Skelettelement: Skelett	Altersstufe des Tieres: Seite des Tieres: unbest.	unbestimmbar Alter in Jahren: unbestimmbar
Grab: 362	Geschl. archäologisch: w Geschl. anthropologisch: w Superposition: keine	Altersstufe: matur Alter: 40 Jahre Sarg: ja	Tiefe unter HOK: 160 cm Tiefe unter Planum 1: 120 cm Anzahl der Gefäße: 1
Gefäßtyp: HG 3	Randverzierung: ohne Höhe: 10,5 cm Randdm: 9 cm Halsdm: 8,5 cm	Untertyp: 3 Bauchdm: 11 cm Bodendm: 7 cm Volumen: 0,439 Liter	Delle: nicht vorhanden Seite im Grab: links Höhe im Grab: Fuß Bemerkung: –
Tierart: Rind	Fundnummer: 12 Skelettelement: Femur	Altersstufe des Tieres: Seite des Tieres: links	erwachsen Alter in Jahren: unbestimmbar
Grab: 368	Geschl. archäologisch: k Geschl. anthropologisch: k Superposition: keine	Altersstufe: infans I/1 Alter: 2-3 Jahre Sarg: ja	Tiefe unter HOK: 92 cm Tiefe unter Planum 1: 27 cm Anzahl der Gefäße: 1

Gefäßtyp: HG 3	Randverzierung: ohne Höhe: unbest. Randdm: unbest. Halsdm: unbest.	Untertyp: unbestimmbar Bauchdm: unbest. Bodendm: unbest. Volumen: unbest.	Delle: unbestimmbar Seite im Grab: Mitte Höhe im Grab: Fuß Bemerkung: stark fragmentiert erhalten
Grab: 369	Geschl. archäologisch: m Geschl. anthropologisch: m Superposition: keine	Altersstufe: spätmatur Alter: 60 Jahre Sarg: ja	Tiefe unter HOK: 134 cm Tiefe unter Planum 1: 108 cm Anzahl der Gefäße: 1
Gefäßtyp: HG 2	Randverzierung: ohne Höhe: 14,5 cm Randdm: 13 cm Halsdm: 12,5 cm	Untertyp: 5 Bauchdm: 14 cm Bodendm: 9 cm Volumen: 1,265 Liter	Delle: nicht vorhanden Seite im Grab: links Höhe im Grab: Unterschenkel Bemerkung: –
Tierart: Rind	Fundnummer: 8/1 Skelettelement: Tibia	Altersstufe des Tieres: Seite des Tieres: links	erwachsen Alter in Jahren: unbestimmbar
Tierart: Rind	Fundnummer: 8/2 Skelettelement: Tibia	Altersstufe des Tieres: Seite des Tieres: links	subadult Alter in Jahren: um 3 Jahre
Grab: 370	Geschl. archäologisch: w Geschl. anthropologisch: m Superposition: keine	Altersstufe: spätmatur Alter: 60 Jahre Sarg: nein	Tiefe unter HOK: 122 cm Tiefe unter Planum 1: 77 cm Anzahl der Gefäße: 1
Gefäßtyp: HG 2	Randverzierung: ohne Höhe: 8 cm Randdm: 7,5 cm Halsdm: 6,5 cm	Untertyp: 10 Bauchdm: 9 cm Bodendm: 7 cm Volumen: 0,218 Liter	Delle: nicht vorhanden Seite im Grab: links Höhe im Grab: Fuß Bemerkung: –
Tierart: Rind	Fundnummer: 13 Skelettelement: Femur	Altersstufe des Tieres: Seite des Tieres: links	subadult Alter in Jahren: unbestimmbar
Grab: 371	Geschl. archäologisch: w Geschl. anthropologisch: w Superposition: keine	Altersstufe: adult Alter: 20-30 Jahre Sarg: ja	Tiefe unter HOK: 83 cm Tiefe unter Planum 1: 33 cm Anzahl der Gefäße: 1
Gefäßtyp: HG 2	Randverzierung: ohne Höhe: unbest. Randdm: unbest. Halsdm: unbest.	Untertyp: unbestimmbar Bauchdm: unbest. Bodendm: unbest. Volumen: unbest.	Delle: unbestimmbar Seite im Grab: rechts Höhe im Grab: Fuß Bemerkung: stark fragmentiert erhalten
Tierart: Schwein	Fundnummer: 10 Skelettelement: Femur	Altersstufe des Tieres: Seite des Tieres: links	subadult/erw. Alter in Jahren: unbestimmbar
Grab: 372	Geschl. archäologisch: m Geschl. anthropologisch: m Superposition: keine	Altersstufe: matur Alter: 50-60 Jahre Sarg: ja	Tiefe unter HOK: 82 cm Tiefe unter Planum 1: 32 cm Anzahl der Gefäße: 1
Gefäßtyp: LG 2	Randverzierung: ohne Höhe: 12,5 cm Randdm: 10 cm Halsdm: 9 cm	Untertyp: 3 Bauchdm: 12 cm Bodendm: 6,5 cm Volumen: 0,603 Liter	Delle: nicht vorhanden Seite im Grab: rechts Höhe im Grab: Fuß Bemerkung: –
Tierart: Rind	Fundnummer: 13 Skelettelement: Tibia, Os malleolare	Altersstufe des Tieres: Seite des Tieres: rechts	juvenil Alter in Jahren: unbestimmbar
Tierart: Huhn	Fundnummer: 14 Skelettelement: Skelett	Altersstufe des Tieres: Seite des Tieres: unbest.	unbestimmbar Alter in Jahren: unbestimmbar

Grab: 373	Geschl. archäologisch: w Geschl. anthropologisch: w (?) Superposition: keine	Altersstufe: spätadult Alter: 30-40 Jahre Sarg: ja	Tiefe unter HOK: 152 cm Tiefe unter Planum 1: 66 cm Anzahl der Gefäße: 1
Gefäßtyp: HG 2	Randverzierung: ohne Höhe: 14 cm Randdm: 11 cm Halsdm: 9,5 cm	Untertyp: 5 Bauchdm: 11,5 cm Bodendm: 7,5 cm Volumen: 0,768 Liter	Delle: nicht vorhanden Seite im Grab: rechts Höhe im Grab: Fuß Bemerkung: –
Tierart: Rind	Fundnummer: 13 Skelettelement: Femur	Altersstufe des Tieres: Seite des Tieres: links	subadult Alter in Jahren: unbestimmbar
Grab: 374	Geschl. archäologisch: k Geschl. anthropologisch: k Superposition: keine	Altersstufe: infans I/1 Alter: 2 Jahre Sarg: nein	Tiefe unter HOK: 50 cm Tiefe unter Planum 1: 9 cm Anzahl der Gefäße: 1
Gefäßtyp: HG 3	Randverzierung: ohne Höhe: 6,5 cm Randdm: 8 cm Halsdm: 7 cm	Untertyp: 6 Bauchdm: 7,5 cm Bodendm: 5 cm Volumen: 0,139 Liter	Delle: nicht vorhanden Seite im Grab: rechts Höhe im Grab: Knie Bemerkung: –
Grab: 375	Geschl. archäologisch: k Geschl. anthropologisch: k Superposition: keine	Altersstufe: infans I/1 Alter: 1,5-2 Jahre Sarg: nein	Tiefe unter HOK: 68 cm Tiefe unter Planum 1: 6 cm Anzahl der Gefäße: 1
Gefäßtyp: HG	Randverzierung: unbest. Höhe: unbest. Randdm: unbest. Halsdm: unbest.	Untertyp: unbestimmbar Bauchdm: unbest. Bodendm: unbest. Volumen: unbest.	Delle: unbestimmbar Seite im Grab: Mitte Höhe im Grab: unterhalb der Füße Bemerkung: stark fragmentiert erhalten
Tierart: Schwein	Fundnummer: 4 Skelettelement: Tibia	Altersstufe des Tieres: Seite des Tieres: rechts	unbestimmbar Alter in Jahren: unbestimmbar
Grab: 376	Geschl. archäologisch: m Geschl. anthropologisch: k Superposition: keine	Altersstufe: juvenil Alter: 17-18 Jahre Sarg: ja	Tiefe unter HOK: 140 cm Tiefe unter Planum 1: 100 cm Anzahl der Gefäße: 1
Gefäßtyp: HG 2	Randverzierung: ohne Höhe: 13,5 cm Randdm: 10 cm Halsdm: 9 cm	Untertyp: 5 Bauchdm: 11,5 cm Bodendm: 8 cm Volumen: 0,696 Liter	Delle: nicht vorhanden Seite im Grab: links Höhe im Grab: Fuß Bemerkung: –
Tierart: Rind	Fundnummer: 10 Skelettelement: Tibia	Altersstufe des Tieres: Seite des Tieres: rechts	subadult Alter in Jahren: unbestimmbar
Grab: 377	Geschl. archäologisch: w Geschl. anthropologisch: w Superposition: keine	Altersstufe: adult Alter: 20-30 Jahre Sarg: ja	Tiefe unter HOK: 167 cm Tiefe unter Planum 1: 97 cm Anzahl der Gefäße: 1
Gefäßtyp: HG 3	Randverzierung: ohne Höhe: 10,5 cm Randdm: 8,5 cm Halsdm: 7,5 cm	Untertyp: 4 Bauchdm: 10,5 cm Bodendm: 5,5 cm Volumen: 0,345 Liter	Delle: nicht vorhanden Seite im Grab: links Höhe im Grab: Unterschenkel Bemerkung: –
Tierart: Rind	Fundnummer: 7 Skelettelement: Femur	Altersstufe des Tieres: Seite des Tieres: links	erwachsen Alter in Jahren: unbestimmbar
Tierart: Gans/Ente	Fundnummer: 8 Skelettelement: Skelett	Altersstufe des Tieres: Seite des Tieres: unbest.	unbestimmbar Alter in Jahren: unbestimmbar

Katalog der Keramikfunde sowie der Angaben zu den Gräbern […] aus dem Gräberfeld Zillingtal

Grab: 378	Geschl. archäologisch: w	Altersstufe: juvenil	Tiefe unter HOK: 150 cm
	Geschl. anthropologisch: w	Alter: 17 Jahre	Tiefe unter Planum 1: 75 cm
	Superposition: keine	Sarg: ja	Anzahl der Gefäße: 1
Gefäßtyp: HG 3	Randverzierung: ohne	Untertyp: 6	Delle: nicht vorhanden
	Höhe: 9,5 cm	Bauchdm: 9 cm	Seite im Grab: Mitte
	Randdm: 7,5 cm	Bodendm: 7 cm	Höhe im Grab: unterhalb der Füße
	Halsdm: 6,5 cm	Volumen: 0,265 Liter	Bemerkung: –
Tierart: Huhn	Fundnummer: 5	Altersstufe des Tieres:	unbestimmbar
	Skelettelement: Langknochen	Seite des Tieres: unbest.	Alter in Jahren: unbestimmbar
Tierart: Huhn	Fundnummer: 6	Altersstufe des Tieres:	unbestimmbar
	Skelettelement: Langknochen	Seite des Tieres: unbest.	Alter in Jahren: unbestimmbar
Tierart: Huhn	Fundnummer: 11	Altersstufe des Tieres:	unbestimmbar
	Skelettelement: Metatarsus	Seite des Tieres: unbest.	Alter in Jahren: unbestimmbar
Tierart: Rind	Fundnummer: 12	Altersstufe des Tieres:	subadult
	Skelettelement: Femur	Seite des Tieres: links	Alter in Jahren: unbestimmbar
Grab: 379	Geschl. archäologisch: m	Altersstufe: adult	Tiefe unter HOK: 122 cm
	Geschl. anthropologisch: m	Alter: 20–30 Jahre	Tiefe unter Planum 1: 75 cm
	Superposition: keine	Sarg: ja	Anzahl der Gefäße: 0
Tierart: Rind	Fundnummer: 8	Altersstufe des Tieres:	erwachsen
	Skelettelement: Calcaneus	Seite des Tieres: links	Alter in Jahren: unbestimmbar
Grab: 380	Geschl. archäologisch: m	Altersstufe: frühadult	Tiefe unter HOK: 146 cm
	Geschl. anthropologisch: m	Alter: 20 Jahre	Tiefe unter Planum 1: 88 cm
	Superposition: keine	Sarg: ja	Anzahl der Gefäße: 1
Gefäßtyp: HG 3	Randverzierung: ohne	Untertyp: 4	Delle: nicht vorhanden
	Höhe: 9,5 cm	Bauchdm: 9,5 cm	Seite im Grab: links
	Randdm: 8,5 cm	Bodendm: 6,5 cm	Höhe im Grab: Unterschenkel
	Halsdm: 8 cm	Volumen: 0,32 Liter	Bemerkung: –
Tierart: Rind	Fundnummer: 13	Altersstufe des Tieres:	subadult
	Skelettelement: Tibia	Seite des Tieres: rechts	Alter in Jahren: unbestimmbar
Grab: 381	Geschl. archäologisch: k	Altersstufe: infans I/2	Tiefe unter HOK: 103 cm
	Geschl. anthropologisch: k	Alter: 3-4 Jahre	Tiefe unter Planum 1: 58 cm
	Superposition: keine	Sarg: nein	Anzahl der Gefäße: 0
Grab: 382	Geschl. archäologisch: m	Altersstufe: matur	Tiefe unter HOK: 100 cm
	Geschl. anthropologisch: m	Alter: 50-60 Jahre	Tiefe unter Planum 1: 56 cm
	Superposition: keine	Sarg: ja	Anzahl der Gefäße: 1
Gefäßtyp: HG 2	Randverzierung: ohne	Untertyp: 1	Delle: nicht vorhanden
	Höhe: 9 cm	Bauchdm: 8 cm	Seite im Grab: rechts
	Randdm: 7,5 cm	Bodendm: 6 cm	Höhe im Grab: Unterschenkel
	Halsdm: 6,5 cm	Volumen: 0,211 Liter	Bemerkung: –
Tierart: Rind	Fundnummer: 5	Altersstufe des Tieres:	erwachsen
	Skelettelement: Tibia	Seite des Tieres: rechts	Alter in Jahren: unbestimmbar
Grab: 383	Geschl. archäologisch: k	Altersstufe: infans I/2	Tiefe unter HOK: 153 cm
	Geschl. anthropologisch: k	Alter: 4 Jahre	Tiefe unter Planum 1: 83 cm
	Superposition: keine	Sarg: nein	Anzahl der Gefäße: 0

Grab: 384	Geschl. archäologisch: w	Altersstufe: matur	Tiefe unter HOK: 92 cm
	Geschl. anthropologisch: w	Alter: unbestimmbar	Tiefe unter Planum 1: 61 cm
	Superposition: keine	Sarg: ja	Anzahl der Gefäße: 1
Gefäßtyp: LG 1	Randverzierung: ohne	Untertyp: 5	Delle: nicht vorhanden
	Höhe: 15 cm	Bauchdm: 13 cm	Seite im Grab: Mitte
	Randdm: 11,5 cm	Bodendm: 8,5 cm	Höhe im Grab: Unterschenkel
	Halsdm: 10 cm	Volumen: 1,002 Liter	Bemerkung: –
Tierart: Schwein	Fundnummer: 10	Altersstufe des Tieres:	subadult
	Skelettelement: Femur	Seite des Tieres: links	Alter in Jahren: unbestimmbar

Grab: 385	Geschl. archäologisch: k	Altersstufe: infans II	Tiefe unter HOK: 144 cm
	Geschl. anthropologisch: m	Alter: unbestimmbar	Tiefe unter Planum 1: 73 cm
	Superposition: keine	Sarg: ja	Anzahl der Gefäße: 1
Gefäßtyp: HG 3	Randverzierung: ohne	Untertyp: 3	Delle: nicht vorhanden
	Höhe: 11,5 cm	Bauchdm: 11 cm	Seite im Grab: Mitte
	Randdm: 9,5 cm	Bodendm: 5,5 cm	Höhe im Grab: Unterschenkel
	Halsdm: 8,5 cm	Volumen: 0,454 Liter	Bemerkung: –
Tierart: Schaf/Ziege	Fundnummer: 17	Altersstufe des Tieres:	subadult
	Skelettelement: Femur	Seite des Tieres: links	Alter in Jahren: unbestimmbar

Grab: 386	Geschl. archäologisch: k	Altersstufe: infans I/1	Tiefe unter HOK: 110 cm
	Geschl. anthropologisch: k	Alter: 2 Jahre	Tiefe unter Planum 1: 55 cm
	Superposition: keine	Sarg: nein	Anzahl der Gefäße: 0

Grab: 387	Geschl. archäologisch: k	Altersstufe: infans I/1	Tiefe unter HOK: 85 cm
	Geschl. anthropologisch: k	Alter: 2,5 Jahre	Tiefe unter Planum 1: 20 cm
	Superposition: keine	Sarg: nein	Anzahl der Gefäße: 0

Grab: 388	Geschl. archäologisch: k	Altersstufe: infans II	Tiefe unter HOK: 149 cm
	Geschl. anthropologisch: k	Alter: 7 Jahre	Tiefe unter Planum 1: 110 cm
	Superposition: keine	Sarg: nein	Anzahl der Gefäße: 1
Gefäßtyp: HG 2	Randverzierung: ohne	Untertyp: 2	Delle: nicht vorhanden
	Höhe: 7 cm	Bauchdm: 8 cm	Seite im Grab: links
	Randdm: 7,5 cm	Bodendm: 5,5 cm	Höhe im Grab: Fuß
	Halsdm: 7 cm	Volumen: 0,158 Liter	Bemerkung: –

Grab: 389	Geschl. archäologisch: w	Altersstufe: matur	Tiefe unter HOK: 166 cm
	Geschl. anthropologisch: w	Alter: unbestimmbar	Tiefe unter Planum 1: 121 cm
	Superposition: keine	Sarg: ja	Anzahl der Gefäße: 1
Tierart: Schwein	Fundnummer: 12	Altersstufe des Tieres:	subadult
	Skelettelement: Femur	Seite des Tieres: rechts	Alter in Jahren: unbestimmbar

Grab: 396	Geschl. archäologisch: m	Altersstufe: matur	Tiefe unter HOK: 97 cm
	Geschl. anthropologisch: –	Alter: 50-60 Jahre	Tiefe unter Planum 1: 67 cm
	Superposition: keine	Sarg: ja	Anzahl der Gefäße: 1
Gefäßtyp: HG 2	Randverzierung: ohne	Untertyp: 8	Delle: nicht vorhanden
	Höhe: 11,5 cm	Bauchdm: 12 cm	Seite im Grab: links
	Randdm: 9,5 cm	Bodendm: 8 cm	Höhe im Grab: Unterschenkel
	Halsdm: 8,5 cm	Volumen: 0,568 Liter	Bemerkung: –
Tierart: Rind	Fundnummer: 11	Altersstufe des Tieres:	erwachsen
	Skelettelement: Tibia	Seite des Tieres: links	Alter in Jahren: um 4 Jahre

Grab: 397	Geschl. archäologisch: w Geschl. anthropologisch: m(?) Superposition: keine	Altersstufe: matur Alter: unbestimmbar Sarg: ja	Tiefe unter HOK: 127 cm Tiefe unter Planum 1: 59 cm Anzahl der Gefäße: 1
Gefäßtyp: HG 1	Randverzierung: ohne Höhe: 12,5 cm Randdm: 9,5 cm Halsdm: 8,5 cm	Untertyp: unbestimmbar Bauchdm: 12 cm Bodendm: 7,5 cm Volumen: 0,603 Liter	Delle: nicht vorhanden Seite im Grab: rechts Höhe im Grab: Fuß Bemerkung: –
Tierart: Rind	Fundnummer: 8 Skelettelement: Femur	Altersstufe des Tieres: Seite des Tieres: rechts	subadult Alter in Jahren: unbestimmbar

Grab: 398	Geschl. archäologisch: m Geschl. anthropologisch: m Superposition: keine	Altersstufe: adult Alter: unbestimmbar Sarg: nein	Tiefe unter HOK: 124 cm Tiefe unter Planum 1: 25 cm Anzahl der Gefäße: 1
Gefäßtyp: HG 1	Randverzierung: mit Höhe: 11,5 cm Randdm: 9 cm Halsdm: 8,5 cm	Untertyp: 1 Bauchdm: 10,5 cm Bodendm: 8 cm Volumen: 0,501 Liter	Delle: nicht vorhanden Seite im Grab: rechts Höhe im Grab: Fuß Bemerkung: –
Tierart: Rind	Fundnummer: 11 Skelettelement: Tibia	Altersstufe des Tieres: Seite des Tieres: rechts	subadult Alter in Jahren: unbestimmbar

Grab: 399	Geschl. archäologisch: w Geschl. anthropologisch: w Superposition: keine	Altersstufe: senil Alter: > 60 Jahre Sarg: ja	Tiefe unter HOK: 78 cm Tiefe unter Planum 1: 2 cm Anzahl der Gefäße: 1
Gefäßtyp: LG 1	Randverzierung: ohne Höhe: unbest. Randdm: unbest. Halsdm: unbest.	Untertyp: unbestimmbar Bauchdm: unbest. Bodendm: unbest. Volumen: unbest.	Delle: unbestimmbar Seite im Grab: links Höhe im Grab: Fuß Bemerkung: stark fragmentiert erhalten
Tierart: Huhn	Fundnummer: 4 Skelettelement: Phalangen	Altersstufe des Tieres: Seite des Tieres: unbest.	unbestimmbar Alter in Jahren: unbestimmbar
Tierart: Schaf/Ziege(?)	Fundnummer: am Fußende Skelettelement: Femur	Altersstufe des Tieres: Seite des Tieres: unbest.	unbestimmbar Alter in Jahren: unbestimmbar
Tierart: Huhn	Fundnummer: am Fußende Skelettelement: Langknochen	Altersstufe des Tieres: Seite des Tieres: unbest.	unbestimmbar Alter in Jahren: unbestimmbar

Grab: 400	Geschl. archäologisch: e Geschl. anthropologisch: m Superposition: schneidet Grab 401	Altersstufe: spätmatur Alter: 60 Jahre Sarg: ja	Tiefe unter HOK: 92 cm Tiefe unter Planum 1: 10 cm Anzahl der Gefäße: 1
Gefäßtyp: HG 3	Randverzierung: ohne Höhe: 11,5 cm Randdm: 9,5 cm Halsdm: 8,5 cm	Untertyp: 4 Bauchdm: 12,5 cm Bodendm: 7,5 cm Volumen: 0,568 Liter	Delle: nicht vorhanden Seite im Grab: rechts Höhe im Grab: Fuß Bemerkung: –

Grab: 401	Geschl. archäologisch: w Geschl. anthropologisch: m Superposition: wird geschnitten v. Grab 400	Altersstufe: matur Alter: 50 Jahre Sarg: ja	Tiefe unter HOK: 150 cm Tiefe unter Planum 1: 90 cm Anzahl der Gefäße: 1
Gefäßtyp: HG 1	Randverzierung: ohne Höhe: 8 cm Randdm: 6 cm Halsdm: 5,5 cm	Untertyp: Sondergruppe Bauchdm: 6,5 cm Bodendm: 5,5 cm Volumen: 0,12 Liter	Delle: nicht vorhanden Seite im Grab: Mitte Höhe im Grab: unterhalb der Füße Bemerkung: –

Tierart: Rind	Fundnummer: 11 Skelettelement: Femur	Altersstufe des Tieres: Seite des Tieres: re.	erwachsen Alter in Jahren: unbestimmbar
Grab: 402	Geschl. archäologisch: w Geschl. anthropologisch: w Superposition: keine	Altersstufe: adult Alter: unbestimmbar Sarg: ja	Tiefe unter HOK: 72 cm Tiefe unter Planum 1: 12 cm Anzahl der Gefäße: 1
Gefäßtyp: HG 2	Randverzierung: ohne Höhe: 10,5 cm Randdm: 9 cm Halsdm: 7,5 cm	Untertyp: 9 Bauchdm: 10,5 cm Bodendm: 7,5 cm Volumen: 0,411 Liter	Delle: nicht vorhanden Seite im Grab: rechts Höhe im Grab: Unterschenkel Bemerkung: –
Tierart: Haushund	Fundnummer: 8 Skelettelement: Zahn	Altersstufe des Tieres: Seite des Tieres: unbest.	unbestimmbar Alter in Jahren: unbestimmbar
Tierart: Rind	Fundnummer: 9 Skelettelement: Femur	Altersstufe des Tieres: Seite des Tieres: links	subadult Alter in Jahren: unbestimmbar
Grab: 403	Geschl. archäologisch: k Geschl. anthropologisch: m Superposition: keine	Altersstufe: infans I/2 Alter: 5 Jahre Sarg: nein	Tiefe unter HOK: 67 cm Tiefe unter Planum 1: 19 cm Anzahl der Gefäße: 1
Gefäßtyp: HG 2	Randverzierung: mit Höhe: 8,5 cm Randdm: 8,5 cm Halsdm: 8 cm	Untertyp: 4 Bauchdm: 9,5 cm Bodendm: 7 cm Volumen: 0,293 Liter	Delle: nicht vorhanden Seite im Grab: Mitte Höhe im Grab: unterhalb der Füße Bemerkung: –
Tierart: unbestimmbar	Fundnummer: 20 Skelettelement: Femur	Altersstufe des Tieres: Seite des Tieres: unbest.	unbestimmbar Alter in Jahren: unbestimmbar
Grab: 404	Geschl. archäologisch: k Geschl. anthropologisch: k Superposition: keine	Altersstufe: infans II Alter: 7 Jahre Sarg: nein	Tiefe unter HOK: 90 cm Tiefe unter Planum 1: 50 cm Anzahl der Gefäße: 1
Gefäßtyp: HG 2	Randverzierung: ohne Höhe: 12 cm Randdm: 10,5 cm Halsdm: 9 cm	Untertyp: Buckelrand 2 Bauchdm: 11 cm Bodendm: 7 cm Volumen: 0,577 Liter	Delle: nicht vorhanden Seite im Grab: Mitte Höhe im Grab: unterhalb der Füße Bemerkung: –
Tierart: Schwein	Fundnummer: ohne Nr. Skelettelement: Femur	Altersstufe des Tieres: Seite des Tieres: rechts	neonatil Alter in Jahren: unbestimmbar
Grab: 405	Geschl. archäologisch: m Geschl. anthropologisch: m Superposition: keine	Altersstufe: matur Alter: 50-60 Jahre Sarg: ja	Tiefe unter HOK: 120 cm Tiefe unter Planum 1: 90 cm Anzahl der Gefäße: 1
Gefäßtyp: LG 1	Randverzierung: ohne Höhe: 14 cm Randdm: 9,5 cm Halsdm: 9 cm	Untertyp: 4 Bauchdm: 12 cm Bodendm: 5 cm Volumen: 0,601 Liter	Delle: nicht vorhanden Seite im Grab: links Höhe im Grab: Unterschenkel Bemerkung: –
Tierart: Rind	Fundnummer: 6 Skelettelement: Tibia	Altersstufe des Tieres: Seite des Tieres: rechts	erwachsen (?) Alter in Jahren: unbestimmbar
Grab: 406	Geschl. archäologisch: k Geschl. anthropologisch: m (?) Superposition: keine	Altersstufe: infans I/2 Alter: 5 Jahre Sarg: nein	Tiefe unter HOK: 68 cm Tiefe unter Planum 1: 27 cm Anzahl der Gefäße: 0
Grab: 407	Geschl. archäologisch: m Geschl. anthropologisch: m Superposition: keine	Altersstufe: matur Alter: 55-60 Jahre Sarg: ja	Tiefe unter HOK: 155 cm Tiefe unter Planum 1: 120 cm Anzahl der Gefäße: 0

Tierart: Rind	Fundnummer: 45 Skelettelement: Femur	Altersstufe des Tieres: Seite des Tieres: rechts	subadult Alter in Jahren: < 3 Jahre
Tierart: Rind	Fundnummer: 46 Skelettelement: Patella	Altersstufe des Tieres: Seite des Tieres: rechts	unbestimmbar Alter in Jahren: unbestimmbar

Grab: 408	Geschl. archäologisch: w Geschl. anthropologisch: w Superposition: keine	Altersstufe: matur Alter: 40-50 Jahre Sarg: ja	Tiefe unter HOK: 121 cm Tiefe unter Planum 1: 80 cm Anzahl der Gefäße: 1
Gefäßtyp: HG 3	Randverzierung: ohne Höhe: 11 cm Randdm: 7 cm Halsdm: 6,5 cm	Untertyp: 1 Bauchdm: 10,5 cm Bodendm: 7,5 cm Volumen: 0,35 Liter	Delle: nicht vorhanden Seite im Grab: rechts Höhe im Grab: Unterschenkel Bemerkung: –
Tierart: Schwein	Fundnummer: 8 Skelettelement: Calcaneus	Altersstufe des Tieres: Seite des Tieres: links	subadult Alter in Jahren: < 2 Jahre
Tierart: Huhn	Fundnummer: 10 Skelettelement: Skelett	Altersstufe des Tieres: Seite des Tieres: unbest.	unbestimmbar Alter in Jahren: unbestimmbar
Tierart: Eierschalen	Fundnummer: 11 Skelettelement:	Altersstufe des Tieres: Seite des Tieres:	 Alter in Jahren:
Tierart: Eierschalen	Fundnummer: 12 Skelettelement:	Altersstufe des Tieres: Seite des Tieres:	 Alter in Jahren:
Tierart: Eierschalen	Fundnummer: 13 Skelettelement:	Altersstufe des Tieres: Seite des Tieres:	 Alter in Jahren:
Tierart: Eierschalen	Fundnummer: 14 Skelettelement:	Altersstufe des Tieres: Seite des Tieres:	 Alter in Jahren:
Tierart: Eierschalen	Fundnummer: 15 Skelettelement:	Altersstufe des Tieres: Seite des Tieres:	 Alter in Jahren:
Tierart: Eierschalen	Fundnummer: 16 Skelettelement:	Altersstufe des Tieres: Seite des Tieres:	 Alter in Jahren:
Tierart: Schwein	Fundnummer: 17 Skelettelement: Femur	Altersstufe des Tieres: Seite des Tieres: unbest.	subadult Alter in Jahren: unbestimmbar

Grab: 409	Geschl. archäologisch: m Geschl. anthropologisch: m Superposition: keine	Altersstufe: juvenil Alter: 14 Jahre Sarg: ja	Tiefe unter HOK: 124 cm Tiefe unter Planum 1: 74 cm Anzahl der Gefäße: 1
Gefäßtyp: HG 2	Randverzierung: mit Höhe: 11,5 cm Randdm: 9,5 cm Halsdm: 8,5 cm	Untertyp: 3 Bauchdm: 11 cm Bodendm: 7 cm Volumen: 0,501 Liter	Delle: nicht vorhanden Seite im Grab: rechts Höhe im Grab: Fuß Bemerkung: –
Tierart: Schwein	Fundnummer: 8 Skelettelement: Calcaneus	Altersstufe des Tieres: Seite des Tieres: rechts	subadult Alter in Jahren: < 2 Jahre
Tierart: Schaf/Ziege	Fundnummer: 9 Skelettelement: Tibia	Altersstufe des Tieres: Seite des Tieres: links	erwachsen Alter in Jahren: unbestimmbar

Grab: 410	Geschl. archäologisch: k Geschl. anthropologisch: k Superposition: keine	Altersstufe: infans II Alter: 12-14 Jahre Sarg: nein	Tiefe unter HOK: 112 cm Tiefe unter Planum 1: 60 cm Anzahl der Gefäße: 1
Gefäßtyp: HG 2	Randverzierung: ohne Höhe: 10,5 cm Randdm: 12,5 cm Halsdm: 11,5 cm	Untertyp: 8 Bauchdm: 12,5 cm Bodendm: 9 cm Volumen: 0,772 Liter	Delle: nicht vorhanden Seite im Grab: Mitte Höhe im Grab: Fuß Bemerkung: –

Grab: 411	Geschl. archäologisch: m	Altersstufe: adult	Tiefe unter HOK: 187 cm
	Geschl. anthropologisch: m	Alter: 25-30 Jahre	Tiefe unter Planum 1: 103 cm
	Superposition: keine	Sarg: ja	Anzahl der Gefäße: 1
Gefäßtyp: LG 1	Randverzierung: ohne	Untertyp: 3	Delle: nicht vorhanden
	Höhe: 13,5 cm	Bauchdm: 11 cm	Seite im Grab: rechts
	Randdm: 9 cm	Bodendm: 6 cm	Höhe im Grab: Fuß
	Halsdm: 7,5 cm	Volumen: 0,505 Liter	Bemerkung: –

Grab: 412	Geschl. archäologisch: w	Altersstufe: adult	Tiefe unter HOK: 135 cm
	Geschl. anthropologisch: w	Alter: 30-40 Jahre	Tiefe unter Planum 1: 70 cm
	Superposition: keine	Sarg: nein	Anzahl der Gefäße: 1
Gefäßtyp: HG 3	Randverzierung: ohne	Untertyp: 4	Delle: nicht vorhanden
	Höhe: 11 cm	Bauchdm: 13 cm	Seite im Grab: links
	Randdm: 10 cm	Bodendm: 8 cm	Höhe im Grab: Fuß
	Halsdm: 9 cm	Volumen: 0,608 Liter	Bemerkung: –
Tierart: Rind	Fundnummer: 5	Altersstufe des Tieres:	juvenil
	Skelettelement: Femur	Seite des Tieres: rechts	Alter in Jahren: unbestimmbar

Grab: 413	Geschl. archäologisch: w	Altersstufe: senil	Tiefe unter HOK: 100 cm
	Geschl. anthropologisch: w	Alter: > 60 Jahre	Tiefe unter Planum 1: 40 cm
	Superposition: keine	Sarg: nein	Anzahl der Gefäße: 2
Gefäßtyp: HG 2	Randverzierung: ohne	Untertyp: 8	Delle: nicht vorhanden
	Höhe: 8,5 cm	Bauchdm: 8 cm	Seite im Grab: Mitte
	Randdm: 7,5 cm	Bodendm: 5,5 cm	Höhe im Grab: oberhalb des Kopfes
	Halsdm: 6,5 cm	Volumen: 0,19 Liter	Bemerkung: –
Gefäßtyp: HG 2	Randverzierung: ohne	Untertyp: unbestimmbar	Delle: nicht vorhanden
	Höhe: 11,5 cm	Bauchdm: 11 cm	Seite im Grab: links
	Randdm: 10 cm	Bodendm: 8,5 cm	Höhe im Grab: Fuß
	Halsdm: 9 cm	Volumen: 0,585 Liter	Bemerkung: –
Tierart: Schaf/Ziege (?)	Fundnummer: 11	Altersstufe des Tieres:	juvenil
	Skelettelement: Femur	Seite des Tieres: unbest.	Alter in Jahren: unbestimmbar

Grab: 414	Geschl. archäologisch: k	Altersstufe: infans I/1	Tiefe unter HOK: 150 cm
	Geschl. anthropologisch: m	Alter: 1,5 Jahre	Tiefe unter Planum 1: 100 cm
	Superposition: keine	Sarg: ja	Anzahl der Gefäße: 1
Gefäßtyp: HG 2	Randverzierung: mit	Untertyp: 1	Delle: nicht vorhanden
	Höhe: 9 cm	Bauchdm: 9,5 cm	Seite im Grab: Mitte
	Randdm: 9 cm	Bodendm: 10 cm	Höhe im Grab: unterhalb der Füße
	Halsdm: 8,5 cm	Volumen: 0,407 Liter	Bemerkung: –
Tierart: Schwein	Fundnummer: 3	Altersstufe des Tieres:	unbestimmbar
	Skelettelement: Calcaneus	Seite des Tieres: unbest.	Alter in Jahren: unbestimmbar
Tierart: Schwein	Fundnummer: 6	Altersstufe des Tieres:	juvenil
	Skelettelement: Tibia	Seite des Tieres: links	Alter in Jahren: unbestimmbar

Grab: 415	Geschl. archäologisch: m	Altersstufe: adult	Tiefe unter HOK: 133 cm
	Geschl. anthropologisch: m	Alter: 25-30 Jahre	Tiefe unter Planum 1: 88 cm
	Superposition: keine	Sarg: ja	Anzahl der Gefäße: 1
Gefäßtyp: HG 3	Randverzierung: ohne	Untertyp: 2	Delle: nicht vorhanden
	Höhe: 12,5 cm	Bauchdm: 11,5 cm	Seite im Grab: rechts
	Randdm: 11 cm	Bodendm: 8,5 cm	Höhe im Grab: Unterschenkel
	Halsdm: 9,5 cm	Volumen: 0,719 Liter	Bemerkung: –

Tierart: Rind	Fundnummer: 15 Skelettelement: Tibia	Altersstufe des Tieres: Seite des Tieres: rechts	erwachsen Alter in Jahren: unbestimmbar
Tierart: Huhn	Fundnummer: 16/1 Skelettelement: Langknochen	Altersstufe des Tieres: Seite des Tieres: unbest.	unbestimmbar Alter in Jahren: unbestimmbar
Tierart: Rind	Fundnummer: 16/2 Skelettelement: Os malleolare	Altersstufe des Tieres: Seite des Tieres: unbest.	unbestimmbar Alter in Jahren: unbestimmbar
Grab: 416	Geschl. archäologisch: k Geschl. anthropologisch: k Superposition: keine	Altersstufe: infans I/1 Alter: 2-3 Jahre Sarg: nein	Tiefe unter HOK: 68 cm Tiefe unter Planum 1: 16 cm Anzahl der Gefäße: 1
Gefäßtyp: HG 2	Randverzierung: ohne Höhe: 9,5 cm Randdm: 8,5 cm Halsdm: 7,5 cm	Untertyp: 7 Bauchdm: 9,5 cm Bodendm: 5,5 cm Volumen: 0,286 Liter	Delle: nicht vorhanden Seite im Grab: rechts Höhe im Grab: Knie Bemerkung: –
Tierart: Schaf/Ziege	Fundnummer: ohne Nr. Skelettelement: Femur	Altersstufe des Tieres: Seite des Tieres: rechts	adult Alter in Jahren: unbestimmbar
Grab: 417	Geschl. archäologisch: k Geschl. anthropologisch: k Superposition: keine	Altersstufe: infans I/1 Alter: 2 Jahre Sarg: nein	Tiefe unter HOK: 55 cm Tiefe unter Planum 1: 47 cm Anzahl der Gefäße: 1
Gefäßtyp: HG 2	Randverzierung: mit Höhe: 8,5 cm Randdm: 7 cm Halsdm: 6,5 cm	Untertyp: 4 Bauchdm: 8 cm Bodendm: 5 cm Volumen: 0,173 Liter	Delle: nicht vorhanden Seite im Grab: Mitte Höhe im Grab: unterhalb der Füße Bemerkung: –
Grab: 418	Geschl. archäologisch: m Geschl. anthropologisch: m Superposition: keine	Altersstufe: matur Alter: unbestimmbar Sarg: ja	Tiefe unter HOK: 197 cm Tiefe unter Planum 1: 146 cm Anzahl der Gefäße: 1
Gefäßtyp: LG 1	Randverzierung: ohne Höhe: 12 cm Randdm: 9 cm Halsdm: 8,5 cm	Untertyp: 2 Bauchdm: 11 cm Bodendm: 6 cm Volumen: 0,476 Liter	Delle: nicht vorhanden Seite im Grab: Mitte Höhe im Grab: unterhalb der Füße Bemerkung: –
Tierart: Huhn	Fundnummer: 22 Skelettelement: Langknochen	Altersstufe des Tieres: Seite des Tieres: unbest.	unbestimmbar Alter in Jahren: unbestimmbar
Tierart: Rind	Fundnummer: 23 Skelettelement: Calcaneus	Altersstufe des Tieres: Seite des Tieres: rechts	subadult Alter in Jahren: < 3 Jahre
Tierart: Schaf/Ziege (?)	Fundnummer: 24 Skelettelement: Sacrum	Altersstufe des Tieres: Seite des Tieres: unbest.	unbestimmbar Alter in Jahren: unbestimmbar
Grab: 419	Geschl. archäologisch: m Geschl. anthropologisch: m Superposition: keine	Altersstufe: spätmatur Alter: 50-60 Jahre Sarg: ja	Tiefe unter HOK: 152 cm Tiefe unter Planum 1: 103 cm Anzahl der Gefäße: 1
Gefäßtyp: HG 2	Randverzierung: ohne Höhe: 11,5 cm Randdm: 10 cm Halsdm: 9,5 cm	Untertyp: 9 Bauchdm: 11,5 cm Bodendm: 7,5 cm Volumen: 0,585 Liter	Delle: nicht vorhanden Seite im Grab: links Höhe im Grab: Unterschenkel Bemerkung: –
Tierart: Rind	Fundnummer: 12 Skelettelement: Calcaneus	Altersstufe des Tieres: Seite des Tieres: links	erwachsen Alter in Jahren: unbestimmbar

Grab: 420	Geschl. archäologisch: m Geschl. anthropologisch: m Superposition: keine	Altersstufe: matur Alter: 50-60 Jahre Sarg: ja	Tiefe unter HOK: 125 cm Tiefe unter Planum 1: 70 cm Anzahl der Gefäße: 1
Gefäßtyp: HG 3	Randverzierung: ohne Höhe: 12 cm Randdm: 11 cm	Untertyp: 2 Bauchdm: 11 cm Bodendm: 7 cm	Delle: nicht vorhanden Seite im Grab: Mitte Höhe im Grab: oberhalb des Kopfes
	Halsdm: 10 cm	Volumen: 0,631 Liter	Bemerkung: –
Grab: 421	Geschl. archäologisch: k Geschl. anthropologisch: k Superposition: keine	Altersstufe: infans II Alter: 12-13 Jahre Sarg: nein	Tiefe unter HOK: 117 cm Tiefe unter Planum 1: 79 cm Anzahl der Gefäße: 1
Gefäßtyp: HG 2	Randverzierung: mit Höhe: 11 cm Randdm: 9,5 cm Halsdm: 8 cm	Untertyp: 3 Bauchdm: 10,5 cm Bodendm: 7,5 cm Volumen: 0,462 Liter	Delle: nicht vorhanden Seite im Grab: rechts Höhe im Grab: Fuß Bemerkung: –
Tierart: Schaf/Ziege	Fundnummer: ohne Nr. Skelettelement: Tibia	Altersstufe des Tieres: Seite des Tieres: links	subadult Alter in Jahren: unbestimmbar
Grab: 422	Geschl. archäologisch: k Geschl. anthropologisch: k Superposition: keine	Altersstufe: infans I/1 Alter: 2 Jahre Sarg: nein	Tiefe unter HOK: 106 cm Tiefe unter Planum 1: 57 cm Anzahl der Gefäße: 1
Gefäßtyp: HG 2	Randverzierung: ohne Höhe: 9,5 cm Randdm: 10,5 cm	Untertyp: 9 Bauchdm: 11 cm Bodendm: 7,5 cm	Delle: nicht vorhanden Seite im Grab: Mitte Höhe im Grab: unterhalb der Füße
	Halsdm: 10 cm	Volumen: 0,488 Liter	Bemerkung: –
Grab: 423	Geschl. archäologisch: m Geschl. anthropologisch: m Superposition: keine	Altersstufe: matur Alter: 50-60 Jahre Sarg: ja	Tiefe unter HOK: 163 cm Tiefe unter Planum 1: 135 cm Anzahl der Gefäße: 0
Tierart: Schwein	Fundnummer: 18 Skelettelement: Calcaneus	Altersstufe des Tieres: Seite des Tieres: rechts	subadult Alter in Jahren: < 2 Jahre
Tierart: Schwein	Fundnummer: 19 Skelettelement: Talus	Altersstufe des Tieres: Seite des Tieres: rechts	erwachsen Alter in Jahren: unbestimmbar
Grab: 424	Geschl. archäologisch: – Geschl. anthropologisch: k Superposition: keine	Altersstufe: infans I/1 Alter: 2,3-3 Jahre Sarg: nein	Tiefe unter HOK: 158 cm Tiefe unter Planum 1: 78 cm Anzahl der Gefäße: 0
Grab: 425	Geschl. archäologisch: m Geschl. anthropologisch: m Superposition: keine	Altersstufe: senil Alter: unbestimmbar Sarg: nein	Tiefe unter HOK: 0 cm Tiefe unter Planum 1: 0 cm Anzahl der Gefäße: 0
Tierart: Rind	Fundnummer: 8 Skelettelement: Tibia	Altersstufe des Tieres: Seite des Tieres: rechts	erwachsen Alter in Jahren: unbestimmbar
Grab: 426	Geschl. archäologisch: w Geschl. anthropologisch: w Superposition: keine	Altersstufe: adult Alter: 30 Jahre Sarg: ja	Tiefe unter HOK: 155 cm Tiefe unter Planum 1: 95 cm Anzahl der Gefäße: 1
Gefäßtyp: HG 2	Randverzierung: ohne Höhe: 11,5 cm Randdm: 8 cm Halsdm: 7,5 cm	Untertyp: 3 Bauchdm: 11 cm Bodendm: 6,5 cm Volumen: 0,41 Liter	Delle: nicht vorhanden Seite im Grab: links Höhe im Grab: Fuß Bemerkung: –

Grab: 427	Geschl. archäologisch: k	Altersstufe: infans I/2	Tiefe unter HOK: 162 cm
	Geschl. anthropologisch: k	Alter: 6 Jahre	Tiefe unter Planum 1: 82 cm
	Superposition: keine	Sarg: ja	Anzahl der Gefäße: 0

Grab: 428	Geschl. archäologisch: –	Altersstufe: unbestimmbar	Tiefe unter HOK: 57 cm
	Geschl. anthropologisch: –	Alter: unbestimmbar	Tiefe unter Planum 1: 0 cm
	Superposition: keine	Sarg: nein	Anzahl der Gefäße: 0

Grab: 429	Geschl. archäologisch: k	Altersstufe: infans I/1	Tiefe unter HOK: 66 cm
	Geschl. anthropologisch: k	Alter: 2 Jahre	Tiefe unter Planum 1: 4 cm
	Superposition: keine	Sarg: nein	Anzahl der Gefäße: 1
Gefäßtyp: HG 2	Randverzierung: ohne	Untertyp: 8	Delle: nicht vorhanden
	Höhe: 9,5 cm	Bauchdm: 9,5 cm	Seite im Grab: Mitte
	Randdm: 8,5 cm	Bodendm: 6,5 cm	Höhe im Grab: unterhalb der Füße
	Halsdm: 7,5 cm	Volumen: 0,309 Liter	Bemerkung: –
Tierart: Schaf/Ziege	Fundnummer: ohne Nr.	Altersstufe des Tieres:	subadult
	Skelettelement: Femur	Seite des Tieres: rechts	Alter in Jahren: unbestimmbar

Grab: 430	Geschl. archäologisch: w	Altersstufe: spätjuvenil	Tiefe unter HOK: 92 cm
	Geschl. anthropologisch: w	Alter: 20 Jahre	Tiefe unter Planum 1: 0 cm
	Superposition: keine	Sarg: nein	Anzahl der Gefäße: 1
Gefäßtyp: HG 2	Randverzierung: ohne	Untertyp: unbestimmbar	Delle: unbestimmbar
	Höhe: unbest.	Bauchdm: unbest.	Seite im Grab: rechts
	Randdm: unbest.	Bodendm: unbest.	Höhe im Grab: Unterschenkel
	Halsdm: unbest.	Volumen: unbest.	Bemerkung: stark fragmentiert erhalten
Tierart: Rind	Fundnummer: bei Kiefer	Altersstufe des Tieres:	erwachsen
	Skelettelement: Metacarpus	Seite des Tieres: unbest.	Alter in Jahren: unbestimmbar

Grab: 431	Geschl. archäologisch: k	Altersstufe: infans I/1	Tiefe unter HOK: 89 cm
	Geschl. anthropologisch: k	Alter: 1 Jahr	Tiefe unter Planum 1: 56 cm
	Superposition: keine	Sarg: nein	Anzahl der Gefäße: 0

Grab: 432	Geschl. archäologisch: k	Altersstufe: infans II	Tiefe unter HOK: 106 cm
	Geschl. anthropologisch: k	Alter: 7-8 Jahre	Tiefe unter Planum 1: 26 cm
	Superposition: keine	Sarg: nein	Anzahl der Gefäße: 0
Tierart: Schaf/Ziege	Fundnummer: ohne Nr.	Altersstufe des Tieres:	juvenil-subadult
	Skelettelement: Tibia	Seite des Tieres: links	Alter in Jahren: < 20 Monate

Grab: 433	Geschl. archäologisch: k	Altersstufe: infans II	Tiefe unter HOK: 115 cm
	Geschl. anthropologisch: k	Alter: 9 Jahre	Tiefe unter Planum 1: 20 cm
	Superposition: keine	Sarg: nein	Anzahl der Gefäße: 1
Gefäßtyp: LG 1	Randverzierung: ohne	Untertyp: 2	Delle: nicht vorhanden
	Höhe: 10 cm	Bauchdm: 10,5 cm	Seite im Grab: links
	Randdm: 8,5 cm	Bodendm: 6,5 cm	Höhe im Grab: Fuß
	Halsdm: 7 cm	Volumen: 0,339 Liter	Bemerkung: –
Tierart: Huhn	Fundnummer: 13	Altersstufe des Tieres:	unbestimmbar
	Skelettelement: Langknochen	Seite des Tieres: unbest.	Alter in Jahren: unbestimmbar

Grab: 434	Geschl. archäologisch: k	Altersstufe: infans I/1	Tiefe unter HOK: 113 cm
	Geschl. anthropologisch: k	Alter: 2,5 Jahre	Tiefe unter Planum 1: 33 cm
	Superposition: keine	Sarg: nein	Anzahl der Gefäße: 1

Gefäßtyp: HG 2	Randverzierung: ohne Höhe: 11,5 cm Randdm: 10 cm Halsdm: 8,5 cm	Untertyp: 6 Bauchdm: 11 cm Bodendm: 7,5 cm Volumen: 0,534 Liter	Delle: nicht vorhanden Seite im Grab: links Höhe im Grab: Fuß Bemerkung: –
Grab: 435	Geschl. archäologisch: w Geschl. anthropologisch: m (?) Superposition: keine	Altersstufe: adult Alter: 20-30 Jahre Sarg: nein	Tiefe unter HOK: 150 cm Tiefe unter Planum 1: 46 cm Anzahl der Gefäße: 1
Gefäßtyp: HG 3	Randverzierung: mit Höhe: 11 cm Randdm: 9,5 cm Halsdm: 8,5 cm	Untertyp: 1 Bauchdm: 10 cm Bodendm: 6,5 cm Volumen: 0,433 Liter	Delle: nicht vorhanden Seite im Grab: Mitte Höhe im Grab: Knie Bemerkung: –
Tierart: Rind	Fundnummer: 12 Skelettelement: Femur	Altersstufe des Tieres: Seite des Tieres: rechts	subadult Alter in Jahren: 3,5 Jahre
Grab: 436	Geschl. archäologisch: k Geschl. anthropologisch: m (?) Superposition: keine	Altersstufe: infans II Alter: 10 Jahre Sarg: nein	Tiefe unter HOK: 165 cm Tiefe unter Planum 1: 75 cm Anzahl der Gefäße: 1
Gefäßtyp: HG 2	Randverzierung: unbest. Höhe: unbest. Randdm: unbest. Halsdm: unbest.	Untertyp: unbestimmbar Bauchdm: unbest. Bodendm: unbest. Volumen: unbest.	Delle: unbestimmbar Seite im Grab: links Höhe im Grab: Fuß Bemerkung: stark fragmentiert erhalten
Tierart: unbestimmbar	Fundnummer: 9 Skelettelement: Langknochen	Altersstufe des Tieres: Seite des Tieres: unbest.	unbestimmbar Alter in Jahren: unbestimmbar
Grab: 437	Geschl. archäologisch: m Geschl. anthropologisch: m Superposition: keine	Altersstufe: spätmatur Alter: 50-60 Jahre Sarg: nein	Tiefe unter HOK: 161 cm Tiefe unter Planum 1: 70 cm Anzahl der Gefäße: 0
Grab: 438	Geschl. archäologisch: – Geschl. anthropologisch: – Superposition: schneidet Grab 455	Altersstufe: unbestimmbar Alter: unbestimmbar Sarg: nein	Tiefe unter HOK: 70 cm Tiefe unter Planum 1: 38 cm Anzahl der Gefäße: 0
Grab: 439	Geschl. archäologisch: m Geschl. anthropologisch: m Superposition: keine	Altersstufe: matur Alter: 50-60 Jahre Sarg: nein	Tiefe unter HOK: 53 cm Tiefe unter Planum 1: 13 cm Anzahl der Gefäße: 1
Gefäßtyp: HG 3	Randverzierung: ohne Höhe: 14,5 cm Randdm: 12 cm Halsdm: 11,5 cm	Untertyp: 2 Bauchdm: 13 cm Bodendm: 7,5 cm Volumen: 1,018 Liter	Delle: nicht vorhanden Seite im Grab: Mitte Höhe im Grab: unterhalb der Füße Bemerkung: –
Tierart: Rind	Fundnummer: 17 Skelettelement: Tibia	Altersstufe des Tieres: Seite des Tieres: links	erwachsen Alter in Jahren: > 4 Jahre
Tierart: Hahn	Fundnummer: 18/1 Skelettelement: Skelett, m	Altersstufe des Tieres: Seite des Tieres: unbest.	unbestimmbar Alter in Jahren: unbestimmbar
Tierart: Rind	Fundnummer: 18/2 Skelettelement: Os malleolare	Altersstufe des Tieres: Seite des Tieres: unbest.	unbestimmbar Alter in Jahren: unbestimmbar
Grab: 440	Geschl. archäologisch: w Geschl. anthropologisch: w Superposition: keine	Altersstufe: matur Alter: 50-60 Jahre Sarg: nein	Tiefe unter HOK: 0 cm Tiefe unter Planum 1: 17 cm Anzahl der Gefäße: 1

Katalog der Keramikfunde sowie der Angaben zu den Gräbern [...] aus dem Gräberfeld Zillingtal

Gefäßtyp: HG 3	Randverzierung: mit	Untertyp: 1	Delle: nicht vorhanden
	Höhe: 11,5 cm	Bauchdm: 9 cm	Seite im Grab: links
	Randdm: 7,5 cm	Bodendm: 5,5 cm	Höhe im Grab: Unterschenkel
	Halsdm: 7 cm	Volumen: 0,302 Liter	Bemerkung: –
Tierart: Huhn	Fundnummer: 10	Altersstufe des Tieres:	unbestimmbar
	Skelettelement: Langknochen	Seite des Tieres: unbest.	Alter in Jahren: unbestimmbar

Grab: 441	Geschl. archäologisch: k	Altersstufe: matur+erwachsen	Tiefe unter HOK: 35 cm
	Geschl. anthropologisch: w+m	Alter: unbestimmbar	Tiefe unter Planum 1: 15 cm
	Superposition: keine	Sarg: nein	Anzahl der Gefäße: 1
Gefäßtyp: HG 2	Randverzierung: unbest.	Untertyp: unbestimmbar	Delle: unbestimmbar
	Höhe: unbest.	Bauchdm: unbest.	Seite im Grab: unbekannt
	Randdm: unbest.	Bodendm: unbest.	Höhe im Grab: unbekannt
	Halsdm: unbest.	Volumen: unbest.	Bemerkung: stark fragmentiert erhalten

Grab: 442	Geschl. archäologisch: k	Altersstufe: matur	Tiefe unter HOK: 105 cm
	Geschl. anthropologisch: m(?)	Alter: 50-60 Jahre	Tiefe unter Planum 1: 20 cm
	Superposition: keine	Sarg: nein	Anzahl der Gefäße: 0
Tierart: Rind	Fundnummer: Aushub	Altersstufe des Tieres:	erwachsen
	Skelettelement: Femora	Seite des Tieres: rechts	Alter in Jahren: unbestimmbar

Grab: 443	Geschl. archäologisch: k	Altersstufe: infans II	Tiefe unter HOK: 65 cm
	Geschl. anthropologisch: k	Alter: 9-10 Jahre	Tiefe unter Planum 1: 35 cm
	Superposition: keine	Sarg: nein	Anzahl der Gefäße: 1
Gefäßtyp: HG 1	Randverzierung: ohne	Untertyp: Sondergruppe	Delle: nicht vorhanden
	Höhe: 7,5 cm	Bauchdm: 9 cm	Seite im Grab: Mitte
	Randdm: 8 cm	Bodendm: 8,5 cm	Höhe im Grab: unterhalb der Füße
	Halsdm: 7,5 cm	Volumen: 0,254 Liter	Bemerkung: –
Tierart: Rind	Fundnummer: 15	Altersstufe des Tieres:	erwachsen
	Skelettelement: Calcaneus	Seite des Tieres: links	Alter in Jahren: unbestimmbar

Grab: 444	Geschl. archäologisch: k	Altersstufe: infans II	Tiefe unter HOK: 140 cm
	Geschl. anthropologisch: k	Alter: 8 Jahre	Tiefe unter Planum 1: 90 cm
	Superposition: keine	Sarg: ja	Anzahl der Gefäße: 1
Gefäßtyp: LG 1	Randverzierung: ohne	Untertyp: 3	Delle: nicht vorhanden
	Höhe: 13,5 cm	Bauchdm: 12 cm	Seite im Grab: Mitte
	Randdm: 10 cm	Bodendm: 7,5 cm	Höhe im Grab: unterhalb der Füße
	Halsdm: 9,5 cm	Volumen: 0,717 Liter	Bemerkung: –
Tierart: Huhn	Fundnummer: 14	Altersstufe des Tieres:	unbestimmbar
	Skelettelement: Skelett	Seite des Tieres: unbest.	Alter in Jahren: unbestimmbar
Tierart: Rind	Fundnummer: 15	Altersstufe des Tieres:	juvenil-subadult
	Skelettelement: Femur	Seite des Tieres: links	Alter in Jahren: unbestimmbar
Tierart: Schaf/Ziege	Fundnummer: bei Skelett	Altersstufe des Tieres:	unbestimmbar
	Skelettelement: Tibia	Seite des Tieres: links	Alter in Jahren: unbestimmbar
Tierart: Schwein	Fundnummer: ohne Nr.	Altersstufe des Tieres:	infans
	Skelettelement: Femur	Seite des Tieres: rechts	Alter in Jahren: unbestimmbar

Grab: 445	Geschl. archäologisch: k	Altersstufe: infans I/1	Tiefe unter HOK: 60 cm
	Geschl. anthropologisch: k	Alter: 1,5–2 Jahre	Tiefe unter Planum 1: 5 cm
	Superposition: keine	Sarg: nein	Anzahl der Gefäße: 1
Gefäßtyp: HG 2	Randverzierung: unbest.	Untertyp: unbestimmbar	Delle: unbestimmbar
	Höhe: unbest.	Bauchdm: unbest.	Seite im Grab: Mitte
	Randdm: unbest.	Bodendm: unbest.	Höhe im Grab: unterhalb der Füße
	Halsdm: unbest.	Volumen: unbest.	Bemerkung: stark fragmentiert erhalten
Grab: 446	Geschl. archäologisch: m	Altersstufe: adult	Tiefe unter HOK: 140 cm
	Geschl. anthropologisch: m	Alter: unbestimmbar	Tiefe unter Planum 1: 80 cm
	Superposition: keine	Sarg: ja	Anzahl der Gefäße: 1
Gefäßtyp: HG 1	Randverzierung: mit	Untertyp: 2	Delle: nicht vorhanden
	Höhe: 14 cm	Bauchdm: 12 cm	Seite im Grab: rechts
	Randdm: 10 cm	Bodendm: 8 cm	Höhe im Grab: Fuß
	Halsdm: 8,5 cm	Volumen: 0,724 Liter	Bemerkung: –
Tierart: Rind	Fundnummer: 20	Altersstufe des Tieres:	erwachsen
	Skelettelement: Tibia	Seite des Tieres: rechts	Alter in Jahren: 4-5 Jahre
Grab: 447	Geschl. archäologisch: w	Altersstufe: adult	Tiefe unter HOK: 120 cm
	Geschl. anthropologisch: w	Alter: 20-25 Jahre	Tiefe unter Planum 1: 80 cm
	Superposition: keine	Sarg: ja	Anzahl der Gefäße: 1
Gefäßtyp: HG 2	Randverzierung: ohne	Untertyp: 1	Delle: nicht vorhanden
	Höhe: 9 cm	Bauchdm: 9,5 cm	Seite im Grab: links
	Randdm: 9,5 cm	Bodendm: 7,5 cm	Höhe im Grab: Unterschenkel
	Halsdm: 8,5 cm	Volumen: 0,358 Liter	Bemerkung: –
Tierart: Rind	Fundnummer: 16	Altersstufe des Tieres:	erwachsen
	Skelettelement: Femur	Seite des Tieres: rechts	Alter in Jahren: unbestimmbar
Grab: 448	Geschl. archäologisch: w	Altersstufe: adult	Tiefe unter HOK: 33 cm
	Geschl. anthropologisch: w	Alter: 40 Jahre	Tiefe unter Planum 1: 10 cm
	Superposition: keine	Sarg: nein	Anzahl der Gefäße: 0
Grab: 449	Geschl. archäologisch: w	Altersstufe: spätjuvenil	Tiefe unter HOK: 70 cm
	Geschl. anthropologisch: m(?)	Alter: 17-18 Jahre	Tiefe unter Planum 1: 45 cm
	Superposition: keine	Sarg: ja	Anzahl der Gefäße: 1
Gefäßtyp: HG 2	Randverzierung: mit	Untertyp: 4	Delle: nicht vorhanden
	Höhe: 7,5 cm	Bauchdm: 7,5 cm	Seite im Grab: Mitte
	Randdm: 7 cm	Bodendm: 7 cm	Höhe im Grab: unterhalb der Füße
	Halsdm: 6,5 cm	Volumen: 0,172 Liter	Bemerkung: –
Tierart: Rind	Fundnummer: ohne Nr.	Altersstufe des Tieres:	juvenil-subadult
	Skelettelement: Femur	Seite des Tieres: rechts	Alter in Jahren: unbestimmbar
Grab: 450	Geschl. archäologisch: w	Altersstufe: juvenil	Tiefe unter HOK: 115 cm
	Geschl. anthropologisch: k	Alter: 12-13 Jahre	Tiefe unter Planum 1: 75 cm
	Superposition: keine	Sarg: ja	Anzahl der Gefäße: 1
Gefäßtyp: HG 2	Randverzierung: mit	Untertyp: 4	Delle: nicht vorhanden
	Höhe: 9 cm	Bauchdm: 10,5 cm	Seite im Grab: rechts
	Randdm: 9,5 cm	Bodendm: 8,5 cm	Höhe im Grab: Fuß
	Halsdm: 9 cm	Volumen: 0,42 Liter	Bemerkung: –

Tierart: Huhn	Fundnummer: 13 Skelettelement: Langknochen	Altersstufe des Tieres: Seite des Tieres: unbest.	unbestimmbar Alter in Jahren: unbestimmbar
Tierart: Rind	Fundnummer: 14 Skelettelement: Femur	Altersstufe des Tieres: Seite des Tieres: rechts	juvenil Alter in Jahren: unbestimmbar

Grab: 451	Geschl. archäologisch: m Geschl. anthropologisch: m Superposition: keine	Altersstufe: adult Alter: 30-40 Jahre Sarg: ja	Tiefe unter HOK: 90 cm Tiefe unter Planum 1: 40 cm Anzahl der Gefäße: 1
Gefäßtyp: LG 1	Randverzierung: ohne Höhe: 15,5 cm Randdm: 9,5 cm Halsdm: 8,5 cm	Untertyp: 5 Bauchdm: 13 cm Bodendm: 7 cm Volumen: 0,784 Liter	Delle: nicht vorhanden Seite im Grab: Mitte Höhe im Grab: unterhalb der Füße Bemerkung: –

Grab: 452	Geschl. archäologisch: m Geschl. anthropologisch: m Superposition: keine	Altersstufe: adult Alter: 20-30 Jahre Sarg: nein	Tiefe unter HOK: 38 cm Tiefe unter Planum 1: 15 cm Anzahl der Gefäße: 1
Gefäßtyp: HG 2	Randverzierung: unbest. Höhe: unbest. Randdm: unbest. Halsdm: unbest.	Untertyp: unbestimmbar Bauchdm: unbest. Bodendm: unbest. Volumen: unbest.	Delle: unbestimmbar Seite im Grab: Mitte Höhe im Grab: unterhalb der Füße Bemerkung: stark fragmentiert erhalten

Grab: 453	Geschl. archäologisch: w Geschl. anthropologisch: m Superposition: keine	Altersstufe: senil Alter: unbestimmbar Sarg: ja	Tiefe unter HOK: 103 cm Tiefe unter Planum 1: 63 cm Anzahl der Gefäße: 1
Gefäßtyp: HG 2	Randverzierung: ohne Höhe: 9 cm Randdm: 7,5 cm Halsdm: 6,5 cm	Untertyp: mit Henkel Bauchdm: 9,5 cm Bodendm: 5,5 cm Volumen: 0,23 Liter	Delle: nicht vorhanden Seite im Grab: rechts Höhe im Grab: Fuß Bemerkung: –
Tierart: Rind	Fundnummer: 12 Skelettelement: Femur	Altersstufe des Tieres: Seite des Tieres: rechts	erwachsen Alter in Jahren: unbestimmbar
Tierart: Huhn	Fundnummer: 12 Skelettelement: Langknochen, pk	Altersstufe des Tieres: Seite des Tieres: unbest.	unbestimmbar Alter in Jahren: unbestimmbar
Tierart: Schwein	Fundnummer: Verfüllung Skelettelement: Femur	Altersstufe des Tieres: Seite des Tieres: rechts	subadult Alter in Jahren: unbestimmbar

Grab: 454	Geschl. archäologisch: w Geschl. anthropologisch: m (?) Superposition: keine	Altersstufe: juvenil Alter: 15 Jahre Sarg: ja	Tiefe unter HOK: 115 cm Tiefe unter Planum 1: 40 cm Anzahl der Gefäße: 0
Tierart: Huhn	Fundnummer: 7 Skelettelement: Langknochen, pk	Altersstufe des Tieres: Seite des Tieres: unbest.	unbestimmbar Alter in Jahren: unbestimmbar
Tierart: Rind	Fundnummer: Aushub Skelettelement: Femur	Altersstufe des Tieres: Seite des Tieres: links	erwachsen Alter in Jahren: unbestimmbar

Grab: 455	Geschl. archäologisch: w Geschl. anthropologisch: m (?) Superposition: wird geschnitten v. Grab 438	Altersstufe: adult Alter: 40 Jahre Sarg: nein	Tiefe unter HOK: 97 cm Tiefe unter Planum 1: 55 cm Anzahl der Gefäße: 1

Gefäßtyp: HG 2	Randverzierung: ohne Höhe: 10 cm Randdm: 7,5 cm Halsdm: 7 cm	Untertyp: 2 Bauchdm: 9 cm Bodendm: 5,5 cm Volumen: 0,259 Liter	Delle: nicht vorhanden Seite im Grab: Mitte Höhe im Grab: Oberschenkel Bemerkung: –
Grab: 456	Geschl. archäologisch: – Geschl. anthropologisch: – Superposition: keine	Altersstufe: unbestimmbar Alter: unbestimmbar Sarg: nein	Tiefe unter HOK: 0 cm Tiefe unter Planum 1: 0 cm Anzahl der Gefäße: 1
Gefäßtyp: HG 2	Randverzierung: ohne Höhe: 8 cm Randdm: 8,5 cm Halsdm: 7,5 cm	Untertyp: 2 Bauchdm: 9 cm Bodendm: 6 cm Volumen: 0,236 Liter	Delle: nicht vorhanden Seite im Grab: unbekannt Höhe im Grab: unbekannt Bemerkung: Lage nicht bestimmbar
Grab: 457	Geschl. archäologisch: w Geschl. anthropologisch: m Superposition: keine	Altersstufe: matur Alter: 50-60 Jahre Sarg: ja	Tiefe unter HOK: 127 cm Tiefe unter Planum 1: 87 cm Anzahl der Gefäße: 1
Gefäßtyp: HG 2	Randverzierung: unbest. Höhe: unbest. Randdm: unbest. Halsdm: unbest.	Untertyp: unbestimmbar Bauchdm: unbest. Bodendm: unbest. Volumen: unbest.	Delle: unbestimmbar Seite im Grab: links Höhe im Grab: Unterschenkel Bemerkung: stark fragmentiert erhalten
Tierart: Rind	Fundnummer: 7/1 Skelettelement: Femur	Altersstufe des Tieres: Seite des Tieres: rechts	erwachsen Alter in Jahren: unbestimmbar
Tierart: Schaf/Ziege(?)	Fundnummer: 7/2 Skelettelement: Femur	Altersstufe des Tieres: Seite des Tieres: rechts	subadult(?) Alter in Jahren: unbestimmbar
Grab: 458	Geschl. archäologisch: m Geschl. anthropologisch: m(?) Superposition: keine	Altersstufe: matur Alter: 50–60 Jahre Sarg: nein	Tiefe unter HOK: 125 cm Tiefe unter Planum 1: 40 cm Anzahl der Gefäße: 0
Grab: 459	Geschl. archäologisch: m Geschl. anthropologisch: m Superposition: keine	Altersstufe: adult Alter: unbestimmbar Sarg: ja	Tiefe unter HOK: 230 cm Tiefe unter Planum 1: 150 cm Anzahl der Gefäße: 1
Gefäßtyp: HG 1	Randverzierung: ohne Höhe: 12 cm Randdm: 10 cm Halsdm: 9 cm	Untertyp: Buckelrand 2 Bauchdm: 12 cm Bodendm: 7,5 cm Volumen: 0,613 Liter	Delle: nicht vorhanden Seite im Grab: links Höhe im Grab: Fuß Bemerkung: –
Tierart: Rind	Fundnummer: 24 Skelettelement: Calcaneus	Altersstufe des Tieres: Seite des Tieres: links	subadult Alter in Jahren: < 3 Jahre
Tierart: Huhn	Fundnummer: 24 Skelettelement: Langknochen	Altersstufe des Tieres: Seite des Tieres: unbest.	unbestimmbar Alter in Jahren: unbestimmbar
Grab: 460	Geschl. archäologisch: m Geschl. anthropologisch: m Superposition: keine	Altersstufe: matur Alter: 50–60 Jahre Sarg: nein	Tiefe unter HOK: 146 cm Tiefe unter Planum 1: 46 cm Anzahl der Gefäße: 0
Tierart: Schaf	Fundnummer: 6 Skelettelement: Tibia	Altersstufe des Tieres: Seite des Tieres: rechts	unbestimmbar Alter in Jahren: unbestimmbar
Grab: 461	Geschl. archäologisch: w Geschl. anthropologisch: m Superposition: keine	Altersstufe: juvenil Alter: 14 Jahre Sarg: nein	Tiefe unter HOK: 156 cm Tiefe unter Planum 1: 76 cm Anzahl der Gefäße: 1

Gefäßtyp: HG 2	Randverzierung: ohne Höhe: 13,5 cm Randdm: 11,5 cm Halsdm: 10,5 cm	Untertyp: 5 Bauchdm: 12 cm Bodendm: 7 cm Volumen: 0,804 Liter	Delle: nicht vorhanden Seite im Grab: links Höhe im Grab: Fuß Bemerkung: –
Tierart: Rind	Fundnummer: 16 Skelettelement: Femur, Calcaneus	Altersstufe des Tieres: Seite des Tieres: unbest.	juvenil Alter in Jahren: unbestimmbar

Grab: 462	Geschl. archäologisch: w Geschl. anthropologisch: w Superposition: keine	Altersstufe: frühadult Alter: 20 Jahre Sarg: nein	Tiefe unter HOK: 180 cm Tiefe unter Planum 1: 91 cm Anzahl der Gefäße: 2
Gefäßtyp: HG 3	Randverzierung: ohne Höhe: 10,5 cm Randdm: 10 cm Halsdm: 9 cm	Untertyp: 5 Bauchdm: 11 cm Bodendm: 6,5 cm Volumen: 0,468 Liter	Delle: nicht vorhanden Seite im Grab: links Höhe im Grab: Fuß Bemerkung: –
Gefäßtyp: HG 3	Randverzierung: ohne Höhe: 8 cm Randdm: 7,5 cm Halsdm: 6,5 cm	Untertyp: 7 Bauchdm: 7,5 cm Bodendm: 5 cm Volumen: 0,162 Liter	Delle: nicht vorhanden Seite im Grab: Mitte Höhe im Grab: unterhalb der Füße Bemerkung: –
Tierart: Rind	Fundnummer: 20 Skelettelement: Femur	Altersstufe des Tieres: Seite des Tieres: rechts	subadult-erwachsen Alter in Jahren: unbestimmbar
Tierart: Huhn	Fundnummer: 21 Skelettelement: Langknochen	Altersstufe des Tieres: Seite des Tieres: unbest.	unbestimmbar Alter in Jahren: unbestimmbar

Grab: 463	Geschl. archäologisch: m Geschl. anthropologisch: m Superposition: keine	Altersstufe: frühmatur Alter: 50-60 Jahre Sarg: ja	Tiefe unter HOK: 163 cm Tiefe unter Planum 1: 83 cm Anzahl der Gefäße: 1
Gefäßtyp: HG 2	Randverzierung: ohne Höhe: 9 cm Randdm: 9 cm Halsdm: 8 cm	Untertyp: 10 Bauchdm: 9,5 cm Bodendm: 6,5 cm Volumen: 0,312 Liter	Delle: nicht vorhanden Seite im Grab: rechts Höhe im Grab: Fuß Bemerkung: –
Tierart: Rind	Fundnummer: 10 Skelettelement: Tibia	Altersstufe des Tieres: Seite des Tieres: rechts	erwachsen Alter in Jahren: > 4 Jahre

Grab: 464	Geschl. archäologisch: w Geschl. anthropologisch: w Superposition: keine	Altersstufe: matur Alter: unbestimmbar Sarg: nein	Tiefe unter HOK: 180 cm Tiefe unter Planum 1: 110 cm Anzahl der Gefäße: 1
Gefäßtyp: HG 2	Randverzierung: ohne Höhe: 7 cm Randdm: 7,5 cm Halsdm: 6,5 cm	Untertyp: 10 Bauchdm: 8 cm Bodendm: 4,5 cm Volumen: 0,139 Liter	Delle: nicht vorhanden Seite im Grab: rechts Höhe im Grab: Fuß Bemerkung: –
Tierart: Rind	Fundnummer: 9/1 Skelettelement: Femur	Altersstufe des Tieres: Seite des Tieres: links	juvenil Alter in Jahren: unbestimmbar
Tierart: Huhn	Fundnummer: 9/2 Skelettelement: Langknochen	Altersstufe des Tieres: Seite des Tieres: unbest.	unbestimmbar Alter in Jahren: unbestimmbar

Grab: 465	Geschl. archäologisch: w Geschl. anthropologisch: w Superposition: keine	Altersstufe: matur Alter: 50 Jahre Sarg: nein	Tiefe unter HOK: 125 cm Tiefe unter Planum 1: 55 cm Anzahl der Gefäße: 1
Gefäßtyp: HG 2	Randverzierung: ohne Höhe: 9 cm Randdm: 7,5 cm Halsdm: 7 cm	Untertyp: 10 Bauchdm: 8,5 cm Bodendm: 6 cm Volumen: 0,23 Liter	Delle: nicht vorhanden Seite im Grab: rechts Höhe im Grab: Fuß Bemerkung: –

| **Tierart: Huhn** | Fundnummer: 6 | Altersstufe des Tieres: | unbestimmbar |
| | Skelettelement: Langknochen | Seite des Tieres: unbest. | Alter in Jahren: unbestimmbar |

Grab: 466	Geschl. archäologisch: k	Altersstufe: infans I/1	Tiefe unter HOK: 110 cm
	Geschl. anthropologisch: k	Alter: 2 Jahre	Tiefe unter Planum 1: 2 cm
	Superposition: keine	Sarg: nein	Anzahl der Gefäße: 1
Gefäßtyp: HG 2	Randverzierung: unbest.	Untertyp: unbestimmbar	Delle: unbestimmbar
	Höhe: unbest.	Bauchdm: unbest.	Seite im Grab: Mitte
	Randdm: unbest.	Bodendm: unbest.	Höhe im Grab: unterhalb der Füße
	Halsdm: unbest.	Volumen: unbest.	Bemerkung: stark fragmentiert erhalten

Grab: 467	Geschl. archäologisch: m	Altersstufe: spätmatur	Tiefe unter HOK: 133 cm
	Geschl. anthropologisch: m	Alter: 50-60 Jahre	Tiefe unter Planum 1: 50 cm
	Superposition: keine	Sarg: ja	Anzahl der Gefäße: 1
Gefäßtyp: HG	Randverzierung: unbest.	Untertyp: unbestimmbar	Delle: unbestimmbar
	Höhe: unbest.	Bauchdm: unbest.	Seite im Grab: links
	Randdm: unbest.	Bodendm: unbest.	Höhe im Grab: Unterschenkel
	Halsdm: unbest.	Volumen: unbest.	Bemerkung: stark fragmentiert erhalten
Tierart: Huhn	Fundnummer: 6	Altersstufe des Tieres:	unbestimmbar
	Skelettelement: Langknochen	Seite des Tieres: unbest.	Alter in Jahren: unbestimmbar
Tierart: Rind	Fundnummer: 7	Altersstufe des Tieres:	erwachsen
	Skelettelement: Tibia	Seite des Tieres: links	Alter in Jahren: unbestimmbar

Grab: 468	Geschl. archäologisch: w	Altersstufe: matur	Tiefe unter HOK: 200 cm
	Geschl. anthropologisch: w	Alter: unbestimmbar	Tiefe unter Planum 1: 150 cm
	Superposition: keine	Sarg: nein	Anzahl der Gefäße: 1
Gefäßtyp: HG 2	Randverzierung: ohne	Untertyp: 10	Delle: nicht vorhanden
	Höhe: 8 cm	Bauchdm: 9,5 cm	Seite im Grab: Mitte
	Randdm: 7,5 cm	Bodendm: 5,5 cm	Höhe im Grab: oberhalb des Kopfes
	Halsdm: 6,5 cm	Volumen: 0,201 Liter	Bemerkung: –
Tierart: Huhn	Fundnummer: 13	Altersstufe des Tieres:	unbestimmbar
	Skelettelement: Langknochen, pk	Seite des Tieres: unbest.	Alter in Jahren: unbestimmbar
Tierart: Schaf/Ziege	Fundnummer: 14	Altersstufe des Tieres:	erwachsen
	Skelettelement: Femur, Rippen	Seite des Tieres: rechts	Alter in Jahren: unbestimmbar

Grab: 469	Geschl. archäologisch: m	Altersstufe: adult	Tiefe unter HOK: 98 cm
	Geschl. anthropologisch: m	Alter: 30 Jahre	Tiefe unter Planum 1: 68 cm
	Superposition: keine	Sarg: ja	Anzahl der Gefäße: 1
Gefäßtyp: HG 3	Randverzierung: ohne	Untertyp: 5	Delle: nicht vorhanden
	Höhe: 12 cm	Bauchdm: 12 cm	Seite im Grab: Mitte
	Randdm: 10 cm	Bodendm: 8,5 cm	Höhe im Grab: unterhalb der Füße
	Halsdm: 9,5 cm	Volumen: 0,669 Liter	Bemerkung: –
Tierart: Rind (?)	Fundnummer: Verfüllung	Altersstufe des Tieres:	unbestimmbar
	Skelettelement: Langknochen, pk	Seite des Tieres: unbest.	Alter in Jahren: unbestimmbar

Grab: 470	Geschl. archäologisch: k Geschl. anthropologisch: k Superposition: keine	Altersstufe: infans I/1 Alter: 2 Jahre Sarg: nein	Tiefe unter HOK: 113 cm Tiefe unter Planum 1: 23 cm Anzahl der Gefäße: 0
Tierart: Schaf/Ziege	Fundnummer: 4 Skelettelement: Femur	Altersstufe des Tieres: Seite des Tieres: rechts	unbestimmbar Alter in Jahren: unbestimmbar

Grab: 471	Geschl. archäologisch: k Geschl. anthropologisch: k Superposition: keine	Altersstufe: infans I/1 Alter: 2 Jahre Sarg: nein	Tiefe unter HOK: 90 cm Tiefe unter Planum 1: 30 cm Anzahl der Gefäße: 1
Gefäßtyp: HG 2	Randverzierung: ohne Höhe: 10,5 cm Randdm: 10 cm Halsdm: 9,5 cm	Untertyp: 7 Bauchdm: 11 cm Bodendm: 7 cm Volumen: 0,498 Liter	Delle: nicht vorhanden Seite im Grab: links Höhe im Grab: Fuß Bemerkung: –
Tierart: Huhn	Fundnummer: 6 Skelettelement: Langknochen	Altersstufe des Tieres: Seite des Tieres: unbest.	unbestimmbar Alter in Jahren: unbestimmbar

Grab: 472	Geschl. archäologisch: k Geschl. anthropologisch: k Superposition: keine	Altersstufe: infans I/1 Alter: 3 Jahre Sarg: nein	Tiefe unter HOK: 110 cm Tiefe unter Planum 1: 15 cm Anzahl der Gefäße: 1
Gefäßtyp: HG	Randverzierung: unbest. Höhe: unbest. Randdm: unbest. Halsdm: unbest.	Untertyp: unbestimmbar Bauchdm: unbest. Bodendm: unbest. Volumen: unbest.	Delle: unbestimmbar Seite im Grab: rechts Höhe im Grab: Unterschenkel Bemerkung: stark fragmentiert erhalten

Grab: 473	Geschl. archäologisch: w Geschl. anthropologisch: m Superposition: keine	Altersstufe: spätjuvenil Alter: 18 Jahre Sarg: nein	Tiefe unter HOK: 99 cm Tiefe unter Planum 1: 33 cm Anzahl der Gefäße: 0
Tierart: Schaf/Ziege(?)	Fundnummer: 13 Skelettelement: Langknochen	Altersstufe des Tieres: Seite des Tieres: unbest.	unbestimmbar Alter in Jahren: unbestimmbar

Grab: 474	Geschl. archäologisch: k Geschl. anthropologisch: k Superposition: keine	Altersstufe: infans I/2 Alter: 3,5 Jahre Sarg: nein	Tiefe unter HOK: 100 cm Tiefe unter Planum 1: 35 cm Anzahl der Gefäße: 1
Gefäßtyp: LG 3	Randverzierung: mit Höhe: 8 cm Randdm: 7 cm Halsdm: 6 cm	Untertyp: 1 Bauchdm: 7,5 cm Bodendm: 5 cm Volumen: 0,147 Liter	Delle: nicht vorhanden Seite im Grab: rechts Höhe im Grab: Knie Bemerkung: –
Tierart: Rind	Fundnummer: 5 Skelettelement: Tibia	Altersstufe des Tieres: Seite des Tieres: links	subadult-adult Alter in Jahren: unbestimmbar

Grab: 475	Geschl. archäologisch: k Geschl. anthropologisch: k Superposition: keine	Altersstufe: infans II Alter: 8 Jahre Sarg: nein	Tiefe unter HOK: 143 cm Tiefe unter Planum 1: 70 cm Anzahl der Gefäße: 1
Gefäßtyp: HG 2	Randverzierung: ohne Höhe: 11 cm Randdm: 9 cm Halsdm: 8,5 cm	Untertyp: 8 Bauchdm: 10,5 cm Bodendm: 6,5 cm Volumen: 0,433 Liter	Delle: nicht vorhanden Seite im Grab: rechts Höhe im Grab: Fuß Bemerkung: –
Tierart: Rind	Fundnummer: 5 Skelettelement: Tibia, Talus, Os malleolare	Altersstufe des Tieres: Seite des Tieres: links	juvenil Alter in Jahren: unbestimmbar

Grab: 476	Geschl. archäologisch: w Geschl. anthropologisch: w Superposition: keine	Altersstufe: adult Alter: 30-40 Jahre Sarg: ja	Tiefe unter HOK: 143 cm Tiefe unter Planum 1: 53 cm Anzahl der Gefäße: 1
Gefäßtyp: HG 2	Randverzierung: mit Höhe: 12,5 cm Randdm: 10 cm Halsdm: 9,5 cm	Untertyp: 3 Bauchdm: 11,5 cm Bodendm: 8 cm Volumen: 0,66 Liter	Delle: nicht vorhanden Seite im Grab: rechts Höhe im Grab: Fuß Bemerkung: –
Tierart: Huhn	Fundnummer: 8 Skelettelement: Langknochen	Altersstufe des Tieres: Seite des Tieres: unbest.	unbestimmbar Alter in Jahren: unbestimmbar

Grab: 477	Geschl. archäologisch: m Geschl. anthropologisch: m Superposition: keine	Altersstufe: adult Alter: 30-40 Jahre Sarg: ja	Tiefe unter HOK: 147 cm Tiefe unter Planum 1: 47 cm Anzahl der Gefäße: 1
Gefäßtyp: LG 2	Randverzierung: ohne Höhe: unbest. Randdm: unbest. Halsdm: unbest.	Untertyp: 2 Bauchdm: unbest. Bodendm: unbest. Volumen: unbest.	Delle: unbestimmbar Seite im Grab: unbekannt Höhe im Grab: unbekannt Bemerkung: stark fragmentiert erhalten
Tierart: Rind	Fundnummer: 3 Skelettelement: Tibia	Altersstufe des Tieres: Seite des Tieres: rechts	subadult Alter in Jahren: unbestimmbar
Tierart: Schaf	Fundnummer: Planum 3 Skelettelement: Tibia	Altersstufe des Tieres: Seite des Tieres: rechts	subadult Alter in Jahren: > 3,5 Jahre
Tierart: Rind (?)	Fundnummer: unter Skelettelement: Langknochen	Altersstufe des Tieres: Seite des Tieres: unbest.	unbestimmbar Alter in Jahren: unbestimmbar

Grab: 478	Geschl. archäologisch: w Geschl. anthropologisch: w Superposition: keine	Altersstufe: matur Alter: 50-60 Jahre Sarg: ja	Tiefe unter HOK: 111 cm Tiefe unter Planum 1: 35 cm Anzahl der Gefäße: 1
Gefäßtyp: HG 3	Randverzierung: ohne Höhe: 6,5 cm Randdm: 7,5 cm Halsdm: 7,5 cm	Untertyp: viereckiger M. 3 Bauchdm: 7 cm Bodendm: 4 cm Volumen: 0,121 Liter	Delle: nicht vorhanden Seite im Grab: Mitte Höhe im Grab: Fuß Bemerkung: –
Tierart: Rind	Fundnummer: 6/1 Skelettelement: Femur	Altersstufe des Tieres: Seite des Tieres: rechts	subadult Alter in Jahren: unbestimmbar
Tierart: Huhn	Fundnummer: 6/2 Skelettelement: Langknochen, pk	Altersstufe des Tieres: Seite des Tieres: unbest.	unbestimmbar Alter in Jahren: unbestimmbar

Grab: 479	Geschl. archäologisch: e Geschl. anthropologisch: m Superposition: keine	Altersstufe: matur Alter: 50–60 Jahre Sarg: nein	Tiefe unter HOK: 102 cm Tiefe unter Planum 1: 26 cm Anzahl der Gefäße: 0
Tierart: Huhn	Fundnummer: 1 Skelettelement: Langknochen	Altersstufe des Tieres: Seite des Tieres: unbest.	unbestimmbar Alter in Jahren: unbestimmbar

Grab: 480	Geschl. archäologisch: w Geschl. anthropologisch: w Superposition: keine	Altersstufe: frühadult Alter: 20-25 Jahre Sarg: ja	Tiefe unter HOK: 123 cm Tiefe unter Planum 1: 50 cm Anzahl der Gefäße: 1
Gefäßtyp: HG 2	Randverzierung: unbest. Höhe: unbest. Randdm: unbest. Halsdm: unbest.	Untertyp: unbestimmbar Bauchdm: unbest. Bodendm: unbest. Volumen: unbest.	Delle: unbestimmbar Seite im Grab: Mitte Höhe im Grab: oberhalb des Kopfes Bemerkung: stark fragmentiert erhalten

| Tierart: Rind | Fundnummer: 13 | Altersstufe des Tieres: | subadult |
| | Skelettelement: Femur | Seite des Tieres: links | Alter in Jahren: unbestimmbar |

Grab: 481

	Geschl. archäologisch: m	Altersstufe: matur	Tiefe unter HOK: 125 cm
	Geschl. anthropologisch: m	Alter: 55-60 Jahre	Tiefe unter Planum 1: 60 cm
	Superposition: keine	Sarg: ja	Anzahl der Gefäße: 1
Gefäßtyp: HG 3	Randverzierung: ohne	Untertyp: unbestimmbar	Delle: nicht vorhanden
	Höhe: 10,5 cm	Bauchdm: 8 cm	Seite im Grab: Mitte
	Randdm: 7 cm	Bodendm: 5,5 cm	Höhe im Grab: unterhalb der Füße
	Halsdm: 6,5 cm	Volumen: 0,23 Liter	Bemerkung: –

| Tierart: Rind | Fundnummer: 23 | Altersstufe des Tieres: | subadult |
| | Skelettelement: Tibia | Seite des Tieres: links | Alter in Jahren: 2,5-3 Jahre |

Grab: 482

	Geschl. archäologisch: k	Altersstufe: infans I/1	Tiefe unter HOK: 80 cm
	Geschl. anthropologisch: k	Alter: 1-2 Jahre	Tiefe unter Planum 1: 20 cm
	Superposition: keine	Sarg: nein	Anzahl der Gefäße: 0

Grab: 483

	Geschl. archäologisch: k	Altersstufe: infans II	Tiefe unter HOK: 134 cm
	Geschl. anthropologisch: k	Alter: 7 Jahre	Tiefe unter Planum 1: 64 cm
	Superposition: keine	Sarg: ja	Anzahl der Gefäße: 2
Gefäßtyp: HG 2	Randverzierung: mit	Untertyp: 4	Delle: nicht vorhanden
	Höhe: 6,5 cm	Bauchdm: 7 cm	Seite im Grab: links
	Randdm: 7 cm	Bodendm: 5 cm	Höhe im Grab: Fuß
	Halsdm: 6,5 cm	Volumen: 0,116 Liter	Bemerkung: –
Gefäßtyp: HG 2	Randverzierung: ohne	Untertyp: Buckelrand 3	Delle: nicht vorhanden
	Höhe: 8,5 cm	Bauchdm: 8,5 cm	Seite im Grab: rechts
	Randdm: 8 cm	Bodendm: 5,5 cm	Höhe im Grab: Fuß
	Halsdm: 7,5 cm	Volumen: 0,224 Liter	Bemerkung: –

| Tierart: Schaf | Fundnummer: ohne Nr. /1 | Altersstufe des Tieres: | erwachsen |
| | Skelettelement: Femur | Seite des Tieres: links | Alter in Jahren: unbestimmbar |

| Tierart: Huhn | Fundnummer: ohne Nr. /2 | Altersstufe des Tieres: | unbestimmbar |
| | Skelettelement: Langknochen | Seite des Tieres: unbest. | Alter in Jahren: unbestimmbar |

Grab: 484

	Geschl. archäologisch: k	Altersstufe: infans I/1	Tiefe unter HOK: 103 cm
	Geschl. anthropologisch: k	Alter: 2 Jahre	Tiefe unter Planum 1: 43 cm
	Superposition: keine	Sarg: ja	Anzahl der Gefäße: 1
Gefäßtyp: HG 1	Randverzierung: ohne	Untertyp: unbestimmbar	Delle: nicht vorhanden
	Höhe: 11 cm	Bauchdm: 12,5 cm	Seite im Grab: Mitte
	Randdm: 10,5 cm	Bodendm: 8 cm	Höhe im Grab: unterhalb der Füße
	Halsdm: 9,5 cm	Volumen: 0,625 Liter	Bemerkung: –

| Tierart: Huhn | Fundnummer: 5 | Altersstufe des Tieres: | unbestimmbar |
| | Skelettelement: Langknochen, pk | Seite des Tieres: unbest. | Alter in Jahren: unbestimmbar |

Grab: 485

	Geschl. archäologisch: k	Altersstufe: infans I/2	Tiefe unter HOK: 82 cm
	Geschl. anthropologisch: k	Alter: 5-6 Jahre	Tiefe unter Planum 1: 40 cm
	Superposition: keine	Sarg: nein	Anzahl der Gefäße: 1
Gefäßtyp: LG 1	Randverzierung: ohne	Untertyp: 5	Delle: nicht vorhanden
	Höhe: 14 cm	Bauchdm: 12 cm	Seite im Grab: Mitte
	Randdm: 10,5 cm	Bodendm: 6,5 cm	Höhe im Grab: unterhalb der Füße
	Halsdm: 9 cm	Volumen: 0,703 Liter	Bemerkung: –

Tierart: Schwein	Fundnummer: 9 Skelettelement: Tibia	Altersstufe des Tieres: Seite des Tieres: links	subadult Alter in Jahren: < 2 Jahre
Tierart: Huhn	Fundnummer: 9 Skelettelement: Langknochen	Altersstufe des Tieres: Seite des Tieres: unbest.	unbestimmbar Alter in Jahren: unbestimmbar

Grab: 486	Geschl. archäologisch: k Geschl. anthropologisch: k Superposition: schneidet Grab 522	Altersstufe: infans I/2 Alter: 2,5 Jahre Sarg: ja	Tiefe unter HOK: 73 cm Tiefe unter Planum 1: 60 cm Anzahl der Gefäße: 1
Gefäßtyp: HG 2	Randverzierung: unbest. Höhe: unbest. Randdm: unbest. Halsdm: unbest.	Untertyp: unbestimmbar Bauchdm: unbest. Bodendm: unbest. Volumen: unbest.	Delle: unbestimmbar Seite im Grab: unbekannt Höhe im Grab: unbekannt Bemerkung: stark fragmentiert erhalten

Grab: 487	Geschl. archäologisch: k Geschl. anthropologisch: k Superposition: keine	Altersstufe: infans I/1 Alter: 2 Jahre Sarg: ja	Tiefe unter HOK: 122 cm Tiefe unter Planum 1: 52 cm Anzahl der Gefäße: 1
Gefäßtyp: HG 1	Randverzierung: ohne Höhe: 7,5 cm Randdm: 6,5 cm Halsdm: 6 cm	Untertyp: Sondergruppe Bauchdm: 7 cm Bodendm: 4,5 cm Volumen: 0,118 Liter	Delle: nicht vorhanden Seite im Grab: Mitte Höhe im Grab: oberhalb des Kopfes Bemerkung: –
Tierart: Rind	Fundnummer: 14 Skelettelement: Tibia	Altersstufe des Tieres: Seite des Tieres: links	erwachsen Alter in Jahren: unbestimmbar
Tierart: Rind	Fundnummer: ohne Nr. Skelettelement: Tibia	Altersstufe des Tieres: Seite des Tieres: links	subadult Alter in Jahren: < 2 Jahre

Grab: 488	Geschl. archäologisch: w Geschl. anthropologisch: w Superposition: keine	Altersstufe: adult Alter: 30-40 Jahre Sarg: ja	Tiefe unter HOK: 145 cm Tiefe unter Planum 1: 73 cm Anzahl der Gefäße: 1
Gefäßtyp: HG 2	Randverzierung: mit Höhe: 9,5 cm Randdm: 8,5 cm Halsdm: 8 cm	Untertyp: 3 Bauchdm: 9,5 cm Bodendm: 6,5 cm Volumen: 0,32 Liter	Delle: nicht vorhanden Seite im Grab: links Höhe im Grab: Unterschenkel Bemerkung: –
Tierart: Rind	Fundnummer: 6 Skelettelement: Femur	Altersstufe des Tieres: Seite des Tieres: rechts	erwachsen Alter in Jahren: unbestimmbar
Tierart: Huhn	Fundnummer: 7 Skelettelement: Langknochen, pk	Altersstufe des Tieres: Seite des Tieres: unbest.	unbestimmbar Alter in Jahren: unbestimmbar

Grab: 489	Geschl. archäologisch: m Geschl. anthropologisch: m Superposition: keine	Altersstufe: spätjuvenil Alter: 18-19 Jahre Sarg: ja	Tiefe unter HOK: 123 cm Tiefe unter Planum 1: 63 cm Anzahl der Gefäße: 0
Tierart: Rind	Fundnummer: ohne Nr. Skelettelement: Calcaneus	Altersstufe des Tieres: Seite des Tieres: links	erwachsen Alter in Jahren: unbestimmbar
Tierart: Schwein	Fundnummer: Grabfüllung Skelettelement: Zahn	Altersstufe des Tieres: Seite des Tieres: unbest.	subadult Alter in Jahren: unbestimmbar

Grab: 490	Geschl. archäologisch: k Geschl. anthropologisch: k Superposition: keine	Altersstufe: infans II Alter: 8 Jahre Sarg: nein	Tiefe unter HOK: 132 cm Tiefe unter Planum 1: 49 cm Anzahl der Gefäße: 0

Katalog der Keramikfunde sowie der Angaben zu den Gräbern [...] aus dem Gräberfeld Zillingtal

Tierart: Schwein	Fundnummer: 3 Skelettelement: Calcaneus, Talus	Altersstufe des Tieres: Seite des Tieres: rechts	subadult Alter in Jahren: < 2 Jahre
Grab: 491	Geschl. archäologisch: m Geschl. anthropologisch: m Superposition: keine	Altersstufe: adult Alter: 30 Jahre Sarg: ja	Tiefe unter HOK: 110 cm Tiefe unter Planum 1: 60 cm Anzahl der Gefäße: 0
Grab: 492	Geschl. archäologisch: m Geschl. anthropologisch: m Superposition: schneidet Grab 494 (?) und wird von Grab 493 geschnitten	Altersstufe: matur Alter: 50 Jahre Sarg: ja	Tiefe unter HOK: 80 cm Tiefe unter Planum 1: 26 cm Anzahl der Gefäße: 1
Gefäßtyp: HG	Randverzierung: unbest. Höhe: unbest. Randdm: unbest. Halsdm: unbest.	Untertyp: unbestimmbar Bauchdm: unbest. Bodendm: unbest. Volumen: unbest.	Delle: unbestimmbar Seite im Grab: links Höhe im Grab: Fuß Bemerkung: stark fragmentiert erhalten
Tierart: Huhn	Fundnummer: 4 Skelettelement: Langknochen, pk	Altersstufe des Tieres: Seite des Tieres: unbest.	unbestimmbar Alter in Jahren: unbestimmbar
Tierart: Rind	Fundnummer: 8 Skelettelement: Tibia	Altersstufe des Tieres: Seite des Tieres: rechts	subadult Alter in Jahren: <= 2 Jahre
Grab: 493	Geschl. archäologisch: k Geschl. anthropologisch: k Superposition: schneidet Grab 492	Altersstufe: infans I/1 Alter: 1,5 Jahre Sarg: ja	Tiefe unter HOK: 40 cm Tiefe unter Planum 1: 5 cm Anzahl der Gefäße: 1
Gefäßtyp: HG	Randverzierung: unbest. Höhe: unbest. Randdm: unbest. Halsdm: unbest.	Untertyp: unbestimmbar Bauchdm: unbest. Bodendm: unbest. Volumen: unbest.	Delle: unbestimmbar Seite im Grab: Mitte Höhe im Grab: unterhalb der Füße Bemerkung: stark fragmentiert erhalten
Tierart: Schwein	Fundnummer: ohne Nr. Skelettelement: Femur	Altersstufe des Tieres: Seite des Tieres: links	unbestimmbar Alter in Jahren: unbestimmbar
Grab: 494	Geschl. archäologisch: k Geschl. anthropologisch: k Superposition: schneidet Grab 492 (?)	Altersstufe: infans I/1 Alter: 1 Jahr Sarg: nein	Tiefe unter HOK: 90 cm Tiefe unter Planum 1: 38 cm Anzahl der Gefäße: 1
Gefäßtyp: HG 2	Randverzierung: ohne Höhe: 8 cm Randdm: 7 cm Halsdm: 6,5 cm	Untertyp: 1 Bauchdm: 7,5 cm Bodendm: 4,5 cm Volumen: 0,147 Liter	Delle: nicht vorhanden Seite im Grab: rechts Höhe im Grab: Fuß Bemerkung: –
Tierart: Huhn	Fundnummer: 10 Skelettelement: Langknochen, pk	Altersstufe des Tieres: Seite des Tieres: unbest.	unbestimmbar Alter in Jahren: unbestimmbar
Tierart: Schwein	Fundnummer: 11 Skelettelement: Tibia, Fibula, Calcaneus, Talus	Altersstufe des Tieres: Seite des Tieres: rechts	subadult Alter in Jahren: unbestimmbar

Grab: 495	Geschl. archäologisch: k	Altersstufe: infans I/1	Tiefe unter HOK: 94 cm
	Geschl. anthropologisch: k	Alter: unbestimmbar	Tiefe unter Planum 1: 24 cm
	Superposition: keine	Sarg: ja	Anzahl der Gefäße: 1
Gefäßtyp: HG 2	Randverzierung: unbest.	Untertyp: unbestimmbar	Delle: nicht vorhanden
	Höhe: unbest.	Bauchdm: unbest.	Seite im Grab: Mitte
	Randdm: unbest.	Bodendm: unbest.	Höhe im Grab: unterhalb der Füße
	Halsdm: unbest.	Volumen: unbest.	Bemerkung: stark fragmentiert erhalten
Tierart: Schaf/Ziege	Fundnummer: keine Angabe	Altersstufe des Tieres:	unbestimmbar
	Skelettelement: Tibia	Seite des Tieres: links	Alter in Jahren: unbestimmbar

Grab: 496	Geschl. archäologisch: k (m)	Altersstufe: juvenil	Tiefe unter HOK: 123 cm
	Geschl. anthropologisch: k	Alter: 14 Jahre	Tiefe unter Planum 1: 60 cm
	Superposition: keine	Sarg: ja	Anzahl der Gefäße: 1
Gefäßtyp: HG 2	Randverzierung: mit	Untertyp: 2	Delle: nicht vorhanden
	Höhe: 11,5 cm	Bauchdm: 12,5 cm	Seite im Grab: links
	Randdm: 11 cm	Bodendm: 8,5 cm	Höhe im Grab: Fuß
	Halsdm: 10,5 cm	Volumen: 0,732 Liter	Bemerkung: –

Grab: 497	Geschl. archäologisch: k	Altersstufe: infans I/1	Tiefe unter HOK: 104 cm
	Geschl. anthropologisch: k	Alter: 2 Jahre	Tiefe unter Planum 1: 61 cm
	Superposition: keine	Sarg: nein	Anzahl der Gefäße: 1
Gefäßtyp: HG	Randverzierung: unbest.	Untertyp: unbestimmbar	Delle: unbestimmbar
	Höhe: unbest.	Bauchdm: unbest.	Seite im Grab: Mitte
	Randdm: unbest.	Bodendm: unbest.	Höhe im Grab: unterhalb der Füße
	Halsdm: unbest.	Volumen: unbest.	Bemerkung: stark fragmentiert erhalten
Tierart: Schaf/Ziege	Fundnummer: 13	Altersstufe des Tieres:	unbestimmbar
	Skelettelement: Femur	Seite des Tieres: unbest.	Alter in Jahren: unbestimmbar

Grab: 498	Geschl. archäologisch: k	Altersstufe: juvenil?	Tiefe unter HOK: 0 cm
	Geschl. anthropologisch: k	Alter: 12 Jahre	Tiefe unter Planum 1: 0 cm
	Superposition: schneidet Grab 526	Sarg: nein	Anzahl der Gefäße: 1
Gefäßtyp: HG 2	Randverzierung: ohne	Untertyp: 8	Delle: nicht vorhanden
	Höhe: 10,5 cm	Bauchdm: 9,5 cm	Seite im Grab: rechts
	Randdm: 9,5 cm	Bodendm: 5,5 cm	Höhe im Grab: Fuß
	Halsdm: 8,5 cm	Volumen: 0,371 Liter	Bemerkung: –
Tierart: Rind	Fundnummer: 8	Altersstufe des Tieres:	juvenil
	Skelettelement: Tibia	Seite des Tieres: rechts	Alter in Jahren: unbestimmbar
Tierart: unbestimmbar	Fundnummer:	Altersstufe des Tieres:	aus Grabgrube unbestimmbar
	Skelettelement: Langknochen, Unterkiefer	Seite des Tieres: unbest.	Alter in Jahren: unbestimmbar

Grab: 499	Geschl. archäologisch: k	Altersstufe: infans I/2	Tiefe unter HOK: 98 cm
	Geschl. anthropologisch: k	Alter: 4 Jahre	Tiefe unter Planum 1: 38 cm
	Superposition: keine	Sarg: ja	Anzahl der Gefäße: 1
Gefäßtyp: LG 2	Randverzierung: ohne	Untertyp: 2	Delle: vorhanden
	Höhe: 10,5 cm	Bauchdm: 11 cm	Seite im Grab: Mitte
	Randdm: 11 cm	Bodendm: 7 cm	Höhe im Grab: unterhalb der Füße
	Halsdm: 9,5 cm	Volumen: 0,529 Liter	Bemerkung: –

Tierart: Schaf/Ziege	Fundnummer: 11 Skelettelement: Tibia	Altersstufe des Tieres: Seite des Tieres: rechts	juvenil Alter in Jahren: unbestimmbar
Grab: 500	Geschl. archäologisch: w Geschl. anthropologisch: w Superposition: keine	Altersstufe: frühmatur Alter: 40 Jahre Sarg: ja	Tiefe unter HOK: 165 cm Tiefe unter Planum 1: 105 cm Anzahl der Gefäße: 1
Gefäßtyp: HG 1	Randverzierung: mit Höhe: 10 cm Randdm: 8,5 cm Halsdm: 8 cm	Untertyp: 1 Bauchdm: 10 cm Bodendm: 8 cm Volumen: 0,389 Liter	Delle: nicht vorhanden Seite im Grab: Mitte Höhe im Grab: Unterschenkel Bemerkung: –
Tierart: Rind	Fundnummer: 11 Skelettelement: Femur	Altersstufe des Tieres: Seite des Tieres: links	erwachsen Alter in Jahren: 4-5 Jahre
Tierart: Huhn	Fundnummer: 12 Skelettelement: Langknochen, pk	Altersstufe des Tieres: Seite des Tieres: unbest	unbestimmbar. Alter in Jahren: unbestimmbar
Grab: 501	Geschl. archäologisch: w Geschl. anthropologisch: w Superposition: keine	Altersstufe: adult Alter: 20 Jahre Sarg: nein	Tiefe unter HOK: 131 cm Tiefe unter Planum 1: 66 cm Anzahl der Gefäße: 1
Gefäßtyp: HG 2	Randverzierung: ohne Höhe: 11 cm Randdm: 11 cm Halsdm: 10 cm	Untertyp: 9 Bauchdm: 10,5 cm Bodendm: 7 cm Volumen: 0,557 Liter	Delle: nicht vorhanden Seite im Grab: Mitte Höhe im Grab: unterhalb der Füße Bemerkung: –
Tierart: Rind	Fundnummer: 9 Skelettelement: Femur	Altersstufe des Tieres: Seite des Tieres: links	subadult Alter in Jahren: < 2 Jahre
Grab: 502	Geschl. archäologisch: m Geschl. anthropologisch: m Superposition: wird geschnitten v. Grab 474	Altersstufe: matur Alter: unbestimmbar Sarg: ja	Tiefe unter HOK: 166 cm Tiefe unter Planum 1: 77 cm Anzahl der Gefäße: 1
Gefäßtyp: HG 2	Randverzierung: mit Höhe: 14 cm Randdm: 12,5 cm Halsdm: 11,5 cm	Untertyp: 2 Bauchdm: 13 cm Bodendm: 8,5 cm Volumen: 1,057 Liter	Delle: nicht vorhanden Seite im Grab: links Höhe im Grab: Fuß Bemerkung: –
Tierart: Rind	Fundnummer: 10 Skelettelement: Tibia	Altersstufe des Tieres: Seite des Tieres: links	subadult Alter in Jahren: < 2 Jahre
Grab: 503	Geschl. archäologisch: w Geschl. anthropologisch: w Superposition: keine	Altersstufe: spätjuvenil Alter: 19 Jahre Sarg: ja	Tiefe unter HOK: 172 cm Tiefe unter Planum 1: 114 cm Anzahl der Gefäße: 1
Gefäßtyp: LG 1	Randverzierung: ohne Höhe: 14,5 cm Randdm: 8,5 cm Halsdm: 7,5 cm	Untertyp: 3 Bauchdm: 11 cm Bodendm: 6 cm Volumen: 0,527 Liter	Delle: nicht vorhanden Seite im Grab: rechts Höhe im Grab: Knie Bemerkung: –
Tierart: Eierschalen	Fundnummer: 16 Skelettelement:	Altersstufe des Tieres: Seite des Tieres:	Alter in Jahren:
Tierart: Eierschalen	Fundnummer: 17 Skelettelement:	Altersstufe des Tieres: Seite des Tieres:	Alter in Jahren:
Tierart: Rind	Fundnummer: 18 Skelettelement: Femur	Altersstufe des Tieres: Seite des Tieres: rechts	subadult Alter in Jahren: unbestimmbar
Tierart: Huhn	Fundnummer: 19/1 Skelettelement: Langknochen, pk	Altersstufe des Tieres: Seite des Tieres: unbest.	unbestimmbar Alter in Jahren: unbestimmbar

| Tierart: Schwein | Fundnummer: 19/2 | Altersstufe des Tieres: | neonatil |
| | Skelettelement: Femora | Seite des Tieres: 2li, 1re | Alter in Jahren: unbestimmbar |

Grab: 504

	Geschl. archäologisch: m	Altersstufe: spätjuvenil	Tiefe unter HOK: 127 cm
	Geschl. anthropologisch: m	Alter: 18 Jahre	Tiefe unter Planum 1: 94 cm
	Superposition: keine	Sarg: ja	Anzahl der Gefäße: 1

Gefäßtyp: HG 2	Randverzierung: ohne	Untertyp: 3	Delle: nicht vorhanden
	Höhe: 10 cm	Bauchdm: 10 cm	Seite im Grab: links
	Randdm: 8 cm	Bodendm: 6,5 cm	Höhe im Grab: Fuß
	Halsdm: 7 cm	Volumen: 0,315 Liter	Bemerkung: –

| Tierart: Rind | Fundnummer: 22 | Altersstufe des Tieres: | juvenil |
| | Skelettelement: Tibia | Seite des Tieres: rechts | Alter in Jahren: unbestimmbar |

| Tierart: Huhn | Fundnummer: 23 | Altersstufe des Tieres: | unbestimmbar |
| | Skelettelement: Langknochen, pk | Seite des Tieres: unbest. | Alter in Jahren: unbestimmbar |

Grab: 505

	Geschl. archäologisch: w	Altersstufe: matur	Tiefe unter HOK: 90 cm
	Geschl. anthropologisch: w	Alter: 40-50 Jahre	Tiefe unter Planum 1: 50 cm
	Superposition: keine	Sarg: ja	Anzahl der Gefäße: 1

Gefäßtyp: LG 1	Randverzierung: mit	Untertyp: 3	Delle: nicht vorhanden
	Höhe: 14,5 cm	Bauchdm: 12 cm	Seite im Grab: Mitte
	Randdm: 11 cm	Bodendm: 6 cm	Höhe im Grab: unterhalb der Füße
	Halsdm: 9 cm	Volumen: 0,73 Liter	Bemerkung: –

Grab: 506

	Geschl. archäologisch: k	Altersstufe: infans I/2	Tiefe unter HOK: 110 cm
	Geschl. anthropologisch: m (?)	Alter: 4 Jahre	Tiefe unter Planum 1: 60 cm
	Superposition: keine	Sarg: ja	Anzahl der Gefäße: 1

Gefäßtyp: HG 2	Randverzierung: unbest.	Untertyp: unbestimmbar	Delle: unbestimmbar
	Höhe: unbest.	Bauchdm: unbest.	Seite im Grab: Mitte
	Randdm: unbest.	Bodendm: unbest.	Höhe im Grab: unterhalb der Füße
	Halsdm: unbest.	Volumen: unbest.	Bemerkung: stark fragmentiert erhalten

| Tierart: Schaf/Ziege | Fundnummer: ohne Nr. | Altersstufe des Tieres: | erwachsen |
| | Skelettelement: Tibia | Seite des Tieres: unbest. | Alter in Jahren: unbestimmbar |

Grab: 507

	Geschl. archäologisch: k	Altersstufe: infans I/1	Tiefe unter HOK: 38 cm
	Geschl. anthropologisch: k	Alter: 1,5-2 Jahre	Tiefe unter Planum 1: 8 cm
	Superposition: keine	Sarg: nein	Anzahl der Gefäße: 1

Gefäßtyp: LG 1	Randverzierung: ohne	Untertyp: 2	Delle: nicht vorhanden
	Höhe: 11,5 cm	Bauchdm: 11,5 cm	Seite im Grab: Mitte
	Randdm: 9 cm	Bodendm: 6,5 cm	Höhe im Grab: unterhalb der Füße
	Halsdm: 8 cm	Volumen: 0,47 Liter	Bemerkung: –

| Tierart: Schwein | Fundnummer: 8 | Altersstufe des Tieres: | subadult |
| | Skelettelement: Femur | Seite des Tieres: links | Alter in Jahren: unbestimmbar |

| Tierart: Huhn | Fundnummer: 9 | Altersstufe des Tieres: | unbestimmbar |
| | Skelettelement: Langknochen | Seite des Tieres: unbest. | Alter in Jahren: unbestimmbar |

Grab: 508

	Geschl. archäologisch: w	Altersstufe: matur	Tiefe unter HOK: 152 cm
	Geschl. anthropologisch: w	Alter: 50 Jahre	Tiefe unter Planum 1: 112 cm
	Superposition: keine	Sarg: ja	Anzahl der Gefäße: 1

Katalog der Keramikfunde sowie der Angaben zu den Gräbern [...] aus dem Gräberfeld Zillingtal

Gefäßtyp: HG 2	Randverzierung: ohne Höhe: 10 cm Randdm: 8 cm	Untertyp: 3 Bauchdm: 10 cm Bodendm: 7 cm	Delle: nicht vorhanden Seite im Grab: Mitte Höhe im Grab: unterhalb der Füße
	Halsdm: 7 cm	Volumen: 0,327 Liter	Bemerkung: –
Tierart: Rind	Fundnummer: 11/1 Skelettelement: Femur	Altersstufe des Tieres: Seite des Tieres: rechts	erwachsen Alter in Jahren: > 4 Jahre
Tierart: Huhn	Fundnummer: 11/2 Skelettelement: Langknochen, pk	Altersstufe des Tieres: Seite des Tieres: unbest.	unbestimmbar Alter in Jahren: unbestimmbar
Grab: 509	Geschl. archäologisch: k Geschl. anthropologisch: k Superposition: keine	Altersstufe: infans I/1 Alter: 1,5 Jahre Sarg: ja	Tiefe unter HOK: 66 cm Tiefe unter Planum 1: 30 cm Anzahl der Gefäße: 1
Gefäßtyp: LG 1	Randverzierung: ohne Höhe: 16 cm Randdm: 11,5 cm Halsdm: 10 cm	Untertyp: 3 Bauchdm: 12 cm Bodendm: 7 cm Volumen: 0,938 Liter	Delle: nicht vorhanden Seite im Grab: Mitte Höhe im Grab: Fuß Bemerkung: –
Tierart: Huhn	Fundnummer: 5 Skelettelement: Langknochen	Altersstufe des Tieres: Seite des Tieres: unbest.	unbestimmbar Alter in Jahren: unbestimmbar
Tierart: Schwein (?)	Fundnummer: ohne Nr. Skelettelement: Femur	Altersstufe des Tieres: Seite des Tieres: rechts	juvenil Alter in Jahren: unbestimmbar
Grab: 510	Geschl. archäologisch: k Geschl. anthropologisch: k Superposition: keine	Altersstufe: spätjuvenil Alter: 18–20 Jahre Sarg: ja	Tiefe unter HOK: 150 cm Tiefe unter Planum 1: 80 cm Anzahl der Gefäße: 1
Gefäßtyp: HG 2	Randverzierung: mit Höhe: 8 cm Randdm: 8,5 cm Halsdm: 8 cm	Untertyp: unbestimmbar Bauchdm: 8,5 cm Bodendm: 6 cm Volumen: 0,236 Liter	Delle: nicht vorhanden Seite im Grab: links Höhe im Grab: Kopf Bemerkung: –
Grab: 511	Geschl. archäologisch: m Geschl. anthropologisch: m(?) Superposition: keine	Altersstufe: spätjuvenil Alter: 18 Jahre Sarg: ja	Tiefe unter HOK: 174 cm Tiefe unter Planum 1: 124 cm Anzahl der Gefäße: 0
Tierart: unbestimmbar	Fundnummer: 15 Skelettelement: Langknochensplitter	Altersstufe des Tieres: Seite des Tieres: unbest.	unbestimmbar Alter in Jahren: unbestimmbar
Tierart: Schwein	Fundnummer: 16 Skelettelement: Tibia	Altersstufe des Tieres: Seite des Tieres: links	subadult Alter in Jahren: < 2 Jahre
Tierart: Nager	Fundnummer: ohne Nr. Skelettelement: Schädelfragment	Altersstufe des Tieres: Seite des Tieres: unbest.	unbestimmbar Alter in Jahren: unbestimmbar
Grab: 512	Geschl. archäologisch: w Geschl. anthropologisch: w Superposition: wird geschnitten von Grab 520 (?)	Altersstufe: matur Alter: 50-60 Jahre Sarg: ja	Tiefe unter HOK: 103 cm Tiefe unter Planum 1: 60 cm Anzahl der Gefäße: 1
Gefäßtyp: LG 1	Randverzierung: ohne Höhe: 9 cm Randdm: 8,5 cm	Untertyp: 1 Bauchdm: 9 cm Bodendm: 5,5 cm	Delle: nicht vorhanden Seite im Grab: Mitte Höhe im Grab: unterhalb der Füße
	Halsdm: 7,5 cm	Volumen: 0,259 Liter	Bemerkung: –

Tierart: Rind	Fundnummer: 20 Skelettelement: Femur	Altersstufe des Tieres: Seite des Tieres: rechts	erwachsen Alter in Jahren: unbestimmbar
Grab: 513	Geschl. archäologisch: m(?) Geschl. anthropologisch: w(?) Superposition: keine	Altersstufe: frühadult Alter: 20 Jahre Sarg: ja	Tiefe unter HOK: 165 cm Tiefe unter Planum 1: 90 cm Anzahl der Gefäße: 1
Gefäßtyp: HG 2	Randverzierung: mit Höhe: 9,5 cm Randdm: 8 cm Halsdm: 7 cm	Untertyp: 3 Bauchdm: 8,5 cm Bodendm: 7 cm Volumen: 0,275 Liter	Delle: nicht vorhanden Seite im Grab: links Höhe im Grab: Fuß Bemerkung: –
Tierart: Rind	Fundnummer: 8 Skelettelement: Tibia, Talus	Altersstufe des Tieres: Seite des Tieres: links	erwachsen Alter in Jahren: unbestimmbar
Grab: 514	Geschl. archäologisch: w Geschl. anthropologisch: w Superposition: keine	Altersstufe: spätmatur Alter: 60 Jahre Sarg: nein	Tiefe unter HOK: 165 cm Tiefe unter Planum 1: 100 cm Anzahl der Gefäße: 0
Tierart: Huhn	Fundnummer: 8 Skelettelement: Langknochen, pk	Altersstufe des Tieres: Seite des Tieres: unbest.	unbestimmbar Alter in Jahren: unbestimmbar
Tierart: Eierschalen	Fundnummer: 9 Skelettelement:	Altersstufe des Tieres: Seite des Tieres:	Alter in Jahren:
Tierart: Rind	Fundnummer: 10 Skelettelement: Femur	Altersstufe des Tieres: Seite des Tieres: links	subadult Alter in Jahren: unbestimmbar
Grab: 515	Geschl. archäologisch: – Geschl. anthropologisch: m Superposition: keine	Altersstufe: matur Alter: unbestimmbar Sarg: nein	Tiefe unter HOK: 50 cm Tiefe unter Planum 1: 23 cm Anzahl der Gefäße: 0
Grab: 516	Geschl. archäologisch: k Geschl. anthropologisch: k Superposition: keine	Altersstufe: infans I/2 Alter: 3,5 Jahre Sarg: ja	Tiefe unter HOK: 105 cm Tiefe unter Planum 1: 77 cm Anzahl der Gefäße: 1
Gefäßtyp: HG 2	Randverzierung: ohne Höhe: 8 cm Randdm: 9 cm Halsdm: 8 cm	Untertyp: 7 Bauchdm: 9,5 cm Bodendm: 7 cm Volumen: 0,283 Liter	Delle: nicht vorhanden Seite im Grab: Mitte Höhe im Grab: unterhalb der Füße Bemerkung: –
Tierart: Schnecke	Fundnummer: 9 Skelettelement: unbestimmbar	Altersstufe des Tieres: Seite des Tieres: unbest.	unbestimmbar Alter in Jahren: unbestimmbar
Tierart: Rind	Fundnummer: 10 Skelettelement: Tibia	Altersstufe des Tieres: Seite des Tieres: links	subadult Alter in Jahren: unbestimmbar
Grab: 517	Geschl. archäologisch: – Geschl. anthropologisch: – Superposition: keine	Altersstufe: unbestimmbar Alter: unbestimmbar Sarg: nein	Tiefe unter HOK: 92 cm Tiefe unter Planum 1: 32 cm Anzahl der Gefäße: 0
Grab: 518	Geschl. archäologisch: w Geschl. anthropologisch: w(?) Superposition: keine	Altersstufe: juvenil Alter: 14 Jahre Sarg: ja	Tiefe unter HOK: 75 cm Tiefe unter Planum 1: 25 cm Anzahl der Gefäße: 1
Gefäßtyp: HG 2	Randverzierung: ohne Höhe: 12 cm Randdm: 8,5 cm Halsdm: 8 cm	Untertyp: 8 Bauchdm: 10,5 cm Bodendm: 7,5 cm Volumen: 0,476 Liter	Delle: nicht vorhanden Seite im Grab: links Höhe im Grab: Fuß Bemerkung: –

Tierart: Rind	Fundnummer: 18 Skelettelement: Femur	Altersstufe des Tieres: Seite des Tieres: links	subadult Alter in Jahren: unbestimmbar
Tierart: Huhn	Fundnummer: 19 Skelettelement: Langknochen	Altersstufe des Tieres: Seite des Tieres: unbest.	unbestimmbar Alter in Jahren: unbestimmbar
Grab: 519A	Geschl. archäologisch: m Geschl. anthropologisch: m Superposition: keine	Altersstufe: senil Alter: unbestimmbar Sarg: nein	Tiefe unter HOK: 72 cm Tiefe unter Planum 1: 12 cm Anzahl der Gefäße: 0
Grab: 519B	Geschl. archäologisch: w Geschl. anthropologisch: w Superposition: keine	Altersstufe: matur Alter: unbestimmbar Sarg: nein	Tiefe unter HOK: 72 cm Tiefe unter Planum 1: 12 cm Anzahl der Gefäße: 0
Grab: 520	Geschl. archäologisch: w Geschl. anthropologisch: m (?) Superposition: schneidet Grab 512 (?)	Altersstufe: matur Alter: 55-60 Jahre Sarg: nein	Tiefe unter HOK: 103 cm Tiefe unter Planum 1: 60 cm Anzahl der Gefäße: 1
Gefäßtyp: HG 1	Randverzierung: ohne Höhe: 10 cm Randdm: 10,5 cm Halsdm: 10 cm	Untertyp: Sondergruppe Bauchdm: 11,5 cm Bodendm: 8 cm Volumen: 0,547 Liter	Delle: nicht vorhanden Seite im Grab: links Höhe im Grab: Unterschenkel Bemerkung: –
Grab: 521	Geschl. archäologisch: k Geschl. anthropologisch: k Superposition: keine	Altersstufe: infans I/1 Alter: 0,5 Jahr Sarg: nein	Tiefe unter HOK: 104 cm Tiefe unter Planum 1: 11 cm Anzahl der Gefäße: 1
Gefäßtyp: HG	Randverzierung: unbest. Höhe: unbest. Randdm: unbest. Halsdm: unbest.	Untertyp: unbestimmbar Bauchdm: unbest. Bodendm: unbest. Volumen: unbest.	Delle: unbestimmbar Seite im Grab: Mitte Höhe im Grab: unterhalb der Füße Bemerkung: stark fragmentiert erhalten
Grab: 522	Geschl. archäologisch: k Geschl. anthropologisch: k Superposition: schneidet Grab 486	Altersstufe: infans I/2 Alter: 5 Jahre Sarg: nein	Tiefe unter HOK: 105 cm Tiefe unter Planum 1: 40 cm Anzahl der Gefäße: 1
Gefäßtyp: HG 2	Randverzierung: ohne Höhe: 8 cm Randdm: 7 cm Halsdm: 6,5 cm	Untertyp: 2 Bauchdm: 8,5 cm Bodendm: 7 cm Volumen: 0,201 Liter	Delle: nicht vorhanden Seite im Grab: rechts Höhe im Grab: Unterschenkel Bemerkung: –
Tierart: Schwein	Fundnummer: 14 Skelettelement: Tibia	Altersstufe des Tieres: Seite des Tieres: rechts	subadult Alter in Jahren: < 2 Jahre
Grab: 523	Geschl. archäologisch: k Geschl. anthropologisch: k Superposition: keine	Altersstufe: infans I/2 Alter: 5 Jahre Sarg: ja	Tiefe unter HOK: 111 cm Tiefe unter Planum 1: 58 cm Anzahl der Gefäße: 1
Gefäßtyp: HG 3	Randverzierung: ohne Höhe: 14 cm Randdm: 10,5 cm Halsdm: 9,5 cm	Untertyp: 2 Bauchdm: 11,5 cm Bodendm: 7,5 cm Volumen: 0,746 Liter	Delle: nicht vorhanden Seite im Grab: Mitte Höhe im Grab: unterhalb der Füße Bemerkung: –
Tierart: Rind	Fundnummer: ohne Nr. Skelettelement: Femur	Altersstufe des Tieres: Seite des Tieres: rechts	juvenil Alter in Jahren: unbestimmbar

Grab: 524	Geschl. archäologisch: k	Altersstufe: infans I/1	Tiefe unter HOK: 84 cm
	Geschl. anthropologisch: k	Alter: 2,5-3 Jahre	Tiefe unter Planum 1: 44 cm
	Superposition: keine	Sarg: ja	Anzahl der Gefäße: 1
Gefäßtyp: LG 1	Randverzierung: ohne	Untertyp: 3	Delle: nicht vorhanden
	Höhe: 12 cm	Bauchdm: 11 cm	Seite im Grab: Mitte
	Randdm: 10 cm	Bodendm: 5,5 cm	Höhe im Grab: unterhalb der Füße
	Halsdm: 9,5 cm	Volumen: 0,525 Liter	Bemerkung: –
Tierart: Schwein	Fundnummer: 6	Altersstufe des Tieres:	unbestimmbar
	Skelettelement: Tibia, Fibula, Talus	Seite des Tieres: rechts	Alter in Jahren: unbestimmbar

Grab: 525	Geschl. archäologisch: w	Altersstufe: spätjuvenil	Tiefe unter HOK: 219 cm
	Geschl. anthropologisch: w	Alter: 19 Jahre	Tiefe unter Planum 1: 169 cm
	Superposition: keine	Sarg: ja	Anzahl der Gefäße: 1
Gefäßtyp: HG 2	Randverzierung: ohne	Untertyp: 1	Delle: nicht vorhanden
	Höhe: 9 cm	Bauchdm: 8 cm	Seite im Grab: Mitte
	Randdm: 7,5 cm	Bodendm: 5,5 cm	Höhe im Grab: unterhalb der Füße
	Halsdm: 7 cm	Volumen: 0,211 Liter	Bemerkung: –

Grab: 526	Geschl. archäologisch: w	Altersstufe: adult	Tiefe unter HOK: 130 cm
	Geschl. anthropologisch: w	Alter: 30-40 Jahre	Tiefe unter Planum 1: 60 cm
	Superposition: wird geschnitten von 426	Sarg: nein	Anzahl der Gefäße: 0

Grab: 527	Geschl. archäologisch: m	Altersstufe: subadult?	Tiefe unter HOK: 160 cm
	Geschl. anthropologisch: w(?)	Alter: unbestimmbar	Tiefe unter Planum 1: 100 cm
	Superposition: keine	Sarg: ja	Anzahl der Gefäße: 1
Gefäßtyp: HG 2	Randverzierung: ohne	Untertyp: 8	Delle: nicht vorhanden
	Höhe: 12,5 cm	Bauchdm: 12,5 cm	Seite im Grab: Mitte
	Randdm: 10 cm	Bodendm: 8,5 cm	Höhe im Grab: Fuß
	Halsdm: 9 cm	Volumen: 0,699 Liter	Bemerkung: –
Tierart: Rind	Fundnummer: 9	Altersstufe des Tieres:	erwachsen
	Skelettelement: Calcaneus	Seite des Tieres: rechts	Alter in Jahren: unbestimmbar

Grab: 528	Geschl. archäologisch: k	Altersstufe: infans I/2	Tiefe unter HOK: 120 cm
	Geschl. anthropologisch: k	Alter: 4 Jahre	Tiefe unter Planum 1: 65 cm
	Superposition: keine	Sarg: nein	Anzahl der Gefäße: 1
Gefäßtyp: HG 1	Randverzierung: ohne	Untertyp: Sondergruppe	Delle: nicht vorhanden
	Höhe: 8 cm	Bauchdm: 7 cm	Seite im Grab: Mitte
	Randdm: 6,5 cm	Bodendm: 4 cm	Höhe im Grab: unterhalb der Füße
	Halsdm: 5,5 cm	Volumen: 0,114 Liter	Bemerkung: –
Tierart: Schaf/Ziege	Fundnummer: 10	Altersstufe des Tieres:	erwachsen
	Skelettelement: Femur	Seite des Tieres: links	Alter in Jahren: unbestimmbar

Grab: 529	Geschl. archäologisch: k	Altersstufe: infans I/1	Tiefe unter HOK: 70 cm
	Geschl. anthropologisch: k	Alter: 1 Jahr	Tiefe unter Planum 1: 27 cm
	Superposition: keine	Sarg: ja	Anzahl der Gefäße: 1
Gefäßtyp: LG 1	Randverzierung: ohne	Untertyp: 1	Delle: nicht vorhanden
	Höhe: 9,5 cm	Bauchdm: 9 cm	Seite im Grab: Mitte
	Randdm: 8 cm	Bodendm: 6 cm	Höhe im Grab: unterhalb der Füße
	Halsdm: 7 cm	Volumen: 0,265 Liter	Bemerkung: –

Grab: 530

Geschl. archäologisch: k
Geschl. anthropologisch: k
Superposition: keine

Altersstufe: infans I/1
Alter: 2 Jahre
Sarg: ja

Tiefe unter HOK: 0 cm
Tiefe unter Planum 1: 0 cm
Anzahl der Gefäße: 1

Gefäßtyp: unbest.

Randverzierung: unbest.
Höhe: unbest.
Randdm: unbest.
Halsdm: unbest.

Untertyp: unbestimmbar
Bauchdm: unbest.
Bodendm: unbest.
Volumen: unbest.

Delle: unbestimmbar
Seite im Grab: unbekannt
Höhe im Grab: unbekannt
Bemerkung: nicht erhalten,
von Grabräubern gestohlen

Grab: 531

Geschl. archäologisch: k
Geschl. anthropologisch: k
Superposition: keine

Altersstufe: infans I/1
Alter: 2 Jahre
Sarg: nein

Tiefe unter HOK: 57 cm
Tiefe unter Planum 1: 17 cm
Anzahl der Gefäße: 0

Grab: 532

Geschl. archäologisch: w
Geschl. anthropologisch: w
Superposition: keine

Altersstufe: matur
Alter: 55 Jahre
Sarg: ja

Tiefe unter HOK: 148 cm
Tiefe unter Planum 1: 80 cm
Anzahl der Gefäße: 1

Gefäßtyp: HG 2

Randverzierung: mit
Höhe: 12,5 cm
Randdm: 12 cm
Halsdm: 10,5 cm

Untertyp: 2
Bauchdm: 12,5 cm
Bodendm: 9,5 cm
Volumen: 0,889 Liter

Delle: nicht vorhanden
Seite im Grab: rechts
Höhe im Grab: Fuß
Bemerkung: –

Tierart: Huhn

Fundnummer: 10/1
Skelettelement:
Skelett(?), Schädel

Altersstufe des Tieres:
Seite des Tieres: unbest.

unbestimmbar
Alter in Jahren: unbestimmbar

Tierart: Rind

Fundnummer: 10/2
Skelettelement:
Calcaneus, Talus

Altersstufe des Tieres:
Seite des Tieres: unbest.

erwachsen
Alter in Jahren: unbestimmbar

Tierart: Schaf/Ziege

Fundnummer: 10/3
Skelettelement:
Lendenwirbelsäule

Altersstufe des Tieres:
Seite des Tieres: unbest.

unbestimmbar
Alter in Jahren: < 4 Jahre

Grab: 533

Geschl. archäologisch: k
Geschl. anthropologisch: k
Superposition: keine

Altersstufe: infans I/2
Alter: 3,5-4 Jahre
Sarg: nein

Tiefe unter HOK: 116 cm
Tiefe unter Planum 1: 56 cm
Anzahl der Gefäße: 1

Gefäßtyp: HG 2

Randverzierung: mit
Höhe: 9,5 cm
Randdm: 7,5 cm
Halsdm: 7 cm

Untertyp: 1
Bauchdm: 9 cm
Bodendm: 6,5 cm
Volumen: 0,265 Liter

Delle: nicht vorhanden
Seite im Grab: rechts
Höhe im Grab: Knie
Bemerkung: –

Grab: 534

Geschl. archäologisch: k
Geschl. anthropologisch: k
Superposition: keine

Altersstufe: infans I/1
Alter: 0,75 Jahr
Sarg: nein

Tiefe unter HOK: 66 cm
Tiefe unter Planum 1: 20 cm
Anzahl der Gefäße: 1

Gefäßtyp: HG 2

Randverzierung: ohne
Höhe: 10,5 cm
Randdm: 10 cm

Halsdm: 9,5 cm

Untertyp: 2
Bauchdm: 10,5 cm
Bodendm: 7 cm

Volumen: 0,483 Liter

Delle: nicht vorhanden
Seite im Grab: Mitte
Höhe im Grab: unterhalb der
Füße
Bemerkung: –

Grab: 535

Geschl. archäologisch: k
Geschl. anthropologisch: –
Superposition: keine

Altersstufe: unbestimmbar
Alter: unbestimmbar
Sarg: nein

Tiefe unter HOK: 87 cm
Tiefe unter Planum 1: 32 cm
Anzahl der Gefäße: 1

Gefäßtyp: HG 2

Randverzierung: mit
Höhe: 10,5 cm
Randdm: 10,5 cm

Halsdm: 9,5 cm

Untertyp: 1
Bauchdm: 12,5 cm
Bodendm: 8,5 cm

Volumen: 0,611 Liter

Delle: nicht vorhanden
Seite im Grab: Mitte
Höhe im Grab: unterhalb der
Füße
Bemerkung: –

Grab: 536	Geschl. archäologisch: m Geschl. anthropologisch: m Superposition: keine	Altersstufe: spätjuvenil Alter: 20 Jahre Sarg: ja	Tiefe unter HOK: 138 cm Tiefe unter Planum 1: 112 cm Anzahl der Gefäße: 1
Gefäßtyp: HG 2	Randverzierung: ohne Höhe: 8,5 cm Randdm: 8,5 cm Halsdm: 8 cm	Untertyp: 8 Bauchdm: 8,5 cm Bodendm: 4 cm Volumen: 0,215 Liter	Delle: nicht vorhanden Seite im Grab: rechts Höhe im Grab: Fuß Bemerkung: –
Tierart: Schaf	Fundnummer: 13 Skelettelement: Tibia, Talus, pk	Altersstufe des Tieres: Seite des Tieres: rechts	unbestimmbar Alter in Jahren: unbestimmbar

Grab: 537A	Geschl. archäologisch: k (w) Geschl. anthropologisch: k Superposition: keine	Altersstufe: infans II Alter: 12 Jahre Sarg: ja	Tiefe unter HOK: 201 cm Tiefe unter Planum 1: 150 cm Anzahl der Gefäße: 1
Gefäßtyp: LG 1	Randverzierung: ohne Höhe: 9,5 cm Randdm: 9 cm Halsdm: 8,5 cm	Untertyp: 1 Bauchdm: 9,5 cm Bodendm: 6,5 cm Volumen: 0,344 Liter	Delle: nicht vorhanden Seite im Grab: rechts Höhe im Grab: Fuß Bemerkung: –
Tierart: Huhn	Fundnummer: 537A,B-9 Skelettelement: Skelett	Altersstufe des Tieres: Seite des Tieres: unbest.	unbestimmbar Alter in Jahren: unbestimmbar
Tierart: Eierschalen	Fundnummer: B8, bei Skelett Skelettelement:	Altersstufe des Tieres: Seite des Tieres:	Alter in Jahren:
Tierart: Rind	Fundnummer: bei Skelett Skelettelement: Femur	Altersstufe des Tieres: Seite des Tieres: rechts	unbestimmbar Alter in Jahren: unbestimmbar
Tierart: Ovicaprinae	Fundnummer: ohne Nr. Skelettelement: Schädelfragment	Altersstufe des Tieres: Seite des Tieres: unbest.	unbestimmbar Alter in Jahren: unbestimmbar

Grab: 537B	Geschl. archäologisch: k Geschl. anthropologisch: m(?) Superposition: keine	Altersstufe: infans II Alter: 7 Jahre Sarg: ja	Tiefe unter HOK: 201 cm Tiefe unter Planum 1: 150 cm Anzahl der Gefäße: 0

Grab: 537C	Geschl. archäologisch: m Geschl. anthropologisch: m Superposition: keine	Altersstufe: juvenil Alter: unbestimmbar Sarg: ja	Tiefe unter HOK: 201 cm Tiefe unter Planum 1: 150 cm Anzahl der Gefäße: 1
Gefäßtyp: HG 2	Randverzierung: mit Höhe: 11 cm Randdm: 10 cm Halsdm: 9 cm	Untertyp: 1 Bauchdm: 10,5 cm Bodendm: 8 cm Volumen: 0,525 Liter	Delle: nicht vorhanden Seite im Grab: rechts Höhe im Grab: Unterschenkel Bemerkung: –
Tierart: Rind	Fundnummer: 11 Skelettelement: Tibia, Talus	Altersstufe des Tieres: Seite des Tieres: rechts	erwachsen Alter in Jahren: unbestimmbar
Tierart: Gans/Ente	Fundnummer: 12 Skelettelement: Langknochen	Altersstufe des Tieres: Seite des Tieres: unbest.	unbestimmbar Alter in Jahren: unbestimmbar

Grab: 538	Geschl. archäologisch: k (m) Geschl. anthropologisch: k Superposition: keine	Altersstufe: infans II Alter: 8 Jahre Sarg: ja	Tiefe unter HOK: 149 cm Tiefe unter Planum 1: 85 cm Anzahl der Gefäße: 1
Gefäßtyp: HG 2	Randverzierung: mit Höhe: 13,5 cm Randdm: 9,5 cm Halsdm: 8,5 cm	Untertyp: 2 Bauchdm: 12 cm Bodendm: 8,5 cm Volumen: 0,696 Liter	Delle: nicht vorhanden Seite im Grab: Mitte Höhe im Grab: unterhalb der Füße Bemerkung: –

| Tierart: Rind | Fundnummer: 9 | Altersstufe des Tieres: | juvenil |
| | Skelettelement: Tibia | Seite des Tieres: rechts | Alter in Jahren: unbestimmbar |

Grab: 539	Geschl. archäologisch: k	Altersstufe: infans I/2	Tiefe unter HOK: 114 cm
	Geschl. anthropologisch: k	Alter: 6 Jahre	Tiefe unter Planum 1: 64 cm
	Superposition: keine	Sarg: ja	Anzahl der Gefäße: 1
Gefäßtyp: HG 2	Randverzierung: mit	Untertyp: 1	Delle: nicht vorhanden
	Höhe: 11 cm	Bauchdm: 11,5 cm	Seite im Grab: rechts
	Randdm: 9,5 cm	Bodendm: 6 cm	Höhe im Grab: Fuß
	Halsdm: 9 cm	Volumen: 0,478 Liter	Bemerkung: –

| Tierart: Rind | Fundnummer: 6 | Altersstufe des Tieres: | unbestimmbar |
| | Skelettelement: Patella | Seite des Tieres: unbest. | Alter in Jahren: unbestimmbar |

Grab: 540	Geschl. archäologisch: w	Altersstufe: matur	Tiefe unter HOK: 130 cm
	Geschl. anthropologisch: w	Alter: 50-60 Jahre	Tiefe unter Planum 1: 69 cm
	Superposition: keine	Sarg: ja	Anzahl der Gefäße: 1
Gefäßtyp: HG 2	Randverzierung: ohne	Untertyp: 9	Delle: nicht vorhanden
	Höhe: 11 cm	Bauchdm: 9,5 cm	Seite im Grab: links
	Randdm: 8,5 cm	Bodendm: 7,5 cm	Höhe im Grab: Fuß
	Halsdm: 7,5 cm	Volumen: 0,39 Liter	Bemerkung: –

| Tierart: Huhn | Fundnummer: 7/1 | Altersstufe des Tieres: | unbestimmbar |
| | Skelettelement: Langknochen | Seite des Tieres: unbest. | Alter in Jahren: unbestimmbar |

| Tierart: Schwein | Fundnummer: 7/2 | Altersstufe des Tieres: | infans |
| | Skelettelement: Femur | Seite des Tieres: rechts | Alter in Jahren: unbestimmbar |

Grab: 541	Geschl. archäologisch: e	Altersstufe: matur	Tiefe unter HOK: 62 cm
	Geschl. anthropologisch: m	Alter: 50–60 Jahre	Tiefe unter Planum 1: 9 cm
	Superposition: keine	Sarg: nein	Anzahl der Gefäße: 0

Grab: 542	Geschl. archäologisch: m	Altersstufe: adult	Tiefe unter HOK: 167 cm
	Geschl. anthropologisch: m	Alter: 30-40 Jahre	Tiefe unter Planum 1: 87 cm
	Superposition: keine	Sarg: ja	Anzahl der Gefäße: 0

Grab: 543	Geschl. archäologisch: e	Altersstufe: juvenil	Tiefe unter HOK: 160 cm
	Geschl. anthropologisch: k	Alter: 12-13 Jahre	Tiefe unter Planum 1: 105 cm
	Superposition: keine	Sarg: ja	Anzahl der Gefäße: 1
Gefäßtyp: HG 2	Randverzierung: mit	Untertyp: 3	Delle: nicht vorhanden
	Höhe: 10 cm	Bauchdm: 9,5 cm	Seite im Grab: Mitte
	Randdm: 8,5 cm	Bodendm: 6 cm	Höhe im Grab: Fuß
	Halsdm: 8 cm	Volumen: 0,327 Liter	Bemerkung: –

Grab: 544	Geschl. archäologisch: w	Altersstufe: juvenil	Tiefe unter HOK: 146 cm
	Geschl. anthropologisch: w(?)	Alter: 12-14 Jahre	Tiefe unter Planum 1: 84 cm
	Superposition: keine	Sarg: ja	Anzahl der Gefäße: 1
Gefäßtyp: HG 2	Randverzierung: mit	Untertyp: 4	Delle: nicht vorhanden
	Höhe: 6,5 cm	Bauchdm: 6 cm	Seite im Grab: links
	Randdm: 6,5 cm	Bodendm: 4,5 cm	Höhe im Grab: Fuß
	Halsdm: 6 cm	Volumen: 0,089 Liter	Bemerkung: –

Grab: 545	Geschl. archäologisch: k	Altersstufe: infans II	Tiefe unter HOK: 157 cm
	Geschl. anthropologisch: k	Alter: 9 Jahre	Tiefe unter Planum 1: 97 cm
	Superposition: keine	Sarg: ja	Anzahl der Gefäße: 1
Gefäßtyp: unbest.	Randverzierung: unbest.	Untertyp: unbestimmbar	Delle: unbestimmbar
	Höhe: unbest.	Bauchdm: unbest.	Seite im Grab: unbekannt
	Randdm: unbest.	Bodendm: unbest.	Höhe im Grab: unbekannt
	Halsdm: unbest.	Volumen: unbest.	Bemerkung: nicht erhalten

| **Tierart: Schaf** | Fundnummer: 7 | Altersstufe des Tieres: | erwachsen |
| | Skelettelement: Tibia | Seite des Tieres: links | Alter in Jahren: unbestimmbar |

Grab: 546	Geschl. archäologisch: w	Altersstufe: matur	Tiefe unter HOK: 131 cm
	Geschl. anthropologisch: w	Alter: 50-60 Jahre	Tiefe unter Planum 1: 60 cm
	Superposition: keine	Sarg: nein	Anzahl der Gefäße: 0

| **Tierart: Rind** | Fundnummer: 3 | Altersstufe des Tieres: | erwachsen |
| | Skelettelement: pk | Seite des Tieres: unbest. | Alter in Jahren: unbestimmbar |

Grab: 547	Geschl. archäologisch: k	Altersstufe: infans I/2	Tiefe unter HOK: 0 cm
	Geschl. anthropologisch: k	Alter: 7 Jahre	Tiefe unter Planum 1: 0 cm
	Superposition: keine	Sarg: ja	Anzahl der Gefäße: 1
Gefäßtyp: HG 2	Randverzierung: mit	Untertyp: 4	Delle: nicht vorhanden
	Höhe: 9,5 cm	Bauchdm: 9,5 cm	Seite im Grab: links
	Randdm: 8,5 cm	Bodendm: 5,5 cm	Höhe im Grab: Knie
	Halsdm: 8 cm	Volumen: 0,297 Liter	Bemerkung: –

Grab: 548	Geschl. archäologisch: w	Altersstufe: adult	Tiefe unter HOK: 180 cm
	Geschl. anthropologisch: w	Alter: 30 Jahre	Tiefe unter Planum 1: 120 cm
	Superposition: keine	Sarg: nein	Anzahl der Gefäße: 1
Gefäßtyp: HG 2	Randverzierung: mit	Untertyp: 1	Delle: nicht vorhanden
	Höhe: 11 cm	Bauchdm: 12 cm	Seite im Grab: Mitte
	Randdm: 10,5 cm	Bodendm: 7 cm	Höhe im Grab: unterhalb der Füße
	Halsdm: 9 cm	Volumen: 0,557 Liter	Bemerkung: –

| **Tierart: Rind** | Fundnummer: 13 | Altersstufe des Tieres: | subadult |
| | Skelettelement: Femur | Seite des Tieres: rechts | Alter in Jahren: < 3 Jahre |

Grab: 549	Geschl. archäologisch: w	Altersstufe: adult	Tiefe unter HOK: 140 cm
	Geschl. anthropologisch: w	Alter: 20-30 Jahre	Tiefe unter Planum 1: 70 cm
	Superposition: keine	Sarg: nein	Anzahl der Gefäße: 1
Gefäßtyp: HG 2	Randverzierung: mit	Untertyp: 1	Delle: nicht vorhanden
	Höhe: 7,5 cm	Bauchdm: 10,5 cm	Seite im Grab: rechts
	Randdm: 8,5 cm	Bodendm: 6 cm	Höhe im Grab: Fuß
	Halsdm: 7,5 cm	Volumen: 0,245 Liter	Bemerkung: –

Grab: 550	Geschl. archäologisch: m	Altersstufe: matur	Tiefe unter HOK: 161 cm
	Geschl. anthropologisch: m	Alter: unbestimmbar	Tiefe unter Planum 1: 98 cm
	Superposition: keine	Sarg: ja	Anzahl der Gefäße: 1
Gefäßtyp: LG 1	Randverzierung: mit	Untertyp: 3	Delle: nicht vorhanden
	Höhe: 13 cm	Bauchdm: 11 cm	Seite im Grab: Mitte
	Randdm: 9,5 cm	Bodendm: 6,5 cm	Höhe im Grab: unterhalb der Füße
	Halsdm: 9 cm	Volumen: 0,573 Liter	Bemerkung: –

Grab: 551	Geschl. archäologisch: k	Altersstufe: infans I/1	Tiefe unter HOK: 70 cm
	Geschl. anthropologisch: k	Alter: 1,5 Jahre	Tiefe unter Planum 1: 7 cm
	Superposition: keine	Sarg: nein	Anzahl der Gefäße: 1
Gefäßtyp: HG	Randverzierung: unbest.	Untertyp: unbestimmbar	Delle: unbestimmbar
	Höhe: unbest.	Bauchdm: unbest.	Seite im Grab: Mitte
	Randdm: unbest.	Bodendm: unbest.	Höhe im Grab: unterhalb der Füße
	Halsdm: unbest.	Volumen: unbest.	Bemerkung: stark fragmentiert erhalten

Katalog der Keramikfunde sowie der Angaben zu den Gräbern [...] aus dem Gräberfeld Zillingtal

Grab: 552	Geschl. archäologisch: k (m) Geschl. anthropologisch: k Superposition: keine	Altersstufe: infans I/2 Alter: 4,5 Jahre Sarg: ja	Tiefe unter HOK: 127 cm Tiefe unter Planum 1: 66 cm Anzahl der Gefäße: 1
Gefäßtyp: LG 1	Randverzierung: mit Höhe: 12,5 cm Randdm: 10 cm Halsdm: 9 cm	Untertyp: 2 Bauchdm: 12,5 cm Bodendm: 7,5 cm Volumen: 0,66 Liter	Delle: nicht vorhanden Seite im Grab: links Höhe im Grab: Fuß Bemerkung: –
Tierart: Rind	Fundnummer: 10 Skelettelement: Tibia	Altersstufe des Tieres: Seite des Tieres: rechts	juvenil Alter in Jahren: unbestimmbar

Grab: 553	Geschl. archäologisch: k Geschl. anthropologisch: k Superposition: keine	Altersstufe: infans I/1 Alter: 0,5 Jahr Sarg: nein	Tiefe unter HOK: 74 cm Tiefe unter Planum 1: 9 cm Anzahl der Gefäße: 0
Tierart: Rind/Pferd	Fundnummer: 5 Skelettelement: Langknochen	Altersstufe des Tieres: Seite des Tieres: unbest.	unbestimmbar Alter in Jahren: unbestimmbar

Grab: 554	Geschl. archäologisch: w Geschl. anthropologisch: w Superposition: keine	Altersstufe: adult Alter: 20 Jahre Sarg: ja	Tiefe unter HOK: 161 cm Tiefe unter Planum 1: 98 cm Anzahl der Gefäße: 1
Gefäßtyp: HG 2	Randverzierung: ohne Höhe: 12 cm Randdm: 7,5 cm Halsdm: 6,5 cm	Untertyp: 8 Bauchdm: 10 cm Bodendm: 6,5 cm Volumen: 0,356 Liter	Delle: nicht vorhanden Seite im Grab: links Höhe im Grab: Unterschenkel Bemerkung: –
Tierart: Rind	Fundnummer: 9 Skelettelement: Femur	Altersstufe des Tieres: Seite des Tieres: links	erwachsen Alter in Jahren: unbestimmbar

Grab: 555	Geschl. archäologisch: w Geschl. anthropologisch: w(?) Superposition: keine	Altersstufe: senil Alter: > 60 Jahre Sarg: ja	Tiefe unter HOK: 182 cm Tiefe unter Planum 1: 120 cm Anzahl der Gefäße: 1
Gefäßtyp: HG 2	Randverzierung: ohne Höhe: 9 cm Randdm: 8,5 cm Halsdm: 7,5 cm	Untertyp: 2 Bauchdm: 9 cm Bodendm: 5,5 cm Volumen: 0,259 Liter	Delle: nicht vorhanden Seite im Grab: rechts Höhe im Grab: Fuß Bemerkung: –
Tierart: Schaf	Fundnummer: ohne Nr. Skelettelement: Femur	Altersstufe des Tieres: Seite des Tieres: links	erwachsen Alter in Jahren: unbestimmbar

Grab: 556	Geschl. archäologisch: k Geschl. anthropologisch: k Superposition: keine	Altersstufe: infans I/1 Alter: 2–3 Jahre Sarg: nein	Tiefe unter HOK: 151 cm Tiefe unter Planum 1: 90 cm Anzahl der Gefäße: 0
Tierart: Schaf	Fundnummer: 6 Skelettelement: Femur	Altersstufe des Tieres: Seite des Tieres: rechts	unbestimmbar Alter in Jahren: unbestimmbar

Grab: 557	Geschl. archäologisch: m Geschl. anthropologisch: m Superposition: keine	Altersstufe: matur Alter: unbestimmbar Sarg: ja	Tiefe unter HOK: 175 cm Tiefe unter Planum 1: 125 cm Anzahl der Gefäße: 1
Gefäßtyp: HG 3	Randverzierung: mit Höhe: unbest. Randdm: unbest. Halsdm: unbest.	Untertyp: unbestimmbar Bauchdm: unbest. Bodendm: unbest. Volumen: unbest.	Delle: unbestimmbar Seite im Grab: rechts Höhe im Grab: Unterschenkel Bemerkung: stark fragmentiert erhalten
Tierart: Schaf/Ziege	Fundnummer: ohne Nr./1 Skelettelement: Femur	Altersstufe des Tieres: Seite des Tieres: links	erwachsen Alter in Jahren: unbestimmbar

| Tierart: Rind | Fundnummer: 13/2 | Altersstufe des Tieres: | subadult |
| | Skelettelement: Tibia | Seite des Tieres: links | Alter in Jahren: 2,5-3,5 Jahre |

Grab: 558	Geschl. archäologisch: e	Altersstufe: adult	Tiefe unter HOK: 160 cm
	Geschl. anthropologisch: m	Alter: 40 Jahre	Tiefe unter Planum 1: 100 cm
	Superposition: keine	Sarg: nein	Anzahl der Gefäße: 1
Gefäßtyp: HG 2	Randverzierung: mit	Untertyp: 3	Delle: nicht vorhanden
	Höhe: 10 cm	Bauchdm: 9,5 cm	Seite im Grab: links
	Randdm: 9 cm	Bodendm: 5,5 cm	Höhe im Grab: Fuß
	Halsdm: 8 cm	Volumen: 0,327 Liter	Bemerkung: –

| Tierart: Rind | Fundnummer: 8 | Altersstufe des Tieres: | subadult |
| | Skelettelement: Tibia | Seite des Tieres: links | Alter in Jahren: unbestimmbar |

Grab: 559	Geschl. archäologisch: k	Altersstufe: infans I/2	Tiefe unter HOK: 88 cm
	Geschl. anthropologisch: k	Alter: 3-4 Jahre	Tiefe unter Planum 1: 42 cm
	Superposition: keine	Sarg: ja	Anzahl der Gefäße: 0

| Tierart: Schaf/Ziege | Fundnummer: 6/1 | Altersstufe des Tieres: | erwachsen |
| | Skelettelement: Femur | Seite des Tieres: links | Alter in Jahren: unbestimmbar |

| Tierart: Huhn | Fundnummer: 6/2 | Altersstufe des Tieres: | bestimmbar |
| | Skelettelement: Langknochen | Seite des Tieres: unbest. | Alter in Jahren: unbestimmbar |

Grab: 560	Geschl. archäologisch: k	Altersstufe: infans I/1	Tiefe unter HOK: 95 cm
	Geschl. anthropologisch: k	Alter: 2 Jahre	Tiefe unter Planum 1: 55 cm
	Superposition: keine	Sarg: ja	Anzahl der Gefäße: 1
Gefäßtyp: LG 2	Randverzierung: ohne	Untertyp: 2	Delle: nicht vorhanden
	Höhe: 9 cm	Bauchdm: 9,5 cm	Seite im Grab: Mitte
	Randdm: 9 cm	Bodendm: 4 cm	Höhe im Grab: unterhalb der Füße
	Halsdm: 8 cm	Volumen: 0,259 Liter	Bemerkung: –

| Tierart: Schwein | Fundnummer: 11 | Altersstufe des Tieres: | infans |
| | Skelettelement: Tibia | Seite des Tieres: rechts | Alter in Jahren: unbestimmbar |

Grab: 561	Geschl. archäologisch: w	Altersstufe: spätmatur	Tiefe unter HOK: 120 cm
	Geschl. anthropologisch: w (?)	Alter: 50-60 Jahre	Tiefe unter Planum 1: 76 cm
	Superposition: keine	Sarg: ja	Anzahl der Gefäße: 1
Gefäßtyp: LG 2	Randverzierung: ohne	Untertyp: 1	Delle: vorhanden
	Höhe: 13,5 cm	Bauchdm: 11 cm	Seite im Grab: Mitte
	Randdm: 9 cm	Bodendm: 7,5 cm	Höhe im Grab: unterhalb der Füße
	Halsdm: 8 cm	Volumen: 0,578 Liter	Bemerkung: –

| Tierart: Rind | Fundnummer: 6 | Altersstufe des Tieres: | erwachsen |
| | Skelettelement: Humerus | Seite des Tieres: links | Alter in Jahren: unbestimmbar |

Grab: 562	Geschl. archäologisch: m	Altersstufe: adult	Tiefe unter HOK: 141 cm
	Geschl. anthropologisch: m	Alter: 20–30 Jahre	Tiefe unter Planum 1: 81 cm
	Superposition: keine	Sarg: ja	Anzahl der Gefäße: 1
Gefäßtyp: LG 2	Randverzierung: ohne	Untertyp: 2	Delle: nicht vorhanden
	Höhe: 11,5 cm	Bauchdm: 11,5 cm	Seite im Grab: Mitte
	Randdm: 10,5 cm	Bodendm: 6,5 cm	Höhe im Grab: unterhalb der Füße
	Halsdm: 9,5 cm	Volumen: 0,568 Liter	Bemerkung: –

| Tierart: Rind | Fundnummer: 3 | Altersstufe des Tieres: | subadult |
| | Skelettelement: Tibia | Seite des Tieres: rechts | Alter in Jahren: um 3 Jahre |

Grab: 563	Geschl. archäologisch: k	Altersstufe: unbestimmbar	Tiefe unter HOK: 82 cm
	Geschl. anthropologisch: –	Alter: unbestimmbar	Tiefe unter Planum 1: 22 cm
	Superposition: keine	Sarg: nein	Anzahl der Gefäße: 1
Gefäßtyp: HG 3	Randverzierung: ohne	Untertyp: 6	Delle: nicht vorhanden
	Höhe: 9,5 cm	Bauchdm: 8,5 cm	Seite im Grab: Mitte
	Randdm: 7,5 cm	Bodendm: 4,5 cm	Höhe im Grab: unterhalb der Füße
	Halsdm: 6,5 cm	Volumen: 0,206 Liter	Bemerkung: –
Tierart: unbestimmbar	Fundnummer: 5	Altersstufe des Tieres: unbestimmbar	
	Skelettelement: Langknochen	Seite des Tieres: unbest.	Alter in Jahren: unbestimmbar

Grab: 564	Geschl. archäologisch: k	Altersstufe: infans II	Tiefe unter HOK: 65 cm
	Geschl. anthropologisch: k	Alter: 10 Jahre	Tiefe unter Planum 1: 3 cm
	Superposition: keine	Sarg: nein	Anzahl der Gefäße: 0

Grab: 565	Geschl. archäologisch: –	Altersstufe: unbestimmbar	Tiefe unter HOK: 0 cm
	Geschl. anthropologisch: –	Alter: unbestimmbar	Tiefe unter Planum 1: 0 cm
	Superposition: keine	Sarg: nein	Anzahl der Gefäße: 0
Tierart: Rind	Fundnummer: 1	Altersstufe des Tieres: subadult	
	Skelettelement: Femur	Seite des Tieres: links	Alter in Jahren: unbestimmbar

Grab: 566	Geschl. archäologisch: w	Altersstufe: senil	Tiefe unter HOK: 170 cm
	Geschl. anthropologisch: w	Alter: 70 Jahre	Tiefe unter Planum 1: 130 cm
	Superposition: keine	Sarg: nein	Anzahl der Gefäße: 1
Gefäßtyp: LG 2	Randverzierung: ohne	Untertyp: 2	Delle: nicht vorhanden
	Höhe: 13 cm	Bauchdm: 11,5 cm	Seite im Grab: rechts
	Randdm: 9,5 cm	Bodendm: 7,5 cm	Höhe im Grab: Fuß
	Halsdm: 8,5 cm	Volumen: 0,61 Liter	Bemerkung: –
Tierart: Schaf	Fundnummer: 13	Altersstufe des Tieres: erwachsen	
	Skelettelement: Femur	Seite des Tieres: rechts	Alter in Jahren: unbestimmbar

Grab: 567	Geschl. archäologisch: k	Altersstufe: infans I/2	Tiefe unter HOK: 121 cm
	Geschl. anthropologisch: k	Alter: 3-4 Jahre	Tiefe unter Planum 1: 60 cm
	Superposition: keine	Sarg: nein	Anzahl der Gefäße: 1
Gefäßtyp: unbest.	Randverzierung: unbest.	Untertyp: unbestimmbar	Delle: unbestimmbar
	Höhe: unbest.	Bauchdm: unbest.	Seite im Grab: rechts
	Randdm: unbest.	Bodendm: unbest.	Höhe im Grab: Oberschenkel
	Halsdm: unbest.	Volumen: unbest.	Bemerkung: nicht erhalten
Tierart: Schwein	Fundnummer: 15	Altersstufe des Tieres: subadult	
	Skelettelement: Femur	Seite des Tieres: links	Alter in Jahren: < 3 Jahre

Grab: 568	Geschl. archäologisch: k	Altersstufe: unbestimmbar	Tiefe unter HOK: 0 cm
	Geschl. anthropologisch: k	Alter: unbestimmbar	Tiefe unter Planum 1: 0 cm
	Superposition: keine	Sarg: nein	Anzahl der Gefäße: 0
Tierart: Rind	Fundnummer: ohne Nr.	Altersstufe des Tieres: subadult	
	Skelettelement: Tibia	Seite des Tieres: rechts	Alter in Jahren: <= 2 Jahre

Grab: 569	Geschl. archäologisch: w	Altersstufe: matur	Tiefe unter HOK: 73 cm
	Geschl. anthropologisch: w	Alter: 40-50 Jahre	Tiefe unter Planum 1: 13 cm
	Superposition: keine	Sarg: nein	Anzahl der Gefäße: 0

Grab: 570	Geschl. archäologisch: k	Altersstufe: infans II	Tiefe unter HOK: 114 cm
	Geschl. anthropologisch: m(?)	Alter: unbestimmbar	Tiefe unter Planum 1: 61 cm
	Superposition: keine	Sarg: ja	Anzahl der Gefäße: 1

Gefäßtyp: HG	Randverzierung: unbest. Höhe: unbest. Randdm: unbest. Halsdm: unbest.	Untertyp: unbestimmbar Bauchdm: unbest. Bodendm: unbest. Volumen: unbest.	Delle: unbestimmbar Seite im Grab: Mitte Höhe im Grab: unterhalb der Füße Bemerkung: stark fragmentiert erhalten
Tierart: Eierschalen	Fundnummer: 7 Skelettelement:	Altersstufe des Tieres: Seite des Tieres:	Alter in Jahren:
Tierart: Schwein	Fundnummer: 8 Skelettelement: Tibia, Fibula	Altersstufe des Tieres: Seite des Tieres: links	juvenil Alter in Jahren: < 1 Jahr
Tierart: Eierschalen	Fundnummer: 9 Skelettelement:	Altersstufe des Tieres: Seite des Tieres:	Alter in Jahren:

Grab: 571	Geschl. archäologisch: m Geschl. anthropologisch: m Superposition: keine	Altersstufe: matur Alter: 50 Jahre Sarg: nein	Tiefe unter HOK: 86 cm Tiefe unter Planum 1: 36 cm Anzahl der Gefäße: 0
Grab: 572	Geschl. archäologisch: e Geschl. anthropologisch: m (?) Superposition: keine	Altersstufe: erwachsen Alter: unbestimmbar Sarg: nein	Tiefe unter HOK: 53 cm Tiefe unter Planum 1: 3 cm Anzahl der Gefäße: 0
Grab: 573	Geschl. archäologisch: m Geschl. anthropologisch: m Superposition: keine	Altersstufe: spätmatur Alter: 50-60 Jahre Sarg: ja	Tiefe unter HOK: 63 cm Tiefe unter Planum 1: 3 cm Anzahl der Gefäße: 0
Grab: 574	Geschl. archäologisch: – Geschl. anthropologisch: – Superposition: keine	Altersstufe: unbestimmbar Alter: unbestimmbar Sarg: ja	Tiefe unter HOK: 87 cm Tiefe unter Planum 1: 26 cm Anzahl der Gefäße: 0
Grab: 575	Geschl. archäologisch: w Geschl. anthropologisch: w Superposition: keine	Altersstufe: frühadult Alter: 20-30 Jahre Sarg: nein	Tiefe unter HOK: 82 cm Tiefe unter Planum 1: 36 cm Anzahl der Gefäße: 1
Gefäßtyp: LG 2	Randverzierung: ohne Höhe: 14 cm Randdm: 11 cm Halsdm: 10 cm	Untertyp: 2 Bauchdm: 13 cm Bodendm: 6 cm Volumen: 0,79 Liter	Delle: vorhanden Seite im Grab: rechts Höhe im Grab: Fuß Bemerkung: –
Grab: 576	Geschl. archäologisch: m Geschl. anthropologisch: w (?) Superposition: keine	Altersstufe: spätjuvenil Alter: 17 Jahre Sarg: ja	Tiefe unter HOK: 145 cm Tiefe unter Planum 1: 85 cm Anzahl der Gefäße: 0
Tierart: Rind	Fundnummer: 18/1 Skelettelement: Calcaneus	Altersstufe des Tieres: Seite des Tieres: rechts	erwachsen Alter in Jahren: unbestimmbar
Tierart: Aves	Fundnummer: 18/2 Skelettelement: Langknochen, pk	Altersstufe des Tieres: Seite des Tieres: unbest.	unbestimmbar Alter in Jahren: unbestimmbar
Grab: 577	Geschl. archäologisch: k Geschl. anthropologisch: k Superposition: keine	Altersstufe: infans I/1 Alter: 1 Jahr Sarg: nein	Tiefe unter HOK: 84 cm Tiefe unter Planum 1: 34 cm Anzahl der Gefäße: 1
Gefäßtyp: HG 2	Randverzierung: ohne Höhe: 8,5 cm Randdm: 7,5 cm Halsdm: 6,5 cm	Untertyp: 10 Bauchdm: 9 cm Bodendm: 6,5 cm Volumen: 0,224 Liter	Delle: nicht vorhanden Seite im Grab: Mitte Höhe im Grab: unterhalb der Füße Bemerkung: –

| Katalog der Keramikfunde sowie der Angaben zu den Gräbern [...] aus dem Gräberfeld Zillingtal

Tierart: Schaf/Ziege	Fundnummer: 10 Skelettelement: Femur	Altersstufe des Tieres: Seite des Tieres: unbest.	erwachsen Alter in Jahren: unbestimmbar
Grab: 578	Geschl. archäologisch: w Geschl. anthropologisch: w Superposition: keine	Altersstufe: adult Alter: 40 Jahre Sarg: ja	Tiefe unter HOK: 230 cm Tiefe unter Planum 1: 98 cm Anzahl der Gefäße: 1
Gefäßtyp: HG 2	Randverzierung: ohne Höhe: 11 cm Randdm: 8,5 cm Halsdm: 7,5 cm	Untertyp: 9 Bauchdm: 9,5 cm Bodendm: 5,5 cm Volumen: 0,337 Liter	Delle: nicht vorhanden Seite im Grab: links Höhe im Grab: Unterschenkel Bemerkung: –
Grab: 579	Geschl. archäologisch: k Geschl. anthropologisch: k Superposition: keine	Altersstufe: infans I/1 Alter: 1 Jahr Sarg: ja	Tiefe unter HOK: 115 cm Tiefe unter Planum 1: 60 cm Anzahl der Gefäße: 1
Gefäßtyp: LG 1	Randverzierung: ohne Höhe: 10 cm Randdm: 8,5 cm Halsdm: 7,5 cm	Untertyp: 2 Bauchdm: 9,5 cm Bodendm: 5,5 cm Volumen: 0,303 Liter	Delle: nicht vorhanden Seite im Grab: Mitte Höhe im Grab: unterhalb der Füße Bemerkung: –
Grab: 580	Geschl. archäologisch: k Geschl. anthropologisch: w(?) Superposition: keine	Altersstufe: infans I/1 Alter: 2 Jahre Sarg: nein	Tiefe unter HOK: 67 cm Tiefe unter Planum 1: 13 cm Anzahl der Gefäße: 0
Grab: 581	Geschl. archäologisch: k Geschl. anthropologisch: m(?) Superposition: keine	Altersstufe: infans I/2 Alter: 5 Jahre Sarg: ja	Tiefe unter HOK: 135 cm Tiefe unter Planum 1: 90 cm Anzahl der Gefäße: 0
Grab: 582	Geschl. archäologisch: w Geschl. anthropologisch: w(?) Superposition: keine	Altersstufe: adult Alter: 40 Jahre Sarg: ja	Tiefe unter HOK: 166 cm Tiefe unter Planum 1: 100 cm Anzahl der Gefäße: 0
Gefäßtyp: HG 2	Randverzierung: ohne Höhe: 9,5 cm Randdm: 8,5 cm Halsdm: 8,5 cm	Untertyp: 7 Bauchdm: 11,5 cm Bodendm: 7,5 cm Volumen: 0,406 Liter	Delle: nicht vorhanden Seite im Grab: rechts Höhe im Grab: Fuß Bemerkung: –
Tierart: Rind	Fundnummer: 13 Skelettelement: Femur	Altersstufe des Tieres: Seite des Tieres: rechts	subadult Alter in Jahren: < 3,5 Jahre
Tierart: Aves	Fundnummer: 14 Skelettelement: Metacarpus	Altersstufe des Tieres: Seite des Tieres: unbest.	unbestimmbar Alter in Jahren: unbestimmbar
Grab: 583	Geschl. archäologisch: w Geschl. anthropologisch: w Superposition: keine	Altersstufe: senil Alter: 60-70 Jahre Sarg: nein	Tiefe unter HOK: 137 cm Tiefe unter Planum 1: 87 cm Anzahl der Gefäße: 0
Tierart: Huhn (?)	Fundnummer: 8 Skelettelement: pk	Altersstufe des Tieres: Seite des Tieres: unbest.	unbestimmbar Alter in Jahren: unbestimmbar
Grab: 584	Geschl. archäologisch: k Geschl. anthropologisch: k Superposition: keine	Altersstufe: infans I/1 Alter: 2-3 Jahre Sarg: nein	Tiefe unter HOK: 135 cm Tiefe unter Planum 1: 69 cm Anzahl der Gefäße: 0
Tierart: Schaf/Ziege	Fundnummer: 3 Skelettelement: Tibia, Talus	Altersstufe des Tieres: Seite des Tieres: links	erwachsen Alter in Jahren: unbestimmbar
Tierart: Aves	Fundnummer: 14 Skelettelement: Langknochen	Altersstufe des Tieres: Seite des Tieres: unbest.	unbestimmbar Alter in Jahren: unbestimmbar

Grab: 585	Geschl. archäologisch: w	Altersstufe: matur	Tiefe unter HOK: 154 cm
	Geschl. anthropologisch: w(?)	Alter: 40 Jahre	Tiefe unter Planum 1: 104 cm
	Superposition: keine	Sarg: ja	Anzahl der Gefäße: 1
Gefäßtyp: HG 2	Randverzierung: ohne	Untertyp: 5	Delle: nicht vorhanden
	Höhe: 13,5 cm	Bauchdm: 11,5 cm	Seite im Grab: Mitte
	Randdm: 11,5 cm	Bodendm: 7 cm	Höhe im Grab: Fuß
	Halsdm: 10,5 cm	Volumen: 0,782 Liter	Bemerkung: –

Grab: 586	Geschl. archäologisch: k	Altersstufe: infans I/1	Tiefe unter HOK: 116 cm
	Geschl. anthropologisch: k	Alter: 2-3 Jahre	Tiefe unter Planum 1: 67 cm
	Superposition: keine	Sarg: nein	Anzahl der Gefäße: 0
Tierart: Schwein	Fundnummer: 5	Altersstufe des Tieres:	subadult
	Skelettelement: Tibia	Seite des Tieres: rechts	Alter in Jahren: < 2 Jahre

Katalog der Keramikfunde sowie der Angaben zu den Gräbern [...] aus dem Gräberfeld Zillingtal